Vorwort

Liebe Leserin, lieber Leser,

die Berufsbezeichnung „Medizinische Fachangestellte" drückt treffend aus, welchen umfassenden Aufgaben und Neuerungen die frühere Arzthelferin gegenübersteht:

Die MFA repräsentiert und organisiert die Praxis. Sie ist mit der Praxissoftware vertraut, führt diagnostische und therapeutische Maßnahmen durch, plant und dokumentiert medizinische Leistungen. Die MFA bildet sich fort und leitet Auszubildende an. Sie verfügt über ein solides Fachwissen und kommunikative Kompetenz, sodass sie die tägliche Praxisroutine ebenso beherrscht wie unvorhersehbare Notfallsituationen.

Dabei ist sie für die Patienten die erste Ansprechpartnerin – und dabei auch Ratgeberin für ihre Fragen, Sorgen und Nöte. Der Patient muss durchaus kein Kranker sein – zunehmend gewinnt die Prävention, auch in Form Individueller Gesundheitsleistungen, an Bedeutung.

Mit Inkrafttreten des neuen Rahmenlehrplans, dessen Zeil es war, die Ausbildung an die aktuellen Anforderungen anzupassen, fand eine grundlegende Neukonzeption der Ausbildung und der Unterrichtsmaterialien statt. Auf Grund umfassender Erfahrungen mit der veränderten Situation in Ausbildung, Unterricht und Prüfungen liegt nun die Neubearbeitung der Lehrbuchreihe „Medizinische Fachangestellte" vor. Die Lehrbücher bereiten auf die vielfältigen Anforderungen in Alltag, Berufschule und Prüfungen vor. Sie berücksichtigen zudem Ihre zahlreichen konstruktiven Hinweise und Wünsche, für die wir an dieser Stelle herzlich danken.

Solides Grundwissen und vor allem Verständnis für den Aufbau, die Funktion und die krankhafte Fehlfunktion des Körpers sollen vermittelt werden – in der Gewissheit, dass Verstehen nachhaltiger und besser auf „jede" Situation anwendbar ist als auswendig gelernte Einzelheiten. Situationsgerechtes Mitdenken und vorausschauendes, verantwortliches Handeln sollen geübt werden.

Dies betrifft nicht nur den medizinisch-fachlichen Bereich. Die Abrechnung der erbrachten diagnostischen und therapeutischen Leistungen ist im Praxisalltag ebenso wichtig wie die gute, professionelle und nachhaltige Praxisorganisation.

Lernen und Lehren ist effektiver, wenn es Spaß macht. Daher werden die Fakten und Zusammenhänge anschaulich dargestellt, reich illustriert und mit treffenden Karikaturen im wahrsten Sinne des Wortes untermalt.

Danken möchte ich – im Namen aller Autoren der Lehrbuchreihe „Medizinische Fachangestellte" – dem Team des Cornelsen-Verlags und den freien Mitarbeitern für die stets professionelle, immer angenehme und äußerst motivierende Zusammenarbeit.

Unseren Familien, Freunden sowie unseren Schülerinnen, Mitarbeiterinnen, Kolleginnen und Kollegen danken wir von Herzen für die vielfältige Unterstützung bei der Entstehung der neu bearbeiteten Lehrbuchreihe.

Ihnen als Schülerin, Lehrkraft und ausbildendem Arzt wünschen wir viel Freude beim Lernen und Arbeiten mit dem vorliegenden Buch.

Bielefeld, im April 2014

U. Groger

Dr. med. Uta Groger

Hinweis: Im Buch werden zugunsten sprachlicher Klarheit geschlechtsneutrale Pluralformen verwendet. Finden Sie im Text eine geschlechtsspezifische Form (z. B. die Medizinische Fachangestellte, der Arzt, der Patient), so ist stets auch das andere Geschlecht gemeint.

Arbeiten mit diesem Fachbuch

Abrechnung von kleinchirurgischen Behandlungen und Wundversorgungen (EBM) | 137 LF 10

MERKE

Eine passive **Tetanusimpfung** mit Tetagam® kann im Rahmen der Wundversorgung nicht gesondert berechnet werden, weil sie in der Versicherten-/Grundpauschale enthalten ist.

Merke-Kästen machen auf besonders wichtige Erläuterungen zu einem Thema aufmerksam.

BEISPIEL

Bei der vierjährigen Lea Wieber reinigt und desinfiziert der Hausarzt beide Wunden, die Platzwunde näht er unter Lokalanästhesie. Die Wunden werden verbunden. Es besteht Impfschutz gegen Tetanus.

1. Behandlungstag	03000 (Versichertenpauschale) 02302 (Primäre Wundversorgung mittels Naht bei Kindern am Kinn) 02301 (Primäre Wundversorgung von Schürfwunden bei Kindern)

Die spätere Wundkontrolle, der Verbandwechsel und das Entfernen der Fäden sind in den abgerechneten GOPs enthalten und können nicht zusätzlich berechnet werden.

Zahlreiche **Beispiele** unterstützen das Verständnis komplexer Zusammenhänge.

6.2 Sekundäre Wundbehandlung (EBM)

Bei größeren, schon länger bestehenden oder infizierten Wunden ist oft keine primäre Wundheilung möglich. Dies ist häufig auch bei Durchblutungsstörungen wegen eines Diabetes mellitus, z. B. beim diabetischen Fuß, oder bei chronisch venöser Insuffizienz der Fall. Hier kommt es dann zum | Ulcus cruris oder zu einem | Dekubitus. Die Wundheilungsstörung führt dazu, dass die Wunde sich nur langsam schließt, sodass das Ziel der Versorgung dieser Wunden darin besteht, die **sekundäre Wundheilung** zu beschleunigen.

Ulcus cruris meist durch venöse Stauung hervorgerufener chronischer Hautdefekt im Unterschenkelbereich

Dekubitus Wundliegegeschwür bei länger Bettlägerigen

Nekrose abgestorbenes Gewebe

Wunddebridement Entfernung von abgestorbenem, infiziertem und/oder schlecht heilendem Gewebe sowie von Fremdkörpern

Wundtamponade Verbandmaterial in einer Wu…

Erklärungen zu Begriffen (z. B. Fremdwörtern) erleichtern das Verständnis.

02310	**Behandlung einer/eines/von sekundär heilenden Wunde(n) und/oder Dekubitalulcus (-ulcera)**

Obligater Leistungsinhalt:
- Abtragung von | Nekrosen und/oder
- | Wunddebridement und/oder
- Anlage und/oder Wechsel eines Kompressionsverbandes und/oder
- Einbringung und/oder Wechsel einer | Wundtamponade
- mindestens drei persönliche Arzt-Patienten-Kontakte im Behandlungsfall

MERKE

Wichtige **Abrechnungsbestimmungen für GOP 02310:**
- Sie ist **nicht neben den GOPs 02300 bis 02302** berechnungsfähig, sie kann auch nicht beim diabetischen Fuß oder bei chronisch venösen Ulcera cruris berechnet werden.
- Die GOP 02310 kann unabhängig von der Anzahl der zu behandelnden Wunden und/oder Dekubitalulcera nur **einmal im Quartal** berechnet werden.
- GOP 02310 kann nur berechnet werden, wenn **mindestens drei persönliche Arzt-Patienten-Kontakte** stattgefunden haben.

48 | Patienten bei diagnostischen und therapeutischen Maßnahmen der Erkrankungen des Verdauungssystems begleiten

4.7 Gastrointestinale Blutung

Definition: Blutung im Magen-Darm-Trakt; es werden unterschieden
- die **obere gastrointestinale Blutung** (die Blutungsquelle liegt in Ösophagus, Magen und/oder Duodenum) und
- die **untere gastrointestinale Blutung** (die Blutungsquelle liegt im Dickdarm bzw. Enddarm).

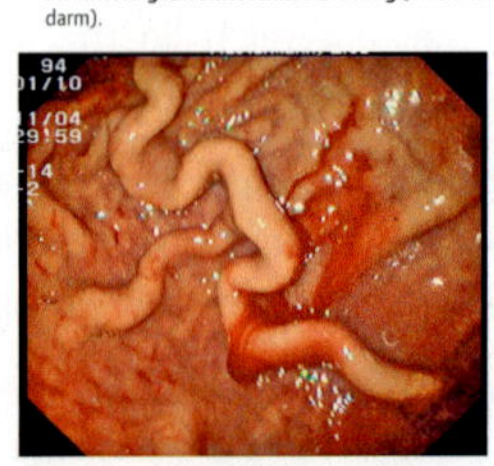

Abb. 1 Gastroskopisches Bild einer Magenblutung

Obere und untere gastrointestinale Blutungen können jeweils akut und chronisch verlaufen.
Ursachen und Pathogenese: Bei der Gastritis entstehen Erosionen, die mit flächenhaften Blutungen einhergehen können. Ein Ulkus kann ebenfalls leicht bzw. chronisch bluten (→Abb. 1). Kommt es beim Ulkus zur Eröffnung eines Blutgefäßes, kann dies eine massive, z. B. arterielle Blutung erzeugen. Bei | Leberzirrhose können sich Venen in der Speiseröhre erweitern, d. h., weiche, empfindliche Ösophagusvarizen bilden, die sehr stark bluten können.
Typische Blutungsquellen in Dick- und Enddarm sind Polypen, Tumore, Entzündungen sowie Infektionen. Enddarmblutungen kommen auch beim | Hämorrhoidalleiden vor.
Symptome: Die obere gastrointestinale Blutung kann zu Bluterbrechen oder zu Hämatinerbrechen führen. Hämatin entsteht durch Säureeinwirkung aus Hämoglobin. Das hämatinhaltige Erbrochene erinnert an Kaffeesatz. Blut aus dem oberen GI-Trakt kann auch verdaut und als tiefschwarzer, klebriger, übelriechender **Teerstuhl** ausgeschieden werden.
Bei der unteren gastrointestinalen Blutung ist das Blut mit dem Stuhl vermischt oder diesem aufgelagert. Bei massiven Blutungen erscheint Blut allein oder mit Stuhl bzw. Schleim vermischt.
Komplikationen: Chronische Blutungen führen zur Anämie, akute ggf. zum Verbluten, d. h. zum tödlichen | Kreislaufschock durch Volumenmangel.
Diagnostik: Bei oberer gastrointestinaler Blutung Gastroskopie, bei unterer gastrointestinaler Blutung Koloskopie. Im Zweifelsfall erfolgt erst eine Gastroskopie, dann eine Koloskopie.
Therapie: endoskopische und/oder chirurgische Blutstillung, ggf. Bluttransfusion(en)
Prävention: Siehe Gastritis, Ulkus und Leberzirrhose. Die Einnahme von Cortison, NSAR und Antikoagulanzien geht mit einem erhöhten Blutungsrisiko insbesondere im Gastrointestinaltrakt einher. Die Gefahr vervielfacht sich bei Kombinationstherapien.

Leberzirrhose →LF 9, S.64

Hämorrhoidalleiden →LF 9, S.51

HINWEIS

Eisenpräparate können den Stuhl dunkel färben, erzeugen aber keinen Teerstuhl.

Kreislaufschock → Bd. 2, LF 5, S.77

Hinweise heben relevante Sachverhalte und medizinische Besonderheiten hervor.

Seitenverweise zu den einzelnen Begriffen ermöglichen einen schnellen Zugriff auf weitere Informationen im Buch (LF = Lernfeld)

MERKE

Die Gabe von Protonenpumpenblockern wie Omeprazol **„zum Magenschutz"** bei Einnahme von NSAR senkt das Risiko einer Magenblutung, bietet aber keinesfalls einen sicheren Schutz.

www.kompetenznetz-ced.de
www.dccv.de

Chronisch-entzündliche Darmerkrankungen (CED) sind Autoimmunkrankheiten, die u. a. mit Entzündungen der Darmschleimhaut einhergehen. Bei **M. Crohn** betreffen diese die ganze Organwand und treten vorwiegend im Dünndarm (Ileum) auf, während sie bei **Colitis ulcerosa** eher oberflächlich sind und besonders das Kolon befallen. Beide Erkrankungen führen zu schweren Diarrhöen, Anämie und Gewichtsverlust. Vor allem bei Colitis ulcerosa ist das Darmkrebsrisiko erhöht. Die Diagnose erfolgt histologisch nach Endoskopie und Biopsie. Die Therapie liegt u. a. in der Einnahme von Immunsuppressiva, z. B. Cortison.

Der **Exkurs** gibt Ihnen Zusatzinformationen aus dem Bereich Medizin und aus angrenzenden Gebieten.

In der **Terminologie** finden Sie präzise Erklärungen wichtiger Fachbegriffe, die im vorangegangenen Kapitel benutzt wurden.

Aufgaben bieten die Möglichkeit, erarbeitete Kenntnisse zu wiederholen und anzuwenden.

Besonderheiten bei der Behandlung alter Patienten (Geriatrie) | **183** LF 11

Umgang mit Schwerhörigen

Schwerhörige fühlen sich oft ausgeschlossen. Es besteht die Gefahr, dass sie sich aus der Gemeinschaft zurückziehen und auch geistig verarmen. Das plattdeutsche Wort für „taub" lautet „doof", was im Hochdeutschen in neuer Bedeutung verwendet wird. Dies verdeutlicht, dass Menschen, die zu wenig auf Sprache reagieren, wenig zutraut wird. Im Umgang mit Schwerhörigen ist Geduld wichtig. Es hilft, sich in die Lage des Hörgeschädigten zu versetzen.

Abb. 1 Für die Kommunikation mit Schwerhörigen ist der Blickkontakt wichtig.

Grundregeln im Umgang mit Schwerhörigen

Der gut hörende Partner soll ...	Sinn
– das Sprechen sichtbar machen, d. h. dem Schwerhörigen das Gesicht zuwenden. – vor jedem Gespräch Blickkontakt. – aufnehmen und halten. – deutlich und langsam sprechen.	Der Schwerhörige „hört" auch mit den Augen und braucht Zeit, um die Worte vom Mund abzulesen.
– nicht schreien.	Schwerhörige sind oft sehr lärmempfindlich. Schreien verzerrt außerdem die Sprache.
– kurze und klare Sätze formulieren.	Der Schwerhörige kann den Inhalt dann leichter erraten.
– Unverstandenes geduldig wiederholen.	Es entmutigt den Schwerhörigen, wenn er keine Chance hat, das Gehörte wiederholt zu bekommen.
– bei ausgeprägter Schwerhörigkeit und Taubheit wichtige Inhalte schriftlich mitteilen.	Vor allem Taube sind auf schriftliche Informationen angewiesen und haben ggf. keine andere Möglichkeit, etwas zu verstehen.

www.schwerhoerigen-netz.de

Terminologie: Ohr

Audiogramm	Hörtest mit grafischer Darstellung der Hörfähigkeit
Basilarmembran	Bindegewebeplatte in der Cochlea, die das Corti-Organ und damit die Haarzellen enthält
Bogengänge	Gleichgewichtsorgan des Innenohrs
Cerumen	Ohrschmalz (sprich Zerumen)
Cochlea	Hörschnecke; Teil des Innenohrs
Corti-Organ	Sinnesepithel in der mittleren Windung der Cochlea
Presbyakusis	Altersschwerhörigkeit (sprich Presbi-ákusis)

AUFGABEN

1 Erläutern Sie den Aufbau des Ohres unter Verwendung der Begriffe äußeres Ohr, Mittelohr und Innenohr und nennen Sie die Aufgaben dieser drei Abschnitte.

2 Erklären Sie die Pathogenese der Presbyakusis.

3 Einige Verhaltensweisen erleichtern es einem schwerhörigen Gesprächspartner, eine Unterhaltung zu führen. Nennen Sie mindestens drei Punkte.

Das **Online-Symbol** weist auf Internetseiten hin, die weitere Informationen zu den behandelten Inhalten liefern.

310 | Berufliche Perspektiven entwickeln

PROJEKTAUFGABEN

1 Lesen Sie den Artikel „Viele zweifeln an der sozialen Marktwirtschaft" u
worten Sie die Fragen:
a Wodurch unterscheiden sich Marktwirtschaft und soziale Marktwirtsc
b Zeigen Sie an zwei Beispielen, warum der Staat in den Markt eingreift
c Was würde passieren, wenn der Staat nicht eingreift?
d Warum sind die Deutschen so unzufrieden mit der sozialen Marktwirt
sen Sie dazu folgenden Zeitungsbericht:

Viele zweifeln an der sozialen Marktwirtschaft

Berlin (AFP). Ein großer Teil der Deutschen ist einer Umfrage zufolge mit der derzeitigen Wirtschaftsordnung unzufrieden. Im *ARD-Deutschlandtrend* äußerten sich 50 Prozent der Befragten nicht zufrieden mit dem Funktionieren der sozialen Marktwirtschaft. Drei Viertel vertraten die Auffassung, die soziale Marktwirtschaft „macht die Reichen reicher und die Armen ärmer". 73 Prozent waren der Meinung, die soziale Marktwirtschaft „funktioniere nicht mehr so wie früher". 51 Prozent sprachen sich für eine grundlegende Änderung der Wirtschaftsordnung aus. Attraktive Alternativen sahen die meisten aber nicht. 65 Prozent fanden, die soziale Marktwirtschaft sei „für Deutschland immer noch am besten".

Quelle: Badische Zeitung vom 03.02.2012

2 Diskutieren Sie anhand der fiktiven Artikel „ALESI 2030 vorgestellt" und „Krankenversicherung Europas neu geordnet" unser Sozialversicherungssystem. Berücksichtigen Sie dabei folgende Fragestellungen:
a Von welchen Sozialversicherungen ist in den Artikeln die Rede?
b Zeigen Sie Unterschiede zu aktuellen Bestimmungen dieser Sozialversicherungen auf.
Gehen Sie dabei nach dem folgenden Schema vor:
– Träger
– Beiträge
– Leistungen
– Beitragsbemessungsgrenze
– Versicherungspflichtgrenze
– Versicherte
c Wie sollten diese Sozialversicherungen Ihrer Meinung nach geregelt sein?
d Halten Sie die aufgezeigte Entwicklung für realistisch?
e Welche aktuellen Sozialversicherungen sind in den Artikeln nicht angesprochen?

„ALESI 2030" vorgestellt

Brüssel, 17.07.2029
In allen 25 europäischen Hauptstädten der EU wurde heute die neue „ALESI 2030" (Alterslebenssicherung 2030) vorgestellt. Die nationalen Rentenversicherungen wurden damit aufgelöst bzw. in das System eingebaut. Hier die wichtigsten Neuerungen für das Bundesland Deutschland:
Die Alesi beträgt ab 01.01.2030 einheitlich 3000,00 € in allen Mitgliedsländern. Eine Anpassung findet jährlich zum 01.07. entsprechend der Euro-Lohnsteigerung statt.
Die Auszahlung erfolgt entweder über die Zusendung einer Wertscheckkarte, mit der direkt bezahlt bzw. auf einem Konto eingezahlt werden kann, oder über Onlineverfügung über ein Konto direkt beim Träger „Euro-Insurance-Company" (EIC) in Straßburg.

Die **Projektaufgaben** am Ende jedes Lernfelds zur Organisation und Verwaltung fordern den Transfer und die handlungsorientierte Umsetzung der Inhalte des betreffenden Lernfelds.

LF 9

Patienten bei diagnostischen und therapeutischen Maßnahmen der Erkrankungen des Verdauungssystems begleiten

Ihr **Bauchgefühl**......

Der Bauch enthält eine Vielzahl Organe …

und ist der Ort, an dem eine große Zahl unterschiedlicher Beschwerden empfunden werden. Es gibt keinen „Bauch-Arzt", denn Krankheiten der gesamten Inneren Medizin, der Chirurgie, Urologie, Gynäkologie und Geburtshilfe, der Orthopädie, Psychiatrie – und sogar der HNO- und der Augenheilkunde – können Bauchsymptome hervorrufen. Daher werden Sie als MFA, unabhängig davon, in welcher Fachpraxis Sie arbeiten, immer wieder mit Patienten, die Bauchsymptome aufweisen, konfrontiert werden.

......ist entscheidend

Von harmlosen Alltagsbeschwerden...

wie Blähungen und Verstopfung über Blasenentzündungen und Magen-Darm-Infekte können auch lebensbedrohliche Zustände wie Appendizitis, Eileiterschwangerschaft oder Magenblutung dahinterstecken. Sie als MFA sind – schon am Telefon – gefordert, das im wahrsten Sinne richtige „Bauchgefühl" zu spüren. Sie kennen Alarmsymptome und beachten genau das Aussehen, den Tonfall und die Anamnese Ihrer Patienten.

1 Ernährung, Verdauung und Stoffwechsel

Unser Organismus verbraucht ständig Energie, um selbst während des Schlafes wichtige Körperfunktionen wie Atmung, Kreislauf, Nierentätigkeit, Zellerneuerung und Temperaturregulation aufrechtzuerhalten. Energieträger und Baustoffe hierfür liefert die Nahrung.

Ernährung ist die Zufuhr von Nahrung, um daraus Baustoffe und Energie für alle Körperfunktionen zu gewinnen. Der Begriff **Verdauung** fasst die Vorgänge zusammen, die Nahrung in so kleine Bestandteile zu zerlegen, dass diese, die **Nährstoffe**, ins Blut aufgenommen, d. h. **resorbiert** werden können. Nach der **Resorption** werden die Nährstoffe mit dem Blut zu den Zellen transportiert und dort verwertet. Die Umwandlung von Nährstoffen in Baustoffe und Energie ist der **Stoffwechsel (Metabolismus)**:

- Der **Baustoffwechsel** verwendet Nährstoffe für Wachstum und Regeneration.
- Der **Energiestoffwechsel** gewinnt aus Nährstoffen Bewegungsenergie und Wärme.

Wichtige Funktionen im Energiestoffwechsel erfüllen die Mitochondrien. Sie wandeln Nährstoffe in die von allen Organellen nutzbare Energieform ATP (Adenosintriphosphat) um. Neben der Nährstoffzufuhr ist die Aufnahme von Wasser und Sauerstoff sowie die Abgabe von Kohlendioxid, d. h. die Atmung, eine Voraussetzung für einen funktionierenden Stoffwechsel.

Ernährung
Aufnahme von Nahrung als Nährstofflieferant

Verdauung
Zerlegung der Nahrung in Nährstoffe und Resorption

Stoffwechsel
Nutzung der Nährstoffe als Baustoffe und Energiespender

1.1 Ernährung

Unsere Nahrung dient der lebenserhaltenden Versorgung mit Nährstoffen, Vitaminen und Mineralstoffen. Sie soll darüber hinaus eine gesund erhaltende Wirkung entfalten. Zudem ist Essen untrennbar mit Zivilisation, Kultur, sozialem Leben und Sinnlichkeit verbunden. Die Mahlzeiten sollen uns schmecken und den Zusammenhalt in Familie und Gemeinschaft stärken. Nahrungsaufnahme dient nicht nur der Vermeidung von Hunger, sondern auch dem Genuss. Guter Geschmack ist ein positiver Verstärker, mit dem die Natur den Menschen die Nahrungsaufnahme und damit die Selbsterhaltung im wahrsten Sinne schmackhaft macht. Kalorienreiche Nährstoffe wie Fett und Zucker schmecken besonders gut; sie belohnen den Esser für die – in früheren Zeiten – anstrengende Nahrungssuche. Das gute Gefühl, das gehaltvolles Essen erzeugt, regt auch heute noch den Appetit an. Allerdings ist die Nahrungsbeschaffung in den Industrieländern nicht mehr mit weitem Laufen, mühsamem Sammeln und anstrengendem Jagen verbunden. Heute kann bzw. könnte die Ernährung sehr gesund sein, birgt aber durch das Zuviel an Essen und das Zuwenig an Bewegung neue Probleme.

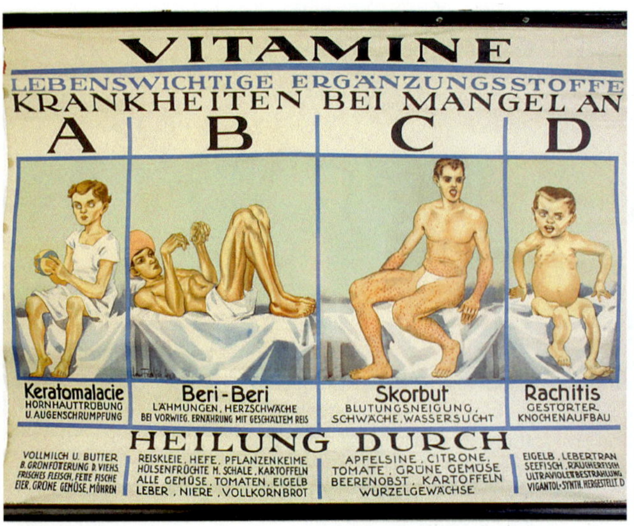

Abb. 1 Historisches Plakat zu Vitaminmangelerscheinungen

Ein großer Teil unseres Ernährungswissens beruht auf Erfahrungen mit Mangelerscheinungen und -krankheiten. Diese waren früher viel häufiger, als große Teile der Bevölkerung unterernährt waren. Fehlende Transport-, Konservierungs- und Kühlmöglichkeiten sowie Kriege und Armut beschränkten besonders im Winter die Versorgung der Bevölkerung. Die Seefahrerkrankheit **Skorbut**, die auf **Vitamin-C-Mangel** beruht, steht heute nur noch im Zusammenhang mit allgemeiner Verwahrlosung. Rachitis, die **Vitamin-D-Mangelkrankheit** der Kinder, ist durch die Vitamin-D-Gabe an Säuglinge selten geworden. Zahlreiche Folgen des Vitamin-D-Mangels sind in allen anderen Altersklassen allerdings häufig. Über- und Fehlernährung verursachen hierzulande jedoch insgesamt mehr Probleme als Nährstoffmangel.

Die tatsächliche Zusammensetzung unserer Nahrung zeigt folgende Tabelle:

Nährstoffe			**Unverdauliche Stoffe**	**Zusatzstoffe**
Energie und Baustoffe liefernde Nährstoffe	**nicht energieliefernde, aber ebenfalls wichtige Nährstoffe**		**Ballaststoffe:** Unverdauliche Kohlenhydrate aus Pflanzen, die eine wichtige Rolle für die Darmfunktion spielen, indem sie als Quellstoffe das Volumen des Darminhaltes erhöhen, die Darmflora pflegen und Verstopfung verhindern.	Natürliche oder chemische Stoffe, die Aussehen, Geschmack, Beschaffenheit und/oder Haltbarkeit der Lebensmittel verändern oder produktionsbedingt bzw. ungewollt in der Nahrung enthalten sind. Dazu zählen Farbstoffe, Gewürz- und Aromastoffe, Verdickungsmittel, Konservierungsstoffe, Antibiotika als sogenannte Wachstumsförderer von Schlachttieren und Umweltgifte (z. B. Schadstoffe und Schwermetalle).
Eiweiß = Protein	Vitamine	Wasser		
Kohlenhydrate (Stärke, Zucker)	Mineralstoffe und Spurenelemente			
Fette	sekundäre Pflanzenstoffe = Schutzstoffe aus Obst und Gemüse, essenzielle Aminosäuren und Fettsäuren			

Zur optimalen Nahrungszusammensetzung herrschen unterschiedliche Meinungen, die u. a. durch Weltanschauung und Religion beeinflusst werden. Einige unumstrittene Grundsätze bildet der Ernährungskreis (→ Abb. 1) ab.

MERKE

Die **Nahrung** sollte größtenteils pflanzlicher Herkunft sein, viel Stärke, richtig zusammengesetztes Eiweiß und wenig, aber wertvolles Fett enthalten. Obst und Gemüse sollen täglich verzehrt werden, Süßigkeiten und Alkohol möglichst selten. Genügend Wasser ist wichtig.

HINWEIS

Auf Grund der Häufigkeit von Übergewicht und Diabetes werden die Empfehlungen in Zukunft in Richtung proteinreicherer und kohlenhydratärmerer Kost überarbeitet.

Gute Zusammenstellungen der wichtigsten Ernährungsgrundregeln bieten z. B. die Deutsche Gesellschaft für Ernährung (DGE), die Centrale Marketing-Gesellschaft der Agrarwirtschaft (CMA) und die Stiftung Warentest.

Abb. 1 DGE-Ernährungskreis® (Copyright: Deutsche Gesellschaft für Ernährung e. V., Bonn):

1 Getreide, Getreideprodukte, Kartoffeln
2 Gemüse, Salat
3 Obst
4 Milch, Milchprodukte
5 Fleisch, Wurst, Fisch, Ei
6 Öle, Fette
7 Wasser, Getränke

Verlässliche Ernährungsinformationen bieten:
www.dge.de
www.bzga.de
www.test.de

1.2 Nährstoffe

MERKE

Die wichtigsten Energie liefernden Nährstoffe sind **Proteine**, **Kohlenhydrate** und **Fett**. Nicht Energie liefernde Nährstoffe sind **Vitamine, Mineralstoffe, Spurenelemente** und **sekundäre Pflanzenstoffe** sowie Wasser.

Protein (Eiweiß)

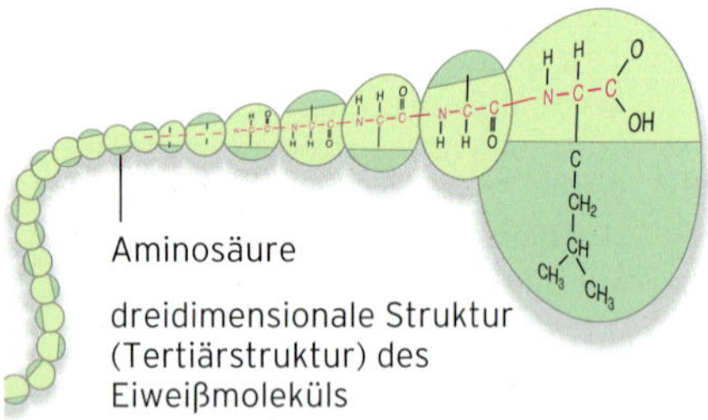

Abb. 1 Struktur eines Eiweißmoleküls = Proteins

Protein erhielt den Namen Eiweiß dadurch, dass es zuerst im Eiklar gefunden wurde. Proteine sind Gebilde aus mindestens 100 **Aminosäuren**, den Eiweißbausteinen. Jedes Protein hat eine charakteristische Folge und Anordnung von Aminosäuren sowie eine typische Form, in der die Aminosäurenketten aneinandergefügt und im Raum angeordnet sind.

20 verschiedene Aminosäuren liegen in unzähligen Kombinationen vor. Sie bilden eine große Anzahl an Proteinen und kleineren Molekülen, den **Peptiden**. Wichtig ist neben der aufgenommenen Eiweißmenge die Auswahl der Nahrungsproteine. Erst durch die richtige Kombination verschiedener Nahrungsproteine wird sichergestellt, dass der Organismus genug **essenzielle Aminosäuren** erhält. Dies sind Aminosäuren, die der Körper nicht selbst herstellen kann, aber unbedingt benötigt. Empfehlenswerte Nahrungsmittelkombinationen in Bezug auf die enthaltenden Aminosäuren sind z. B. Kartoffeln und Ei, Bohnen und Mais sowie Getreide und Milch.

Abb. 2 Proteinlieferanten sollten kombiniert werden.

Ein Erwachsener benötigt etwa 0,9 g Protein pro kg Körpergewicht am Tag. Ein Gramm Eiweiß enthält 4,1 kcal (17,3 kJ). Entscheidend für eine gesunde Entwicklung ist die Zufuhr essenzieller Aminosäuren bei Säuglingen und Kleinkindern. Erhalten Kinder nicht die notwendigen Proteine bzw. Proteinarten, können Nerven-, Sinnes- und Gehirnfunktionen einschließlich Geh- und Sehfähigkeit sowie Intelligenz bleibend eingeschränkt sein. Später kann auch eine optimale Ernährung solche Defizite nicht mehr beheben. **Vegane**, d. h. rein pflanzliche Ernährung ist daher für Säuglinge nicht empfehlenswert bzw. riskant. Auch stillende Mütter sollten von einer ausschließlich veganen Ernährung absehen.

Ausgeprägter Nahrungs- und Proteinmangel kann zu einem Defizit an Plasmaproteinen führen. Da Plasmaproteine – ähnlich wie kleine Schwämme – in der Blutbahn Wasser binden, kann es bei Eiweißmangel durch Plasmaaustritt ins Gewebe zu Ödemen kommen. Der sog. Hungerbauch bei Kindern mit Proteinmangel ist ein Beispiel eines Hungerödems. Der aufgetriebene Bauch entsteht auch dadurch, dass Proteinmangel zum Fehlen von Verdauungsenzymen und damit zu Blähungen und Durchfällen führt. Mangelnde Eiweißzufuhr erzeugt außerdem Antikörpermangel mit Immunschwäche sowie Störungen der Wundheilung, des Nagel- und Haarwuchses.
Wichtige Proteinquellen sind Milchprodukte (v. a. Käse), Fleisch, Eier, Hülsenfrüchte (v. a. Soja), Getreide (v. a. Hafer) sowie Nüsse und Kartoffeln. Ein Proteinmangel entsteht bei normaler Mischkost nicht, auch nicht bei Sportlern.

Auch Alkohol ist ein Nährstoff ... allerdings ein giftiger. Ethanol, ein Alkohol, liefert mit 7,1 kcal (29,3 kJ) fast so viel Energie wie Fett. Da sich die Leber bei Anwesenheit von Alkohol erst der wichtigen Aufgabe der „Entgiftung", d. h. dem Ethanolabbau, widmet, lässt sie andere Nährstoffe wie Fett und Kohlenhydrate auf ihre Verarbeitung warten. Dies führt zur Einlagerung in Fettdepots und in der Leber selbst. Bei regelmäßigem Konsum entsteht daher eine Fettleber. 20 g Alkohol/Tag für Frauen und 30 g Alkohol/Tag für Männer richten nachweislich Schaden an.

Kohlenhydrate

Kohlenhydrate sind Moleküle, in denen man bei ihrer Entdeckung in gleicher Anzahl Kohlenstoff (C) und Wasser (H_2O; gr. hydor = Wasser) fand. Davon leitet sich ihr Name ab. Heute sind viele Kohlenhydrate bekannt, deren Aufbau von der ursprünglichen Formel abweicht.
Eine andere Bezeichnung für Kohlenhydrate lautet **Saccharide**. Dieser Begriff schließt Zucker, Stärke und andere Moleküle bzw. Stoffe, die aus Zuckerbausteinen bestehen, ein. Je nach Anzahl ihrer Einzelbausteine bezeichnet man Saccharide als

- **Monosaccharide** (Einfachzucker),
- **Disaccharide** (Doppelzucker),
- **Polysaccharide** (Vielfachzucker).

Kohlenhydrate sind unentbehrliche Nährstoffe. Die verdaulichen Kohlenhydrate wie Zucker und Stärke tragen pro Gramm mit 4,1 kcal (17,3 kJ) zur Deckung des Energiebedarfs bei. Unverdauliche Kohlenhydrate dienen als **Ballaststoffe**, d. h., sie fördern die Darmfunktion.
Erwachsene sollten 5 g Kohlenhydrate pro kg Körpergewicht am Tag verzehren. Nicht sofort benötigte Saccharide speichert der Organismus in Form von **Glykogen** vor allem in Leber und Muskulatur. Das Polysaccharid Glykogen wird auch tierische Stärke genannt, da sein Aufbau dem pflanzlicher Stärke ähnelt. Bei Bedarf kann Glykogen wieder in Glukose zerlegt werden. Bei zu reichlicher Zufuhr wandelt der Stoffwechsel Kohlenhydrate in Fett um und lagert diese im Fettgewebe ein. Bei der sog. Zuckerkrankheit, dem Diabetes mellitus, befindet sich zu viel Glukose im Blut, da das Hormon Insulin fehlt oder seine Wirkung nicht ausreicht.

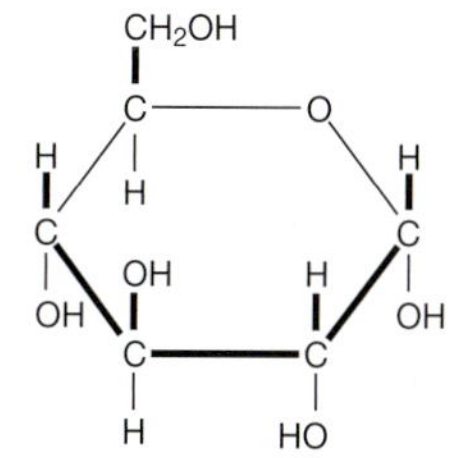

Abb. 1 Strukturformel (Molekülaufbau) eines Monosaccharids

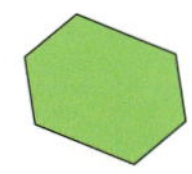

Traubenzucker (Glukose)

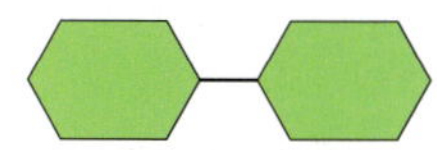

Malzzucker (Maltose)

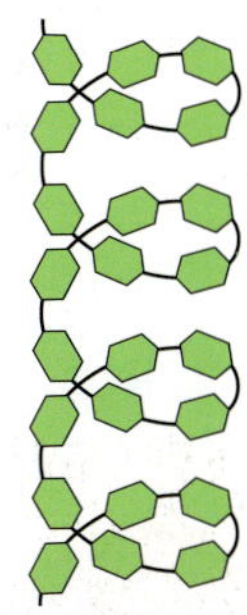

Pflanzenstärke

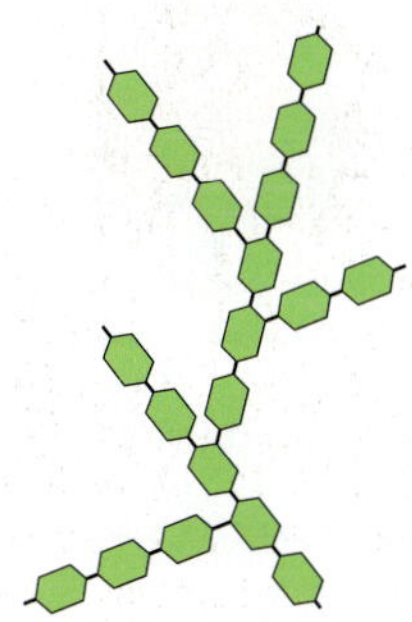

tierische Stärke (Glykogen)

Abb. 2 In unterschiedlichen Kombinationen bauen Einfachzucker sowohl Doppelzucker als auch Vielfachzucker auf.

Saccharid	Molekülart	Vorkommen und Eigenschaften
Glukose Traubenzucker	Monosaccharide	in Früchten; Baustein von Stärke und Glykogen; wird durch Insulin in Zellen eingeschleust
Fruktose Fruchtzucker		in Früchten und Honig; kann ohne Insulin in die Zellen gelangen
Maltose Malzzucker	Disaccharid aus zwei Molekülen Glukose	entsteht im Mund oder Darm aus Stärke und bei der Malzherstellung aus Gerste (davon leitet sich der Name Malzzucker ab)
Saccharose Kristallzucker	Disaccharid aus Glukose und Fruktose	„Kochzucker" aus Rüben oder Zuckerrohr; schmeckt süßer als Glukose, Fruktose und Maltose; wird auch als Sucrose bezeichnet
Laktose Milchzucker	Disaccharid aus Glukose und Galaktose	in Milch; führt zu Durchfall, wenn das Darmenzym Laktase fehlt (Laktoseintoleranz); wirkt in großen Mengen blähend und abführend
Stärke (pflanzlich)	Polysaccharide aus Glukose	langkettiges pflanzliches Kohlenhydrat, z. B. aus Getreide; gut und lange sättigend
Glykogen sog. tierische Stärke		verzweigtes Polysaccharid aus Glukose, das bei Glukoseüberschuss gebildet und bei Mangel (Hunger, Stress) wieder zerlegt wird
Zellulose Pflanzenfaserstoff		langkettiges pflanzliches Kohlenhydrat, das für Menschen unverdaulich ist und daher als Ballaststoff dient

Zuckerfrei naschen - Figur und Zähnen zuliebe - ist mit Hilfe von Ersatzstoffen möglich. Sogenannte zuckerfreie Süßigkeiten enthalten z. B. die Zuckeraustauschstoffe Xylit, Sorbit oder Isomalt. Sorbit wirkt ab 30 g/Tag abführend. Zuckeraustauschstoffe enthalten ebenso viele Kalorien wie Zucker. Da weitere Zutaten zuckerfreier Getränke, v. a. Säuren, auch Karies begünstigen, sind diese Produkte nicht unbedingt zahnfreundlich. Süßstoffe wie Saccharin, Aspartam, Acesulfam und Auszüge der Pflanze Stevia sind (fast) kalorienfrei. Allerdings entfalten sie v. a. bei hoher Konzentration einen eigenartigen Nachgeschmack.

Fette (Lipide)

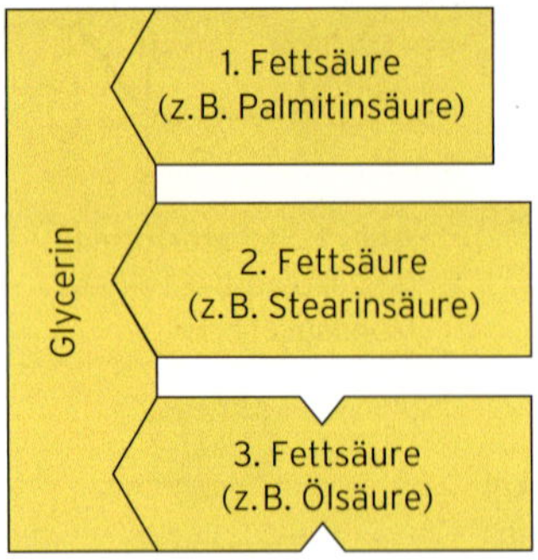

Abb. 1 Beispiel eines Fettmoleküls

Fette sind chemische Verbindungen, die nicht wasserlöslich sind und viel Energie liefern: 9,3 kcal bzw. 39,3 kJ pro Gramm. Nahrungsfette enthalten vor allem **Triglyceride**, d. h. Verbindungen aus drei Fettsäuren und Glycerin (→ Abb. 1).

Auch freie **Fettsäuren** und **Cholesterin** werden mit der Nahrung aufgenommen. Zusätzlich bildet v. a. die Leber körpereigenes Cholesterin. Der fettähnliche Stoff ist als Membranbestandteil und Grundbaustein einiger Hormone lebenswichtig. Tierische Fette (außer Fischfett), z. B. in Fleisch und Milch, sind cholesterinreich. Einen Cholesterinmangel gibt es nicht; zu viel Cholesterin hingegen trägt stark zur Arteriosklerose bei.

Die Ernährungslehre unterscheidet **gesättigte und ungesättigte Fettsäuren**. Ungesättigte Fettsäuren sind sehr gesund, da sie der Arteriosklerose entgegenwirken. Die mehrfach ungesättigten Omega-3-Fettsäuren, die vor allem in fettreichen Fischen (Lachs, Makrele und Hering) und einigen Pflanzenölen (z. B. Lein-, Raps- und Sojaöl) enthalten sind, senken den Cholesterinspiegel.

Nahrungsfett dient nicht nur als Energielieferant, sondern auch der Aufnahme der fettlöslichen Vitamine E, D, K und A (Merkhilfe „EDEKA"). Fette sind außerdem ein wesentlicher Geschmacksträger, der zu reichlicher Zufuhr verführt. Die täglich empfohlene Aufnahme beträgt 0,9 g pro kg Körpergewicht und wird hierzulande von den meisten Menschen überschritten.

www.5amtag.de
www.frucht-arbeitsplatz.de

Vitamine und sekundäre Pflanzenstoffe

Vitamine sind natürliche Nahrungsbestandteile mit lebenswichtiger Bedeutung (lat. vita = Leben). Der Körper muss sie mit der Nahrung aufnehmen. Der Begriff Vitamin ist über 100 Jahre alt; damals wurden die Vitamine entdeckt, benannt und nach Buchstaben geordnet. Nicht bei allen damals entdeckten Stoffen bestätigte sich die vitale Funktion. Andererseits wurden weitere Vitamine entdeckt. Daher gibt es zwar die Vitamine B_1, B_2 und B_{12}, aber nicht z. B. B_7.

Weitere nicht Energie liefernde Nahrungsbestandteile, die wichtige Körperfunktionen unterstützen und die Gesundheit fördern, wurden später entdeckt und als **sekundäre Pflanzenstoffe** bezeichnet. Sie wirken Arteriosklerose und anderen Degenerationsvorgängen entgegen und sind hauptsächlich in Früchten und Gemüse enthalten. Die ausreichende Versorgung mit Vitaminen und sekundären Pflanzenstoffen ist gewährleistet, wenn man täglich eine bestimmte Menge Obst und Gemüse zu sich nimmt, die fünf Handvoll entspricht. Diese können roh, aber auch gegart und z. T. in Form von Saft verzehrt werden. Die Initiative „5 am Tag" fördert die Umsetzung dieses Ziels auch im Schul- und Berufsalltag.

5 am Tag
OBST & GEMÜSE

Übersicht über die Vitamine			
Fettlösliche Vitamine (Merkformel „EDEKA" aus E, D, K und A)			
Vitamin, Substanzname, Tagesbedarf Erwachsene	**Wirkung, Aufgabe (Beispiele)**	**Mangelerscheinungen (Beispiele)**	**Natürliches Vorkommen (Beispiele)**
A = Retinol Vorstufe Carotin bzw. Betacarotin 1 mg	Sehvitamin; Hautschutz, Wachstum und Hormonbildung	Nachtblindheit, Hornhautschäden am Auge, Fertilitäts- und Wachstumsstörungen	gelbe, orange und rote Gemüse, Leber, Ei, Milch; cave Überdosierung durch Vitaminpräparate
D = Calciferol 1000 I.E. = 25 µg	Knochenstoffwechsel, Immunfunktionen	Osteomalazie bzw. Rachitis, Immunschwäche u. v. m.	Fischleber, Fischfett, Lebertran; Eigenbildung durch UV-Licht in der Haut
E = Tocopherol 14 mg	Oxidationsschutz für körpereigene Fette	vorzeitige Alterung, Fertilitätsstörungen, Impotenz	pflanzliche Öle, Nüsse, Keimöl
K = Phyllochinon 70 µg	Blutgerinnung, Knochenstoffwechsel	Blutungsneigung wie unter Phenprocoumon-Therapie	Kohl, Salat; auch die Darmflora bildet Vitamin K

Wasserlösliche Vitamine			
Vitamin, Substanzname, Tagesbedarf Erwachsene	**Wirkung, Aufgabe (Beispiele)**	**Mangelerscheinungen (Beispiele)**	**Natürliches Vorkommen (Beispiele)**
B_1 = Thiamin 1,2 mg	Enzymbestandteil	Mangelkrankheit Beriberi: Lähmungen, Herzschwäche	Vollkorn, Fleisch, Sonnenblumenkerne, Soja
B_2 = Riboflavin 1,3 mg	Enzymbestandteil	Haut- und Schleimhautentzündungen	Vollkorn, Milchprodukte, Fleisch, Leber, Käse
B_6 = Pyridoxin 1,5 mg	Enzymbestandteil	Krämpfe, Anämie, Hautveränderungen	Vollkorn, Milchprodukte, Fleisch, Leber, Käse
B_{12} = Cobalamin 3 µg	Enzymbestandteil, Erythrozytenbildung, Nervenfunktionen	Anämie mit erhöhtem MCV und MCH, neurologische und psychische Störungen	Leber, Fleisch, Ei, Milch; Vit. B_{12} ist nicht in pflanzlicher Nahrung enthalten
C = Ascorbinsäure 100 mg	Infektabwehr, Wundheilung	Skorbut: Zahnfleischentzündung, Blutungen u. v. m.	frisches Obst und Gemüse, Sauerkraut
Folsäure 400 µg	Blutbildung, Wachstum	Anämie, embryonale Wirbelsäulen- u. a. Fehlbildungen	grüne Blattgemüse, Hefe, Leber, Milch
Pantothensäure 6 mg	Die Stoffe dienen als Coenzyme, d. h., sie tragen in zahlreichen Stoffwechselvorgängen zur Wirkung der Enzyme bei.	Müdigkeit, Ekzeme, Schlafstörungen	Hefe, Eigelb, Vollkorn
Biotin 30-60 µg		Haarausfall, Ekzeme, Depression	Leber, Ei, Getreide, Nüsse
Niacin 15 mg		raue, entzündete Haut, neurologische Störungen	Vollkorn, Fisch, Kaffee

Mineralstoffe und Spurenelemente

Mineralstoffe sind wichtige Bestandteile des Organismus, die mit der Nahrung aufgenommen werden müssen. Sie befinden sich als Salze bzw. Ionen (geladene Teilchen) und als Teile chemischer Verbindungen im Körper. Auch die Elektrolyte sind Mineralstoffe.
Spurenelemente haben eine ähnliche Bedeutung, sind aber in kleineren Mengen erforderlich. Sie werden nur „in Spuren" benötigt und werden daher begrifflich abgegrenzt.

HINWEIS

Kinder, Jugendliche, Schwangere und Rekonvaleszente haben ggf. einen höheren Tagesbedarf.

Mineralstoffe			
Stoff, chemisches Zeichen, Tagesbedarf	**Funktion (Beispiele)**	**Erscheinungen bei Mangel (M) oder Überschuss (Ü) (Ursachen)**	**Vorkommen (Beispiele)**
Natrium Na 550 mg	wichtig im Wasser- und Salzhaushalt	**M:** Hypotonie, Salzhunger, Tachykardie (Diuretika) **Ü:** Hypertonie, Durst (NaCl-Infusionen)	alle salzhaltigen Speisen (Kochsalz = NaCl)
Kalium K 2 g		(**M:** bei Diuretikaeinnahme, **Ü:** bei Niereninsuffizienz)	Obst, Gemüse
Chlorid Cl 830 mg	Wasser- und Salzhaushalt, bildet Magensäure (HCl)	**M/Ü:** Störungen des Säure-Basen-Gleichgewichts	alle salzhaltigen Speisen (Kochsalz = NaCl)
Calcium Ca 1 g	Baustoff für Knochen und Zähne, Muskelfunktionen, Blutgerinnung	**M:** Osteoporose, Zahndefekte, Muskelkrämpfe (Schwangerschaft) **Ü:** Knochenveränderungen	Käse und andere Milchprodukte, Mineralwasser
Magnesium Mg 350 mg	reguliert Nerven- und Muskelfunktionen	**M:** Wadenkrämpfe, Herzrhythmusstörungen (Diuretika, Durchfall, Laxanzien)	Obst, Gemüse, Mineralwasser
Phosphat P 700 mg	Bestandteil von Knochen und ATP	**M:** Knochendefekte (Antazida-Einnahme)	Hafer, Milch

Spurenelemente			
Stoff, chemisches Zeichen, Tagesbedarf	**Funktion (Beispiele)**	**Erscheinungen bei Mangel (M) oder Überschuss (Ü)**	**Vorkommen (Beispiele)**
Eisen Fe 15 mg	Blutbildung, Enzyme, Haut, Immunsystem	**M:** Eisenmangelanämie, Immunschwäche, Müdigkeit	Fleisch, Hafer, Soja, Obst
Jod I 200 µg	Bildung der Schilddrüsenhormone	**M:** Struma, Hypothyreose	Seefisch, Tang (Sushi), Jodsalz
Fluor F 3,6 mg	Zahn- und Knochenbestandteil	**M:** Karies, Knochendefekte **Ü:** weiße Zahnflecken	Trinkwasser, Tee, Zahncreme
Zink Zn 10 mg	Enzymbestandteil, z. B. in Abwehrzellen	**M:** Immunschwäche, Fertilitätsstörungen, Haarausfall	Fleisch, Hafer, Nüsse, Austern
Selen Se 30–70 µg	Immun- und Schilddrüsenfunktionen	**M:** Krebs? Immunschwäche? Schilddrüsenknoten **Ü:** Diabetes mellitus	Paranüsse
Kupfer, Mangan, Kobalt, Chrom, Molybdän und andere	Blutbildung, Wachstum, Gehirnfunktionen, Enzymbestandteile	Mangel und Überschuss sind bei normaler, gemischter Ernährung unwahrscheinlich.	

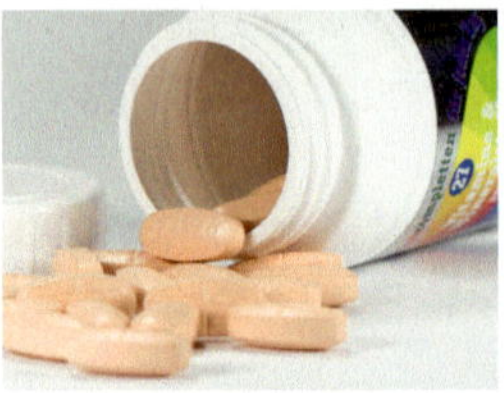

Tabletten können dem Körper einfach und schnell fehlende Vitamine, Mineralstoffe usw. zuführen. In der Natur kommen diese als reine, isolierte Stoffe jedoch nicht vor. Die Einnahme solcher Präparate ist nicht immer ohne Risiko; bei Rauchern erhöht z. B. Betacarotin nachweislich das Krebsrisiko. Die Vorteile der „Pillen" überwiegen bei nachgewiesenem Mangel, der durch Ernährung nicht oder nicht genügend ausgleichbar ist; Beispiele: Eisen bei Eisenmangelanämie, Folsäure in der Frühschwangerschaft, Vitamin B_{12} bei veganer Ernährung, Jod bei Jodmangelstruma, Vitamin D zur Rachitis- und Osteoporoseprophylaxe.

SI
Système international d'unités; internationales Einheitensystem

Terminologie: Ernährung

Aminosäure	Eiweißbaustein
Ballaststoffe	unverdauliche Kohlenhydrate, die die Darmfunktion fördern
Disaccharid	Doppelzucker (z. B. Saccharose)
Ernährung	Nahrungsaufnahme zur Deckung des Nährstoffbedarfs
essenzielle Aminosäuren	Aminosäuren, die der Körper aufnehmen muss, da er sie benötigt, aber nicht selbst herstellen kann
Glykogen	Speicherform der Glukose; sog. tierische Stärke
Kilokalorie (kcal)	herkömmliche Einheit für Energie bzw. Nahrungsenergie
Kilojoule (kJ)	SI-Einheit für Energie bzw. Nahrungsenergie (1 kcal = 4,2 kJ)
Mineralstoffe	kalorienfreie Nährstoffe, die Baustoff- und/oder Elektrolytfunktionen ausüben (z. B. Calcium, Natrium, Kalium)
Monosaccharid	Einfachzucker (z. B. Glukose)
Nährstoff	chemischer Stoff, der dem Körper als Energie- oder Baustofflieferant dient (Energie liefernde Nährstoffe) oder andere Funktionen ermöglicht (nicht Energie liefernde Nährstoffe)
Peptid	Molekül aus 2 bis 99 Aminosäuren
Polysaccharid	Vielfachzucker (z. B. Stärke und Glykogen)
Protein	Eiweiß

Resorption	Stoffaufnahme über Haut oder Schleimhaut ins Blut
Saccharide	Zuckerstoffe; Kohlenhydrate (sprich Sacharide)
sekundäre Pflanzenstoffe	gesundheitsfördernde Inhaltsstoffe aus Früchten und Gemüse, die nicht zu den Vitaminen gerechnet werden
Spurenelemente	kalorienfreie Nährstoffe, die in geringen Mengen für Körperfunktionen erforderlich sind (z. B. Eisen, Jod, Selen)
Stoffwechsel (Syn. **Metabolismus**)	Umwandlung aufgenommener Stoffe in Baustoffe (Baustoffwechsel) oder Bewegung und Wärme (Energiestoffwechsel)
Triglycerid	Fettmolekül aus drei Fettsäuren und einem Glycerinmolekül
vegan	bzgl. Ernährung: rein pflanzlich
Vitamine	kalorienfreie organische Verbindungen, die der Körper benötigt und nicht selbst herstellen kann (z. B. Retinol = Vitamin A)

HINWEIS

„**Superfoods**", d. h. Nahrungsmittel, die besondere gesundheitsfördernde Fähigkeiten haben sollen wie Chia-Samen, Goji-Beeren, Algen usw. sind gut, machen eine sonst unausgewogene Ernährung aber nicht gesund. Sinnvoller als teure „Supernahrung" sind natürliche, frische Grundnahrungsmittel.

AUFGABEN

1 Für welche Vorgänge benötigt der menschliche Körper ständig Energie?

2 Erklären Sie den Begriff Stoffwechsel.

3 Was versteht man unter Nährstoffresorption und wo findet sie statt?

4 Nennen Sie Vorkommen und Nutzen der Vitamine C, B_{12} und K.

5 Welche Vitamine verbergen sich hinter den Namen Retinol und Calciferol?

6 Wozu dient dem Organismus Calcium?

7 Erklären Sie mit einfachen Worten die grundlegenden Ernährungsregeln.

8 Was versteht man unter sekundären Pflanzenstoffen?

9 Wie viele Kalorien enthalten Protein, Kohlenhydrate, Fett und Alkohol?

10 Für welches Organ ist ein Jodmangel schädlich?

11 Erklären Sie, welche Erkrankungen Jodmangel erzeugen.

12 Welche Nahrungsmittel können einem Jodmangel vorbeugen?

13 Nennen Sie je zwei Mono-, Di- und Polysaccharide.

14 Geben Sie die Vorteile einer ballaststoffreichen Ernährung an.

15 In welchen Nahrungsmitteln sind reichlich Ballaststoffe enthalten?

16 Erklären Sie, weshalb ein hoher Ballaststoffanteil der Nahrung eine hohe Trinkmenge erfordert.

17 Nennen Sie die Mangelkrankheit, die bei Vitamin-C-Mangel entsteht.

18 Wie nennen sich die Vitamin-D-Mangelkrankheiten bei Kindern bzw. Erwachsenen?

19 Geben Sie an, welche Nahrungsmittel reich an Vitamin D sind.

2 Aufbau und Funktion des Verdauungsapparates

Die Verdauung findet im **Gastrointestinaltrakt** (**GI-Trakt**; Magen-Darm-Trakt) statt. Dieser besteht aus dem eigentlichen Verdauungskanal, d. h. einer Abfolge schlauchförmiger Organe vom Mund bis zum After (→Abb. 1), die der Aufnahme, Zerlegung und Resorption der Nahrung bzw. Nährstoffe dienen. Auch Leber, Gallenblase und Bauchspeicheldrüse gehören zum GI-Trakt, da sie wichtige Funktionen bei der Nahrungsverarbeitung erfüllen.
Der **Gastroenterologe** ist Internist mit dem Schwerpunkt **Gastroenterologie**. Er behandelt Erkrankungen des GI-Trakts einschließlich Gallen-, Leber- und Pankreasleiden.

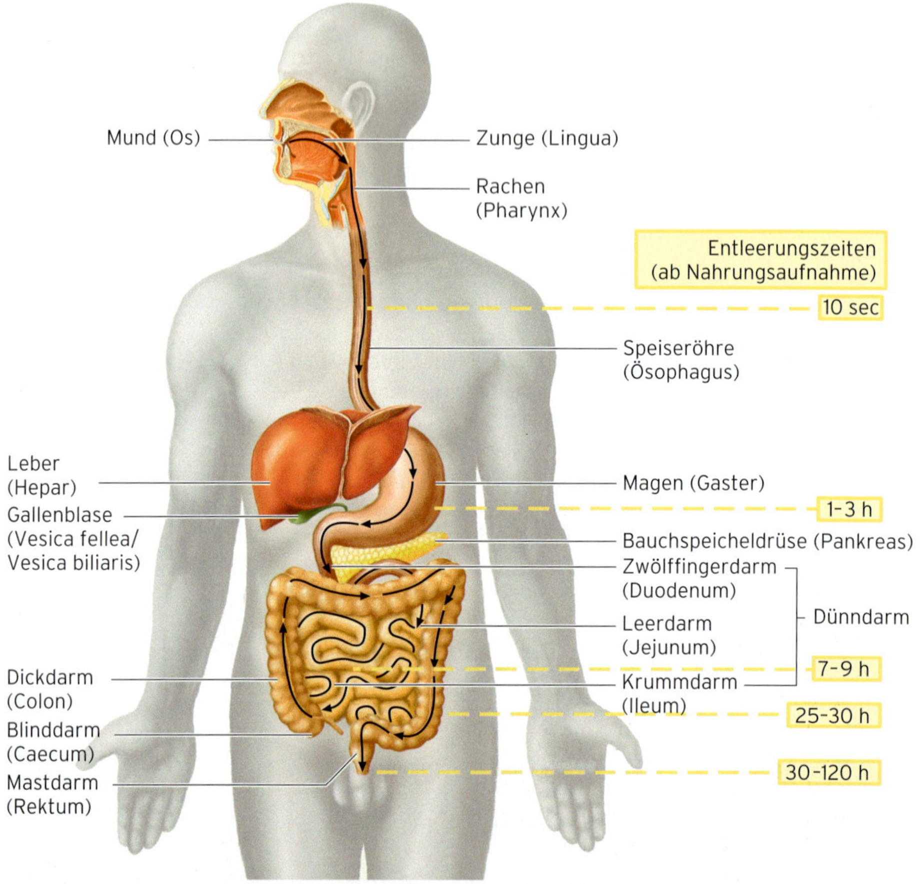

Abb. 1 Verdauungssystem des Menschen

Alle schlauchförmigen Organe des GI-Trakts haben einen gemeinsamen Grundaufbau. Die innere Schicht besteht aus Schleimhaut, die je nach Aufgaben des jeweiligen Organs charakteristische Eigenschaften hat. Die mittlere Schicht besteht aus zwei Lagen glatter Muskulatur. Längs- und Ringmuskulatur sorgen dafür, dass der Speisebrei bzw. Darminhalt bewegt wird. Die automatische wellenförmige Bewegung in Richtung After heißt **Peristaltik**.

Die **Peristaltik** arbeitet normalerweise nur in **Richtung Darmausgang**. Daher ist es möglich, selbst im Handstand (mit einem Trinkhalm) zu trinken und zu schlucken. Nur beim Erbrechen findet eine umgekehrte Peristaltik statt. Dieser Schutzreflex hat die Funktion, Giftstoffe wie Alkohol oder Bakterientoxine auszuscheiden.

2.1 Mund und Speiseröhre

Der Mund **(Os)** nimmt die Speisen auf. Die Zähne – bzw. der Kauvorgang – zerkleinern die Nahrung. Diese wird mit Speichel vermischt und dabei verflüssigt und vorverdaut. Die großen Speicheldrüsen, v. a. die **Glandula parotis** (Ohrspeicheldrüse; → Abb. 1), geben hierfür bedarfsgerecht Speichel ab. Eine Vielzahl kleiner Speicheldrüsen in der Mundschleimhaut trägt ebenfalls zur Verflüssigung des Speisebreis bei. Der Speichel enthält neben Wasser Mineralstoffe zur Pflege des Zahnschmelzes, andickende Proteine und Immunglobuline für die Erregerabwehr. Das ebenfalls enthaltene Speichelenzym **Amylase** spaltet Stärke in kleinere Saccharide auf und nimmt so eine Vorverdauung der Nahrung vor.

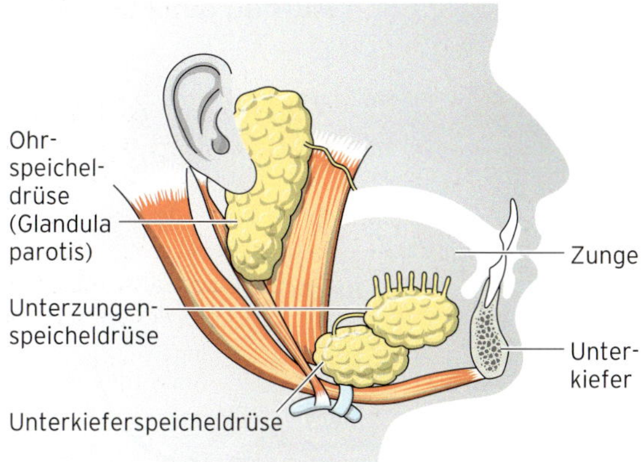

Abb. 1 Große Speicheldrüsen

Die Zunge prüft mit ihrem feinen Tastsinn die Nahrung nach Qualität, Fremdkörpern und Zerkleinerungsgrad. Sie schiebt den Speisebrei so lange immer wieder zwischen die Zähne, bis der Kauvorgang abgeschlossen ist. Die Geschmackswahrnehmung findet zum kleinen Teil auf der Zunge statt. Die meisten Aromastoffe „schmecken" wir aber mit den Riechzellen im obersten Teil der Nasenhöhle. Viele Menschen können daher bei Schnupfen nicht schmecken, wenn die Riechschleimhaut so dick geschwollen ist, dass Aromamoleküle nicht bis zu den Sinneszellen durchdringen können.

Die Geschmacksknospen im Mund dienen der Wahrnehmung der fünf Geschmacksqualitäten süß, salzig, sauer, bitter und umami (japanisch = köstlich). Umami meint einen intensiven Geschmack durch den Geschmacksverstärker Glutamat. Die Zunge nimmt auch angenehme, z. B. fettige, „schmelzende" Nahrungskonsistenzen positiv wahr. Die meisten Aromastoffe gelangen aus der Mundhöhle dorsal durch den Rachen in die Nase und reizen dort den Riechnerv. Reizstoffe aus Pfeffer, Chili usw. regen den N. trigeminus (Drillingsnerv) an, der intensive Reize über Reflexe mit Tränen der Augen und Schwitzen beantwortet.

Schluckvorgang

Der Schluckvorgang ist ein kompliziertes Zusammenspiel mehrerer Organe. Wir können den Schluckvorgang starten, indem wir den Speisebrei mit Hilfe der Zunge in Richtung Rachen schieben und durch die willkürlich steuerbare Rachenmuskulatur schlucken. Der Kehldeckel verschließt dann automatisch den Kehlkopfeingang und verhindert so, dass Nahrung in die Atemwege gelangt.

Die glatte Muskulatur des **Ösophagus** befördert den Speisebrei in den Magen (→ Abb. 2). Der **untere Ösophagussphinkter** (→ S. 20, Abb. 1), der ringförmige Muskel, der die Speiseröhre gegenüber dem Magen abgrenzt, öffnet sich automatisch im richtigen Moment und verschließt sich sogleich nach dem Schlucken. Das Diaphragma (Zwerchfell) besitzt eine Muskellücke, den **Hiatus**, durch die der Ösophagus zum Magen hindurchtritt.

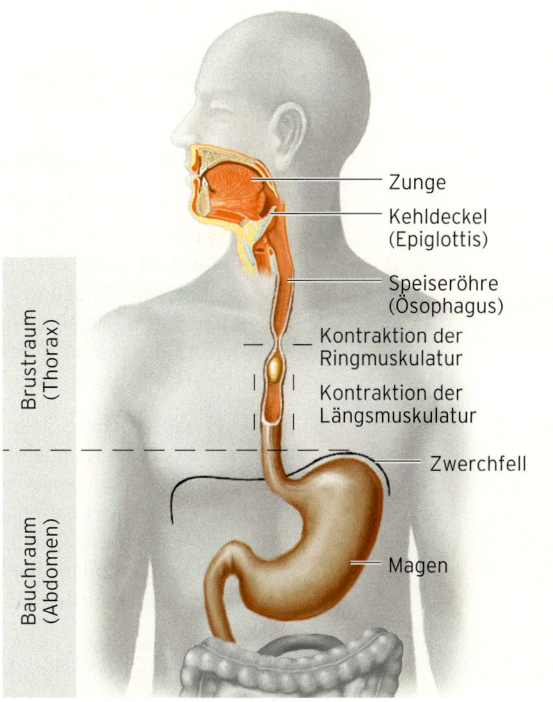

Abb. 2 Die Speiseröhre befördert die Nahrung vom Rachen zum Magen.

Die Zwerchfellmuskulatur unterstützt den unteren Ösophagussphinkter beim Verschließen des Mageneingangs. Da im Alter alle Muskeln schwächer werden, tritt bei älteren Patienten häufig Sodbrennen auf, d. h. ein Rückfluss von Magensäure in die Speiseröhre.

2.2 Magen

Aufbau des Magens

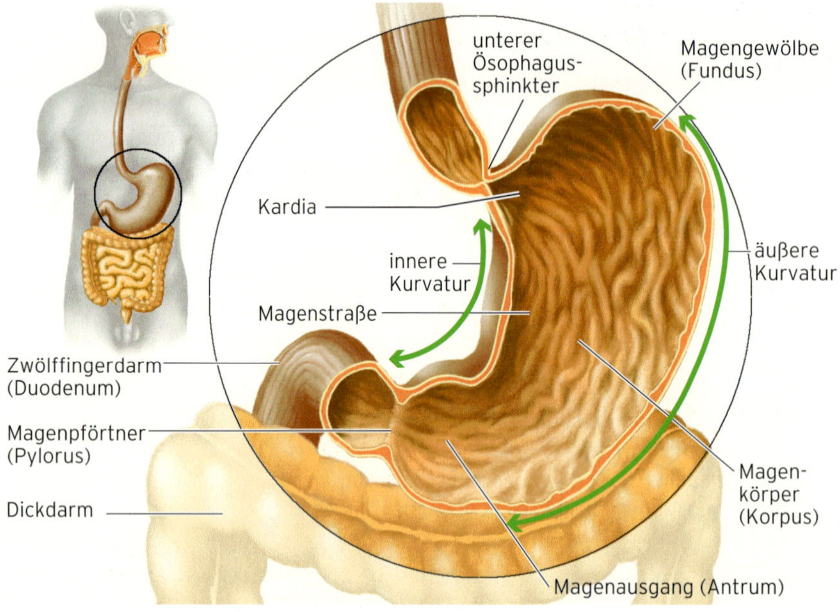

Abb. 1 Magenaufbau

Der Magen (gr. **Gaster**, lat. **Ventriculus**) ähnelt von ventral betrachtet einer breiten Sichel (→Abb. 1). Die innere Rundung der Sichel ist die **innere Kurvatur**, die äußere Rundung die **äußere Kurvatur** (Magenkrümmung). Der Speisebrei gelangt vom Ösophagus kommend in die **Kardia**, den Mageneingang. Von dort folgt er der von Schleimhautfalten gebildeten sog. Magenstraße in Richtung **Korpus** (Magenkörper; Mittel- bzw. Hauptteil des Magens). Die Falten passen sich dem Füllungszustand des Magens an und werden flacher, wenn der Magen voll ist. Durch das **Antrum**, den Magenausgang, erreicht der Mageninhalt den ringförmigen Schließmuskel **Pylorus**, den Magenpförtner. Am Pylorus beginnt der Zwölffingerdarm (das **Duodenum**) und damit der Dünndarm.

Aufgaben des Magens

Der Magen sammelt die Nahrung und desinfiziert sie mit seiner Säure (pH-Wert 1–2). Nur große Erregermengen, z. B. Nahrung mit mehr als 20 000 Salmonellen, oder besonders virulente und säureresistente Organismen wie das Norovirus können daher Infektionen im GI-Trakt hervorrufen. Wird die Säurebildung durch Medikamente wie Omeprazol unterdrückt, steigt das Risiko infektiöser Magen-Darm-Erkrankungen an. Die Magenschleimhaut selbst ist durch eine lückenlose Schleimschicht geschützt: Von Spezialzellen gebildeter Magenschleim schützt die Schleimhaut vor ihrer eigenen aggressiven Säure.

Die enzymatische Eiweißverdauung beginnt im Magen mit Hilfe des Enzyms **Pepsin**, einer Protease. **Proteasen** sind Enzyme, die Proteine zerkleinern. Neben Sekreten, d. h. Magensaft, -schleim, -säure und Pepsin, bildet die Magenschleimhaut auch den **Intrinsic-Faktor**. Dieser Stoff ist notwendig, um Cobalamin (Vitamin B_{12}) ins Blut aufzunehmen. Der Intrinsic-Faktor verbindet sich mit Cobalamin, das mit der Nahrung in den Magen gelangt. Diese Verbindung wird im letzten Dünndarmabschnitt resorbiert. Vitamin-B_{12}-Mangel tritt daher sowohl bei mangelnder Zufuhr als auch bei Magen- und Dünndarmerkrankungen auf.

Die Zusammensetzung der Nahrung und ihr Säuregehalt werden in Magen und Duodenum ständig durch spezielle Messfühler überprüft. Nach Bedarf gibt der Magen das Hormon **Gastrin** ab, das die Produktion von Magensaft, Pepsin und Säure anregt. Andere Botenstoffe erzeugen das Sättigungsgefühl, welches u. a. vom Füllungsgrad des Magens abhängt. Auch Ekelgefühl und das bei Vergiftungen sinnvolle Erbrechen entstehen über Botenstoffe, die passend zur Zusammensetzung des Mageninhalts ausgeschüttet werden. Das heißt, dass z. B. hohe Alkohol- und Fettkonzentrationen registriert werden und über die Ausschüttung spezieller Botenstoffe Übelkeit und Erbrechen auslösen.
Sobald der Magen die Vorverdauung abgeschlossen hat, tritt sein Inhalt durch den Pylorus ins Duodenum über.

2.3 Dünndarm

Aufbau des Dünndarms

Der menschliche Dünndarm gliedert sich in drei Abschnitte:
- den ca. 30 cm langen, c-förmigen Zwölffingerdarm **(Duodenum)**
- den ca. 1,5 m langen Leerdarm **(Jejunum)**
- den ca. 3 m langen Krummdarm **(Ileum)**

Das Ileum mündet im rechten Unterbauch in den ersten Abschnitt des Dickdarms, das **Caecum** (**Zökum**; Leerdarm). Der letzte Teil des Ileums heißt **terminales Ileum**. Nur hier kann die Verbindung aus Intrinsic-Faktor und Vitamin B_{12} resorbiert werden. An der Einmündung des Ileums ins Caecum befindet sich die ventilartige **Ileozökalklappe** (→Abb. 1).

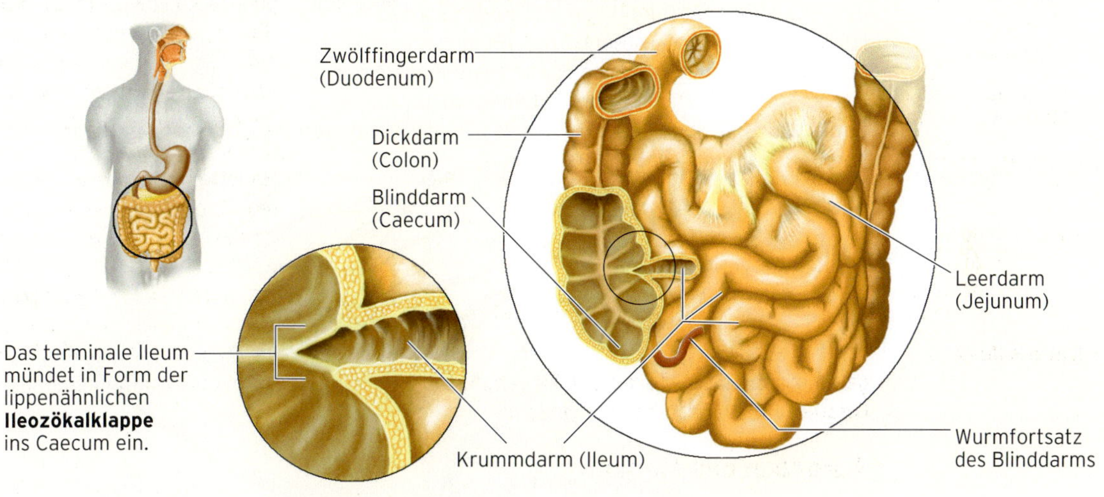

Abb. 1 Dünndarmabschnitte und Übergang zum Dickdarm

Aufgaben des Dünndarms

Die **Aufgabe des Dünndarms** ist die Resorption von Nährstoffen. Diese müssen zuvor durch Aufspaltung der Nahrung gewonnen werden. Dies geschieht maßgeblich durch die Enzyme des Bauchspeichels, der bedarfsgerecht vom exokrinen Teil der Bauchspeicheldrüse (dem **Pankreas**; →Abb. 2) gebildet und ins Duodenum abgegeben wird. Auch hier steuern Messfühler und Botenstoffe die auf Nahrungsmenge und -art abgestimmte Sekretbildung und -abgabe sowie die Darmmotorik. Die Dünndarmschleimhaut bildet ebenfalls Enzyme, z. B. das Milchzucker spaltende Enzym **Laktase** und das Fett spaltende Enzym **Lipase**. Die Galle, d. h die Gallenflüssigkeit, unterstützt die Fettverdauung, indem sie Fetttropfen zerkleinert und für die Lipase leichter angreifbar macht. Da viele Verdauungsenzyme durch Säure gehemmt werden, neutralisiert das alkalische Pankreassekret den Speisebrei mit Hilfe von **Bikarbonat**. Die Ausführungsgänge von Pankreas und Gallenblase münden ins Duodenum (→Abb. 2).

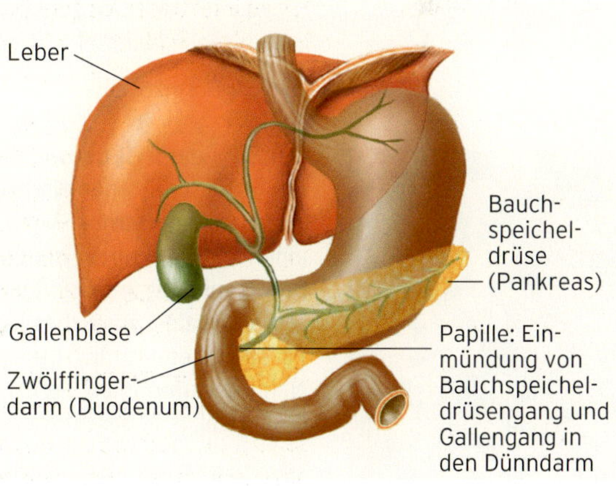

Abb. 2 Anatomie und Lage der Bauchspeicheldrüse

Nach der Zugabe von Pankreas- und Gallensekret wird der Darminhalt gut durchmischt, damit die Enzyme gründlich einwirken und die Nährstoffe freigesetzt werden können. Die Endprodukte der enzymatischen Verdauung sind so klein, dass die Darmschleimhaut sie ins Blut resorbieren kann. Fette werden teilweise auch von Lymphgefäßen aufgenommen und mit der Lymphe herznahen Venen zugeführt. Die Durchmischung des Darminhalts geschieht im Dünndarm mit automatischen Pendelbewegungen der glatten Muskulatur. Diese bewirken eine gründliche Vermengung des Speisebreis mit Wasser, Enzymen und Gallenwirkstoffen.

Verdauungsenzym	Zu spaltender Stoff → Spaltprodukt	Bildungsort/Wirkungsort
Amylase	Stärke → Maltose	Speicheldrüsen/Mund, Pankreas/Dünndarm
Pepsin	Proteine → Peptide	Magenschleimhaut/Magen
Lipase	Fett (Triglyceride) → Glycerin und Fettsäuren	Pankreas/Dünndarm
Trypsin, Chymotrypsin und andere Proteasen	Protein → Peptide → Aminosäuren	Pankreas/Dünndarm
Maltase	Maltose → Glukose	Pankreas/Dünndarm

Um schnell große Mengen Wasser und Nährstoffe resorbieren zu können, besitzt die Dünndarmschleimhaut eine sehr große Oberfläche (→Abb. 1 und 2). Diese entsteht zum einen durch die große Länge des Dünndarms und durch seine Fältelung. Jede Falte ist außerdem mit unzähligen Zotten (→Abb. 2) besetzt, deren Epithel wiederum dicht mit Saughärchen bedeckt ist. So entsteht die Gesamtresorptionsfläche des Dünndarms von über 200 m².
Der größte Teil des Darms ist mit **Peritoneum** (Bauchfell) überzogen. Das einschichtige Epithel ist glatt und feucht und ermöglicht eine reibungslose Bewegung aller Darmabschnitte.

Oberflächenvergrößerung am Beispiel des Dünndarms

- Der Dünndarm ist fünf Meter lang.
- Durch seine Falten verdreifacht er seine Oberfläche.
- Durch die Zotten verzehnfacht er sie.
- Durch die Saughärchen an der Zelloberfläche verzwanzigfacht er sie.

→ So wird eine 3 x 10 x 20 = 600fache Oberflächenvergrößerung erreicht.

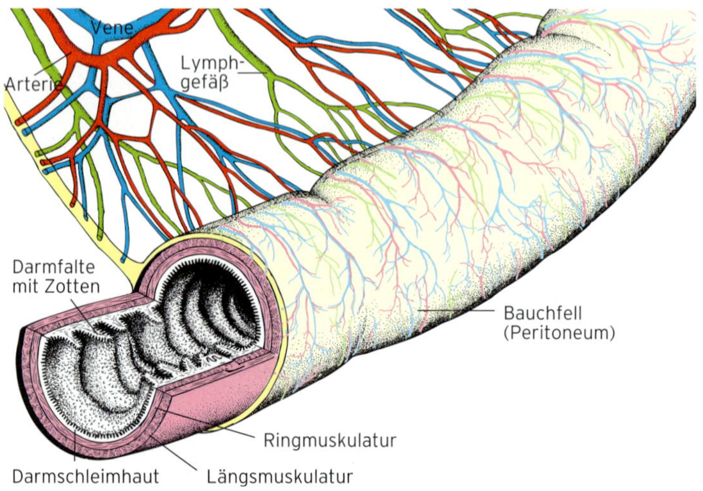

Abb. 1 Aufbau des Dünndarms und der Darmzotten

Abb. 2 Rasterelektronenmikroskopische Aufnahme der Dünndarmschleimhaut mit Zotten

Der Dünndarm ist der wichtigste Darmabschnitt, weil nur er zur Nährstoffresorption fähig ist. Bei fortgeschrittenen Krebserkrankungen kann es erforderlich sein, Abschnitte des GI-Trakts operativ zu entfernen. Muss der Ösophagus entfernt werden, kann bestimmte Nahrung durch einen Schlauch direkt in den Magen gegeben werden. Wenn man den Magen entnimmt, wird der Ösophagus ans Duodenum angeschlossen. Bei Verlust des Dickdarms, Enddarms bzw. Afters kann ein künstlicher Darmausgang am Bauch angelegt werden. In allen beschriebenen Fällen gibt es natürlich Ernährungs- und Verdauungsprobleme, aber der Patient kann weiterhin Nahrung aufnehmen. Fehlt hingegen der Dünndarm als Resorptionsorgan, muss der Betroffene parenteral, d. h. per Infusion, ernährt werden.

Enzyme sind natürliche Stoffe, die biochemische Vorgänge im Körper ermöglichen. Sie können z. B. Moleküle zerlegen oder zusammensetzen. Auch Waschmittel nutzen Enzyme: Amylase löst stärkehaltige Flecken aus der Wäsche. Frische Ananas enthält Proteasen, die bei reichlichem Genuss ein Wundwerden der proteinhaltigen Zungenoberfläche erzeugen. Bei oraler Aufnahme werden Enzyme jedoch im Magen-Darm-Trakt selbst durch Verdauungsenzyme zerlegt.

2.4 Dickdarm

Aufbau des Dickdarms

Der Dickdarm eines Menschen ist etwa so lang wie seine Armspanne (ca. 1,5 m). Er liegt im Unterbauch und umrahmt den geschlungen verlaufenden Dünndarm (→Abb. 1). Der Dickdarm besteht aus mehreren Abschnitten:

- **Caecum** (Coecum; Zökum; Blinddarm)
- **Colon** (**Kolon**; Grimmdarm) mit seinen vier Abschnitten:
  - Colon ascendens (aufsteigendes Kolon)
  - Colon transversum (quer verlaufendes Kolon)
  - Colon descendens (absteigendes Kolon)
  - Colon sigmoideum **(Sigma; Sigmoid; S-Darm)**
- **Rektum** (Mastdarm)

Der letzte Darmabschnitt, bestehend aus Sigma, Rektum und Anus, wird als **Enddarm** bezeichnet. Den Abschluss des Dickdarms bzw. den Darmausgang bildet der **Anus** (After). Dieser enthält den mehrschichtigen Schließmuskel, der den Anus für die Stuhl- und Gasentleerung öffnet und danach wieder verschließt (→Abb. 2).

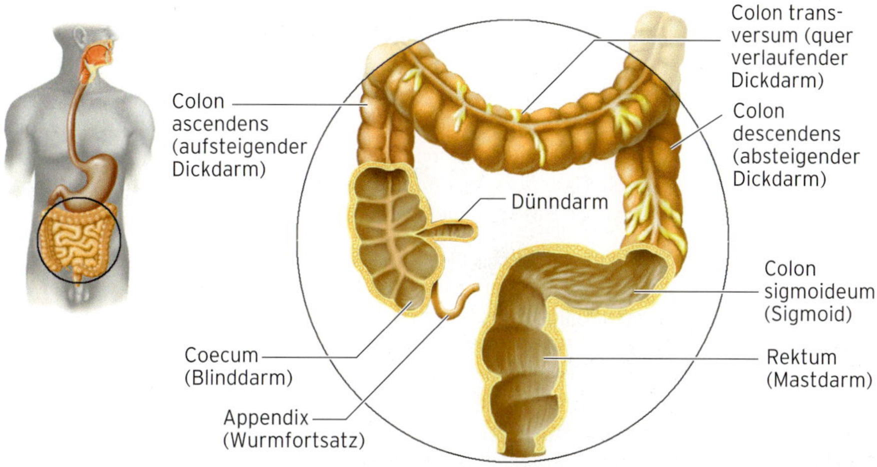

Abb. 1 Verdauungssystem des Menschen

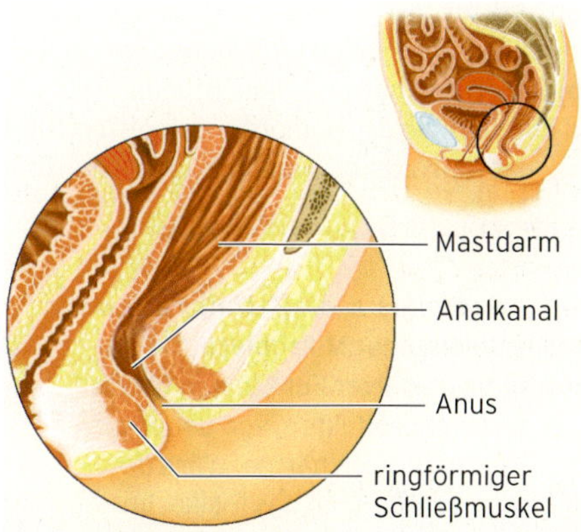

Abb. 2 Anus (After)

Das Caecum heißt Blinddarm, weil es nach kaudal „blind" endet. Es bildet eine sackförmige Ausbuchtung, an der sich die **Appendix vermiformis**, der Wurmfortsatz, befindet (→Abb. 3). Die Appendix ist lymphozytenreich und hat wahrscheinlich immunologische Aufgaben. Die Entzündung der Appendix, die Appendizitis, wird im Volksmund fälschlich „Blinddarmentzündung" genannt. Das Caecum, der Blinddarm, ist jedoch nicht betroffen. Die korrekte deutsche Bezeichnung ist daher Wurmfortsatzentzündung.

Vom Caecum aus verläuft das aufsteigende Kolon nach kranial, das quer verlaufende Kolon von rechts nach links und das absteigende Kolon nach kaudal. Es schließen sich das Sigma (der s-förmige S-Darm) und das Rektum an. Das Rektum geht in den Anus über.

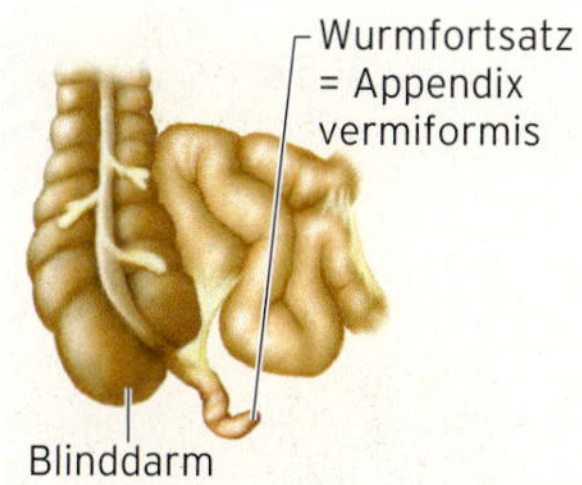

Abb. 3 Wurmfortsatz

Appendizitis
→LF 9, S.50

Aufgaben des Dickdarms

Die Hauptaufgaben des Dickdarms sind die Eindickung des Darminhalts durch Wasserresorption und die Formung des Stuhls (die **Fäzes**). Ein großer Teil des Wassers, das in den oberen Abschnitten des GI-Trakts zugemischt worden war, wird im Dickdarm resorbiert.

MERKE

Insgesamt ca. 9 L **Speichel, Magen-, Gallen-, Pankreas- und Jejunumsekret** werden täglich durch Drüsen bzw. Drüsenzellen der Schleimhäute in das Lumen des Gastrointestinaltrakts abgegeben. Ebenso viel Flüssigkeit resorbieren Ileum und Dickdarm ins Blut, sodass die Flüssigkeitsbilanz des GI-Trakts ausgeglichen ist. Da Sekretion und Resorption nebeneinander passieren, sind die 9 L Flüssigkeit nicht gleichzeitig im GI-Trakt.

Obstipation → LF 9, S.41

Abb. 1 Ballaststoffreiche Nahrung regt die Darmtätigkeit an.

Im Dickdarm befindet sich die Darmflora, die aus mehreren Hundert Arten anaerober Bakterien besteht, u. a. dem Bakterium **E. coli (Escherichia coli)**. Die Darmflora hat umfangreiche immunologische Funktionen. Sie unterdrückt die Vermehrung pathogener Keime, bildet Vitamin K für die Blutgerinnung und spaltet bisher unverdaute Kohlenhydrate, z. B. aus Getreide und Hülsenfrüchten, teilweise auf. Gänzlich unverdaubare Kohlenhydrate, die Ballaststoffe, quellen im Kolon auf und regen durch ihr Volumen die Tätigkeit der Wandmuskulatur an. So wirkt ballaststoffreiche Nahrung der Stuhlverstopfung (**|Obstipation)** entgegen. Auf Ernährungsumstellungen mit erhöhter Ballaststoffzufuhr reagiert der Darm ggf. zunächst mit Blähungen (Meteorismus); mit der Zeit passt sich die Darmflora aber an und zerlegt die Kohlenhydrate so weit, dass kaum noch Gase gebildet werden.

Im Sigma wird der Stuhl geformt. Die Entleerung kann erfolgen, wenn die im unteren Rektum zahlreichen Nerven die Information, dass der Mastdarm gefüllt ist, ans Gehirn senden. Die Stuhlentleerung wird willkürlich gestartet (oder unterdrückt), erfolgt aber überwiegend vegetativ gesteuert. Die Füllung des Magens bewirkt eine große Kolonbewegung und damit eine Entleerung des Enddarms. Dieser Reflex ist morgens am stärksten. Auch Reizungen des Magens, z. B. bei der Gastritis (Magenschleimhautentzündung), bewirken den Entleerungsreflex, weshalb Durchfall bei Gastritis, z. B. durch NSAR, häufig vorkommt.

Abb. 2 Morgendlicher Entleerungsreflex des Enddarms

Der Anus wird durch den **Sphinkter**, den Schließmuskel, verschlossen. Für den Feinabschluss sorgen über dem Sphinkter liegende weiche Gefäßpolster, die **Hämorrhoiden**. Diese hat und braucht jeder Mensch. Erst eine Vergrößerung und Entzündung des Hämorrhoidalpolsters führt zum |Hämorrhoidenleiden, das unkorrekt „Hämorrhoiden" genannt wird.

Hämorrhoidenleiden → LF 9, S.51

Zirka 10^{14} Bakterien besiedeln jeden Menschen und bilden u. a. die Darmflora. Man nennt diese „Mitbewohner" des Organismus **Mikrobiom** oder **Mikrobiota**. Sie haben eine Fülle wichtiger, noch lange nicht vollständig geklärter Funktionen für die Gesundheit des Menschen. Es gibt eine Vielzahl an Milchprodukten, von denen gesagt wird, dass sie das Immunsystem stärkende Eigenschaften hätten. Wäre das tatsächlich der Fall, wären Autoimmunkrankheiten und Allergien das Risiko. Immunschwache Patienten wären durch solche „lebende Kulturen" gefährdet. Die Darmflora ist relativ stabil und wird durch vorübergehende Zufuhr anderer Nahrung kaum beeinflusst. Bei bestimmten Darmkrankheiten wie Reizdarmsyndrom und Colitis ulcerosa können bestimmte Darmbakterien, z. B. in Kapselform eingenommen, hilfreich sein.

2.5 Leber, Gallenblase, Pfortader und Pankreas

Aufbau der Leber

Die Leber **(Hepar)** ist ein ca. 1,5 bis 2 kg schweres Organ, das sich im rechten Oberbauch befindet. Es liegt dem Zwerchfell an und grenzt kaudal an Kolon und rechte Niere. Die Gallenblase liegt der Unterseite der Leber an und ist beim Gesunden nicht tastbar (→Abb. 1).

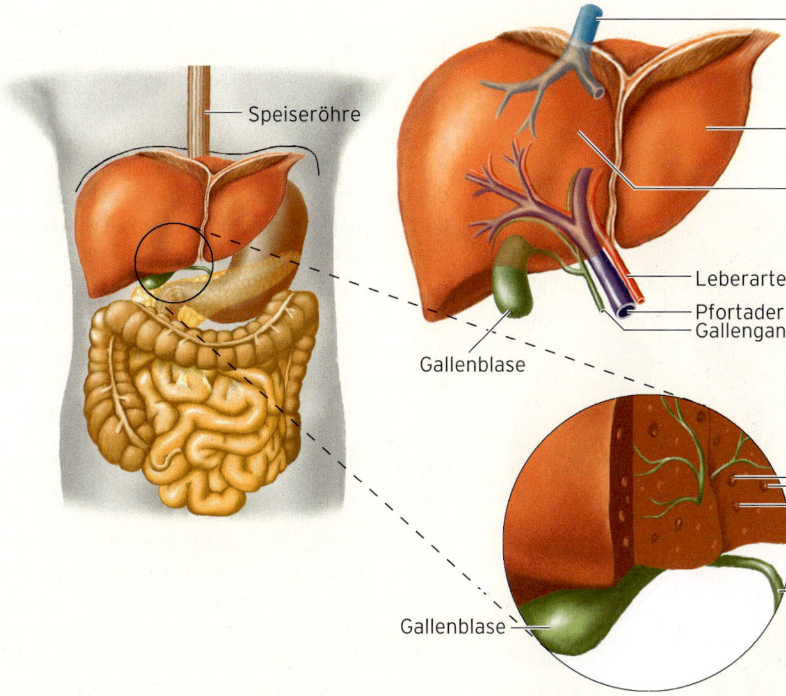

Abb. 1 Aufbau und Lage der Leber und der Gallenblase

Aufgaben von Leber, Gallenblase und Pankreas

Hauptaufgaben der Leber sind
- **Bildung** von Plasmaproteinen, Gerinnungsfaktoren, Fibrinogen, Cholesterin u. v. m.,
- Bildung und **Sekretion** (Absonderung) der Gallenflüssigkeit,
- **Entgiftung** toxischer Stoffe aus dem GI-Trakt, z. B. von Alkohol und Medikamenten,
- **Speicherung** von Glukose als Glykogen, Fett, Vitaminen, Eisen (und Schwermetallen).

Bildlich betrachtet ist die Leber eine Kläranlage, eine chemische Fabrik und eine Lagerhalle. Entgiftung bedeutet, dass die Leber Giftstoffe spaltet oder umbaut und ihnen dadurch ihre toxischen Eigenschaften nimmt. Sie verändert einige Stoffe auch so, dass diese wasserlöslich werden und durch die Nieren ausgeschieden werden können.

Alle gespeicherten Nährstoffe gibt die Leber bedarfsgerecht an den Blutkreislauf ab. Unter Nahrungsmangel spaltet sie z. B. Glukose aus langkettigen Glykogen-Molekülen ab und hebt so den Blutzuckerspiegel. Bei entsprechender Lebensweise, d. h. Überernährung und/oder Alkoholmissbrauch, lagert die Leber viel Fett ein. Bei Nahrungsmangel bzw. gesunder, fettarmer Ernährung wird dieses Fett dem Energiestoffwechsel zugeführt. Wird vermehrt Blut gebildet, z. B. nach einer Blutspende, gibt die Leber gespeichertes Eisen in den Blutkreislauf ab, damit das Knochenmark es für Hämoglobin verwenden kann. Die Speicherfähigkeit führt allerdings auch zur Anreicherung von Schwermetallen wie Blei und Cadmium in der Leber.

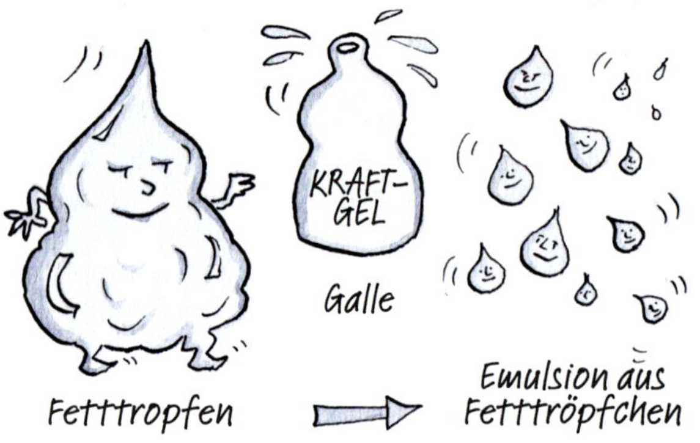

Abb. 1 Emulgieren

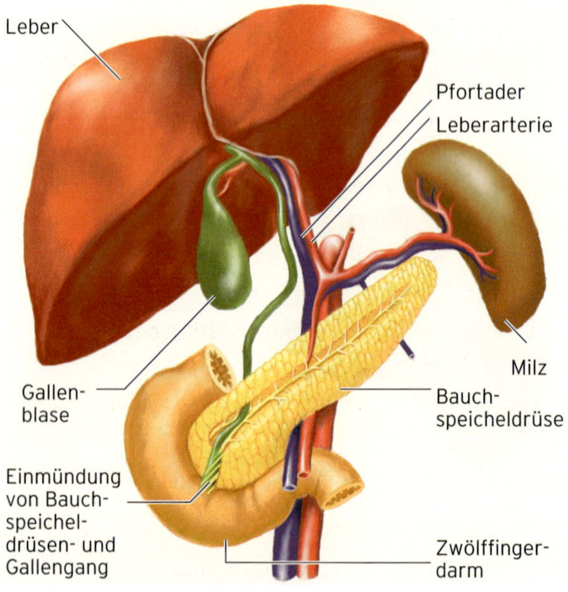

Abb. 2 Leber mit Pfortader (schematisch)

Die **Galle**, d.h. die Gallenflüssigkeit, fließt als wässriges Sekret aus den Gallenwegen der Leber direkt ins Duodenum bzw. wird in der Gallenblase gesammelt und eingedickt. Die wässrige Galle heißt Lebergalle und das Konzentrat aus der Gallenblase heißt Blasengalle. Die Galle **emulgiert** Nahrungsfette, d.h., sie verteilt Fetttröpfchen in Wasser zu einer milchigen Flüssigkeit (→Abb. 1). Kleine Fetttröpfchen sind durch Lipase leicht zerlegbar.

Die Leber nimmt die durch den Darm resorbierten Stoffe zunächst auf. Die gesamte Blutmenge aus dem Magen-Darm-Trakt wird zu diesem Zweck in der **Pfortader** (→Abb. 2) zusammengeführt und in die Leber geleitet. Diese prüft das Pfortaderblut und entgiftet darin enthaltene schädliche Stoffe. Die Leber muss dabei auch einiges Eiweiß aufnehmen, weil Proteine in konzentrierter Form das Gehirn schädigen würden. Bei Leberzirrhose kommt es durch Wegfall diese Filterfunktion zu vielfältigen neurologischen und psychischen Störungen.

Werden Leberzellen geschädigt bzw. zerstört, treten Enzyme und andere Stoffe aus dem Leberzell-Zytoplasma ins Gewebe und Blut über. Diese Enzyme können als sog. Leberwerte im Serum gemessen werden und geben Auskunft über Art und Ausmaß von Leberschädigungen.

Das **Pankreas**, die Bauchspeicheldrüse, bildet und sezerniert als exokrine Drüse den größten Teil der Verdauungsenzyme. Der endokrine Teil, d.h. die Inselzellen der sog. Langerhans-Inseln, sezernieren das blutzuckersenkende Hormon Insulin, das blutzuckersteigernde Hormon Glukagon sowie weitere Hormone, die den Zuckerstoffwechsel und die Magen-Darm-Tätigkeit regulieren.
Glukagon regt die Leber an, bei Energiebedarf des Körpers das in der Leber gespeicherte Glykogen in Glukose zu spalten: Eine „Pastaparty" am Vorabend ist daher eine Methode, bei sportlichen Wettkämpfen Verdauungsarbeit zu sparen und dennoch über viel Energie zu verfügen. Isst man abends eine Mahlzeit mit reichlich Stärke, wird viel Glykogen gebildet und in Leber und Muskeln gespeichert. Während des Wettkampfes wird daraus fortlaufend Glukose freigesetzt und gibt dem Sportler Energie ohne Verdauungsarbeit und Seitenstiche.

Leberwerte →LF 9, S.30
Langerhans-Inseln →LF 9, S.73

Übersicht der Organe des Gastrointestinaltrakts und ihrer Funktionen		
Organ	**Sekret(e)**	**Funktion(en)**
Mund Os	Speichel	Prüfung, Zerkleinerung und Verflüssigung der Nahrung
Speicheldrüsen Glandula parotis usw.	Speichel mit Amylase	Verflüssigung der Nahrung und Beginn der Stärkespaltung
Speiseröhre Ösophagus		Transport der Nahrung zum Magen
Magen Gaster, Ventriculus	Pepsin, Magensäure, Magensaft, Gastrin, Intrinsic-Faktor	Sammeln und Desinfektion, Verflüssigung und Durchmischung der Nahrung, Beginn der Proteinverdauung, Vorbereitung der Vitamin-B_{12}-Resorption
Zwölffingerdarm Duodenum		Durchmischung des Speisebreis mit Bauchspeichel und Galle
Bauchspeicheldrüse Pankreas	exokrin: Bikarbonat, Amylase, Lipase, Proteinasen endokrin: v. a. Insulin, Glukagon, Somatostatin	Alkalisierung und enzymatische Zerlegung des Darminhalts, Regulation des Zuckerstoffwechsels, der Tätigkeit des GI-Trakts u. v. m.
Leber Hepar	Gallenflüssigkeit (Lebergalle)	Galle emulgiert, d. h. zerkleinert, Fetttropfen; die Leber speichert Nährstoffe, Vitamine usw., entgiftet konzentrierte bzw. toxische Stoffe, bildet Plasmaproteine u. v. m.
Gallenblase Vesica fellea/biliaris	konzentrierte Gallenflüssigkeit (Blasengalle)	dickt die Lebergalle ein und gibt bei fettreicher Nahrung Blasengalle ins Duodenum ab
Leer- und Krummdarm Jejunum und Ileum	Laktase, Lipase	Durchmischung und enzymatische Zerlegung des Darminhalts, Resorption
Wurmfortsatz Appendix vermiformis		keine Verdauungsfunktion; teilweise geklärte immunologische Funktion
Dickdarm Caecum, Colon	Schleim, der die Gleitfähigkeit des Darminhalts verbessert	Rückresorption von Wasser, enzymatische Spaltung unverdauter Kohlenhydrate, Vitamin-K-Bildung durch die Darmflora, Bildung und Beförderung der Fäzes (des Stuhls)
Mastdarm Rektum		sammelt die Fäzes bis zur Stuhlentleerung
After Anus		Stuhl- und Gasentleerung mit Hilfe von Reflexen, Verschluss des Darmausgangs

Terminologie: Anatomie und Funktion des Magen-Darm-Trakts

Amylase	Stärke spaltendes Enzym aus Speicheldrüsen und Pankreas
Anus	After; Darmausgang
Antrum	Magenausgang
Appendix vermiformis	Wurmfortsatz
Bikarbonat	alkalischer Inhaltsstoff des Bauchspeichels
Caecum (Coecum; Zökum)	Leerdarm; erster Dickdarmabschnitt nach dem Dünndarm
Colon (Kolon)	Grimmdarm, bestehend aus aufsteigendem, quer verlaufendem und absteigendem Colon sowie dem Sigmoid
Colon ascendens	aufsteigender Kolonanteil

Colon descendens	absteigender Kolonanteil
Colon transversum	quer verlaufender Kolonanteil
Dickdarm	Zökum, Kolon und Rektum
Dünndarm	Duodenum, Jejunum und Ileum
Duodenum	Zwölffingerdarm
Escherichia coli (Kw. **E. coli**)	von T. Escherich entdecktes gramnegatives Bakterium, das zur Darmflora gehört
Enddarm	Sigma, Rektum und Anus
Fäzes (Faeces)	Stuhl
Fundus	Magengewölbe
Gaster (Syn. **Ventriculus**)	Magen; dieser besteht aus den Teilen Kardia, Fundus, Korpus und Antrum
Gastrin	Hormon, das die Produktion von Magensaft und -säure anregt
Glandula parotis	Ohrspeicheldrüse; Parotis
Gastroenterologie	Lehre von den Erkrankungen des Magen-Darm-Trakts
Gastrointestinaltrakt (Abk. **GI-Trakt**)	Magen-Darm-Trakt; Verdauungstrakt
Hämorrhoiden	weiches Gefäßpolster für den Feinabschluss des Anus
Hepar	Leber
Hiatus	Zwerchfellöffnung für den Durchtritt des Ösophagus
Ileozökalklappe	ventilartiger Übergang zwischen terminalem Ileum und Caecum
Ileum	Krummdarm (längster Dünndarmabschnitt)
Intrinsic-Faktor	von der Magenschleimhaut gebildeter Stoff, der für die Resorption von Vitamin B_{12} im Dünndarm erforderlich ist
Jejunum	Leerdarm (Dünndarmabschnitt zwischen Duodenum und Ileum)
Korpus	Magenkörper
Kurvatur	Magenkrümmung
Laktase	Milchzucker spaltendes Enzym der Dünndarmschleimhaut
Lipase	Fett spaltendes Pankreas- und Dünndarmenzym
Ösophagus	Speiseröhre
Os (Adj. **oral**)	Mund (sprich Ohs)
Pankreas	Bauchspeicheldrüse
Pepsin	Eiweiß spaltendes Enzym des Magensaftes
Peristaltik	wellenförmige Bewegungen des Darms in Richtung Anus
Peritoneum	Bauchfell
Pfortader (Syn. **Vena portae**)	Blutgefäß, das das Blut aus dem GI-Trakt zur Leber führt
Protease	Eiweiß spaltendes Enzym
Pylorus	Magenpförtner (Schließmuskel am Magenausgang)

Rektum (Rectum)	Mastdarm
Sekretion (Verb **sezernieren**)	Absonderung eines Sekrets durch eine Drüse
Sigma (Syn. **Sigmoid; S-Darm; Colon sigmoideum**)	S-Darm (s-förmiger Teil des Kolons am Übergang zum Rektum)
Sphinkter	Schließmuskel
terminales Ileum	letzter Dünndarmabschnitt vor dem Coecum
unterer Ösophagussphinkter	unterer Speiseröhren-Schließmuskel, der die Speiseröhre gegenüber dem Mageneingang abschließt
Vesica fellea (Syn. **Vesica biliaris**)	Gallenblase

Seitenstiche entstehen bei sportlicher Betätigung nach dem Essen. Nach Mahlzeiten befindet sich viel Blut im GI-Trakt, weil dieser dann intensiv arbeitet. Muskelaktivität erfordert ebenfalls eine Menge Blut. Leber und Milz enthalten viel Blut, das als **Reservepool** bezeichnet wird. Bei Bedarf geben sie es in den **Funktionspool**, das zirkulierende Blut, ab. Dies geht mit Seitenstechen einher. Leichte Kost und eine Sportpause nach dem Essen helfen, Seitenstiche zu vermeiden.

AUFGABEN

1 Zählen Sie die Organe auf, die die Nahrung, vom Mund beginnend, passiert. Verwenden Sie dabei sowohl die deutschen als auch die Fachbegriffe.

2 Nennen Sie Verdauungsenzyme und die von ihnen gespaltenen Stoffe.

3 Nennen Sie die Aufgaben der Leber.

4 Geben Sie an, welche Drüsen ihr Sekret ins Duodenum abgeben.

5 Welche Stoffe bildet die Magenschleimhaut und welche Funktionen haben sie?

6 Woraus besteht die Darmflora und welche Funktionen erfüllt sie?

7 Erklären Sie den Begriff „Oberflächenvergrößerung" am Beispiel des Dünndarms.

8 Warum ist der Begriff „Blinddarmentzündung" nicht richtig?

9 Welche Sekrete bilden der exokrine und endokrine Teil des Pankreas?

10 Wie entsteht ein Anstieg der sog. Leberwerte?

11 Aus welchen Darmanteilen bestehen jeweils Dünndarm, Dickdarm und Enddarm?

12 Erklären Sie Lage und Funktion der Hämorrhoiden.

13 Welcher Nährstoff wird nach der Resorption in Lymphgefäßen transportiert?

14 Nennen Sie die Funktion der Gallenflüssigkeit.

15 Nennen Sie die Funktion der Gallenblase.

3 Diagnostik bei Erkrankungen des Gastrointestinaltrakts

3.1 Anamnese und klinische Untersuchung

Ikterus → LF 9, S.60
Aszites → LF 9, S.64

Die professionelle **Anamnese** ist auch bei gastroenterologischen Erkrankungen von großer Bedeutung, um die Diagnose zu stellen bzw. eine gezielte Diagnostik zur Bestätigung der Verdachtsdiagnose durchzuführen. Die richtigen Fragen tragen dazu bei, z. B. ein Magengeschwür von einem Zwölffingerdarmgeschwür und ein Hämorrhoidenleiden von einer infektiös bedingten Darmblutung zu unterscheiden.
Die **Inspektion** ergibt bei Magen-Darm-Krankheiten z. B. eine Abmagerung bei chronischem Durchfall und bei Krebs, ein Ikterus (eine Gelbfärbung der Haut) bei Leberleiden (z. B. Lebermetastasen) und ein auffallend aufgetriebenes **Abdomen** bei Aszites (Bauchwassersucht).

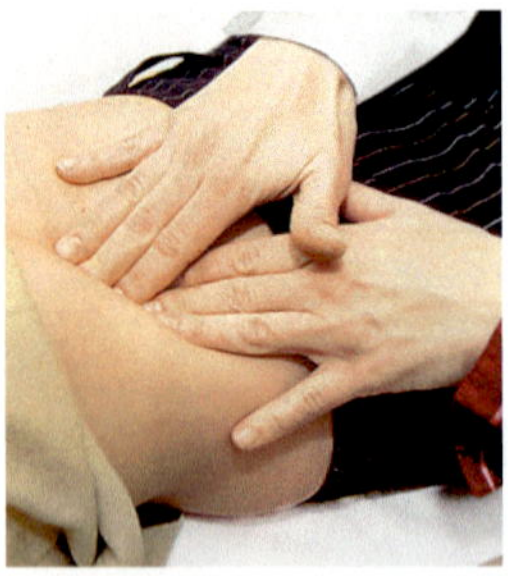

Abb. 1 Palpation des Abdomens

Bei der **Palpation** des Abdomens (→Abb. 1) achtet der Arzt darauf, ob die Bauchdecke weich ist oder ob ein Widerstand, eine sog. **Resistenz**, zu tasten ist. Hinter Resistenzen können sich Tumoren, aber auch Fäzes bei Stuhlverstopfung oder in seltenen Fällen sogar eine nicht bekannte Schwangerschaft, d. h. ein Fetus, verbergen.
Oft sind bestimmte Stellen schmerzhaft auf Druck bzw. auf Berührung, z. B. der Magen bei Gastritis und der rechte Unterbauch bei Appendizitis. Ist die Bauchdecke brettartig verhärtet, spricht man von Abwehrspannung. Diese lenkt den Verdacht auf eine Bauchfellentzündung, z. B. nach einem Darmdurchbruch.
Die **Auskultation** der Darmgeräusche kann eine verstärkte oder fehlende Peristaltik anzeigen und damit z. B. auf eine entzündliche Krankheit oder einen Darmverschluss hinweisen.

Gastritis → LF 9, S.45
Appendizitis → LF 9, S.50

3.2 Labordiagnostik

Entzündungswerte → Bd. 1, LF 3, S.267 → Bd. 2, LF 5, S.14
Nierenwerte → Bd. 2, LF 8, S.255
Tumormarker → Bd. 2, LF 8, S.304

Die Labordiagnostik bei Krankheiten des Abdomens umfasst zahlreiche Blutuntersuchungen, z. B. Entzündungs-, Nieren- und Leberwerte sowie serologische Tests und Tumormarker. Bei Erkrankungen bzw. Verdacht auf Erkrankungen der Leber und des Pankreas werden bestimmte Blutwerte im Serum bestimmt:

Leber- und Pankreaswerte im Serum			
Parameter, Bedeutung	**Normbereich Frau/Mann**		**Ursachen erhöhter Werte (Beispiele)**
GOT = AST = ASAT (Leberenzym) **G**lutamat-**O**xalacetat-**T**ransaminase	< 35 U/L	< 50 U/L	bei Leberzellschaden durch Fettleber, Alkohol, Medikamente, Virushepatitis, Autoimmunkrankheiten, Metastasen
GPT = ALT = ALAT (Leberenzym) **G**lutamat-**P**yruvat-**T**ransaminase			
Gamma-GT = γ-GT = GGT (Leberenzym) **G**amma-**G**lutamyl-**T**ransferase	< 40 U/L	< 60 U/L	
AP (Gallenwegs- und Knochenenzym) **a**lkalische **P**hosphatase	35-105 U/L	40-130 U/L	Leberschaden und/oder Knochenumbau
Bilirubin (Gallenfarbstoff; Sekretionsleistung)	2-21 µmol/L		Hepatitis, Gallenstau
Cholinesterase (Syntheseleistung der Leber)	4-13 U/mL		*erniedrigt* bei Leberschaden
Gesamteiweiß (Syntheseleistung der Leber)	6-8,4 g/dL		
INR (Maß für die Gerinnungsstoffproduktion)	1,0		Leberschaden/Marcumar®
Amylase (Enzym aus Parotis und Pankreas)	< 100 U/mL		Pankreatitis, Parotitis
Lipase (Enzym aus dem Pankreas)	< 60 U/L		Pankreatitis

3.3 Stuhldiagnostik

3.3.1 Stuhlprobengewinnung

Bei Verdacht auf eine infektiöse Darmerkrankung, z. B. eine Durchfallerkrankung durch Salmonellen, wird eine Stuhlprobe zur mikrobiologischen Diagnostik ins Labor geschickt. Für den Probentransport gibt es Spezialröhrchen (→Abb. 1). Der Patient nimmt eine erbsen- bis bohnengroße Menge Stuhl mit dem am Deckel angebrachten Löffel auf, füllt sie in das Röhrchen und schraubt den Deckel zu. Die MFA prüft, ob der Deckel fest geschlossen ist und legt das Probenröhrchen in eine passende, mit saugfähigem Papier ausgelegte Transporthülse. Sie verschließt die Transporthülse, beschriftet sie mit den notwendigen Daten und gibt sie zusammen mit dem Begleitschein in den Versand. Dieser sollte per Boten erfolgen. Nur in Ausnahmefällen werden Stuhlproben per Post bzw. Transportdienst versandt, da lange Lagerzeiten und extreme Temperaturen die Proben verändern können.

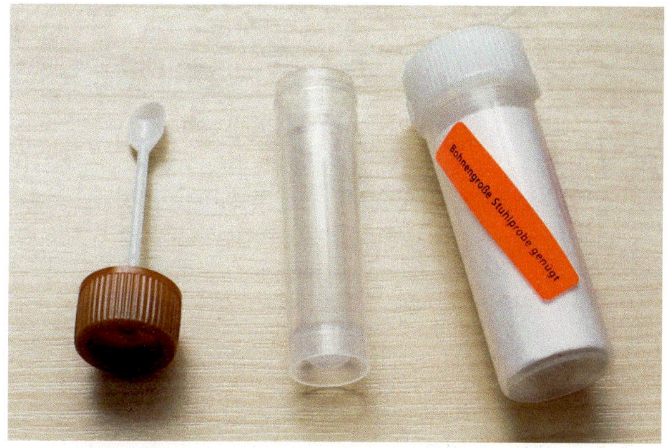

Abb. 1 Stuhlprobenröhrchen mit Transporthülse

Da die meisten Toiletten heute Tiefspül-WCs sind, bei denen der Stuhl ins Wasser des Abflussrohres fällt, ist die Stuhlprobengewinnung oftmals schwierig. Klemmt man ein mehrfach gefaltetes Zeitungspapier zwischen Toilettenschüssel und -brille, kann der Stuhlgang auf das Papier erfolgen. Die Entnahme der Probe ist dann unproblematisch und das verschmutzte Papier kann ggf. mit dem Stuhl abgespült werden.

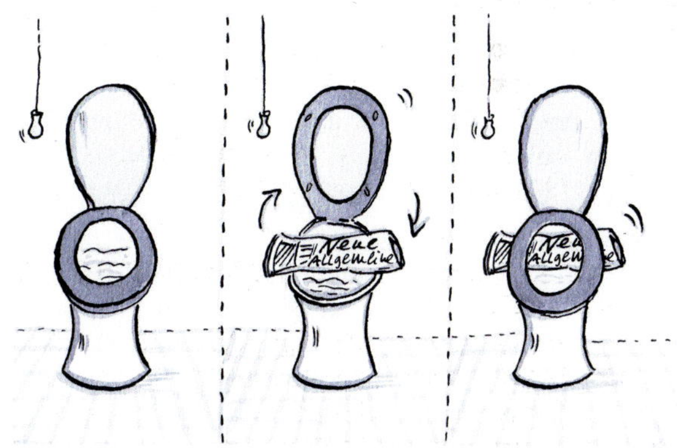

3.3.2 Stuhltest auf okkultes Blut

Blutbeimengungen im Stuhl können auf eine Darmerkrankung, z. B. eine Entzündung, aber auch auf Darmkrebs hinweisen. Man unterscheidet dabei zwischen

- mit bloßem Auge sichtbarem Blut und
- unsichtbarem, d. h. **okkultem** (wörtlich verborgenem) Blut.

Stuhltests zum Nachweis okkulten Blutes werden als Screeningtests durchgeführt. Das bedeutet, dass sie in einer Zielgruppe mit erhöhtem Krankheitsrisiko zur Früherkennung (noch) symptomloser Krankheitsfälle durchgeführt werden.

Indikation: Der präventive Stuhltest auf okkultes Blut wird zur Darmkrebs-Früherkennung Patienten zwischen 50 und 54 Jahren jährlich, ab 55 Jahren (nur bei Ablehnung der Vorsorge-Darmspiegelung) zweijährlich angeboten. Zum Nachweis eines Blutverlusts über den Darm, d. h. kurativ, kann der Test auch bei anderen Patientengruppen eingesetzt werden.

Neuerung: 2017 wird schrittweise ein neuer, zuverlässigerer Stuhltest auf okkultes Blut eingeführt. Dieser ersetzt den herkömmlichen Test; er wird ans Labor weitergeleitet und dort ausgewertet.

HINWEIS

Sieht ein Patient Blut, das dem Stuhl aufgelagert, mit dem Stuhl vermischt ist oder sich am Toilettenpapier befindet, ist damit der **Nachweis einer Blutung aus dem Gastrointestinaltrakt** bereits positiv. Ein Okkultbluttest ist in diesem Fall nicht mehr sinnvoll. Die Blutungsquelle sollte durch entsprechende Untersuchungen abgeklärt werden.

Vorbereitung: Während sich der Patient für den herkömmlichen Okkultbluttest (Haemoccult®) mehrere Tage lang ballaststoffreich ernähren soll, Blutwurst und Vitamin-C-Präparate weglassen muss, ist für den neuen immunologischen Test keine Ernährungsumstellung nötig. Keiner der Tests sollte während der Menstruation durchgeführt werden.
Durchführung: Der Patient trägt seine Stuhlproben laut Herstellerangaben auf die Testfelder auf. Während das herkömmliche Testbriefchen, z. B. Haemoccult®, vor der Auswertung zwei Tage trocknen soll, müssen die immunologischen Tests schon am Tag nach der Probengewinnung zurückgebracht werden.

Stuhltest zum Nachweis von Okkultblut im Stuhl

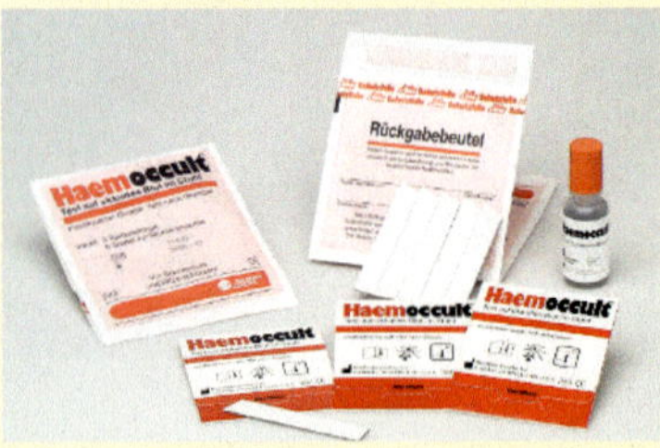

Stuhltest auf okkultes Blut

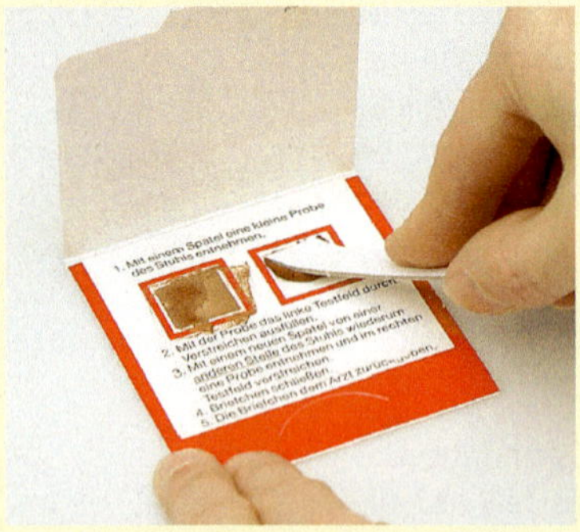
Durchführung (Patient)

Auswertung (MFA)

Auswertung: Die Haemoccult®-Testbriefchen werden von der MFA auf der dafür vorgesehenen Rückseite geöffnet und mit zunächst einem, dann einem zweiten Tropfen Entwicklerlösung pro Testfeld betropft. Jede Blaufärbung zeigt ein positives Ergebnis, also einen Blutnachweis, an. Die **neuen immunologischen Okkultbluttests (iFOBT; i**mmunologischer **f**äkaler **O**kkult**b**luttest) werden auf korrekten Namensbeschriftung geprüft und zur Auswertung an das Labor weitergeleitet. Während der Haemoccult® auf Hämoglobin allgemein reagiert, weist der iFOBT nur menschliches Hämoglobin nach und erzeugt daher weniger falsch positive Ergebnisse.

Darmpolyp
→ LF 9, S. 38
Koloskopie
→ LF 9, S. 37

Aussagekraft und Bewertung: Der Okkultbluttest fällt in ca. 2 % der untersuchten Proben positiv aus. Das bedeutet nur, dass Blut nachgewiesen wurde. Nur 5–10 % der Patienten mit positivem Test haben Darmkrebs. Die Blutungsquelle kann z. B. eine gutartige Schleimhautwucherung (ein Darmpolyp) oder eine Entzündung sein. Die Blutungsursache sollte mittels Koloskopie (Dickdarmspiegelung) geklärt werden, um sie gezielt behandeln zu können. Der regelmäßige Okkultbluttest reduziert die Darmkrebs-Sterblichkeit um 15 %. Zur Darmkrebs-Früherkennung ist die Koloskopie aber zu bevorzugen. Sie dient nicht nur der Diagnostik, sondern auch der Therapie, indem Polypen gleich entfernt werden können. Sie reduziert die Wahrscheinlichkeit einer Darmkrebs-Erkrankung um 33 % und die Wahrscheinlichkeit, daran zu sterben, um 43 %. Der Okkultbluttest macht die Koloskopie bei positivem Ergebnis sowieso erforderlich, schließt aber bei negativem Ergebnis Darmkrebs nicht aus.

Befundmitteilung (Vorschlag):
MFA: „Ihr Stuhltest auf verstecktes Blut ist positiv ausgefallen."
(Mit einer Pause gibt die MFA dem Patienten Gelegenheit, Fragen zu stellen.)
MFA: „Der Arzt wird mit Ihnen besprechen, welche Untersuchung zur Klärung der Ursache für Sie in Frage kommt."
(kurzfristigen Gesprächstermin vereinbaren)
MFA: „Viele Patienten mit positivem Testergebnis haben sog. Polypen, d. h. gutartige Schleimhautwucherungen im Darm. Diese können nach Jahren zu Darmkrebs werden. Bei einer Darmspiegelung kann man Polypen schmerzlos entfernen, bevor sie gefährlich werden. Es war gut, dass Sie den Früherkennungstest durchgeführt haben."

3.4 Sonografie des Abdomens

Definition: Ultraschalluntersuchung des Bauchraums und des **Retroperitoneums**. Das Retroperitoneum ist der Bereich dorsal des Peritoneums, in dem sich u. a. die Nieren, die Bauchaorta und zahlreiche Lymphknoten befinden.

Untersuchungsprinzip: Der Schallkopf sendet **Ultraschall**, d. h. Schallwellen oberhalb des vom Menschen hörbaren Bereichs (über 20 000 Hz), aus. Die Gewebe **reflektieren** den Schall: Sie werfen ihn je nach Gewebeart in unterschiedlicher Weise zurück. Der reflektierte Ultraschall ist quasi das Echo der ausgesandten Schallwellen. Der Schallkopf nimmt die reflektierten Schallwellen auf und das Gerät erstellt daraus bewegte Schwarz-Weiß-Bilder. Diagnostischer Ultraschall ist unschädlich und wird auch bei Kindern und Schwangeren eingesetzt. Die Abdomen-Sonografie dauert ca. 15 Minuten und ist schmerzfrei.

Hertz (Abk. Hz)
Einheit für Frequenz; 1 Hz = eine Welle/Sekunde

Untersuchte Organe: Bei der Sonografie des Abdomens werden routinemäßig Leber, Gallenblase, Milz, Pankreas, Bauchaorta und Nieren beurteilt. Auch die Blase, der in ihr nach Miktion verbliebene Restharn und ggf. die Prostata können dargestellt werden. Zur Untersuchung des Darms ist die Sonografie nur bei bestimmten Fragestellungen geeignet; hier wird im Allgemeinen die Endoskopie bevorzugt.

Indikationen: Beschwerden im Bereich des Bauchraums und der Nierengegend, anderweitig erhobene Befunde, die auf Krankheiten von Bauchorganen und Nieren hindeuten, z. B. erhöhte Blutwerte; Verlaufskontrollen, Staging bei Krebserkrankungen

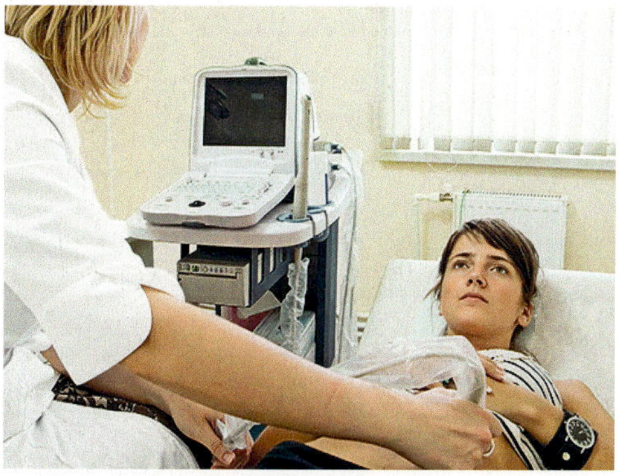

Abb. 1 Sonografie des Abdomens

Vorbereitung

Der Patient bleibt mindestens sechs Stunden vor der Sonografie nüchtern. Speisen im Magen würden die Sicht z. B. auf das Pankreas stören und fetthaltige Speisen und Getränke, z. B. Milch im Kaffee, würden zur Kontraktion der Gallenblase führen, wodurch diese nicht mehr beurteilbar wäre.

Die MFA bittet den Patienten, den Bauch frei zu machen und sich mit dem Rücken auf die Untersuchungsliege zu legen. Hose bzw. Rock müssen bis zur Leiste hinuntergezogen werden. Das Kopfteil der Liege kann etwas erhöht werden. Die MFA dunkelt den Raum ab und gibt die Patientendaten in das Ultraschallgerät ein.

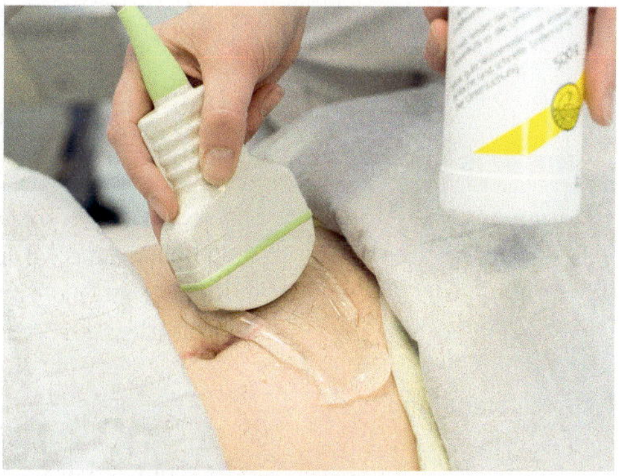

Abb. 2 Ultraschallkopf mit Gel

Durchführung

Der Arzt gibt Ultraschallgel auf den Schallkopf. Das Gel verhindert, dass sich Luft zwischen Schallkopf und Haut befindet und verbessert so die Darstellung. Der Untersucher bewegt den Schallkopf über den Bauch des Patienten, um die einzelnen Organe darzustellen. Der Patient atmet auf Aufforderung tief ein und hält die Luft an, z. B. für die Untersuchung der Nieren. Diese verlagern sich bei tiefer Inspiration nach kaudal, d. h., sie werden dann nicht mehr von den Rippen verdeckt und sind so besser zu sonografieren. Einige Organe können dreidimensional vermessen werden, z. B. Nieren und Milz. Die Ergebnisse der Sonografie werden dokumentiert, die aussagekräftigsten Bilder werden gespeichert und ggf. ausgedruckt.

Nach der Untersuchung reicht die MFA dem Patienten Papiertücher zum Entfernen von Gelresten an und entsorgt diese anschließend. Gebrechlichen Patienten entfernt sie das Gel und ist ihnen beim Ankleiden behilflich.

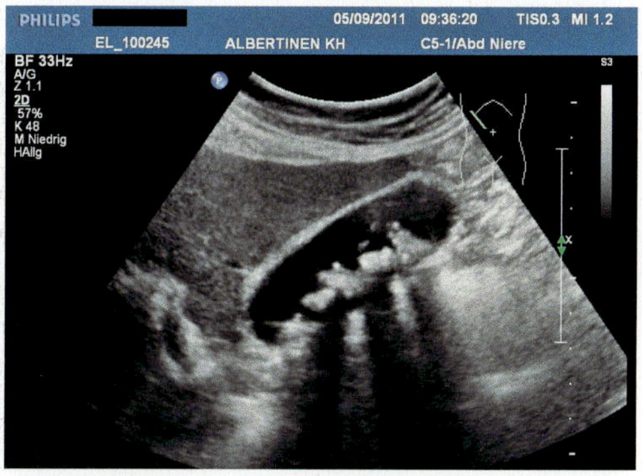

Abb. 3 Gallensteine (mit dunklen Schallschatten) in einer sonst normal abgebildeten Gallenblase

Typische diagnostische Möglichkeiten und Befunde der Sonografie (Beispiele)		
Organ	**D = diagnostische Aussage, B = typische Befunde, S = Sonstiges**	**ggf. Vorbereitung**
Sonografie des Abdomens und Retroperitoneums		
Leber	**D:** Größe, Dichte, Struktur **B:** Verdichtung bei Fettleber oder Zirrhose, Metastasen, Aszites (Bauchwassersucht) **S:** Sichtkontrolle bei Leberbiopsie	– Terminvergabe: morgens nüchtern einbestellen, ggf. wenig fettfreie Flüssigkeit trinken und regelmäßige Medikation einnehmen lassen – Am Vortag der Untersuchung soll der Patient keine blähenden Speisen essen. – Untersuchungsraum abdunkeln, Liege vorbereiten, Papiertücher bereitlegen
Gallenblase	**D:** Konkremente (Steine), Tumor **B:** Gallensteine oder Gallengrieß, Tumor	
Gallengänge	**D/B:** Erweiterung, Gallenstau, Steine, Tumor	
Pankreas	**D:** Entzündung, Tumor, Abflussstau **B:** Pankreatitis, Tumor, Verkalkungen	
Milz	**D:** Größe, Struktur, Verletzung **B:** Milzvergrößerung, Milzriss nach Unfall	
Nieren	**D/B:** Steine, Zysten, Entzündung, Tumor	keine
Bauchaorta	**D/B:** Aneurysma, Arteriosklerose	
Sonografie weiterer Organe		
Beinvenen	**D/B:** Beinvenenthrombose	keine
Schilddrüse	**D/B:** Größe, Struktur, Knoten, Tumor; Vergrößerung, Verkleinerung, Knoten, Zysten, Karzinom **S:** Sichtkontrolle bei Biopsie	– Kopfteil der Untersuchungsliege flach stellen – Hals frei machen und Halsschmuck abnehmen lassen

3.5 Endoskopie

HINWEIS

Wegen der früher angewandten Stirnspiegeltechnik wird auch heute noch oft an Stelle von Endoskopie von **„Spiegelung"** gesprochen.

Definition: Endoskopie bedeutet wörtlich „Hineinschauen". Gemeint ist das Ausleuchten und Betrachten von Hohlorganen und Körperhöhlen mit Hilfe eines **Endoskops**. Endoskope sind zumeist flexible (biegsame) schlauchförmige Instrumente mit glatter Oberfläche, an deren beweglichem Ende sich eine Lichtquelle und eine Glasfaseroptik befinden. Viele Endoskope sind mit Absaug-, Spül- und Instrumentierkanälen ausgestattet. Diese ermöglichen es z. B., am Endoskopende mit Wasser zu spülen und Injektionen, Biopsien und andere Eingriffe durchzuführen. Heute ist die Video-Endoskopie mit Bildübertragung auf einen Monitor Standard.

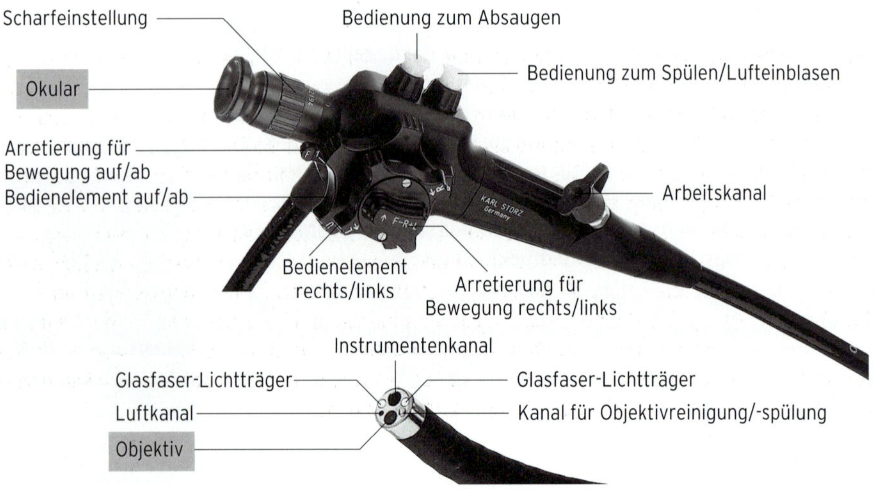

Abb. 1 Glasfaser-Endoskop

Jede Endoskopie und das jeweilige Gerät werden nach dem untersuchten Organ benannt, z. B.:
- **Gastroskopie:** Inspektion des Magens mit dem **Gastroskop**
- **Koloskopie:** Inspektion des Dickdarms mit dem **Koloskop**
- **Laparoskopie:** Inspektion der Bauchhöhle mit dem **Laparoskop**
- **Rektoskopie:** Inspektion des Mastdarms mit dem **Rektoskop**

Risiken: Jede Endoskopie birgt das Risiko von Verletzungen der untersuchten Organe. Dabei können Blutungen auftreten, die nicht immer endoskopisch zu stillen sind. Eine seltene Komplikation ist die **Perforation** (das Durchstoßen der Organwand) mit dem Endoskop. Eine Perforation erfordert eine unverzügliche Operation zum Verschluss der Verletzung. Sofern eine Narkose bzw. **Sedierung** durchgeführt wird, kommt das Narkoserisiko hinzu (s. u.).
Zur Vorsicht werden Blutgerinnung (INR, PTT) und Thrombozytenzahl vor der Endoskopie überprüft, da es bei der Biopsie etwas blutet und Blutungsquellen in Hohlorganen nicht komprimiert werden können. Antikoagulanzien müssen vor Endoskopien abgesetzt werden (ASS zehn Tage vorher, Phenprocoumon, Xarelto®, Pradaxa® usw. nach ärztlicher Absprache).

INR, PTT
→ Bd. 2, LF 5, S.18

Narkosen bei Endoskopien

Viele Patienten fürchten sich vor der Endoskopie und vor Schmerzen bei der Untersuchung oder empfinden Schamgefühle im Zusammenhang mit der Untersuchung. Oft besteht daher der Wunsch nach einer Sedierung bzw. Kurznarkose. Andere Patienten möchten die Untersuchung bei vollem Bewusstsein miterleben, um anschließend arbeiten und Auto fahren zu können, sodass sie auf eine Beruhigungsspritze bzw. Narkose lieber verzichten.

Definition: Bei einer **Narkose** (Allgemeinanästhesie, Vollnarkose) wird der Patient medikamentös in einen bewusstlosen Zustand gebracht. Seine Reflexe, sein Schmerzempfinden sowie seine Muskelspannung sind stark herabgesetzt bzw. ausgeschaltet. Da nun auch die Atmung aussetzt, muss der Patient während einer Vollnarkose beatmet werden. Dazu wird er in der Regel intubiert; man spricht daher von **Intubationsnarkose (ITN)**. Diese ist für größere chirurgische Eingriffe notwendig.

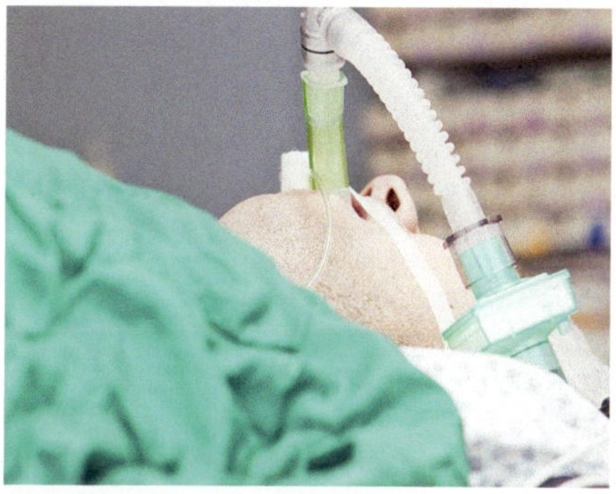

Abb. 1 Patient in Narkose

Bei der **Regional-** und **Lokalanästhesie** (regionale bzw. lokale Betäubung) ist der Patient bei Bewusstsein, während ein Teil seines Körpers durch Lokalanästhetika schmerzfrei gemacht wird. Ein Beispiel für eine Regionalanästhesie ist die Rückenmarknarkose, z. B. bei der Sectio. Lokalanästhesien werden z. B. vor dem Nähen von Wunden gesetzt.

Vorgehen bei Endoskopien: Für Endoskopien wird der Patient in der Regel nur medikamentös sediert, d. h., er atmet selbst und kann ggf. reagieren, wenn er etwa zum Schlucken oder zum Lagewechsel aufgefordert wird. Man spricht auch von „Schlafnarkose" oder „Beruhigungsspritze". Nach der Untersuchung kann der Patient sich an die Zeit in Narkose, auch an die Untersuchung, nicht erinnern. Die **Sedierung**, die meistens mit den Wirkstoffen Midazolam oder Propofol erfolgt, birgt einige Risiken, z. B. einen Atemstillstand. Die genannten Medikamente dürfen daher nur von **Anästhesisten** (Narkoseärzten) oder anästhesiologisch ausgebildeten Ärzten angewendet werden. Nach der Endoskopie ruht sich der Patient einige Zeit in der Praxis aus und wird überwacht, bis die Narkoseeffekte im Wesentlichen abgeklungen sind.
Nachbeobachtung: Die Patienten sind noch für mindestens 12 Stunden nicht in der Lage, am Straßenverkehr teilzunehmen – auch nicht als Fußgänger – und müssen daher von einer Begleitperson abgeholt werden. Es ist ratsam, unter den Nachwirkungen der Sedativa keine Maschinen zu bedienen, keine Entscheidungen zu treffen usw.

HINWEIS

Die Sedierung ist nicht ohne Risiken: Michael Jackson, der King of Pop, starb unter einer hohen Dosis **Propofol**, von dem er abhängig war.

Gastroskopie

Definition: Endoskopie des Magens mit einem flexiblen Gastroskop. Eigentlich **Ösophago-Gastro-Duodenoskopie (ÖGD)**, da Ösophagus, Magen und Duodenum untersucht werden.
Indikationen: Beschwerden im Bereich von Ösophagus, Magen und Duodenum, Suche nach der Ursache gastrointestinaler Blutungen, unklare Anämien, Tumorsuche bei Allgemeinsymptomen, die auf eine Krebserkrankung hinweisen (Gewichtsabnahme usw.), Tumornachsorge
Vorbereitung: Der Patient bleibt 6–8 Stunden vor der Gastroskopie nüchtern, d. h., er isst und trinkt in dieser Zeit nichts. So wird sichergestellt, dass der Magen leer ist und keine Speisen aspiriert werden. Auf Rauchen muss er verzichten, da Nikotin die Magensäureproduktion verstärkt und so die Aspirationsgefahr anhebt. Um den Magensaft zu entschäumen, schluckt der Patient kurz vor der der Untersuchung etwas Simethicon-Lösung (z. B. Espumisan®). Das anschließende Einsprühen der Rachenhinterwand mit einem Lokalanästhetikum kann den Würgereiz während der Gastroskopie vermindern. Ein Kunststoffring im Mund des Patienten schützt sowohl die Zähne des Patienten als auch das Gastroskop vor Beschädigungen.

Lokalanästhetikum
→ Bd. 1, LF 4, S. 397

Durchführung: Der Patient liegt auf seiner linken Seite. Der Arzt führt das Gastroskop durch den Mund des Patienten in den Ösophagus ein, schiebt es in den Magen und weiter ins Duodenum vor. Er inspiziert die Schleimhaut eingehend und biopsiert. Die Gewebeproben werden in Gefäße mit Fixierlösung gegeben, die die MFA vorbereitet und beschriftet hat. Nach der Untersuchung zieht der Arzt das Gastroskop vorsichtig heraus. Die diagnostische Gastroskopie dauert etwa fünf bis zehn Minuten.

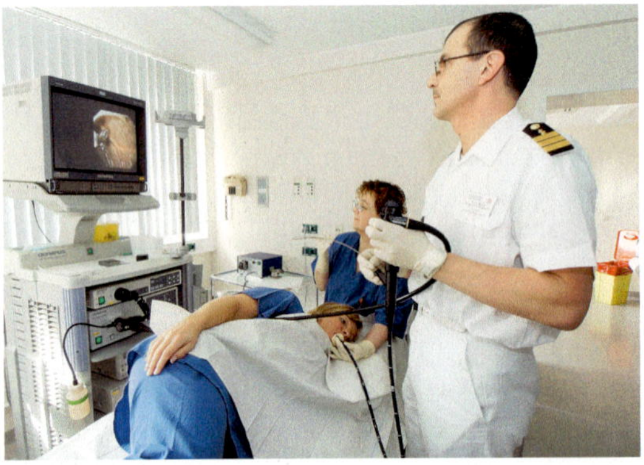

Abb. 1 Video-Gastroskopie

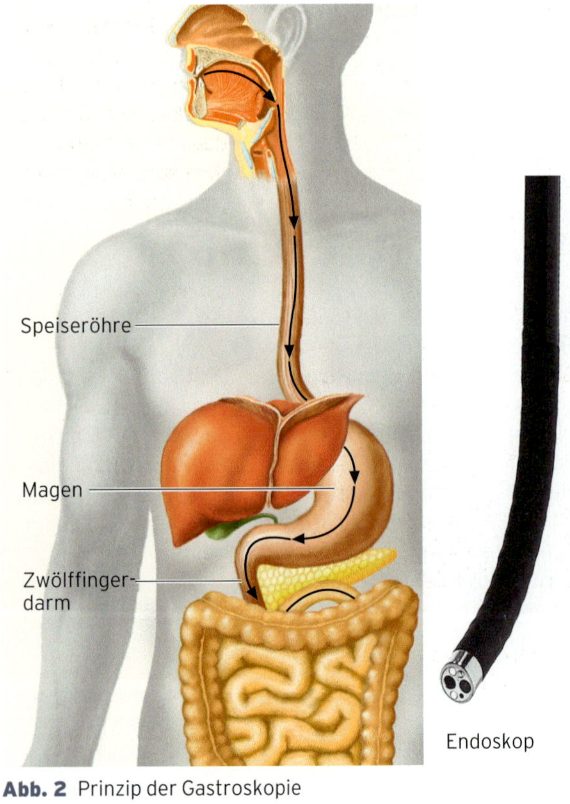

Abb. 2 Prinzip der Gastroskopie

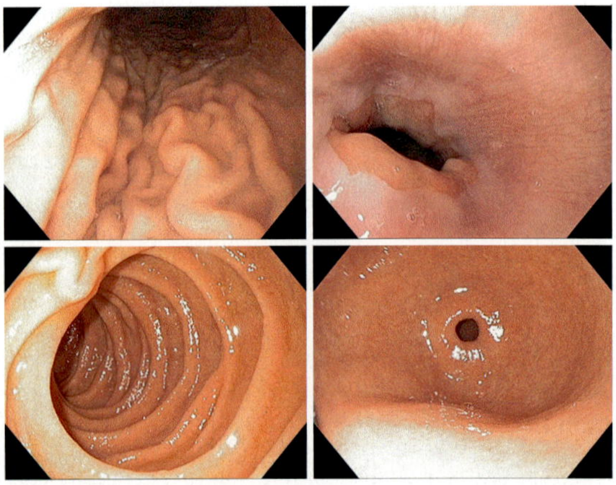

Abb. 3 Vier Ansichten eines normalen Gastroskopiebefundes: links oben: die Längsfalten des Magens; links unten: das Duodenum mit den typischen Querfalten; rechts oben: der Übergang zwischen Ösophagus und Kardia; rechts unten: der Magenausgang (Antrum und → Pylorus)

Nachbereitung: Der Patient ruht sich aus und darf nach Abklingen der Rachenanästhesie, d. h. nach ca. 30–45 Minuten, wieder etwas trinken. Wenn er sich dabei nicht „verschluckt", darf er auch wieder essen. Die MFA überwacht den Patienten im Aufwachraum, misst seinen Blutdruck und prüft seine Ansprechbarkeit. Bei gutem Befinden wird er mit seiner Begleitperson entlassen. Der Arzt teilt ihm zuvor mit, was er bei der Gastroskopie festgestellt hat. Die eingehende Befundbesprechung erfolgt erst nach einigen Tagen, wenn der Bericht des Pathologen vorliegt und die Narkose nicht mehr nachwirkt.

Die **Endosonografie** ist eine Kombination aus Endoskopie und Sonografie. Das Endoskop wird mit einem Sonografie-Schallkopf versehen und in das entsprechende Hohlorgan eingeführt. So können verdächtige Schleimhautareale oder unter der Schleimhaut gelegene Wandveränderungen sonografisch beurteilt und biopsiert oder auch vollständig entnommen werden. Der Ultraschall hilft, an der Gewebe- und Wachstumsart benigne von malignen Veränderungen zu unterscheiden.

Koloskopie

Definition: Endoskopie des gesamten Dickdarms einschließlich des terminalen Ileums mit einem flexiblen Koloskop. Die Koloskopie wird vereinfacht als Darmspiegelung bezeichnet.
Indikationen: Beschwerden und Befunde, die auf eine Dickdarmerkrankung hindeuten, Früherkennung des kolorektalen Karzinoms, Abklärung von Anämien, positivem Okkultbluttest und **peranalen** Blutungen (Blutungen aus dem After bzw. Blutauflagerung auf dem Stuhl), Kontrolluntersuchungen im Rahmen der Tumornachsorge
Vorbereitung: Der Patient muss vor der Koloskopie den Dickdarm vollständig entleeren, da nur eine saubere Schleimhaut endoskopisch beurteilbar ist. Etwa drei Tage vor der Untersuchung verzichtet er auf körnerhaltige Nahrungsmittel wie Leinsamen, Tomaten und Kiwis. Am Vortag nimmt er ein leichtes, ballaststofffreies Frühstück zu sich. Dann sind nur noch „durchsichtige" Getränke erlaubt, die frei sind von Milch, Fruchtfleisch und Ballaststoffen. Gegen 17 Uhr (je nach Präparat und Zeitpunkt der Endoskopie) trinkt er portionsweise die vorschriftsmäßig angerührte Darm-Spüllösung und anschließend ein bis zwei Liter klare Flüssigkeit nach Wahl. Nach ca. zwei bis drei Stunden setzt die Stuhlentleerung ein; schließlich entleert sich nur noch hellgelbe, klare, ähnlich wie Urin aussehende Flüssigkeit. Die Gelbfärbung ist durch die grüngelbe Galle bedingt.

HINWEIS

Peinlich? Endoskopien sind Eingriffe in die Intimsphäre des Menschen. Je einfühlsamer und professioneller das Team mit dem Patienten umgeht, desto leichter fällt ihm die Untersuchung. Abdecktücher helfen, dass kein Patient sich „bloßgestellt" fühlen muss.

MERKE

Die **Aussagekraft der Koloskopie** hängt vor allem von der Sauberkeit des Dickdarms ab.

Durchführung: Der Patient liegt anfangs in Linksseitenlage auf der Untersuchungsliege. Der Arzt führt zunächst eine rektale Tastuntersuchung durch und untersucht das Rektum und den Analkanal mit Hilfe eines **Proktoskops**. Anschließend führt er das Koloskop ein. Dieses wird mit Hilfe der MFA langsam bis zum Coecum vorgeschoben. Vorsicht und Erfahrung ist beim Vorschieben wichtig, um den Darm nicht auf das Endoskop „aufzufädeln" und ihn vor allem nicht zu perforieren, d. h. zu durchstoßen.

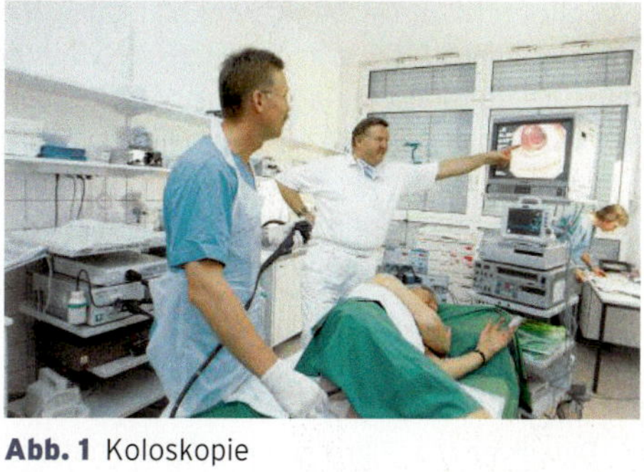

Abb. 1 Koloskopie

Der Patient wird ggf. gebeten, sich umzulagern bzw. wird umgelagert. Ist das terminale Ileum erreicht und inspiziert, zieht der Arzt das Endoskop langsam zurück. Dabei wird die Darmschleimhaut eingehend begutachtet.

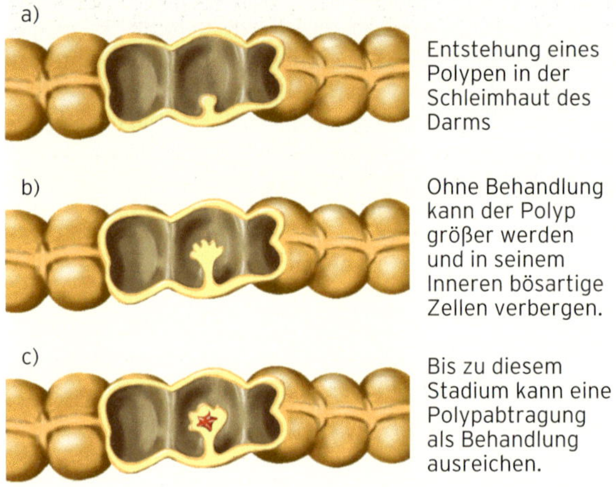

Abb. 1 a) kleiner Polyp; b) gestielter Polyp; c) Polyp mit Entstehung bösartiger Zellen im Inneren (rot)

Eingriffe: Während der Koloskopie erfolgen sog. Stufenbiopsien, d. h., an verschiedenen Stellen des Darms werden mit einer Biopsiezange kleine Gewebeproben entnommen. Die Entnahme der Proben ist schmerzlos. Die MFA beschriftet die Probengefäße mit den Patientendaten und dem Entnahmeort. Findet sich ein **Polyp**, d. h. eine Schleimhautwucherung, kann dieser z. B. mit einer Elektroschlinge abgetragen werden. Nach der Abtragung des Polypen, der **Polypektomie**, wird dieser geborgen und und zur pathologischen Begutachtung geschickt.

Polypektomie im Rahmen der Koloskopie

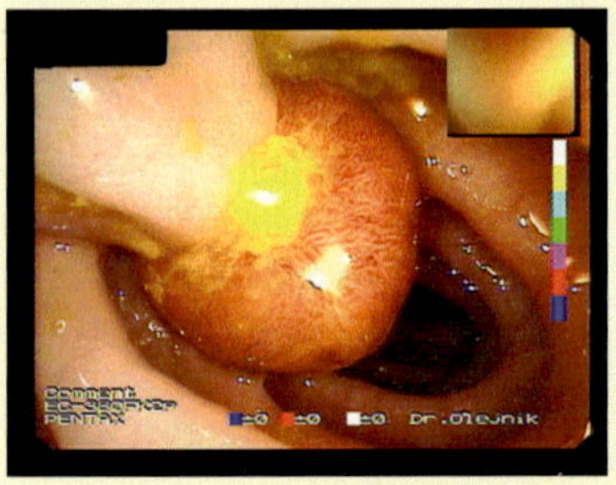

Gestielter Kolonpolyp: Die Oberfläche unterscheidet sich von normaler Schleimhaut.

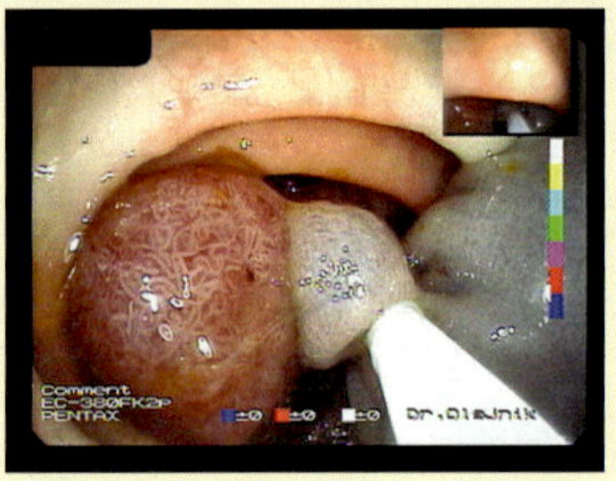

Der Polyp wird am Stiel mit einer Schlinge umfasst und abgetrennt.

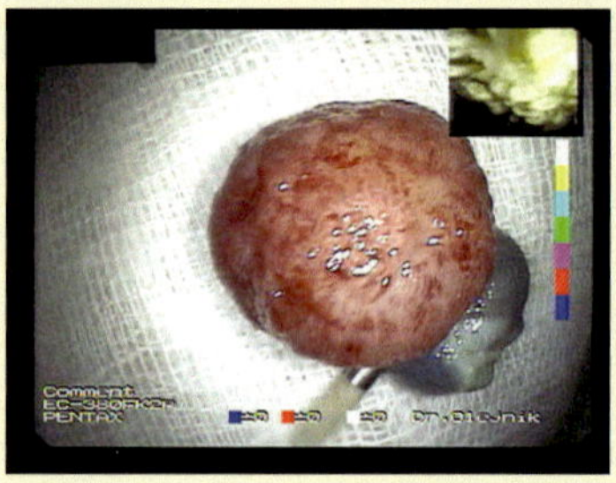

Der Polyp wird im Ganzen geborgen.

Nachbereitung: Der Patient wird nach der Koloskopie zunächst im Aufwachraum überwacht. Hat er eine Kurznarkose erhalten, muss er nach Hause begleitet werden. Insbesondere nach einer Polypektomie kann es zur Nachblutung kommen, da die Verletzung größer ist als nach einer Routinebiopsie. Der Patient bleibt dann länger in der Praxis als nach alleiniger Koloskopie und soll auch zu Hause in den folgenden Stunden nicht allein sein. Bei peranaler Blutung oder Verschlechterung des Allgemeinzustandes muss er sofort vorgestellt werden. Die eingehende Befundbesprechung erfolgt wie bei der Gastroskopie nach einigen Tagen.

Besonderheiten: Die **Rektosigmoidoskopie**, auch **Sigmoidoskopie** genannt, ist die sog. kleine Darmspiegelung, bei der nur der Enddarm endoskopiert wird. Sie ist am ehesten zur Kontrolle bekannter Befunde geeignet. Sie ersetzt die „große Darmspiegelung", d. h. die Koloskopie, nicht. Für die Rektosigmoidoskopie ist eine Darmreinigung mit Klysmen (abführenden Einläufen) ausreichend.

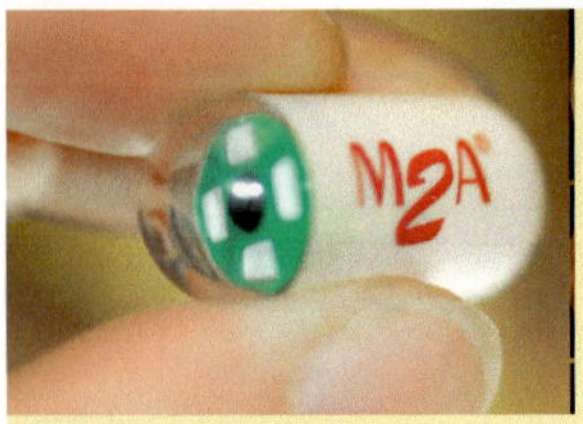

Abb. 2 Kamera-Pille

Die **„Kamera-Pille"** ist eine Kapsel mit eingebauter Lichtquelle und Kamera, die der Patient schluckt, um eine Endoskopie des Dünndarms vorzunehmen. Sie speichert die Bilder, die sie auf ihrer Reise durch den Dünndarm macht und sendet diese an ein Empfangs- und Auswertungsgerät. Die Kapselendoskopie wird z. B. dann eingesetzt, wenn Gastroskopie und Koloskopie eine Darmkrankheit nicht erklären können. Die Kapsel wird auf natürlichem Wege ausgeschieden.

Terminologie: Diagnostik des Magen-Darm-Trakts

Abdomen	Bauchraum; Raum zwischen Thorax und Pelvis (Becken)
Anästhesie	wörtl. Empfindungslosigkeit; Oberbegriff für Narkose, Regionalanästhesie und Lokalanästhesie
Anästhesist	Facharzt für Anästhesiologie; Narkosearzt
Endosonografie	Endoskopie, die mit Ultraschalltechnik kombiniert wird
Gastroskopie (Syn. **Ösophago-Gastro-Duodenoskopie; ÖGD**)	Magenspiegelung; eigentlich Endoskopie von Ösophagus, Magen und Duodenum
Intubationsnarkose	Narkose, bei der der Patient intubiert und beatmet wird
Koloskopie	Dickdarmspiegelung; Kw. Darmspiegelung
Narkose (Syn. **Allgemeinanästhesie**)	künstlich hergestellter Zustand der Empfindungslosigkeit (mit Bewusstlosigkeit, Schmerzfreiheit und Muskelentspannung)
Okkultbluttest	Test auf unsichtbares Blut im Stuhl
peranale Blutung	Blutung aus dem After bzw. mit dem Stuhlgang
Perforation	Durchstoßen bzw. Durchbruch der Wand eines Hohlorgans
Polyp	Schleimhautwucherung bzw. -vorwölbung in das Lumen eines Hohlorgans, z. B. Kolonpolyp, Nasenpolyp
Polypektomie	Entfernung eines Polypen
Proktoskop	spekulumähnliches Instrument zur Untersuchung des Analkanals und des unteren Rektumabschnitts
Reflexion (Verb **reflektieren**)	Zurückwerfen von Wellen, z. B. Licht oder Schall
Rektoskopie	Endoskopie des Mastdarms
Rektosigmoidoskopie (Kw. **Sigmoidoskopie**)	Endoskopie des Enddarms (Sigma, Rektum und Anus)
Resistenz	bei der Palpation fühlbarer Widerstand
Retroperitoneum	Raum dorsal des Abdomens, der Nieren, Aorta usw. enthält
Sedierung	medikamentöse Beruhigung (mit einem Sedativum)
Ultraschall	Schallwellen oberhalb des menschlichen Hörbereichs

AUFGABEN

1 Erklären Sie den Begriff Endoskopie.

2 Geben Sie an, welche Vorteile Endoskopien allgemein haben und mit welchen Risiken Endoskopien grundsätzlich einhergehen.

3 Wie nennen sich die speziellen Endoskope für die Magenspiegelung, die Dickdarmspiegelung, die Endoskopie der Bronchien und die Gelenkspiegelung?

4 Erläutern Sie die Vorbereitung zur Gastroskopie und Koloskopie.

5 Welche Medikamente müssen vor Endoskopien abgesetzt werden und warum?

6 Erklären Sie die Begriffe Allgemein-, Regional- und Lokalanästhesie.

4 Erkrankungen des Gastrointestinaltrakts

Jeder Mensch erleidet im Laufe seines Lebens Erkrankungen des Gastrointestinaltrakts. Besonders häufig ist die virale Gastroenteritis, der Magen-Darm-Infekt. Mit zunehmendem Alter werden Beschwerden wie Sodbrennen, Blähungen und Verstopfung immer häufiger.

4.1 Gastrointestinale Symptome

Die Tabelle gibt eine Übersicht über häufige Symptome des Gastrointestinaltrakts.

Abb. 1 Inappetenz

Abb. 2 Emesis

Abb. 3 Meteorismus

Symptom und Definition	Ursachen (U), Diagnostik (D), Therapie (T) (Beispiele)
Inappetenz Appetitlosigkeit	**U:** Infektionen, Stress, Depression, Magenkrebs **D:** bei anhaltender Inappetenz eingehende Anamnese und gründliche internistische Untersuchung **T:** Je nach Ursache; Arzneistoffe wie Cortison und ältere Antidepressiva steigern den Appetit, werden aber dafür nicht therapeutisch eingesetzt, da sie nebenwirkungsreich sind.
Nausea Übelkeit **Emesis** Erbrechen	**U:** Infektionen, Gastritis, Leberkrankheiten, Nieren- und Herzinsuffizienz, Migräne, Erkrankungen des Gehirns, Schwangerschaft, Nebenwirkung verschiedener Medikamente **D:** siehe Inappetenz **T:** kausal je nach Ursache; ggf. symptomatische Therapie mit Antiemetika (→ Bd. 1, LF 4, S. 395)
Aufstoßen	**U:** Beim Schlucken von Speisen und Getränken, v. a. kohlensäurehaltigen Getränken, gelangt Luft bzw. Gas in den Magen. Dies löst einen Reiz zum Aufstoßen aus. Auch Stress kann zum vermehrten „Luftschlucken" führen. **D/T:** nur bei übermäßigem Auftreten und Leidensdruck
Refluxbeschwerden Sodbrennen usw.	**U:** Rückfluss von Magensäure bzw. -inhalt bei unvollständigem Schluss des unteren Ösophagussphinkters, durch Diätfehler (Alkohol, Zucker, Fett, Nikotin), Adipositas und Stress **D:** bei anhaltenden Beschwerden Gastroskopie **T:** möglichst kausal, ggf. Säureblocker wie Omeprazol
Meteorismus Gasansammlung im Darm **Flatulenz** vermehrter peranaler Gasabgang	**U:** blähende Speisen und/oder Laktose- bzw. Fruktoseintoleranz, wobei unverdaute Kohlenhydrate im Darm zur Gasbildung führen, oft auch zu Diarrhö **D:** bei anhaltenden Beschwerden Laktosetoleranztest usw. **T:** Bei Laktose- oder Fruktoseintoleranz Diät, allgemein Verzicht auf blähende Speisen; einschlägige Medikamente entschäumen nur den Darminhalt und helfen selten.
Bauchschmerzen und **Koliken** krampfartige, wellenförmig auftretende Bauchschmerzen	**U:** vielfältige organische Ursachen, z. B. Infektionen, Gastritis, Geschwüre, gynäkologische und urologische Erkrankungen, Medikamentennebenwirkungen (NSAR), Stress und seelische Erkrankungen **D:** Anamnese, klinische Untersuchung, ggf. apparative und Labordiagnostik **T:** Möglichst kausal. Nie NSAR bei Bauchschmerzen geben!

Diarrhö Durchfall Definition: mehr als drei dünnflüssige Stühle am Tag	**U:** Infektionen, am häufigsten virale Gastroenteritis, Laktoseintoleranz (→LF 9, S. 43), Zöliakie (Unverträglichkeit des Getreideproteins Gluten durch Enzymmangel im Dünndarm), Gastritis, Schilddrüsenüberfunktion, chronisch-entzündliche Darmerkrankungen (→LF 9, S. 48) **D:** bei anhaltender Diarrhö Laktosetoleranztest, ggf. Endoskopie mit Biopsie **T:** wenn möglich kausal, z. B. laktose- oder glutenfreie Kost, ausnahmsweise Antidiarrhoika, d. h. Hefekapseln oder Loperamid, bei akuter Gastroenteritis (→LF 9, S. 42) Durchfalldiät

MERKE

Jede **Veränderung der Stuhlgewohnheiten**, z. B. neu aufgetretene Diarrhö oder Obstipation sowie wechselnde Stuhlkonsistenz, insbesondere bei Menschen über 50 Jahren, ist verdächtig auf Darmkrebs und muss endoskopisch abgeklärt werden.

Obstipation Stuhlverstopfung Definition: Stuhlgang seltener als dreimal pro Woche, weniger als 35 g am Tag, harter Stuhl und/oder Beschwerden beim Stuhlgang	**U:** Meistens Veranlagung, v. a. bei Frauen im Alter; der Darminhalt wird verlangsamt durch den Darm bewegt. Fehlende Bewegung, geringer Ballaststoffgehalt der Nahrung, Flüssigkeitsmangel, chronische Krankheiten und Medikamente (v. a. Morphin und verwandte Schmerzmittel) können die Neigung zur Obstipation verstärken. Hypothyreose (→ Bd. 2. LF 8, 269). **D:** allgemeine internistische Untersuchung; Koloskopie zum Tumorausschluss v. a. bei neu aufgetretener Obstipation **T:** Je nach Ursache. Optimierung der Lebensweise: – ballaststoffreiche Ernährung mit Vollkornbrot, rohem und gegartem Gemüse, Obst und Hülsenfrüchten – täglich ausreichend Bewegung, z. B. Spaziergänge – genügend Zeit und Ruhe für den Stuhlgang einplanen Hilft dies nicht oder nicht ausreichend, können Medikamente eingesetzt werden: – Lactulose (abgewandelter Milchzucker) reizt den Dickdarm leicht, sodass der Stuhl schneller bewegt wird und mehr Wasser behält; Lactulose erzeugt aber vor allem zu Behandlungsbeginn Blähungen. – Macrogol bindet Wasser im Darmlumen und macht den Stuhl weich. Es wird mit viel Flüssigkeit eingenommen, aber nicht zusammen mit anderen Medikamenten. Macrogol ist auch auf Dauer unschädlich und selbst für Schwangere und Kleinkinder erlaubt, da es nicht resorbiert wird.
peranaler Blutabgang Blutung aus dem After mit oder ohne Stuhlgang	**U:** Infektionen, Entzündungen, Reizungen, chronisch-entzündliche Darmerkrankungen, Polypen, benigne und maligne Tumoren, Hämorrhoidalleiden; unter Antikoagulanzien treten Darmblutungen vermehrt auf. **D:** Koloskopie **T:** Therapie der Blutungsursache

MERKE

Die Annahme oder das Wissen, dass eine Hämorrhoidenblutung vorliegt, darf bei **peranaler Blutung** nicht dazu verleiten, auf eine Koloskopie zu verzichten. Sonst besteht die Gefahr, dass ein Tumor übersehen wird, der ebenfalls okkultes oder sichtbares Blut abgibt.

Foetor ex ore Mundgeruch	**U:** Chronischer Mundgeruch geht oft auf Zahnfleischentzündungen, mangelnde Zahnhygiene und/oder Zungenbelag zurück. Infektionen und Entzündungen im Mund-Rachen-Raum und im Magen können ebenfalls Foetor ex ore erzeugen. **D:** zahnärztliche Untersuchung, ggf. Gastroskopie **T:** Zahnhygiene optimieren, ggf. Grundkrankheit behandeln

Abb. 1 Diarrhö

Abb. 2 Obstipation

Abb. 3 Peranaler Blutabgang

Die Deutsche Gesellschaft für Gastroenterologie, Verdauungs- und Stoffwechselkrankheiten bietet Informationen und Selbsthilfe-Adressen zu vielen GI-Trakt-Krankheiten: www.dgvs.de

4.2 Magen-Darm-Infektionen: Gastritis, Enteritis und Gastroenteritis

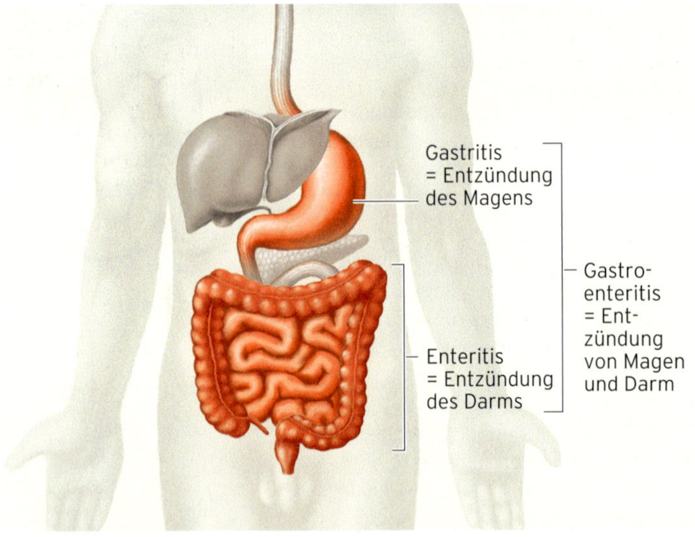

Abb. 1 Magen-Darm-Infektionen

Definition: Infektionen des Magens und/ oder Darms durch Viren, Bakterien oder Protozoen:

- Ist vor allem der Magen bzw. die Magenschleimhaut betroffen, besteht eine **Gastritis**.
- Ist vorwiegend der Dünndarm erkrankt, liegt eine **Enteritis** vor.
- Bei Erkrankung sowohl des Magens als auch des Darms handelt es sich um eine **Gastroenteritis**.

Epidemiologie und Ursachen: Die virale Gastroenteritis, z. B. durch Noroviren, ist besonders häufig. Die bakterielle Gastroenteritis tritt oft als Lebensmittelinfektion durch Salmonellen oder Campylobacter und als Reisediarrhö durch fremde E. coli auf. Nach Fernreisen kommen auch Enteritiden durch Protozoen, z. B. Amöben, vor.

virale Gastroenteritis
→ Bd. 1, LF 3, S. 284

bakterielle Gastroenteritis
→ Bd. 1, LF 3, S. 278

ETEC, d. h. **e**ntero**t**oxische **E.**-**c**oli-Stämme, bilden Toxine (Giftstoffe), die die Darmschleimhaut schädigen. Sie gehören in vielen Reiseländern zur Darmflora der einheimischen Bevölkerung, sodass jeder Reisende sie innerhalb weniger Tage aufnimmt. Der fremde Darmkeim stört vorübergehend die Darmflora und erzeugt heftigen Durchfall. Da ETEC-Bakterien in Südamerika besonders verbreitet sind, nennt man die Reisediarrhö auch „Montezumas Rache".

Pathogenese: Nach Aufnahme der Erreger über Tröpfchen, Hände und/oder Speisen befallen diese die Schleimhäute des Magens und/oder Darms. Die Erreger sind auf bestimmte Epithelien spezialisiert, an denen sie gut haften können; deshalb können z. B. Noroviren keinen Schnupfen hervorrufen und Erkältungsviren keinen Durchfall. Die Schleimhaut reagiert auf die Infektion mit einer Entzündung, die zu einer Funktionsstörung des betroffenen Organs führt.

Symptome:

- Organsymptome: Übelkeit, Erbrechen, Magen- und Darmkrämpfe, Durchfall
- Allgemeinsymptome, v. a. bei schweren Infektionen: Fieber, Kopf- und Gliederschmerzen, Schwächegefühl und Kollapsneigung

Komplikationen: Die größte Gefahr ist der Flüssigkeitsverlust (→Abb. 2). Eine **Exsikkose** (Austrocknung des Körpers) kann tödlich enden. Auch blutige Diarrhöen können lebensbedrohlich verlaufen. Selten, z. B. nach Yersinien-Infektionen, kommt es Wochen nach der Diarrhö zur reaktiven Arthritis, d. h. einer immunologisch ausgelösten Gelenkentzündung.

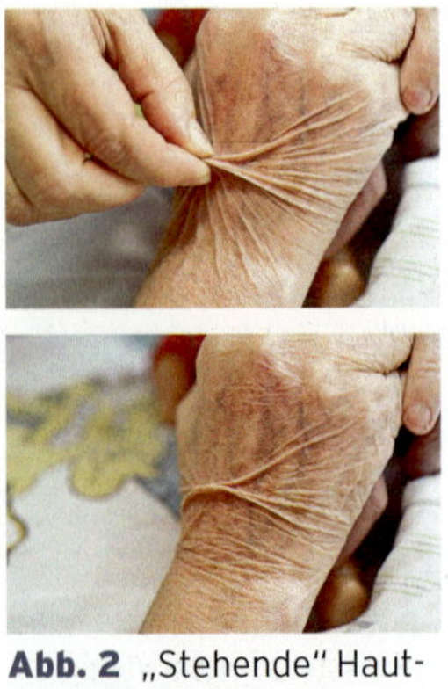

Abb. 2 „Stehende" Hautfalten bei Exsikkose

Diagnostik: Meistens genügen Anamnese und klinische Untersuchung; bei schwerem Verlauf und bei Ausbrüchen ist der Erregernachweis aus Stuhlproben sinnvoll.

Therapie: Die wichtigste Therapiemaßnahme ist die Flüssigkeitszufuhr. Um diese zu ermöglichen bzw. zu erleichtern, kann die Gabe von Antiemetika (Arzneimittel gegen Übelkeit und Erbrechen) sinnvoll sein. Empfehlenswert ist die einfach und preisgünstig anzufertigende WHO-Durchfalllösung (s. u.). Gelingt eine orale Zufuhr auch bei schluck- bzw. löffelweiser Gabe nicht, ist eine parenterale Zufuhr indiziert.

Milch sollte während einer Enteritis nicht konsumiert werden, da die gereizte Darmschleimhaut eine Laktoseintoleranz (s. u.) zeigt oder entwickeln kann. **Antidiarrhoika** wie Loperamid (z. B. Imodium®, Lopedium®) sind nicht bei jeder Diarrhö indiziert. Sie vermindern die Anzahl der Stuhlgänge, können aber auch zum längeren Verweilen von Erregern bzw. Erregergiften beitragen. Außerdem sind schwere Nebenwirkungen seitens des ZNS möglich.

Die **WHO-Durchfalllösung** wird hergestellt aus
- 1 Liter Wasser (ggf. abgekocht) oder Tee,
- 4 Esslöffeln Traubenzucker (Glukose), ersatzweise Zucker,
- 1,5 g Kaliumchlorid, z. B. in Form einer Tasse Orangensaft,
- 3/4 Teelöffeln Kochsalz (NaCl) und
- 1 Teelöffel Backpulver (als Ersatz für mit der Diarrhö verlorenes Bikarbonat).

Je nach Schwere der Erkrankung sollten pro Tag 1-2 Liter der warmen oder kalten Lösung schluckweise getrunken werden.

Die **Durchfalldiät** hat den Sinn, Flüssigkeit und Kalorien zuzuführen sowie Wasser im Darm zu binden, um den Stuhl zu verfestigen. Gut sind Zwieback, Kartoffelpüree ohne Milch, Reis und *geriebener* Apfel. Dieser kann sehr viel Flüssigkeit binden. Ebenso wirkt die **Moro-Möhrensuppe**, die der Kinderarzt Moro vor gut 100 Jahren erfand:
500 g Möhren zerkleinern und mit 0,5 L Wasser sehr weich kochen, pürieren und mit Salz oder Gemüsebrühe abschmecken. Schluckweise verabreichen bzw. trinken.

www.bfr.bund.de
Das Bundesinstitut für Risikobewertung bietet Verbrauchertipps zur Vermeidung viraler Lebensmittelinfektionen und andere Materialien zum Download.

Prävention: Im Praxisalltag sind eine regelmäßige Händedesinfektion sowie die Flächendesinfektion von Türklinken, Tastaturen usw. sinnvolle Schutzmaßnahmen. Händewaschen vor dem Essen bietet im Privatbereich einen gewissen Schutz vor der Aufnahme von Gastroenteritis-Viren. Gegen bakterielle Erreger wie Salmonellen hilft konsequente Lebensmittelhygiene. **„Cook it, boil it, peel it or forget it"** (engl. „Koche es, koche es ab, schäle es oder vergiss es") – auf Reisen in Länder, in denen die Reisediarrhö häufig ist, sollten keine rohen, ungekochten Speisen und Getränke konsumiert werden. Roh zu verzehrende Nahrungsmittel werden vor allen anderen Lebensmitteln zubereitet und Schwämme, Schneidbretter, Messer, Spülbürsten und Geschirrtücher sind regelmäßig zu desinfizieren, was durch ausreichend heiße Maschinenwäsche bzw. maschinelles Spülen gelingt.

4.3 Laktoseintoleranz (Laktosemalabsorption)

Definition und Epidemiologie: Genetisch bedingte Milchzuckerunverträglichkeit, die z. B. bei 98 % der Bevölkerung in China, 70 % in Sizilien und 15 % in Deutschland vorliegt. Auf Grund fehlender Darmenzyme kann Laktose nicht gespalten und nicht resorbiert (aufgenommen) werden.
Ursache und Pathogenese: Nach der Stillzeit braucht der Mensch nicht mehr unbedingt Milch. Daher ist das Milchzucker spaltende Enzym Laktase etwa ab dem zweiten Lebensjahr nicht mehr lebensnotwendig. In Ländern, in denen traditionell viel Milch konsumiert wird, haben jedoch viele Menschen mutierte (veränderte) Gene, die mit dem lebenslangen Vorhandensein von Laktase einhergehen. Lebenslang Laktase zu bilden, ist jedoch – weltweit betrachtet – die biologische Ausnahme und die Laktoseintoleranz eigentlich der Normalfall.

Abb. 1 Die meisten Milchprodukte enthalten Laktose.

HINWEIS

Die Laktoseintoleranz ist keine Allergie, sondern beruht auf einem Enzymmangel.

HINWEIS

Ebenfalls häufig ist die **Fruktosemalabsorption**. Betroffene bekommen Diarrhö nach Verzehr großer Mengen Frucht- oder Haushaltszucker sowie des Zuckeraustauschstoffes Sorbit.

Symptome: Nach dem Verzehr von Laktose kommt es zu Diarrhö. Die Symptomatik ist mengenabhängig; Laktose als Hilfsstoff in Tabletten wird z. B. problemlos vertragen.
Diagnostik: Laktosetoleranztest: Der nüchterne Patient trinkt eine Laktoselösung. Wird die Laktose nicht gespalten, bildet sich im Dickdarm Wasserstoff, der in der Atemluft gemessen werden kann. Statt dieses **H_2-Atemtests** ist auch ein Selbstversuch möglich: Nach einer Woche laktosefreier Ernährung trinkt man 50 g Laktose in Wasser. Kommt es jetzt zu keiner Diarrhö, liegt auch keine Laktoseintoleranz vor.
Therapie: laktosearme Ernährung, ggf. Einnahme von Laktase zu milchhaltigen Speisen

4.4 Gastroösophageale Refluxkrankheit

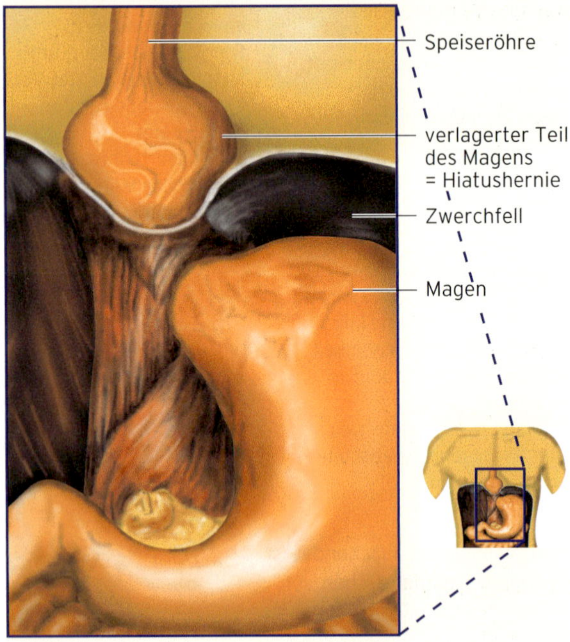

Abb. 1 Hiatushernie

Definition: Beschwerden durch Rückfluss von Mageninhalt in den Ösophagus

Epidemiologie: Häufig; vor allem im Alter und bei Übergewicht; in den Industrienationen leidet etwa jeder siebte Mensch unter Refluxbeschwerden.

Ursachen und Pathogenese: Schließt der untere Ösophagussphinkter nicht richtig, kommt es zum Übertritt von Mageninhalt in die Speiseröhre. Risikofaktoren bzw. Ursachen sind:

- Im **Alter** werden alle Muskeln schwächer, auch der Ösophagusschließmuskel und das Zwerchfell.
- Bei **Übergewicht** drückt der Bauch den Magen gegen den unteren Ösophagussphinkter, was diesen öffnet.
- **Genussmittel** wie Nikotin, Alkohol, Zucker und Schokolade lockern den unteren Ösophagussphinkter.
- In der **Schwangerschaft** lockert das Hormon Progesteron den Ösophagussphinkter.

Der fehlende Abschluss des obersten Magenteils bzw. des Übergangs zum Ösophagus heißt **Kardiainsuffizienz**. Oft ist die Ursache eine **Hiatushernie**, d. h. ein Zwerchfellbruch. Dies bedeutet, dass die Zwerchfelllücke für den Ösophagus (der Hiatus) so weit ist, dass ein Teil des Magens in den Thorax hineinragt. Dies verhindert den Magenschluss nach kranial.

Symptome: Sodbrennen, d. h. brennende Empfindungen im Bereich der Speiseröhre und/oder des Rachens. Starke Schmerzen im Bauch- und Brustbereich können zur Verwechslung mit einem Herzinfarkt führen.

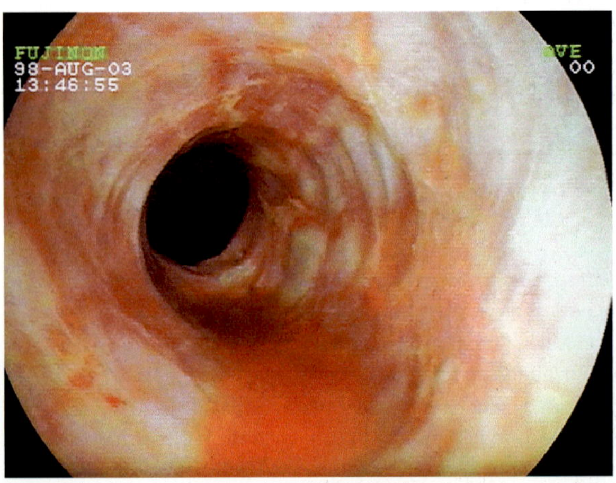

Abb. 2 Refluxösophagitis (Speiseröhrenentzündung)

Komplikationen: Der Ösophagus hat im Gegensatz zum Magen keine Schleimschicht zum Schutz vor Säure und Enzymen. Es kommt daher durch die Magensäure leicht zur **Refluxösophagitis**, d. h. zur Speiseröhrenentzündung. In schweren Fällen kann eine Vernarbung und Verengung des Ösophagus und selten – über Vorstufen – ein Ösophaguskarzinom entstehen. Nächtlicher Reflux kann die Bronchien schädigen und Asthma bronchiale hervorrufen.

Diagnostik: Die Gastroskopie mit Biopsie bestätigt die Verdachtsdiagnose. Sie ermöglicht eine Unterscheidung zwischen Refluxkrankheit mit oder ohne Ösophagitis sowie die Erkennung von Krebs und Krebsvorstufen.

Therapie: Siehe Risikofaktoren. Oft werden **Protonenpumpenhemmer (PPI)** wie Omeprazol und Pantoprazol gegeben. Diese sog. Säureblocker hemmen die Magensäurebildung und bessern zuverlässig säurebedingte Beschwerden. Sie schützen aber nicht vor den Wirkungen des enzymhaltigen Magensafts und ändern nichts am Reflux selbst. Sie sind nicht für den Dauergebrauch gedacht, da sie die Vitamin-B_{12}- und die Calciumaufnahme behindern und Magen-Darm-Infektionen begünstigen können.

Prävention: Siehe Risikofaktoren. Die Refluxkrankheit ist v. a. eine Zivilisationskrankheit.

Auch Konflikte und Stress lösen **Reflux** und säurebedingte Beschwerden aus. Der Volksmund benennt die psychosomatischen Zusammenhänge mit Redensarten wie „Ich bin sauer", „Es steht mir bis hier", „Es kommt mir hoch", „Ich habe schwer dran zu schlucken", „Es liegt mir schwer im Magen" und „Er frisst alles in sich hinein".

4.5 Gastritis und Duodenitis

Definition: Eine **Gastritis** ist eine Magenschleimhautentzündung. Eine Entzündung des Zwölffingerdarms bzw. der Duodenalschleimhaut nennt sich **Duodenitis**.

Ursachen und Pathogenese: Kommt es zu einem Ungleichgewicht zwischen Schleimhaut schützenden und Schleimhaut schädigenden Faktoren (→Abb. 1), entsteht eine Entzündung. Die **akute Gastritis** entsteht meist durch eine magenschädliche Lebensweise (Rauchen, Alkohol, Stress, NSAR; siehe Ulkusleiden) und/oder Infektionen (infektiöse Gastritis).

Bei der **chronischen Gastritis** gibt es drei Arten, die auch kombiniert vorkommen:

Abb. 1 Ungleichgewicht zwischen die Schleimhaut angreifenden und die Schleimhaut schützenden Faktoren

Ulkusleiden
→LF 9, S. 47

Chronische Gastritis	Ursachen (U) und Besonderheiten (B)
Typ A **Autoimmungastritis** Merkhilfe: im **A**lter, **a**trophisch, **a**utoimmun	**U:** Autoimmunentzündung der Magenschleimhaut, die zur Schleimhautatrophie führt. Sie kommt oft im Alter vor. **B:** Die A-Gastritis führt oft zum Vitamin-B_{12}-Mangel, da auch Intrinsic-Faktor bildende Zellen abgebaut werden.
Typ B **bakteriell ausgelöste Gastritis**	**U:** Befall der Magenschleimhaut mit dem Bakterium Helicobacter pylori **B:** Typ B kann auf Dauer zum Magenkarzinom führen.
Typ C **chemisch ausgelöste Gastritis**	**U:** chemische Stoffe, die die Magenschleimhaut schädigen, z. B. NSAR-Schmerzmittel, Alkohol, Nikotin **B:** Nimmt ein Patient NSAR und Cortison ein, vervielfacht dies das Risiko einer Gastritis und eines Geschwürs (Ulkus). Da NSAR die Magenschleimhaut schädigen und gleichzeitig das Schmerzempfinden senken, wird die Magenschädigung evtl. nicht oder zu spät bemerkt.

Symptome: Inappetenz, Übelkeit, Erbrechen (ggf. blutig oder kaffeesatzartig), Brennen und Schmerzen im Magen bzw. mehr rechtsseitig im Duodenum; ggf. Durchfall. Manche Gastritis-Patienten beschreiben das Gefühl, ein Stein läge in ihrem Magen.

Komplikationen: Übergang in ein Ulkus, akuter und chronischer Blutverlust

Diagnostik: Gastroskopie mit Biopsie, um maligne Veränderungen und das Magenbakterium Helicobacter pylori sicher nachzuweisen

Therapie: Führt die A-Gastritis zu einem Vitamin-B_{12}-Mangel, so muss dieser parenteral ausgeglichen werden, z. B. durch s.c.-Injektion von 1 mg Cobalamin alle vier Wochen. Bei der B-Gastritis kann eine Eradikationstherapie helfen (s. u.). Die C-Gastritis wird durch Weglassen der Ursache und symptomatisch mit Protonenpumpenblockern behandelt.

Prävention: Unter guten Hygienebedingungen ist Helicobacter-pylori-Befall seltener, aber nicht auszuschließen. Die C-Gastritis ist durch gesunde Lebensweise und Verzicht auf NSAR weitgehend vermeidbar.

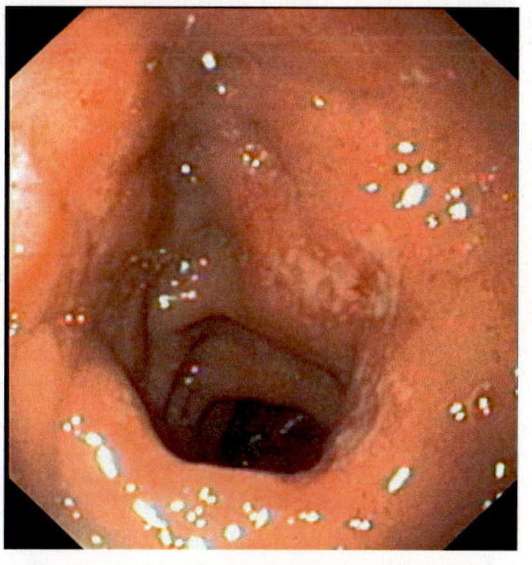

Abb. 2 Akute hämorrhagische (blutende) Duodenitis; die entzündeten Stellen sind teilweise mit gelblichen Fibrinbelägen bedeckt.

Ulkus
→LF 9, S. 47

Protonenpumpenblocker
→LF 9, S. 44

Erkrankungen durch Helicobacter pylori

Definition und Pathogenese: Helicobacter pylori (Hp) ist ein auf den Magen spezialisiertes Bakterium. Mit seinem Enzym **Urease** bildet es Ammoniak und neutralisiert damit die Magensäure. Dies regt wiederum die Säureproduktion an. Die zusätzliche Magensäure bewirkt Schleimhautschäden und eine Entzündung. Dadurch kann eine Gastritis und/oder ein Magengeschwür **(Ulkus; Ulcus ventriculi)** entstehen.

R. Warren (links) und **B. Marshall** (rechts) entdeckten 1982 den Helicobacter pylori und erhielten dafür 2005 den Nobelpreis. Prof. Marshall bewies im Selbstversuch, dass die Infektion die Ursache von Gastritis und Geschwüren ist: Er trank einen Helicobacter-„Cocktail" und erkrankte 14 Tage später an einer B-Gastritis. Diese therapierte er erfolgreich mit Medikamenten. Vor der Entdeckung des Keims behandelte man Geschwüre mit großen Magenoperationen und uneffektiven Kamillenteekuren und hielt Stress für die Hauptursache von Gastritis und Magengeschwüren.

Infektionsweg: Der Keim wird fäkal-oral sowie oral-oral, d. h. durch Küssen, übertragen. Bei Gastroskopien kann Helicobacter über die Atemluft in den GI-Trakt des Personals gelangen.
Epidemiologie: Bei ca. 5 % der Kinder und 25 % der Erwachsenen in Deutschland ist Helicobacter pylori nachweisbar. Nur jeder Zehnte davon entwickelt aber eine Magenerkrankung.
Symptome: Der Helicobacterbefall ist in 90 % asymptomatisch; in 10 % erzeugt er eine Gastritis, ein Magenulkus und/oder nach Jahren ein Magenkarzinom.
Komplikationen: chronische und akute Blutungen; Magenkarzinom

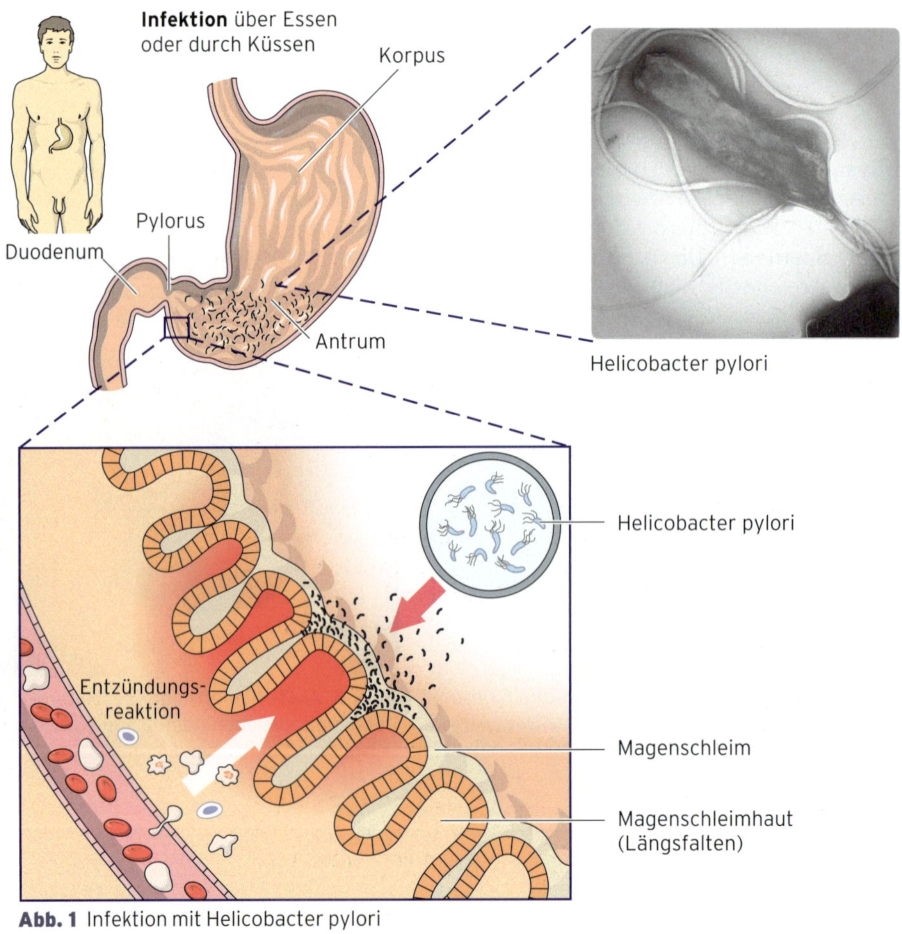

Abb. 1 Infektion mit Helicobacter pylori

Diagnostik: Sicher gelingt der Nachweis in Gewebeproben, die bei der Gastroskopie aus der Magenschleimhaut entnommen werden. Atemtests, serologische Tests und Stuhltests wendet man eher zum Ausschluss eines Befalls und zur Kontrolle des Behandlungserfolgs nach Eradikationstherapie als zum Nachweis an.

Therapie: Eradikationstherapie, wörtlich Ausrottungsbehandlung mit drei **(Triple-Therapie)** bis vier Medikamenten (Quadrupel-Therapie): Zwei Antibiotika (z. B. Clarithromycin und Amoxicillin) und ein PPI wie Omeprazol, bei Rezidiven ggf. als viertes Mittel Metronidazol oder Wismut. Fertig abgepackte Medikamente (→Abb. 1) verbessern die Adhärenz. Die Eradikationstherapie gelingt in 95 % der Fälle. Einige Wochen danach erfolgt ein Atemtest zur Kontrolle.

Prävention: Helicobacterbefall kommt bei schlechten Hygieneverhältnissen häufiger vor. Eine gezielte Prävention ist nicht möglich. Eine Partnertherapie ist bei Helicobacterbefall nicht nötig. Die Neuansteckungsrate nach Eradikation beträgt nur ca. 1 % pro Jahr.

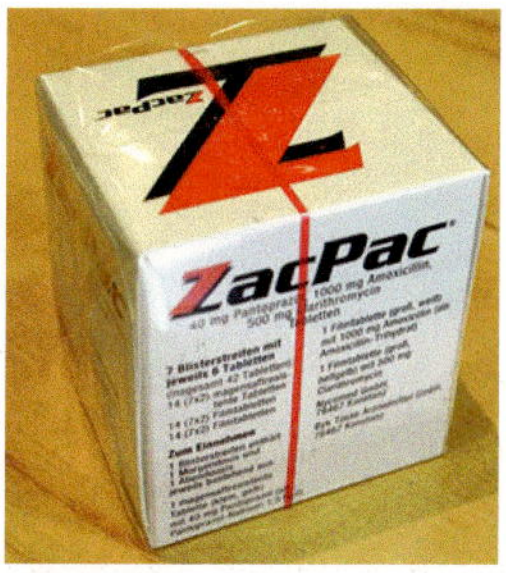

Abb. 1 Beispiel einer fertig abgepackten Triple-Therapie

4.6 Ulkuskrankheit

Definition: Ein **Ulkus** ist ein Geschwür, d. h. ein **tiefer Gewebsdefekt**, der über die Epithelgrenzen hinausreicht. Das Magengeschwür heißt **Magenulkus (Ulcus ventriculi)**, das Zwölffingerdarmgeschwür **Duodenalulkus (Ulcus duodeni)**.

Ursachen und Pathogenese: Während bei der Gastritis nur oberflächliche Gewebsdefekte **(Erosionen)** vorliegen, geht das Ulkus tiefer. Es zerstört das gesamte Epithel und ggf. auch darunter liegende Gewebsschichten (→Abb. 2). Die Ursachen entsprechen der Gastritis. Bei der Gastritis wird das Epithel angedaut, beim Ulkus stellenweise verdaut bzw. verätzt. Dabei gilt der Grundsatz „ohne Säure kein Ulkus".

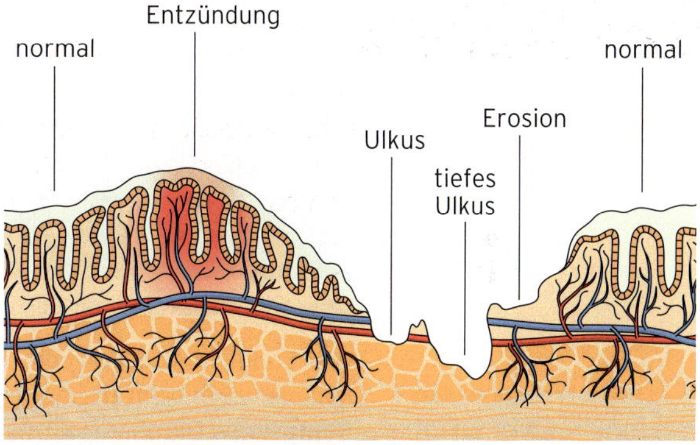

Abb. 2 Entstehung eines Ulkus

Adhärenz
→ Bd. 1, LF 4, S. 394

MERKE

Ein **Geschwür** ist ein tiefer Gewebsdefekt, d. h., es fehlt Gewebe. Eine **Geschwulst** ist ein tumorartiges Gewächs, d. h., es ist zusätzliches Gewebe gewachsen. Der verbreitete Begriff „Krebsgeschwür" für einen Tumor, also eine Geschwulst, ist meistens falsch. Erst wenn ein Karzinom teilweise zerfällt, was in Spätstadien vorkommen kann, bildet sich ein Geschwür.

Symptome und Komplikationen: Siehe Gastritis; hinzu kommt die erhöhte Gefahr von Magenblutungen, wenn die Säure unter der Schleimhaut liegende Blutgefäße angreift und eröffnet. Wird dabei die Magenwand durchbrochen, liegt eine Perforation vor (→Abb. 3). Der Blutverlust kann zum Tode führen.

Hinweis: Beim Magenulkus (Ulcus ventriculi) hat der Patient eher nüchtern Schmerzen, weil im leeren Magen die Säure die wunde Schleimhaut bzw. Magenwand angreift. Beim Duodenalulkus (Ulcus duodeni) treten eher nach dem Essen Schmerzen auf, da dann säurehaltiger Mageninhalt ins Duodenum übertritt und auf die wunde Schleimhaut trifft. Deshalb nehmen Patienten mit Magenulkus häufig kleine Mahlzeiten zu sich, während Ulcus-duodeni-Patienten lieber auf Essen verzichten.

Diagnostik: Gastroskopie mit Biopsie zum Nachweis von Helicobacter pylori

Therapie und Prävention: Siehe Gastritis. Bei einer Blutung ggf. endoskopische Blutstillung, bei Perforation notfallmäßig operativer Verschluss der Magenwand und ggf. Ausgleich des Blutverlustes durch Bluttransfusionen.

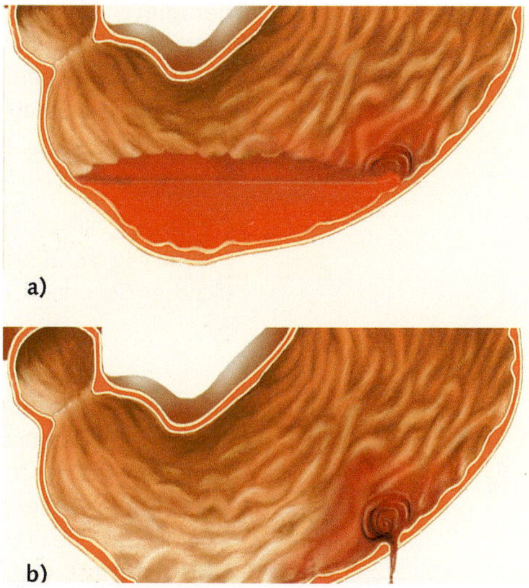

Abb. 3 Komplikationen eines Magengeschwürs: a) Blutung, b) Perforation (Durchbruch der Magenwand)

4.7 Gastrointestinale Blutung

Definition: Blutung im Magen-Darm-Trakt; es werden unterschieden
- die **obere gastrointestinale Blutung** (die Blutungsquelle liegt in Ösophagus, Magen und/oder Duodenum) und
- die **untere gastrointestinale Blutung** (die Blutungsquelle liegt im Dickdarm bzw. Enddarm).

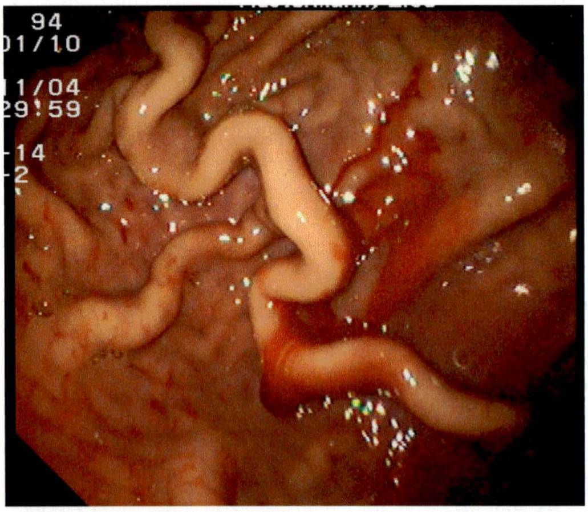

Abb. 1 Gastroskopisches Bild einer Magenblutung

Obere und untere gastrointestinale Blutungen können jeweils akut und chronisch verlaufen.

Ursachen und Pathogenese: Bei der Gastritis entstehen Erosionen, die mit flächenhaften Blutungen einhergehen können. Ein Ulkus kann ebenfalls leicht bzw. chronisch bluten (→Abb. 1). Kommt es beim Ulkus zur Eröffnung eines Blutgefäßes, kann dies eine massive, z. B. arterielle Blutung erzeugen. Bei Leberzirrhose können sich Venen in der Speiseröhre erweitern, d. h., weiche, empfindliche Ösophagusvarizen bilden, die sehr stark bluten können.

Leberzirrhose
→ LF 9, S.64

Typische Blutungsquellen in Dick- und Enddarm sind Polypen, Tumore, Entzündungen sowie Infektionen. Enddarmblutungen kommen auch beim Hämorrhoidalleiden vor.

Hämorrhoidalleiden
→ LF 9, S.51

Symptome: Die obere gastrointestinale Blutung kann zu Bluterbrechen oder zu Hämatinerbrechen führen. Hämatin entsteht durch Säureeinwirkung aus Hämoglobin. Das hämatinhaltige Erbrochene erinnert an Kaffeesatz. Blut aus dem oberen GI-Trakt kann auch verdaut und als tiefschwarzer, klebriger, übelriechender **Teerstuhl** ausgeschieden werden.
Bei der unteren gastrointestinalen Blutung ist das Blut mit dem Stuhl vermischt oder diesem aufgelagert. Bei massiven Blutungen erscheint Blut allein oder mit Stuhl bzw. Schleim vermischt.

HINWEIS

Eisenpräparate können den Stuhl dunkel färben, erzeugen aber keinen Teerstuhl.

Komplikationen: Chronische Blutungen führen zur Anämie, akute ggf. zum Verbluten, d. h. zum tödlichen Kreislaufschock durch Volumenmangel.

Kreislaufschock
→ Bd. 2, LF 5, S.77

Diagnostik: Bei oberer gastrointestinaler Blutung Gastroskopie, bei unterer gastrointestinaler Blutung Koloskopie. Im Zweifelsfall erfolgt erst eine Gastroskopie, dann eine Koloskopie.
Therapie: endoskopische und/oder chirurgische Blutstillung, ggf. Bluttransfusion(en)
Prävention: Siehe Gastritis, Ulkus und Leberzirrhose. Die Einnahme von Cortison, NSAR und Antikoagulanzien geht mit einem erhöhten Blutungsrisiko insbesondere im Gastrointestinaltrakt einher. Die Gefahr vervielfacht sich bei Kombinationstherapien.

MERKE

Die Gabe von Protonenpumpenblockern wie Omeprazol **„zum Magenschutz"** bei Einnahme von NSAR senkt das Risiko einer Magenblutung, bietet aber keinesfalls einen sicheren Schutz.

Chronisch-entzündliche Darmerkrankungen (CED) sind Autoimmunkrankheiten, die u. a. mit Entzündungen der Darmschleimhaut einhergehen. Bei **M. Crohn** betreffen diese die ganze Organwand und treten vorwiegend im Dünndarm (Ileum) auf, während sie bei **Colitis ulcerosa** eher oberflächlich sind und besonders das Kolon befallen. Beide Erkrankungen führen zu Schmerzen, Diarrhöen, Anämie und Gewichtsverlust. Vor allem bei Colitis ulcerosa ist das Darmkrebsrisiko erhöht. Die Diagnose erfolgt histologisch nach Endoskopie und Biopsie. Die Therapie liegt u. a. in der Einnahme von Immunsuppressiva, z. B. Cortison.

www.kompetenznetz-ced.de
www.dccv.de

4.8 Reizdarmsyndrom

Definition: Störung der Darmfunktion ohne nachweisbare Ursache. Vermutlich reagiert der Darm überempfindlich auf Stresshormone bzw. Botenstoffe. Es handelt sich um eine sog. Ausschlussdiagnose. Das bedeutet, dass alle Untersuchungen ohne pathologischen Befund verlaufen und man die Beschwerden dann als Reizdarmsyndrom bezeichnet.
Symptome: Bauchschmerzen wechselnder Intensität, Diarrhö und/oder Obstipation
Diagnostik: Koloskopie mit Biopsien, Laktose- und Fruktosetoleranztest. Letztere weisen einen Enzymmangel nach, der zum Übertritt unverdauter Disaccharide in den Dickdarm und damit zu Blähungen und Diarrhöe führen kann. TSH-Bestimmung zum Ausschluss einer Schilddrüsenfunktionsstörung, die ebenfalls Störungen der Darmfunktion auslösen kann.
Therapie: Eine gezielte Therapie ist nicht möglich. Spasmolytika, Flohsamen u. v. m. werden eingesetzt, um die Symptome zu bessern. Oft besteht gleichzeitig eine Depression, deren Behandlung die Darmbeschwerden ggf. bessert.

www.reizdarmselbsthilfe.de
www.selbsthilfe-bei-reizdarm.de

4.9 Divertikulose und Divertikulitis

Definition: Schleimhautausstülpungen in der Wand des Dickdarms bzw. Sigmas heißen **Divertikel**. Sind diese zahlreich vorhanden, liegt eine **Divertikulose** vor. Entzünden sich Divertikel bzw. das sie umgebende Gewebe, spricht man von einer **Divertikulitis**.
Epidemiologie: häufig im Alter und bei chronischer Obstipation
Ursache und Pathogenese: Das Kolon besitzt längs und quer verlaufende glatte Muskulatur. Bei hohem Druck auf die Darmwand, wie sie bei chronischer Obstipation vorkommt, stülpt sich stellenweise Schleimhaut zwischen den Muskelfasern hindurch nach außen. So bilden sich Divertikel, d. h. hauchdünne Schleimhautbläschen mit punktförmiger Öffnung zum Darmlumen (→ Abb. 1). Gerät Darminhalt in Divertikel hinein, kann es zur Entzündung, der Divertikulitis, kommen. Diese betrifft neben den Divertikeln auch das umgebende Gewebe.

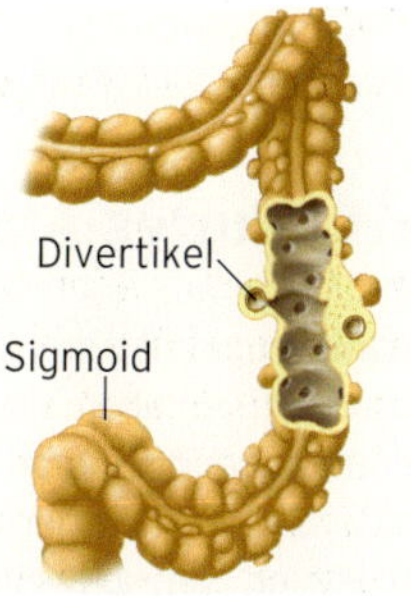

Abb. 1 Divertikel am absteigenden Dickdarm und am Sigmoid

Symptome und Komplikationen: Die Divertikulose allein ist symptomlos. Die Divertikulitis geht mit einer entzündlichen Schwellung der Darmwand einher. Diese erzeugt lokale Schmerzen, Durchfall und Fieber und kann sowohl zum Darmverschluss **(Ileus)** als auch zum Durchbruch, d. h. zur Perforation, führen. Bei der Perforation tritt bakterienreicher Dickdarminhalt in die Bauchhöhle aus und verursacht eine lebensbedrohliche **Peritonitis** (Bauchfellentzündung). Erbrechen, hohes Fieber, Abwehrspannung und eine Verschlechterung des Allgemeinzustandes sind Anzeichen solcher Komplikationen (akutes Abdomen).

akutes Abdomen
→ LF 9, S. 50

Diagnostik: Nachweis der Divertikulose durch Koloskopie bzw. Rektosigmoidoskopie. Bei Entzündungsverdacht klinische Untersuchung, Bestimmung der Entzündungswerte im Blut, aber keine Endoskopie (cave Perforation). Auch ein Kontrasteinlauf, bei dem ein Einlauf mit Röntgenkontrastmittel in den zuvor gründlich gereinigten Enddarm gegeben wird, und eine anschließende Röntgenaufnahme des Unterbauchs dienen dem Nachweis einer Divertikulose (→Abb. 2).

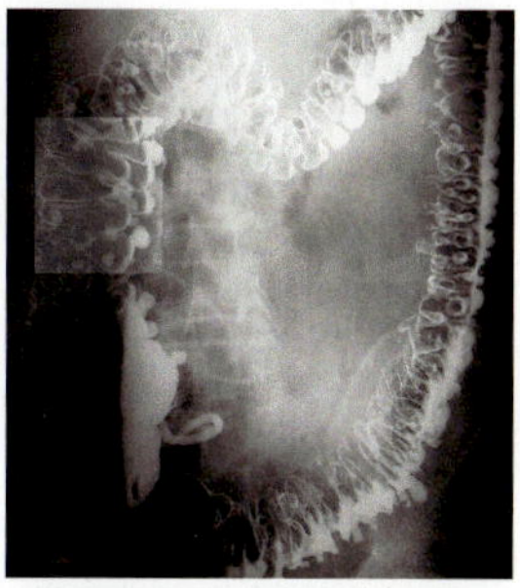
Abb. 2 Kontrasteinlauf des Dickdarms mit Abbildung vieler Ausstülpungen der Schleimhaut

Therapie: Bei bekannter Divertikulose ist ballaststoffreiche Kost wichtig, um eine Obstipation und weitere Divertikelbildung zu verhindern. Bei Divertikulitis erfolgt die Gabe von Antibiotika, Analgetika und/oder Spasmolytika. Bei rezidivierender Divertikulitis wird der betroffene Darmabschnitt operativ entnommen. Dies beseitigt oft die zu Grunde liegende Obstipation.
Prävention: Stuhlregulierung zur Vermeidung chronischer Obstipation

4.10 Appendizitis (Wurmfortsatzentzündung)

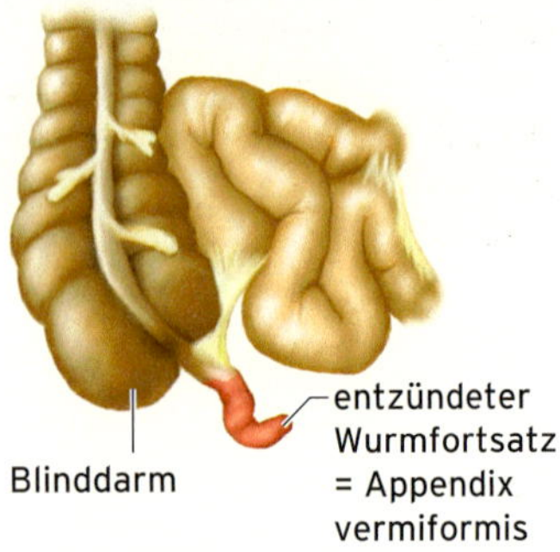

Abb. 1 Appendizitis

Definition: Entzündung der Appendix vermiformis, die besonders Kinder und Jugendliche betrifft, aber in jedem Lebensalter vorkommen kann.
Ursache: Möglicherweise bewirkt ein Stau von Darminhalt in der Appendix die Entzündung.
Symptome und Komplikationen: Zunächst Übelkeit, Erbrechen und ggf. kolikartige Oberbauchschmerzen. Die Schmerzen verlagern sich allmählich in den rechten Unterbauch. Das Krankheitsgefühl nimmt stetig zu, da die Appendix durch Eiterbildung anschwillt. Eine Verschlechterung des Allgemeinzustandes weist auf eine Perforation bzw. eitrige Peritonitis hin. Cave: Direkt nach der Perforation kann es dem Patienten kurzfristig besser gehen, da die Appendix dann nicht mehr prall gespannt ist und deshalb nicht mehr schmerzt.
Diagnostik: Anamnese und klinische Untersuchung. Oft sind bestimmte Punkte am Unterbauch druckschmerzhaft, z. B. der **McBurney-Punkt**. Dieser liegt auf einer gedachten Linie zwischen dem rechten Darmbeinstachel und dem Nabel (→ S. 52, Abb. 1). Bei der Diagnose der Appendizitis ist auch die Sonografie hilfreich, die sonst bei Darmkrankheiten nur selten eingesetzt wird. Misst man die Körpertemperatur axillär und rektal, ergibt sich beim Gesunden eine Temperaturdifferenz von ca. 0,5 °C. Etwa bei jedem zweiten Appendizitispatienten beträgt diese Differenz jedoch mehr als 0,8 °C.
Therapie: Appendektomie, d. h. chirurgische Entnahme der Appendix; bei rechtzeitiger Diagnosestellung erfolgt diese laparoskopisch. Bei Peritonitis muss der Bauch konventionell eröffnet, aufwendig gespült und ebenfalls eine Appendektomie durchgeführt werden.
Prävention: Eine Prävention der Appendizitis ist nicht möglich.

Laparoskopie → Bd. 2, LF 8, S.290

4.11 Akutes Abdomen

Pankreatitis → LF 9, S.59
Cholezystitis → LF 9, S.59
Herzinfarkt → Bd. 2, LF 5, S.63
Lungenembolie → Bd. 2, LF 5, S.69

Definition: akut einsetzendes schweres Krankheitsbild mit abdominellen Symptomen
Ursachen: Vor allem Erkrankungen der Bauchorgane: akute Appendizitis, Entzündungen, Ulzera und Organperforationen in Ösophagus, Magen und Darm, Divertikulitis, akute Pankreatitis, Erkrankungen der Gallenblase, z. B. die akute Cholezystitis, Nierensteine, ausgeprägte Leber- und Milzschwellungen, Extrauteringravidität und Aortenriss. Auch Herzinfarkt und Lungenembolie können als akutes Abdomen wirken.
Symptome:
- starke Bauchschmerzen
- Abwehrspannung
- Übelkeit und/oder Erbrechen
- Störung der Peristaltik mit Stillstand oder Verstärkung der Darmbewegungen
- Kreislaufstörung, die in einen Schock übergehen kann

MERKE

Das akute Abdomen ist stets ein **Notfall**, der sofortiger Diagnostik und Therapie bedarf.

Komplikationen: Tod durch Peritonitis, Blutverlust, septischen Schock usw.
Diagnostik: Anamnese, klinische Untersuchung, Labor- bzw. Entzündungsdiagnostik, Harndiagnostik, Sonografie, ggf. Röntgenaufnahme, Endoskopie, EKG
Therapie: je nach Ursache
Besonderes: Ein neu aufgetretener Diabetes mellitus Typ 1 kann mit so starken Bauchschmerzen einhergehen, dass er ein akutes Abdomen vortäuscht. Daher muss bei jedem Patienten mit akutem Abdomen der Blutzucker gemessen werden.

Diabetes mellitus Typ 1 → LF 9, S.76

„Es ist ein Junge!" Immer wieder kommen Frauen mit „akuten abdominellen Beschwerden" in Kliniken und gehen mit einem Neugeborenen nach Hause. Die Nichtwahrnehmung der Schwangerschaft durch seelische Konflikte kann selbst bei Frauen vorkommen, die schon Kinder entbunden haben.

4.12 Hämorrhoidalleiden

Definition: Beschwerden durch Entzündungen und Schwellungen des Hämorrhoidalgeflechts, d. h. des weichen, schwammartigen Gefäßpolsters, das den Feinabschluss des Anus bildet. Oft wird das **Hämorrhoidalleiden** vereinfacht als **Hämorrhoiden** bezeichnet.
Ursachen und Pathogenese: Bei entsprechender Veranlagung und Obstipation entsteht starker Druck auf das Hämorrhoidalpolster. Es kommt zu oberflächlichen Einrissen, zu Entzündungen und Schwellungen. Da die Entzündung mit vermehrter Blutfülle des Gefäßpolsters einhergeht, können insbesondere beim Pressen Blutungen auftreten.
Symptome: Nässen, Juckreiz und Ekzeme am After durch den gestörten Feinabschluss, peranale Blutungen, Fremdkörpergefühl und Gefühl der unvollständigen Stuhlentleerung durch die geschwollenen Gefäßpolster, Austritt geschwollener Gefäßknoten
Diagnostik: Proktoskopie. Bei Blutungen auch Koloskopie zum Tumorausschluss, es sei denn, eine Darmspiegelung ist nicht lange her und ergab einen Normalbefund.
Therapie: Entzündungshemmende Lokaltherapie, Verzicht auf feuchte Toilettenpapiere. Letztere rufen oft allergische Ekzeme hervor. Bei anhaltenden Beschwerden werden die vergrößerten Hämorrhoiden mit Injektionen zur Vernarbung und damit zur Schrumpfung gebracht. Auch das Anlegen kleiner Gummiringe kann eine Verkleinerung bewirken. In ausgeprägten Fällen erfolgt eine Operation.
Prävention: Stuhlregulierung, Therapie von Frühstadien

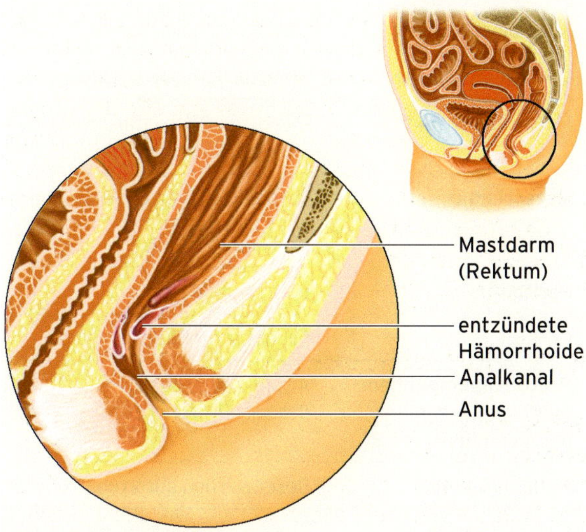

Abb. 1 Hämorrhoiden

HINWEIS

Der Spezialist für Enddarmleiden ist der **Proktologe**, der Internist bzw. Gastroenterologe oder Chirurg sein kann.

Ekzeme
→ LF 10, S. 110

Informationen zum Hämorrhoidalleiden bietet der Berufsverband deutscher Internisten unter Krankheiten A-Z: www.internisten-im-netz.de

Terminologie: Symptome und Erkrankungen des Gastrointestinaltrakts

akutes Abdomen	schweres, akutes Krankheitsbild mit abdominellen Schmerzen
Antidiarrhoikum	Arzneimittel gegen Durchfall
Appendektomie	chirurgische Entnahme der Appendix vermiformis
Appendizitis	Wurmfortsatzentzündung
Chronisch-entzündliche Darmerkrankungen (CED)	Morbus Crohn und Colitis ulcerosa; Autoimmunkrankheiten, die u. a. mit Entzündungen der Darmschleimhaut einhergehen
Diarrhö	Durchfall
Divertikel, das	bläschenförmige Ausstülpung der Dickdarmschleimhaut
Divertikulitis	Entzündung von Divertikeln und sie umgebenden Geweben
Divertikulose	Schleimhautausstülpungen im Dickdarm, v. a. im Sigma
Duodenitis	Entzündung der Zwölffingerdarmschleimhaut
Emesis	Erbrechen
Enteritis	Dünndarmentzündung (Durchfallerkrankung)
Eradikationstherapie	Medikamentenbehandlung gegen Helicobacter pylori

Erosion	oberflächlicher Gewebsdefekt des Epithels
Exsikkose	Austrocknung des Körpers
Gastritis	Magenschleimhautentzündung
Gastroenteritis	Entzündung des Magens und Darms
gastroösophageale Refluxkrankheit	symptomatischer Rückfluss von Mageninhalt bzw. -säure in den Ösophagus
H_2-Atemtest	Atemtest zum Nachweis einer Laktose- bzw. Fruktoseintoleranz
Hiatushernie	Zwerchfellbruch (Verlagerung von Magenteilen durch die Zwerchfelllücke in den Thorax)
Ileus	Darmverschluss (sprich Ile-us)
Kardiainsuffizienz	Offenstehen des obersten Magenteils bei Hiatushernie
Laktoseintoleranz	Milchzuckerunverträglichkeit durch Laktasemangel
McBurney-Punkt	Punkt zwischen lateralem und mittlerem Drittel der gedachten Linie zwischen rechtem Darmbeinstachel und Nabel (→ Abb. 1)
Meteorismus	vermehrter Gasgehalt des Darms
Obstipation	Stuhlverstopfung
Peritonitis	Bauchfellentzündung
Proktologe	Facharzt für Enddarmleiden
Protonenpumpenhemmer (Syn. **Protonenpumpeninhibitor; PPI**)	Arzneimittel, das die Magensäureproduktion durch Hemmung der sog. Protonenpumpen vermindert (z. B. Omeprazol)
Refluxkrankheit	Beschwerden durch gastroösophagealen Reflux
Refluxösophagitis	Speiseröhrenentzündung durch gastroösophagealen Reflux
Reizdarmsyndrom	chronische Darmbeschwerden ohne nachweisbare Ursache
Teerstuhl	tiefschwarzer Stuhl nach oberer gastrointestinaler Blutung
Triple-Therapie	Dreifachtherapie zur Eradikation von Helicobacter pylori
Ulcus duodeni	Zwölffingerdarmgeschwür; Duodenalulkus
Ulcus ventriculi	Magengeschwür; Magenulkus
Ulkus (**Ulcus**; Mz. **Ulzera** bzw. **Ulcera**)	Geschwür (tiefer, über die Epithelgrenzen hinausgehender Gewebsdefekt)

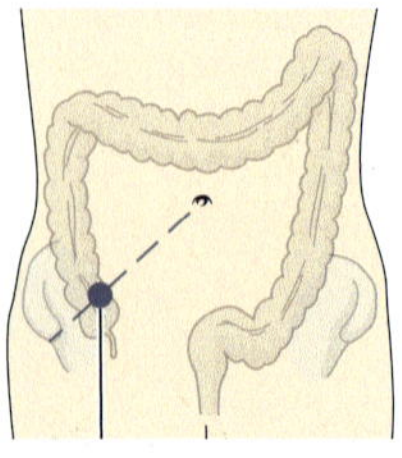

Abb. 1 Lage des McBurney-Punktes

AUFGABEN

1 Nennen Sie die wichtigste Therapiemaßnahme bei Gastroenteritis.

2 Wie werden die WHO-Durchfalllösung und die Moro-Möhrensuppe zubereitet?

3 Nennen Sie Auslöser der akuten und chronischen Gastritis.

4 Welche Erkrankungen können sich hinter einem akuten Abdomen verbergen?

5 Erläutern Sie den Unterschied zwischen einer Erosion und einem Geschwür.

6 Welche Bestandteile hat die Triple-Therapie und wozu dient sie?

4.13 Benigne und maligne Tumoren

Der Begriff **Tumor** wird oft mit Krebs gleichgesetzt, bezeichnet aber eigentlich nur eine Geschwulst, d. h. eine örtliche Gewebevermehrung. Harmlose Tumoren sind häufig und betreffen vor allem die Haut; kleine Bindegewebstumoren (Fibrome) hat im Alter fast jeder Mensch. Die meisten Fachbegriffe für Tumoren enden auf **-om**. Gutartige Tumoren bezeichnet man als **benigne**, bösartige als **maligne**. Benigne Tumoren können bei starkem Wachstum gesunde Gewebe zusammendrücken oder verdrängen. Dies ist aber nur selten gefährlich, z. B. bei einem benignen Gehirntumor. Benigne Tumoren führen nur unter seltenen ungünstigen Umständen zum Tode. Sie wachsen zumeist langsam und durchdringen keine anderen Gewebe. Sie metastasieren nie, d. h., sie bilden keine Tochtergeschwülste bzw. Absiedelungen. Auch beeinflussen sie den Allgemeinzustand für gewöhnlich nicht. Wird ein benigner Tumor entfernt, ist die Erkrankung in der Regel geheilt. Wird ein maligner Tumor entnommen, können Metastasen und/oder vermehrungsfähige Krebszellen zurückbleiben.

benigne (gutartige) Tumoren	**maligne (bösartige) Tumoren**
Zellteilung und Zelldifferenzierung	
niedrige Zellteilungsrate, langsames Wachstum	hohe Zellteilungsrate, schnelles Wachstum
Die Zellen entsprechen weitgehend dem Ursprungsgewebe, zeigen normale Zellteilungen und haben einen Zellkern pro Zelle.	Die Zellen sind entartet, d. h., sie ähneln nicht mehr dem Ursprungsgewebe, sondern zeigen atypische Mitosen (Teilungen) und haben ggf. mehrere Zellkerne.
Ausbreitung	
Benigne Tumoren wachsen verdrängend, aber durchsetzen kein Gewebe und bilden keine Metastasen.	Maligne Tumoren durchsetzen und durchdringen Gewebe und bilden Metastasen (Tochtergeschwülste), z. B. indem lebensfähige Krebszellen in Blut- und Lymphgefäße eindringen und sich dann in anderen Regionen und Organen absiedeln.
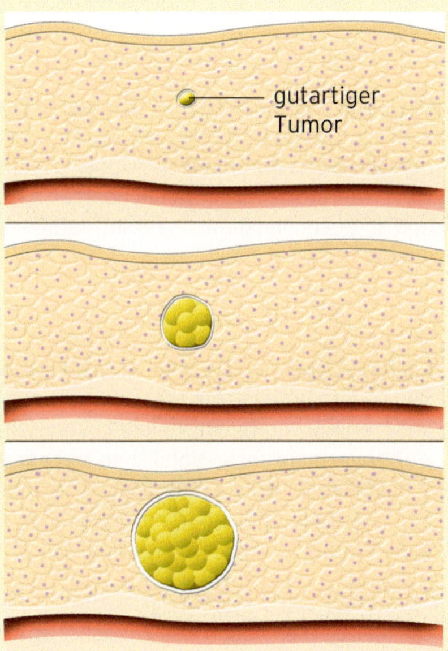	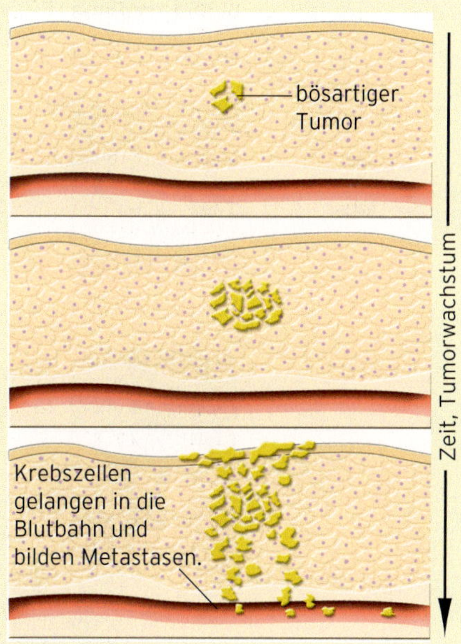
Beispiele (Ursprungsgewebe und entstehender Tumor)	
Adenom aus Epithel- bzw. Drüsengewebe **Osteom** aus Knochengewebe **Lipom** aus Fettgewebe **Nävus** (Hautmal, Muttermal) aus pigmentbildenden Zellen	**Karzinom** aus Epithelgewebe **Osteosarkom** aus Knochengewebe **Liposarkom** aus Fettgewebe **malignes Melanom** aus pigmentbildenden Zellen
Hinweis: Nur ein Tumor ist weder eindeutig benigne noch maligne: das **Basaliom**. Diese Form des hellen Hautkrebses metastasiert fast nie, breitet sich aber unter Zerstörung des Nachbargewebes lokal aus (vgl. LF 10, S.116). Man nennt das Basaliom daher **semimaligne** (halbmaligne).	

Krebsentstehung

DNA
→ Bd. 1, LF 3, S. 234
Karzinogene
→ Bd. 2, LF 5, S. 101
Mutationen
→ Bd. 1, LF 4, S. 374

Krebszellen, d. h. maligne Zellen, entwickeln sich aus gesunden Körperzellen. Die Ursachen und Auslöser der Krebsentstehung sind vielfältig. Bei jeder Zellteilung (Mitose) ist die Erbsubstanz, die DNA, sehr empfindlich für schädliche Einflüsse. Insbesondere Strahlen und chemische **Karzinogene** (krebserzeugende Stoffe) führen dann leicht zu Mutationen, d. h. zu Erbgutveränderungen. Durch eine Mutation können Zellen gesunde Eigenschaften verlieren und neue, z. B. Krebszelleigenschaften, erwerben. Im Körper entstehen oft mutierte Zellen. Diese werden fast immer von Abwehrzellen erkannt und bekämpft. Immunsuppressiva, d. h. Medikamente, die die Immunabwehr schwächen, erhöhen das Krebsrisiko. Dieses steigt auch mit dem Alter an, da das Abwehrsystem schwächer wird und die gealterte DNA immer leichter mutiert. Manche Krebsarten kommen familiär gehäuft vor, weil sie genetisch (mit)bedingt sind. Zigarettenrauchen verursacht jeden dritten Krebstod.

Umfassende Informationen zum Thema Krebsentstehung, -therapie usw. sowie verlässliche Adressen bietet: www.internisten-im-netz.de

Schematische Darstellung der Karzinomentstehung (Krebsentstehung in einem Epithel)

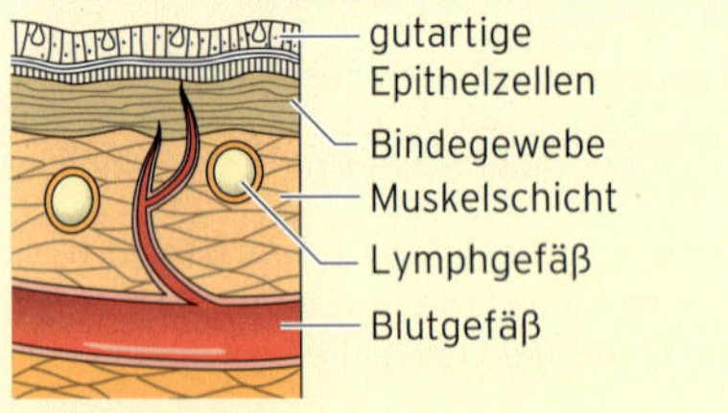

Beispiel Darmschleimhaut: Das Epithel besteht aus normalen, gesunden Zellen. Jede Zelle „respektiert" die Grenzen der Nachbarzellen und teilt sich nur zum Zwecke der Regeneration; abgeschilferte und z. B. durch Verletzung abgestorbene Zellen werden durch neue ersetzt.

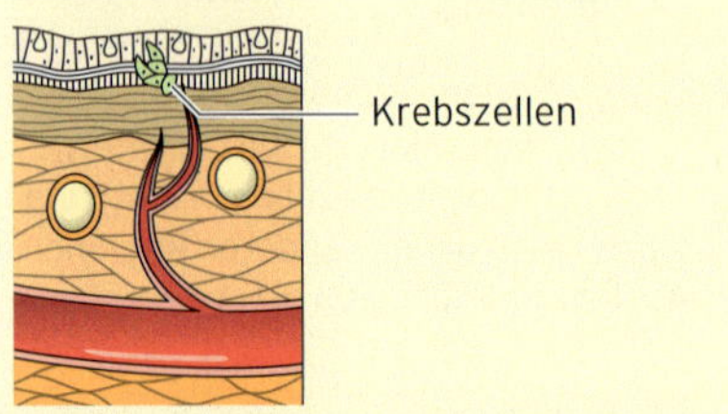

Bei einer Zelle ist eine schwerwiegende Mutation aufgetreten. Sie wird zur Krebszelle. Sie vermehrt sich von jetzt an ungehemmt, obwohl sie sich im Gewebeverbund befindet. Sie teilt sich abnormal schnell und zeigt auch andere Charakteristika der Krebszelle. Ein **Karzinom** ist entstanden.

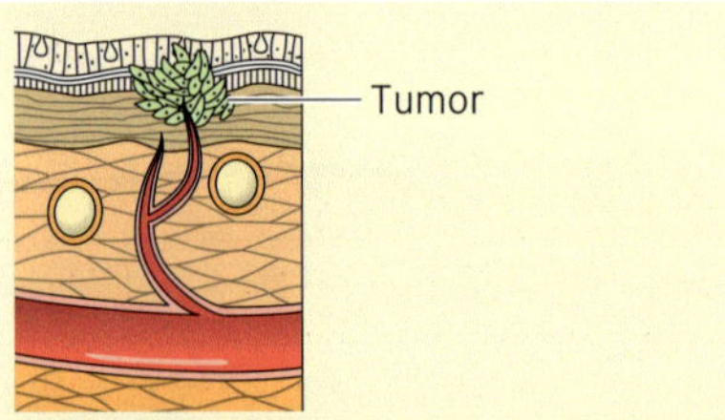

Die Krebszellen vermehren sich rasch. Der Tumor überschreitet die Epithelgrenzen. Er zerstört dabei Zellen und durchsetzt Gewebe. Er benötigt viele Nährstoffe, die er benachbarten Arterien und eigenen, neu gebildeten Blutgefäßen entnimmt.

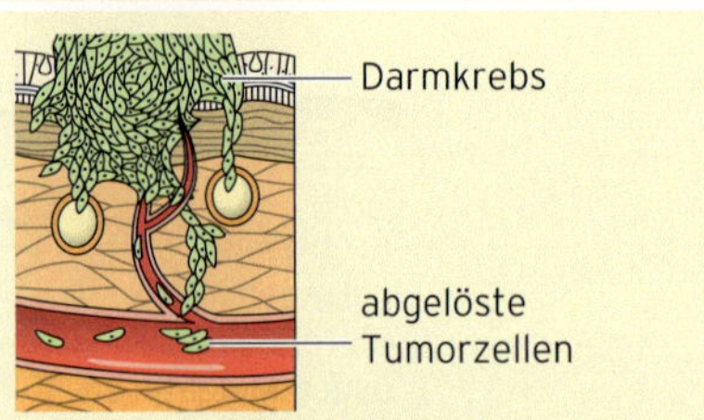

Schließlich können einzelne Krebszellen mit dem Blut- oder Lymphstrom mitschwimmen, sich an anderen Körperstellen absiedeln und sich dort weiter vermehren. So entstehen **Metastasen** (Tochtergeschwülste, Tumorabsiedelungen) in Lymphknoten und anderen Körperteilen bzw. Organen (Leber, Lunge, Gehirn, Haut usw.).

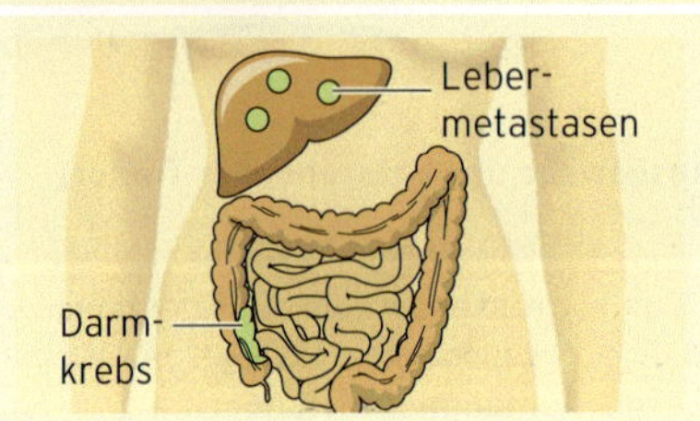

Die Metastasen bilden sich zunächst an charakteristischen Orten. Je nachdem, wohin das Blut aus dem betreffenden Organ zunächst hinfließt, bilden sich die ersten Metastasen. Bei Darmkrebs ist dies z. B. die Leber. Auf dem Lymphwege entstandene Metastasen befallen zunächst regionale Lymphknotenstationen, z. B. bei Brustkrebs in der gleichseitigen Axilla.

Die Diagnose „Krebs" ist zunächst eine Verdachtsdiagnose. Symptome, die auf einen malignen Tumor deuten, sind Inappetenz (Appetitverlust oder -veränderungen wie Abneigung gegen Fleisch), Gewichtsverlust, Anämie, unklare Blutungen, schlecht heilende Wunden, tastbare unverschiebliche Verhärtungen, Müdigkeit und Leistungsknick. Letzteres bedeutet, dass die Patienten deutlich weniger Energie und Kraft haben als früher, ohne dass sich dies durch die Alterung erklären ließe. Bei Verdacht auf eine maligne Erkrankung erfolgt eine gründliche Untersuchung zur Tumorsuche und ggf. zur Bestimmung der Ausbreitung (Staging; s. u.).
Die Diagnostik umfasst Anamnese, Ganzkörperstatus, Blutuntersuchung – ggf. mit Tumormarkern, Sonografie und evtl. weitere apparative Untersuchungen (Endoskopie, CT, MRT). Der Pathologe stellt bzw. sichert die Diagnose immer durch Beurteilung des entnommenen Tumors oder einer Probe verdächtigen Gewebes.

HINWEIS

Karzinome werden verkürzt als **Ca.** (sprich C-A) bezeichnet, z. B. Bronchial-Ca., Mamma-Ca.

Stadieneinteilung maligner Tumoren

Ergeben die Befunde des Pathologen, dass ein maligner Tumor vorliegt, ist die Krebsdiagnose gesichert. Nun wird ein **Staging** (Bestimmung der Tumorausdehnung bzw. des Stadiums) durchgeführt. Dies ist wichtig, weil die Therapie sich u. a. nach der Tumorgröße und -ausbreitung richtet. Zum Staging tragen apparative und pathologische Untersuchungen bei.
Die Tumoreinteilung erfolgt nach der international gültigen **TNM-Klassifikation**:

Das RKI bietet unter www.krebsdaten.de u. a. aktuelle Statistiken zur Häufigkeit von Krebskrankheiten.

Nähere Informationen zur TNM-Klassifikation bietet www.krebsinformationsdienst.de

Abkürzung, Erklärung	Bedeutung bezüglich der Tumorausdehnung
T (**T**umor)	T0, T1, T2, T3 und T4 bezeichnen die Tumorgröße und -ausdehnung; T0 = kein Tumor ist (mehr) nachweisbar.
N (**N**odulus = Lymphknoten)	N0 bedeutet, dass keine Lymphknoten befallen sind, N1, N2 und N3 bezeichnen das Ausmaß des Lymphknotenbefalls.
M (**M**etastasen)	M0 bedeutet, dass keine Metastasen gefunden wurden, M1 bedeutet, dass Fernmetastasen vorhanden sind.
pTNM-Klassifikation **postoperative** TNM-Einteilung	Die p-Einteilung ist die postoperative, d. h. nach einer Operation erstellte, TNM-Einteilung, denn während bzw. nach einer Operation können sich neue Erkenntnisse zur Tumorausbreitung ergeben.

Weitere Kriterien sind z. B. die **Malignitätsgrade G1 bis G4**, die der Pathologe anhand der Tumorzellen bestimmt, **R0, R1 und R2** für einen **Resttumor** nach Therapie und **r**TNM für **Rezidivtumoren**.

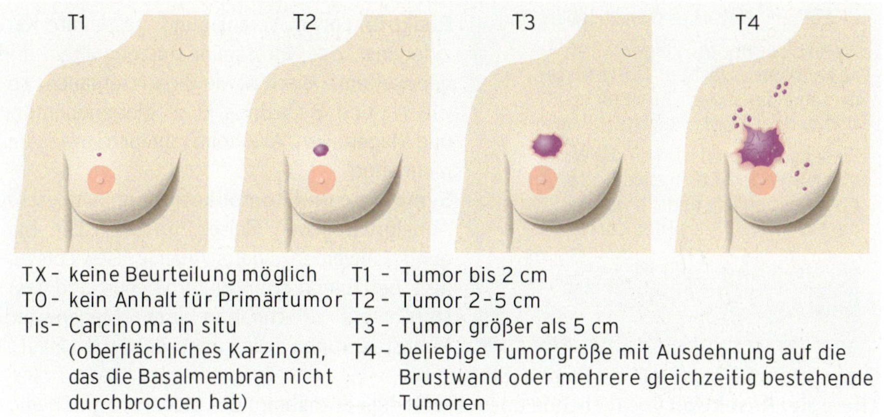

Abb. 1 TNM-Klassifikation anhand des Mammakarzinoms

Krebstherapie

Die drei Säulen der Krebstherapie heißen „Stahl, Strahl und Chemie". Mit „Stahl" ist das chirurgische Messer, das Skalpell gemeint. Tumoren werden nach Möglichkeit vollständig herausoperiert. Je nach Operationserfolg, Tumorart usw. kann eine therapeutische Bestrahlung („Strahl") das Ergebnis des chirurgischen Eingriffs sichern. Auch wenn keine Operation (mehr) durchführbar ist, kann eine Strahlentherapie den Tumor verkleinern und so z. B. Schmerzen vermindern. Mit „Chemie" ist die Chemotherapie, d. h. die Krebstherapie mit Zytostatika, gemeint. Diese hemmen jedoch nicht nur das Tumorwachstum, sondern die Zellteilung im gesamten Organismus. Sie unterdrücken auch notwendige Erneuerungsvorgänge und rufen so Nebenwirkungen wie Haarausfall, Anämie, Schleimhautentzündungen und Immunschwäche hervor. Diese Probleme begrenzen die Möglichkeiten der Zytostatikatherapie.

Zytostatika
→ Bd. 1, LF 4, S.398

Die moderne **Onkologie** (Krebsheilkunde) ist weltweit ein großes Forschungsgebiet; neue Medikamente binden z. B. Botenstoffe oder enthalten Antikörper, die immer gezielter Tumorzellen angreifen bzw. das Immunsystem unterstützen. Stoffe, die die Hormonwirkung blockieren, helfen bei einigen Mamma- und Prostatakarzinomen. Die Chirurgie bedient sich neben dem Skalpell auch der Laser- und minimal invasiver Technik. Man unterscheidet zwischen **kurativer**, d. h auf vollständige Heilung ausgerichteter Therapie und **Palliativtherapie**, die nur die Beschwerden lindert.

Krebsprävention
→ LF 11, S.159, 160

4.13.1 Ösophaguskarzinom

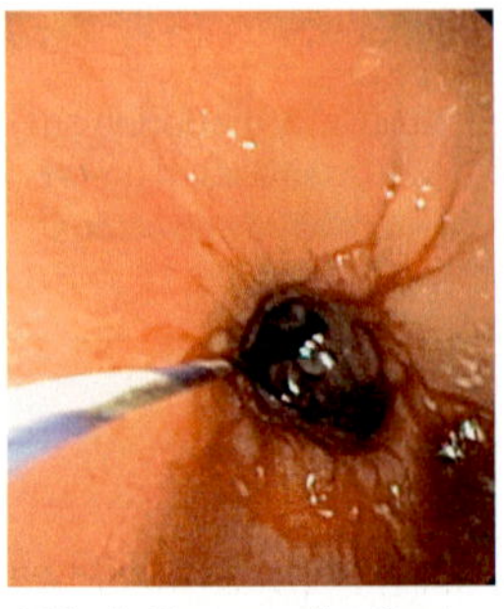

Abb. 1 Stenose der Speiseröhre bei Ösophaguskarzinom

Definition: Speiseröhrenkrebs
Epidemiologie und Prognose: Bei Männern siebenmal häufiger als bei Frauen; die Fünf-Jahres-Überlebensrate liegt trotz Therapie nur bei ca. 5 %.
Risikofaktoren und Pathogenese: Vor allem Alkohol und Nikotin – besonders kombiniert – rufen das Ösophaguskarzinom hervor. Die chronische Refluxkrankheit kann das Risiko erhöhen.
Symptome: Schmerzlose Schluckstörung; der Patient muss im typischen Fall nach jedem Bissen etwas trinken, weil ihm sonst das Schlucken nicht gelingt.
Komplikationen: Stenose (Verengung) bzw. Verschluss des Ösophagus, Metastasierung
Diagnostik: ÖGD, Sonografie bzw. Endosonografie, CT, ggf. Röntgenaufnahme bei bzw. nach Schlucken eines Kontrastmittelbreis
Therapie: je nach Stadium Operation, Bestrahlung und/oder Chemotherapie
Prävention: Siehe Risikofaktoren.

4.13.2 Magenkarzinom

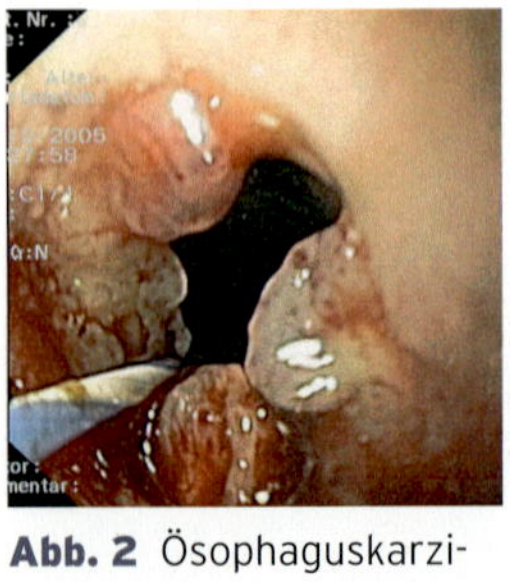

Abb. 2 Ösophaguskarzinom

Beginn des Endes

Ein Punkt nur ist es, kaum ein Schmerz,
nur ein Gefühl, empfunden eben;
und dennoch spricht es stets darein,
und dennoch stört es dich zu leben.

Wenn du es andern klagen willst,
so kannst du's nicht in Worte fassen.
Du sagst dir selber: „Es ist nichts!"
Und dennoch will es dich nicht lassen.

So seltsam fremd wird dir die Welt;
und leis verlässt dich alles Hoffen,
bis du es endlich, endlich weißt,
dass dich des Todes Pfeil getroffen.

Aus: Theodor Storm „Die schönsten Erzählungen und Gedichte", Gondrom Verlag 1997, S. 569.

Definition: Magenkrebs
Epidemiologie und Prognose: tritt oft bei Männern ab 70 Jahren auf; seit Einführung der Helicobacter-Eradikation weniger häufig; 5-Jahres-Überlebensrate ca. 25 %
Risikofaktoren: Veranlagung, bestimmte Karzinogene (v. a. Nitrosamine aus gegrilltem und gepökeltem Fleisch sowie Zigarettenrauch) sowie A- und B-Gastritis, Z. n. Magenoperation und Magenulkus; Alkoholmissbrauch sowie Vitaminmangel
Symptome und Komplikationen: Inappetenz, Abneigung gegen Fleisch, unspezifische Magenbeschwerden. Später Anämie, Gewichtsverlust, bei Tumorzerfall Bluterbrechen und Teerstuhl, ggf. Perforation der Magenwand. Metastasierung v. a. in Lunge, Leber und Haut.
Diagnostik: Gastroskopie mit Biopsie, Staging
Therapie: Resektion (weitgehende oder vollständige Entnahme) des Magens, ggf. Chemotherapie und/oder Bestrahlung
Prävention: Siehe Risikofaktoren.

4.13.3 Kolorektales Karzinom (Dick- und Enddarmkrebs)

Definition: Karzinom des Kolons bzw. Rektums. Bis 16 cm vom Anus aus spricht man vom Rektumkarzinom, weiter oberhalb vom Kolonkarzinom.
Epidemiologie: Zweithäufigstes Karzinom nach Mamma-Ca. bei Frauen und Prostata-Ca. bei Männern; es tritt v. a. ab 60 Jahren auf, bei familiärer Veranlagung auch früher.
Risikofaktoren: Übergewicht, fettreiche, ballaststoffarme Ernährung, Rauchen, Colitis ulcerosa, Strahlentherapie und Vererbung
Pathogenese: Das kolorektale Karzinom entwickelt sich über Jahre aus benignen Epitheltumoren, den **Adenomen**. Diese entwickeln **Dysplasien**, d. h., sie gehen in Krebsvorstufen und schließlich in Karzinome über; man nennt dies **Adenom-Karzinom-Sequenz**.

Pathogenese des kolorektalen Karzinoms (Adenom-Karzinom-Sequenz)

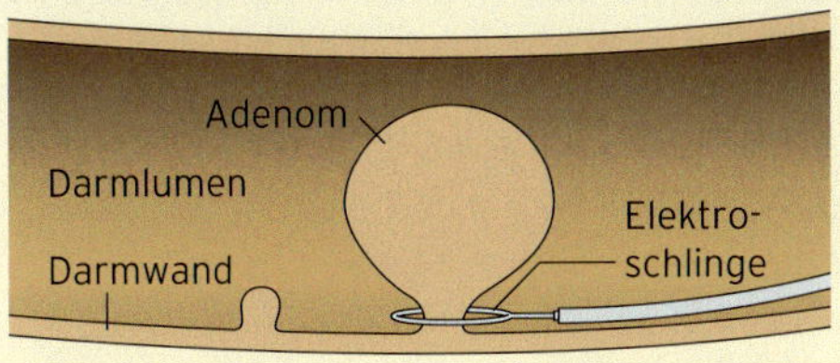

Im Kolonepithel bilden sich **Adenome** (Epithelwucherungen). Sie wachsen und bilden Polypen. Der linke Polyp ist breitbasig, d. h., er sitzt der Schleimhaut direkt auf. Der rechte wächst gestielt, d. h., er ist über eine Gewebebrücke mit dem Epithel verbunden. Die vollkommen benignen Polypen könnten, wie die Abb. zeigt, bei einer Koloskopie mittels Elektroschlinge abgetragen werden.

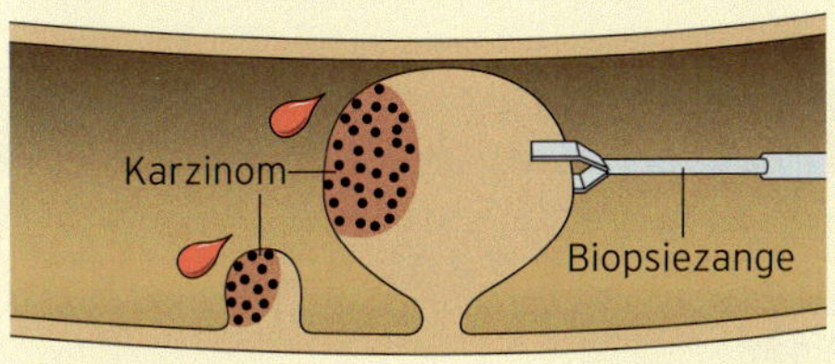

Allmählich bilden sich in den Polypen über pathologische Zellveränderungen **(Dysplasien)** maligne Zellen. Eine Biopsie könnte einen benignen Bereich des Polypen erfassen und dabei das Karzinom unentdeckt lassen. Daher ist die komplette **Polypektomie** (Polypentfernung) wichtig. Gegebenenfalls blutet das krankhafte Gewebe an der Oberfläche und lässt den Okkultbluttest positiv ausfallen.

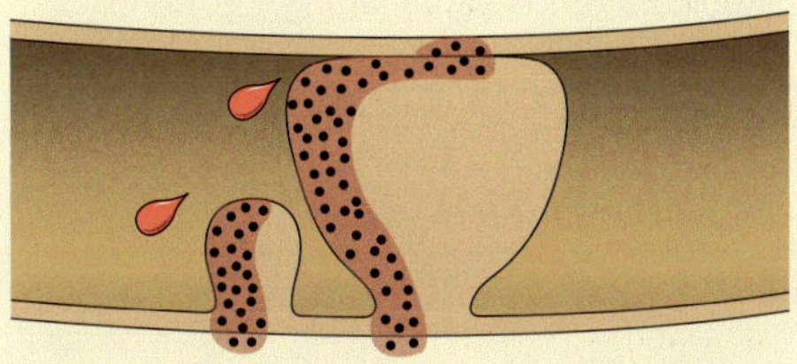

Wächst das Karzinom weiter, kann es die Darmwand infiltrieren, das Lumen (die Lichtung) verengen und sich auf dem Blut- und Lymphweg ausbreiten. Die Lumeneinengung kann eine Veränderung der Stuhlgewohnheiten erzeugen. Eine endoskopische Polypektomie könnte die Tumoren nicht komplett entfernen; eine Operation mit Entfernung des betroffenen Darmabschnitts ist nötig.

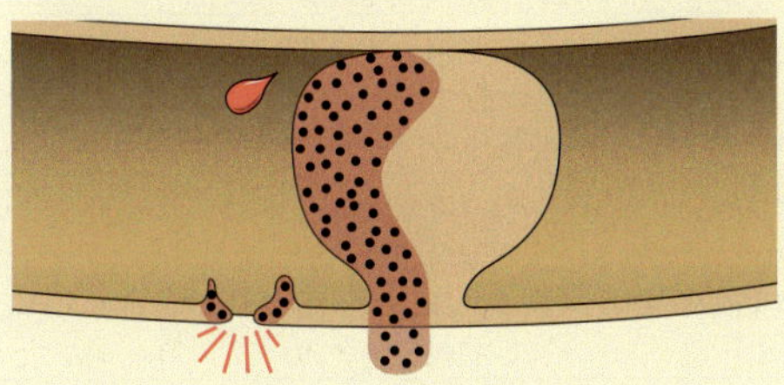

Der linke Polyp ist ulzeriert, d. h. geschwürig zerfallen. Es kommt zur Perforation der Darmwand und zum Austritt bakterienreichen Stuhls in die Bauchhöhle. Eine lebensgefährliche eitrige Peritonitis (Bauchfellentzündung) ist die Folge. Verlegt der rechte Polyp das Darmlumen vollständig, kommt es zum unbehandelt tödlichen **Ileus** (Darmverschluss).

Symptome und Komplikationen: In Frühstadien symptomfrei; ggf. unspezifische Verdauungsstörungen wie vermehrte Blähungen, Stuhlkonsistenz wechselnd zwischen Obstipation und Diarrhö; sog. Bleistiftstuhl, dessen Durchmesser an einen Bleistift erinnert, weil das Darmlumen eingeengt wird. Im Spätstadium Abmagerung, Perforation, Ileus, Metastasen.
Diagnostik: Die Koloskopie ist die wichtigste Diagnostikmaßnahme beim kolorektalen Karzinom. Der Pathologe stellt die Diagnose auf Grund des histologischen Befundes der Gewebeprobe(n).
Therapie: Resektion des befallenen Darmabschnitts, bei Enddarmbefall ggf. Anlage eines künstlichen Darmausgangs (**Stoma; Anus praeter**; →S. 58, Abb. 1 und 2), ggf. medikamentöse Therapie, Bestrahlung

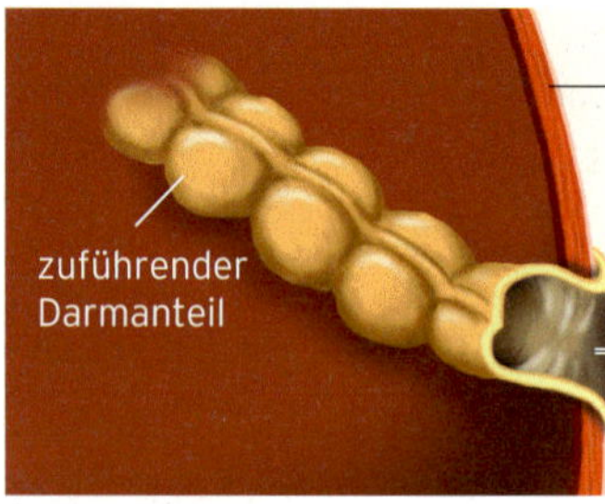

Abb. 1 Stoma

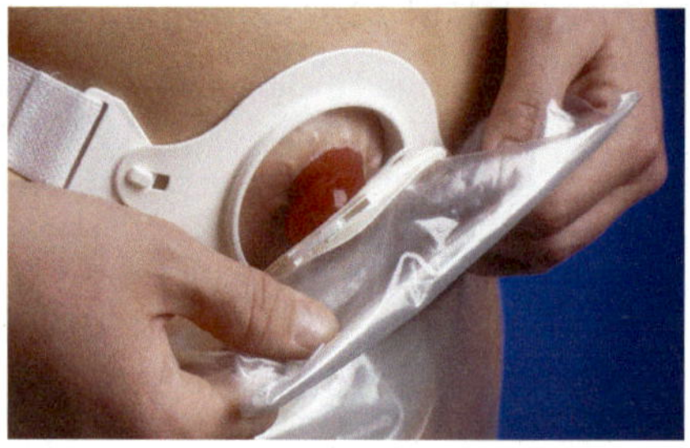

Abb. 2 Wechsel des Stomabeutels

Prävention: Vorsorgekoloskopie mit Polypektomie, d.h. Adenomentfernung, ggf. Okkultbluttest. Gesunde Lebensweise, insbes. Verzehr von reichlich frischem Obst und Gemüse. Dies sichert die Versorgung mit sekundären Pflanzenstoffen, die der Krebsentstehung entgegenwirken.

HINWEIS

Bisher nehmen nur ca. 25 % der Berechtigten an der Vorsorge-Koloskopie teil. Diese senkte nachweislich die Sterblichkeit am kolorektalen Karzinom.

Krebs macht auch die Seele krank. Menschen, bei denen Krebs diagnostiziert wird, erleiden zunächst einen schweren Schock. Sie brauchen Zeit, um die Diagnose auf- und annehmen zu können. Viele Betroffene wollen bzw. können die Mitteilung zunächst nicht wahrhaben. Oft kommt es zu Wut und Aggression, die sich eigentlich gegen die Krankheit, manchmal stellvertretend aber auch gegen Arzt, MFA und Angehörige richten. Oft wird regelrecht um die Krankheit verhandelt. Sowohl eine hohe Geschäftigkeit mit Aufsuchen vieler Ärzte und alternativer Therapeuten als auch Depressionen kommen bei Krebskranken häufig vor. Verständnis, Wahrhaftigkeit, Offenheit und Geduld sind im Umgang mit Krebspatienten daher wichtig.

Terminologie: Krebsentstehung, Magen- und Darmkrebs

Adenom	benigner Tumor aus Epithel- bzw. Drüsengewebe
Adenom-Karzinom-Sequenz	allmählicher Prozess der Krebsentstehung aus Adenomen beim kolorektalen Karzinom
Dysplasie	1. bzgl. Tumoren: pathologische Zellveränderung, z.B. Krebsvorstufe; 2. bzgl. Hüftgelenk: Fehlbildung
kolorektales Karzinom	Dick- und Enddarmkrebs
Onkologie	Lehre von den Krebskrankheiten; Krebsheilkunde
Palliativtherapie	lindernde, nicht (mehr) auf Heilung ausgerichtete Therapie
Resektion	weitgehende oder komplette Entfernung eines kranken Organs
Rezidivtumor	nach Krebstherapie erneut aufgetretener Tumor
semimaligne	halb bösartig; lokal zerstörend, aber nicht metastasierend
Staging	Bestimmung der Tumorausdehnung bei Krebs
Stoma (Syn. **Anus praeter**)	künstlicher Darmausgang
TNM-Klassifikation	System zur Stadieneinteilung maligner Tumoren
Tumor	Geschwulst; örtliche Gewebevermehrung

AUFGABEN

1 Beschreiben Sie die Eigenschaften benigner und maligner Tumoren.

2 Welcher Tumor ist semimaligne und was bedeutet das?

3 Erklären Sie den Begriff Adenom-Karzinom-Sequenz.

4 Nennen Sie Risikofaktoren für Magen-, Speiseröhren- und Darmkrebs.

4.14 Cholelithiasis (Gallensteinleiden)

Definition: Gallensteine sind unlösliche Kristalle aus normalerweise gelösten Bestandteilen der Gallenflüssigkeit.
Epidemiologie: Etwa 15 % der Frauen und 7 % der Männer in Deutschland haben Gallensteine; mit dem Alter nimmt die Häufigkeit zu.
Ursachen und Pathogenese: Risikofaktoren sind die **„6 F"**: Frauen, die hellhäutig, übergewichtig, um 40 Jahre alt, schwanger sind oder waren und in deren Familie Gallensteine bekannt sind, haben das höchste Risiko. Steigt die Konzentration bestimmter Stoffe in der Galle an, bilden sich Kristalle unterschiedlicher Größe. Durch peristaltische Bewegungen der Gallenblase und der Gallenwege können diese verlagert werden. Dabei gehen kleinste Steine unbemerkt in den Darm ab. Größere Steine können im Gallengang stecken bleiben und zu überstarker Peristaltik, d. h. schmerzhaften Gallenkoliken, führen.

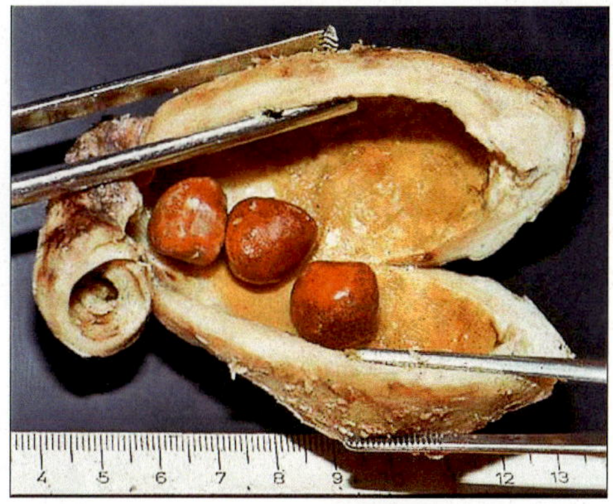

Abb. 1 Gallenblase mit Gallensteinen

Marilyn Monroe hatte Gallensteine. Sie unterzog sich einer Cholezystektomie mit Bauchschnitt, denn es gab noch keine laparoskopischen, Operationen. In der letzten Fotoserie „The Last Sitting" ist die Narbe am rechten Rippenbogen zu sehen. Die 6 F trafen z. T. auf „MM" zu; sie war mehrmals schwanger. Unklar ist, ob sie wegen Fehlgeburten oder Abtreibungen keine Kinder hatte. Mit 36 Jahren starb Norma Jean Baker, so ihr bürgerlicher Name, an einer Medikamentenvergiftung.

Die **6 F**:
Female = Frau
Fair = hellhäutig
Fat = Übergewicht
Forty = 40 Jahre
Fertile = fruchtbar
Family = familiär gehäuft auftretende Gallensteine

Symptome und Komplikationen: 75 % der Gallensteine sind stumm, d.h. asymptomatisch. Gallenkoliken sind wellenförmige Schmerzen im rechten Oberbauch und treten in der Regel immer wieder auf. Verlegt ein Gallenstein den Ausführungsgang der Gallenblase, staut sich die Galle und es kommt zum **Verschlussikterus** mit Gelbfärbung von Haut und Schleimhäuten. Verschließt ein Gallenstein den Ausführungsgang der Bauchspeicheldrüse, kann er eine Pankreatitis (s. u.) auslösen. Die Reizung der Gallenblase durch Steine kann zur Gallenblasenentzündung, der **Cholezystitis** führen.
Diagnostik: Sonografie. Gegebenenfalls kann eine endoskopische Kontrastmitteldarstellung der Gallenwege **(ERCP)** und/oder ein MRT erfolgen.
Therapie: Bei symptomatischer Cholelithiasis ist die **Cholezystektomie** indiziert. Die Gallenblase wird im Ganzen entfernt, da sich bei alleiniger Entfernung der Steine häufig neue bilden. In der Regel erfolgt die Operation laparoskopisch. Auch ohne Gallenblase kann man „alles" essen, denn die dünnflüssige Lebergalle fließt kontinuierlich ins Duodenum. Nur die konzentrierte Blasengalle, die bei der Verdauung sehr fettiger Nahrung hilft, fehlt nach der Cholezystektomie. Fettreiche Kost sollte der Patient allenfalls in kleinen Mengen verzehren.
Prävention: Bei Normalgewicht ist das Gallensteinrisiko deutlich kleiner als bei Adipositas.

4.15 Pankreaserkrankungen

Pankreatitis und Pankreaskarzinom

Definition: Bauchspeicheldrüsenentzündung
Das Pankreas gibt sein exokrines Sekret, den Bauchspeichel, ins Duodenum ab. Die darin enthaltenen Verdauungsenzyme werden normalerweise erst im Dünndarm aktiv. Werden diese schon im Pankreas selbst aktiv, verdauen sie das Pankreas selbst. Es kommt zur **akuten Pankreatitis**, einer massiven Entzündung mit extremen Bauchschmerzen (akutes Abdomen) und ggf. Kreislaufschock, der rasch zum Tode führt.
Ursachen: Alkoholmissbrauch, Rauchen, Infektionen, Gallensteine, Eingriffe am Gallengang wie die endoskopische Darstellung von Gallen- und Pankreasgängen (ERCP), Medikamente

ERCP
endoskopische
retrograde
Cholangio-
Pankreatikografie

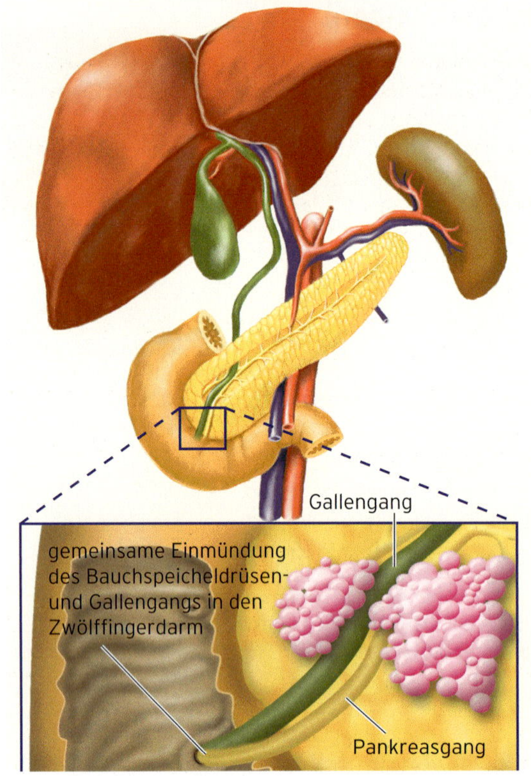

Abb. 1 Pankreaskopfkarzinom (rosa), das Gallen- und Pankreasgang einengt

Diagnostik: Sonografie, Messung von Amylase und Lipase in Serum und Urin
Therapie: Intensivmedizin: Nulldiät mit Infusionstherapie, starke Analgetika, Bekämpfung des Kreislaufschocks
Besonderheit: Typische Folge der Alkoholkrankheit ist die Organzerstörung durch **chronische Pankreatitis**. Folgen sind Durchfälle, Abmagerung und Diabetes mellitus.
Auch ein **Pankreaskarzinom** kann durch Verlegung des Pankreas-Ausführungsgangs zur Pankreatitis führen (→Abb. 1). Oft fällt das Karzinom aber durch einen schmerzlos auftretenden **Ikterus**, eine Gelbfärbung von Haut und Schleimhäuten auf. Die Prognose des Pankreaskarzinoms ist ungünstig. Die Prävention des Pankreaskarzinoms besteht im Vermeiden von Alkoholmissbrauch, Nikotinkonsum, Übergewicht und Diabetes mellitus Typ 2.

4.16 Lebererkrankungen

4.16.1 Fettleber (Steatosis hepatis)

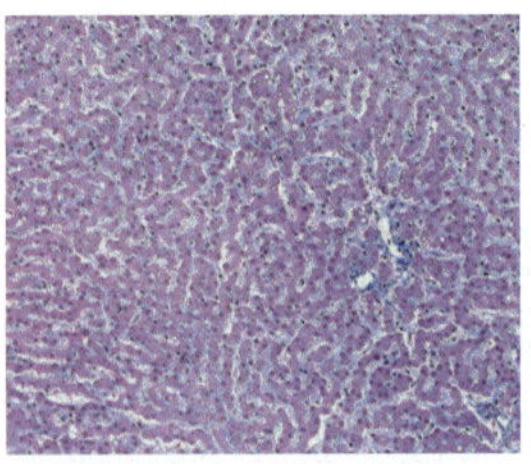

Abb. 2 Gesundes Lebergewebe

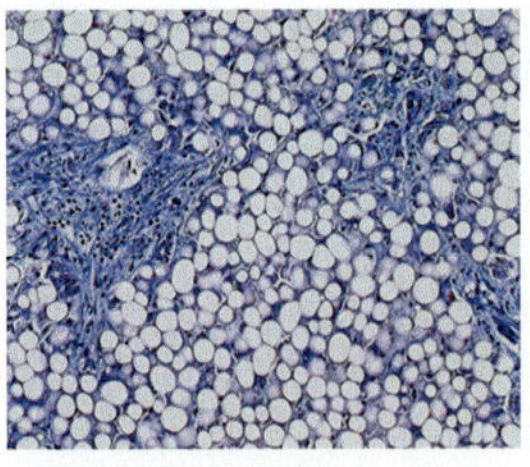

Abb. 3 Fettablagerungen in den Leberzellen bei Steatosis hepatis

Definition und Epidemiologie: Fettablagerung in über 50 % der Leberzellen (→Abb. 1 und 2). Die Fettleber liegt bei 33 % der Bevölkerung in Industrieländern vor.
Ursachen und Pathogenese: Die Fettleber **(Steatosis hepatis)** tritt bei Übergewicht und bei häufigen Gewichtsschwankungen (Jo-Jo-Effekt) auf. Sowohl bei Überernährung als auch beim Zu- und Abnehmen befindet sich viel Fett im Blut, das die Leber verarbeiten muss. Regelmäßiger Alkoholkonsum führt auch zur Steatosis, da die Leber sich immer zuerst der Entgiftung des Alkohols widmet und Fett zunächst speichert. Vor allem die alkoholische Fettleber neigt zur Entzündung (Leberentzündung; **Hepatitis**) und kann über die Fibrose zur Leberzirrhose mit Funktionsverlust des Organs und zu Leberkrebs führen.
Symptome und Komplikationen: In Frühstadien meistens keine, ggf. Druckgefühl im rechten Oberbauch durch die Vergrößerung des Organs. In Spätstadien der alkoholischen Fettleber Symptome durch Funktionseinschränkungen (s. Leberzirrhose).
Diagnostik: Sonografie, Messung der Leberwerte im Serum, Ausschluss anderer bzw. weiterer Ursachen (siehe Hepatitis, Leberzirrhose). In unklaren Fällen ist eine Leberpunktion, d. h. die Entnahme einer Gewebeprobe aus der Leber zur Untersuchung durch den Pathologen indiziert.
Therapie/Prävention: Normalgewicht anstreben, Überernährung und Alkohol meiden.

Jo-Jo-Effekt →LF 9, S.70
Fibrose →LF 9, S.64
Leberwerte →LF 9, S.30
Leberzirrhose →LF 9, S.64
Hepatitis →LF 9, S.61

4.16.2 Hepatitis

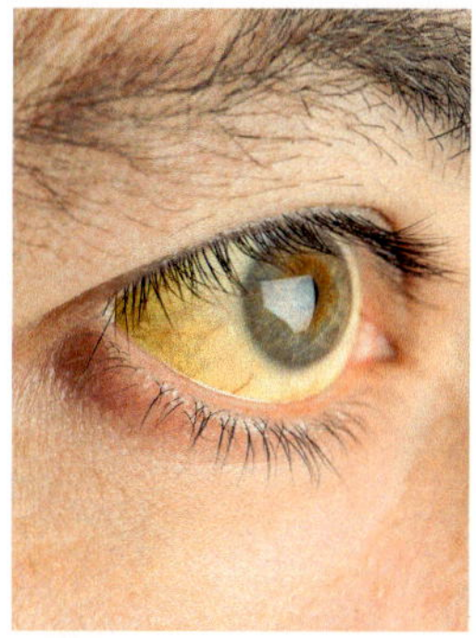

Abb. 1 Ikterus (Gelbfärbung von Haut und Schleimhäuten)

Definition: Leberentzündung; man unterscheidet akute und chronische Verlaufsformen.
Ursachen und Pathogenese: Alle Einflüsse, die der Leber schaden, werden durch eine Entzündung beantwortet mit dem Ziel, das geschädigte Gewebe zu regenerieren. Häufige Ursachen sind Alkohol, Virusinfektionen (z. B. Hepatitis A-E, Mononukleose), Autoimmunkrankheiten, Fettleber, lebertoxische Medikamente und Kombinationen dieser Faktoren.
Symptome und Komplikationen: Bei leichten Formen keine bzw. mehr oder weniger ausgeprägte Müdigkeit. Bei schwererer Ausprägung zusätzlich Druckgefühl im rechten Oberbauch, Übelkeit, Inappetenz, Fettunverträglichkeit und Abneigung gegen Alkohol. Die Hepatitis kann, muss aber nicht mit einem **Ikterus** einhergehen (→Abb. 1). Bei hochakuten Formen, z. B. durch Pilz- oder Medikamentenvergiftungen, kommt es unter psychischen und neurologischen Symptomen innerhalb weniger Tage zum tödlichen Leberversagen.

MERKE

Ein häufiges Symptom bei Hepatitis ist **Müdigkeit** - diese ist der „Schmerz" der Leber.

Eine chronische Hepatitis kann zum irreversiblen Gewebeumbau in der Leber führen. Diese durchläuft das Stadium der Bindegewebevermehrung **(Leberfibrose)** und geht bei Fortbestehen der Ursache in die **Leberzirrhose** über. Diese ist ein vollständiger Ersatz der Leberzellen durch funktionsloses Narbengewebe. Folge ist die **Leberinsuffizienz**, d. h. der Ausfall aller Leberfunktionen.
Diagnostik: Alkohol-, Medikamenten-, Freizeit- und Familienanamnese, Sonografie, Leberwerte im Serum, Serologie, um eine Virushepatitis zu erkennen bzw. auszuschließen
Therapie: Siehe Ursachen; bei Virus- und Autoimmunhepatitis ggf. spezifische Therapie; jede Hepatitis erfordert Alkoholverzicht, große Vorsicht mit Medikamenten und ggf. eine Impfung gegen Hepatitis A und B, da diese eine kranke Leber besonders stark schädigen.
Prävention: Siehe Ursachen; im medizinischen Alltag sowie auf Reisen optimale Hygiene und Impfungen gegen Virushepatitis A und B; Vermeidung von Alkohol und Medikamentenmissbrauch sowie von häufigem Partnerwechsel. Kondomgebrauch/Safer Sex usw.

Leberwerte
→ LF 9, S. 30

Serologie
→ Bd. 1, LF 3, S. 269

Virushepatitis (ansteckende Leberentzündung)

Definition: Leberentzündung durch die Hepatitisviren A–E (HAV, HBV, HCV, HDV, HEV); in 90 % der Fälle liegt eine Hepatitis A, B oder C vor.
Epidemiologie und Infektionswege: Die häufigste Virushepatitis in Deutschland ist die akute Hepatitis A, die zumeist aus Urlaubsländern importiert oder z. B. beim Muschelverzehr im Inland erworben wird. Hepatitis B und C werden parenteral übertragen, z. B. bei Nadelstichverletzungen in medizinischen Berufen. Hepatitis B ist auch vertikal und sexuell übertragbar.
Pathogenese: Nach der Infektion befällt das Virus Leberzellen und zwingt diese, neue Viren zu produzieren. Die entzündete Leber kann je nach Virusmenge und -virulenz mehr oder weniger Symptome und Schäden entwickeln. Die Hepatitis A heilt von selbst aus. Hepatitis B und C können ebenfalls spontan heilen und zur Immunität führen. Oft verlaufen Hepatitis B und vor allem Hepatitis C jedoch chronisch – ggf. mit fortschreitender Organschädigung.
Symptome: Siehe Hepatitis; als Prodromalsymptome kommen Kopf- und Gliederschmerzen vor. Tritt ein Ikterus auf, kommt es zur Braunfärbung des Urins und zur Entfärbung des Stuhls, weil die kranke Leber den Gallenfarbstoff Bilirubin nicht über die Galle in den Darm (und damit den Stuhl) abgeben kann. Der gelbbraune Farbstoff Bilirubin wird dann ersatzweise über die Nieren ausgeschieden.

Infektionswege
→ Bd. 1, LF 3, S. 260

MERKE

Cave: Viele Virusträger fühlen sich gesund und wissen nicht, dass sie infektiös sind.

Komplikationen: Bei vorgeschädigter Leber kann ein hochakuter, sog. **fulminanter Verlauf** vorkommen, der innerhalb von Wochen zum tödlichen Leberversagen führt. Chronische Hepatitis B und C können eine Leberzirrhose bewirken. Diese erhöht das Leberkrebsrisiko.

Übertragung von Hepatitisviren

Hepatitis A

fäkal-orale Infektion (über Speisen, die von Virusausscheidern berührt bzw. zubereitet wurden)

Hepatitis B und C

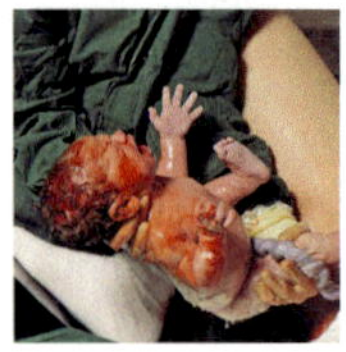

sexuelle und vertikale Infektion (vertikal = von Mutter auf Neugeborenes)

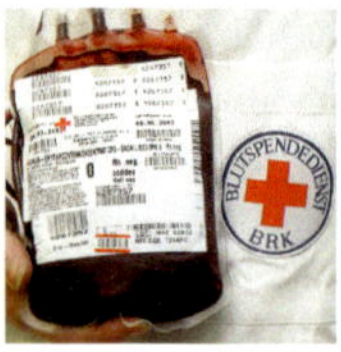

Übertragung über Blutprodukte

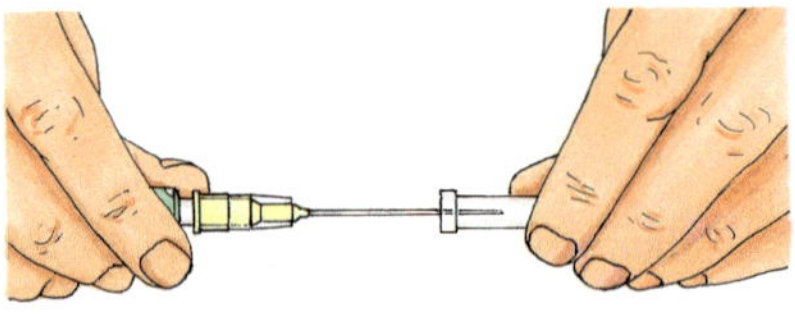

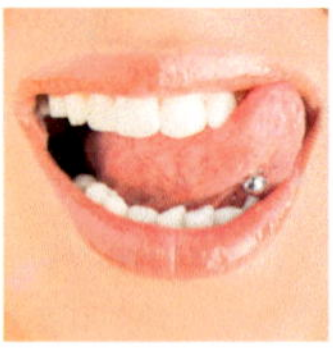

perkutane Infektion bei (vorschriftswidriger) medizinischer Tätigkeit, bei medizinischen oder kosmetischen Eingriffen, Piercings, Tätowierungen usw.

Leberwerte → LF 9, S.30

Entzündungszeichen → Bd. 1, LF 3, S.264

PCR → Bd. 1, LF 3, S.270

Diagnostik: Labordiagnostik: Leberwerte und allgemeine Entzündungszeichen. **Hepatitisserologie:** Darunter versteht man die Suche nach bzw. den Nachweis von **Antikörpern** gegen die einzelnen Hepatitisviren und verschiedene Virusanteile sowie die Suche nach bzw. den Nachweis von **Virusantigen**. Die Messwerte helfen, Art (z. B. A, B oder C) und Stadium einer Hepatitis (z. B. akut, chronisch oder in Ausheilung) zu erkennen. Mit der Serologie lässt sich auch feststellen, ob ein Patient infektiös oder immun ist. Solange noch keine Antikörper nachweisbar sind, misst man die Virus-Erbsubstanz mittels PCR. Dies führt man auch als Verlaufskontrolle bei chronischer Hepatitis durch. Die quantitative PCR dient auch der Bestimmung der sog. **Viruslast**, die Aussagen zur Indikation und Wirksamkeit einer antiviralen Therapie erlaubt.

BEISPIEL

Ist Virusantigen nachweisbar und/oder die PCR positiv, ist der Patient infektiös. Sind nur Antikörper nachweisbar und die PCR negativ, ist der Patient immun und nicht infektiös.

HbsAg positiv → Der Patient scheidet Hepatitis-B-Viren aus und ist infektiös.
HBV-DNA (nachgewiesen durch PCR) positiv → Der Patient ist infektiös.
Anti-HBs positiv → Der Patient hat Antikörper gegen HBV und ist immun gegen Hepatitis B.

HINWEIS

Hepatitis-E-Viren werden v. a. über unzureichend gegartes Schweinefleisch sowie über Trinkwasser übertragen.
Hepatitis D kommt nur als Doppelinfektion bei HBV-Trägern vor.

Therapie: Die akute Hepatitis erfordert keine spezifische Therapie. Bettruhe und leichte Kost sind hilfreich. Sportliche Aktivitäten sollten erst wieder aufgenommen werden, wenn die Müdigkeit abgeklungen ist. Bei chronischer Hepatitis B bzw. C wird die Viruslast bestimmt und ggf. eine antivirale Therapie kombiniert mit Interferon durchgeführt. Interferon ist ein Botenstoff, der die Virusabwehr aktiviert. Die Therapien sind sehr teuer, langwierig und oft nebenwirkungsreich; sie erfordern eine gute Adhärenz und regelmäßige Kontrollen. Nicht immer ist die Therapie erfolgreich.
Prävention: Siehe Infektionswege. Die Aktivimpfung gegen Hepatitis A erfolgt zweimal im Abstand von sechs Monaten (Impfschema 0 – 6 Monate). Die Aktivimpfung gegen Hepatitis B erfolgt dreimal (Impfschema 0 – 1 – 6 Monate). Auch die kombinierte Impfung gegen HAV und HBV erfolgt dreimal (Impfschema 0 – 1 – 6 Monate). Seit Einführung der Hepatitis-B-Impfung für alle Säuglinge bzw. Kinder nimmt die Häufigkeit der HBV-Infektion ab.

Übersicht der häufigsten Formen der Virushepatitis

Hepatitisvirus	A (HAV)	B (HBV)	C (HCV)
Häufigkeit in Deutschland	häufigste akute Virushepatitis	zweithäufigste akute, häufigste chron. Virushepatitis; 5 % Virusträger	zweithäufigste chronische Virushepatitis; 0,5 % Virusträger
Inkubationszeit	ca. 2 bis 6 Wochen	ca. 2 bis 6 Monate	ca. 2 Wochen bis 6 Monate
Infektionsweg	fäkal-oral, v. a. in Ländern mit hoher Virusträger-Rate	50 % sexuell; perkutan, vertikal, selten über Blut bzw. Blutprodukte	parenteral, z. B. über kontaminierte Kanülen, ggf. sexuell, vertikal
chronisch	nie	5-10 %	70-80 %
fulminanter Verlauf	‹1%	‹1%	‹1%
	Der fulminante Verlauf kommt nur bei vorgeschädigter Leber vor.		
Akuttherapie	keine	keine	je nach Virustyp antivirale Stoffe wie Sofusbuvir und Ledipasvir (ca. 40 000 € pro Therapie), ggf. Interferon
Therapie bei chron. Verlauf	entfällt	Entecavir, Tenofovir, Lamivudin oder Telbivudin, ggf. Interferon s.c.	
Impfung(en)	2 x (0 und 6 Monate)	3 x (0 – 1 – 6 Monate)	existiert nicht
Merksatz: Hepatitis A wie Ausland, B wie Bett, C wie chronisch, D wie doppelt, E wie Essen			

Hepatitis-B-Impfungen und Titerkontrollen für Medizinische Fachangestellte

Laut TRBA 250 ist die Impfung gegen Hepatitis B in Berufen des Gesundheitsdienstes Pflicht. Sie sollte vor Beginn der Ausbildung durchgeführt werden, damit der Impfschutz rechtzeitig vorliegt. Bei MFAs muss zunächst eine Bestimmung des **Anti-HBs-Titers**, d. h. der Antikörperkonzentration gegen HBV, durchgeführt werden.

- Ist Anti-HBs nachweisbar, aber das Ergebnis liegt unter 100 I.E./L, erfolgt eine Impfung zur Auffrischung des Impfschutzes.
- Ist kein Anti-HBs nachweisbar, erfolgt eine Grundimmunisierung mit drei Impfungen (Impfschema 0 – 1 – 6 Monate).
- Frühestens 6 Wochen nach der letzten Impfung erfolgt erneut eine Titerbestimmung.

Erst ab 100 I.E./L darf eine MFA Tätigkeiten mit Infektionsgefahr, wie Blutentnahmen und OP-Assistenz, durchführen. Ist der erforderliche Titer nach einer Impfserie nicht erreicht, wird maximal dreimal im Abstand von je drei Monaten nachgeimpft. Menschen, bei denen Anti-HBs trotz Impfungen nicht nachweisbar wird bzw. deren Titer nicht über 100 I.E./L ansteigt, werden als **Non-Responder** bezeichnet. Sie entwickeln durch die Impfung zwar auch eine gewisse Schutzwirkung; diese ist aber nicht in Form eines Titers bzw. einer Antikörperkonzentration messbar bzw. quantifizierbar. Non-Responder sollen keine infektionsgefährdenden Tätigkeiten ausführen und müssen nach wahrscheinlicher Infektion ggf. innerhalb von 48 Stunden eine Passivimpfung erhalten. Über das konkrete Vorgehen entscheidet der Betriebs- bzw. D-Arzt, der nach der Nadelstichverletzung aufgesucht wird.

Hinweis: Die routinemäßigen Titerkontrollen und Impfungen erfolgen laut Gesetz auf Kosten des Arbeitgebers.

Technische Regel für Biologische Arbeitsstoffe 250 der Berufsgenossenschaft für Gesundheitsdienst und Wohlfahrtspflege
www.bgw-online.de

Vorgehen bei Nadelstichverletzung
→ Bd. 2, LF 5, S. 29

Informationen zum Vorgehen nach Nadelstichverletzung
www.virologie.med.tum.de/diagnostik/notfalldiagnostik/nadelstichverletzungen/

Alkohol ist schädlicher als Marihuana ... so lautet ein häufiger Irrtum. Wirk- und Begleitstoffe aus Cannabis, d. h. Marihuana und Haschisch, sind ausgesprochen lebertoxisch. Hinzu kommt das Risiko für irreversible Hirnschäden und Sucht, weil der Hanf im Laufe der letzten Jahrzehnte immer wirkstoffreicher gezüchtet wurde.

4.16.3 Leberzirrhose

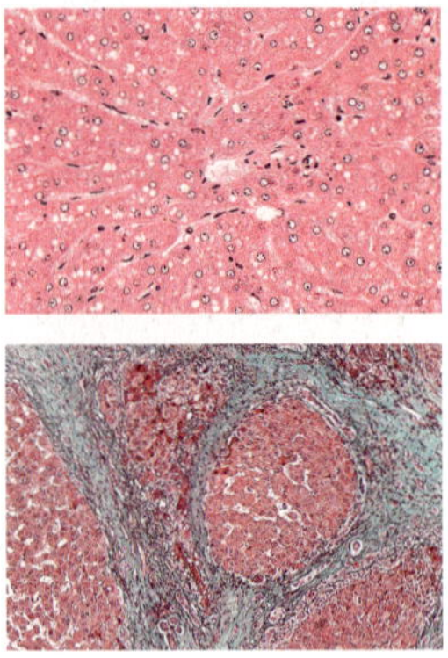

Abb. 1 Normales Lebergewebe (oben), Leberzirrhose mit grauen Bindegewebssträngen (unten)

Aufgaben der Leber
→ LF 9, S. 25

Definition: Lebervernarbung; Ersatz zerstörten Lebergewebes durch Bindegewebe
Ursachen und Pathogenese: Jeder Einfluss, der die Leber stark bzw. anhaltend schädigt, kann zur Leberzirrhose führen. Diese entwickelt sich über das Stadium der Fibrose:

Hepatitis (Entzündung) → Fibrose (Bindegewebsvermehrung) → **Zirrhose** (Vernarbung)

Die häufigsten Auslöser sind Alkohol, chronische Virushepatitis und Autoimmunhepatitis. Je mehr Lebergewebe durch Narbengewebe ersetzt wird (→Abb. 1), desto schwächer wird die Leberfunktion hinsichtlich ihrer Stoffwechsel- und Syntheseleistungen.

Symptome und Komplikationen:
- zunehmender Ikterus (Gelbfärbung von Haut und Schleimhäuten)
- Haut- und Schleimhautzeichen: Rötung der Zunge (sog. Lackzunge) und der Handinnenflächen sowie Bildung von Spinnennävi und Verlust der Körperbehaarung
- **Ösophagusvarizen** (stark erweiterte, leicht verletzliche Venen in der Speiseröhre)
- **Aszites** (Bauchwassersucht mit extrem aufgetriebenem Abdomen)

Da das Lebergewebe mit der Zeit immer fester und dichter wird, kann das Pfortaderblut nicht mehr durch die Leber hindurchfließen und staut sich vor der Leber. Ebenso wie bei der Herzinsuffizienz Ödeme durch Stauung entstehen, wird bei Leberzirrhose ebenfalls Blutplasma aus der Pfortader „abgepresst" – und fließt in die Bauchhöhle. So entsteht der Aszites. Der Bauch ist prall mit Flüssigkeit gefüllt, was mit Luftnot und Schmerzen einhergehen kann. Das verbleibende Pfortaderblut umgeht die vernarbte Leber und fließt über Ösophagusvenen zum Herzen. Diese Venen erweitern sich zu **Ösophagusvarizen**. Sie sind extrem verletzlich und können durch trockene Speisen, z. B. Knäckebrot, eröffnet werden und massiv bluten. Viele Zirrhosepatienten sterben deshalb an einer **Ösophagusvarizenblutung**. Neurologische und psychische Symptome der Zirrhosepatienten kommen zum Teil daher, dass Blut aus dem Magen-Darm-Trakt an der Leber vorbei, d. h. ungefiltert, in den großen Kreislauf gelangt. Konzentrierte Proteine wirken toxisch auf das Gehirn. Bei Leberzirrhose tritt das **Leberzellkarzinom** (hepatozelluläres Karzinom; Leberkrebs) gehäuft auf.
Diagnostik: Anamnese, Inspektion auf o. g. Hautzeichen, Leberwerte und Gerinnungstests, Serologie usw. zur Klärung der Ursache, Sonografie und in unklaren Fällen Leberbiopsie
Therapie: Ausschaltung der Ursache, sofern möglich. Die Leberzirrhose ist ein irreversibler Gewebeschaden. Nur selten ist eine Lebertransplantation möglich bzw. Erfolg versprechend.
Prävention: Siehe Ursachen.
Hinweis: Bei der Hepatitis kann die Schwere der Leberzellschädigung an der Höhe der **Leberwerte GOT (ASAT)**, **GPT (ALAT)** und **Gamma-GT (GGT)** abgelesen werden. Diese Enzyme treten aus zerstörten Zellen aus und ins Blut über. Bei Leberzirrhose können diese Leberwerte normal sein – wo kaum noch Zellen sind, können keine mehr zerstört werden.

Typische Symptome bei Leberzirrhose

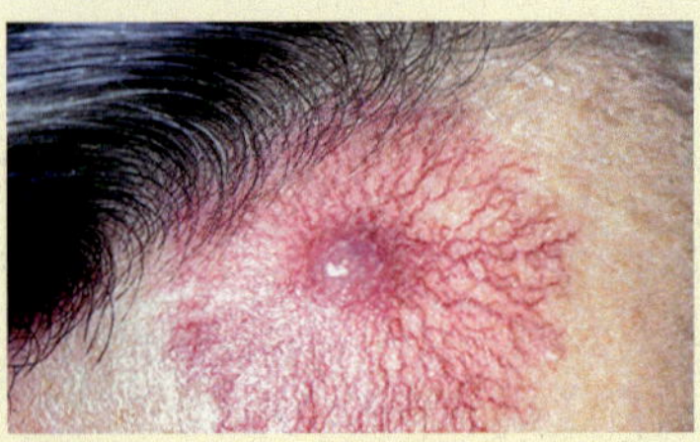

Spinnennävus: typische Gefäßveränderung der Haut

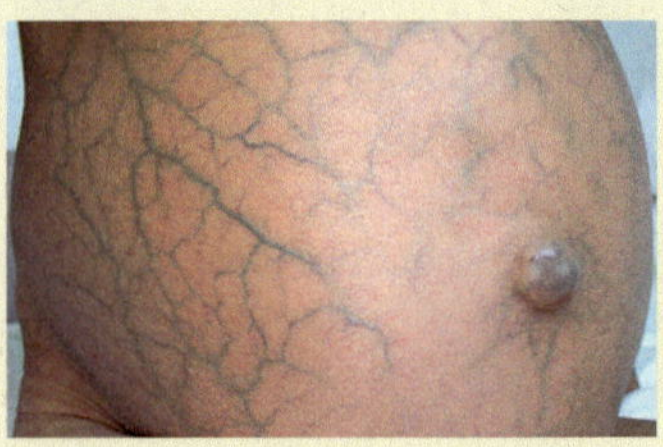

Aszites: Bauchwassersucht mit typischen gestauten Venen

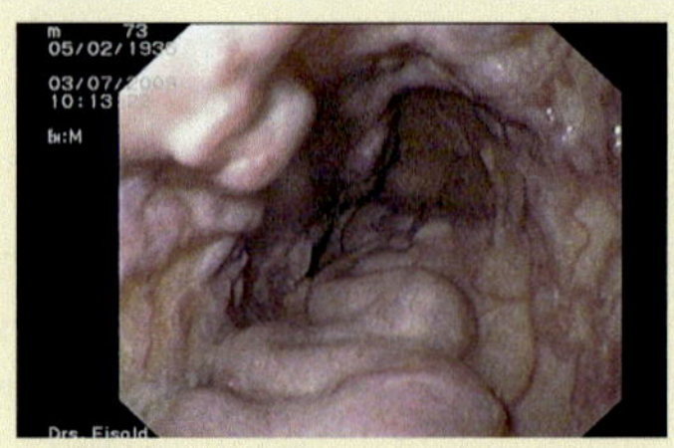

Ösophagusvarizen: dicke, gewundene Venen in der Speiseröhre

Terminologie: Gallen-, Pankreas- und Lebererkrankungen

Anti-HAV, Anti-HBs, Anti-HCV	Antikörper gegen Hepatitisviren A, B bzw. C; der Nachweis bedeutet, dass der Patient Antikörper hat, d. h. immun ist.

Aszites, der	Bauchwassersucht
Cholelithiasis (Cholezystolithiasis)	Gallensteinleiden (sprich Kolelithíasis)
Cholezystitis	Gallenblasenentzündung
ERCP	endoskopische Darstellung des Gallen- und Pankreasgangs
fulminant	hochakut, plötzlich verlaufend
HAV, HBV, HCV	Hepatitisviren A, B und C
HBsAg	Hepatitis-B-Virus-Antigen; Zeichen für Infektiosität mit HBV
Hepatitis	Leberentzündung
Ikterus (Syn. **Gelbsucht**; Adj. **ikterisch**)	Gelbfärbung von Haut und Schleimhäuten durch den Gallenfarbstoff Bilirubin
Leberfibrose	teilweiser Ersatz von Leberzellen durch Bindegewebe
Leberzellkarzinom	Leberkrebs; Krebs der Hepatozyten (Leberzellen)
Leberzirrhose	Narbenleber; weitgehender Ersatz von Leberzellen durch Bindegewebe (Endstadium verschiedener Leberschäden)
Non-Responder	Impfling, der durch die Hepatitis-B-Impfung keinen bzw. keinen ausreichend hohen Anti-HBs-Titer aufbaut
Ösophagusvarizen	erweiterte Venen in der Speiseröhre, z. B. bei Leberzirrhose
Pankreaskarzinom	Krebs der Bauchspeicheldrüse
Pankreatitis	Entzündung der Bauchspeicheldrüse
Spinnennävus (Spidernävus)	Hautmal, dessen Aussehen an Spinnenbeine erinnert
Steatosis hepatis	Leberverfettung; Fettleber
Verschlussikterus	Ikterus durch Verschluss der abführenden Gallenwege
Viruslast	Konzentration von Viren im Serum (Messung mit PCR)

HINWEIS

Kaffee hat viele positive Wirkungen; er macht wach, wirkt günstig gegen Hypercholesterinämie, beugt M. Alzheimer vor und verlangsamt Umbauvorgänge bei Leberkrankheiten.

AUFGABEN

1 Welche Risikofaktoren für Gallensteine werden durch die „6 F" erfasst?

2 Erklären Sie den Begriff „laparoskopische Cholezystektomie".

3 Welche Enzyme sind bei Pankreatitis im Blut vermehrt nachweisbar?

4 Erklären Sie den Begriff Hepatitis und nennen Sie Ursachen einer Hepatitis.

5 Gegen welche Virushepatitis muss Ihr Arbeitgeber Sie auf seine Kosten impfen lassen bzw. Ihren Impfschutz überprüfen?

6 Wie hoch muss Ihr Anti-HBs-Titer sein, damit Sie als MFA Blut abnehmen dürfen?

7 Erklären Sie die Pathogenese der Leberzirrhose.

8 Nennen Sie typische Symptome und Komplikationen einer Leberzirrhose.

9 Wie kann ein Patient mit chronischer Virushepatitis C seine Leber vor weiteren Schädigungen schützen?

5 Stoffwechselstörungen und -erkrankungen

Der Stoffwechsel (Metabolismus) umfasst alle Vorgänge der Nutzung, Umwandlung und Verwertung der Nährstoffe und des Luftsauerstoffs. Er gliedert sich in Baustoffwechsel und Energiestoffwechsel. Die in den Industrieländern verbreitete Lebensweise mit Überernährung und Bewegungsmangel führt zur chronischen Überforderung des Metabolismus.

Metabolisches Syndrom

Das **metabolische Syndrom** ist eine Kombination der häufigsten Stoffwechselstörungen. Es ist „die" Zivilisationskrankheit. Die Einzelstörungen verstärken sich gegenseitig.

Das metabolische Syndrom und seine Komponenten

Störung	Bedeutung/Definiton	Diagnostik/Symptome
Übergewicht oder Adipositas (Fettsucht)	Übergewicht bei BMI ≥ 25 Adipositas bei BMI ≥ 30	Größe und Gewicht ermitteln, BMI errechnen bzw. mit Drehscheibe ermitteln
Stammadipositas	Adipositas mit Fettansammlungen am Bauch	BMI ≥ 30 und/oder Taillenumfang bei Frauen ≥ 88 cm, bei Männern ≥ 102 cm bzw. Verhältnis Taillen- zu Hüftumfang bei Frauen ≥ 0,85, bei Männern ≥ 1
arterielle Hypertonie	RR ≥ 140/90 mmHg	Ruheblutdruck mehrfach messen
Fettstoffwechselstörungen	Triglyceride und/oder Cholesterin erhöht, dabei HDL niedrig, LDL hoch	Nüchtern-Blutentnahme und Bestimmung der Fettwerte (Triglyceride, Gesamt-, HDL- und LDL-Cholesterin)
Diabetes mellitus Typ 2	Störung des Zuckerstoffwechsels mit erhöhtem Blutzuckerspiegel	Nüchternblutzucker ≥ 126 mg/dL (≥ 7 mmol/L) bzw. ≥ 200 mg/dL (≥ 11,1 mmol/L) bei Zufallsmessung
Hyperurikämie bzw. Gicht	erhöhter Harnsäurespiegel, ggf. mit Arthritis	Harnsäurespiegel messen, klinische Untersuchung (Gichtanfall? Gichttophi?)

Die vier Hauptbestandteile des metabolischen Syndroms sind Stammadipositas, Hypertonie und ein gestörter Fett- und Zuckerstoffwechsel. Gicht, Thromboseneigung und weitere Störungen sind oft vorhanden. Das Arterioskleroserisiko ist hoch.

HINWEIS

Der BMI ist bei sehr kleinen und großen sowie bei muskulösen Menschen nicht anwendbar. Für Kinder gelten andere Normbereiche als für Erwachsene.

Ihren BMI können Sie online errechnen:
www.bmi-rechner.net
www.mybmi.de

5.1 Übergewicht und Adipositas

Definition: Vermehrte Körpermasse, definiert durch einen erhöhten **Body-Mass-Index (BMI)**. Der BMI wird nach der Formel **Körpergewicht (kg) : Körpergröße (m)²** errechnet. Bei z. B. 170 cm Körpergröße und 62 kg Körpergewicht beträgt der BMI $62 : (1{,}70)^2 = 62 : 2{,}89 = 21{,}45\ kg/m^2$.

MERKE

Body-Mass-Index ≥ 25 kg/m² = Übergewicht; ≥ 30 kg/m² = Adipositas (Fettsucht)

Der Normbereich des BMI ist 18-25 kg/m². Auch ein vermehrter Bauchumfang, d. h. ein erhöhter **Taille-Hüft-Quotient** (Waist-Hip-Ratio) ist ein Diagnosekriterium für die Adipositas (→S. 67, Abb. 1) Ein Blick auf die Figur und die Fettdepots am Bauch reicht aber im Regelfall aus, um die Diagnose zu stellen. Es werden drei Adipositas-Schweregrade unterschieden:

MERKE

Adipositas Grad I (BMI 30-34,9), **Grad II** (BMI 35-39,9) und **Grad III** (BMI ≥ 40).

Epidemiologie: Die Adipositas nimmt im wahrsten Sinne zu. Etwa 60 % der Männer und 43 % der Frauen sind übergewichtig. Auch etwa 15 % der Erstklässler wiegen schon zu viel.

Ursachen und Pathogenese: Es wird weniger Energie verbraucht als mit der Nahrung zugeführt wird. Der sog. sitzende Lebensstil mit Überernährung und Bewegungsmangel spielt die größte Rolle; hinzu kommen genetische Einflüsse. Andere Ursachen, wie Cortisontherapie, Hypothyreose und bestimmte Syndrome, sind erheblich seltener. Fettzellen sind endokrin aktiv, d. h., sie wirken als kleine Hormondrüsen, die u. a. Cortison, Adrenalin und Östrogen abgeben (→Abb. 2). So entstehen vielfältige Störungen im gesamten Körper.

Symptome und Komplikationen: Je nach Adipositas-Grad und Veranlagung entstehen früher oder später die Stoffwechselstörungen. Zu den Hauptkomponenten des metabolischen Syndroms (→ S. 66, Tab.) kommt ein erhöhtes Risiko für Arteriosklerose und ihre Folgen, Thrombosen, Fettleber und Gallensteine, Arthrose (insbesondere Gonarthrose), Refluxkrankheit, Varikosis, Schlafapnoe, Mykosen und einige Krebsarten (→ Abb. 3).

Diagnostik: Anamnese, klinische Untersuchung, BMI, Bestimmung der Stoffwechselwerte und des TSH im Blut. Die Frage, welcher Adipositas-Typ vorliegt (→ Abb. 1), ist anhand des Taille-Hüft-Quotienten bzw. durch einen kritischen Blick zu beantworten. Bauchfett belastet und stört den Stoffwechsel besonders stark und ist daher viel schädlicher als z. B. Hüftfett.

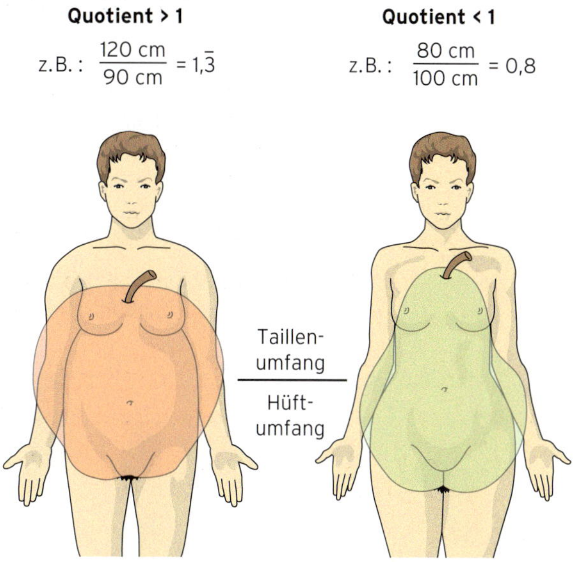

Abb. 1 Taille-Hüft-Quotient bzw. „Apfeltyp" und „Birnentyp"

Therapie: Jede Adipositas-Therapie basiert darauf, dass mehr Energie verbraucht als zugeführt wird. Wichtige Grundsätze sind die Senkung des Fett- und Zuckeranteils in der Nahrung sowie bewusstes und genussvolles Essen. Die Nutzung aller Bewegungsmöglichkeiten im Alltag erhöht den Energieverbrauch und die Muskelmasse. Sie ist wirksamer als ein ungenutzter Vertrag im Fitnessstudio. Bei schwerer Adipositas ist eine Verhaltenstherapie und ggf. Gruppenarbeit sinnvoll, damit die **Reduktionsdiät** zum Erfolg führen kann.

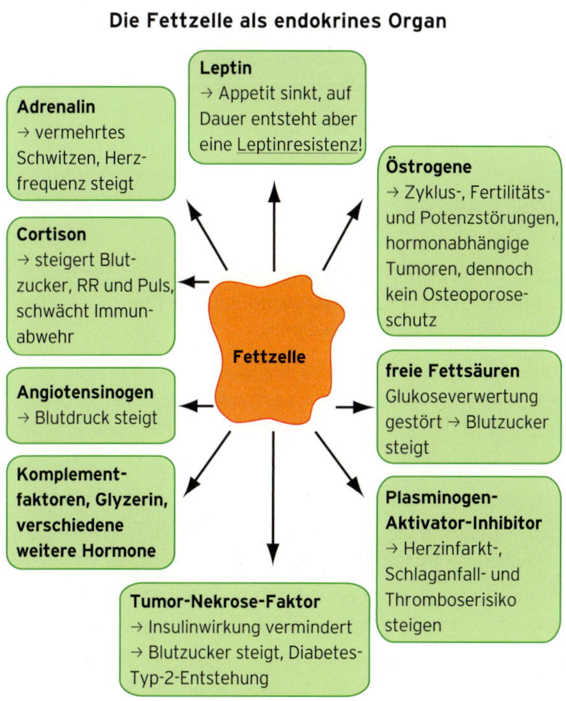

Abb. 2 Die Fettzelle als „Hormonfabrik"

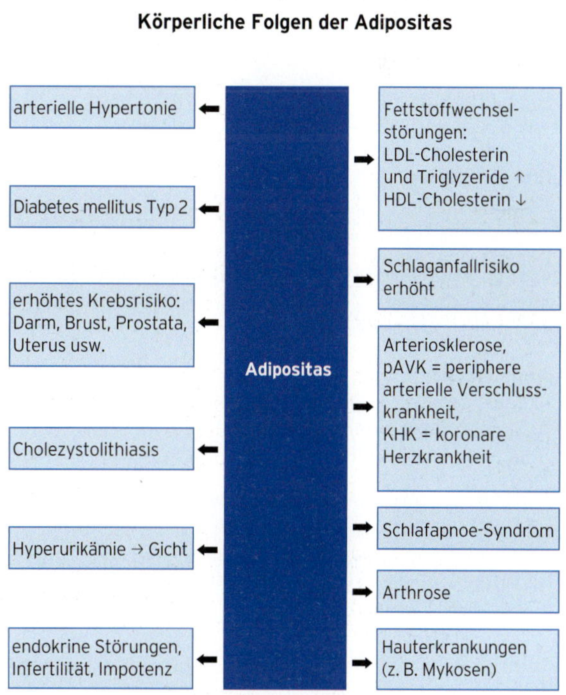

Abb. 3 Adipositas – die körperlichen Folgen

Das Problem vieler Abnehmwilliger ist, dass sie die Kalorienzufuhr kurzfristig im Sinne einer sog. Blitzdiät senken. Der Stoffwechsel reagiert auf den Nahrungsmangel, indem er den Kalorienverbrauch senkt. Er baut Muskulatur ab, weil er aus dem Muskeleiweiß Energie gewinnen kann und weil die Muskulatur das Gewebe mit dem höchsten Kalorienverbrauch ist. Auch wird zu Diätbeginn Glykogen zu Glukose abgebaut. Da Glykogen stets an Wasser gebunden vorliegt, wird dann viel Wasser ausgeschieden. Man nimmt scheinbar ab. Isst man nach der entbehrungsreichen Diät wieder normal, nimmt man an Fett zu, da der Energieverbrauch niedriger ist als vorher. Das Gewicht steigt mit jeder Diät an **(Jo-Jo-Effekt)**:

Der Jo-Jo-Effekt - die Wirkung von Blitzdiäten

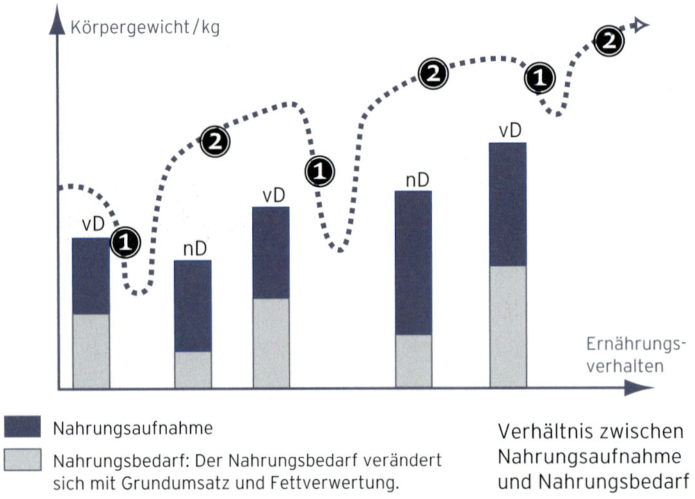

Verhältnis zwischen Nahrungsaufnahme und Nahrungsbedarf

Nach einer raschen Gewichtsabnahme ❶ erfolgt eine rasche Gewichtszunahme ❷ über das Ausgangsgewicht hinaus.

vD = vor der Diät
Ein relativ stabiles Gleichgewicht zwischen Nahrungsaufnahme und Nahrungsbedarf ist erreicht.

nD = nach der Diät
In der Zeit nach einer Blitzdiät übertrifft die Nahrungsaufnahme deutlich den Nahrungsbedarf durch die vorher gewohnte Nahrungsmenge. Dadurch erreicht man schneller ein Gewicht, das höher ist, als es vorher war.

Quelle: Modifiziert nach: XENI-CALculiertes Abnehmen, ©Hoffmann-La Roche AG, Grenzach-Wyhlen

Abgabevorschriften
Ap = apothekenpflichtig,
Rp = rezeptpflichtig

Medikamente, die den Weg zum Traumgewicht ebnen sollen, verfolgen verschiedene Wirkansätze (siehe Tabelle). „Das" Mittel zum Abnehmen existiert jedoch nicht:

Medikamente zur Gewichtsreduktion (Beispiele)

Wirkstoffe, Handelsnamen (Abgabevorschrift)	**Wirkmechanismus**	**Effektivität (E), Nebenwirkungen (NW)**
Quellmittel z. B. Recatol® Algin (Ap)	füllen den Magen und sollen so die Sättigung verbessern	**E:** sehr gering **NW:** Übelkeit
Lipasehemmer Xenical® (Rp)	hemmen die Dünndarm-Lipase, sodass ein Teil des Nahrungsfetts mit dem Stuhl ausgeschieden wird	**E:** spürbar bei fettreicher Ernährung **NW:** Blähungen, Fettstuhl, Vitaminmangel u. v. m.
Fett bindende Stoffe aus Krebspanzern Formoline L112 (Ap)	sollen Nahrungsfette teilweise aufnehmen, sodass diese nicht resorbiert werden	**E:** gering **NW:** Obstipation, Diarrhö, Allergien
Appetitzügler Recatol® mono, ALVALIN®, Boxogetten®, Regenon®, Tenuate® (Rp)	Verschiedene Wirkmechanismen im Gehirn bzw. im Nervensystem sollen den Appetit vermindern und den Energieverbrauch steigern; es sind Aufputschmittel.	**E:** wirksam während der Einnahme **NW:** Hypertonie, Lungenhochdruck, Schlafstörungen, epileptische Anfälle u. v. m.

Schilddrüsenhormone (ohne Hypothyreose eingenommen) können den Energieverbrauch, aber auch den Appetit steigern und sind extrem nebenwirkungsreich. Pulverdiäten und sog. Schlankheitstees wirken v. a. kurzfristig über den hohen Preis. Abführmittel entleeren vorübergehend den Dickdarm, aber keine Fettpolster. Rezeptpflichtige Antidiabetika wie Metformin und Liraglutid wirken leicht appetitzügelnd und können Zuckerkranken beim Abnehmen helfen.

„Die" Wunderdiät gibt es nicht. Seriöse Reduktionsdiäten bieten eine abwechslungsreiche Kost mit wenig Fett, aber viel frischem Obst und Gemüse. „Verboten" ist nichts, solange die Menge stimmt. Mehrere kleine Mahlzeiten verhindern Heißhunger und „Kaloriensünden".
Magenverkleinerungsoperationen usw. wirken kurzfristig günstig und verbessern zunächst auch die Stoffwechsellage, d. h. die Zucker- und Fettwerte. Viele Patienten passen sich jedoch an, indem sie große Mengen flüssiger bzw. breiiger Nahrung konsumieren und so erneut zunehmen. Das Operations- und Narkoserisiko ist bei schwerer Adipositas erhöht.
Prävention: Bewusste Ernährung und Sport von früher Kindheit an einüben.
Hinweis: Bei anfallsweisem Essen (Binge Eating) und anderen seelisch bedingten Störungen des Essverhaltens ist eine Psychotherapie indiziert. Diäten sind kontraindiziert.

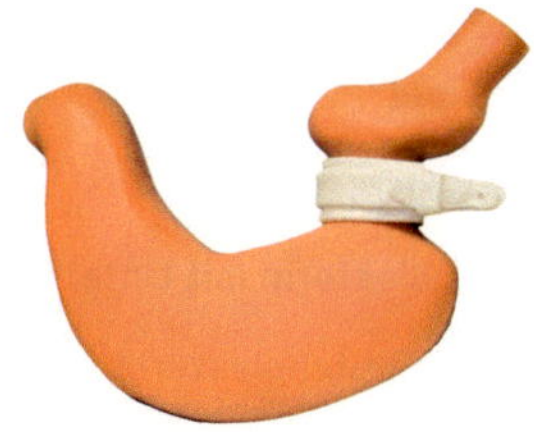

Abb. 1 Magenverkleinerung durch Magenband

Sie wollen abnehmen? Frieren, laufen und schlafen Sie! Die meisten Menschen in den Industrieländern haben ihrem Körper durch Heizung und Klimaanlagen abgewöhnt, sich an Kälte und Wärme anzupassen. Sowohl Schwitzen als auch Frieren verbraucht zusätzliche Energie. Viel Bewegung in kalter Umgebung und eine niedrige Heiztemperatur heben den Kalorienverbrauch an. Schlafmangel (auch durch zu viel Koffein) steigert den Appetit auf Süßigkeiten und sonstige Snacks.

5.2 Fettstoffwechselstörungen (Hyperlipidämie, Dyslipidämie)

Definition: Als **Hyperlipidämie** wird ein erhöhter Fettspiegel (Lipidspiegel) im Blut bezeichnet. Mit Lipiden sind Triglyceride und Cholesterin gemeint. Man unterscheidet drei Arten:

- **Einfache Hyperlipidämie:** Der Spiegel der Triglyceride ist erhöht.
- **Gemischte Hyperlipidämie:** Neben dem Spiegel der Triglyceride ist auch der Cholesterinspiegel erhöht.
- **Hypercholesterinämie:** Nur der Cholesterinspiegel ist erhöht.

Dyslipidämie, wörtl. gestörter Blutfettspiegel, ist ein anderer Ausdruck für Hyperlipidämie.
Epidemiologie: In den Industrieländern hat jeder zweite Erwachsene eine Hyperlipidämie.
Ursachen und Pathogenese: Überernährung, insbesondere tierische Fette sowie genetische Veranlagung. Die Triglyceride steigen vor allem durch hohen Zucker- und Alkoholkonsum sowie Diabetes mellitus Typ 2 an. Das Cholesterin steigt eher durch den Verzehr tierischer Fette an. Die Lipide lagern sich in Form arteriosklerotischer Plaques ab. Dabei ist zu beachten, dass es einen „guten" Cholesterinanteil gibt, das **HDL-Cholesterin**, und einen „schlechten", das **LDL-Cholesterin**. LDL verstärkt die Plaquebildung, während HDL ihr entgegenwirkt. Daher ist nicht die Höhe des Gesamtcholesterins allein entscheidend für das kardiovaskuläre Risiko. Wichtiger ist das Verhältnis LDL zu HDL **(LDL/HDL-Quotient)**. Die Messwerte der Triglyceride und des Cholesterins (mit HDL und LDL) bilden das **Lipidprofil**.

Arteriosklerose
→ Bd. 2, LF 5, S. 59

Symptome und Komplikationen: Erhöhte Fettwerte spürt man nicht. Erst die arteriosklerotischen Erkrankungen, wie KHK, pAVK, Schlaganfall usw., erzeugen Symptome. Bei familiären Hypercholesterinämien bestehen ggf. **Xanthelasmen**, d. h. sichtbare Fettablagerungen in der Haut (→Abb. 2).
Diagnostik: Nüchternblutentnahme und Bestimmung der Serumspiegel von Triglyceriden, Gesamtcholesterin, HDL- und LDL-Cholesterin; errechnen des Quotienten LDL : HDL.
Die Familienanamnese ist bei Hyperlipidämien häufig positiv.

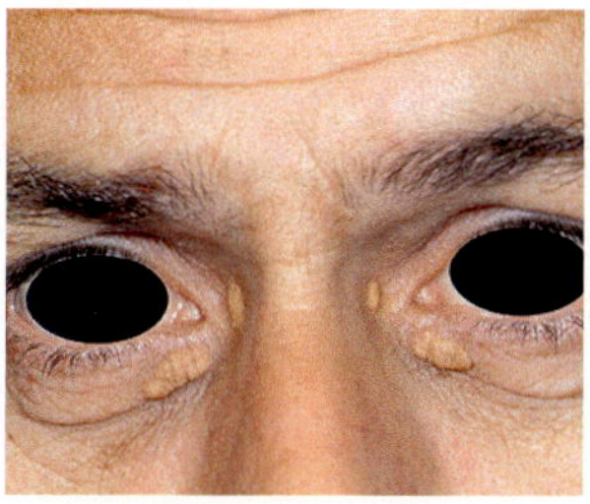

Abb. 2 Xanthelasmen = Fetteinlagerungen in der Oberlidhaut; typischer Befund bei familiärer Hypercholesterinämie

Abb. 3 Schottisches Frühstück mit einem hohen Anteil an tierischen Fetten

Blutfette: ihre Bedeutung und Normwerte		
Lipid	**Bedeutung und Funktion**	**Normwert**
Triglyceride	Nahrungs- und Körperfett	≤150 mg/dL bzw. ≤1,7 mmol/L
Cholesterin mit Unterfraktionen (Anteilen)		
Gesamtcholesterin	Hormon- und Membranbestandteil; hohe Spiegel fördern Arteriosklerose	≤200 mg/dL bzw. ≤5,2 mmol/L
LDL-Cholesterin Low-Density-Lipoprotein-Cholesterin	transportiert Cholesterin u.a. in arteriosklerotische Plaques; → „schlechter", weil Arteriosklerose fördernder Cholesterinanteil	≤150 mg/dL bzw. ≤3,9 mmol/L bei arteriosklerotischen Krankheiten: ≤100 mg/dL bzw. ≤2,6 mmol/L LDL = 70 % des Gesamtcholesterins
HDL-Cholesterin High-Density-Lipoprotein-Cholesterin	transportiert Cholesterin zur Leber, damit es abgebaut wird; → „guter", weil Arteriosklerose entgegenwirkender Cholesterinanteil	≥40 mg/dL bzw. ≥1 mmol/L HDL = 20 % des Gesamtcholesterins
Die restlichen 10 % des Gesamtcholesterins macht **VLDL-Cholesterin** aus, das nur selten bestimmt wird.		

MERKE

Wichtig zur Einschätzung des Arterioskleroserisikos ist das Verhältnis des „schlechten" LDL zum „guten" HDL. Dieser **LDL/HDL-Quotient** sollte unter 3,0 liegen, bei hohem Risiko unter 2,0. Beispiel: 150 mg/dL LDL : 30 mg/dL HDL = 5,0. Die ist ein stark erhöhter Quotient. Merkhilfe: **LDL = lasse dich leiden, HDL = habe dich lieb.**

Therapie/Prävention: Der Arzt behandelt keine Werte, sondern Menschen. Daher ist es für die Therapieentscheidung bei Hyperlipidämie wichtig, das kardiovaskuläre Gesamtrisiko des Patienten einzuschätzen bzw. zu errechnen. Wie bei der Hypertonie-Therapie werden weitere Risikofaktoren beachtet, wie das Vorliegen einer kardiovaskulären Krankheit beim Patienten selbst oder bei Blutsverwandten, Diabetes mellitus, Bluthochdruck, Nikotinkonsum, Alter und Geschlecht. Eine wichtige Therapiemaßnahme ist die Optimierung des Lebensstils:

Ungünstig auf den Lipidspiegel wirken:

- tierische Fette aus Milch, Eiern und Fleisch
- Transfettsäuren bzw. gehärtete Fette, z.B. in Margarine
- reichlicher Alkoholkonsum
- Mangel an Vitaminen und sekundären Pflanzenstoffen
- Bewegungsmangel, Übergewicht, Diabetes

Günstig auf den Lipidspiegel wirken:

- Fischfette, z.B. aus Lachs, Hering, Makrele
- Nüsse und Mandeln
- pflanzliche Öle, z.B. Raps- und Olivenöl
- Vollkorngetreide aller Art, Hafer, v.a. Haferkleie, Hülsenfrüchte
- Äpfel, Birnen und andere Früchte
- regelmäßige Bewegung

Ist eine Arteriosklerose nachweisbar und/oder liegt das 10-Jahres-Risiko für ein kardiovaskuläres Ereignis bei mindestens 20 %, gilt eine **Lipidsenker**-Therapie als indiziert. Meistens wird ein **Statin** verordnet, z.B. Simvastatin oder Atorvastatin. Statine senken Gesamtcholesterin und LDL sowie die Triglyceride und erhöhen den HDL-Spiegel leicht. Sie senken das Risiko (weiterer) kardiovaskulärer Ereignisse, werden zumeist gut vertragen und wirken effektiver als Lebensstiländerungen.

Ein Gläschen in Ehren ...
kann kein Arzt empfehlen; das Arterioskleroserisiko wird nicht gesenkt, der Blutdruck steigt und zahlreiche Organe werden durch Alkohol mengenabhängig geschädigt, v. a. Leber, Nerven und Gehirn.

5.3 Hyperurikämie und Gicht

Definition und Epidemiologie: Hyperurikämie bedeutet, dass der Harnsäurespiegel über 7 mg/dL (420 µmol/L) liegt. Dies ist bei 20 % der Männer in den Wohlstandsländern der Fall. **Gicht** bedeutet, dass die Hyperurikämie Symptome verursacht. Frauen entwickeln zumeist erst nach der Menopause eine Gicht, da Östrogene die Harnsäureausscheidung fördern.
Ursachen und Pathogenese: Harnsäure entsteht im **Purinstoffwechsel**, d. h. beim Abbau von Zellkernen (DNA) aus der Nahrung und dem eigenen Körper. Purinreich sind Fleisch, vor allem Innereien, Fisch und Hülsenfrüchte. Bei Zuständen mit vermehrtem Zellabbau, z. B. bei Übergewicht und unter Zytostatikatherapie, fallen vermehrt Purine an. Diese werden in Harnsäure umgewandelt und überwiegend über die Nieren ausgeschieden. Bei den meisten Menschen reicht die Fähigkeit zur Harnsäureausscheidung bei erhöhtem Harnsäurespiegel nicht aus. Fasten, Alkohol und Diuretika, z.B. HCT, hemmen zudem die Harnsäureausscheidung.
Symptome und Komplikationen: Die Hyperurikämie selbst ist asymptomatisch. Je höher der Harnsäurespiegel jedoch ansteigt, desto leichter bilden sich Harnsäurekristalle. Diese sind spitz und scharf und erzeugen in Gelenken sehr schmerzhafte Entzündungen, die **Arthritis urica (Gichtarthritis; Gichtanfall)**. Die Gichtarthritis tritt meistens in einem Großzehengrundgelenk auf (→Abb. 1). In diesem Gelenk ist die Körpertemperatur relativ niedrig, was die Kristallbildung fördert. Seltener ist z. B. ein Kniegelenk betroffen. Typische Gichtanfall-Tage sind der 25. und 26. Dezember, da Festessen mit Alkoholkonsum Gichtanfälle provozieren. Bei langjährig unbehandelter Hyperurikämie kann sich Harnsäure in subkutanen Knoten, den sog. **Gichttophi** (→Abb. 2) ablagern und/oder Nierensteine erzeugen (Gichtniere).

Diuretika
→ Bd. 1, LF 4, S.296

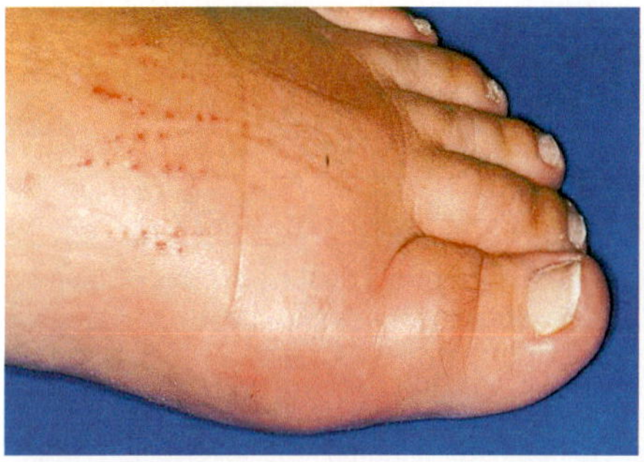

Abb. 1 Gichtanfall an typischer Stelle: Arthritis urica am Großzehengrundgelenk

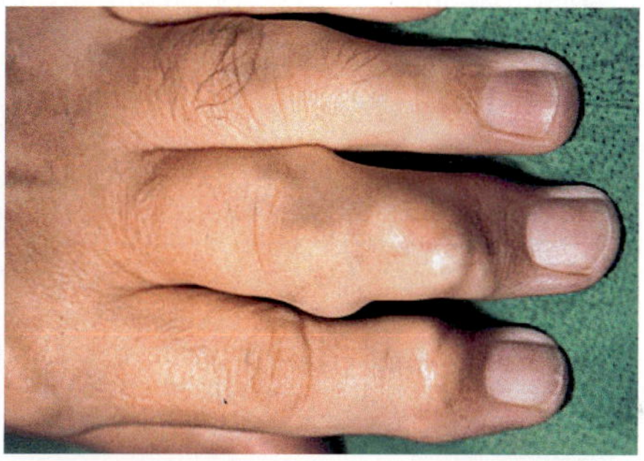

Abb. 2 Gichttophi: Harnsäureablagerungen im Gewebe

Diagnostik: Anamnese, klinische Untersuchung, Messung des Harnsäurespiegels
Therapie/Prävention: Siehe Ursachen und Pathogenese. Die Nahrung sollte wenig Fleisch und Fisch, aber viel Gemüse (mit Ausnahme von Hülsenfrüchten und Spargel), Getreide, Eier und Milchprodukte enthalten. Alkohol ist zu meiden. Bei einem Harnsäurespiegel ab 9 mg/dL (540 µmol/L) ist eine medikamentöse Therapie indiziert, um die Harnsäurebildung zu vermindern bzw. die Ausscheidung zu verbessern. Meistens wird Allopurinol, seltener Febuxostat verordnet. Ist die Gicht Ausdruck eines metabolischen Syndroms, ist dieses therapeutisch anzugehen. Der akute Gichtanfall wird üblicherweise mit NSAR behandelt, klingt aber auch unbehandelt allmählich ab. Eine Lokaltherapie, z. B. Kühlen des entzündeten Gelenks, ist nicht sinnvoll, da bei Gichtarthritis eine extreme Berührungsempfindlichkeit besteht.

Purine (mg) und daraus gebildete Harnsäure (mg) bei Verzehr von 100 g	
Ölsardinen	200/480
Kalbsleber	120/288
Schweineschnitzel	88/211
gegarte grüne Erbsen	83/170
Möhre	6/13
Hühnerei	2/5
Quark/Milch/Joghurt	0/0

Abb. 3 Milchprodukte sind bei Gicht uneingeschränkt erlaubt.

Terminologie: Metabolisches Syndrom

Adipositas	Fettsucht; BMI ≥ 30 kg/m²
BMI (Body-Mass-Index)	Körpermasseindex; Gewicht (kg) : Körpergröße (m)² (Normbereich für Erwachsene 18–25 kg/m²)
Dyslipidämie (Syn. **Dyslipoproteinämie**)	Hyperlipidämie (erhöhter Blutfettspiegel) bzw. Störung der Zusammensetzung der Blutfette (v. a. niedriges HDL)
Gicht	Erkrankung durch Harnsäureablagerungen v. a. in Gelenken
Gichtarthritis (Arthritis urica)	Gichtanfall; Gelenkentzündung durch Harnsäureablagerungen
HDL-Cholesterin (High-Density-Lipoprotein-Cholesterin)	Cholesterinanteil, der arteriosklerotischen Ablagerungen entgegenwirkt, sog. gutes Cholesterin (Normwert ≥ 40 mg/dL bzw. ≥ 1 mmol/L)
Hypercholesterinämie	erhöhter Cholesterinspiegel (> 200 mg/dL bzw. > 5,2 mmol/L)
Hyperlipidämie (Hyperlipoproteinämie)	erhöhter Blutfettspiegel; 1. reine H. = Hypertriglyceridämie, 2. gemischte/kombinierte H. = Hypertriglyceridämie und Hypercholesterinämie
Hypertriglyceridämie	erhöhter Triglyceridspiegel (> 150 mg/dL bzw. > 1,7 mmol/L)
Hyperurikämie	erhöhter Harnsäurespiegel (> 7 mg/dL bzw. > 420 µmol/L)
LDL-Cholesterin (Low-Density-Lipoprotein-Cholesterin)	Cholesterinanteil, der Arteriosklerose fördert; sog. schlechtes Cholesterin (Normwert ≤ 150 mg/dL bzw. ≤ 3,9 mmol/L)
LDL/HDL-Quotient	Verhältnis des LDL- zum HDL-Cholesterin (Norm < 2–3)
Lipidprofil	die wichtigsten Lipidwerte: Triglyceride, Cholesterin mit HDL und LDL sowie der LDL/HDL-Quotient
Lipidsenker	Arzneimittel, die den Lipid- bzw. Cholesterinspiegel senken
metabolisches Syndrom	Zivilisationskrankheit, die aus Stammadipositas, arterieller Hypertonie, Diabetes mellitus Typ 2, Hyperurikämie, Fettstoffwechselstörungen u. a. besteht
Reduktionsdiät	spezielle Ernährung zum Zweck einer Gewichtsabnahme
Statine	Wirkstoffe, die den Lipid- bzw. Cholesterinspiegel senken
Übergewicht	erhöhte Körpermasse mit einem BMI ≥ 25 kg/m²
Waist-Hip-Ratio (Syn. **Taille-Hüft-Quotient**)	Verhältnis des Taillenumfangs zum Hüftumfang (ab 0,85 bei Frauen und 1,0 bei Männern erhöht)

AUFGABEN

1 Geben Sie an, wie Übergewicht und Adipositas definiert sind.

2 Nennen Sie die Anteile des metabolischen Syndroms.

3 Erläutern Sie den Unterschied zwischen Hyperurikämie und Gicht.

4 Welche Nahrungs- und Genussmittel sollten Gichtkranke meiden?

5 Erklären Sie die Begriffe reine und gemischte Hyperlipidämie.

6 Ein KHK-Patient muss Statin wegen Muskelschmerzen absetzen. Geben Sie ihm Tipps, seine Lebensweise zu optimieren, um den Cholesterinspiegel zu senken.

5.4 Diabetes mellitus

> **MERKE**
>
> **Diabetes mellitus** ist eine Stoffwechselerkrankung mit chronisch erhöhtem Blutzuckerspiegel, die durch einen **absoluten oder relativen Insulinmangel** und/oder eine **Störung der Insulinwirkung** bedingt ist.

Diabetes mellitus bedeutet wörtlich „honigsüßer Durchfluss", weil der Harn des (unbehandelten) Diabetikers Zucker enthält. Daher heißt der Diabetes mellitus auch Zuckerkrankheit. Meistens wird statt Diabetes mellitus kurz Diabetes gesagt. Der Zuckerkranke heißt **Diabetiker**. Der Facharzt für Diabetes mellitus ist der **Diabetologe**. Der bei Diabetes chronisch erhöhte Blutzuckerspiegel fördert Arteriosklerose, sodass bei Diabetes vermehrt kardiovaskuläre Erkrankungen und Organschäden entstehen, insbesondere an Nieren, Herz, Nerven und Augen.

OGTT
→ LF 9, S.70

Diagnosekriterien für den Diabetes mellitus:
- Blutzucker nüchtern ≥ 126 mg/dL (≥ 7 mmol/L) und/oder
- Zufallsblutzucker (zweimalig an verschiedenen Zeitpunkten gemessen) ≥ 200 mg/dL (≥ 11,1 mmol/L) und/oder
- Blutzucker zwei Stunden nach Einnahme von 75 g Glukose im oralen Glukosetoleranztest (OGTT) ≥ 200 mg/dL (≥ 11,1 mmol/L) und/oder
- HbA_{1c} (ein Blutwert, der den BZ der letzten Monate wiedergibt) ≥ 6,5 % (≥ 48 mmol/mol)

> **MERKE**
>
> - Bei normalem Blutzuckerspiegel besteht eine **Normoglykämie**,
> - bei erhöhtem Blutzuckerspiegel eine **Hyperglykämie** und
> - bei zu niedrigem Blutzuckerspiegel eine **Hypoglykämie**.

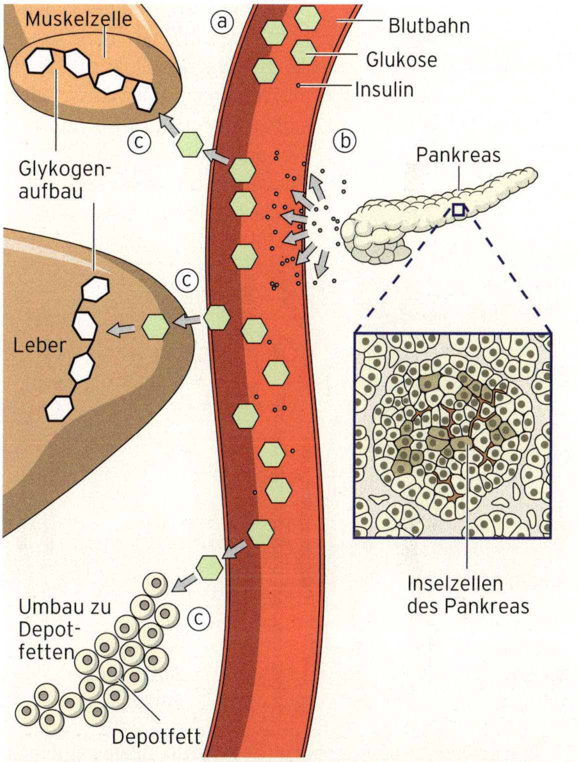

a) Di- und Polysaccharide aus der Nahrung werden im Darm in einzelne Zuckermoleküle (Glukose) gespalten, die dann in die Blutbahn aufgenommen werden. Der Blutzuckerspiegel steigt an.
b) Die Inselzellen des Pankreas reagieren auf den Anstieg der Blutzuckerkonzentration mit einer Insulinausschüttung.
c) Das Insulin gelangt über die Blutbahn zu den Zielgeweben (z. B. Muskel, Leber) und bewirkt dort die Aufnahme von Glukose aus dem Blut in die Zellen – und somit die Senkung des Blutzuckerspiegels. Unter Insulinwirkung wird Glukose im Muskel und in der Leber zur Speicherform Glykogen und im Fettgewebe zu Depotfett umgebaut.

Abb. 1 Zuckerstoffwechsel

5.4.1 Grundlagen des Zuckerstoffwechsels

Alle Körperzellen benötigen Glukose, d. h. Traubenzucker, für ihren Energiestoffwechsel. Im Darm wird Glukose ins Blut aufgenommen. Damit sie in die Zellen gelangt, ist ein „Öffner" nötig, das **Insulin**. Dieses wird in den **Langerhans-Inseln**, speziellen Zellinseln des Pankreas, gebildet (→Abb. 1). Von „Insel" leitet sich der Begriff „Insulin" ab. Nimmt der Darm viel Zucker ins Blut auf, steigt der **Blutzuckerspiegel** (**BZ**; Blutglukosespiegel). Dieser wird ständig im Körper gemessen. Ein BZ-Anstieg führt zu einer Insulinausschüttung. Insulin bindet an Rezeptoren der Zelloberfläche. Daraufhin werden Glukosemoleküle durch spezielle Kanäle der Zellmembran ins Zytoplasma aufgenommen. Dadurch sinkt der Blutzuckerspiegel.

Isst ein Mensch kohlenhydratreiche Nahrung, d. h., nimmt er mehr Glukose auf als er momentan benötigt, bewirkt Insulin eine vermehrte Glukoseaufnahme in die Leber. Leber und Muskulatur speichern Glukose in Form des Polysaccharids **Glykogen**. (Sind alle Glykogenspeicher gefüllt, wird Glukose in Fett umgewandelt und in Fettzellen gespeichert.)

Polysaccharid
→ LF 9, S.13
Glykogen
→ LF 9, S.13

Sinkt der BZ hingegen stark ab, z. B. durch Sport oder Fasten, schütten die Langerhans-Inseln das Hormon **Glukagon** aus. Glukagon regt die Abspaltung von Glukose aus Glykogen an. Glukagon hebt so den Blutzuckerspiegel. Es ist somit der Gegenspieler des Insulins.

MERKE

Die Zufuhr von Glukose hebt den Blutzucker: **Insulin** schleust Glukose in Zellen ein und senkt so den BZ. Nicht benötigte Glukose wird als Glykogen gespeichert.
Sinkt der Blutzucker, wird **Glukagon** abgegeben, das den BZ hebt. Es bewirkt die Abspaltung von Glukose aus Glykogen.

Glukosurie
→ Bd. 2, LF 8, S.258
Polyurie
→ Bd. 2, LF 8, S.245

Steigt der BZ über ca. 180 mg/dL (10 mmol/L) an, wird Glukose renal, d. h. über die Nieren, durch folgenden Vorgang ausgeschieden: Der Primärharn wird durch Filterung des Blutplasmas hergestellt. Dieses Filtrat enthält Glukose und andere wertvolle Stoffe, die die Nieren im Zuge der Endharnbereitung ins Blut zurückgewinnen müssen. Bei hohem Blutzucker ist die Niere mit der Rückgewinnung der vielen Glukosemoleküle überfordert (→Abb. unten). So gelangt Glukose in den Endharn (Urin); es kommt zur **Glukosurie**. Da Glukose stets an Wasser gebunden ist, nimmt jedes Glukosemolekül etwas Wasser in den Endharn mit. Daher geht die Glukosurie mit vermehrter Harnausscheidung **(Polyurie)** und verstärktem Durstgefühl **(Polydipsie)** einher. Polyurie und Polydipsie sind typische Diabetessymptome, die oft zur Untersuchung von Blut und Harn und damit zur Diagnosestellung führen.
Hinweis: Die Glukosurie dient nicht der Blutzuckersenkung, d. h. der Glukoseausscheidung, sondern ist ein Symptom eines überforderten Rückgewinnungsmechanismus der Niere.

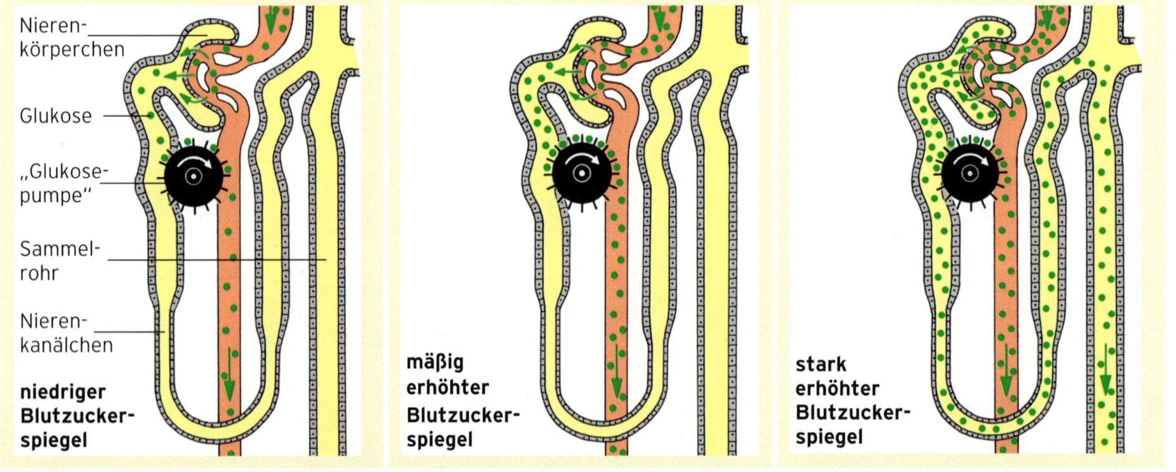

Die Glukosepumpe der Niere kann alle Glukosemoleküle zurückgewinnen und ist noch nicht ausgelastet.

Die Glukosepumpe ist ausgelastet, schafft aber jedes Glukosemolekül zurückzugewinnen.

Die Glukosepumpe ist überfordert; viele Glukosemoleküle (begleitet von Wasser) gehen verloren.

Einfluss der Ernährung auf den Blutzuckerspiegel

Zuckerreiche Nahrung führt zu einem raschen BZ-Anstieg. Über mehrere hormonelle Zwischenschritte bewirkt dieser eine Insulinausschüttung. Innerhalb weniger Minuten wird die nicht benötigte Glukose in Leber und Muskulatur eingeschleust. Das Insulin befindet sich aber noch in der Blutbahn. Es erzeugt Hunger – ggf. sogar Heißhunger – auf Zucker. Isst man nun weiter Süßes, steigt der BZ erneut. Wieder wird Insulin ausgeschüttet, um den BZ zu senken. Auf Dauer wirkt das Insulin aber nicht mehr. Die Zellen reagieren nicht mehr darauf und der BZ steigt allmählich an. Es kommt zur **Hyperglykämie**. Diese bewirkt wieder eine Insulinabgabe, was zur **Hyperinsulinämie** (erhöhtem Insulinspiegel) führt. Die nachlassende Insulinwirkung wird als **Insulinresistenz** bezeichnet. Hyperglykämie und Hyperinsulinämie verstärken einander und führen auf Dauer zum Diabetes mellitus Typ 2.

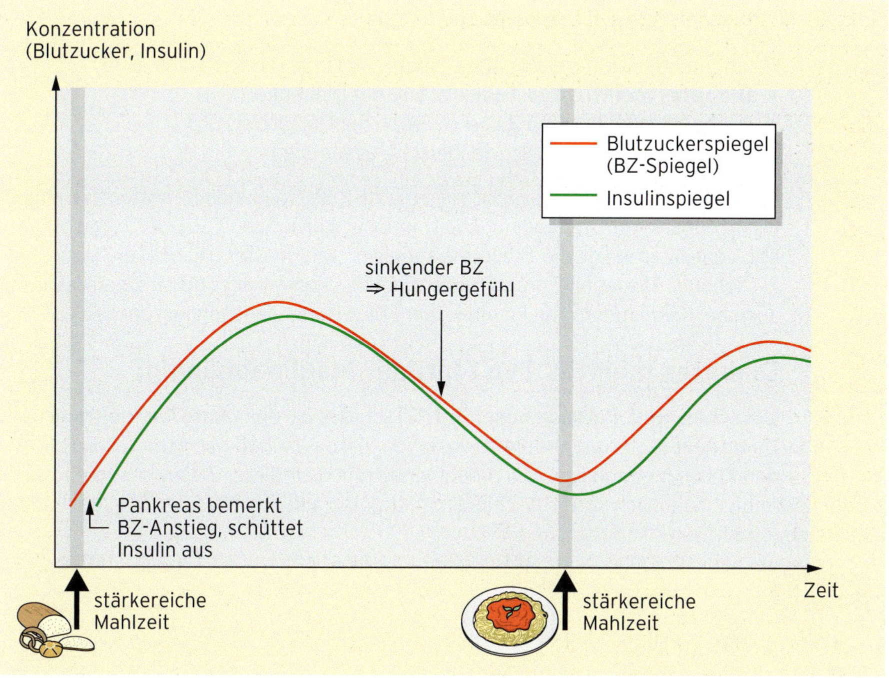

Normaler Blutzuckeranstieg nach stärkehaltiger Mahlzeit (Brot, Müsli, Nudeln o. Ä.):
Die langkettigen Kohlenhydrate werden *allmählich* in Glukose gespalten, sodass der BZ *allmählich* ansteigt.
Entsprechend wird auch das Insulin *allmählich* und in passender Menge ausgeschüttet.

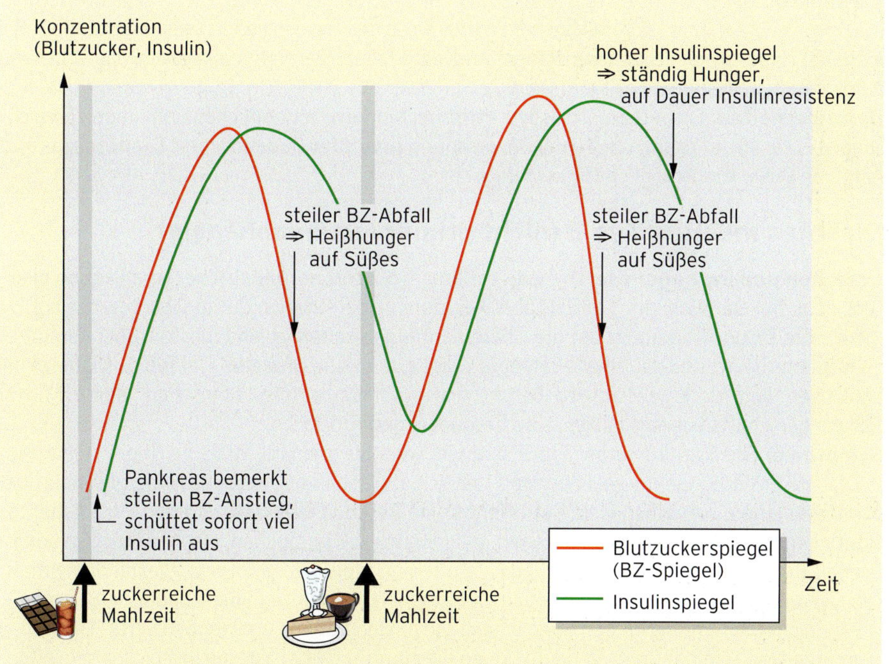

Eine zuckerreiche Mahlzeit (z. B. Cola und Schokoriegel) erzeugt einen *raschen* BZ-Anstieg. Dieser wird von einem ebenso *raschen* und steilen Anstieg des Insulinspiegels beantwortet. Nachdem die Glukose *rasch* in die Zellen geschleust worden ist, ist noch viel Insulin vorhanden und wirksam. Es „fordert" Glukose, wodurch Heißhunger auf Süßes entsteht.

5.4.2 Varianten des Diabetes mellitus

Eine Frage des Alters
Ungefähr 6,3 Millionen Menschen in Deutschland zwischen 20 und 79 Jahren leiden an Diabetes.

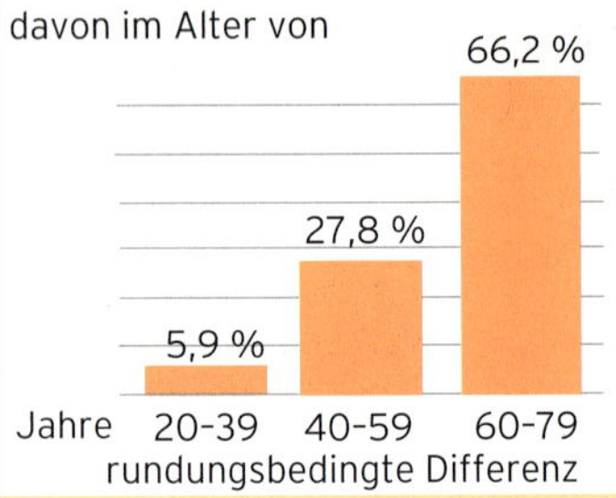

Es gibt mehrere Unterformen des Diabetes mellitus. Die häufigsten sind

- **Diabetes mellitus Typ 1** (bei ca. 5 % der Diabetiker),
- **Diabetes mellitus Typ 2** (bei ca. 90 % der Diabetiker) und
- **Gestationsdiabetes** (Schwangerschaftsdiabetes).

Epidemiologie: Diabetes mellitus ist mit fast 300 Millionen Betroffenen weltweit die häufigste Stoffwechselkrankheit; in Deutschland ca. 12 % der Erwachsenen. Mit dem Alter steigt die Diabeteshäufigkeit. Die meisten Diabetiker haben Typ-2-Diabetes. Dieser hieß früher Altersdiabetes, kommt aber durch Überernährung auch bei Kleinkindern vor. Im Alter über 60 ist Diabetes schon fast „normal".

Diabetes mellitus Typ 1 (primär insulinabhängig)

Ursachen und Pathogenese: Typ-1-Diabetes ist eine **Autoimmunkrankheit**. Durch genetische und andere Auslöser zerstört das Immunsystem die Insulin bildenden Zellen im Pankreas. Mit zunehmendem Verlust dieser Zellen lässt die Insulinproduktion immer mehr nach und hört schließlich endgültig auf. Von da an benötigt der Patient lebenslang Insulin zum Überleben.

Umfassende Informationen zur Erkrankung, Epidemiologie, Selbsttest, Diagnostik, Therapie, Selbsthilfe und Weiterbildungsmöglichkeiten für MFAs finden Sie unter
www.diabetes-deutschland.de
www.diabetesstiftung.de
www.deutsche-diabetes-gesellschaft.de

MERKE

Typ-1-Diabetes ist **primär insulinabhängig** (insulinpflichtig) , d. h. von Anfang an.

Symptome: Die Symptome entstehen innerhalb weniger Wochen bis Monate; typisch ist ein ausgeprägtes Schwäche- und Müdigkeitsgefühl. Alle Organe, einschließlich des Gehirns, „hungern", weil die Zellen keine Glukose erhalten. Durch die **Glukosurie** und **Polyurie** entsteht extremer Durst **(Polydipsie)**. Auch starke Bauchschmerzen können vorkommen; im typischen Fall wird der schwerstkranke, ggf. komatöse Patient notfallmäßig in die Klinik gebracht.
Diagnostik: Die Diagnose ist gestellt, sobald der BZ gemessen wird. Blutglukosewerte über 400 mg/dL (22,4 mmol/L) sind bei der Erstdiagnose des Typ-1-Diabetes keine Seltenheit. Bei extremer Hyperglykämie kann der Patient ins **Koma** fallen. Der Harnzuckernachweis ist bei neu aufgetretenem Diabetes Typ 1 stets positiv.
Besonderheiten: Diabetes mellitus Typ 1 tritt bei Kindern, Jugendlichen und jungen Erwachsenen bis ca. 40 Jahre auf, was zu der Bezeichnung **juveniler** (jugendlicher) **Diabetes** geführt hat. Eine Präventionsmöglichkeit besteht nicht.

Diabetes mellitus Typ 2 (nicht primär insulinabhängig)

Ursachen und Pathogenese: Diabetes mellitus Typ 2 tritt bei genetischer Veranlagung meistens, d. h. bei ca. 90 % der Typ-2-Diabetiker, durch Überernährung und Übergewicht auf. Je stärker die Disposition und/oder die Überernährung ausgeprägt sind, desto früher kommt es zu Insulinresistenz und dauerhafter Hyperglykämie, d. h. zum Diabetes. Der Typ-2-Diabetes bei Schlanken und Untergewichtigen beruht v. a. auf Veranlagung. Menschen, deren Mütter Schwangerschaftsdiabetes hatten, sind besonders gefährdet.
Symptome: Die Symptome bei Typ 2 sind viel weniger dramatisch als bei Typ 1. Viele Typ-2-Diabetiker sind subjektiv völlig asymptomatisch. Da Insulinresistenz und Hyperglykämie über Jahre entstehen, bemerken viele Betroffene keine Beschwerden. Oft wird der Typ 2 daher bei Routinekontrollen, z. B. vor Operationen, diagnostiziert. Hautjucken, Hautinfektionen vor allem mit Pilzen (Mykosen), Polyurie und Nykturie sind typische Symptome, die mit dem erhöhten Glukosegehalt in Blut und Geweben einhergehen. Oft führen Spätschäden, z. B. Nervenschäden mit Missempfindungen oder Schmerzen an den Füßen „undiagnostizierte" Diabetiker zum Arzt. Nach langjährigem Verlauf können die chronisch überlasteten Inselzellen schließlich versagen; dann muss auch bei Typ 2 Insulin injiziert werden. Da die Insulinabhängigkeit (wenn überhaupt) erst spät auftritt, wird der Typ-2-Diabetes als **nicht primär insulinabhängig** bezeichnet.

HINWEIS

Der Verlust des Pankreas durch OP oder Pankreatitis führt durch Verlust der Inselzellen zum **Diabetes mellitus Typ 3**, der wie Typ 1 lebenslang Insulin erfordert.

MERKE

Typ-2-Diabetes ist **nicht primär insulinabhängig**, d. h. spät oder nie insulinpflichtig.

Gestationsdiabetes (Schwangerschaftsdiabetes)

Ursachen und Pathogenese: Die hohen Hormonspiegel rufen bei Schwangeren die metabolischen Probleme hervor, für die sie eine Veranlagung besitzen. Daher treten Hypertonie, Hyperlipidämie und Diabetes mellitus Typ 2 in der Schwangerschaft gehäuft auf. Der Gestationsdiabetes ist im Prinzip eine Sonderform des Typ-2-Diabetes. Zirka jede zehnte Schwangere ist betroffen. Wurden von der Schwangeren selbst bzw. in ihrer Familie Neugeborene über 4 kg geboren, besteht ebenfalls der Verdacht auf Gestationsdiabetes. Nach der Entbindung normalisiert sich der BZ meistens (zunächst) wieder; die Disposition zum Diabetes Typ 2 bleibt jedoch bestehen. Der hohe BZ der diabetischen Schwangeren führt dazu, dass der Fetus über die Nabelschnur hyperglykämisches Blut erhält. Sein Pankreas gibt vermehrt Insulin ab, um den BZ auf Normalwerte zu senken. Dadurch nehmen die kindlichen Zellen viel Glukose auf. Dies regt Wachstum und Gewichtszunahme des Fetus übermäßig an. Neugeborene diabetischer Mütter sind daher oft sehr groß und schwer (**Makrosomie**, →Abb. 2). Mit der Geburt hört die Zufuhr des hyperglykämischen Blutes zum Kind auf. Da der Insulinspiegel der Kinder hoch ist, sinkt ihr BZ nach der Geburt oft stark ab. Der BZ der Neugeborenen muss überwacht werden und ggf. benötigen sie Glukoselösung, um nicht zu unterzuckern.

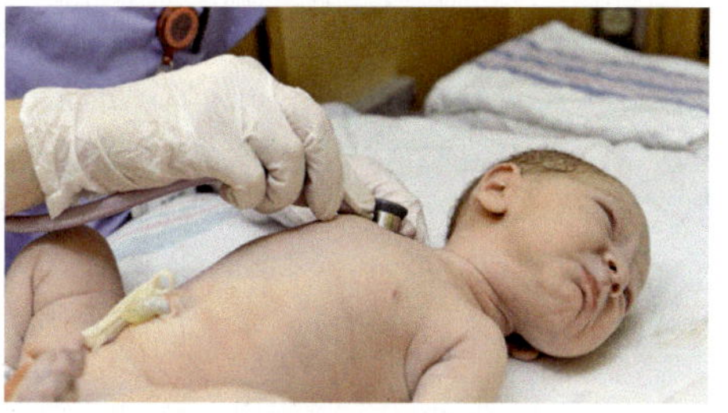

Abb. 1 Normalgewichtiges Neugeborenes

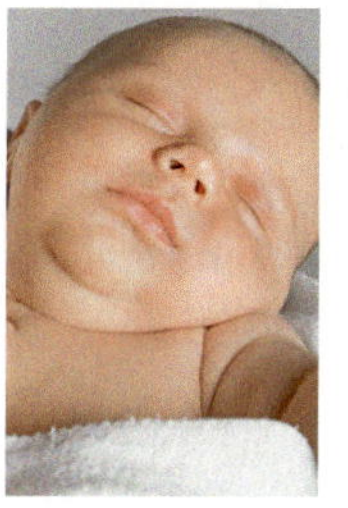

Abb. 2 Makrosomes Neugeborenes einer diabetischen Mutter

HINWEIS

Schwangere Typ-1- und Typ-2-Diabetikerinnen werden engmaschig überwacht und intensiv therapiert, um Beeinträchtigungen des Fetus zu vermeiden. Bei ihnen besteht definitionsgemäß jedoch kein Gestationsdiabetes.

Symptome und Diagnostik: Die meisten Schwangeren mit Gestationsdiabetes sind asymptomatisch. Harnuntersuchungen im Rahmen der Mutterschaftsvorsorge können eine Glukosurie nachweisen, die aber erst bei einem BZ ≥ 180 mg/dL auftritt. Um einen Gestationsdiabetes sicher zu erkennen, bevor es zur Glukosurie kommt, ist ein **oraler Glukosetoleranztest (OGTT)** sinnvoll. Dieser wird bei Schwangeren als Suchtest mit nur 50 g Glukose durchgeführt. Bei pathologischem Ergebnis erfolgt ggf. ein regulärer OGTT mit 75 g Glukose.

Therapie: Je nach Ausmaß der Stoffwechselstörung sind beim Gestationsdiabetes Diät und/oder Insulintherapie indiziert. Je besser die Stoffwechsellage der Schwangeren ist, desto geringer fallen die Diabetesauswirkungen auf das Kind und auf den Körper der Frau aus.

5.4.3 Diagnostik des Diabetes mellitus

Oraler Glukosetoleranztest (OGTT)

Der Diagnose Diabetes mellitus liegt eine Blutzuckermessung zu Grunde. In Zweifelsfällen und zur Früherkennung des Gestationsdiabetes wird ein oraler Glukosetoleranztest (OGTT) durchgeführt. Der Patient kommt morgens nüchtern in die Praxis. Nach Bestimmung des Nüchternblutzuckers trinkt er die 300 mL Testlösung, die 75 g Glukose enthalten. Nach einer Stunde (bei Schwangeren) bzw. nach zwei Stunden wird erneut der BZ bestimmt. Der Patient muss während des Tests auf körperliche Aktivitäten verzichten, um das Testergebnis nicht durch erhöhten Glukoseverbrauch zu verfälschen. Liegen die Messwerte zwischen den Normwerten und dem pathologischen Bereich, besteht eine **pathologische Glukosetoleranz**. Diese Vorstufe des Diabetes mellitus nennt man **Prädiabetes**.

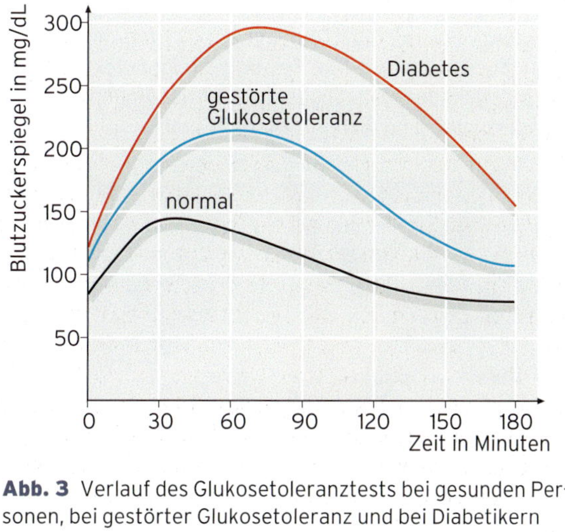

Abb. 3 Verlauf des Glukosetoleranztests bei gesunden Personen, bei gestörter Glukosetoleranz und bei Diabetikern

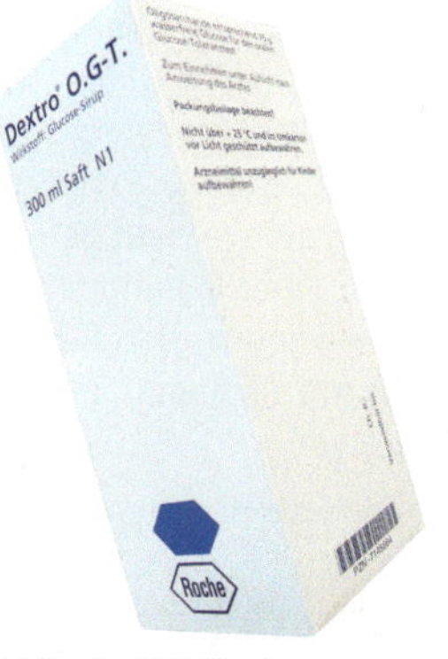

Abb. 4 OGT-Test

HINWEIS

Bei bereits pathologischem BZ, d. h. bei bekanntem Diabetes, ist der **OGTT kontraindiziert**, da dieser den Organismus des Diabetikers unnötig mit 75 g Glukose belasten würde.

Bewertung der BZ-Werte im oralen Glukosetoleranztest (OGTT) im Kapillarblut

Nüchternwert	2-Stunden-Wert	Bewertung
<100 mg/dL (<5,6 mmol/L)	<140 mg/dL (<7,8 mmol/L)	normal
≥100 mg/dL und <110 mg/dL (≥5,6 mmol/L und <6,1 mmol/L)	≥140 mg/dL und <200 mg/dL (≥7,8 mmol/L und <11,1 mmol/L)	gestörte Glukosetoleranz Prädiabetes
≥110 mg/dL (≥6,1 mmol/L)	≥200 mg/dL (≥11,1 mmol/L)	Diabetes mellitus

Hinweis: Für die BZ-Messung aus Kapillar- und Venenblut gelten etwas unterschiedliche Normwerte (im Venenblut sind die BZ-Messwerte ca. 10 % höher als im Kapillarblut). Man beachte daher die Normwerte für die gewählte BZ-Messmethode. Sie sind in den Gebrauchsinformationen der handelsüblichen OGTT und der BZ-Messgeräte angegeben.

BZ-Grenzwerte im oralen Glukosetoleranztest (OGTT) bei Schwangeren im Kapillarblut

Die Mutterschaftsrichtlinien empfehlen einen OGTT mit 50 g Glukose unabhängig von einer Mahlzeit in der 24.-27. SSW als Screeningmaßnahme. Beträgt der BZ nach einer Stunde ≥135 mg/dL, so wird ein normaler OGTT nüchtern durchgeführt.

Nüchternwert	1-Stunden-Wert	2-Stunden-Wert	Bewertung
≥90 mg/dL (≥5 mmol/L)	≥180 mg/dL (≥10 mmol/L)	≥155 mg/dL (≥8,6 mmol/L)	Gestationsdiabetes

Kontrolluntersuchungen bei Diabetes mellitus

Bei Diabetes sind regelmäßige Blutzuckermessungen wichtig, da die Organschäden mit der Höhe des Blutzuckers zunehmen. Die Therapie wird nach den Messwerten mehr oder weniger intensiv eingestellt. Zumeist misst man den Blutzucker im Kapillarblut. Dies ist mit den modernen Messgeräten sehr einfach und wird von vielen Diabetikern selbst durchgeführt.
Der Patient soll vor der Messung die Hände mit warmem Wasser gewaschen und gut abgetrocknet haben. Danach soll er bis zur Messung keine Nahrungsmittel berühren. Zucker auf der Haut, aber auch Desinfektionsmittel, kann das Messergebnis verfälschen.
Es gibt Stechhilfen mit sehr dünnen Nadeln, die kaum spürbare Einstiche mit minimalen Verletzungen ermöglichen. Der Einstich für die Blutentnahme erfolgt nicht in die sensible Fingerbeere und nicht am Zeigefinger, sondern im seitlichen Bereich der Fingerkuppe des Ring- oder Mittelfingers. Bei frisch gewaschenen Händen wird der erste austretende Blutstropfen zur Messung verwendet, bei (ggf. mit Zucker) verschmutzten Händen der zweite Tropfen. Herstellerangaben beachten. Die Messung erfolgt automatisch nach Auftragen des Blutstropfens auf das Messfeld des Teststäbchens. Das Messergebnis erscheint nach wenigen Sekunden in mg/dL oder mmol/L im Anzeigefeld des Geräts.

HINWEIS

Eine kontinuierliche subkutane BZ-Messung mit nur einem Einstich in 14 Tagen ermöglicht ein neues Testgerät. Der Sensor wird auf die Haut geklebt. Der Scanner kann den Wert ggf. durch die Kleidung anzeigen.

BZ-Sensor für die Subkutis

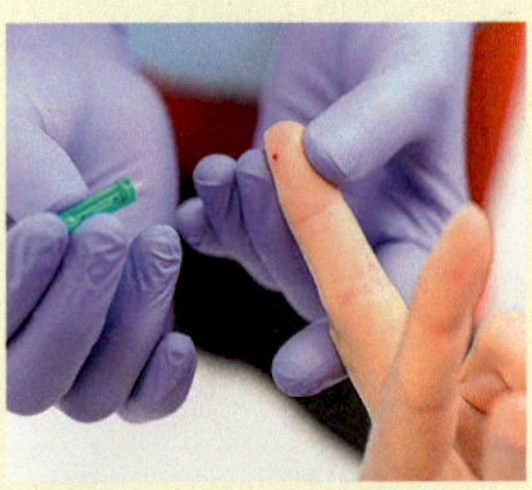

Einstich an der seitlichen Fingerbeere

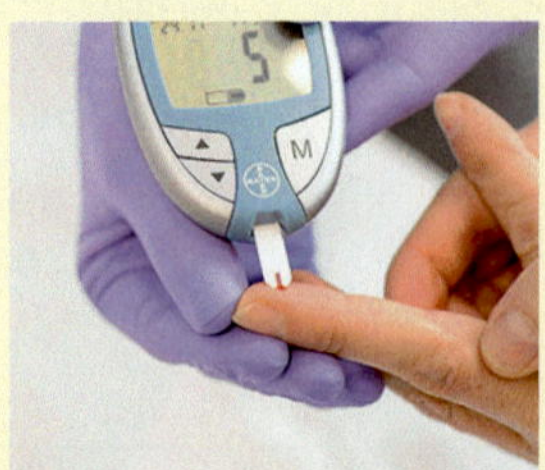

Aufnahme des Blutstropfens in das Testfeld

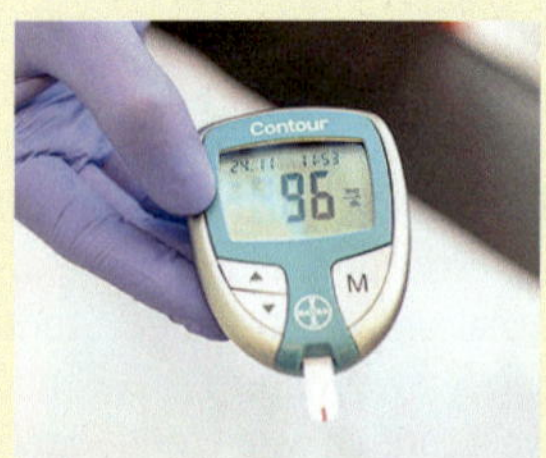

Anzeige des Messergebnisses

Zur Beurteilung der Blutzuckerhöhe im Tagesverlauf, dient das **Blutzucker-Tagesprofil**. Es beinhaltet daher mehrere Messungen: nüchtern, **präprandial** (vor einer Mahlzeit) und **postprandial** (nach einer Mahlzeit), z. B. zwei Stunden nach dem Mittagessen.

HbA_{1c} - der „Langzeit-Blutzuckerwert"

Der **HbA_{1c}** ist ein wichtiger Messwert zur Beurteilung der Stoffwechsellage und damit des Behandlungserfolges und der Therapietreue bei Diabetes mellitus.
Glukose verbindet sich fest mit einem Teil des Hämoglobins, dem HbA_{1c}. Bei Hyperglykämie bindet mehr Glukose an HbA_{1c} als bei Normoglykämie. Daher steigt der HbA_{1c} bei unbehandeltem bzw. schlecht eingestelltem Diabetes an. Der HbA_{1c}-Wert gibt Auskunft über den mittleren Blutzuckerspiegel der letzten 8–10 Wochen, denn so lange bleibt ein Erythrozyt und damit das Hämoglobin im Blut. Aus dem HbA_{1c} kann das Labor die mittlere Blutglukose **(MBG)**, d. h. den durchschnittlichen Blutzuckerspiegel, errechnen.
Der **Normbereich** ist ≤ 6,0 % bzw. ≤ 42 mmol/mol. Beispiele:
HbA_{1c} = 8,5 % bzw. 70 mmol/mol entspricht einer MBG von 200 mg/dL (deutlich zu hoch).
HbA_{1c} = 6,0 % bzw. 42 mmol/mol entspricht einer MBG von 124 mg/dL (obere Normgrenze).
Ein HbA_{1c} ≥ 6,5 % beweist einen zuvor nicht bekannten Diabetes mellitus. Kurz dauernde BZ-Anstiege, sog. BZ-Spitzen, zeigt der HbA_{1c}-Wert nicht an, da die Glukosebindung an Hämoglobin eine gewisse Zeit braucht. Kleine „Diätsünden" werden also nicht erfasst.

HINWEIS

Für den HbA_{1c} gibt es die alte Einheit Prozent und die neue Einheit **mmol/mol**, die auf einer verbesserten Messmethode beruht.

Hinweis: Abendlicher Alkoholkonsum belastet die Leber in der Nacht so stark, dass sie nicht die normalerweise nachts stattfindende Glukosebildung betreibt. Dies senkt den morgens gemessenen Nüchtern-BZ. Manche Diabetiker wenden diesen Trick vor Arztbesuchen an, indem sie am Vorabend Hochprozentiges trinken. Den HbA_{1c} verändert dies jedoch nicht.

Abb. 1 Abendlicher Alkoholkonsum verändert die am Morgen gemessenen BZ-Werte.

Urinkontrollen sind bei Diabetes mellitus wichtig, um eine Glukosurie zu erkennen. Da der Harnzuckertest erst ab einem BZ von ca. 180 mg/dL (10 mmol/L) positiv ist, ist er zur Früherkennung kaum geeignet. Neben reinen Glukose-Teststreifen (→Abb. 2) und Keton-Teststreifen gibt es Mehrfachteststreifen, die u. a. Keton und Protein nachzuweisen helfen. **Ketone** sind Produkte des Fettabbaus, die bei Diabetikern ein Ausweichen des Stoffwechsels auf den Fettabbau und damit eine Koma-Gefahr anzeigen.
Der Ketonnachweis im Urin ist bei jedem fastenden Patienten ebenfalls positiv, d. h. bei effektiver Reduktionsdiät, bei Fieber und bei Magersucht. Auch bei Patienten, die nüchtern in die Praxis kommen und dafür einen weiten Weg zu Fuß oder mit dem Rad zurückgelegt haben, ist Keton im Harn nachweisbar.

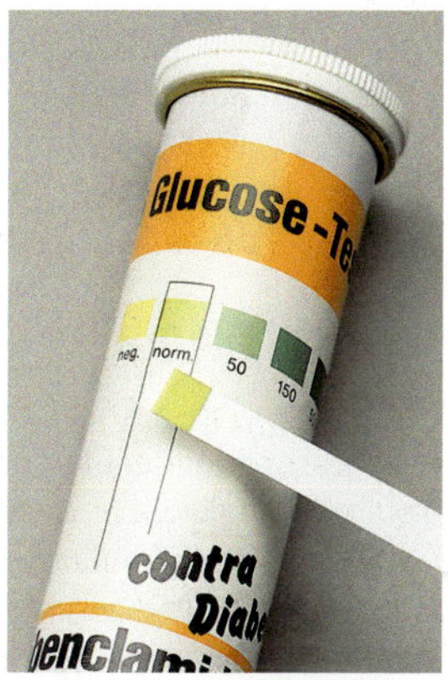

Abb. 2 Glukose-Teststreifen zur Untersuchung des Urins

Auswertung der Harnteststreifen
→ Bd. 2, LF 8, S. 248

Wichtig für jeden Diabetiker ist der regelmäßige Harntest auf Protein. Plasmaproteine gelangen bei gesunder Niere normalerweise nicht in den Urin. Der Nachweis von **Albumin** (einem wichtigen Plasmaprotein) im Urin ist somit pathologisch und weist z. B. auf einen diabetischen Nierenschaden hin. Da bei diabetischer Nierenschädigung zuerst kleine Albuminanteile im Urin erscheinen, ist ein regelmäßiger Mikroalbumintest zur Früherkennung wichtig.

Mikroalbumintest
→ Bd. 2, LF 8, S. 242

Stoffwechselkontrollen bei Diabetes mellitus: Wie gut ist die Therapieeinstellung?

Einstellungsqualität	gut	mäßig	schlecht
BZ nüchtern	80-110 mg/dL (4,5-6 mmol/L)	111-140 mg/dL (6-7 mmol/L)	> 140 mg/dL (> 7 mmol/L)
BZ postprandial	100-145 mg/dL (5,6-7,8 mmol/L)	146-180 mg/dL (7,8-10 mmol/L)	> 180 mg/dL (> 10 mmol/L)
HbA_{1c}	< 6,5 % (< 44 mmol/mol)	6,5-7,5 % (44-56 mmol/mol)	> 7,5 % (> 56 mmol/mol)
Hypoglykämien	eher häufig	selten	nie
Hyperglykämien	nie	recht häufig	immer
Spätschäden	treten kaum oder erst spät auf	kommen vor	treten früh auf und sind ausgeprägt

HINWEIS

Sollen **Hypoglykämien** vermieden werden, z. B. weil der Patient herzkrank ist oder sich selbst schlecht helfen kann, muss man Hyperglykämien tolerieren. Man akzeptiert dann ein erhöhtes Blutzuckerniveau.
Sollen **Hyperglykämien** vermieden werden, um Spätschäden zu vermeiden, z. B. bei jungen Patienten, muss der Blutzucker sehr streng, d. h. so niedrig wie möglich, eingestellt werden. Bei vermehrter körperlicher Belastung, ungewohnter Nahrung, Appetitlosigkeit usw. drohen dann jedoch Hypoglykämien.

5.4.4 Komplikationen bei Diabetes mellitus

Diabetes mellitus kann den Körper akut und chronisch gefährden bzw. schädigen. Akute Entgleisungen, d. h. extreme Abweichung des Blutzuckers nach oben (Hyperglykämien) oder unten (Hypoglykämien), sind stets Notfälle. Sie können unbehandelt tödlich verlaufen; ihre Vermeidung ist daher ein vorrangiges Therapieziel. Jeder Diabetiker wird geschult, auftretende Entgleisungen frühzeitig zu erkennen, um schnell und richtig gegenzusteuern.

MERKE

Normoglykämie besteht zwischen 60 und 100 mg/dL (3,3-5,6 mmol/L) nüchtern und bis 140 mg/dL (7,8 mmol/L) postprandial.
Postprandiale Werte bis 160 mg/dL (8,9 mmol/L) sind noch nicht pathologisch.
Bei **Hypoglykämie** von < 50 mg/dL (< 2,8 mmol/L) und **Hyperglykämie** von > 240 mg/dL (> 13,4 mmol/L) droht ggf. eine gefährliche **Entgleisung**.

Hyperglykämie

Fehlt einem Typ-1-Diabetiker die Insulingabe (vor der Diagnosestellung oder bei versäumter Injektion), steigt der Blutzucker rasch an. Auch beim Typ 2 kann nach langjährigem Verlauf eine Insulinabhängigkeit eintreten und bei fehlender Injektion eine Hyperglykämie entstehen.
Ab 180 mg/dL (10 mmol/L) treten Polydipsie und Polyurie auf. Sehstörungen können vorkommen, weil sich der Wassergehalt der Augenlinse verändert. Zunächst sind die Symptome wenig ausgeprägt (Übelkeit, Erbrechen, Bauchschmerzen und Durst) und können leicht als Magen-Darm-Infekt fehlgedeutet werden. Steigt der Glukosespiegel weiter, treten Bewusstseinsstörungen auf. Diese können sich von verlangsamter Reaktion über Verwirrtheit und Teilnahmslosigkeit bis zur tiefen Bewusstlosigkeit, dem **Koma**, steigern.
Fehlt Insulin, kann der Stoffwechsel keine Glukose verwerten – obwohl diese bei Hyperglykämie reichlich zur Verfügung steht. Ohne Insulin ist Glukose aus den Zellen „ausgesperrt". Der Körper muss notgedrungen auf den Fettabbau ausweichen, um Energie zu gewinnen. Dabei entstehen Ketone; diese erzeugen einen charakteristischen Atemgeruch beim Kranken. Da der Säuregehalt des Blutes gefährlich ansteigt, d. h. eine **Azidose** entsteht, kommt es zum Koma (**Ketoazidose** bzw. **ketoazidotisches Koma**). Gegebenenfalls verändert sich die Atmung in seltene, tiefe Atemzüge. Eine sofortige Therapie mit Flüssigkeit und Insulin per Infusion kann das Leben des Patienten retten. Die Dosen bestimmt der behandelnde Arzt bzw. Notarzt.

HINWEIS

Ketongeruch erinnert an Aceton (Nagellackentferner) oder an überreife Früchte.

Hypoglykämie

Jeder Mensch, der schon einmal verschlafen hat und ohne Frühstück zur Schule geeilt ist, kennt die Symptome der leichten Unterzuckerung: Müdigkeit, Schwäche- und Schwindelgefühl, Zittrigkeit und ggf. Kreislaufprobleme bis zum Kollaps. Auch schlechte Laune, Reizbarkeit und Konzentrationsmangel treten auf, wenn der BZ 50 mg/dL (2,8 mmol/L) unterschreitet. Typisch sind Hunger und Appetit auf Süßes. Ist eine Nahrungsaufnahme nicht möglich, hebt das körpereigene Glukagon den BZ bald wieder in den (unteren) Normbereich an.
Bei Diabetikern sind **Hypoglykämien** die Folge zu geringer Glukose- bzw. Nahrungszufuhr unter Insulintherapie (z. B. bei Infekten, außergewöhnlicher Anstrengung oder ungewohnter Nahrung), einer zu hohen Insulindosis oder eines BZ-senkenden Arzneimittels. Auch Kombinationen der genannten Faktoren kommen vor und lösen BZ-Entgleisungen aus.

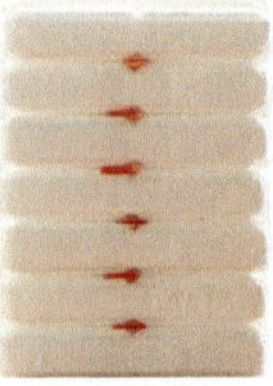

Abb. 1 Traubenzucker hilft bei leichter Hypoglykämie, den BZ anzuheben.

Außer den genannten Symptomen entstehen bei raschem Absinken des BZ Bewusstseinsstörungen bis zum Koma. Wichtig ist, dass Diabetiker und ihre Angehörigen bzw. Betreuer die Symptome rechtzeitig erkennen und sofort Gegenmaßnahmen ergreifen. Bei leichter Hypoglykämie kann eine orale Kohlenhydratzufuhr erfolgen, z. B. ein Glas Saft oder Limonade getrunken oder Traubenzucker gegessen werden. Ab 50 mg/dL (2,8 mmol/L) treten Symptome auf, ab 40 mg/dL (2,2 mmol/L) kann ein Bewusstseinsverlust eintreten. Der Patient selbst oder ein Helfer kann durch eine Glukagoninjektion (GlucoGen®) mit einer Fertigspritze in den Oberschenkelmuskel den Blutzucker schnell wieder anheben.

Diabetische Angiopathie (diabetesbedingte Blutgefäßschäden)

Bei Diabetes mellitus tritt Arteriosklerose mit allen Folgekrankheiten verfrüht und verstärkt auf und schreitet rasch fort. Die Arteriosklerose kleiner Blutgefäße heißt **Mikroangiopathie**, die Verengung großer Arterien **Makroangiopathie**. Der ganze Körper des Diabetikers leidet unter Mangeldurchblutung. Die Makroangiopathie führt zu Myokardinfarkt, Schlaganfall und pAVK. 60 % aller Herzinfarkte betreffen Diabetiker und 55 % aller Diabetiker sterben daran.

Gewebe und Organe, die auf Grund der Mikroangiopathie unterversorgt werden, sind vor allem Augen, Nieren und Nerven. Die Retina (die Netzhaut des Auges) erleidet Schäden; die **diabetische Retinopathie** kann zur Erblindung führen. Auch grauer und grüner Star (Katarakt und Glaukom, d. h. Linsentrübung und zunehmende Schädigung des Sehnerven) werden durch Diabetes gefördert. Mittels Laser-Anwendung kann der Augenarzt Frühstadien der Retinopathie therapieren.

Katarakt
→ LF 11, S. 190
Glaukom
→ LF 11, S. 191

Die Nieren können durch die **diabetische Nephropathie** (diabetisches Nierenleiden) ihre Leistungsfähigkeit einbüßen, d. h. insuffizient werden, und schließlich völlig versagen. Daher sind sehr viele Diabetiker Dialysepatienten.

Alle Nerven werden von mikroskopisch kleinen Arterien versorgt. Die Mikroangiopathie führt daher zu Funktionsstörungen der unterversorgten Neuronen (Nervenzellen) mit Taubheitsgefühl, Schmerzen und Missempfindungen. Auch fehlender Schmerz (z. B. beim sog. stummen Herzinfarkt) und vegetative Störungen, z. B. Herzrhythmusstörungen und Magenentleerungsstörungen, kommen bei der **diabetischen Neuropathie** (Nervenleiden) vor.

Diabetes-mellitus-Folgeerkrankungen durch Mikro- und Makroangiopathie

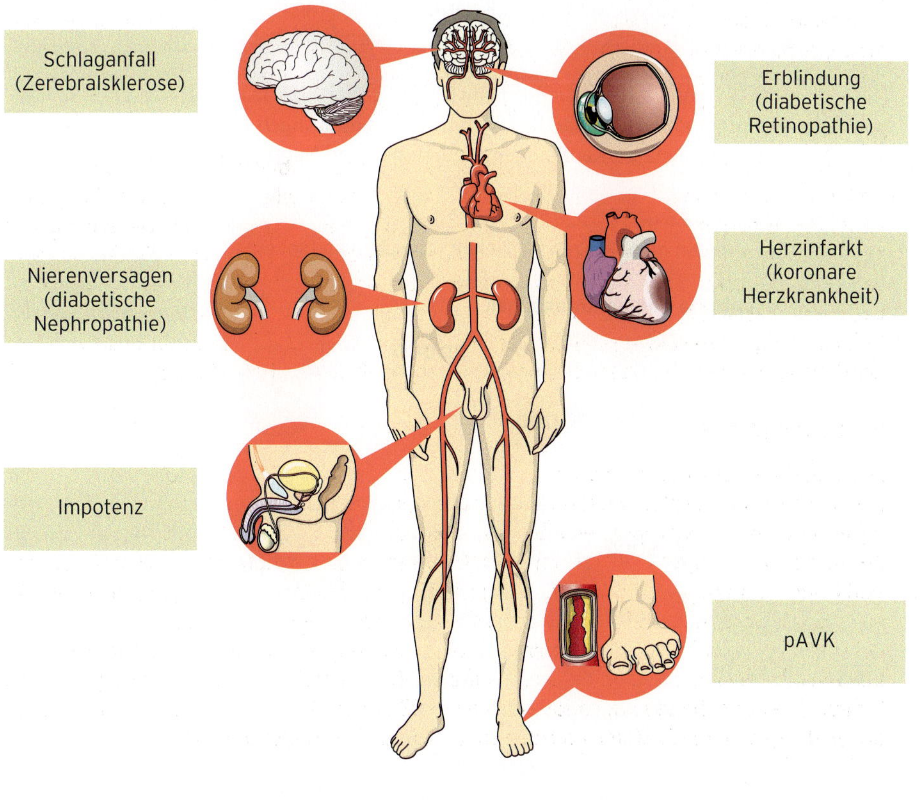

Diabetisches Fußsyndrom

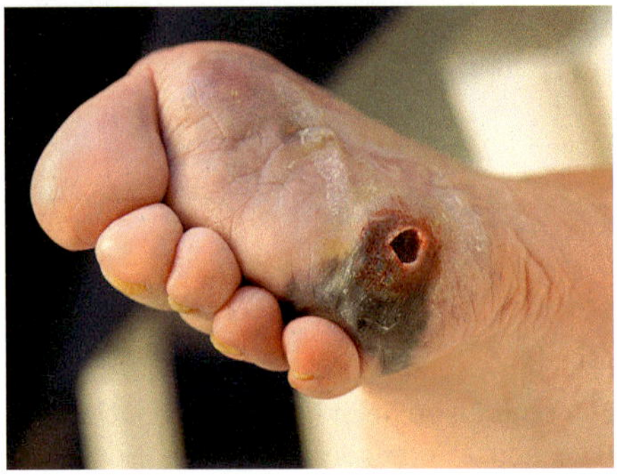

Abb. 1 Tiefes diabetisches Fußulkus

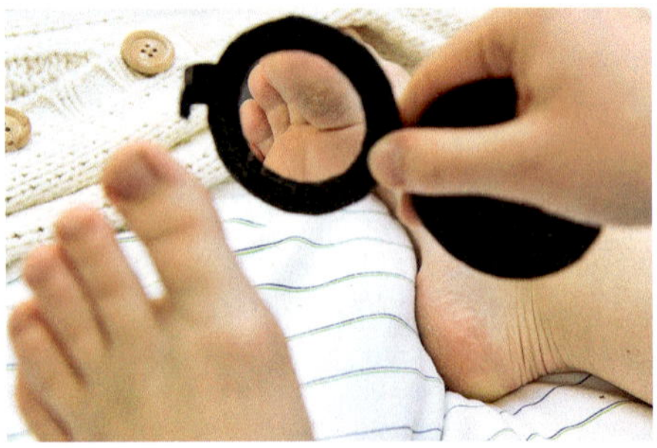

Abb. 2 Regelmäßige Fußinspektionen sind wichtig, um frühzeitig Veränderungen festzustellen.

Das diabetische Fußsyndrom, kurz diabetischer Fuß genannt, ist durch **Sensibilitätsstörungen** (Gefühlsstörungen, z. B. fehlenden Tastsinn), dadurch bedingte Verletzungen und schwere Wundheilungsstörungen gekennzeichnet (→Abb. 1). Die Behandlung des diabetischen Fußes ist Expertensache. Pflegefehler, z. B. Verletzungen durch unprofessionelle Fußpflege, können fatale Folgen haben. Viele Amputationen sind wegen diabetischer Gefäß- bzw. Gewebeschäden indiziert. Regelmäßige Fußinspektionen, geeignetes Schuhwerk, gute Hautpflege und die strikte Vermeidung von Verletzungen sollten bei Diabetikern selbstverständlich sein. Jeder weitere Risikofaktor, wie Hypertonie, Rauchen, Hyperlipidämie usw., verstärkt das Fortschreiten der Angiopathie und damit das diabetische Fußsyndrom.

Kontrolluntersuchungen bei Diabetes mellitus

Um Organschäden so weit wie möglich zu vermeiden oder zu verzögern, sollten Diabetiker regelmäßig Kontrolluntersuchungen bei diabetologischen Fachkräften wahrnehmen. Unter anderem im Rahmen der **DMP**s (**D**isease-**M**anagement-**P**rogramme) der gesetzlichen Krankenkassen, die die Versorgung der Diabetiker standardisieren und optimieren sollen, finden regelmäßige Kontrollen statt. Hierzu gehören: Anamnese, Messung von Blutzucker, HbA_{1c}, Nieren- und Blutfettwerten, Urinkontrollen (inkl. Mikroalbumintest), Messung von Blutdruck und Gewicht, klinische Untersuchung mit neurologischer Kontrolle und Fußinspektion.

Die genannten Untersuchungen werden beim Hausarzt und/oder in diabetologischen Schwerpunktpraxen durchgeführt. Fachärztliche Kontrollen sind je nach Diabetesdauer und Stoffwechsellage beim Augenarzt, Kardiologen, Neurologen und Nephrologen sinnvoll.

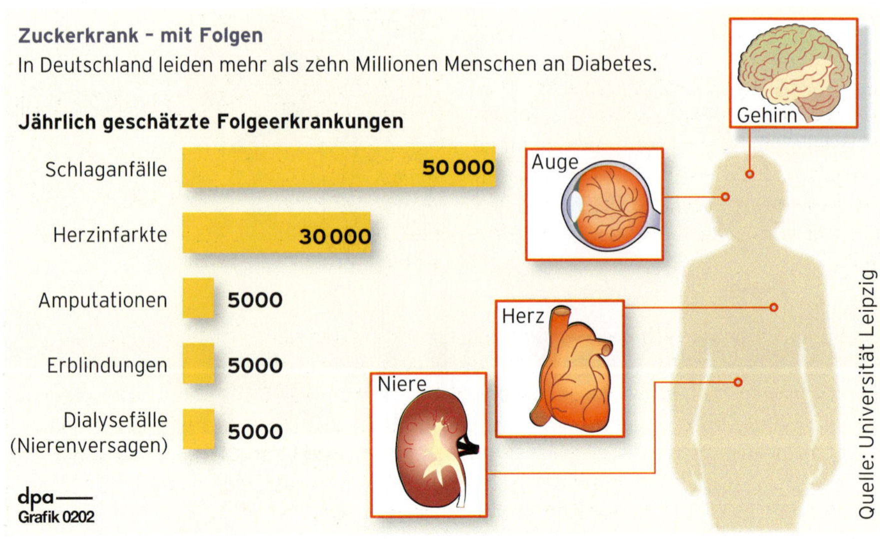

5.4.5 Ernährung bei Diabetes mellitus

Wegen des Insulinmangels bzw. der Insulinresistenz ist bei Diabetes mellitus eine Ernährung günstig, die einen gleichmäßigen Blutzuckerverlauf erzeugt (→S. 84, Abb. 1). Daher sind langkettige Kohlenhydrate (nicht nur für Diabetiker) zu bevorzugen. Vollkornprodukte und andere ballaststoffreiche Nahrungsmittel sorgen für einen gleichmäßigen Blutzuckerverlauf. Dieses Ernährungsprinzip schützt Diabetiker wie Gesunde auch vor Gewichtszunahme. Abhängig von Gewicht und körperlicher Aktivität wird zunächst der Tagesenergiebedarf des Diabetikers festgestellt und danach über Größe und Zusammensetzung der Mahlzeiten beraten. Die Ernährung sollte die Gewohnheiten des Patienten – soweit es vertretbar ist – berücksichtigen, um die Compliance zu sichern. Die Kohlenhydratmenge, die der Patient am Tag zu sich nehmen soll bzw. darf, wird mit Hilfe der **KE** (Kohlenhydrateinheiten) oder der traditionellen **BE** (Broteinheiten bzw. Berechnungseinheiten) erfasst; 1 KE entspricht 10 g Kohlenhydraten, eine BE 12 g Kohlenhydraten.

MERKE

Bei Diabetes mellitus ist kein Nahrungsmittel verboten. Es kommt nur auf die Menge an.

Der mit Hilfe der Diabetesberaterin errechnete Tagesenergiebedarf sollte zu 15 % aus Eiweiß, zu 30 % aus Fett und zu 55 % aus Kohlenhydraten bestritten werden. In der Schulung lernt der Patient, welche Nahrungsmittel wie viele Kohlenhydrate enthalten und ob es schnell oder langsam verfügbare Kohlenhydrate sind. Einige Gemüse, z. B. Tomaten, Salat und Gurken, dürfen uneingeschränkt verzehrt werden. Übergewicht soll reduziert werden. Daher muss ggf. zunächst eine diabetesgerechte Reduktionsdiät zusammengestellt und eingehalten werden. Da Sport die Insulinresistenz bessert, ist ein tägliches Bewegungsprogramm genauso wichtig wie die Diabetesdiät. Oft normalisiert die optimierte Ernährung in Verbindung mit mehr Sport den Blutzucker wieder und bringt den Patienten in den Bereich des Prädiabetes zurück. Typ-1-Diabetiker, die eine intensivierte Insulintherapie durchführen, können ihre Mahlzeiten flexibler gestalten und einnehmen als rein diätetisch behandelte Typ-2-Diabetiker oder Patienten unter konventioneller Therapie mit Mischinsulin (s. u.). Diätetische Therapie bedeutet, dass die Patienten durch die richtige Nahrungsauswahl und -menge, aber ohne Medikamente therapiert werden. Wenn die Patienten das Prinzip verstanden haben, müssen sie sich nicht an einen starren Diätplan halten.

Abb. 1 Vollkornprodukte erzeugen einen gleichmäßigen Blutzuckerspiegel.

Jeder neu diagnostizierte Typ-1-Diabetiker nimmt an einer intensiven Diabetes-Schulung teil. Bei Typ-2-Diabetes ist eine Schulung ebenfalls sinnvoll und ratsam. Der Patient erlernt die Grundlagen der Ernährung und ggf. die Wirkweise und Dosierung seiner Medikamente. Spezielle diätetische Nahrungsmittel sind für Diabetiker nicht erforderlich.

Abb. 2 Viele Gemüsesorten dürfen uneingeschränkt verzehrt werden.

Sogenannte **Diabetikersüßigkeiten** täuschen eine Unbedenklichkeit vor, die sie nicht aufweisen. Daher ist die Bezeichnung nicht mehr zulässig. Zuckeraustauschstoffe wie Sorbit haben genauso viele Kalorien wie Zucker; Süßstoffe sind hingegen (fast) kalorienfrei und daher bei Gewichtsproblemen von Vorteil. Bei Diabetes sind etwa 30 g Zucker am Tag - in der gewünschten Form und Verteilung - erlaubt. Bewusstes Genießen ist besser als strenge Verbote, die leicht zum Konsum großer Mengen „falscher" Nahrungsmittel mit schlechtem Gewissen führen.

5.4.6 Medikamentöse Therapie des Diabetes mellitus

Insulintherapie

Die Diabetestherapie soll kurz- und langfristige Schäden vermeiden und die Lebenserwartung und -qualität des Diabetikers der des gesunden Menschen annähern. Seit Insulin zur Diabetestherapie zur Verfügung steht, ist der Typ-1-Diabetes kein Todesurteil mehr.
Beim Gesunden wird das lebenswichtige Hormon Insulin passend zur Kohlenhydratmenge und körperlichen Aktivität von den Inselzellen abgegeben (→Abb. 1).

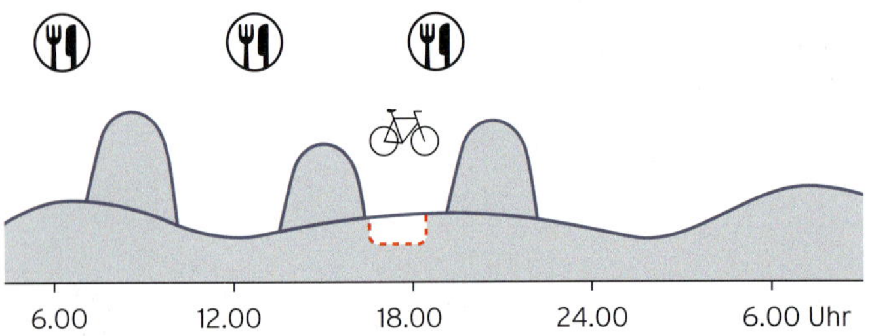

Abb. 1 Insulinfreisetzung bei Nichtdiabetikern

Es gibt einen **basalen Insulinspiegel**, der die Zellen **mahlzeiten*un*abhängig** mit Glukose versorgt. Zusätzlich wird **mahlzeitenabhängig** Insulin ausgeschüttet. Sport ermöglicht es den Zellen, eine gewisse Glukosemenge insulin*un*abhängig aufzunehmen. Dies unterstreicht die Wichtigkeit regelmäßiger Bewegung bei jeder Form des Diabetes.
Die Insulintherapie soll die physiologische Insulinabgabe möglichst genau nachahmen. Es gibt daher lang wirksame **Depot- oder Verzögerungsinsuline**, deren Wirkung langsam eintritt und lange anhält, sowie das **Normalinsulin**, das schnell (innerhalb von 20 min nach der Injektion) zu wirken beginnt, aber dessen Wirkung auch schnell wieder nachlässt. Alle Insuline werden in **I**nternationalen **E**inheiten **(I.E.)** berechnet. Als Faustregel dient die 40er-Regel:

MERKE

Ein Erwachsener benötigt **40** I.E. Insulin am Tag.
1 I.E. Normalinsulin senkt den BZ um ca. **40** mg/dL (2,2 mmol/L).
1 BE hebt den BZ um ca. **40** mg/dL (2,2 mmol/L).
1 BE verbraucht der Körper in **40** Minuten leichter sportlicher Betätigung.

Intensivierte konventionelle Insulintherapie (ICT)

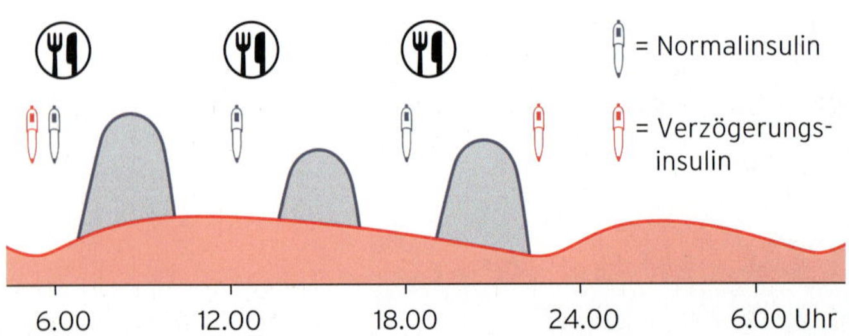

Abb. 2 Insulinfreisetzung bei ICT

Bei der **i**ntensivierten (**k**onventionellen) **I**nsulintherapie **(ICT)**, die für den Typ-1-Diabetiker die Methode der Wahl ist, wird in der Regel morgens und abends Depotinsulin gespritzt und zu den Mahlzeiten passend dosiertes Normalinsulin (→Abb. 2). Dafür sind viele Blutzuckermessungen nötig. Vor jeder Normalinsulininjektion muss der genaue Bedarf aus dem Messwert und dem Kohlenhydratgehalt der geplanten Mahlzeit errechnet werden. Die ICT erfordert viel Motivation, Wissen und Erfahrung des Diabetikers bzw. bei Kindern der Familie und der Betreuer.

Konventionelle Insulintherapie (CT)

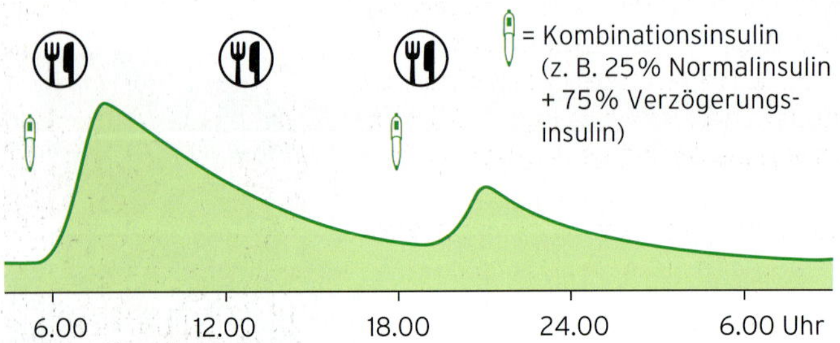

Abb. 3 Insulinfreisetzung bei CT

Die **k**onventionelle **I**nsulintherapie **(CT)** ist einfacher als die ICT (→Abb. 3) durchzuführen, aber nur für Typ-2-Diabetiker geeignet. Durch eine feste Mischung von Verzögerungs- und Normalinsulin, z. B. im Verhältnis 75 % zu 25 %, die z. B. zu $^2/_3$ morgens und zu $^1/_3$ abends injiziert wird, sind nur zwei bis drei Injektionen erforderlich, um einen der physiologischen Situation grob angenäherten Insulinverlauf zu erzeugen. Die CT ist nicht für den Typ 1 geeignet, da sie zu unflexibel ist. Die geringe Zahl an Injektionen und Messungen erleichtert die Durchführung der CT bei pflegebedürftigen Patienten. Extreme BZ-Schwankungen sind bei regelmäßigen Mahlzeiten unter der CT eher selten, aber eine optimale Blutzuckereinstellung und flexible Mahlzeiten wie bei der ICT sind nicht möglich. Typ-2-Diabetiker können die CT mit oralen Antidiabetika (s. u.) kombinieren. Da vor allem bei Kombination der CT mit oralen Antidiabetika Hypoglykämien auftreten können, ist die Einnahme regelmäßiger Mahlzeiten und Zwischenmahlzeiten wichtig.

Praktische Durchführung der Insulintherapie

Insulin muss injiziert werden, da es ein Protein ist und im Gastrointestinaltrakt verdaut würde. Die Injektion wird **subkutan** (**s.c.**, ins Unterhautfettgewebe) durchgeführt (→Abb. 1 und 2). Die Einstichstellen müssen regelmäßig gewechselt werden (→Abb. 3 und 5), um Vernarbungen und damit veränderten Wirkeintritt zu vermeiden. Insulin-Pens, d. h. „Füller", die mit Patronen gefüllt werden und die die Dosierung der Einheiten sowie die Injektion sehr einfach machen, sind inzwischen Standard (→Abb. 4). Für die ICT braucht der Patient zwei Pens mit je einer Insulinart; für die CT ist nur ein Pen mit einer Insulinart nötig.

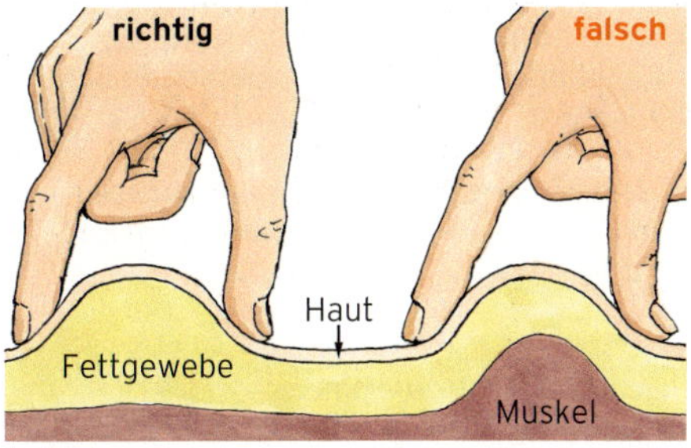

Abb. 1 Faltenbildung für die s.c.-Injektion

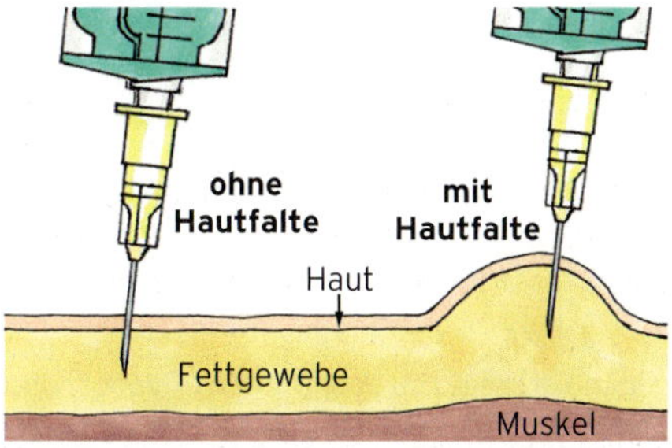

Abb. 2 Injektionsort bei der subkutanen Injektion mit und ohne Faltenbildung

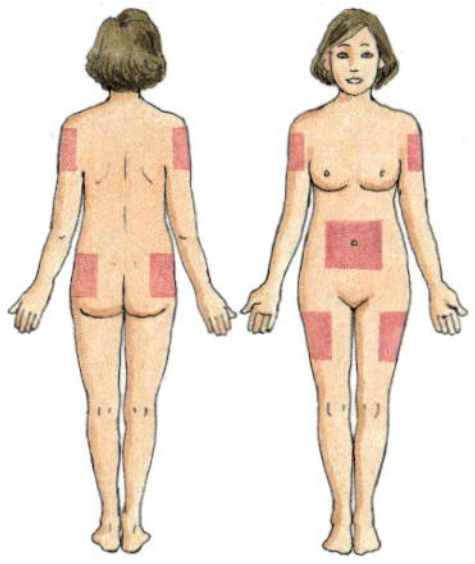

Abb. 3 Einstichstellen für die subkutane Injektion

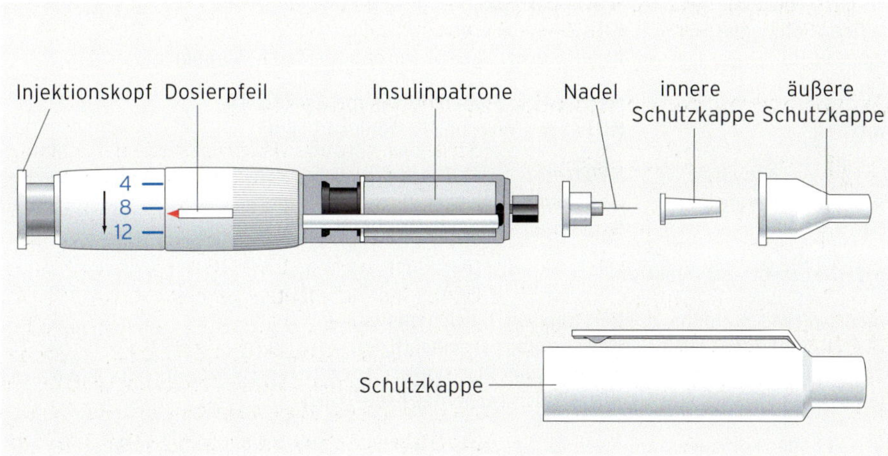

Abb. 4 Bestandteile eines Pens

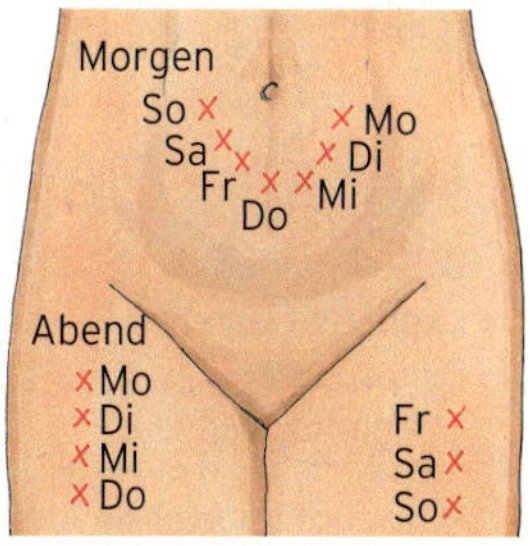

Abb. 5 Beispiel eines Injektionskalenders

Da Normalinsulin erst nach ca. 20 Minuten wirkt, muss der Diabetiker diese Zeitspanne als sog. **Spritz-Ess-Abstand** abwarten, bevor er mit dem Essen beginnt. Nur **Insulinanaloga**, d. h. chemisch abgewandelte Stoffe mit Insulinwirkung, dürfen z. B. während oder nach der Mahlzeit injiziert werden, da sie einen sehr raschen Wirkungseintritt haben. Insulinanaloga, z. B. Insulin Lispro, sind erheblich teurer als das ohnehin sehr kostspielige Insulin und werden nicht routinemäßig eingesetzt.

Insulinpumpen (→Abb. 6) verbessern die Blutzuckereinstellung, da sie von gut informierten Typ-1-Diabetikern selbst auf ihre Lebensweise passend programmiert werden können.

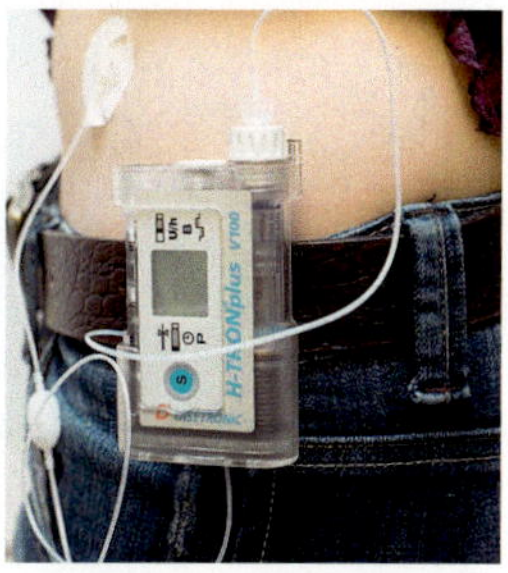

Abb. 6 Insulinpumpe

Die aktuelle Versorgungsleitlinie Typ-2-Diabetes finden Sie unter www.versorgungsleitlinien.de/themen/diabetes2

Orale Antidiabetika und neue Antidiabetika

Orale Antidiabetika sind nur für Typ-2-Diabetiker geeignet, solange bei ihnen kein absoluter Insulinmangel besteht. Sie haben den Vorteil, dass sie oral eingenommen werden können und der Aufwand für die Insulintherapie entfällt. Die wichtigste Wirksubstanz für die orale Diabetestherapie ist **Metformin**. Bei Kontraindikationen und unzureichender Wirkung kommen andere bzw. weitere Wirkstoffe in Frage. In der Schwangerschaft sind orale Antidiabetika kontraindiziert.

Neue Antidiabetika wie Exanitide und Liraglutid müssen auch injiziert werden. Sie bewirken eine fast physiologische Insulinsekretion und senken den Appetit.

Orale Antidiabetika (am häufigsten verordnete Wirkstoffe)		
Wirkstoff(gruppe), ggf. Einzelwirkstoffe	**Wirkmechanismus (vereinfacht)**	**Nebenwirkungen (NW), Kontraindikationen (KI), Sonstiges (S)**
Metformin (Glukophage®, Siofor®, zahlreiche Generika)	hemmt die Glukosebildung in der Leber, bessert die Insulinresistenz und damit die Glukoseaufnahme in die Zellen	**NW:** häufig Magen-Darm-Probleme; selten schwere Stoffwechselstörung (Laktatazidose), schützt leichtgradig vor Krebs **KI:** Niereninsuffizienz (GFR < 45 mL/min), Fasten **S:** bei Übergewicht bzw. metabolischem Syndrom besser als Sulfonylharnstoffe; für Kinder ab 10 Jahren zugelassen; preisgünstig
Sulfonylharnstoffe Glibenclamid, Glimepirid	regen die Inselzellen zur vermehrten Insulinabgabe an	**NW:** Hypoglykämie; zu deren Vermeidung sind Zwischenmahlzeiten erforderlich; verstärken die Hyperinsulinämie und damit das metabolische Syndrom **KI:** Sulfonamidallergie
Glinide (NovoNorm®, Starlix®, Repaglinid HEXAL®)	regen kurzzeitig zu den Mahlzeiten die Insulinabgabe an	**NW:** Hypoglykämien, leichte Gewichtszunahme **KI:** Nieren- und Leberinsuffizienz **S:** Die Wirkung ähnelt der Gabe einer Normalinsulin-Injektion zu einer Mahlzeit.
DPP-4-Hemmer = Gliptine (Januvia®, Jalra®)	verbessern die BZ-senkende Wirkung des Hormons GLP-1	**NW:** Leberfunktionsstörungen **KI:** schwere Niereninsuffizienz **S:** sehr teuer; Galvus® wurde vom Markt genommen
Glitazone (Pioglitazon = Actos®)	verbessern die Insulinwirkung	**NW:** Gewichtszunahme, Ödeme, Frakturen **KI:** Leber-, Herz- und Niereninsuffizienz
Acarbose (Glukobay®)	hemmt kohlenhydratspaltende Enzyme im Darm	**NW:** Meteorismus, Diarrhö, weil unverdaute Kohlenhydrate zu Gasbildung führen **S:** teuer, Effekt auch mit Ernährung erzielbar
Neuere Antidiabetika für Typ-2-Diabetiker zur Injektion		
GLP-Analoga Exenatide (Byetta®, Bydureon®) Liraglutid (Victoza®)	regen wie das Hormon GLP 1 BZ-abhängig die Insulinsekretion an , dämpfen den Appetit	**NW:** Übelkeit, Gewichtsabnahme **KI:** schwere Niereninsuffizienz **S:** sehr teuer, Injektion erforderlich (bei Bydureon® nur einmal wöchentlich), erhöhtes Krebsrisiko
Hinweis: Einige orale Antidiabetika können kombiniert angewendet werden und werden auch als Kombinationspräparate (meist mit Metforminanteil) angeboten. Auch Insulin wird ggf. gleichzeitig eingesetzt.		

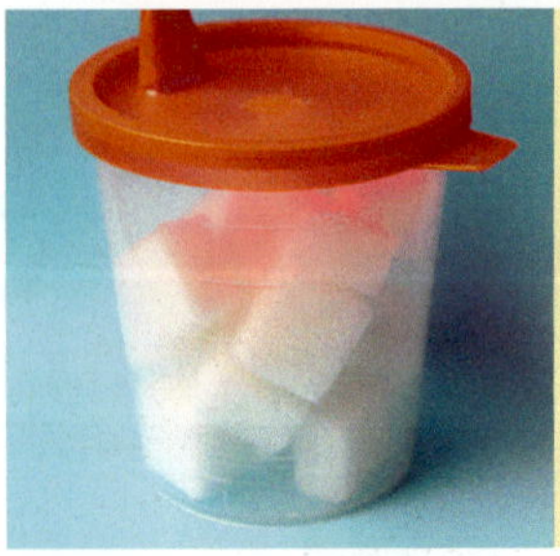

Neue orale Antidiabetika sind die SGLT-2-Hemmer, z. B. Dapagliflozin (Forxiga®). Sie führen zu einer Glukosurie schon unterhalb der Nierenschwelle von 180 mg/dL, bei der normalerweise Glukose im Harn erscheint. Das Wirkprinzip ist somit eine Glukosurie zum Zweck der Glukoseausscheidung, d. h. zur Senkung des Blutzuckerspiegels. Die Nebenwirkungen entsprechen überwiegend den Symptomen des unbehandelten Typ-2-Diabetes: Polyurie, Polydipsie, Nierenprobleme und Exsikkose sowie gehäufte Harnwegs- und Genitalinfektionen. Erwünschte Nebeneffekte sind RR-Senkung und leichte Gewichtsabnahme, günstiger Effekt bei Herzinsuffizienz.

5.4.7 Diabetes mellitus - eine lebenslange Herausforderung

Beratung und Motivation

Die Therapie des Diabetes mellitus erfordert einen langen Atem. Wichtig ist es, nicht mit Drohungen und Verboten zu arbeiten; dies ist kontraproduktiv und nimmt die Motivation, die Therapie zuverlässig durchzuführen. Die Devise „Alles ist erlaubt (aber in Maßen)" hilft daher mehr, als „Sie dürfen auf gar keinen Fall Süßes essen!" Diabetiker sind ja auf Zucker nicht allergisch oder akut gefährdet, wenn sie ein Stück Schokolade essen – 30 g Glukose bzw. Zucker am Tag sind unproblematisch und können nach Geschmack und Appetit genossen werden.

Abb. 1 Alles ist erlaubt - in Maßen

Prävention des Diabetes mellitus

Typ-1-Diabetes ist eine schicksalhafte und durch verschiedene Gene und Auslösefaktoren bedingte Erkrankung, der bisher nicht wirksam vorgebeugt werden kann. Der Typ-2-Diabetes kann in den meisten Fällen verhindert werden, indem ein Lebensstil praktiziert wird, der dem metabolischen Syndrom vorbeugt. Dies ist ein wichtiges Ziel weltweit tätiger Gesundheitsorganisationen und sollte auch das Ziel jedes Einzelnen sein.

Umfassende Informationen zu Erkrankung, Epidemiologie, Diagnostik, Therapie, Selbsthilfe und Weiterbildungsmöglichkeiten für Fachkräfte finden Sie unter
www.diabetesdeutschland.de
www.diabetesstiftung.de
www.deutsche-diabetes-gesellschaft.de
Speziell dem kindlichen Diabetes widmet sich die Organisation
www.diabetes-kids.de

Belastungen und Probleme bei Diabetes mellitus

Diabetes ist eine chronische Krankheit, die Lebensqualität und Lebenserwartung v. a. bei Typ 1 enorm einschränkt. Sich mehrmals täglich in Finger und Bauchhaut zu stechen ist ein unnatürlicher und unangenehmer Akt. Nie wieder spontan schlemmen oder ein paar Biere trinken zu dürfen, ist keine attraktive Aussicht. Eltern diabetischer Kinder stehen nach der Diagnose unter Schock. Sie müssen ihr Kind ab jetzt aktiv und aufwendig am Leben halten – damit scheint das unbeschwerte Familienleben vorbei. Resignation droht: Was kann eine noch so gesunde Lebensführung gegen den so schädlichen Diabetes ausrichten? Konflikte sind vorprogrammiert. Nicht nur die Kleinkind-Trotzphase und Klassenfahrten, besonders die Pubertät mit der Abgrenzung von allem, was Ärzte, Lehrer und Eltern vorgeben, bedeutet für Diabetiker zugleich Gesundheits- und Lebensgefahr.
Mädchen mit Typ 1 entwickeln oft Essstörungen (v. a. Bulimie); es kommt vor, dass sie Insulininjektionen auslassen, um mit Hilfe der Glukosurie abzunehmen. Vor allem Jungen experimentieren – wie alle Jugendlichen – mit Alkohol, riskieren dabei Hypoglykämien oder verschlafen Blutzuckermessungen und Injektionen.

Das Zusammentreffen von Diabetes und Depression ist besonders gefährlich. Depressive vernachlässigen Ernährungsprinzipien und Therapie und neigen zu direkten oder indirekten suizidalen Handlungen. Manche Menschen können ihre Zuckerkrankheit nicht akzeptieren – sie erleiden rasch Organschäden und sterben früh. Kommt Alkohol hinzu, verläuft der seelische und körperliche Abbau noch schneller.

motivierende Gesprächsführung
→ LF 11, S.159

Beim Typ-2-Diabetes bestätigt sich oft der Ausspruch Albert Einsteins: „Die Denkweise, die zu einem Problem geführt hat, ist nicht geeignet, um es zu lösen." Dies gilt auch für die Lebensweise, die den Typ 2 entstehen lässt und die geändert werden müsste, um diesen zu therapieren. Viele Patienten sind dazu nicht motiviert, oft auch nicht in der Lage. Arzt und MFA müssen hier ihre Grenzen erkennen und dennoch verständnisvoll und motivierend beraten.

Prominente Typ-1-Diabetiker, wie die Schauspielerin Halle Berry (mit 23 Jahren erkrankt), der Olympiasieger im Gewichtheben Matthias Steiner (mit 18 Jahren erkrankt), die ihre Erkrankung öffentlich thematisieren, machen anderen Mut. Oft nutzen Betroffene ihr Wissen und ihre Motivation auch, um anderen zu helfen, indem sie sich beruflich oder ehrenamtlich für Diabetiker engagieren – diese Profis sind im doppelten Sinne glaubwürdig.

Abb. 2 Der Gewichtheber Matthias Steiner gehört trotz seines Diabetes zu den Weltklassesportlern.

Terminologie: Diabetes mellitus

Azidose	Übersäuerung; Absinken des pH-Wertes im Körper unter 7,35
Broteinheit (BE)	Berechnungseinheit für Kohlenhydrate (1 BE = 12 g)
Blutzuckerspiegel (**BZ**; Kw. **Blutzucker**)	Glukosekonzentration im Blut
Depotinsulin (Syn. **Verzögerungsinsulin**)	lang wirksames Insulin mit verzögertem Wirkungseintritt, das nach s.c.-Injektion z. B. 12 bis 24 Stunden lang wirkt
Diabetes mellitus (**D. m.**; Syn. **Zuckerkrankheit**)	Stoffwechselerkrankung, die auf einem absoluten und/oder relativen Insulinmangel bzw. mangelnder Insulinwirkung beruht und mit einem erhöhten Blutzuckerspiegel einhergeht
Diabetes mellitus Typ 1 (Syn. **juveniler Diabetes**)	primär insulinabhängiger Diabetes mellitus (Autoimmunkrankheit)
Diabetes mellitus Typ 2	nicht primär insulinabhängiger Diabetes mellitus (Stoffwechselkrankheit; zumeist Teil des metabolischen Syndroms)
Diabetiker	Patient, der an Diabetes mellitus erkrankt ist
diabetische Angiopathie	Arteriosklerose durch Diabetes mellitus
diabetische Makroangiopathie	Arteriosklerose großer Arterien durch Diabetes mellitus
diabetische Mikroangiopathie	Arteriosklerose kleiner Arterien durch Diabetes mellitus
diabetische Nephropathie	Nierenschäden durch Diabetes mellitus
diabetische Neuropathie	Nervenschäden durch Diabetes mellitus
diabetische Retinopathie	Netzhautschäden durch Diabetes mellitus
Diabetologe	Facharzt (z. B. Internist) mit der Zusatzbezeichnung **Diabetologie** (Diagnostik und Therapie des Diabetes mellitus)
Hämoglobin A_{1c} (HbA_{1c})	Hämoglobinanteil, der Glukose bindet und daher den mittleren Blutzuckerspiegel der letzten 8–10 Wochen wiedergibt
Gestationsdiabetes	Schwangerschaftsdiabetes
Glukagon	Blutzucker steigerndes Hormon der Pankreasinseln
Hyperglykämie	erhöhter Blutzuckerspiegel
Hyperinsulinämie	erhöhter Insulinspiegel im Blut
Hypoglykämie	erniedrigter Blutzuckerspiegel; Unterzuckerung
Insulin	Blutzucker senkendes Hormon der Pankreasinseln
intensivierte (konventionelle) Insulintherapie (ICT)	Insulintherapie v. a. des Diabetes mellitus Typ 1, bei der ein- bis zweimal täglich Verzögerungsinsulin (Depot- bzw. Basalinsulin) und vor jeder Mahlzeit die passende Dosis Normalinsulin injiziert wird
Kohlenhydrateinheit (KE)	Berechnungseinheit für Kohlenhydrate (1 KE = 10 g)

Ketoazidose	Stoffwechselentgleisung mit Hyperglykämie, bei der der Körper übersäuert und sich Ketone anhäufen (führt zum Koma)
Keton	Stoffwechselprodukt des Fettabbaus, das bei Diabetes mellitus auf eine hyperglykämische Entgleisung hinweisen kann
konventionelle Insulintherapie (CT)	unkomplizierte Insulintherapie des Diabetes mellitus Typ 2, bei der zwei Injektionen Mischinsulin am Tag verabreicht werden
Langerhans-Inseln	Zellinseln des Pankreas, in denen Insulin gebildet wird
Makrosomie	erhöhte Körpergröße und erhöhtes Körpergewicht
Normalinsulin (Syn. **Altinsulin**)	rasch und kurz wirksames Insulin, dessen Wirkung ca. 20 min nach der s.c.-Injektion eintritt; vgl. Depotinsulin
Normoglykämie	normaler Blutzuckerspiegel
orale Antidiabetika	Arzneimittel zur Diabetestherapie, die eingenommen werden
oraler Glukosetoleranztest (OGTT)	standardisierter Test zur Diabetesdiagnostik (75 g Glukose in 300 mL Lösung, BZ-Messung vor dem Trinken und nach 2 h)
Polydipsie	verstärktes Durstgefühl
Prädiabetes (Syn. **gestörte Glukosetoleranz; latenter Diabetes**)	Vorstufe des Diabetes mellitus, bei der reichliche Kohlenhydratzufuhr den Blutzuckerspiegel stark ansteigen lässt
präprandial	vor einer Mahlzeit
postprandial	nach einer Mahlzeit

HINWEIS

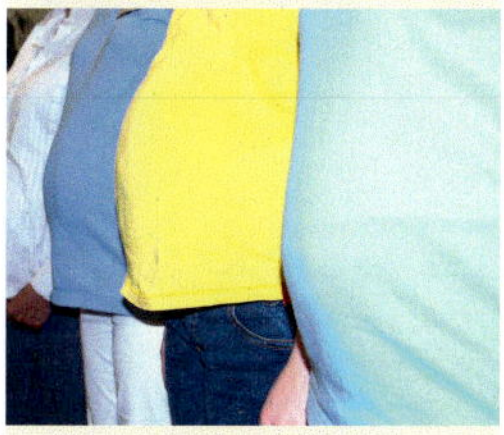

Für schwangere Diabetikerinnen gelten besonders strenge BZ-Grenzwerte, da nur so gewährleistet ist, dass das Kind keine Makrosomie u. a. Komplikationen entwickelt.

AUFGABEN

1 Erklären Sie die Begriffe Glukose, Glykogen, Glukagon und Insulin und erläutern Sie den Zuckerstoffwechsel unter Verwendung dieser vier Begriffe.

2 Wie lautet die Definition des Diabetes mellitus?

3 Nennen Sie die drei wichtigsten Unterformen des Diabetes mellitus.

4 Erläutern Sie die Therapie der drei Diabetesarten.

5 Nennen Sie typische Symptome der Hypoglykämie.

6 Nennen Sie typische Symptome der Hyperglykämie.

7 Welche Sofortmaßnahmen ergreifen Sie, wenn ein Diabetiker in schlechtem Allgemeinzustand in Ihre Praxis kommt?

8 Welche Sofortmaßnahmen ergreifen Sie bei einem hypoglykämischen Patienten, welche bei einem hyperglykämischen Patienten?

9 Erklären Sie, warum der HbA_{1c} Auskunft über den mittleren Blutzucker der letzten 8–10 Wochen gibt.

10 Welche Bedeutung hat die Mikroalbuminurie bei Diabetikern?

11 Für welche Diabetiker sind orale Antidiabetika geeignet?

12 Erklären Sie, weshalb Insulin nicht oral eingenommen werden kann.

Es ist wieder viel Betrieb in der Hausarztpraxis von Dr. Klein: Während die Auszubildende Serap das gerade von einer Patientin abgegebene Stuhlproben-Entnahmesystem für den Versand vorbereitet, , nimmt die MFA Clara Wolf die eGK vom 62-jährigen Leo Bertucco entgegen. Er ist zum ersten Mal seit langem in der Sprechstunde von Dr. Klein. Seit über einem Monat würde er nun schon unter starken Schmerzen „so im Bauchbereich" leiden, klagt er, nun wolle er „endlich Klarheit". „Bestimmt kann Dr. Klein Ihnen helfen", ermutigt ihn Clara Wolf, „der Doktor wird Sie untersuchen und vielleicht einen Ultraschall machen, dann wissen wir sicher schon mehr. Wenn auch die Laboruntersuchungen keine Klarheit bringen, dann kann er Sie auch zum Facharzt überweisen."

6 Abrechnung von Leistungen bei Erkrankungen des Verdauungssystems (EBM)

Die Behandlung von Erkrankungen des Verdauungssystems umfassen
- körperliche Untersuchungen: Inspektion, Palpation, Perkussion, Auskultation,
- Ultraschall- und Röntgendiagnostik,
- endoskopische Untersuchungen sowie
- Laboruntersuchungen.

Versichertenpauschale
→ Bd. 1, LF 2, S. 189
Grundpauschale
→ Bd. 1, LF 2, S. 193

Die Anamnese sowie die körperlichen Untersuchungen sind in der Regel mit der **Versicherten- bzw. Grundpauschale** abgegolten. Überweist der Hausarzt den Patienten zu einem Facharzt, z. B. zu einem Internisten mit der Schwerpunktbezeichnung **Gastroenterologie**, dann kann dieser dafür eine der Grundpauschalen **GOP 13390 bis 13392** berechnen.

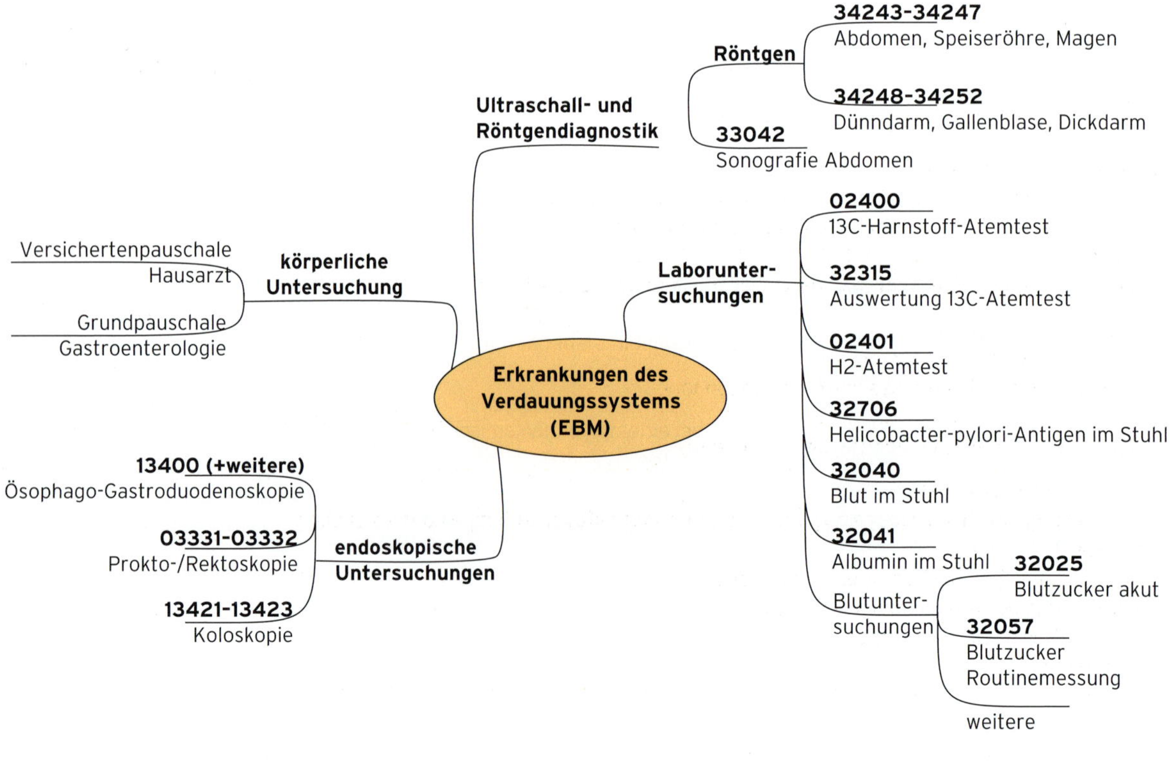

6.1 Ultraschall- und Röntgendiagnostik (EBM)

Zur Sicherung einer Diagnose bei Erkrankungen des Verdauungssystems ist es in vielen Arztpraxen möglich, **Ultraschalldiagnostik** einzusetzen.

HINWEIS

Zur Abrechnung von Ultraschall- und Röntgenleistungen ist immer die Genehmigung durch die zuständige KV nach der Ultraschall-Vereinbarung bzw. der Vereinbarung zur Strahlendiagnostik notwendig.

33042	**Sonographische Untersuchung des Abdomens oder dessen Organe und/oder des Retroperitoneums oder dessen Organe einschl. der Nieren mittels B-Mode-Verfahren**

Die GOP 33042 ist im Behandlungsfall höchstens zweimal berechnungsfähig; außerdem ist die Dokumentation der untersuchten Organe obligater Bestandteil der Leistung.

Auch **Röntgenuntersuchungen** können zur Diagnose beitragen; anders als bei Ultraschalluntersuchung wird der Patient hier allerdings einer Strahlenbelastung ausgesetzt.

34243	**Röntgenübersichtsaufnahme(n) des Abdomens**

Obligater Leistungsinhalt:
- Aufnahme(n) des Abdomens in einer Ebene

34245	**Röntgenübersichtsaufnahme(n) von Teilen des Abdomens**

Obligater Leistungsinhalt:
- Aufnahme(n) von Teilen des Abdomens in einer Ebene

34246	**Röntgenuntersuchung der Speiseröhre**

Obligater Leistungsinhalt:
- Kontrastmitteleinbringung(en)
- Durchleuchtung(en)

34247	**Röntgenuntersuchung des Magens und/oder des Zwölffingerdarms**

Obligater Leistungsinhalt:
- Kontrastmitteleinbringung(en)
- Durchleuchtung(en)
- Doppelkontrasttechnik
- Darstellung des Magens und/oder des Zwölffingerdarms

34248	**Röntgenuntersuchung des Dünndarms**

Obligater Leistungsinhalt:
- Darstellung des ganzen Dünndarms in Doppelkontrasttechnik
- Einbringung des Kontrastmittels mittels einer Sonde

34250	**Röntgenuntersuchung der Gallenblase und/oder Gallengänge**

Obligater Leistungsinhalt:
- Kontrastmitteleinbringung(en)
- Darstellung der Gallenblase und/oder Gallengänge

34251	**Röntgenuntersuchung des Dickdarms**

Obligater Leistungsinhalt:
- Darstellung des Dickdarms retrograd bis zur Ileocoecalklappe in Doppelkontrasttechnik und/oder
- Stopplokalisation bei Tumor und/oder Ileus
- Darstellung des Restkolons über Stoma
- Kontrastmitteleinbringung(en)
- Durchleuchtung

BEISPIEL

Dr. Klein untersucht Herrn Bertucco und nimmt eine Ultraschalluntersuchung des Abdomens vor. Der Arzt berät den Patienten und überweist ihn zur Gastroskopie zum Gastroenterologen.

1. Behandlungstag	03000 (Versichertenpauschale) 33042 (Sonographische Untersuchung des Abdomens)

6.2 Endoskopische Untersuchungen (EBM)

Endoskopische Untersuchungen dienen der genauen Betrachtung und Beurteilung von Körperhöhlen, wie z. B. dem Magen **(Gastroskopie)** oder dem Darm **(Duodeno- und Koloskopie),** mit Hilfe eines Endoskops. Hierbei können ggf. auch kleine Proben zur weiteren Untersuchung entnommen werden.
Die **Prokto-** bzw. die **Rektoskopie** (mit oder ohne Polypenentfernung) kann auch vom Hausarzt vorgenommen und abgerechnet werden.

03331 Prokto-/Rektoskopischer Untersuchungskomplex

Obligater Leistungsinhalt:
- rektale Untersuchung
- Proktoskopie und/oder
- Rektoskopie
- Patientenaufklärung
- Information zum Ablauf der vorbereitenden Maßnahmen ...
- Nachbeobachtung und -betreuung

03332 Zuschlag zu der Gebührenordnungsposition 03331 für die Polypenentfernung(en)

Obligater Leistungsinhalt:
- vollständige Entfernung eines oder mehrerer Polypen mittels Hochfrequenzdiathermieschlinge
- Veranlassung einer histologischen Untersuchung

Leistungen, die nur der Vertragsarzt mit der **Zusatzbezeichnung Gastroenterologie** abrechnen kann, wie z. B. Gastroskopien, finden sich im EBM im Kapitel 13, Abschnitt 13.3.3:

13400 Zusatzpauschale Ösophago-Gastroduodenoskopie

Obligater Leistungsinhalt:
- Ösophagoskopie und/oder
- Ösophagogastroskopie und/oder
- Ösophagogastroduodenoskopie
- Patientenaufklärung zur Untersuchung ...
- Information zum Ablauf der vorbereitenden Maßnahmen ...
- Nachbeobachtung und Betreuung
- Foto-/Videodokumentation

Zu den fakultativen Leistungen dieser GOP gehören z. B. auch der 13C-Harnstoff-Atemtest und die Probeexzision.

Die GOPs 13401 bis 13420 enthalten weitere Leistungen im Zusammenhang mit der GOP 13400 oder andere endoskopische Untersuchungen.

BEISPIEL

Leo Bertucco stellt sich mit der Überweisung von seinem Hausarzt bei dem Gastroenterologen Dr. Schön vor: Dieser untersucht ihn und führt drei Tage später eine Gastroskopie durch. Der Hausarzt erhält einen kurzen Bericht.

1. Behandlungstag	13392 (Grundpauschale Gastroenterologe)
2. Behandlungstag	13400 (Zusatzpauschale Ösophago-Gastroduodenoskopie)

Der Arztbrief kann nicht gesondert berechnet werden, da diese Leistung in der Grundpauschale enthalten ist.

MERKE

Die GOP 13400 kann nur von einem zugelassenen Facharzt für Innere Medizin mit dem Schwerpunkt **Gastroenterologie** abgerechnet werden.

13421	**Zusatzpauschale Koloskopie**

Obligater Leistungsinhalt:
- totale Koloskopie mit Darstellung des Coecums
- Patientenaufklärung zur Koloskopie und zur Prämedikation in angemessenem Zeitabstand vor dem Eingriff
- Aufklärung zum Vorgehen und zu einer möglichen Polypenabtragung und anderer therapeutischer Maßnahmen in derselben Sitzung
- Information zu Ablauf und Dauer der Darmreinigung
- Foto-/Videodokumentation
- Nachbeobachtung und -betreuung
- Einhaltung der Maßnahmen der Überprüfung der Hygienequalität entsprechend der Qualitätssicherungsvereinbarung zur Koloskopie gemäß § 135 Abs. 2 SGB V
- Vorhaltung der geeigneten Notfallausstattung entsprechend der Qualitätssicherungsvereinbarung zur Koloskopie gemäß § 135 Abs. 2 SGB V

Die GOP 13421 ist nur von Vertragsärzten abrechenbar, die eine Genehmigung durch die KV besitzen.

Neben der GOP 13421 ist u. a. die Berechnung der GOPs 02300 bis 02302 (Kleiner operativer Eingriff) in derselben Sitzung ausgeschlossen. Auch GOP 01741 (Koloskopischer Komplex gemäß den Krebsfrüherkennungs-Richtlinien) kann nicht in derselben Sitzung berechnet werden.

Krebsfrüherkennungsuntersuchungen
→ LF 11, S. 218

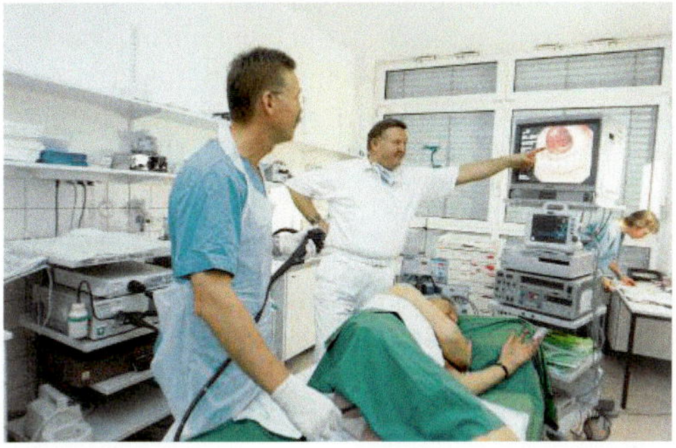

Abb. 1 Rektoskopie

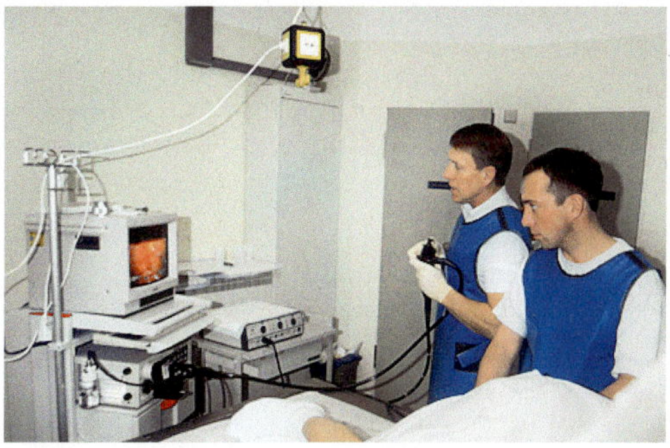

Abb. 2 Koloskopie

6.3 Laboruntersuchungen (EBM)

Weitere GOPs für **Laboruntersuchungen** finden Sie in Bd. 2, LF 8, S. 309

Blutzuckerbestimmung → Bd. 2, LF 8, S. 313

Für die Diagnose von Erkrankungen des Verdauungssystems sind ggf. Laboruntersuchungen notwendig. So ist es bei einer Stoffwechselerkrankung wie Diabetes mellitus notwendig, Blutzuckerbestimmungen im Akutfall oder als planmäßige Kontrolle (GOP 32025, 32075) vorzunehmen. Bei Infektionen wie bei durch Helicobacter pylori hervorgerufener Gastritis wird z. B. ein 13C-Harnstoff-Atemtest durchgeführt.

02400	**Durchführung des 13C-Harnstoff-Atemtests** ohne Analyse nach der GOP 32315

Die Leistung nach GOP 02400 kann frühestens vier Wochen nach Ende der Therapie einer Helicobacter-pylori-Infektion als Erfolgskontrolle angesetzt werden. Sie wird auch bei Kindern mit begründetem Verdacht auf eine Ulkuserkrankung durchgeführt und abgerechnet. Der Hausarzt darf die Durchführung des Tests nicht zusätzlich abrechnen, weil dieser in der Versichertenpauschale enthalten ist.

32315	**Analytische Auswertung einer oder mehrerer Atemproben eines 13C-Harnstoff-Atemtests** nach der GOP 02400, ggf. einschl. Probenvorbereitung (z. B. chromatografisch)

32706	**Helicobacter-pylori-Antigen im Stuhl**

HINWEIS

Der H2-Atemtest dient zum Nachweis einer Laktose- oder Fruktoseunverträglichkeit.

02401	**H2-Atemtest, einschl. Kosten**

Obligater Leistungsinhalt:
- mehrere Probenentnahmen
- mehrere Messungen der H2-Konzentration
- zeitbezogene Dokumentation der Messergebnisse

32040	Untersuchung auf **Blut im Stuhl** in drei Proben

HINWEIS

Details zur Abrechnung des neuen Stuhltests iFOBT (u. a.: neue GOPs 01737, 01738, 32457; Streichung der GOPs 01734, 32040, 40150) lagen im März 2017 noch nicht vor.

Die GOP 32040 ist nicht neben der GOP 01734 (Untersuchung auf Blut im Stuhl gemäß den Krebsfrüherkennungs-Richtlinien) berechenbar.

32041	Qualitativer **immunologischer** Nachweis von **Albumin im Stuhl**

Die Kostenpauschale für das ausgegebene Testbriefchen für den Nachweis von Albumin im Stuhl (GOP 40152) kann nur angesetzt werden, wenn das Testbriefchen vom Patienten nicht zurückgegeben wurde.

BEISPIEL

Der AOK-versicherte Patient Peter Worms klagt in der Sprechstunde seines Hausarztes Dr. Klein über Schmerzen im Oberbauch und unregelmäßigen wie ungewöhnlichen Stuhl. Der Arzt untersucht ihn und führt eine Prokto-/Rektoskopie durch. Nach einer Beratung händigt er dem Patienten Testbriefchen für die Untersuchung auf Blut im Stuhl aus, die der Patient fünf Tage später zurückbringt.

1. Behandlungstag	03000 (Versichertenpauschale) 03331 (Prokto-/Rektoskopie) 32040 (Untersuchung auf Blut im Stuhl)
2. Behandlungstag	–

6.4 Disease-Management-Programme (DMP)

Disease-Management-Programme (DMP) nennt man strukturierte Behandlungsprogramme für chronisch kranke Patienten. Das Ziel der Programme ist die **Verbesserung der Versorgung von chronisch Kranken**, um Komplikationen und **Folgeerkrankungen** durch kontinuierliche Betreuung und Behandlung zu vermeiden oder zu verzögern.
DMP werden von den gesetzlichen Krankenkassen für verschiedene chronische Erkrankungen angeboten (→ Abb. 1). Derzeit sind dies

- Diabetes mellitus Typ 1,
- Diabetes mellitus Typ 2,
- koronare Herzkrankheit (KHK),
- Brustkrebs,
- Asthma und
- chronisch obstruktive Lungenerkrankung (COPD).

Chronisch kranke Patienten können freiwillig an einem DMP teilnehmen: Voraussetzung ist, dass ihre Krankenkasse dieses Programm anbietet, ihre chronische Erkrankung eindeutig diagnostiziert ist und sie ihre Bereitschaft zu aktiver Teilnahme am Programm auf einem Formular, z. B. „**Erklärung zur Teilnahme** an einem strukturierten Behandlungsprogramm für Diabetes mellitus", schriftlich bestätigen.
Die jeweils zuständige KV erteilt Ärzten die **Zulassung** zur Durchführung von DMP. Der Arzt übernimmt dann die Koordination des individuellen Therapieprogramms seiner Patienten. Er kann z. B. für seine Patienten Schulungen veranlassen, in denen diese lernen, ihr Leben und ihre Erkrankung besser aufeinander abzustimmen. Bei Diabetes-mellitus-Patienten sind dies z. B. Schulungen zur richtigen Ernährung, zur Messung des Blutdrucks und der Blutzucker-Selbstkontrolle bis zur Interpretation der Werte.
Mit Hilfe von **Dokumentationsbögen**, die elektronisch erstellt **(eDMP)** und an die Krankenkasse übermittelt werden (→ Abb. 2), muss der Arzt die Betreuung im Rahmen des DMP und den Verlauf der Erkrankung dokumentieren. Die Dokumentationen dienen vor allem der Qualitätssicherung.

Die ärztlichen Leistungen im Rahmen eines DMP werden regulär nach EBM abgerechnet. Zusätzliche Leistungen, wie z. B. die Dokumentation oder Schulungsmaßnahmen, werden darüber hinaus außerhalb der Gesamtvergütung honoriert. Hierfür nennt der EBM jedoch keine einheitlichen GOPs: Es gelten eigene **Symbolnummern** der jeweils zuständigen KV.

HINWEIS

Die Teilnahme an einem DMP ist auch am Buchstabenkürzel in der Statusangabe des Patienten auf der Versichertenkarte erkennbar (→ Bd. 1, LF 2, S. 156).

GOP-Informationen zu DMP erhalten Sie über Ihre zuständige KV, z. B. unter
www.kvberlin.de
www.kvno.de
www.kvwl.de

Abb. 1 Krankenkassen geben auch im Internet Informationen über die von ihnen angebotenen Behandlungsprogramme.

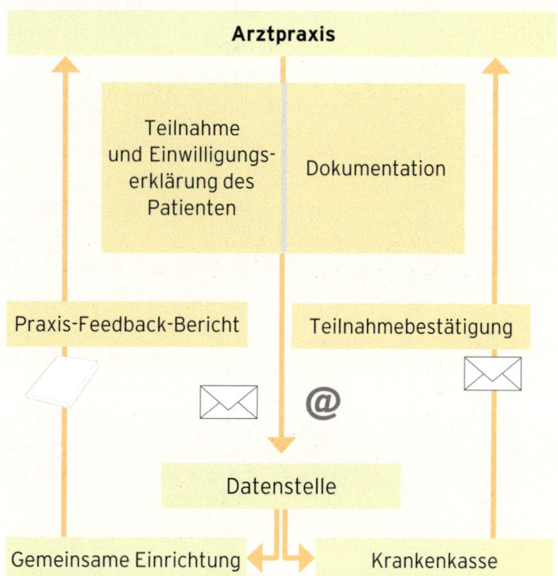

Abb. 2 Datenfluss zwischen allen an einem DMP beteiligten Stellen

Beispiele für die Symbolnummern zum DMP Diabetes Typ 2 der KV Berlin

99101	**Info, Beratung u. Einschreibung der Versicherten – Erstdokumentation**
99102	**Erstellung und Versand der Folgedokumenation**
99111	**Behandlungs- und Schulungsprogramm Typ 2 ohne Insulin**
99112	**Behandlungs- und Schulungsprogramm Typ 2 mit Insulin**
99119	**Diabetes-Schulungsmaterial**
99121	**Behandlungs- und Schulungsprogramm für Patienten mit Hypertonie**

BEISPIEL

Die Patientin Herta Müller (59 J.) ist Typ-2-Diabetikerin (E11.90G) und nimmt am DMP ihrer Krankenkasse teil. Sie kommt heute zum ersten Mal im Quartal zur Kontrolle in die Sprechstunde. Ihr Gewicht, Blutdruck und Blutzuckerwert (mittels Teststreifen) wird gemessen, ebenso ihr Kreatinin im Serum und das HbA_{1c}. Der Urin wird auf Mikroalbumine untersucht und zuletzt die DMP-Folgedokumentation ausgefüllt. Zwei Tage später kommt sie erneut, um ihre Laborwerte zu besprechen und sich vom Arzt ausführlich (20 Minuten) bezüglich ihrer neuen Medikamente beraten zu lassen.

1. Behandlungstag	03000 (Versichertenpauschale) 03220 (Chronikerpauschale 1) 32057 (Glukosebestimmung im Blut) 32089 (Teststreifen-Zuschlag bei Bestimmung in eigener Praxis) 32066 (Kreatinin, Methode nach Jaffé) 32094 (Glykierte Hämoglobine, z. B. HbA_1 und/oder HbA_{1c}) 32135 (Mikroalbuminurie-Nachweis) Symbolnummer Erstellung der Folgedokumentation
2. Behandlungstag	03221 (Chronikerpauschale 2) 2x 03230 (problemorientiertes ärztliches Gespräch)

AUFGABEN

1 Welche grundsätzlichen Abrechnungsregeln sind bei der Berechnung von Sonografie- und Röntgenleistungen sowie Endoskopien zu beachten?

2 Zur Abklärung von Beschwerden führt die hausärztliche Internistin Renate Wolle beim Patienten Horst Hofer eine Koloskopie durch. Sie besitzt eine Genehmigung der KV zur Abrechnung dieser Leistung. Außerdem findet eine Laboruntersuchung des Helicobacter-pylori-Antigens im Stuhl in der Laborgemeinschaft statt. Es ist der dritte Arzt-Patienten-Kontakt in diesem Quartal.

3 Rechnen Sie den folgenden Fall für alle beteiligten Ärzte ab: Die 63-jährige Barbara John, versichert bei der Barmer GEK, kommt in die Samstagssprechstunde ihres Hausarztes und klagt über schon länger andauernde Magenschmerzen. Der Arzt untersucht sie. Für Montag wird sie zur Blutuntersuchung (BSG, Alpha-Amylase, Lipase) bestellt. Die Diagnose bespricht sie am Folgetag telefonisch mit dem Arzt und holt einen Tag später eine Überweisung zum Gastroenterologen ab (ohne Arzt-Patienten-Kontakt). Der Gastroenterologe führt eine Ösophagogastroskopie durch und schreibt einen Befundbericht an den Hausarzt. Frau John kommt erneut in die Sprechstunde ihres Hausarztes, um die Untersuchungsergebnisse zu besprechen.

4 Geben Sie an, für welche Erkrankungen die Krankenkassen DMP anbieten. Unter welchen Voraussetzungen kann ein Patient hieran teilnehmen und ein Arzt DMP-Leistungen anbieten?

7 Abrechnung von Leistungen bei Erkrankungen des Verdauungssystems (GOÄ)

Bei Erkrankungen des Verdauungssystems erhebt der Arzt zunächst die Anamnese und führt danach eine körperliche | Untersuchung durch. Je nach deren Umfang rechnet er diese ab mit der **Ziffer 5** (symptombezogene Untersuchung) oder der **Ziffer 7** (vollständige körperliche Untersuchung eines Organsystems, hier der Bauchorgane) oder der **Ziffer 8** (Ganzkörperstatus).

Untersuchung
→ Bd. 1, LF 2, S. 218

Dann | berät er den Patienten und rechnet ab mit **Ziffer 1** (Beratung) oder **Ziffer 3** (Eingehende Beratung, Dauer mindestens 10 Minuten).

Beratung
→ Bd. 1, LF 2, S. 216

Weitergehende Untersuchungen sind mittels Ultraschall, Röntgen und Labortests möglich.

7.1 Ultraschall- und Röntgendiagnostik (GOÄ)

| **Ultraschalluntersuchungen** der Verdauungsorgane können mit den Ziffern 410 und 420 abgerechnet werden.

Ultraschalluntersuchungen nach GOÄ
→ Bd. 2, LF 8, S. 324

410	**Ultraschalluntersuchung eines Organs**
420	**Ultraschalluntersuchung von bis zu drei weiteren Organen im Anschluss an eine der Leistungen nach der Nummern 410-418, je Organ**

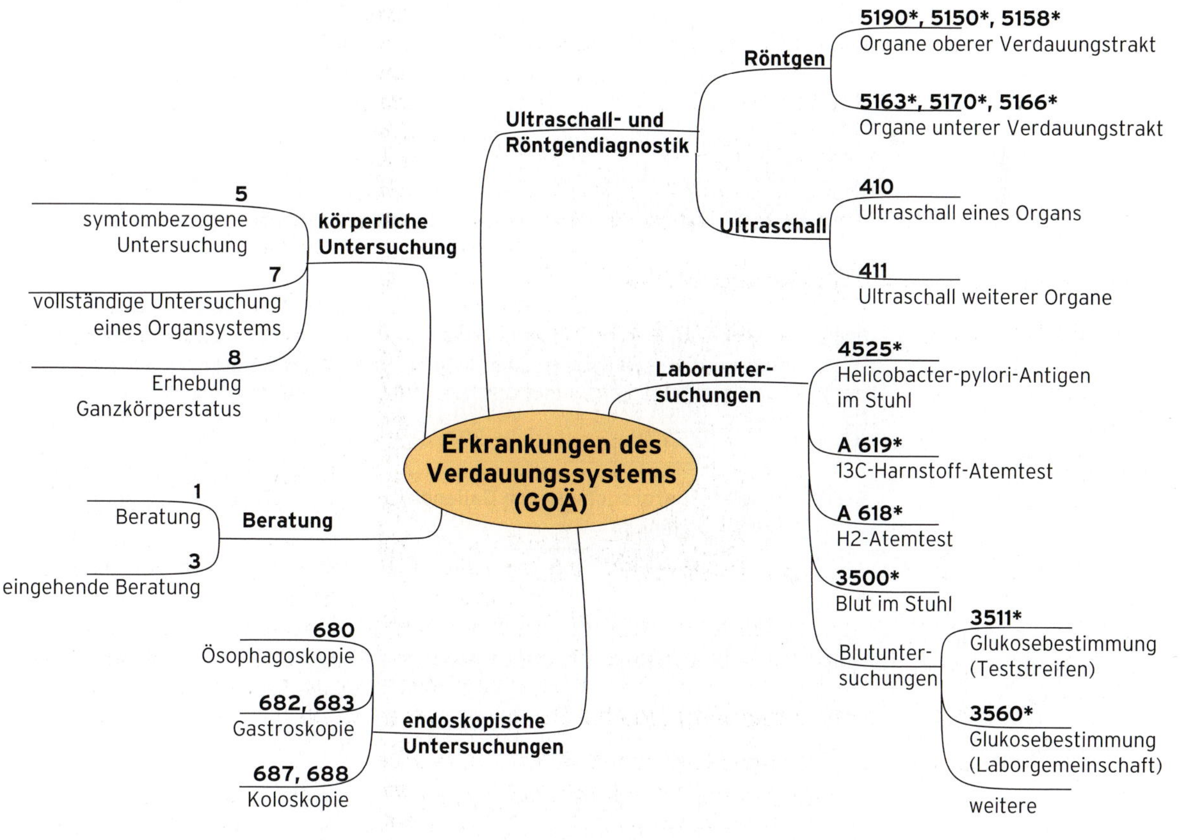

Organkürzel
→ Bd. 2, LF 8, S. 324

Hierbei darf die Angabe jedes untersuchten Organs mit entsprechendem Kürzel nicht vergessen werden.

Wird z. B. bei einer Gallenkolik eine Ultraschalluntersuchung der Gallenblase durchgeführt, so gibt der Arzt in der Rechnung 410 Gbl an.

Abdingung
→ Bd. 1, LF 2, S. 207

Gebührenziffern für **Röntgenleistungen** finden sich in der GOÄ in Kapitel O. Es handelt sich hierbei um technische Leistungen, die mit vermindertem Gebührensatz berechnet werden und für die keine Abdingung stattfinden kann. Sie sind mit einem Stern gekennzeichnet.
Teil der Röntgenleistung sind die Dokumentation und Aufbewahrung der Aufnahmen, die Befundmitteilung und Beurteilung der Aufnahmen sowie die Kosten für Kontrastmittel.

5190*	**Bauchübersicht, in einer Ebene oder Projektion**			
	1fach	1,8fach	2,5fach	1,0fach
300 Punkte	17,49 €	31,48 €	43,72 €	17,49 €

Der Arzt kann die Ziffer 5190* einmal pro Sitzung abrechnen.

5150*	**Speiseröhre, ggf. einschließlich ösophago-gastraler Übergang, Kontrastuntersuchung (auch Doppelkontrast) - einschließlich Durchleuchtung(en) -, als selbstständige Leistung**			
	1fach	1,8fach	2,5fach	1,0fach
550 Punkte	32,06 €	57,70 €	80,15 €	32,06 €

5158*	**Oberer Verdauungstrakt (Speiseröhre, Magen, Zwölffingerdarm und oberer Abschnitt des Dünndarms), Kontrastuntersuchung - einschließlich Doppelkontrastdarstellung und Durchleuchtung(en), ggf. einschließlich der Leistung nach Nummer 5150**			
	1fach	1,8fach	2,5fach	1,0fach
1200 Punkte	69,94 €	125,90 €	174,86 €	69,94 €

5163*	**Dünndarmkontrastuntersuchung mit im Bereich der Flexura duodeno-jejunalis endender Sonde - einschließlich Durchleuchtung(en)**			
	1fach	1,8fach	2,5fach	1,0fach
1300 Punkte	75,77 €	136,39 €	189,43 €	75,77 €

5170*	**Kontrastuntersuchung von Gallenblase und/oder Gallenwegen und/oder Pankreasgängen**			
	1fach	1,8fach	2,5fach	1,0fach
400 Punkte	23,31 €	41,97 €	58,29 €	23,31 €

5166*	**Dickdarmdoppelkontrastuntersuchung - einschließlich Durchleuchtung(en)**			
	1fach	1,8fach	2,5fach	1,0fach
1400 Punkte	81,60 €	146,88 €	204,01 €	81,60 €

BEISPIEL

Der Radiologe Dr. Özer röntgt den Dünndarm der 20-jährigen Britta Dogar. Für ihren Hausarzt bekommt sie zunächst eine Befundkopie, später wird ein ausführlicher Befundbericht nachgeschickt.

Datum	GOÄ-Nr.	Leistung	Steigerungssatz	Betrag in €
26.06.	5163*	Dünndarmkontrast-untersuchung	1,8	136,39
	1	Beratung	2,3	10,72
	75	Befundbericht	2,3	17,43

7.2 Endoskopische Untersuchungen (GOÄ)

Das Kapitel F der GOÄ gibt unterschiedliche Ziffern zur Abrechnung von **Endoskopien des Verdauungstrakts** an.

680	**Ösophagoskopie – ggf. einschließlich Probeexzision und/oder Probepunktion**			
	1fach	2,3fach	3,5fach	1,2fach
550 Punkte	32,06 €	73,73 €	112,20 €	38,47 €

682	**Gastroskopie unter Einsatz vollflexibler optischer Instrumente – ggf. einschl. Probeexzision und/oder Probepunktion**			
	1fach	2,3fach	3,5fach	1,2fach
850 Punkte	49,54 €	113,95 €	173,40 €	59,45 €

683	**Gastroskopie einschl. Ösophagoskopie unter Einsatz vollflexibler optischer Instrumente – ggf. einschl. Probeexzision und/oder Probepunktion**			
	1fach	2,3fach	3,5fach	1,2fach
1000 Punkte	58,29 €	134,06 €	204,01 €	69,94 €

Die für die Endoskopie verwendeten Sonden können nach | § 10 GOÄ in der Rechnung als **Auslagen** abgerechnet werden.

§ 10 GOÄ
→ Bd. 1, LF 2, S. 212

Eine **Koloskopie** kann nach GOÄ mit den Ziffern 687 und 688 abgerechnet werden.

687	**Hohe Koloskopie bis zum Coecum – ggf. einschl. Probeexzision und/oder Probepunktion**			
	1fach	2,3fach	3,5fach	1,2fach
1500 Punkte	87,43 €	201,09 €	306,01 €	104,92 €

Die Beratung des Patienten ist zusätzlich berechnungsfähig.

688	**Partielle Koloskopie – ggf. einschl. Rektoskopie, Probeexzision und/oder Probepunktion**			
	1fach	2,3fach	3,5fach	1,2fach
900 Punkte	52,46 €	120,65 €	183,60 €	62,95 €

BEISPIEL

Frank Roter kommt mit starken Schmerzen im Oberbauch zu seinem hausärztlichen Internisten. Dieser erhebt die Anamnese, untersucht seine Bauchorgane und gibt ihm eine Injektion i. v. Um den Verdacht auf ein Magengeschwür abzuklären, führt der Arzt außerdem eine Gastroskopie durch und bespricht das Ergebnis mit dem Patienten.

Datum	GOÄ-Nr.	Leistung	Steigerungssatz	Betrag in €
12.03.	7	Untersuchung der Bauchorgane	2,3	21,45
	253	Injektion i. v.	2,3	9,38
	682	Gastroskopie	2,3	113,95
	1	Beratung	2,3	10,72

7.3 Laboruntersuchungen (GOÄ)

Zu Diagnose oder Verlaufskontrolle bei Erkrankungen des Verdauungssystems sind häufig Laboruntersuchungen nötig.

BEISPIELE

Ziffern zur Blutzuckerbestimmung
→ Bd. 2, LF 8, S. 320

Beispiele für GOÄ-Ziffern bei Diabetes mellitus:
- **3511*** (Glukosebestimmung mit Teststreifen)
- **3560*** (Glukosebestimmung in der Laborgemeinschaft)
- **3585.H1** (Kreatinin)
- **3561*** (Glykierte Hämoglobine, HbA_1, HbA_{1c})
- **3611*** (Blutzuckertagesprofil)
- **3613*** (Glukosetoleranztest, mit viermaliger Glukosebestimmung)
- **3736*** (Mikroalbuminurie-Nachweis)

HINWEIS

Das Kürzel H1 erinnert daran, dass die Laborbestimmung des Kreatininwerts der Höchstwertregelung unterliegt. (→ Bd. 2, LF 8, S. 321)

Eine Laboruntersuchung des Stuhls auf das Helicobacter-pylori-Antigen ist mit der **Ziffer 4525*** abrechenbar:

	Qualitative Untersuchung des Nativmaterials zum Nachweis von Bakterienantigenen mittels Ligandenassay (z. B. Enzym- oder Radioimmunoassay) - ggf. einschl. Doppelbestimmung und aktueller Bezugskurve -, je Untersuchung
4525*	**Untersuchungen mit ähnlichem methodischem Aufwand**

	1fach	1,15fach	1,3fach	0,9fach
250 Punkte	14,57 €	16,76 €	18,94 €	13,11 €

Die Erfolgskontrolle der erfolgten Helicobacter-pylori-Behandlung kann nur analog nach der **Ziffer A 619** abgerechnet werden, ebenso erfolgt die Abrechnung des H2-Atemtests analog mit **Ziffer A 618**:

A 619*	**Durchführung des 13C-Harnstoff-Atemtests, einschließlich Verabreichung der Testsubstanz und Probeentnahmen analog Nr. 615**

	1fach	1,8fach	2,5fach	1,0fach
341 Punkte	13,23 €	23,82 €	33,08 €	13,23 €

A 618*	**H2-Atemtest (z. B. Laktosetoleranztest), einschl. Verabreichung der Testsubstanz, Probeentnahmen und Messungen der H2-Konzentration, einschl. Kosten analog Nr. 617**

	1fach	1,8fach	2,5fach	1,0fach
341 Punkte	19,88 €	35,78 €	49,69 €	19,88 €

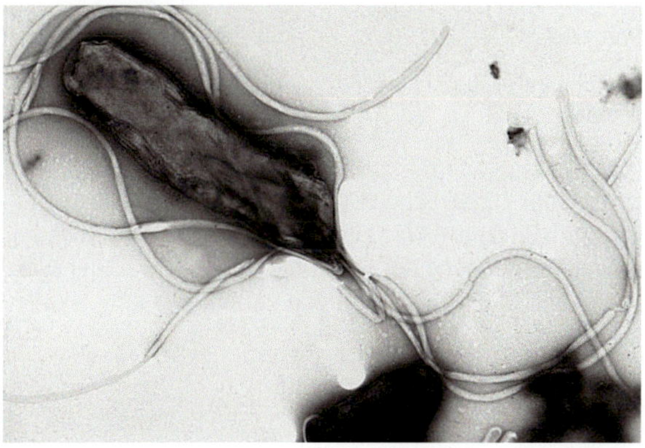

Abb. 1 Helicobacter pylori

Bei unklaren Beschwerden kann auch eine Stuhluntersuchung nach Ziffer 3500* mittels Testbriefchen sinnvoll sein.

3500*	**Blut im Stuhl, dreimalige Untersuchung**

BEISPIELE

1) Bei einer betriebsärztlichen Untersuchung wurde bei Dorota Kalinska ein erhöhter Blutzuckerwert festgestellt. Jetzt kommt sie in die Sprechstunde von Dr. Klein, um den Befund abklären zu lassen. Er erhebt die Anamnese und einen Ganzkörperstatus. Beim Messen des Blutzuckers in ihrem Kapillarblut mit einem Teststreifengerät stellt er eine leichte Erhöhung fest, obwohl sie seit vier Stunden nichts gegessen hat.

Am Folgetag führt Dr. Klein bei Frau Kalinska einen oralen Glukosetoleranztest (oGTT) durch mit Bestimmung der Glukose nüchtern sowie eine, zwei und drei Stunden nach dem Trinken einer standardisierten Glukoselösung. Am dritten Tag bespricht er kurz mit ihr die Laborwerte und welche Medikamente sie zunächst einnehmen soll. Sie erhält ein Rezept. Am vierten Tag wird ihr Morgenurin auf Mikroalbumine untersucht und über die Laborgemeinschaft ihr Kreatinin im Serum sowie das HbA_{1c}. Am fünften Tag bespricht der Arzt alle Ergebnisse mit der Patientin und berät sie eingehend über 15 Minuten.

Datum	GOÄ-Nr.	Leistung	Steigerungssatz	Betrag in €
17.01.	1	Beratung	2,3	10,72
	8	Ganzkörperstatus	2,3	34,86
	3511*	Glukosebestimmung mittels Teststreifen	1,15	3,35
18.01.	3613*	Oraler Glukosetoleranztest, mit viermaliger Glukosebestimmung	1,15	10,72
		Kosten Glukoselösung		X
19.01.	1	Beratung	2,3	10,72
20.01.	3736	Mikroalbuminurie-Nachweis	1,15	8,04
	250*	Venöse Blutentnahme	1,8	4,20
	3585.H1*	Kreatinin	1,15	2,68
	3561*	Glykierte Hämoglobine, $HbA_{1,}$ HbA_{1c})	1,15	13,41
21.01.	3	Eingehende Beratung, Mindestdauer 10 Minuten	2,3	20,11

2) Der hausärztliche Internist führt nach der körperlichen Untersuchung zur Abklärung von Beschwerden bei seinem Patienten Burkhard Wild eine Koloskopie bis zum Coecum durch. Außerdem erfolgt eine Laboruntersuchung des Helicobacter-pylori-Antigens im Stuhl. Nach Eintreffen der Laborergebnisse berät der Arzt den Patienten.

Datum	GOÄ-Nr.	Leistung	Steigerungssatz	Betrag in €
07.04.	5	Symptombezogene Untersuchung	2,3	10,72
	687	Hohe Koloskopie	2,3	201,89
	4525*	Nachweisuntersuchung Helicobacter-pylori-Antigen im Stuhl	1,15	16,76
09.04.	1	Beratung	2,3	10,72

3) Roland Ekkers kommt in die Praxis von Dr. Klein und klagt über wiederholte starke krampfartige Bauchschmerzen. Der Arzt nimmt eine symptombezogene Untersuchung vor und führt zur genaueren Diagnose eine Ultraschalluntersuchung von Gallenblase und Gallenwegen durch. Er stellt dabei Gallensteine ohne eine Stauung der Gallenwege fest, bespricht den Befund mit Herrn Ekkers und überweist ihn zur weiteren Abklärung und Behandlung zu einem Gastroenterologen.

Datum	GOÄ-Nr.	Leistung	Steigerungssatz	Betrag in €
28.09.	1	Beratung	2,3	10,72
	5	Symptombezogene Untersuchung	2,3	10,72
	410	Sonografie Gbl	2,3	26,81
	420	Sonografie Gw	2,3	10,72

AUFGABEN

1 In welchem Kapitel der GOÄ finden Sie Ziffern für die Abrechnung von Endoskopieleistungen?

2 Rechnen Sie den Behandlungsfall ab: Der privat versicherte Michal Sy, kommt in die Samstagssprechstunde seines Hausarztes und klagt über schon länger andauernde Magenschmerzen. Der Arzt untersucht ihn symptombezogen. Für Montag wird er zur Blutuntersuchung (BSG, Alpha-Amylase, Lipase) bestellt: Die MFA nimmt die Blutentnahme vor. Die Diagnose bespricht Herr Sy am Folgetag telefonisch mit dem Arzt, der ihn zum Gastroenterologen überweist. Der Gastroenterologe führt eine Gastroskopie durch und schreibt einen Befundbericht an den Hausarzt. Herr Sy kommt erneut in die Sprechstunde seines Hausarztes, um die Untersuchungsergebnisse zu besprechen. Die Beratung dauert 25 Minuten.

3 Rechnen Sie folgenden Behandlungsfall für beide beteiligten Ärzte nach der GOÄ ab: Die 45-jährige Sophie Dupuis erscheint in der Sprechstunde ihrer Hausärztin und klagt über schwarz verfärbten Stuhl. Die Ärztin untersucht sie entsprechend dieser Symptome und gibt ihr Testbriefchen zur Untersuchung von Blut im Stuhl mit nach Hause, die sie drei Tage später wieder abgibt. Die Testbriefe werden in der Praxis ausgewertet und die Patientin erneut einbestellt. Die Ärztin bespricht mit der stark beunruhigten Frau Dupuis den nicht ganz eindeutigen Befund ausführlich über 20 Minuten und überweist sie zum Gastroenterologen, um dort eine Koloskopie durchführen zu lassen. Der Gastroenterologe untersucht Frau Dupuis, führt die Koloskopie durch und übermittelt die Ergebnisse an die Hausärztin, die die Patientin bestellt und die Untersuchungsergebnisse ausführlich über 20 Minuten mit ihr bespricht.

LF 10

Patienten bei kleinen chirurgischen Behandlungen begleiten und Wunden versorgen

Unsere **Haut**.....

Über 4000 Krankheiten...

und Syndrome von Haut, Haaren und Nägeln gibt es in der Dermatologie; obgleich viele der Patienten in Hautarztpraxen an „altbekannten" chronischen Krankheiten wie Neurodermitis und Psoriasis leiden.
Der Sonnen- und Freizeitkult der letzten 50 Jahre fordert nun seine Opfer in Form vermehrter Hautkrebsfälle.

Auch andere Modeerscheinungen wie die Probleme im Zusammenhang mit Tätowierungen und Piercings sowie die vielfältigen Eingriffe und Therapien zur Schönheitspflege haben die Dermatologie und ihr Angebot gründlich verändert.

Als MFA kennen Sie die häufigsten Hautkrankheiten und gehen mit den Patienten medizinisch und menschlich korrekt um. Das bedeutet ein gewissenhaftes Einhalten aller Hygieneregeln, ohne dabei jemanden wegen sichtbarer Hauterscheinungen zu diskriminieren. Verbandwechsel und Wundversorgung führen Sie selbstständig durch oder assistieren dabei.

Die Haut spiegelt...

oft ungefragt – unsere „Innenwelt" wider. Nicht nur Sympathie, Freude und Begeisterung, auch Verlegenheit, Angst und Stress drückt unsere „Hülle" so eindeutig aus, dass sie uns im wahrsten Sinne des Wortes schamrot werden lässt.

Aber nicht nur die Psyche, auch die körperliche Gesundheit nutzt das „Sprachrohr Haut". Jeder kennt Ausschlag bei Kinderkrankheiten wie Masern und Scharlach; doch auch beim Erwachsenen „spricht" die Haut: Gelbsucht bei Lebererkrankungen, Blässe bei Anämie, hochrote Wangen bei Diabetes und metabolischem Syndrom, Zyanose bei Lungen- und Herzerkrankungen sind die bekanntesten „Haut-Aussagen".

.....Fühlen Sie sich wohl in Ihrer Hülle?

Auch in der Arztpraxis ist Schönheit ein Thema

Flache, hautschonende Nähte nach Verletzungen und operativen Eingriffen, konsequente Aknetherapie, Entfernung bzw. Behandlung von Narben, Muttermalen, erweiterten Äderchen und Pigmentstörungen u.v.m. sind heute Bestandteil des Standard- oder IGeL-Angebots (nicht nur) in Hautarztpraxen.

Weil die Haut stets die Wahrheit sagt – ganz besonders über unser Alter – gewinnen auch rein kosmetische Eingriffe in dermatologischen Praxen zunehmend an Bedeutung.

Hier ist neben Ihrer Fachkompetenz auch viel Fingerspitzengefühl im Umgang mit den Wünschen, Ängsten, Hoffnungen und Ansprüchen der Patienten erforderlich.

1 Die Haut und ihre Aufgaben

Säureschutzmantel
Fett- und Feuchtigkeitsschicht der Haut mit Lipiden aus Talgdrüsen und Milchsäure aus Schweißdrüsen; pH 5,4

Die Haut ist mit 1,7 m² das größte Organ des Menschen. Sie bildet die Körperoberfläche und wiegt ca. 11 kg. Da auch das subkutane Fettgewebe zur Haut gehört, kann sie bei Adipositas erheblich schwerer sein. Die Lehre von den Hautkrankheiten ist die **Dermatologie**.
Die Haut erfüllt zahlreiche **Aufgaben**:

- Verletzungsschutz (durch die Lederhaut)
- Infektionsschutz (durch den Säureschutzmantel)
- Schutz vor UV-Strahlen (durch Melanin und die Hornschicht)
- Polsterung und Wärmeisolation (durch das subkutane Fettgewebe)
- Temperaturregulation (durch Weit- und Engstellung der Hautgefäße)
- Sinnesfunktionen (durch Tastkörperchen und Nervenendigungen)
- Vitamin-D-Bildung bei UV-Bestrahlung

1.1 Anatomie der Haut

Kollagen
→ Bd. 1, LF 3, S. 237

Die Haut gliedert sich in **Epidermis** (Oberhaut, ein mehrschichtiges, verhorntes Plattenepithel) und **Dermis** (die an Kollagen reiche Lederhaut). Epidermis und Dermis bilden zusammen die **Kutis**. Unterhalb der Kutis liegt die **Subkutis** mit dem subkutanen Fettgewebe. Die Epidermis regeneriert sich ständig durch Teilung ihrer untersten Zellschicht, der **Basalzellschicht**. Die **Basalmembran** liegt unterhalb der Basalzellschicht und trennt so Epidermis und Dermis.

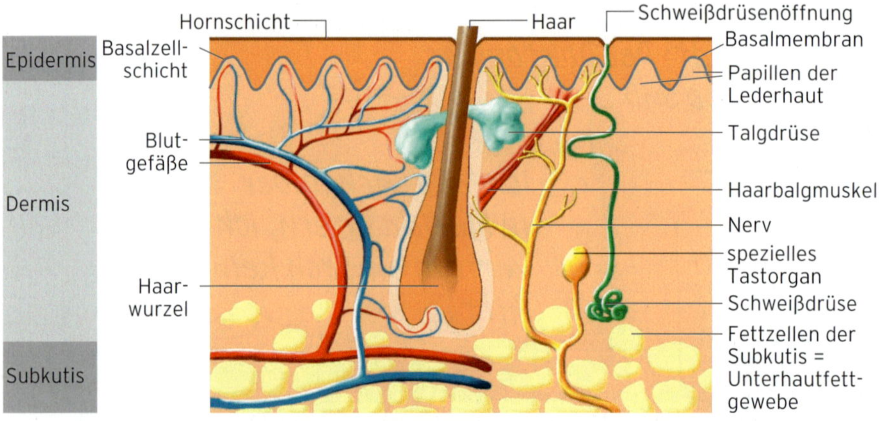

Abb. 1 Querschnitt durch die Haut

In die Basalzellschicht eingebettet liegen die **Melanozyten**. Sie bilden das dunkle UV-Schutz-Pigment **Melanin**. Ihre mit Pigmentkörnchen gefüllten Fortsätze bedecken bei starker Sonnenbestrahlung die Basalzellen wie ein Sonnenschirm. So schützt das Melanin die während der Zellteilung besonders mutationsgefährdete DNA der Basalzellen.

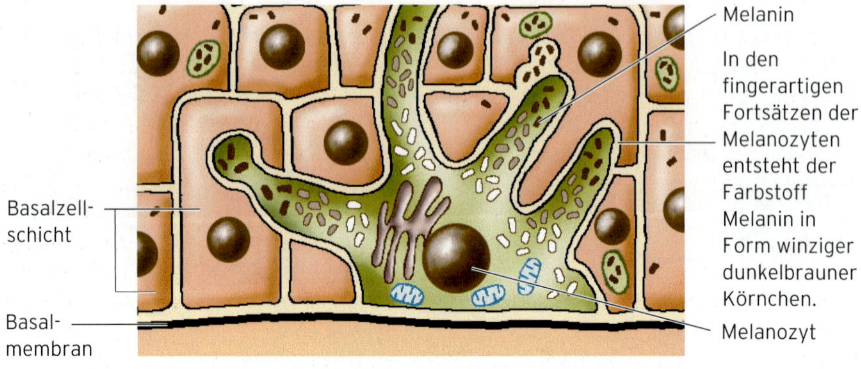

Abb. 2 Ausschnitt aus der Basalzellschicht der Oberhaut mit einem Melanozyten und vielen Epithelzellen

Die **Hautbräunung** verläuft in zwei Schritten:
- Zuerst dunkelt vorhandenes Melanin nach **(Sofortbräunung)**,
- dann wird vermehrt Pigment gebildet (**Nachbräunung** über einige Tage).

Zusätzlich verdickt sich die Hornschicht (sog. **Lichtschwiele**), wodurch stark gebräunte Haut ein grobes, lederartiges Aussehen erhält. UV-A-Licht, das in Sonnenstudios verwandt wird, ist weniger energiereich als UV-B, fördert aber dennoch Faltenbildung und Hautkrebs. Risikoarme Bräune kommt aus der Tube - Selbstbräuner verändern Proteine der Hornschicht und Make-up enthält farbige Pigmente.

Zur Festigkeit der Haut trägt die Verzahnung von Epidermis und Dermis mittels fingerförmiger Ausstülpungen **(Papillen)** bei, die in Querschnitten ein wellenförmiges Muster der Epidermis-Dermis-Grenze erzeugen (→ S. 108, Abb. 1). Da jede Papille Blutgefäße enthält, kommt es bei Schürfwunden, bei denen die Hautoberfläche abgetragen wird, zu dicht stehenden punktförmigen Blutungen.

Innerhalb eines Monats regeneriert sich die Epidermis, indem sich ständig Basalzellen teilen und ältere Zellen allmählich zur Hautoberfläche vorgeschoben werden. Dabei degenerieren diese älteren Zellen immer mehr und formen sich schließlich in Hornschuppen um. Die Hornschuppen schilfern unbemerkt ab (→ Abb. 1). Jeder Mensch verliert ca. 1 kg Hautschuppen im Jahr. Diese lösen sich v. a. beim An- und Ausziehen. Sie bilden einen Teil des Hausstaubes, der daher insbesondere im Schlafzimmer auftritt. Von den proteinreichen Hautschuppen ernähren sich die Hausstaubmilben.

Über die biologische Wirkung elektromagnetischer Wellen inkl. UV-Licht informiert das Bundesamt für Strahlenschutz www.bfs.de

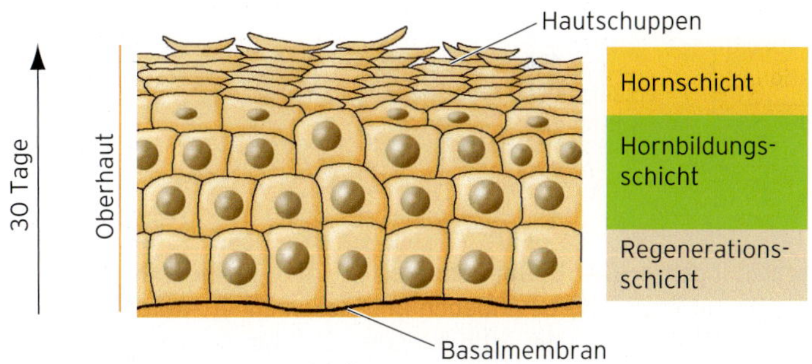

Abb. 1 Querschnitt durch die Oberhaut

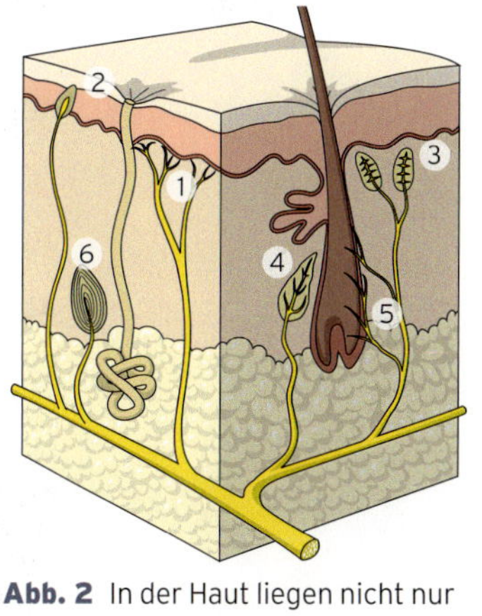

Abb. 2 In der Haut liegen nicht nur Rezeptoren für Berührung und Druck, sondern auch unterschiedliche Sinneseinrichtungen für weitere Reize:
1 Freie Nervenendigung: Schmerz, Wärme, Kälte
2 Merkel-Zellen: Druck
3 Tastkörperchen: Tasten
4 Ruffini-Körperchen: Druck, Spannung
5 Haarbalggeflecht: Berührung
6 Lamellenkörperchen: Druck

Die Haut hat verschiedene **Sinnesfunktionen**. Die entsprechenden Reize werden von speziellen Tastkörperchen und freien Nervenendigungen (→ Abb. 2) aufgenommen und über afferente (zum Gehirn hinführende) Nerven an das ZNS weitergeleitet.
Haare, Schweiß-, Talg- und Duftdrüsen, Finger- und Fußnägel sowie definitionsgemäß auch die Brustdrüsen sind die sog. **Hautanhangsgebilde**. Sie gehören zur Haut, ohne Epithelbestandteile zu sein.

Pflege der gesunden Haut

Hautwaschmittel sollten v. a. die natürliche Lipidschicht der Haut schonen. Tägliches Duschen mit Duschgel oder Seife überfordert fast jede Haut, sodass sie mit Trockenheit und Juckreiz reagiert. Eincremen mit fettreichen Zubereitungen (Wasser-in-Öl-Emulsionen, Typ Fettcreme) ist nach Benutzung entfettender Waschmittel und bei trockener, empfindlicher Haut wichtig. Das Eincremen sollte direkt nach dem Abtrocknen erfolgen, solange die Haut noch etwas feucht ist. Die Creme verteilt sich dann am leichtesten und wirkt am besten. Dabei bildet sich eine Wasser-Fett-Schicht, die den natürlichen Schutzfilm nachahmt. Milde Waschmittel, die sog. **Syndets** (**syn**thetische **Det**ergenzien, die meisten Flüssig-„Seifen"), entfetten weniger stark als Seife, sodass zum Rückfetten ein Pflegemittel für normale Haut (Öl-in-Wasser-Emulsion, Typ Feuchtigkeitscreme) ausreicht. Von Natur aus fettreiche Haut, die glänzt und zu Hautunreinheiten neigt, sollte so wenig wie möglich eingecremt werden, da sonst leicht eine Kosmetikakne oder periorale Dermatitis entstehen können.

streichfähige Arzneimittel
→ Bd. 1, LF 4, S. 385

periorale Dermatitis
→ S. 111

1.2 Symptome und Diagnostik bei Hauterkrankungen

Allergene
Allergien auslösende Stoffe, z. B. Kosmetik, Haustiere, Medikamente, Nahrungsmittel

Allergien
→ LF 10, S. 112

Auch in der Dermatologie ist die Anamnese die wichtigste diagnostische Maßnahme. Psoriasis (Schuppenflechte) und Neurodermitis kommen familiär gehäuft vor. Oft müssen **Allergene**, d. h. Allergien auslösende Stoffe (z. B. Kosmetik, Haustiere, Medikamente, Nahrungsmittel), erfragt werden. Allergien können sich an der Haut z. B. als akutes oder chronisches **Ekzem** (**Dermatitis**; zumeist lokalisierte Entzündung der Haut) oder als **Exanthem**, d. h. als Hautausschlag, am ganzen Körper zeigen. Der Oberbegriff für Hautkrankheit lautet **Dermatose**.

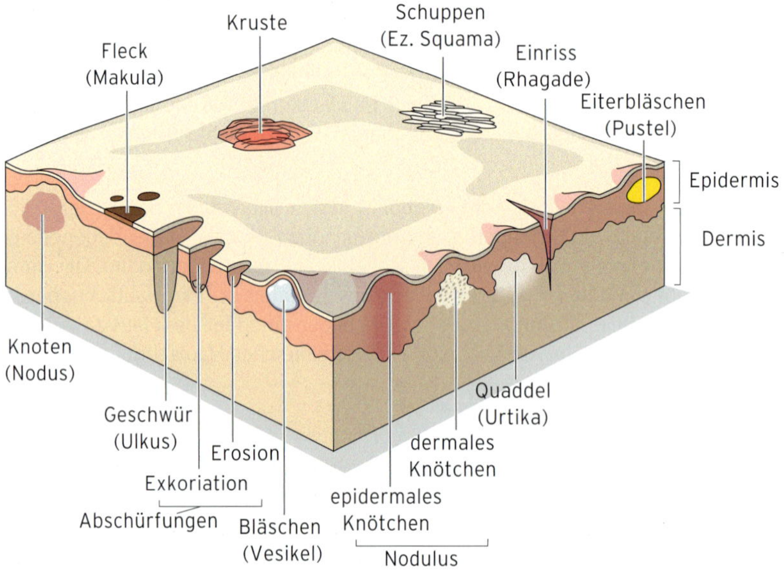

Abb. 1 Effloreszenzen

Pathologische Hauterscheinungen heißen **Effloreszenzen** (→ Abb. 1). Sie müssen bei der klinischen Untersuchung genau inspiziert, beschrieben und dokumentiert werden. Art und Menge sowie Anordnung und Lokalisation der Effloreszenzen sind für die Diagnosestellung wichtig. Besonders häufig kommen Quaddeln, Bläschen, Papeln, Pusteln und Schuppen vor.

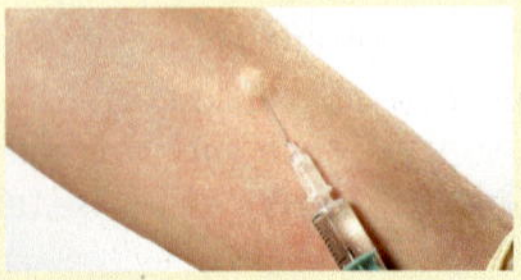

Quaddeln
weiße Quaddel nach Tuberkulintest

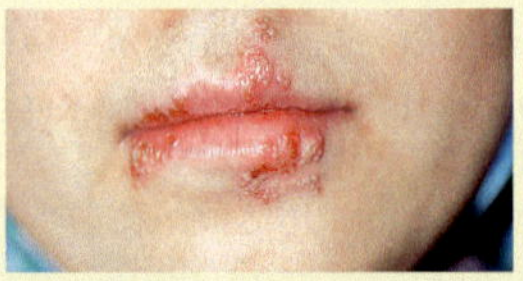

Bläschen
Herpes simplex labialis (Lippenherpes)

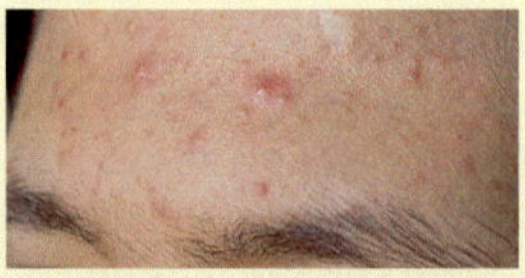

Papeln
tastbare Knötchen und Pusteln (Eiterbläschen bei Akne)

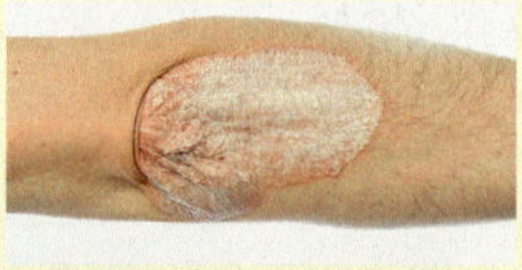

Schuppen
Psoriasis (Schuppenflechte)

Die Digitalfotografie erleichtert die Dokumentation und Verlaufsbeobachtung von Hautveränderungen. Mit Hilfe des **Dermatoskops**, eines kleinen Betrachtungsgeräts mit Licht und Lupe, können diese vergrößert betrachtet werden. Dies ist z. B. bei der Beurteilung pigmentierter Hautmale **(Nävi)** im Rahmen der Hautkrebsfrüherkennung sinnvoll. Gelegentlich sind Biopsien nötig, um am histologischen Bild die Diagnose zu stellen. Eine Vorbehandlung, z. B. mit Kortikoiden, verändert die Effloreszenzen und erschwert dadurch die Diagnostik.
Viele internistische Erkrankungen gehen mit Hautveränderungen einher; die Dermatologie nutzt daher Laboruntersuchungen, um z. B. Entzündungen, Leber-, Nieren- und Autoimmunerkrankungen zu diagnostizieren. Die mikrobiologische Diagnostik dient der exakten Bestimmung von Pilzen und Bakterien, um Infektionen gezielt zu therapieren.
Die meisten Hautärzte sind **Allergologen**, d. h. für die Erkennung und Behandlung von Allergien weitergebildet. Während bei Säuglingen zur Allergiediagnostik oft Bluttests angewendet werden, kommen bei älteren Kindern und Erwachsenen vor allem Hauttests zum Einsatz.

Der **Prick-Test** (→ Abb. 1) dient der Testung auf sog. **Inhalationsallergene**, wie Pollen, Tierhaare und Hausstaubmilben, die v. a. Heuschnupfen, Bindehautentzündung und Asthma hervorrufen. Der Prick-Test wird an einem oder beiden Unterarmbeugeseiten angelegt und nach ca. 20 Minuten abgelesen.
Der **Epikutantest** (→ Abb. 2 und 3) wird angewandt, um Stoffe zu testen, die Ekzeme hervorrufen. Dies sind z. B. Nickel und Chrom sowie Farb-, Duft- und Konservierungsstoffe in Kosmetika. Der Epikutantest wird am Rücken angelegt und nach drei Tagen (72 Stunden) abgelesen.

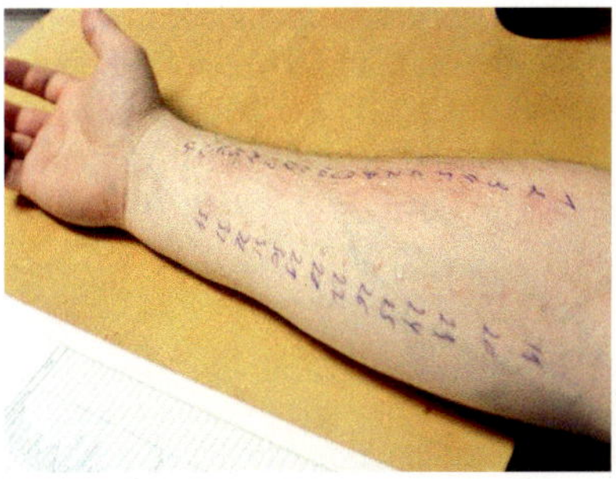

Abb. 1 Prick-Test

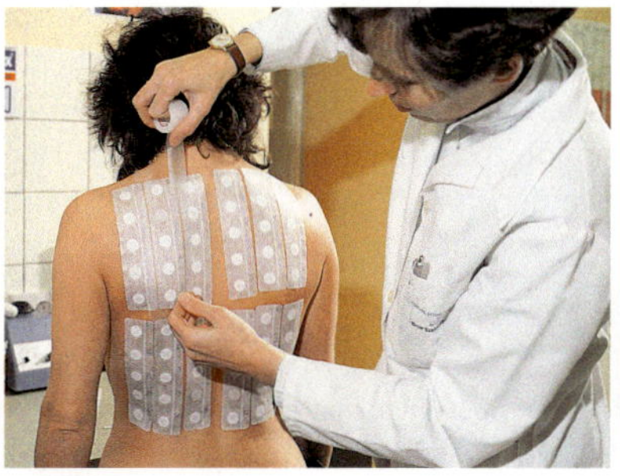

Abb. 2 Epikutantest = Allergietest, bei dem sich die verdächtigen Stoffe unter Pflastern befinden

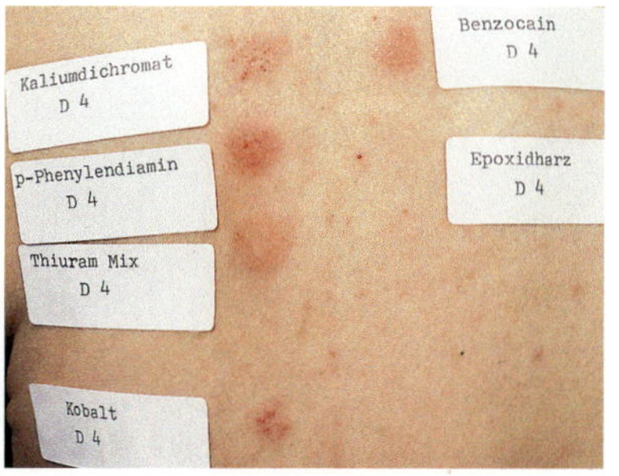

Abb. 3 Ablesen und Auswerten des Epikutantests: Deutliche Rötungen und Schwellungen zeigen allergische Reaktionen auf Teststoffe an.

1.3 Grundsätze dermatologischer Therapie

Viele Hautkrankheiten, z. B. Ekzeme durch Wasch- und Reinigungsmittel, können durch Vermeiden des Auslösers allein therapiert werden; dies gilt auch für viele Allergien.
Wirkstofffreie Zubereitungen zur intensiven Hautpflege, z. B. Fettsalben, Salben und Ölbäder, können den Zustand trockener, empfindlicher Haut erheblich bessern und so Ekzemen vorbeugen. Die Behandlung mit wirkstofffreien dermatologischen Pflegemitteln heißt **Grundlagentherapie**. Der Übergang zwischen Pflege und Therapie ist fließend. Die Auswahl der Grundlage passend zum Hauttyp und -zustand ist entscheidend, um den Therapieeffekt ggf. zugemischter Wirkstoffe zu ermöglichen: Wässrige Lösungen würden trockene, rissige Haut noch stärker entfetten und reizen, eine zähe Fettsalbe könnte auf einer nässenden Hautoberfläche nicht haften und der Wirkstoff würde die Epidermis nicht erreichen.

periorale Dermatitis
entzündliche Hautkrankheit mit Papeln und Pusteln im Gesicht

Wichtige Wirkstoffgruppen der dermatologischen Therapie

Wirkstoffgruppe	Hauptwirkung	Nebenwirkungen (NW) und Kontraindikationen (KI)
Kortikoide mit Cortison verwandte Stoffe, z. B. Hydrocortison (schwach), Triamcinolon (mittelstark)	entzündungshemmend, Juckreiz vermindernd	Akut wenige NW; v. a. Verschlimmerung von Infektionen (KI); auf Dauer wird die Haut dünner, rötet sich, bekommt mehr Härchen und bleibend erweiterte Äderchen. Großflächige Anwendung kann das Immunsystem und die Nebennierenrinde schwächen. Cave: Die Anwendung im Gesicht führt zur perioralen Dermatitis.
Antihistaminika z. B. Cetirizin, Loratadin, Dimetinden	Juckreiz vermindernd, antiallergisch	NW: Einige Mittel wirken sedativ, was bei starkem (nächtlichem) Juckreiz erwünscht sein kann. Da die lokale Wirkung meist gering ist, ist grundsätzlich eine systemische Gabe, d. h. Einnahme, sinnvoll.
Antibiotika und Virostatika s. Bd. 1, LF 2, S. 273 und 274		
Antimykotika z. B. Clotrimazol, Terbinafin	Pilzvermehrung hemmend	Anwendung bei Hautpilz (Fußpilz) meist lokal, bei Nagelpilz meist systemisch; wichtig: Nach Rückbildung der Effloreszenzen lange genug nachbehandeln.

Weitere dermatologische Therapiemaßnahmen sind die **Kryotherapie** (Kältetherapie; Vereisung), z. B. von Verhornungsstörungen und Viruswarzen, die **Bestrahlung** mit UV-A-Licht zur Besserung des Hautzustandes bei Neurodermitis oder Psoriasis (ggf. kombiniert mit Bädern oder mit Medikamenten, die die Lichtwirkung verstärken) und die **chirurgische Therapie** bei Tumoren, tumorverdächtigen sowie kosmetisch störenden Hautveränderungen.

2 Allergien und allergische Erkrankungen

Abb. 1 Typ-I-Allergie: Heuschnupfen

Bei Allergien reagiert das Immunsystem falsch bzw. übermäßig auf einen harmlosen Stoff. Ähnlich wie die Immunität ist die Allergie das Ergebnis eines Lernvorgangs des Immunsystems. Niemand kommt allergisch auf die Welt: Nur der Kontakt mit **Allergenen** führt zur **Sensibilisierung**, d. h. zur Allergieentstehung. Erst beim Zweitkontakt bzw. weiteren Allergenkontakten kann eine allergische Reaktion auftreten. Bestimmte Antigene lösen besonders oft Allergien aus. Wespengift z. B. kann auch bei Menschen ohne Allergieneigung schwere Reaktionen bewirken. Pollen und Nahrungsmittel erzeugen Allergien vorwiegend bei **Atopie**, d. h. bei erblicher Neigung zu Erkrankungen wie Asthma, Heuschnupfen und Neurodermitis. Allergische Reaktionen werden in vier Typen eingeteilt. Am häufigsten sind **Typ-I-** und **Typ-IV-Allergien**.

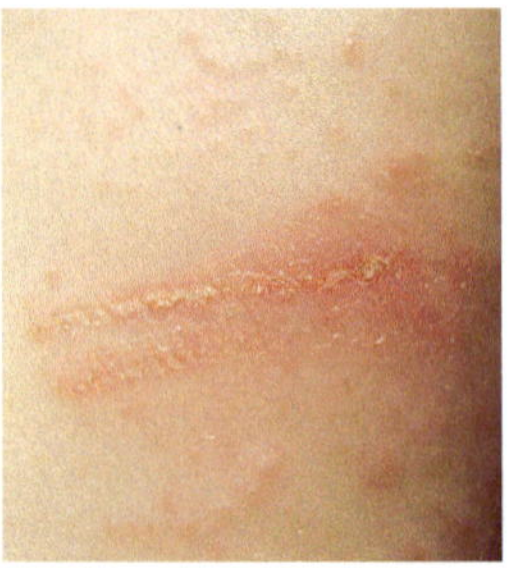

Abb. 2 Typ-IV-Allergie: allergisches Kontaktekzem

anaphylaktischer Schock → Bd. 2, LF 5, S. 77
Killerzellen → Bd. 1, LF 3, S. 248
Antigen-Antikörper-Komplex → Bd. 1, LF 3, S. 250
T-Lymphozyten → Bd. 1, LF 3, S. 247

Allergietyp	Charakteristik	Typische Erkrankung
Typ I Soforttyp IgE-vermittelter Typ	Sobald das Allergen in den Körper gelangt, binden spezifische **IgE-Antikörper**, d. h. spezielle Allergie-Antikörper, daran und bewirken eine Histaminausschüttung. Diese erzeugt Juckreiz, Schwellung, Schleimhautsekretion, Bronchospasmus (Asthma bronchiale) und ggf. einen anaphylaktischen Schock. **Symptombeginn innerhalb von Minuten**	Pollenallergie mit Heuschnupfen, Konjunktivitis (Bindehautentzündung), Asthma bronchiale, Nahrungsmittelallergie; Kribbeln und Schwellungen im Mund **(orales Allergiesyndrom)** und ggf. Verschlimmerung einer Neurodermitis
Typ II zytotoxischer Typ	Die Bindung bestimmter Antigene an Zellen führt zu deren Abtötung durch zytotoxische Killerzellen.	Erythrozyten-, Thrombozyten- oder Leukozytenmangel durch z. B. Novaminsulfon (Metamizol)
Typ III Immunkomplextyp	Antigen-Antikörper-Komplexe lösen Entzündungsreaktionen der Haut aus.	Vaskulitis (Blutgefäßentzündung, z. B. an den Unterschenkeln)
Typ IV verzögerter Typ T-Zell-vermittelter Typ	Sensibilisierte T-Lymphozyten zirkulieren in der Haut und erzeugen bei Allergenkontakt ein Ekzem am Ort der Allergeneinwirkung. **Symptombeginn nach wenigen Tagen**	allergisches **Kontaktekzem**, z. B. auf Nickel, Chrom, Kosmetik, Arzneimittelexanthem (Hautausschlag wenige Tage nach Medikamenteneinnahme)

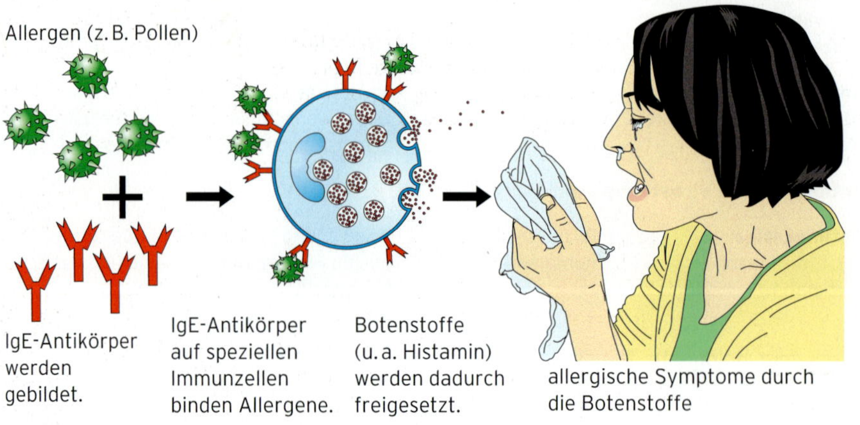

Abb. 3 Ablauf einer allergischen Typ-I-Reaktion

Die Therapie allergischer Erkrankungen besteht – wenn möglich – im Vermeiden des Auslösers. Symptomatisch helfen bei Typ-I-Reaktionen **Antihistaminika**, die z. B. bei Heuschnupfen während der Pollensaison täglich eingenommen werden. Sie bewirken eine subjektive Besserung und können helfen, eine Verschlimmerung der Beschwerden sowie den sog. **Etagenwechsel** (zu Heuschnupfen kommt Asthma hinzu) zu verhindern. Auch vermindern sie die sog. allergische Spätreaktion. Dies ist eine der Soforttyp-Reaktion nach 12 bis 24 Stunden folgende Immunreaktion mit Krankheitsgefühl und Müdigkeit.
Die Typ-I-Reaktion ist keine lokale, sondern eine Erkrankung des ganzen Körpers. Oft müssen mehrere Antihistaminika ausprobiert werden, da das Entzündungsgeschehen in mehreren Varianten verläuft, denen bestimmte Arzneistoffe mehr oder weniger gut entgegenwirken. Selten sind Kortikoide und andere Stoffe erforderlich.

MERKE

Oft machen nicht die **Antihistaminika** den Patienten müde, sondern die allergische Reaktion selbst. Einige sedierende Antihistaminika-Wirkstoffe werden auch als rezeptfreie Schlafmittel verkauft, z. B. Doxylamin.

Der lebensbedrohliche anaphylaktische Schock erfordert eine notärztliche Behandlung mit sofortiger (intravenöser) Adrenalin-, Antihistaminika- und Kortikoid-Gabe. Hochallergische Patienten bzw. ihre Angehörigen erhalten Notfallsets und werden entsprechend geschult.

anaphylaktischer Schock
→ Bd. 2, LF 5, S. 77

Mit Hilfe der **spezifischen Immuntherapie (SIT; Hyposensibilisierung)** kann dem Immunsystem die Soforttyp-Allergie quasi abgewöhnt werden, indem das Allergen – mit minimalen Mengen beginnend – regelmäßig s.c. injiziert wird. Dies bewirkt eine Gewöhnung; es werden „normale" **IgG-Antikörper** gebildet und das Ausmaß der allergischen Reaktion durch IgE-Antikörper geht allmählich zurück. SIT birgt jedoch das Risiko einer anaphylaktischen Reaktion, weshalb der Patient nach jeder Injektion 30 Minuten lang in der Praxis unter Beobachtung bleibt. Besonders zuverlässig gelingt die SIT bei Wespengiftallergien.

Hinweis: Der ältere Begriff **Desensibilisierung** wird nicht mehr verwendet, da er wörtlich „Umkehr der Allergieentstehung" bedeutet und die SIT zwar zur Abschwächung der allergischen Reaktion, aber nicht zur vollständigen Auslöschung der Allergie führt.

Bei **Kontaktallergien** (Typ IV) ist das Meiden des Allergens unbedingt anzustreben, da sich die allergische Reaktion bei fortgesetztem Kontakt verstärkt. Antihistaminika helfen bei Kontaktekzemen nicht, da Histamin nicht an der Typ-IV-Reaktion beteiligt ist. Lokale Kortikoid-Anwendung bessert die Symptome und ist bei kurzfristiger Anwendung unproblematisch.

Die Prävention allergischer Erkrankungen ist nur teilweise möglich. Vieles spricht für das Stillen von Säuglingen. Starke Allergene wie Fisch und Nüsse sollten atopische Kinder in den ersten beiden Lebensjahren nicht erhalten. Auf Haustiere mit Fell sollte verzichtet werden und die Wohnung sollte hausstaubarm eingerichtet sein. Ruß und Zigarettenrauch fördern allergische Erkrankungen. Infekte und Kontakt mit Umweltantigenen (d. h. Schmutz) schon in früher Kindheit sollen einen gewissen Schutz vor Allergien bieten.

Für die MFA ist es zur Allergieprävention wichtig, dass sie ihre Hände gut pflegt. Risse sind Eintrittspforten für Allergene und für Erreger. Häufige Händedesinfektion ist besser und hautschonender als wiederholtes Waschen. Mit wirkstoffhaltigen Salben und Cremes sollte nie mit bloßen Händen hantiert werden.

Abb. 1 Der Kontakt mit Allergenen von Haustieren oder Pflanzen kann Hautkrankheiten auslösen.

Abb. 2 Stillen ist besonders für atopische Säuglinge ratsam.

3 Häufige Hauterkrankungen

3.1 Neurodermitis (atopische Dermatitis)

Definition: Neurodermitis (atopische Dermatitis) ist eine chronische und/oder in akuten Schüben auftretende Entzündung der Haut an charakteristischen Körperstellen. Das Hauptsymptom ist der Juckreiz. Oft bestehen weitere atopische Erkrankungen.

Infektionskrankheiten mit Exanthem: Varizellen mit Herpes zoster, Scharlach, Masern, Röteln → Bd. 1, LF 3, S. 285

Epidemiologie: Etwa 10 % der Vorschulkinder und 3 % der Erwachsenen sind betroffen. Die Häufigkeit sehr empfindlicher Haut, d. h. leichter Neurodermitis, liegt etwa dreimal höher.

Ursachen und Pathogenese: Ursache ist eine vererbte Hautfunktionsstörung. Die Haut ist übermäßig reizbar, sodass Kälte, Wärme, Schwitzen, Austrocknung oder Wollkontakt zu Juckreiz und Entzündung führen. Manche Patienten spüren eine Verschlimmerung nach säurehaltigen Nahrungsmitteln wie Zitrusfrüchten und Tomaten. Stress, Konflikte und Aggression können ggf. die Symptome verschlimmern, was zur Bezeichnung *Neuro*dermitis geführt hat. Meistens nehmen die Symptome im Winter durch Kälte und Heizungsluft zu.

wohnortnahe Selbsthilfegruppen unter www.nakos.de (Nationale Kontakt- und Informationsstelle für Selbsthilfe)

Informationen über Neurodermitis und andere atopische Erkrankungen www.daab.de (Deutscher Allergie- und Asthmabund)

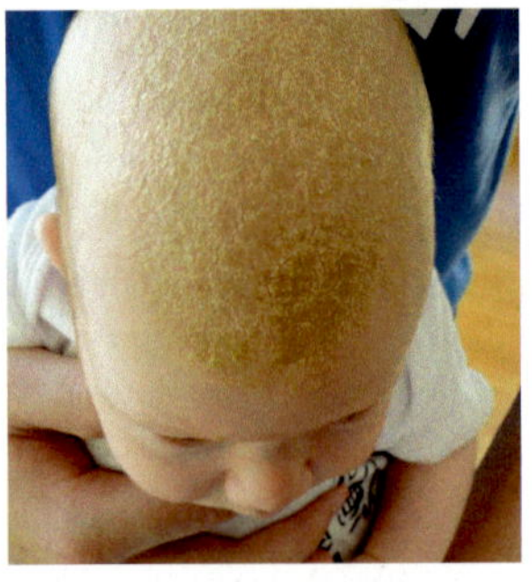

Abb. 1 Der sogenannte Milchschorf ist oft das erste Zeichen einer Neurodermitis.

Symptome: Als erstes Symptom tritt oft bei Säuglingen der sog. Milchschorf auf (→ Abb. 1). Es kommt zu nässenden **Ekzemen** im Gesicht und am Rumpf. Bei Klein- und Schulkindern ist das Beugenekzem typisch (→ Abb. 2). Erwachsene leiden oft unter Handekzemen und trockener, reizbarer Haut. Zumeist bessert sich der Hautzustand im Verlauf der Jugend; nur selten tritt Neurodermitis erstmals im Erwachsenenalter auf.

Komplikationen: Da bestimmte Funktionen der T-Zellen gestört sind, verlaufen Virusinfektionen wie Lippenherpes und Varizellen schwerer und erfordern eine virostatische Therapie bzw. rechtzeitige Varizellenimpfung. Aufgekratzte Stellen neigen zu bakteriellen Superinfektionen.

Diagnostik: Die Diagnose wird klinisch gestellt. Meistens ist die Familienanamnese positiv.

Therapie: Die Therapie besteht v. a. im Weglassen vermeidbarer Hautreizungen und intensiver Hautpflege. Synthetischer Harnstoff (lat. Urea) wirkt antientzündlich und bindet Feuchtigkeit in der Haut. Kortikoide wirken zuverlässig lindernd, sind aber bei dauerhafter Gabe problematisch. Neuere entzündungshemmende Wirkstoffe wie Tacrolimus sind besser verträglich, aber auch nicht ohne Risiken. Die abendliche Gabe sedierender Antihistaminika kann nächtliche Kratzattacken ggf. verhindern. Reizarme, weiche Kleidung und allergenarme Pflegemittel sind wichtig. Bei nachgewiesenen Allergien ist der Auslöser zu meiden. Eine generelle Neurodermitisdiät gibt es jedoch nicht. Die atopische Dermatitis ist nicht heilbar.

Hinweis: Auch Kratzen allein ist eine Belastung der Haut, die zur Entzündung führt und weiteren Juckreiz erzeugt – ein Teufelskreis. In Schulungen können Patienten „Kratzalternativen" wie Streicheln, Drücken, Eincremen, Entspannungstechniken usw. einüben.

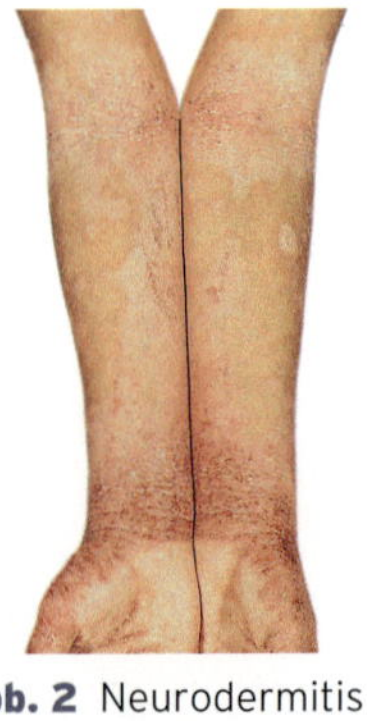

Abb. 2 Neurodermitis oder endogenes Ekzem: Die Haut der Unterarme des Kindes zeigt Entzündung, Kratzeffekte und eine Vergröberung der Hautstruktur durch die chronische Entzündung.

3.2 Psoriasis (Schuppenflechte)

Definition: Psoriasis ist eine genetisch bedingte Autoimmunkrankheit der Haut, die sich durch Schuppung und Entzündung der befallenen Hautstellen äußert.

Epidemiologie: Ca. 2,5 % der Bevölkerung sind betroffen.

Ursachen und Pathogenese: Die Hautregeneration von der Basalzellteilung bis zur Abschuppung findet bei Psoriasis in vier statt normalerweise in 30 Tagen statt. Die Haut ist sehr reizbar und reagiert auf jede Art von Irritation bzw. Schädigung mit der typischen Entzündung und Schuppung. Medikamente, Infektionen, Alkohol und Nikotin können Psoriasis auslösen oder verschlimmern.

Psoriasis-Selbsthilfegruppen finden sich unter www.psoriasis-selbsthilfe.org

Symptome: Psoriasis geht mit starker Schuppung und Entzündung der betroffenen Hautstellen einher. Die Effloreszenzen treten v. a. an mechanisch belasteten Stellen auf: Kopfhaut, Knie, Ellenbogen und Kreuzbein sind bei der chronischen Form betroffen (→ S. 115, Abb. 1). Gesunde bemerken die unvermeidlichen mechanischen Belastungen der genannten Körperstellen nicht. Oft sind die Nägel verändert. Die Nagelpsoriasis kann leicht mit Nagelpilz verwechselt werden. Sie tritt gehäuft bei Gelenkbeteiligung auf.

Komplikationen: Akute Schübe werden z. B. durch Streptokokkenangina, Betablocker oder Malariamittel ausgelöst und treten ausschlagartig über die gesamte Haut verteilt auf. Eine Komplikation bzw. Sonderform der Psoriasis stellt die Psoriasis-Arthritis dar. Sie ähnelt der rheumatoiden Arthritis, kann auch ohne Hauterscheinungen auftreten und ggf. sehr schwer verlaufen. Inzwischen wird die Psoriasis als entzündliche Systemkrankheit verstanden.
Diagnostik: Die Diagnose erfolgt klinisch, nur in untypischen Fällen durch Biopsie und histologische Untersuchung.
Therapie: Intensive Hautpflege, um die Reizbarkeit der Haut zu mindern. UV-A-Bestrahlung, ggf. kombiniert mit Bädern und die Lichtwirkung verstärkenden Medikamenten, bessert den Hautzustand oft. Eine systemische Therapie z. B. mit Fumarsäure, Immunsuppressiva, Biologicals und ggf. Kortikoiden erfolgt, wenn die Lokaltherapie nicht ausreicht. Psoriasis ist nicht heilbar. Das metabolische Syndrom und Depressionen kommen bei Psoriasis gehäuft vor.

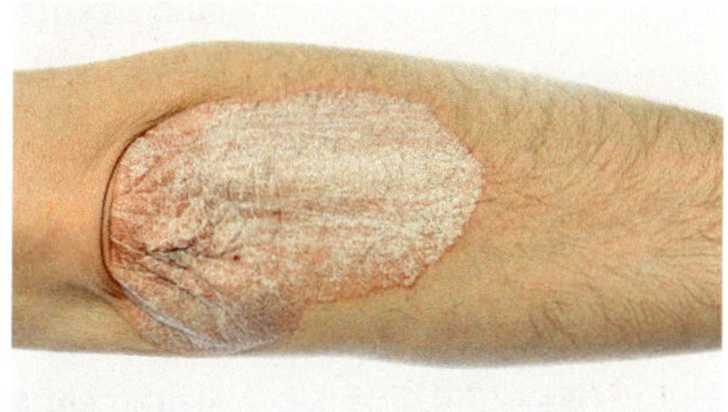

Abb. 1 Chronische Psoriasis am Ellenbogen

rheumatoide Arthritis
→ Bd. 1, LF 4, S. 356

3.3 Häufige Mykosen der Haut

Definition: Die häufigste Mykose des Menschen ist die **Interdigitalmykose**, der Fußpilz in den Zehenzwischenräumen. Auch Nagelpilz ist verbreitet; er wird als **Onychomykose** bezeichnet.
Ursachen und Pathogenese: Schwitzen, luftdichtes Schuhwerk sowie Resistenz und Durchblutung mindernde Faktoren, wie Diabetes, Rauchen und pAVK, fördern Mykosen. Onychomykose kommt außerdem oft bei Joggern vor. Laufen geht mit Stößen der Zehennägel gegen die Schuhspitze einher, was Pilzen das Eindringen in das Nagelbett erleichtert.
Symptome: Feuchte, rissige, weißliche Veränderungen in den Interdigitalräumen, d. h. zwischen den Zehen bzw. Fingern (→ Abb. 2) bzw. dunkle, verdickte Finger- bzw. Fußnägel (→ Abb. 3) sind typisch.
Diagnostik: klinisch; in Zweifelsfällen Abstrich bzw. Pilzkultur
Therapie: Die Lokaltherapie ist nur bei leichtem Fußpilz erfolgreich. Die Onychomykose muss lange lokal behandelt werden oder erfordert eine systemische Therapie über mehrere Monate. Wichtig ist die Desinfektion von Socken und Schuhen, um eine Wiederansteckung zu vermeiden.
Prävention: Siehe Ursachen; gründliches Abtrocknen der Zehenzwischenräume nach dem Waschen und Schwimmen ist die beste Prävention der Interdigitalmykose.

Mykosen
→ Bd. 1, LF 3, S. 288

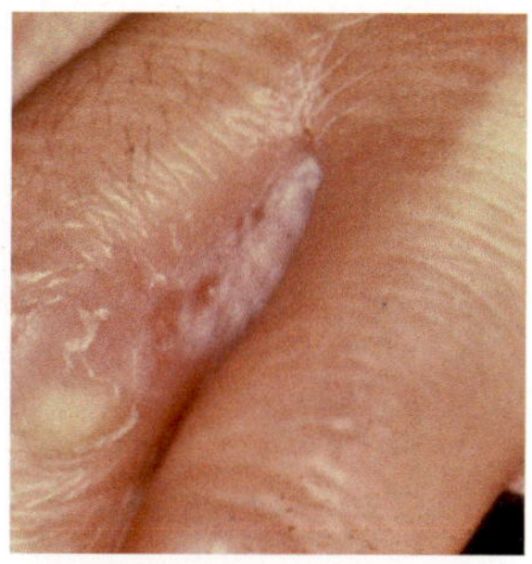

Abb. 2 Interdigitalmykose

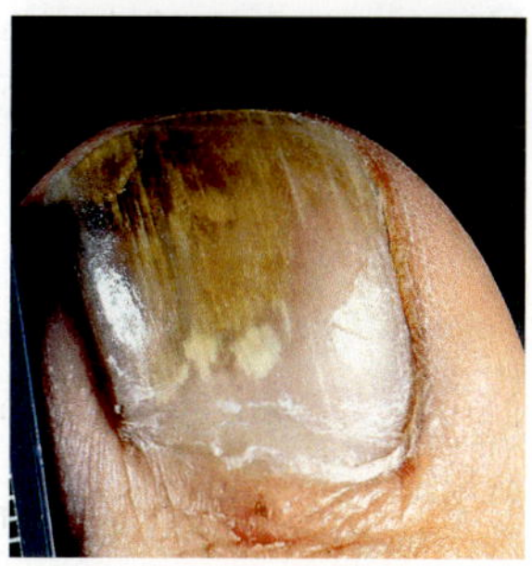

Abb. 3 Onychomykose

Akne vulgaris bekommt fast jeder Mensch während der Pubertät. Die hohen Geschlechtshormonspiegel bewirken über mehrere Mechanismen die Bildung von **Komedonen** („Pickeln"), eitrigen Entzündungen und ggf. Narben. Es kommt zunächst zu erhöhter Talgproduktion **(Seborrhö)**, außerdem zum **Talgstau** in den Haarfollikeln (Haartrichtern) und schließlich zum Austritt von Fettsäuren ins umgebende Gewebe und dadurch zur **Entzündung**. Bei jungen Männern ist die Akne oft ausgeprägter, da sie einen höheren Testosteronspiegel als die Frauen haben. Tritt eine Akne nach dem 30. Lebensjahr auf, ist entweder der Testosteronspiegel erhöht (Veranlagung oder Doping), werden fettreiche Kosmetika nicht vertragen (Kosmetikakne) oder andere, seltene Ursachen liegen vor.

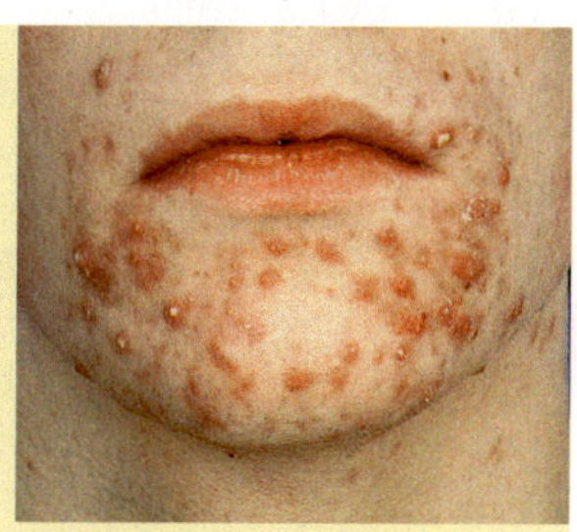

Abb. 4 Akne vulgaris

3.4 Lichtbedingte Hauterkrankungen und Pigmentnävi

Ursachen und Pathogenese: Die im Laufe des Lebens auf die Haut einwirkende UV-Strahlung erzeugt Zellschäden und Mutationen. Es kommt zu benignen und malignen Hautveränderungen bzw. -erkrankungen. Eher licht- als altersbedingt lässt die Hautelastizität nach und es bilden sich Falten. Die Pigmentierung wird unregelmäßig; Altersflecken entstehen. Die Haut wird dünner, da das Immunsystem immer mehr Zellen auf Grund von Mutationen abtötet. Auch die Hautanhangsgebilde unterliegen der Altersatrophie.

Hautanhangsgebilde → LF 10, S.109

Atrophie → Bd. 1, LF 4, S.350

Aktinische Keratosen und Plattenepithelkarzinom

Häufig entstehen an stark belichteten Stellen, d. h. im Gesicht, auf den Handrücken und bei Glatzenbildung auf der Kopfhaut, Verhornungsstörungen, sog. **aktinische** (stahlenbedingte) **Keratosen** (→ Abb. 1). Aktinische Keratosen sind **Präkanzerosen** (Krebsvorstufen), da sie in **Plattenepithelkarzinome** (→ Abb. 2) übergehen können. Sie sollten deshalb entfernt werden. Dies kann z. B. mit Lokaltherapeutika, Kryotherapie oder chirurgisch geschehen.

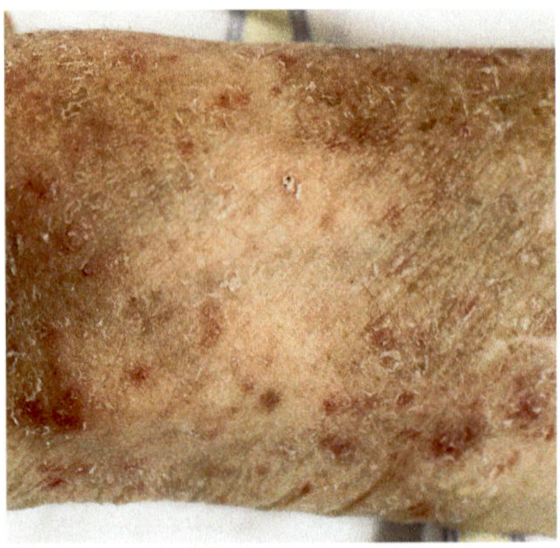

Abb. 1 Altershaut mit aktinischen Keratosen

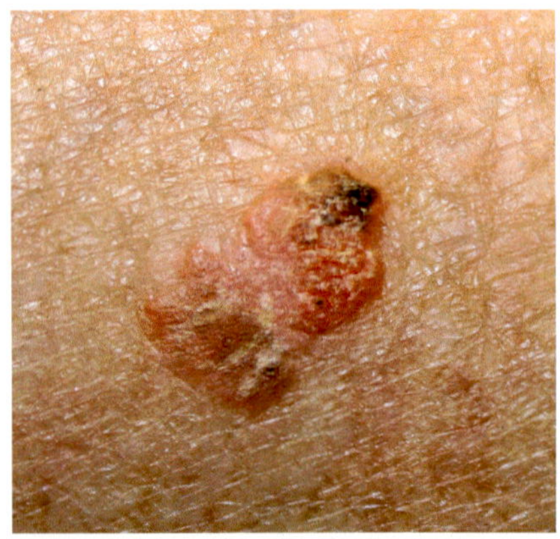

Abb. 2 Plattenepithelkarzinom

Basaliom (Basalzellkarzinom)

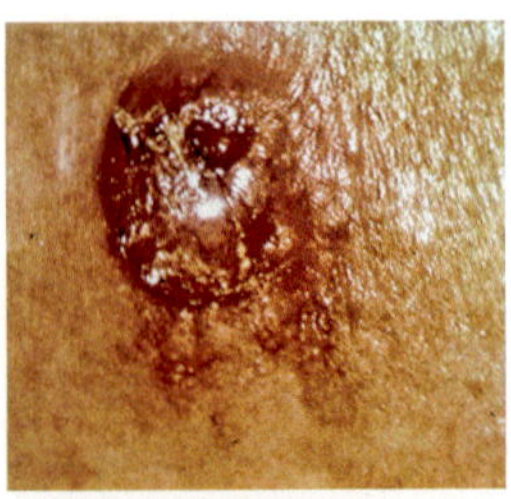

Abb. 3 Noduläres Basaliom mit zentralem Ulkus

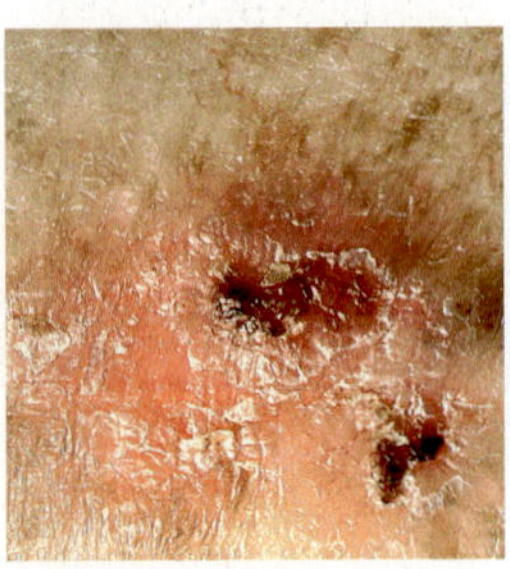

Abb. 4 Flaches Basaliom, das der Patient als schlecht heilende Wunde empfindet.

Definition und Epidemiologie: Krebs der Basalzellen der Epidermis. Das **Basaliom** ist der häufigste Krebs des Menschen. Es kommt in den üblichen Krebsstatistiken nicht vor, da es fast nie zum Tode führt. Es ist ein semimaligner Tumor, es zerstört angrenzendes Gewebe, metastasiert aber in der Regel nicht. 80 % der Basaliome betreffen Gesicht und Kopf.
Lokalisation und Symptome: Das Basaliom tritt vor allem auf den sog. Sonnenterrassen der Haut auf. So werden Hautareale bezeichnet, auf die die UV-Strahlung steil auftrifft und daher besonders stark einwirkt: Nase, Unterlid, Jochbeine und Stirn. Typisch für das Basaliom sind sichtbare Äderchen und eine perlmuttähnliche Farbe. Es kann knötchenartig (→ Abb. 3) oder flach wachsen (→ Abb. 4). Oft entsteht ein zentrales Ulkus.
Diagnostik: Die Diagnose erfolgt klinisch bzw. durch histologische Untersuchung.
Therapie: Das Basaliom sollte chirurgisch entfernt werden. Ist eine **Exzision** auf Grund ungünstiger Lokalisation oder fehlender Operationsfähigkeit des Patienten nicht möglich, wird eine Lokaltherapie mit Strahlen, Kälte oder Imiquimod-Creme durchgeführt. Imiquimod aktiviert das Immunsystem und bewirkt über eine Entzündungsreaktion die Rückbildung des Basalioms.
Besonderheit: Basaliome und andere Lichtschäden der Haut betreffen vor allem Menschen mit heller Haut, dem sog. **Hauttyp I**. Sie bräunen kaum und neigen sehr zum Sonnenbrand. Diese Menschen benötigen einen konsequenten Lichtschutz, nicht nur durch Sonnenschutzcremes, sondern auch durch Bekleidung und Meiden von Urlaubsorten mit starker Sonneneinstrahlung – insbesondere im Winter, wenn die Haut besonders hell und dünn ist.

MERKE

Basaliom und Plattenepithelkarzinom werden als **heller Hautkrebs** zusammengefasst.

Malignes Melanom

Definition: maligner Tumor der Melanozyten; schwarzer Hautkrebs (→ Abb. 1)
Epidemiologie: Melanome werden häufiger, da sie durch intensive UV-Bestrahlung gefördert werden und Sonnenbräune in den letzten Jahrzehnten der Mode entsprach.
Ursachen und Pathogenese: Sonnenbrände, vor allem vor der Pubertät, können Mutationen bewirken, die nach Jahren und Jahrzehnten zum Melanom führen. Melanome können in pigmentierten Hautmalen **(Nävi)** entstehen, aber auch in normaler Haut. Da Melanozyten während der Fetalzeit in die gesamte Haut einwandern, sind auch Melanomzellen noch „wanderfähig" und neigen extrem zur Metastasierung. Je schneller ein Melanom in die Tiefe bzw. durch die Basalmembran hindurchwächst, desto eher metastasiert es. Melanome, die eher flach wachsen, metastasieren daher nicht ganz so schnell wie knotig wachsende.
Diagnostik und Therapie: Bei klinischem Verdacht sollte eine vollständige Exzision erfolgen. Bestätigt der Pathologe die Malignität, wird ggf. erneut und mit größerem Sicherheitsabstand operiert, um sicherzustellen, dass alle malignen Zellen entfernt wurden. Dabei muss ggf. viel Gewebe exzidiert werden. Bei fortgeschrittenem Tumorstadium und Metastasierung stehen Chemotherapie, Bestrahlung, Immuntherapie z. B. mit monoklonalen Antikörpern und Medikamente gegen Tumor-Botenstoffe zur Verfügung.
Prävention: Siehe Ursachen. Da das Melanom aus Pigmentzellen entsteht und diese in Nävi sehr zahlreich sind, sollten Nävi grundsätzlich beobachtet und Veränderungen sowie neu auftretende Nävi stets abgeklärt werden. Im Zweifel erfolgt eine Exzision. Manche Patienten haben **dysplastische Nävi**, d. h. pathologische Zellveränderungen in Hautmalen, die zur Melanombildung neigen. Patienten mit dysplastischen Nävi sowie Verwandte von Melanompatienten werden engmaschig untersucht. Beim Melanompatienten selbst erfolgt eine gewissenhafte Nachsorge, bei der die gesamte Haut regelmäßig inspiziert wird.

Die **ABCDE-Regel** gibt an, welche Veränderungen für eine Dysplasie (pathologische Zellveränderung, ggf. Krebsvorstufe) sprechen:

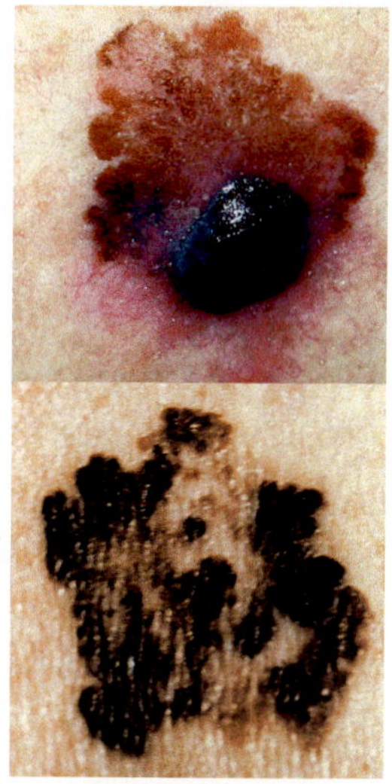

Abb. 1 Maligne Melanome

HINWEIS

Melanom bedeutet das gleiche wie **malignes** Melanom, da es kein benignes Melanom gibt.

ABCDE(S)-Regel: malignitätsverdächtige Symptome bei Pigmentnävi

A	B	C	D	E	S
Asymmetrie	unregelmäßige **B**egrenzung	**C**olor = unregelmäßige Farbe	**D**urchmesser >5 mm = Bleistiftdicke	**E**rhabenheit, **E**rweiterung	**S**ymptome – Bluten – Juckreiz

Seborrhoische Keratosen, sog. Alterswarzen, kommen mit zunehmendem Alter oft vor; sie entstehen bevorzugt am Rumpf. Da sie die ABCDE-Kriterien oft erfüllen, können sie mit Melanomen verwechselt werden. Sicherheit gibt z. B. die Beurteilung mit dem Auflichtmikroskop durch den Dermatologen. Die Exzision störender seborrhoischer Keratosen kann aus kosmetischen Gründen stattfinden, muss aber privat bezahlt werden.

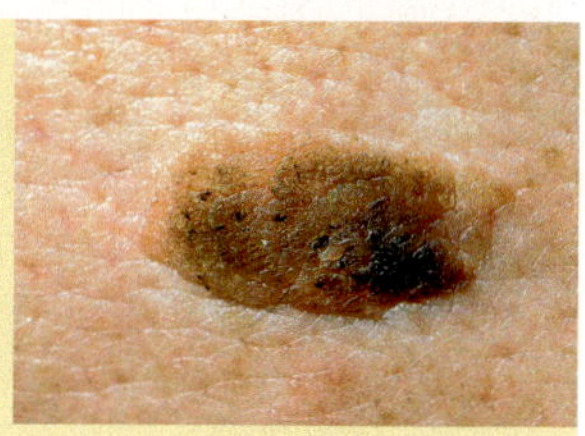

HINWEIS

Jedes Gewebe, das bei einem Menschen chirurgisch entfernt wird, muss durch einen Pathologen untersucht werden. Fälle, in denen Patienten an metastasierten Melanomen starben, nachdem zuvor „harmlose" Nävi exzidiert und kurzerhand entsorgt worden waren, haben zur Verurteilung der verantwortlichen Ärzte geführt.

Informationen zum malignen Melanom:
www.melanom-wissen.de

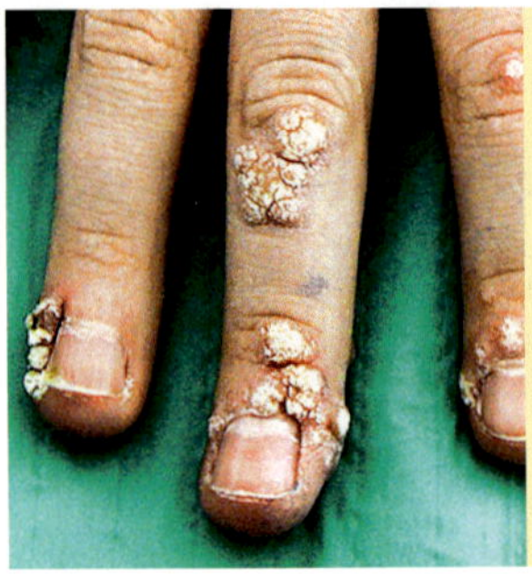

Viruswarzen (vulgäre Warzen, Verrucae vulgares) sind häufig und lästig. Sie entstehen v. a. bei empfindlicher Haut und bei Kindern, weil Warzenviren bei intaktem bzw. ausgereiftem Immunsystem meistens erfolgreich abgewehrt werden. An den Fußsohlen bilden vulgäre Warzen schmerzhafte sog. **Dornwarzen**, da sie mit jedem Schritt tiefer in die Hornschicht getrieben werden. Vor jeder Therapie ist zu bedenken, dass Warzen bei intakter Abwehr und Durchblutung von selbst heilen und die Behandlung nicht so aggressiv sein darf, dass es blutet. Das Blut ist stark virenhaltig und kann zur „Aussaat" neuer Warzen führen. Bei wenig ausgedehntem Befall ist daher das Prinzip: Lokaltherapeutika auftragen und Geduld haben.

Terminologie: Dermatologie

ABCDE-Regel	Schema zur Erkennung dysplastischer Nävi (Asymmetrie, Begrenzung, Color, Durchmesser, Erweiterung, Erhabenheit)
aktinische Keratose	strahlungsbedingte Verhornungsstörung der Haut
Allergen	Allergie auslösendes Antigen
Allergie	erworbene Überreaktion auf ein Antigen bzw. Allergen
Typ-I-Allergie	Allergie vom Soforttyp, z. B. Heuschnupfen und Asthma
Typ-IV-Allergie	Allergie vom verzögerten Typ, z. B. Kontaktekzem durch Nickel
Allergologie	Lehre von den Allergien, ihrer Diagnostik und Behandlung
Antihistaminikum	antiallergisches Mittel zur Anwendung bei Typ-I-Reaktionen
Atopie (Adj. **atopisch**)	genetische Neigung zu Asthma, Heuschnupfen, Neurodermitis und Nahrungsmittelallergien
Basaliom (Syn. **Basalzellkarzinom**)	Basalzellkrebs (Variante des hellen Hautkrebses; semimaligner Tumor, d. h. Krebs, der nicht metastasiert)
Basalmembran	Trennschicht zwischen Epithel (Epidermis) und Lederhaut
Basalzellschicht	unterste Zellschicht der Epidermis, die der Regeneration dient
Dermatologie	Lehre von den Haut- und Geschlechtskrankheiten
Dermatose	Hautkrankheit
Dermatoskop	Gerät zur vergrößerten Betrachtung von Hautveränderungen
Dermis	Lederhaut; Hautschicht zwischen Epidermis und Subkutis
dysplastischer Nävus	Hautmal mit krebsverdächtigen Zellveränderungen
Effloreszenz	pathologische Hauterscheinung, z. B. Bläschen, Pustel
Ekzem (Dermatitis)	Entzündung der Haut
Epidermis	Oberhaut; Epithelschicht der Haut
Epikutantest	Allergietest zur Diagnostik von Typ-IV-Allergien
Exanthem	Hautausschlag
Exzision	chirurgische Entfernung
Histamin	Botenstoff, der an Typ-I-Allergien beteiligt ist
IgE-Antikörper	allergiespezifische Antikörper
IgG-Antikörper	„normale" Antikörper, die Antigene neutralisieren

Inhalationsallergene	Allergene, die überwiegend eingeatmet werden
Interdigitalmykose	Fußpilz der Zehenzwischenräume (Interdigitalräume)
Konjunktivitis	Bindehautentzündung
Kryotherapie	Kältetherapie; sog. Vereisung
Kutis (Cutis)	Haut (Epidermis und Dermis)
Melanin	dunkles Hautpigment
Melanozyt	Melanin bildende Zelle der Haut
Nävus (Mz. **Nävi**)	(pigmentiertes) Hautmal; Muttermal
Neurodermitis (Syn. **endogenes Ekzem, atopische Dermatitis**)	chronische Hauterkrankung, die durch Juckreiz und Entzündung gekennzeichnet ist und oft mit Asthma, Pollen- und Nahrungsmittelallergien zusammen vorkommt
Onychomykose	Nagelpilz
orales Allergiesyndrom	allergische Symptome in Mund und Rachen
Prick-Test	Allergietest zur Diagnostik von Typ-I-Allergien
Psoriasis	Schuppenflechte (sprich Psoríasis)
Sensibilisierung	Lernvorgang des Immunsystems, dessen Ergebnis eine Allergie ist
spezifische Immuntherapie (**SIT**; Syn. **Hyposensibilisierung**)	Behandlung, bei der in steigenden Mengen eins oder mehrere Allergene zugeführt werden, um dem Immunsystem die allergische Reaktion allmählich abzugewöhnen
Subkutis (Subcutis)	Unterhaut; Hautschicht unterhalb der Dermis
Syndet	synthetisches Detergens; schonendes Hautwaschmittel
Verruca vulgaris	gewöhnliche Viruswarze

Unter **www.skincancer.org** gibt es umfassende Informationen und Bilder zu Hautkrebs und -früherkennung, z. B. das „Hässliches-Entlein-Zeichen" (Ugly-Duckling-Sign): ein Nävus unter vielen sieht einfach „komisch" aus.

AUFGABEN

1 Nennen Sie die Funktionen, die die Haut erfüllt.

2 Erklären Sie den Aufbau der Haut unter Verwendung der Fachbegriffe.

3 Erläutern Sie die Begriffe Öl-in-Wasser- und Wasser-in-Öl-Emulsion.

4 Welche Ursachen und Auslöser der Neurodermitis kennen Sie?

5 Nennen Sie Wirkungen und Nebenwirkungen der Kortikoide.

6 Erklären Sie, warum Psoriasis nicht ansteckend ist.

7 Nennen Sie die Dysplasiezeichen für Nävi nach dem ABCDE(S)-Schema.

8 Wie heißt der häufigste Hautkrebs des Menschen?

9 Was bedeutet der Begriff „semimaligne"?

10 Nennen Sie den Fachbegriff für die häufigen sog. Alterswarzen.

11 Geben Sie an, welche Erreger vulgäre Warzen hervorrufen.

4 Wundheilung und Wundversorgung

4.1 Wundheilung

Jede Verletzung bzw. Schädigung der Haut wird durch eine Entzündung beantwortet, deren Ziel die vollständige Regeneration, d. h. Wiederherstellung, des Gewebes ist. Die Wundheilung kann grundsätzlich **primär**, d. h. direkt und komplikationslos, oder **sekundär**, d. h. erschwert und verzögert, stattfinden. Sekundäre Wundheilung erzeugt mehr Narbengewebe.

Primäre Wundheilung (Wundheilung per primam, p. p.)

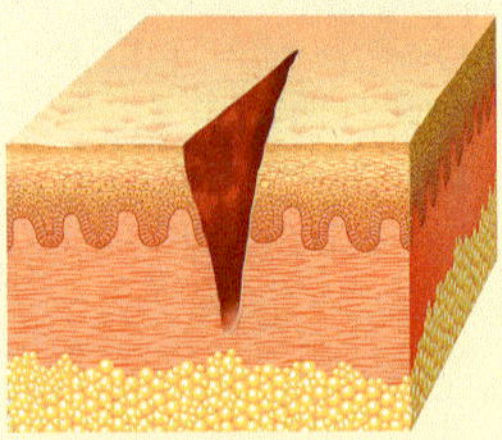

klaffende Schnittwunde mit glatten, sauberen Wundrändern

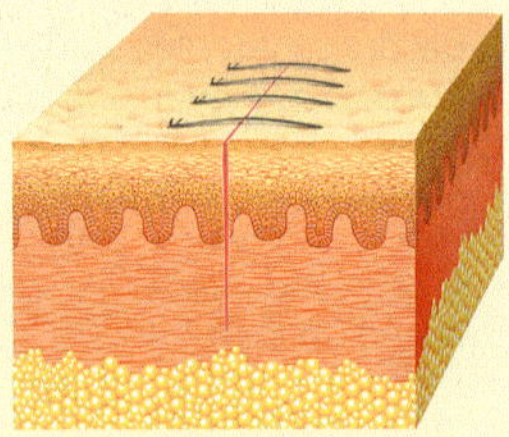

primäre Wundversorgung mit Naht, rasche Heilung vom Wundrand aus

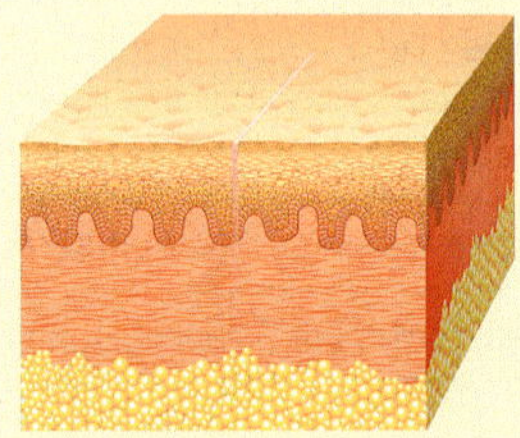

Ergebnis: minimale Narbenbildung, Belastbarkeit nach Wochen

Sekundäre Wundheilung (Wundheilung per secundam, p. s.)

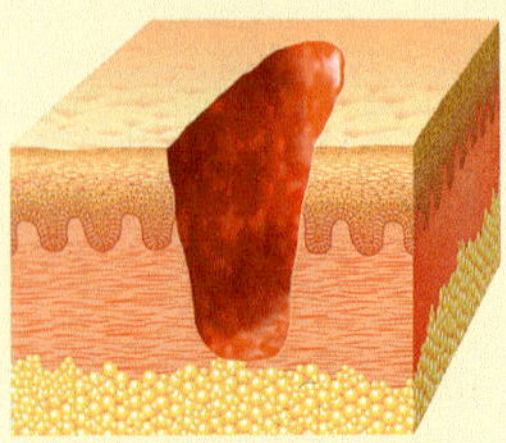

tiefe Gewebsverletzung

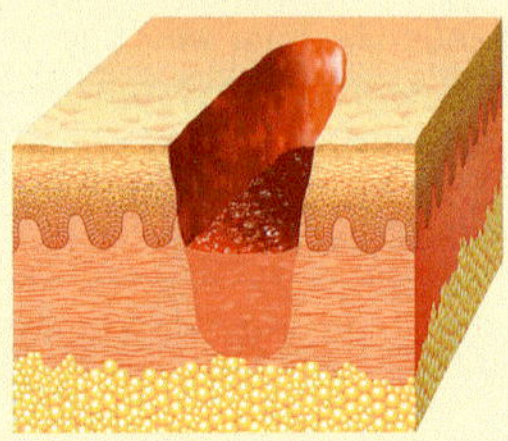

langsame Heilung vom Wundgrund aus

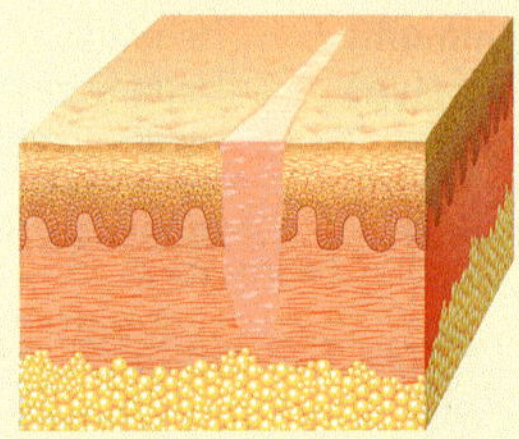

Ergebnis: ausgeprägte Narbe, Belastbarkeit nach Monaten

Grundsätzlich durchläuft die Wundheilung immer mehrere Phasen (→ Abb. 1):

- Phase der **Blutstillung** und entzündlichen **Wundreinigung**
- Phase der **Neubildung** von Bindegewebe und Epithel
- Phase der **Narbenausreifung** und -schrumpfung

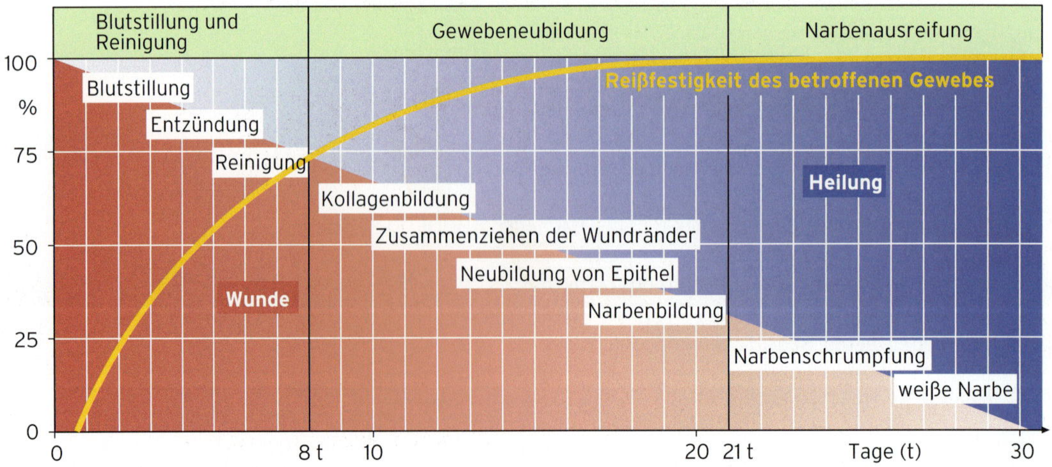

Abb. 1 Phasen der Wundheilung

Akute Wunden entstehen meistens durch Verletzungen. Sie kommen aber auch durch Operationen zu Stande. Jeder chirurgische Schnitt erzeugt eine Schnittwunde.

Zunächst kommt es spontan oder unterstützt durch Kompression zur Blutstillung. An der Schwellung der Wundränder erkennt man die **Entzündung**, die der Wundreinigung und Heilung dient (→ Abb. 1a). Wird die Wunde offen behandelt, bildet sich nach wenigen Tagen am Wundgrund eine rote, rau wirkende Oberfläche, das **Granulationsgewebe** (→ Abb. 1b). Dieses bildet sich allmählich in frisches, rötliches **Narbengewebe** um (→ Abb. 1c). Mit der Zeit wird die Narbe weiß. Sie reift nach und nach aus und wird belastbar. Nach etwa einem Jahr verändert sie sich nicht mehr (→ Abb. 1d).

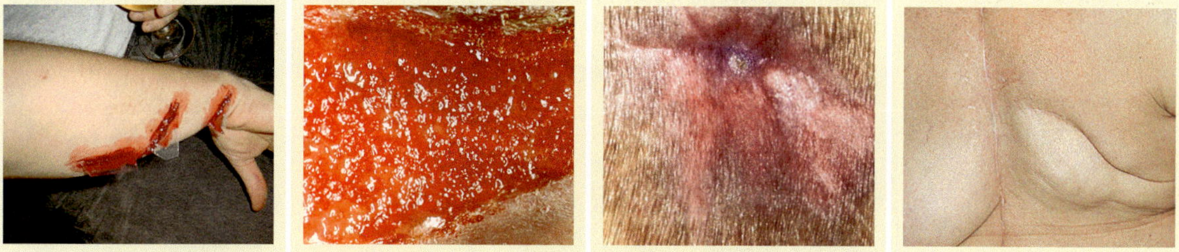

a frische Schnittwunde | **b** Granulationsgewebe | **c** Narbenbildung | **d** ältere Narben

Abb. 1 Phasen der Wundheilung

Bei der **primären Wundheilung** bildet sich wenig Narbengewebe, da die Wundränder nah aneinanderliegen und keine heilungsverzögernden Faktoren vorliegen. Die primär heilende Wunde ist frisch, d. h. unter 6-8 Stunden alt, sauber, nicht zerfetzt und nicht nekrotisch.

Nekrose
→ Bd. 1, LF 4, S. 350

Wundheilungsstörungen

Umstände, die die Wundheilung stören und zur **sekundären Heilung** führen, sind insbesondere folgende Faktoren:

- Durchblutungsstörungen: Arteriosklerose, Varikosis (→ Abb. 2a), Druck auf die Wunde durch Aufliegen des Körpers oder einen falsch angelegten Verband
- Stoffwechselstörungen bei Diabetes mellitus (→ Abb. 2b)
- Wundinfektionen: Tier- oder Menschenbiss, Schmutz, Fremdkörper, Klinikkeime (→ Abb. 2c)
- Ernährungsstörungen: Unter- oder Fehlernährung, Vitaminmangel, Alkoholkrankheit
- Cortison- und Zytostatikatherapie sowie andere die Immunfunktionen störende Faktoren
- hohes Alter: Alle Zellteilungs- und Regenerationsvorgänge laufen verlangsamt ab.

HINWEIS

Eine chronische Wunde ist eine Wunde, die innerhalb von acht Wochen nicht zuheilt.

Vor allem durch eine Kombination der genannten Faktoren kann aus einer kleinen Verletzung bzw. Wunde eine große, chronische Wunde werden.

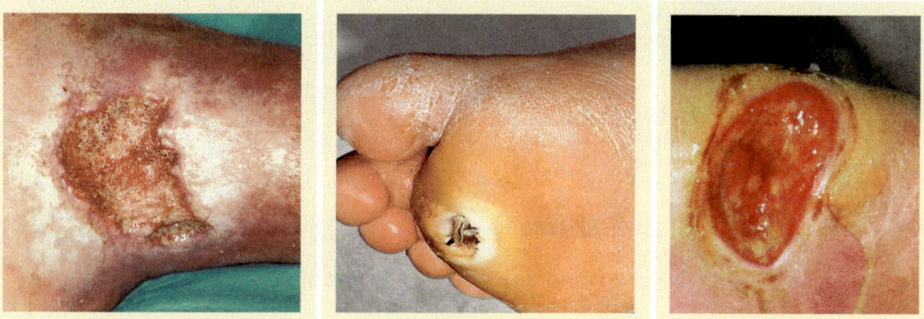

a Ulcus cruris bei unbehandelter Varikosis | **b** Tiefes diabetisches Fußulkus | **c** Infizierte Wunde mit eitrigem Sekret und geschwollenem Wundrand

Abb. 2 Problemwunden, d. h. sekundär heilende Wunden

4.2 Wundversorgung

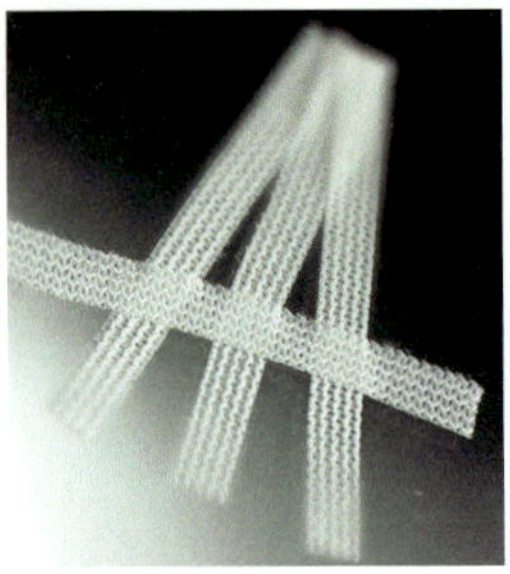

Abb. 1 Leukostrip®

Die Erstversorgung frischer, unkomplizierter Wunden erfolgt so bald wie möglich nach der Verletzung. Dies nennt man **primäre Wundversorgung**. Sie kann mit oder ohne Naht erfolgen und findet spätestens 8 Stunden nach der Verletzung statt. Zuvor wird eine blutende Wunde ggf. mit einer sterilen **Kompresse** oder etwas Gleichwertigem komprimiert, bis die Blutung steht. Wichtig ist, dass die Kompresse nicht mit der Wunde bzw. Blut und Sekret verklebt. Sobald die Blutung gestillt ist, kann die Wunde genäht und/oder verbunden werden. Kleine, d. h. unter 2 cm lange, trockene Wunden können auch mit Gewebekleber oder Wundnahtstreifen (z. B. Leukostrip®) verschlossen werden. Die Naht bzw. Klebung einer frischen Wunde nennt sich **primärer Wundverschluss**. Manchmal ist es notwendig, zunächst zerfetzte Wundränder auszuschneiden, um eine Wunde primär zu nähen (→ Abb. 2).

primärer Wundverschluss
→ LF 10, S.123

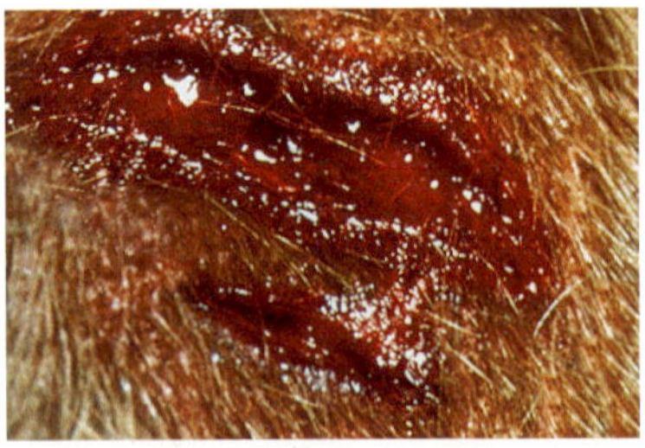

Abb. 2 Kopfplatzwunde: Vor der Naht werden die Wundränder begradigt.

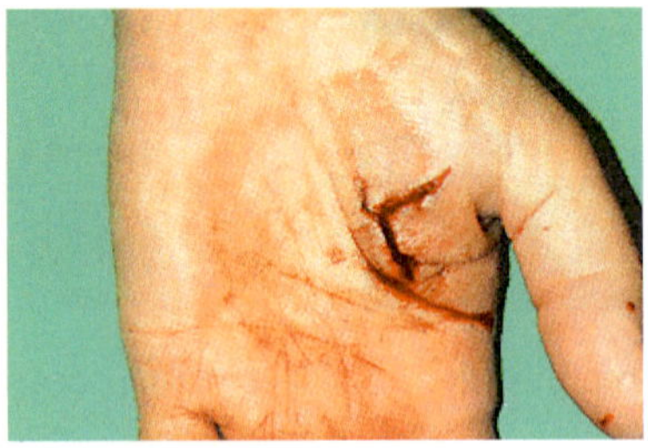

Abb. 3 Bisswunde

Ist eine Wunde älter als 8 Stunden, infiziert oder zerfetzt, kann sie nicht einfach zugenäht werden. Dies würde zu einer schweren bakteriellen Infektion und zur Heilungsverzögerung führen. Beispielsweise sind Bisswunden immer infiziert, da die Zähne von Mensch und Tier stets pathogene Bakterien in die Wunden einbringen (→ Abb. 3). In diesen Fällen wird zunächst zerfetztes bzw. nekrotisches Gewebe entfernt, die Infektion behandelt und ggf. erst nach einigen Tagen offener Wundbehandlung eine **sekundäre Wundversorgung** mit **sekundärem Wundverschluss** (d. h. einer Naht) durchgeführt.

Tetanusschutz im Verletzungsfall

Tetanusinfektion
→ Bd. 1, LF 3, S.278

Aktiv-, Passiv- und Simultanimpfung
→ Bd. 1, LF 3, S.293

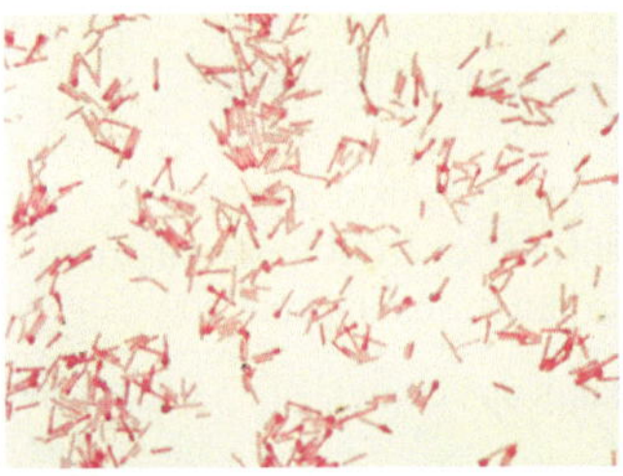

Abb. 4 Tetanusbakterium

Jede offene Wunde gilt als tetanusinfiziert. Je nach Anzahl der erhaltenen Aktivimpfungen und Art der Wunde (einfach, sauber oder kompliziert: tief, zerfetzt, schmutzig, infiziert) muss der Patient aktiv und/oder passiv gegen Tetanus geimpft werden. Laut STIKO wird bei Indikation zur Aktivimpfung nicht gegen Tetanus allein, sondern mit Tdap-Impfstoff gleichzeitig gegen Tetanus, Diphtherie und Pertussis geimpft (bei Kindern unter 6 Jahren mit DTaP).

Tetanusimpfung im Verletzungsfall abhängig vom Impfstatus

Grundimmunisiert mit ≥ 3 Impfungen?	kleine, saubere Wunde	große, tiefe, schmutzige Wunde
Ja, vor < 5 Jahren	keine Impfung nötig	
Ja, vor 5–10 Jahren	keine Impfung nötig	Aktivimpfung
Ja, vor > 10 Jahren	Aktivimpfung	Aktivimpfung
unbekannt		Aktiv- und Passivimpfung
Nein, noch nie gegen Tetanus geimpft		Aktiv- und Passivimpfung; nach 1 und 6–12 Monaten weitere Aktivimpfungen, d. h. vollständige Grundimmunisierung

Weitere Informationen zur Tetanus-Immunprophylaxe www.rki.de/DE/Content/Infekt/EpidBull/Merkblaetter/Ratgeber_Tetanus.html

Durchführung der primären Wundversorgung

Eine primär versorgte Wunde wird nach ärztlicher Anordnung ggf. desinfiziert und mit einer sterilen **Kompresse** bedeckt.

Die Kompresse wird mit zwei Pflasterstreifen, mit einem Rahmen aus Pflasterstreifen oder mit passend zugeschnittenem Flächen-Fixierpflaster befestigt. Für Körperrundungen wird das Pflaster ggf. eingeschnitten. Die Abdeckung der Wunde dient dem Schutz vor Schmutz und Krankheitserregern. Sie soll nicht luftdicht sein, damit keine feuchte Kammer entsteht, in der sich Bakterien vermehren.

Sobald die Wunde nicht mehr nässt bzw. blutet, kann auf einen (neuen) Verband verzichtet werden. Er kann zum Schutz der Wunde durch einen dünneren, luftdurchlässigen **Wundschnellverband** ersetzt werden. Der Patient sollte anschließend ggf. über der Wunde heiß waschbare Kleidung, z. B. weiße Baumwollunterwäsche, tragen und diese täglich bzw. bei Verschmutzung öfter wechseln.

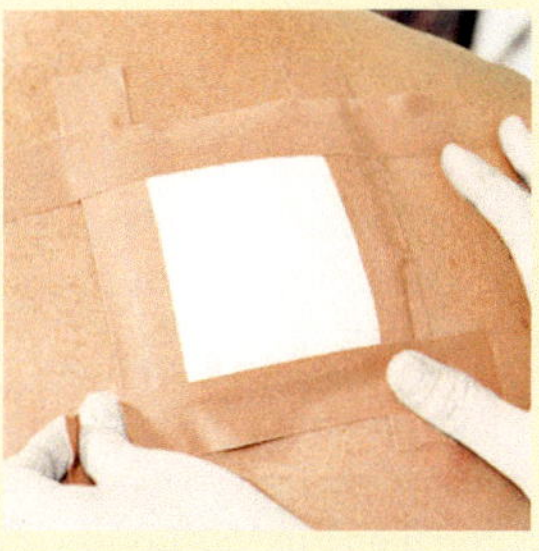
Rahmenverband aus Kompresse und Pflasterstreifen

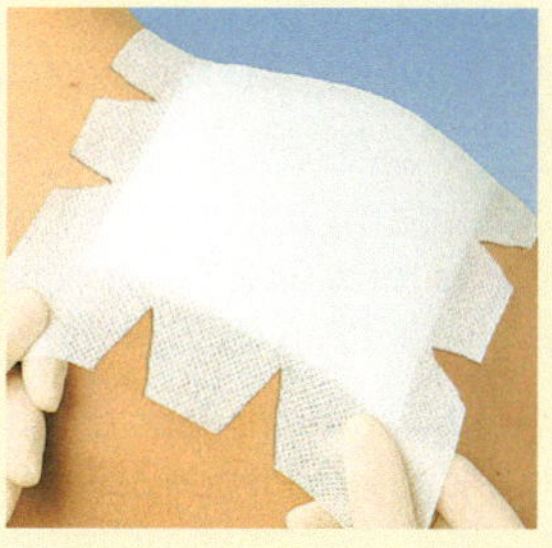
Befestigung der Kompresse mit zugeschnittenem Fixierpflaster

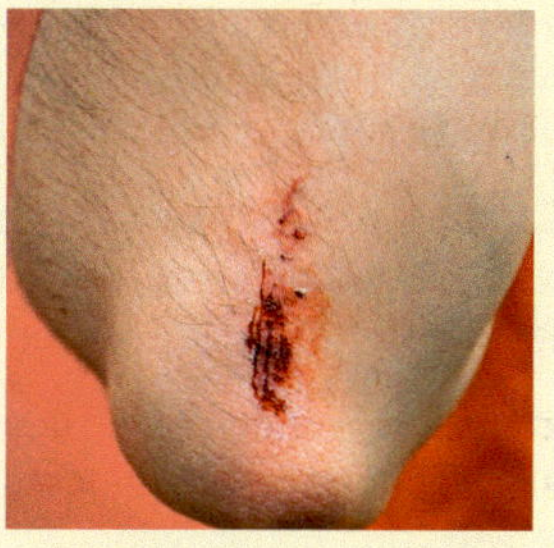
Die trockene Wunde kann offen abheilen.

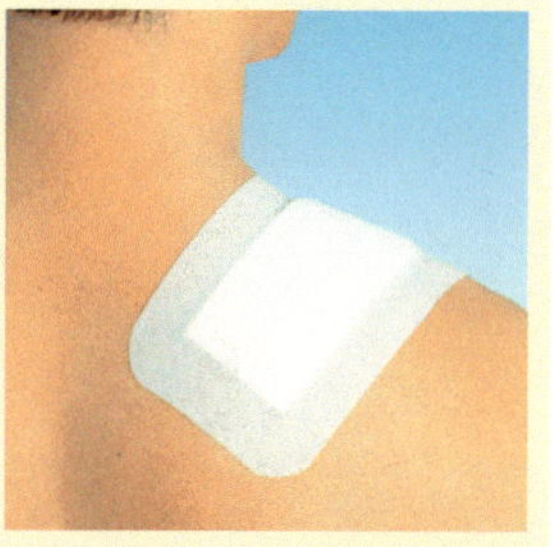
Wundschnellverband

Unkomplizierte Wunden sind relativ einfach zu versorgen, sofern alle Beteiligten die Grundregeln beachten. Dazu gehört die hygienische Händedesinfektion vor und nach jedem Verbandwechsel, das Tragen von Handschuhen und die vorschriftsmäßige Entnahme der sterilen Materialien (→ Abb. 1) im Sinne der Non-Touch-Technik.

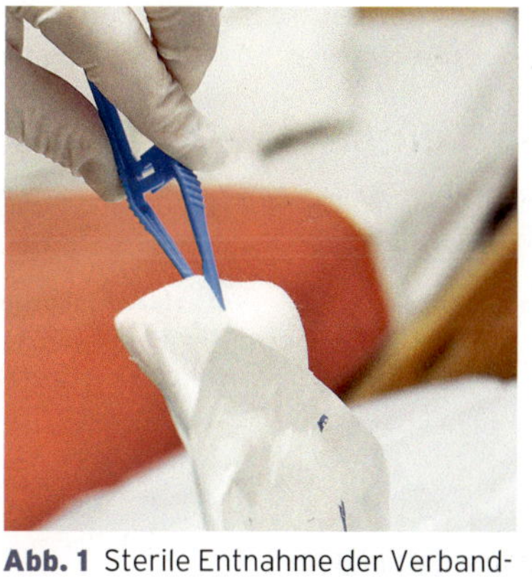
Abb. 1 Sterile Entnahme der Verbandstoffe

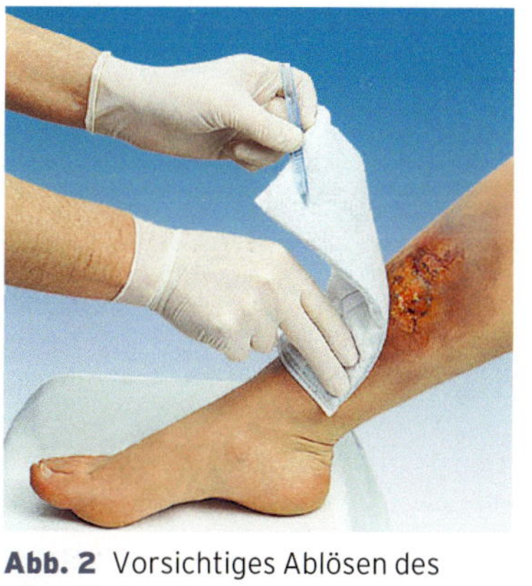
Abb. 2 Vorsichtiges Ablösen des alten Verbandes

Die Wundversorgung findet in einem geeigneten Raum statt, dessen Einrichtung, Fußboden und Wände gereinigt und desinfiziert werden können. Während des Verbandwechsels selbst wird nicht gesprochen oder das Gesicht der Wunde genähert, um eine Tröpfcheninfektion der Wunde zu vermeiden. Alte Verbände werden sehr vorsichtig gelöst (→ Abb. 2). Sterile, zimmerwarme NaCl- oder **Ringer-Lösung** kann helfen, Verklebungen zu lösen. Alte Verbandmaterialien werden in einen mit dem Fuß zu betätigenden Abfallbehälter entsorgt. Mehrfach verwendbare Instrumente werden zur Wiederaufbereitung sicher abgelegt und zwischengelagert.

Wiederaufbereitung chirurgischer Instrumente
→ Bd. 1, LF 3, S. 312

Kleine **Hautverletzungen**, die bei der Gartenarbeit, beim Heimwerken und im Umgang mit Haustieren oft passieren, dienen Krankheitserregern als Eintrittspforten. Wer infektionsgefährdende Praxistätigkeiten durchführt, hat einen Grund mehr, auch in der Freizeit Hautschutzcremes, Schutzhandschuhe usw. zu nutzen.

4.3 Wundmanagement

Initiative chronische Wunde
www.ic-wunden.de

Wundmanagement ist das Zusammenwirken aller beteiligten Berufsgruppen (Arzt, spezialisierte MFA, Pflegedienst, Diabetesberaterin, Apotheker, Fußpflegerin usw.) bei der Versorgung chronischer Wunden. Die Initiative chronische Wunde (ICW) und andere Organisationen haben Leitlinien erarbeitet und bieten Seminare und Materialien an, damit die gesicherten Erkenntnisse der Wundbehandlung und –prävention genutzt und folgenschwere Behandlungsfehler vermieden werden.

Wundheilungsstörungen → LF 10, S.121

Die Ursache(n) der Wundheilungsstörung sind – soweit möglich – zu therapieren bzw. zu beheben. Außerdem muss die Versorgung chronischer Wunden planvoll und systematisch erfolgen. Die Anwendung von Hausmitteln ist als Kunstfehler anzusehen. Zum Wundmanagement gehört außer der **Wundbehandlung** und dem **Verbandwechsel** selbst auch die genaue **Beurteilung der Wunde** hinsichtlich

- Nekrosen,
- Infektion und
- Heilungsverlauf.

Daneben ist die eingehende Dokumentation des Wundzustands, der Größe und der durchgeführten Maßnahmen notwendig.

Nekrosen müssen mechanisch (chirurgisch) und/oder mittels enzymhaltiger Wundauflagen bzw. Therapeutika entfernt werden, da totes Gewebe als Nährboden für Erreger dient und die Heilung stört. Die Nekrosenentfernung wird als **Débridement** bezeichnet.

Chronische Wunden heilen besser, wenn sie feucht gehalten werden. Im feuchten (nicht nassen) Milieu können Entzündungszellen und faserbildende Zellen besser wandern und so die Wunde reinigen und neues Bindegewebe bilden. Es stehen vielfältige Materialien zur Verfügung, die die Heilung chronischer Wunden verbessern und unterstützen:

Salbenkompresse
Textiles Gitter mit Salbe; die Kompresse verhindert ein Verkleben des Verbands mit der Wunde.

Aktivkohlekompresse
Sie nimmt viel Sekret auf und bindet bakterielle Gerüche.

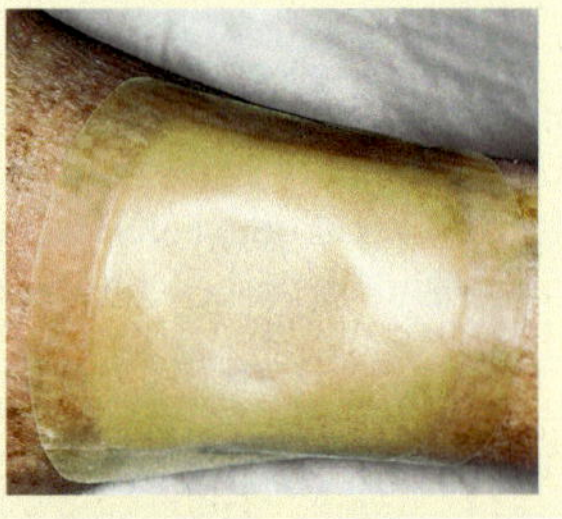

Hydrokolloidverband
Der Verband bindet Wundsekret und bildet damit eine sichtbare Blase; er ist einfach anwendbar und kostengünstig.

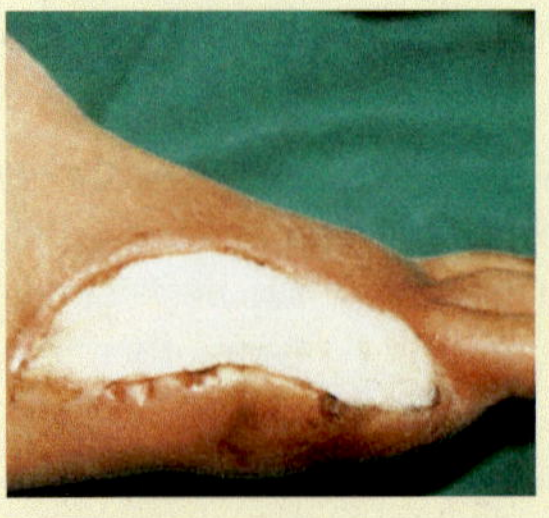

Alginatkompresse
Sie nimmt Sekret auf und ist bei Infektionen anwendbar. Sie muss mit einem Verband fixiert werden.

Schaumstoffkompresse
Sie ermöglicht die Verdunstung von Sekret ohne Austrocknung der Wunde.

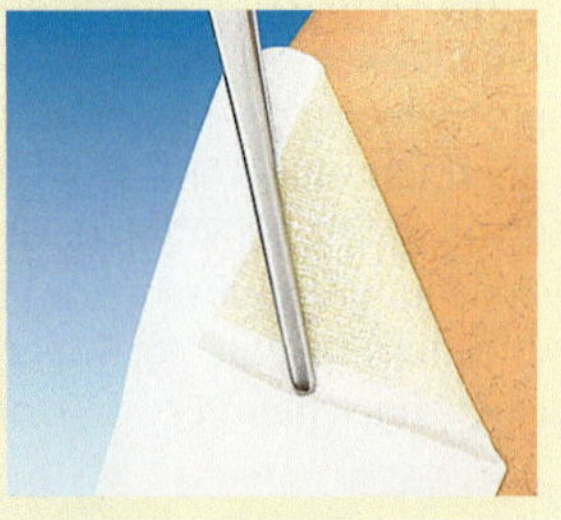

Hydrogelkompresse
Sie hält die Wunde feucht, löst Nekrosen und verbessert die Selbstreinigung der Wunde.

5 Kleine Chirurgie in der Praxis

Kleine operative Eingriffe können in der Hausarztpraxis durchgeführt werden. Beispiele für die sog. kleine Chirurgie sind die primäre Wundversorgung mit und ohne Naht, die Entfernung von Zecken, Fremdkörpern und Nävi. Kleine **Abszesse** (Eiteransammlungen im Gewebe) können eröffnet und Nahtmaterial kann entfernt werden.

Bei allen Operationen und Wundversorgung gelten die Grundsätze und Vorschriften der BGR TRBA 250 bzw. des RKI, die im Hygieneplan der Praxis zusammengestellt sind:

- allgemeine Hygiene, Asepsis und Antisepsis (→ Bd. 1, LF 3, S. 304)
- Aufbereitung der Instrumente und Materialien (→ Bd. 1, LF 3, S. 312)
- Tragen von Bereichs- und Schutzkleidung (→ Bd. 1, LF 3, S. 302)
- hygienische und chirurgische Händedesinfektion (→ LF 3, S. 307)
- dem Risiko angepasste Hautdesinfektion beim Patienten (→ Bd. 1, LF 3, S. 306)

BGR TRBA 250
→ Bd. 1, LF 3, S.305

Hygieneplan der Praxis
→ Bd. 1, LF 3, S.305

5.1 Nahtmaterial und Nahtentfernung

Steriles **Nahtmaterial** gibt es in zwei Arten: **resorbierbar** und nicht resorbierbar (→ Abb. 1 und 2). Resorbierbare Fäden lösen sich nach einiger Zeit auf. Man verwendet sie im Körperinneren, da man z. B. nach einer Appendektomie nicht erneut den Bauch öffnen kann, um Fäden zu ziehen. Auf der Körperoberfläche wird nicht resorbierbares Nahtmaterial eingesetzt, das nach Abschluss der Wundheilung entfernt wird. Es besteht aus Kunststoff, ist farbig und daher gut erkennbar. Außerdem ist es sehr glatt und wächst nicht in die Haut ein. Nadel und Faden werden als Einheit geliefert. Dadurch ist der Übergang zwischen ihnen dünn und erzeugt keine Verletzungen.

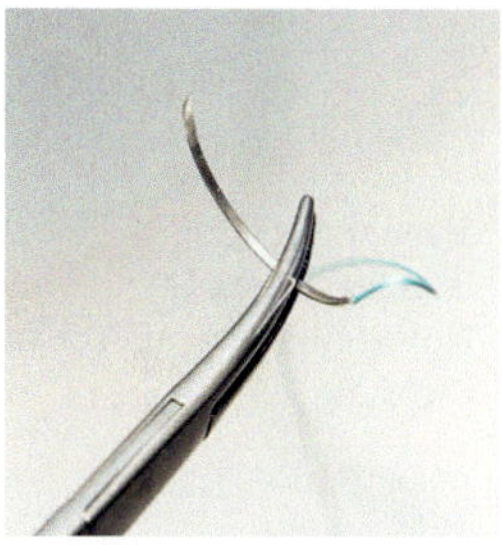

Abb. 1 Nadel mit Nahtmaterial in gebogenem Nadelhalter

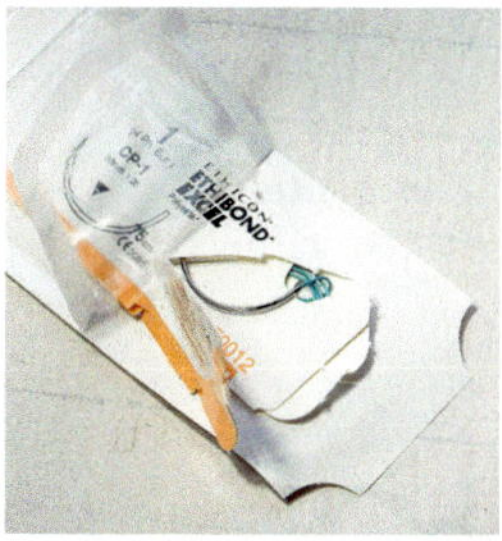

Abb. 2 Nahtmaterial in handelsüblicher Verpackung

Die Wundheilung verläuft nicht an allen Körperstellen gleich schnell. „Im Gesicht heilt alles" lautet eine chirurgische Erfahrung – und im Gesicht heilen Wunden auch am schnellsten. Zieht man Fäden zu früh, kann sich die Naht öffnen und es muss eine sekundäre Heilung oder sekundäre Wundversorgung erfolgen – mit unschönem optischem Ergebnis. Entfernt man Fäden zu spät, sind sie schwerer zu ziehen und erzeugen auffallende punktförmige Narben. Die Grundregel für den Zeitraum der Fadenentfernung lautet daher:

MERKE

Je weiter eine **Naht** vom Gesicht entfernt ist, desto später wird sie entfernt:
- Gesicht und Hals nach 4-7 Tagen
- Rumpf (Bauch, Rücken, Leisten) nach 9-11 Tagen
- obere Extremitäten nach 10-12 Tagen
- untere Extremitäten nach 12-14 Tagen, gelenknah (wegen der Bewegung) 14 Tage

Entfernung nicht resorbierbaren Nahtmaterials

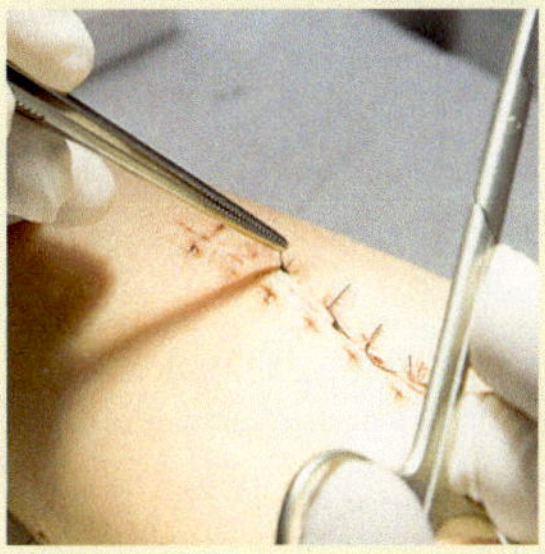

Die MFA trägt unsterile Handschuhe. Sie hebt das geknotete Fadenende mit einer anatomischen Pinzette an.

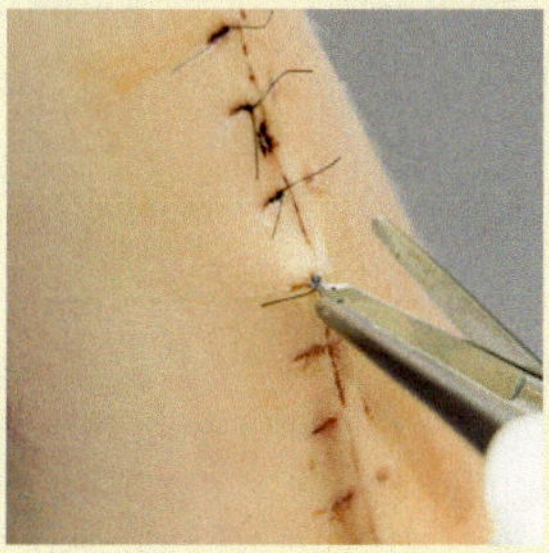

Sie durchtrennt den oberen Teil der Fadenschlinge mit einer kleinen Schere oder einem Fadenmesser.

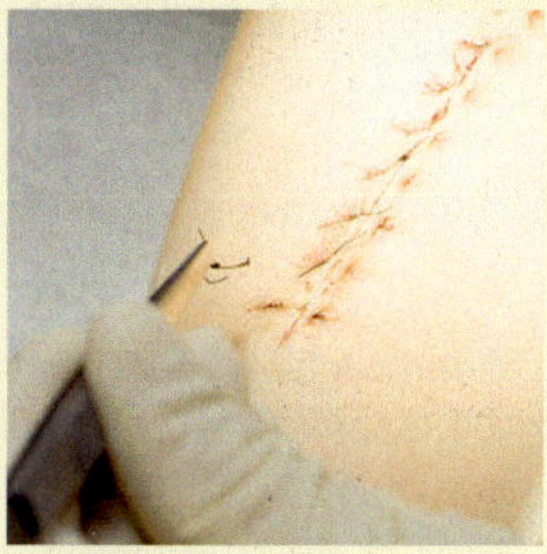

Sie zieht den Faden heraus und legt ihn auf eine bereitgelegte Kompresse oder in eine Abwurfschale.

5.2 Instrumente

Instrumente der kleinen Chirurgie mit Funktion bzw. Besonderheiten		
		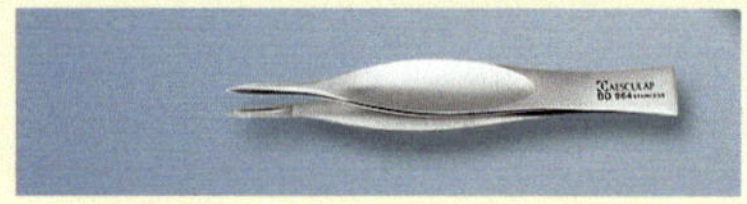
anatomische Pinzette Fassen und Halten von Fäden und Tupfern	**chirurgische Pinzette** sicheres Fassen und Halten von Wundrändern und Geweben	**Splitterpinzette** Entfernen von Splittern, Stacheln, Fremdkörpern und Zecken
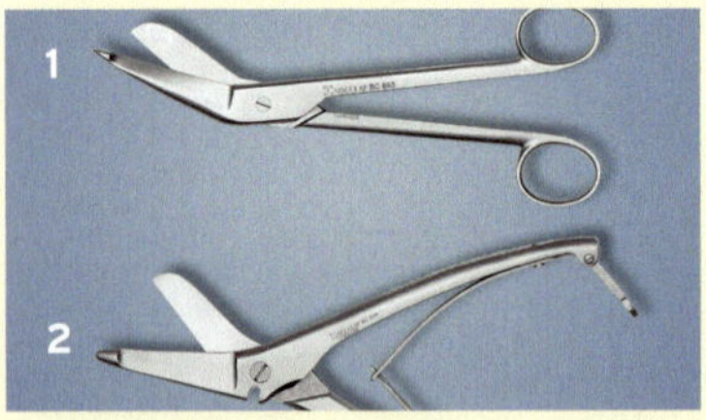	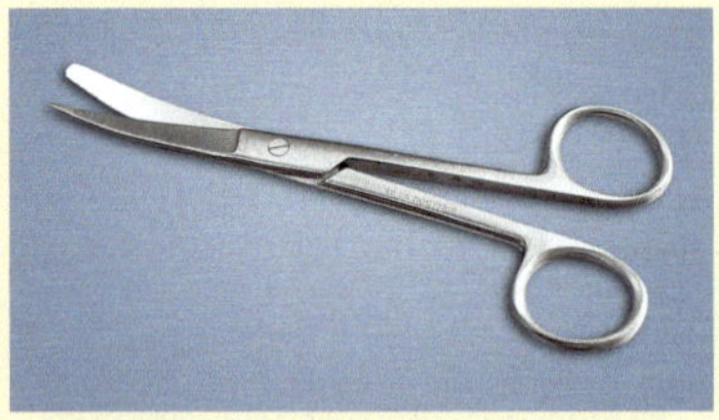	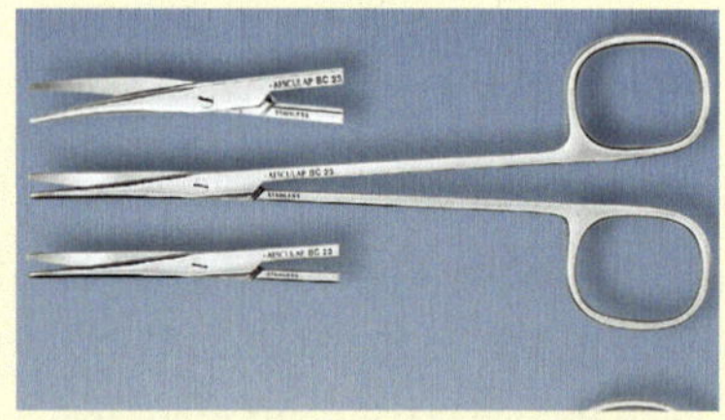
Verbandschere (1), **Kleiderschere** (2) Aufschneiden von Verbänden bzw. Kleidung	**chirurgische Schere** (abgerundet oder spitz) Fadenschnitte, Exzisionen usw.	**Präparierschere** ermöglicht gewebeschonende subkutane Schnitte
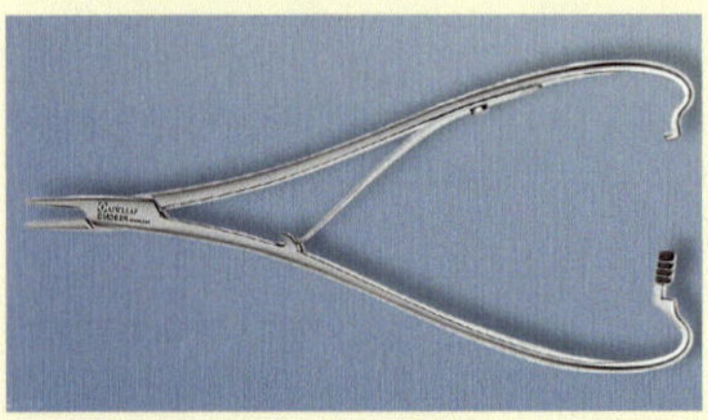	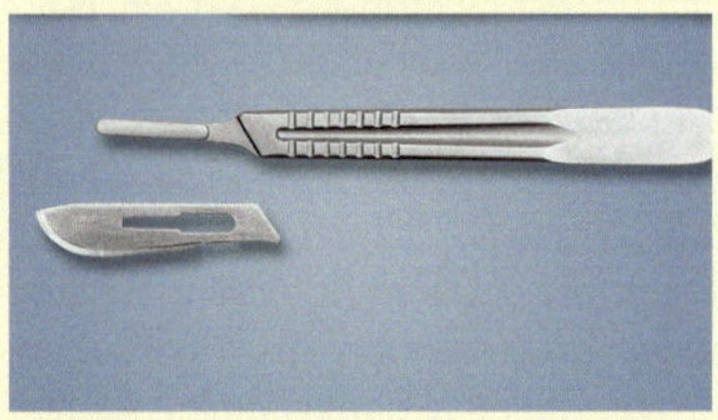	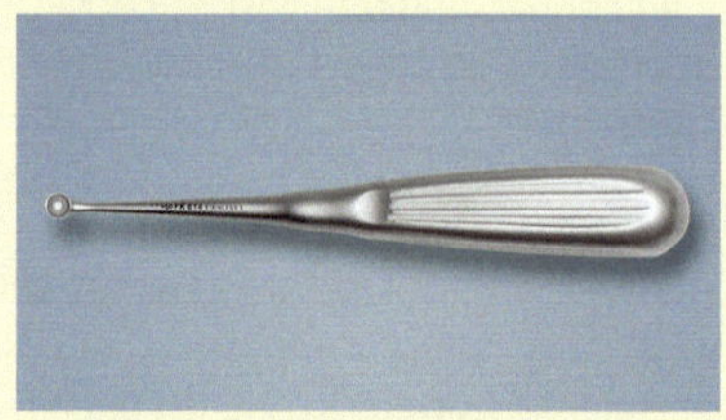
Nadelhalter Halten und Führen der Nadel mit Faden	**Skalpell** (hier mit Einmalklingen) Schnitte, Exzisionen, Inzisionen	**scharfer Löffel** nach Volkmann Entfernen von Dellwarzen, aktinischen Keratosen usw.
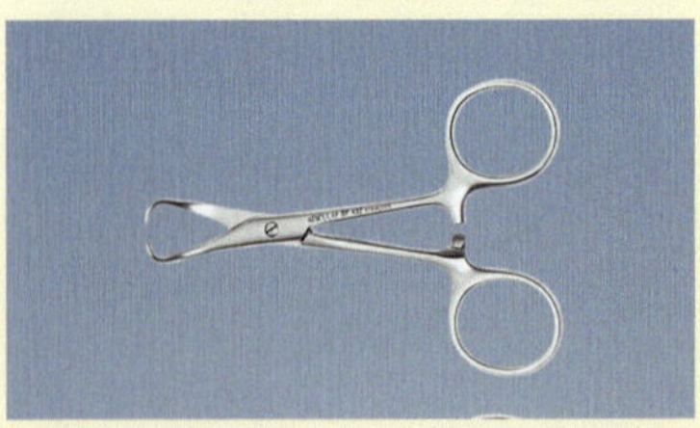	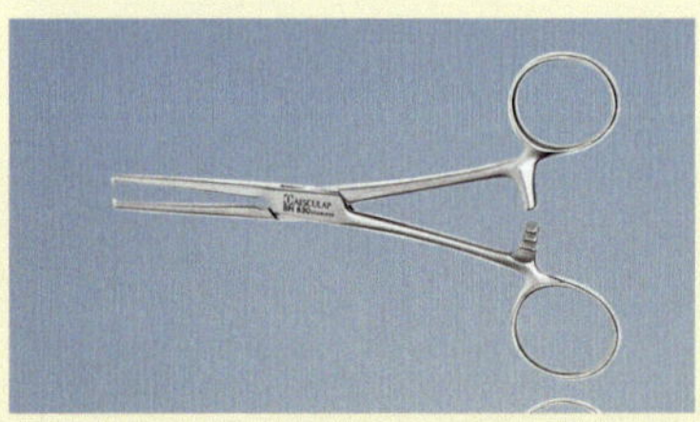	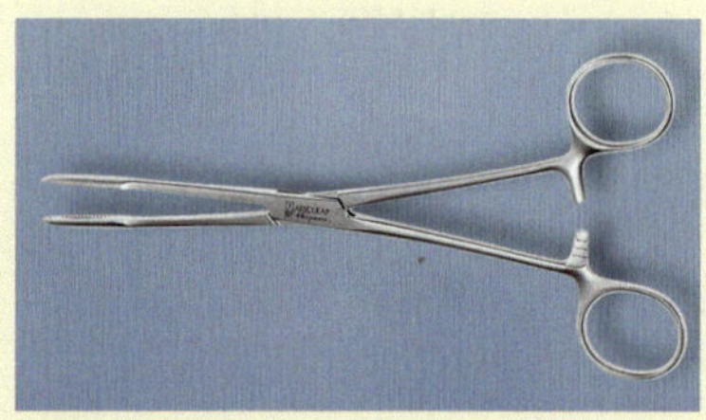
Backhaus-Klemme Tuchklemme zum Befestigen von OP-Tüchern	**Kocher-Klemme** Fassen und Halten von Gewebe	**Kornzange** Halten und Führen von Tupfern
Hinweis: Volkmann, Backhaus und Kocher sind die Namen der Erfinder der jeweiligen Instrumente.		

Wann darf ich wieder duschen? Nach Operationen muss der Patient zunächst warten, bis seine Kreislauffunktionen wieder normal sind, d. h. die Narkoseeffekte abgeklungen sind. Operationswunden sollen nicht nass werden. Es gibt spezielle Pflaster, die Wasser von Wunden fernhalten. Feuchte bzw. nasse Verbände werden ersetzt. Am Tag der Fadenentfernung darf der Patient normal duschen. Ein Vollbad ist ab dem Folgetag möglich. Über Gips- und anderen größeren Verbänden kann vor dem Duschen eine frische Plastiktüte, z. B. ein Müllbeutel entsprechender Größe, mit Pflasterstreifen befestigt werden.

5.3 Assistenz bei kleinen Eingriffen

Auf Grund des hohen Aufwands werden in den meisten Allgemeinarztpraxen keine chirurgischen Eingriffe mehr durchgeführt. Allerdings kommt es oft vor, dass Patienten zur präoperativen Diagnostik und/oder zur Nachbehandlung den Hausarzt aufsuchen.

MERKE

präoperativ = vor einer Operation, **intraoperativ** = während einer Operation, **postoperativ** = nach einer Operation

Arzt und MFA erfüllen verschiedene Aufgaben vor, während und nach operativen Eingriffen:

Präoperativ

Einen oder mehrere Tage vor dem Eingriff:

- Indikationsstellung und Planung des Eingriffs *(Arzt)*
- Aufklärung des Patienten über Ziel des Eingriffs, Durchführung, Erfolgsaussichten und Risiken sowie Behandlungsalternativen *(Arzt)*
- Einholen der ggf. schriftlichen Einwilligung des Patienten bzw. des gesetzlichen Vertreters. Belehrung des Patienten zum evtl. Absetzen von Antikoagulanzien und zur Einnahme bzw. zum Aussetzen der regelmäßigen Medikation sowie zum Verhalten am OP-Tag bzw. zur Dauer der Nüchternphase *(Arzt)*
- klinische Untersuchung des Patienten zur Feststellung der Operationsfähigkeit *(Arzt)*
- Indikationsstellung zu weiteren Untersuchungen (z. B. EKG, Spirometrie, Röntgen) *(Arzt)*
- Blutwertbestimmung (z. B. Gerinnungswerte, Blutbild mit Thrombozyten) *(Arzt)*
- Entscheidung über die Art der Betäubung bzw. Sedierung: Lokalanästhesie (örtliche Betäubung), Regionalanästhesie (regionale Betäubung), Analgetika, Sedativa bzw. Vollnarkose *(Arzt)*
- Blutentnahme, EKG/Spirometrie, Terminvergabe, ggf. Ausgabe eines Merkblatts *(MFA)*
- Zusammenstellen der Instrumente und Materialien für die Operation *(MFA)*

Analgetika
→ Bd. 1, LF 4, S. 395

Sedativa
→ Bd. 1, LF 4, S. 398

Unmittelbar vor dem Eingriff:

- hygienische Händedesinfektion *(Arzt/MFA)*
- Anlegen der Bereichskleidung mit Clogs, Mundschutz und Haube *(Arzt/MFA)*
- chirurgische Händedesinfektion *(Arzt/MFA)*
- Anlegen steriler Handschuhe (→ Abb. 1), Hilfe für den Operateur beim Anlegen des OP-Kittels und der sterilen Handschuhe *(MFA)*

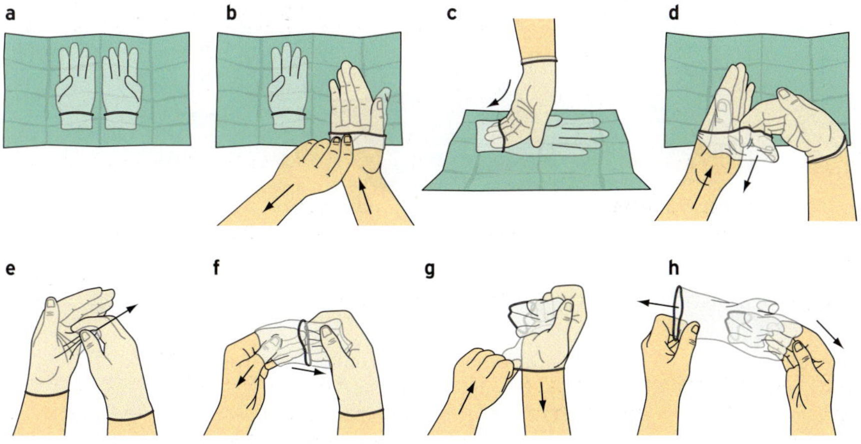

Abb. 1 a)-d) Anlegen steriler Handschuhe; e)-h) Ablegen steriler Handschuhe
Der erste Handschuh wird vorsichtig an der Manschette angefasst. Die unsterile Hand (ohne Handschuh) zieht am inneren, umgeschlagenen Teil des sterilen Handschuhs (1a-b). Mit dem angezogenen sterilen Handschuh wird nur die Außenseite des zweiten Handschuhs berührt, damit dieser während des Anziehens steril bleibt (1c-d). Beim Ausziehen werden die Handschuhe gewendet und ineinandergezogen (1e-h). Die kontaminierten Seiten der Handschuhe liegen innen.

Intraoperativ

Non-Touch-Technik
→ Bd. 1, LF 3, S. 317

- fachgerechtes Öffnen der sterilen Verpackungen und Anreichen der Instrumente und Materialien nach der Non-Touch-Technik (*MFA*)
- Abtupfen von Blut bzw. Sekreten (*MFA*)
- Annahme, richtiges Ablegen bzw. Weiterleiten gebrauchter Instrumente, Materialien und Gewebeproben (*MFA*)
- Durchführung des Eingriffs (*Arzt*)

Postoperativ

Schockindex
→ Bd. 2, LF 5, S. 77

- Anlegen und Fixieren des sterilen Wundverbands (*MFA*)
- Überwachung des Patienten im Hinblick auf Einschränkung der Vitalfunktionen durch die Narkose, den Eingriff bzw. verabreichte Medikamente (*Arzt/MFA*)
- mehrfache RR- und Pulsmessung (dient u. a. der Bestimmung des Schockindex bei Nachblutungen; *MFA*)
- Verabschiedung des Patienten nach angemessener Nachbeobachtungszeit, ausreichend wiederhergestellten Vitalfunktionen und ggf. Mitteilung des Operationsverlaufs bzw. -ergebnisses
  - Instruktion zum Verhalten nach dem Eingriff bzw. zum Umgang mit der Wunde, bei Beschwerden, Blutung, Schmerzen usw. (*Arzt/MFA*)
  - Terminvereinbarung für Nachuntersuchungen, Verbandwechsel und z. B. Mitteilung des histologischen Befundes (*MFA*)
- Versand der Gewebeproben an den Pathologen (*MFA*)
- fachgerechte Wiederaufbereitung bzw. Entsorgung der verwendeten und angefallenen Materialien (*MFA*)
- Dokumentation und Abrechnung des Eingriffs (*Arzt/MFA*)

5.4 Verbandlehre

Je nach Art der Erkrankung, Verletzung bzw. Wunde werden verschiedene Verbandtechniken angewandt. Verbände können

- eine Wunde schützen (z. B. Pflaster = Wundschnellverband, Kompressen mit **Fixierung**),
- den Effekt von Salben und Wundauflagen verbessern (z. B. Salbenverband),
- die Heilung chronischer Wunden unterstützen (z. B. Hydrokolloidverband),
- Gelenke stützen und Knochen bzw. Sehnen ruhigstellen (z. B. Stützverband, Zinkleimverband, Gipsverband/Gipsschiene) und/oder
- die Funktion insuffizienter Venen unterstützen (Kompressionsverband).

Häufig verwendete Verbandmaterialien

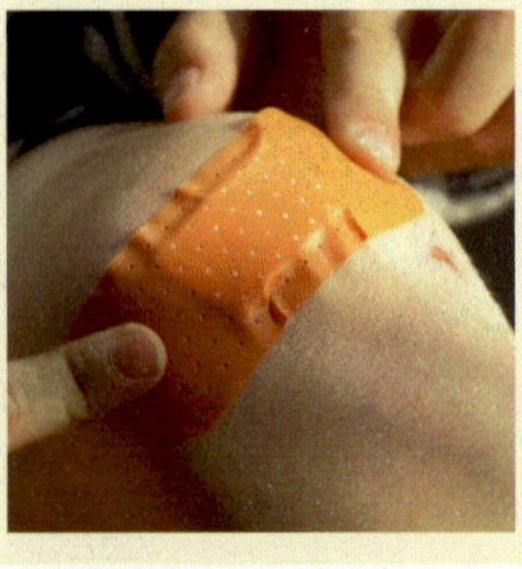

Wundschnellverband

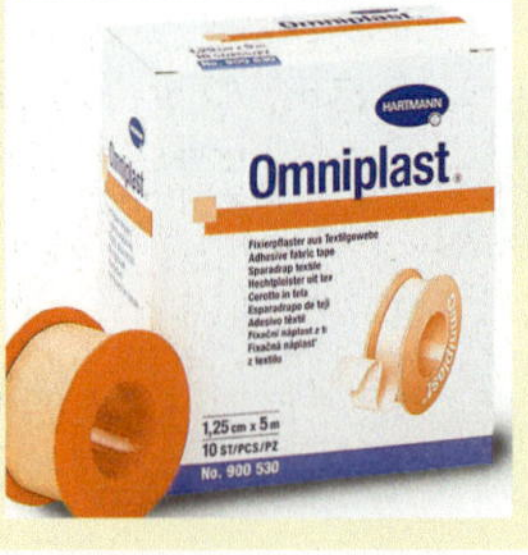

Rollenpflaster

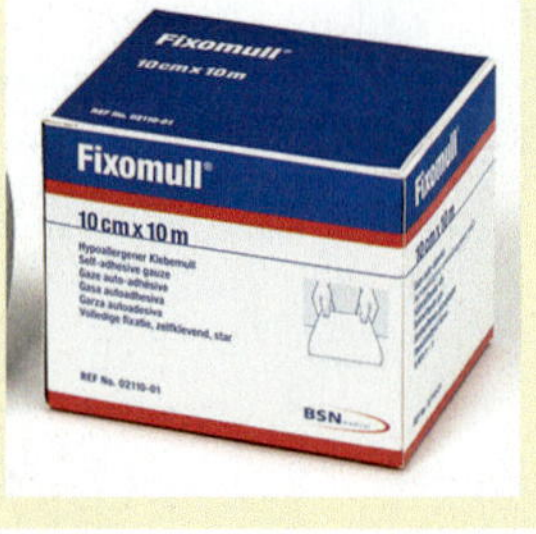

Selbstklebender Fixiermull

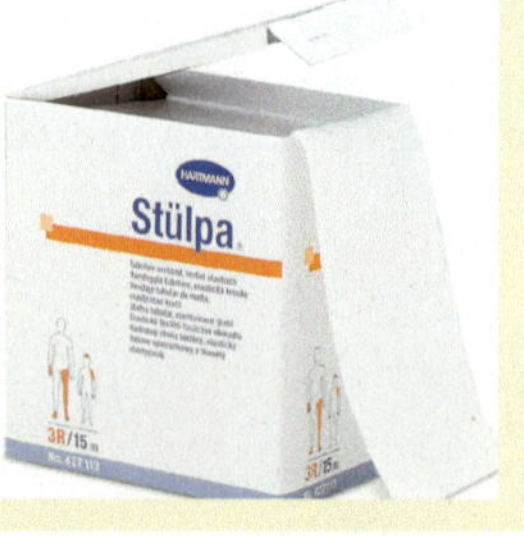

Schlauchverband

Wundschnellverband

Der Wundschnellverband wird im Alltag als Pflaster bezeichnet. Er ist einfach und zeitsparend anzulegen. Bei unkomplizierten Verletzungen, z. B. einfachen Schürfwunden bei gesunden Patienten, muss der Wundschnellverband nicht steril sein. Komplizierte Wunden und Operationswunden, auch frisch genähte Platzwunden werden mit sterilem Wundschnellverband versorgt. Auch Venenverweilkatheter werden mit sterilem Wundschnellverband versorgt, da die Punktionsstelle eine Eintrittspforte für Erreger darstellt. Der Wundschnellverband kann zusammen mit desinfizierender Salbe (z. B. **PVP-Jod**) angewandt werden. Er stellt sicher, dass die Salbe auf der Wunde bleibt und schützt die Wäsche vor Verfärbungen.

Fingerverband

Wundschnellverbände werden an Körperrundungen keilförmig eingeschnitten, damit sie glatt anliegen. Dies ist z. B. bei Fingerverbänden sinnvoll:

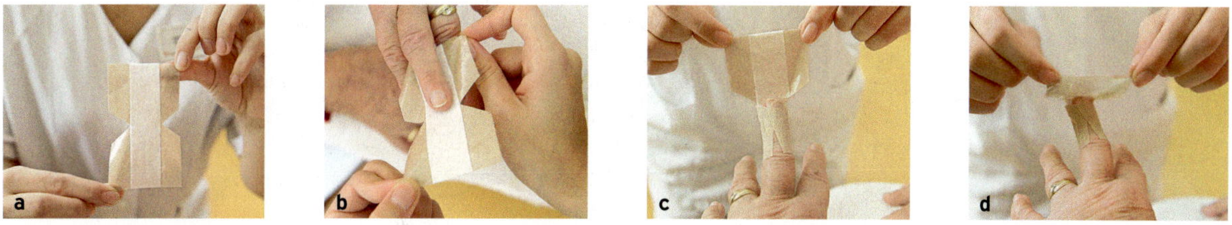

Abb. 1 Anlegen eines Fingerkuppenverbands

Ist ein Wundschnellverband nicht ausreichend, kann eine Kompresse auf die Wunde gelegt und mit einem Schlauchverband gehalten werden. Dabei schneidet man den Schlauch in etwa vierfacher Fingerlänge ab, stülpt ein Ende über den Finger, dreht den Schlauch an der Fingerspitze einmal um und stülpt ihn erneut über den Finger. Dann schneidet man den überstehenden Schlauchverband zweimal durch, je einmal in jedem Fingerzwischenraum. So entstehen zwei lange Enden, die am Handgelenk zusammen- und festgebunden werden (→ Abb. 2).

Abb. 2 Fingerverband

Salbenverband

Um bei geschlossenen Verletzungen, wie Distorsionen oder Prellungen, oder bei Hauterkrankungen wirkstoffhaltige Salben einwirken zu lassen, kann ein Salbenverband angelegt werden. Zunächst gibt die MFA die verordnete Salbe auf eine Kompresse. Diese legt sie auf den zu behandelnden Bereich auf. Nun legt sie einen Mull- oder Schlauchverband an, um die Kompresse zu fixieren, d. h. zu befestigen. Der Salbenverband schützt Wäsche und Umgebung vor der Salbe und hat (sofern keine offene Verletzung vorliegt) auch einen psychologischen Effekt.

Handverband

Die Mullbinde legt man so an, dass sie zunächst zweimal z. B. am Handgelenk übereinandergewickelt wird, um das Ende zu fixieren. Dann wird sie in Achtertouren weiter so angelegt, dass sich die Bindentouren jeweils um ein Drittel überlappen. Das Ende der Binde wird z. B. mit Pflaster fixiert. Je nach Lokalisation der Verletzung kann der Verband auf- oder absteigend angelegt werden, d. h., z. B. beginnt man bei handgelenksnaher Verletzung am Handgelenk. Die Mullbinden werden nur so fest angelegt, dass die Kompresse hält, aber die Durchblutung und eine gewisse Beweglichkeit sichergestellt bleiben.

Achtertouren
→ LF 10, S. 131

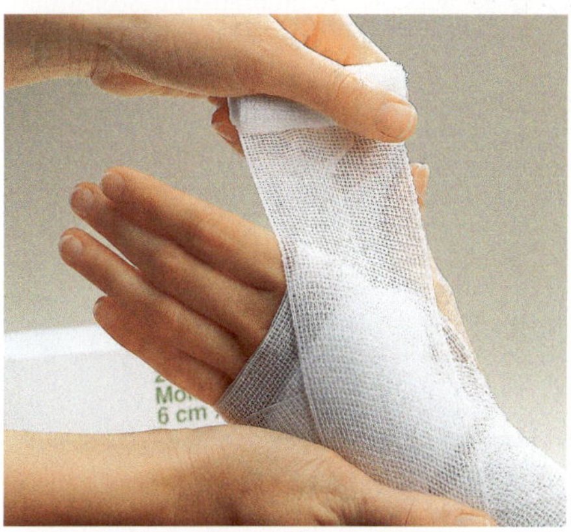

Abb. 3 Mullverband an der Hand

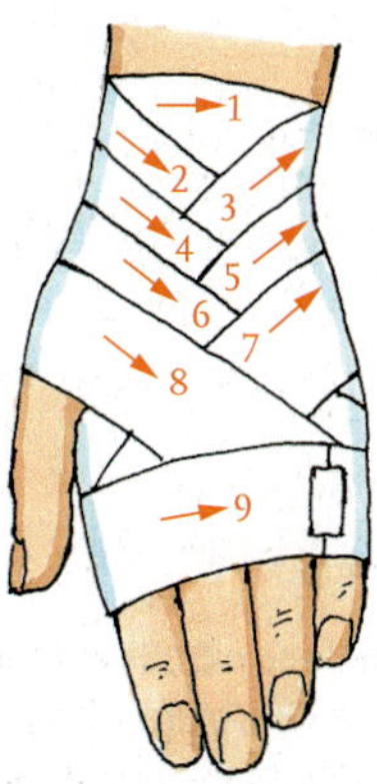

Abb. 4 Absteigender Verband

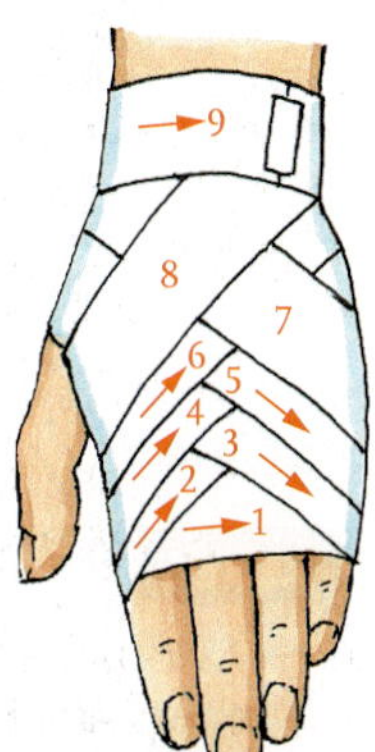

Abb. 5 Aufsteigender Verband

Stützverband

Stützverbände sollen Gelenke stützen und die Beweglichkeit dabei mehr oder weniger begrenzen, um Schmerzen zu lindern und Heilungsvorgänge zu unterstützen. In diesem Sinne ist auch ein Gipsverband ein Stützverband. Er hebt die Beweglichkeit auf und ermöglicht damit, dass Knochenfragmente wieder zusammenheilen. Stützverbände aus elastischen Binden werden in Achtertouren um das betroffene Gelenk herum angelegt. Alternativ können vorgefertigte Bandagen angewendet werden.

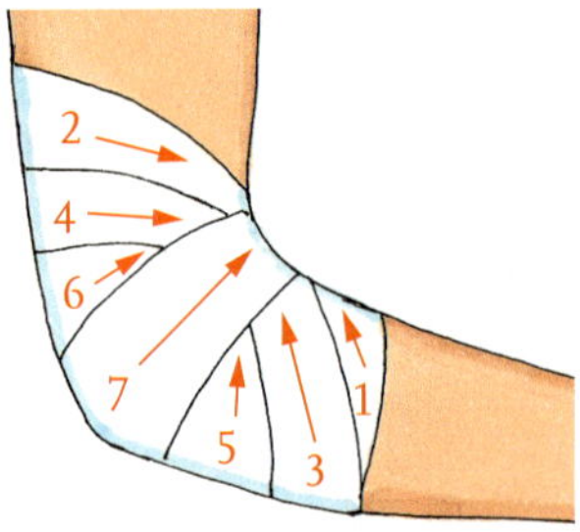

Abb. 1 Schildkrötenverband am Ellenbogengelenk

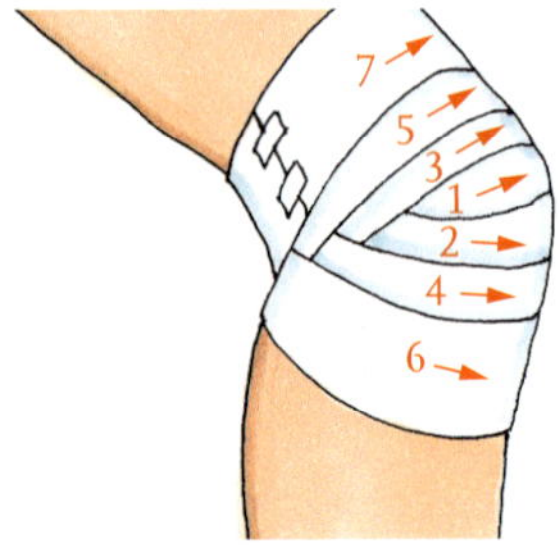

Abb. 2 Kniegelenkverband

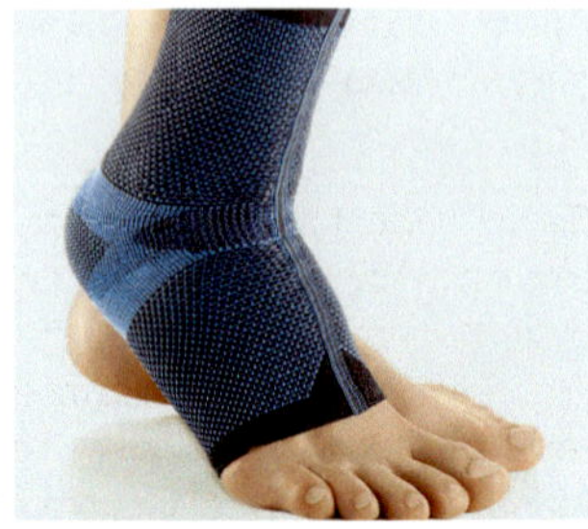

Abb. 3 Sprunggelenkverband: entlastet den Bandapparat im Sprunggelenk

MERKE

Der Patient hat immer recht: Spürt er Kribbeln, Taubheitsgefühl, Stauung, Schwellung oder vermehrten Schmerz nach Anlegen des Verbandes, muss dieser erneuert werden.

Kompressionstherapie bei Varikosis

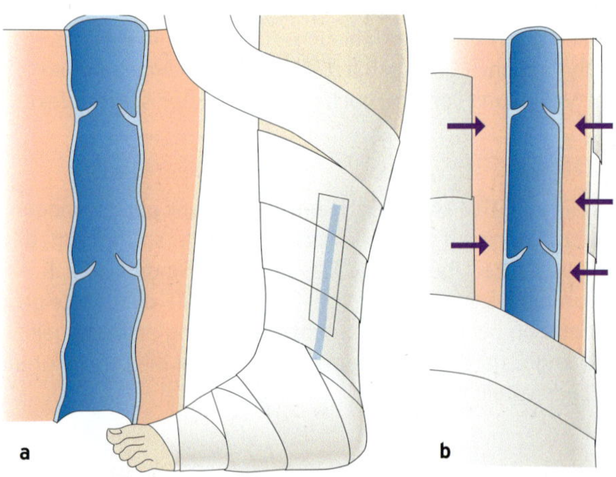

Abb. 4 a) Venöse Insuffizienz: In den erweiterten Venen (Varizen) schließen die Klappen nicht mehr. b) Der Kompressionsverband kann die fehlende Venenfunktion teilweise ersetzen; er unterstützt den Blutfluss in Richtung Herz.

Bei Varikosis besteht eine venöse Insuffizienz, d. h., die Venen erfüllen nicht mehr ihre Aufgabe: den Rücktransport des Blutes aus den Beinen zum Herzen. Die mangelnde bzw. fehlende Venenfunktion muss durch Kompression, d. h. Druck von außen, hergestellt werden (→ Abb. 4).

Dies ist wichtig, da sonst Durchblutungsstörungen, Stauungen und Ulzera entstehen. Auch bei vorhandenen Ulzera, d. h. beim venösen Ulcus cruris, ist die Kompressionstherapie indiziert, damit eine Heilung des Unterschenkelgeschwürs möglich ist. Voraussetzung ist eine eindeutige Diagnose, denn:

venöses Ulcus cruris → LF 10, S.121

MERKE

Bei pAVK, d. h. **bei arteriellen Durchblutungsstörungen**, ist eine Kompressionstherapie **kontraindiziert**. Sie würde die mangelnde Durchblutung der Beine bzw. Füße noch mehr drosseln und könnte zur Gangrän mit Notwendigkeit einer Amputation führen.

Die Kompressionstherapie kann mit **Kompressionsstrümpfen** bzw. **-strumpfhosen** stattfinden. Diese werden nach Maß bestellt bzw. angefertigt. Wichtig ist, dass der Patient morgens Maß nehmen lässt, da dann noch keine ausgeprägten Ödeme vorliegen. Andernfalls wären die Strümpfe zu weit und damit unwirksam. Anziehhilfen sind leicht anzuwenden und nützlich beim Anlegen der sehr straffen Strümpfe.

Bis der Patient passende Strümpfe erhält sowie bei Adipositas, bei stark wechselndem Beinumfang bzw. Ödemen und bei Wunden kann es sinnvoll sein, einen Unterschenkel-Kompressionsverband anzulegen. Dieser muss wie die Strümpfe straff anliegen, darf aber nicht abschnüren. Durch Abschnürungen wird der venöse Abfluss noch mehr behindert, sodass Stauung und Ödembildung zunehmen sowie Thrombose- und Emboliegefahr weiter ansteigen.
Für den **Kompressionsverband** benötigt man mehrere Kurzzugbinden; für den Fuß 6 cm breit, für den Unterschenkel 8-10 cm breit (→ Abb. 2).

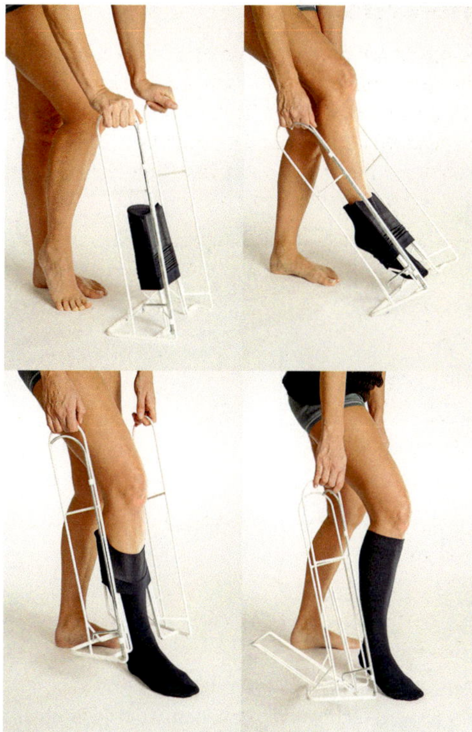

Abb. 1 Die Anziehhilfe erleichtert das Anziehen der Kompressionsstrümpfe sehr.

Thromboembolie
→ Bd. 2, LF 5, S.69

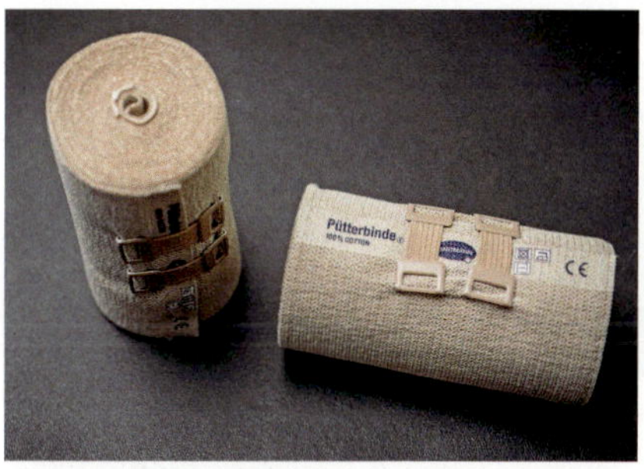

Abb. 2 Kurzzugbinden

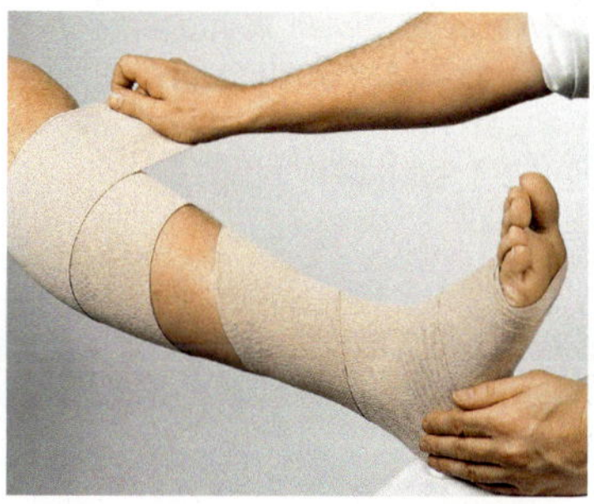

Abb. 3 Anlegen von Binden

Beim Anlegen des Kompressionsverbands (→ Abb. 3) unterscheidet man verschiedene Arten von Bindentouren, d. h. drei Arten, die Binden anzulegen bzw. zu wickeln:

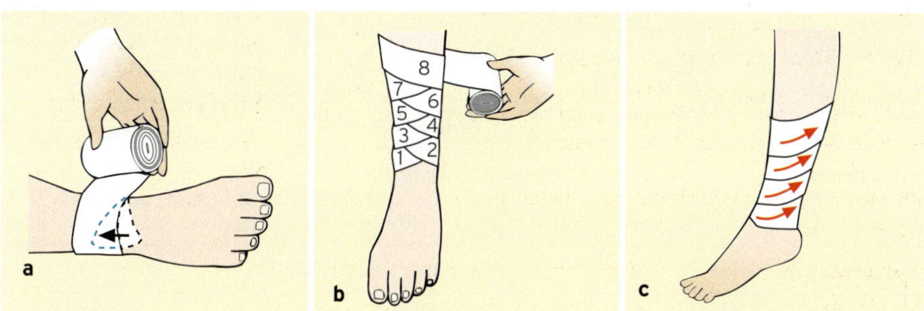

zirkulär (kreisförmig) zum Befestigen des Anfangs	**Achtertouren** (d. h. wie eine Acht) geben dem Verband Festigkeit und Straffheit	**spiralförmig** Die Touren überlappen sich um ein Drittel, damit sie nicht rutschen.

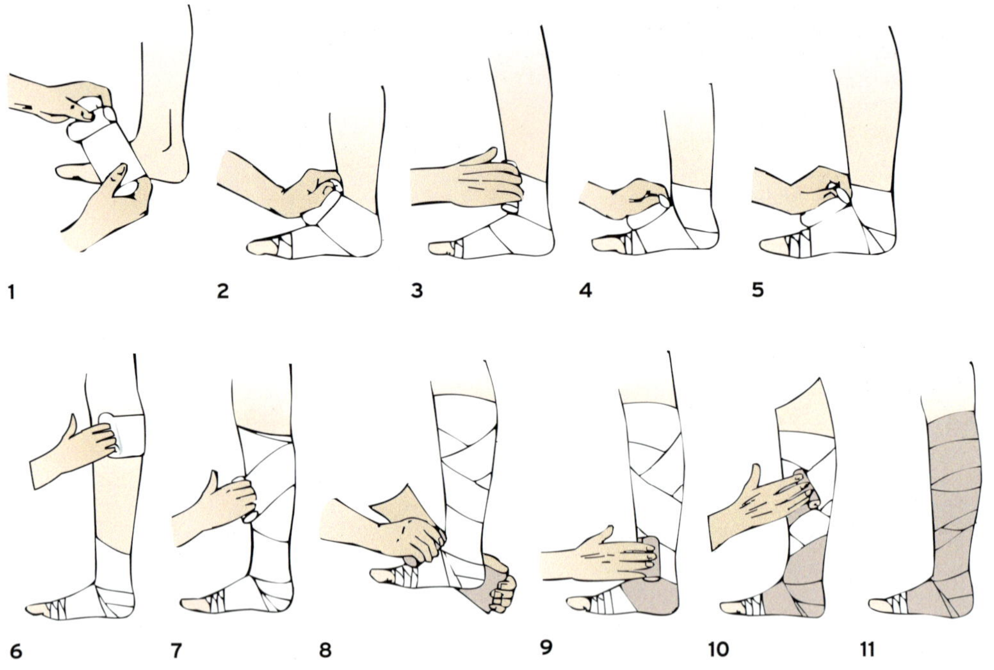

Abb. 1 Anlegen des Kompressionsverbands

1. Der Fuß wird rechtwinklig gehalten. Zum Fixieren des Bindenanfangs legt man diesen zweimal zirkulär um den Vorfuß oberhalb der Zehengrundgelenke.

2. Nun führt man drei Touren spiralförmig um den Vorfuß sowie eine Tour um die Ferse aus.

3.–5. Um die Ferse legt man zwei Achtertouren, damit die Binde dort sicher hält.

6. Nun wickelt man in einer steilen Tour einmal um die Wade herum, fast bis zum Knie.

7. Einmal wickelt man zirkulär um den Unterschenkel, dann spiralförmig zurück zur Ferse.

8.–11. Nun wird mit einer weiteren Binde von der Ferse aus wieder spiralförmig hochgewickelt und schließlich das Ende der Binde fixiert.

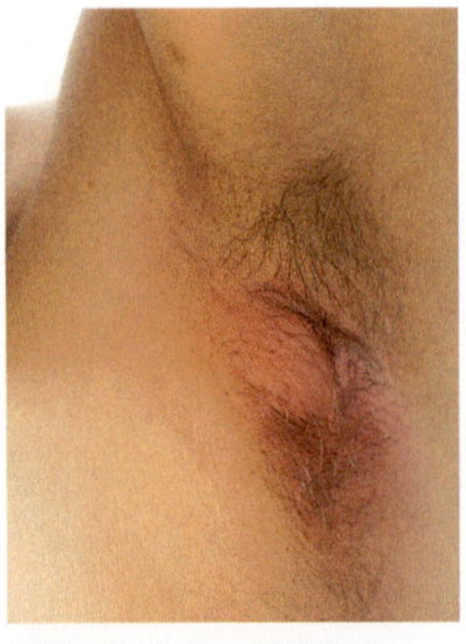

Abb. 2 Schweißdrüsenabszess in der Axilla

Terminologie: Wundversorgung, kleine Chirurgie und Verbandlehre

Abszess	Eiteransammlung im Gewebe (→ Abb. 2)
chronische Wunde	Wunde, die innerhalb von 8 Wochen nicht abheilt
Débridement	sog. Wundtoilette; Entfernen nekrotischer Gewebsanteile und Schmutz aus Wunden; 1. chirurgisch/mechanisch, 2. enzymatisch (sprich Debridmoh)
fixieren (Subst. **Fixierung**)	befestigen
Granulationsgewebe	rot glänzendes, gut durchblutetes Gewebe, das bei sekundärer Wundheilung am Wundgrund entsteht
intraoperativ	während einer Operation
Inzision	Einschnitt, z. B. in einen Abszess
Kompresse	saugfähige Wundauflage, z. B. aus Stoff
Kompressionsverband	straffer Verband, der Druck auf Unterschenkelvenen ausübt, um die venöse Insuffizienz bei Varikosis zu bessern
postoperativ	nach einer Operation
präoperativ	vor eine Operation

primäre Wundheilung	rasche und unkomplizierte Wundheilung
primäre Wundversorgung	Versorgung einer unkomplizierten frischen Wunde
primärer Wundverschluss	Verschluss einer unkomplizierten Wunde mit Naht
PVP-Jod	Povidon-Jod; Jodverbindung z. B. zur Wunddesinfektion
resorbierbar	bzgl. Nahtmaterial: löst sich im Körper auf
Ringer-Lösung	Elektrolytlösung für Infusionen, Spülungen und andere Zwecke
sekundäre Wundheilung	komplizierte und verzögerte Wundheilung
sekundäre Wundversorgung	Versorgung einer komplizierten, d. h. mehr als 8 Stunden alten, ggf. infizierten, tiefen oder zerfetzten Wunde
sekundärer Wundverschluss	Versorgung einer komplizierten Wunde mit Naht nach Vorbehandlung, z. B. Infektionstherapie, Nekrosenentfernung
Wundmanagement	Behandlung chronischer Wunden unter Einbezug aller beteiligten Fachkräfte (Arzt, spezialisierte MFA, Pflegekräfte usw.)
zirkulär	kreisförmig

AUFGABEN

1 Beschreiben Sie die primäre und die sekundäre Wundheilung.

2 Welche Probleme bringen Bisswunden mit sich?

3 In welchen Fällen wird ein frisch verletzter Patient simultan gegen Tetanus geimpft?

4 Welche Umstände und Krankheiten führen oft zu chronischen Wunden?

5 Wie versorgen Sie eine frisch genähte Kopfplatzwunde?

6 Welchen Sinn hat ein Débridement und wie kann es durchgeführt werden?

7 Nennen Sie Symptome, die für eine Wundinfektion sprechen.

8 Welche Materialien legen Sie sich für eine Nahtentfernung bereit?

9 Wann werden Fäden im Gesicht, am Bauch und am Unterschenkel entfernt?

10 Nennen Sie die Fachbegriffe für vor, während und nach einer Operation.

11 Welchen Sinn hat die Kompressionstherapie bei Varikosis und Ulcus cruris?

Morbus Google nennen Ärzte scherzhaft die Sorgen und Krankheitsängste, die Menschen befallen, nachdem sie ihre Symptome in Internet-Suchmaschinen eingegeben haben. Das Netz bietet eine kaum geordnete Fülle aus Meinungen, Meldungen und Informationen. Da weder individuelle Beratung noch Untersuchung stattfinden, ist der Haupteffekt der Laien-„Recherche" oftmals Angst.

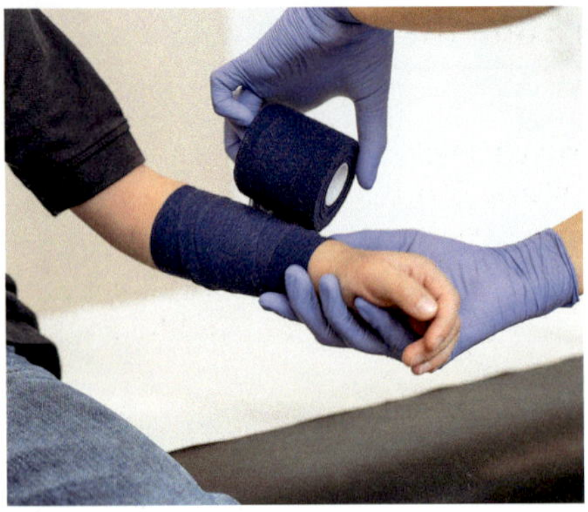

Die MFA Clara Wolf bittet die Auszubildende Serap, im Behandlungszimmer 2 alles für die Wundversorgung der vierjährigen Lea Wieber vorzubereiten, die gerade mit ihrer Mutter in die Praxis gestürzt kam: Lea ist vor dem Haus der Familie mit ihrem Laufrad gestürzt und hat sich eine blutende Platzwunde am Kinn und eine lange Schürfwunde am linken Unterarm zugezogen. Dr. Klein untersucht die Wunden und gibt Serap genaue Hinweise, welche Materialien sie vorbereiten muss: Die Platzwunde muss unter Lokalanästhesie genäht werden. Beide Wunden will er reinigen und desinfizieren, bevor Serap unter seiner Aufsicht die Wunden verbinden darf. „Oh je", denkt Serap, „und was muss hier jetzt noch mal genau abgerechnet werden?"

6 Abrechnung von kleinchirurgischen Behandlungen und Wundversorgungen (EBM)

Vor allem in Hausarztpraxen sind kleine chirurgische Behandlungen und Wundversorgungen häufig: Patienten kommen z. B. mit kleinen Verletzungen, kleinen Abszessen oder einem eitrigen Nagelbett. Die Versorgung solch frischer Wunden soll eine **primäre Wundheilung** ermöglichen. Daneben sind auch schlecht heilende Wunden zu versorgen: Bei infizierten Wunden oder Wunden, deren Heilung z. B. wegen Durchblutungsstörungen verzögert ist, wie Unterschenkelgeschwüre (Ulcus cruris), muss eine **sekundäre Wundbehandlung** durchgeführt werden. Die Wunden werden durch Reinigung, Desinfektion und Verbände versorgt. Manchmal ist auch eine Lokal- oder Leitungsanästhesie sowie die Überprüfung des Impfschutzes (Tetanus) notwendig.
Kleine Wunden durch Arbeits- und Schulunfälle werden – sofern keine D-Arzt-Behandlung nötig ist – ebenfalls von Hausärzten versorgt.

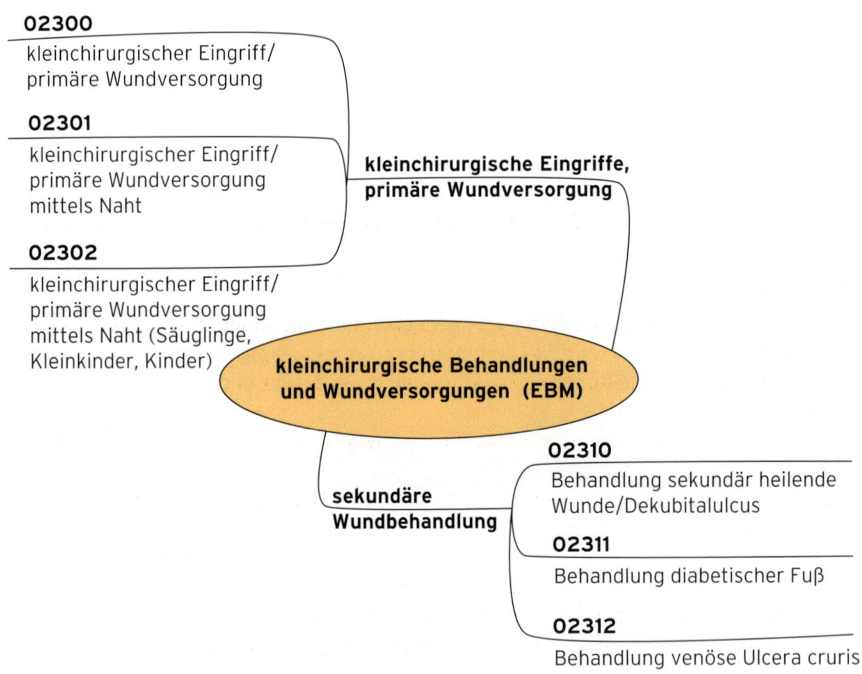

6.1 Primäre Wundversorgung und kleinchirurgische Eingriffe (EBM)

Für kleine operative Eingriffe sieht der EBM für die unterschiedlichen Arztgruppen verschiedene GOPs vor. Für die Hausarztpraxis sind die arztgruppenübergreifend abrechenbaren **GOPs 02300, 02301 und 02302** aus dem Bereich II des EBM von Bedeutung. Kleine operative Eingriffe werden hier in drei Kategorien eingeteilt, die sich nach der Art des Eingriffs und dem Alter des Patienten richten.

Außerdem müssen die Größenangaben der Wunde beachtet werden:

Definition der Wundgröße für EBM und GOÄ (ein Kriterium reicht für die Zuordnung):

	kleine Wunde	**große Wunde**
Länge	kleiner als 3 cm	größer als 3 cm
Fläche	kleiner als 4 cm^2	größer als 4 cm^2
Raum	kleiner als 1 cm^3	größer als 1 cm^3

Bei der Abrechnung dieser GOPs sind folgende Besonderheiten wichtig:

MERKE

Lokalanästhesien und **Leitungsanästhesien** sind jeweils, wenn ihre Durchführung notwendig ist, Bestandteil der entsprechenden Gebührenordnungsposition.
Ebenso sind **Wundkontrollen** (z. B. nach einer Naht) und die **Entfernung von Fäden** oder Wundklammern enthalten.
Verbände und **Verbandwechsel** sind entweder ausdrücklich in der jeweiligen Gebührenordnungsposition enthalten oder mit der Versicherten- bzw. Grundpauschale abgegolten.

02300	**Kleinchirurgischer Eingriff I und/oder primäre Wundversorgung und/oder Epilation**

Obligater Leistungsinhalt:
- operativer Eingriff mit einer Dauer von bis zu fünf Minuten und/oder
- primäre Wundversorgung
- Epilation durch Elektrokoagulation im Gesicht und/oder an den Händen bei krankhaftem und entstellendem Haarwuchs

einmal am Behandlungstag

02301	**Kleinchirurgischer Eingriff II und/oder primäre Wundversorgung mittels Naht**

Obligater Leistungsinhalt:
- primäre Wundversorgung bei Säuglingen, Kleinkindern und Kindern und/oder
- primäre Wundversorgung mittels Naht und/oder Gewebekleber und/oder
- Koagulation und/oder Kauterisation krankhafter Haut- und/oder Schleimhautveränderungen und/oder
- operative Entfernung einer oder mehrerer Geschwülste an der Harnröhrenmündung und/oder
- operative Entfernung eines unter der Oberfläche von Haut- oder Schleimhaut gelegenen Fremdkörpers nach Aufsuchen durch Schnitt und/oder
- Öffnung eines Körperkanalverschlusses an der Körperoberfläche oder Eröffnung eines Abszesses oder Exzision eines Furunkels und/oder
- Verschiebeplastik zur Deckung eines Hautdefektes und/oder
- Eröffnung eines subkutanen Panaritiums oder einer Paronychie

einmal am Behandlungstag

Altersgliederung der Patienten nach EBM
→ Bd. 1, LF 2, S. 184

HINWEIS

Achtung, alle **Wunden bei Kindern bis sechs Jahren**, sowie am Kopf (mit Hals) und an den Händen (mit Handgelenk) gelten unabhängig von ihrer tatsächlichen Ausdehnung immer als große Wunden!

Epilation
dauerhafte Entfernung von Haaren mit der Haarwurzel

Elektrokoagulation
Verschmorung von Körpergewebe durch Strom

Kauterisation
gezielte Gewebezerstörung durch Verbrennen oder Verätzen

Abszess
abgekapselte, eitrige Gewebseinschmelzung

Exzision
Ausschneidung

Furunkel
Haarbalgentzündung

Panaritium
eitrige Zehen- oder Fingerinfektion

Paronychie
Entzündung der Haut um den Fingernagel

intradermal
in der Haut gelegen

Naevus,
Mehrz.: Naevi
Muttermal

Emmert-Plastik
Nagelkeilresektion: Längsspaltung eines Nagels in örtlicher Betäubung mit Entfernung eines seitlichen Nageldrittels, meist bei wiederholtem Nageleinwachsen

Venae sectio
operatives Freilegen einer Vene, z. B. zum Einbringen spezieller Infusionskatheter (Portsysteme)

02302	Kleinchirurgischer Eingriff III und/oder primäre Wundversorgung mittels Naht bei Säuglingen, Kleinkindern und Kindern

Obligater Leistungsinhalt:
- primäre Wundversorgung mittels Naht bei Säuglingen, Kleinkindern und Kindern und/oder
- Exzision eines Bezirkes oder einer intradermalen Geschwulst aus der Haut des Gesichts mit Wundverschluss und/oder
- hochtouriges Schleifen von Bezirken der Haut bei schweren Entstellungen durch Naevi oder Narben und/oder
- Exzision eines großen Bezirkes aus Haut und/oder Schleimhaut oder einer kleinen unter der Haut und/oder Schleimhaut gelegenen Geschwulst und/oder
- Exzision und/oder Probeexzision von tief liegendem Körpergewebe (z. B. Fettgewebe) und/oder aus Organ ohne Eröffnung einer Körperhöhle und/oder
- Emmert-Plastik und/oder
- Venae sectio

einmal am Behandlungstag

MERKE

Wichtige **Abrechnungsbestimmungen für GOP 02300 bis 02302:**
- Je **Behandlungstag** kann für dieselbe Körperstelle nur eine der drei GOPs **einmal** abgerechnet werden.
- **Höchstgrenze**: Bei mehreren offenen Wunden können die drei GOPs insgesamt zusammen **höchstens fünfmal pro Behandlungstag** abgerechnet werden. Hier ist es notwendig, die unterschiedlichen Wundlokalisationen bei der Abrechnung einzeln im ICD-10-Code anzugeben.
- Weitere umfangreiche Ausschlüsse und Abrechnungsvorschriften müssen unbedingt im EBM nachgelesen werden.

Impfung
→ Bd. 1, LF 3, S. 322

Bei verschmutzten offenen Wunden kann es notwendig sein, Maßnahmen zur Tetanusprophylaxe zu ergreifen. Dies ist auch davon abhängig, ob und wann der Patient gegen Tetanus immunisiert wurde, d. h., ob bereits ein Impfschutz besteht. Die **passive Impfung gegen Tetanus** mit Tetagam im zeitlichen Zusammenhang mit einer Verletzung ist Bestandteil der Versicherten- und Grundpauschale und kann deshalb nicht zusätzlich berechnet werden. Bei **aktiven Immunisierungen gegen Tetanus** mit Tetanol bestehen in Bezug auf die Abrechenbarkeit regionale Unterschiede – informieren Sie sich bei Ihrer zuständigen KV. Bei gleichzeitiger Auffrischimpfung, z. B. gegen Diphtherie, also mit einer Kombinationsimpfung, ist die aktive Tetanusimpfung dagegen auf jeden Fall gesondert abrechenbar.

MERKE

Eine passive **Tetanusimpfung** mit Tetagam® kann im Rahmen der Wundversorgung nicht gesondert berechnet werden, weil sie in der Versicherten-/Grundpauschale enthalten ist.

BEISPIEL

Bei der vierjährigen Lea Wieber reinigt und desinfiziert der Hausarzt beide Wunden, die Platzwunde näht er unter Lokalanästhesie. Die Wunden werden verbunden. Es besteht Impfschutz gegen Tetanus.

1. Behandlungstag	03000 (Versichertenpauschale) 02302 (Primäre Wundversorgung mittels Naht bei Kindern am Kinn) 02301 (Primäre Wundversorgung von Schürfwunden bei Kindern)

Die spätere Wundkontrolle, der Verbandwechsel und das Entfernen der Fäden sind in den abgerechneten GOPs enthalten und können nicht zusätzlich berechnet werden.

6.2 Sekundäre Wundbehandlung (EBM)

Bei größeren, schon länger bestehenden oder infizierten Wunden ist oft keine primäre Wundheilung möglich. Dies ist häufig auch bei Durchblutungsstörungen wegen eines Diabetes mellitus, z. B. beim diabetischen Fuß, oder bei chronisch venöser Insuffizienz der Fall. Hier kommt es dann zum | Ulcus cruris oder zu einem | Dekubitus. Die Wundheilungsstörung führt dazu, dass die Wunde sich nur langsam schließt, sodass das Ziel der Versorgung dieser Wunden darin besteht, die **sekundäre Wundheilung** zu beschleunigen.

02310	**Behandlung einer/eines/von sekundär heilenden Wunde(n) und/oder Dekubitalulcus (-ulcera)**

Obligater Leistungsinhalt:
- Abtragung von | Nekrosen und/oder
- | Wunddebridement und/oder
- Anlage und/oder Wechsel eines Kompressionsverbandes und/oder
- Einbringung und/oder Wechsel einer | Wundtamponade
- mindestens drei persönliche Arzt-Patienten-Kontakte im Behandlungsfall

MERKE

Wichtige **Abrechnungsbestimmungen für GOP 02310:**
- Sie ist **nicht neben den GOPs 02300 bis 02302** berechnungsfähig, sie kann auch nicht beim diabetischen Fuß oder bei chronisch venösen Ulcera cruris berechnet werden.
- Die GOP 02310 kann unabhängig von der Anzahl der zu behandelnden Wunden und/oder Dekubitalulcera nur **einmal im Quartal** berechnet werden.
- GOP 02310 kann nur berechnet werden, wenn **mindestens drei persönliche Arzt-Patienten-Kontakte** stattgefunden haben.

Ulcus cruris
meist durch venöse Stauung hervorgerufener chronischer Hautdefekt im Unterschenkelbereich

Dekubitus
Wundliegegeschwür bei länger Bettlägerigen

Nekrose
abgestorbenes Gewebe

Wunddebridement
Entfernung von abgestorbenem, infiziertem und/oder schlecht heilendem Gewebe sowie von Fremdkörpern

Wundtamponade
Verbandmaterial in einer Wundhöhle

02311	Behandlung des diabetischen Fußes

Obligater Leistungsinhalt:
- Abtragung ausgedehnter Nekrosen der unteren Extremität beim diabetischen Fuß
- Überprüfung und/oder Verordnung von geeignetem Schuhwerk

je Bein, je Sitzung

Für die Abrechnung der GOP 02311 benötigt der Arzt eine Genehmigung durch die KV.

02312	Behandlungskomplex eines oder mehrerer chronisch venöser Ulcera cruris

Obligater Leistungsinhalt:
- Abtragung von Nekrosen
- Lokaltherapie unter Anwendung von Verbänden
- entstauende | phlebologische Funktionsverbände
- Fotodokumentation zu Beginn der Behandlung, danach alle vier Wochen

je Bein, je Sitzung

phlebologisch venenheilkundlich

Die GOP 02312 unterliegt im Behandlungsfall einer Höchstpunktzahl von 12 000 Punkten. Daher sind bei einem Punktwert von 155 Punkten maximal 77 Behandlungen pro Quartal möglich. Dieser Höchstfall muss auch auf den Arztfall angewendet werden.

BEISPIELE

1) Karl Bernd (58 Jahre) ist seit vielen Jahren Typ-1-Diabetiker (E10.74G) und sucht deshalb regelmäßig seine Hausarztpraxis auf. Nachdem er vor drei Wochen mit dem Arzt eingehend neue Medikamente besprochen hat (20 Minuten), kommt er heute zur Behandlung seines rechten Fußes zum zweiten Mal im Quartal zu seinem Hausarzt, der ausgedehnte Nekrosen abträgt und ihn nur kurz berät. (Sein Arzt hat die Genehmigung der KV, diese Leistung abzurechnen.)

1. Behandlungstag	03000 (Versichertenpauschale) 03220 (Chronikerpauschale 1) 03230 (2x) (problemorientiertes ärztliches Gespräch)
2. Behandlungstag	03221 (Chronikerpauschale 2) 02311 (Behandlung des diabetischen Fußes)

2) Der Hausarzt Dr. Klein nimmt einen Besuch bei der 1,8 km entfernt wohnenden 90-jährigen Lisa Hartmann (versichert bei der AOK) vor, versorgt erneut ihr Dekubitusgeschwür am Rücken und berät kurz. Es ist bereits der fünfte Arzt-Patienten-Kontakt im Behandlungsfall.

5. Behandlungstag	01410 (Besuch) + Wegepauschale

Es kann nur der Besuch abgerechnet werden, weil die Versichertenpauschale bereitsbeim ersten Arzt-Patienten-Kontakt notiert wurde und die Versorgung von Dekubitalulcera nach GOP 02310, die nur einmal im Quartal berechnungsfähig ist undmindestens drei APKs voraussetzt, schon beim dritten APK abgerechnet wurde.

3) Der 67-jährige Felix Kalo wird in der Praxis seines Dermatologen behandelt: Er kommt an vier Terminen innerhalb eines Quartals zur Versorgung seiner venösen Ulcera an beiden Beinen.

1. Behandlungstag	10212 (Grundpauschale Dermatologe) 02312 (Behandlungskomplex von Ulcera cruris, linkes Bein) 02312 (Behandlungskomplex von Ulcera cruris, rechtes Bein)
2. Behandlungstag	02312, 02312
3. Behandlungstag	02312, 02312

4. Behandlungstag	02312, 02312

Da beide Beine betroffen sind, kann die GOP pro Bein abgerechnet werden. Hat der Patient mehrere Ulcera am selben Bein, ist sie aber nur einmal je Sitzung und Bein berechnungsfähig.

AUFGABEN

1 Unterscheiden Sie die primäre und die sekundäre Wundversorgung.

2 Nennen Sie die Abrechnungsvorschriften, die gelten, wenn bei einer primären Wundversorgung Anästhesien und Verbände, eine Wundnachschau oder die Entfernung von Fäden oder Wundklammern notwendig sind.

3 Geben Sie die mögliche Abrechnungshäufigkeit der GOPs 02300, 02301 und 02302 bei einem Patienten in einem Quartal an.

4 Geben Sie die mögliche Abrechnungshäufigkeit der GOPs 02310, 02311 und 02312 pro Patient im Quartal an.

5 Rechnen Sie den Behandlungsfall ab: Norbert Dinglinger (46 Jahre alt, versichert bei der TK) kommt zum ersten Mal im Quartal in die Sprechstunde seines Hausarztes. Der Arzt nimmt eine operative Öffnung eines Abszesses vor (Dauer 10 Minuten) und verbindet den Patienten.

6 Rechnen Sie ab: Bei einem Besuch versorgt der Hausarzt Dr. Klein bei der bettlägerigen Karsta Range (87 Jahre, versichert bei der Barmer GEK) sowohl ein Dekubitusgeschwür im oberen Bereich des Gesäßes als auch Ulcera cruris an beiden Beinen. Er berät kurz. Es ist der vierte Arzt-Patienten-Kontakt.

7 Abrechnung von kleinchirurgischen Behandlungen und Wundversorgungen (GOÄ)

7.1 Primäre Wundversorgung und kleinchirurgische Eingriffe (GOÄ)

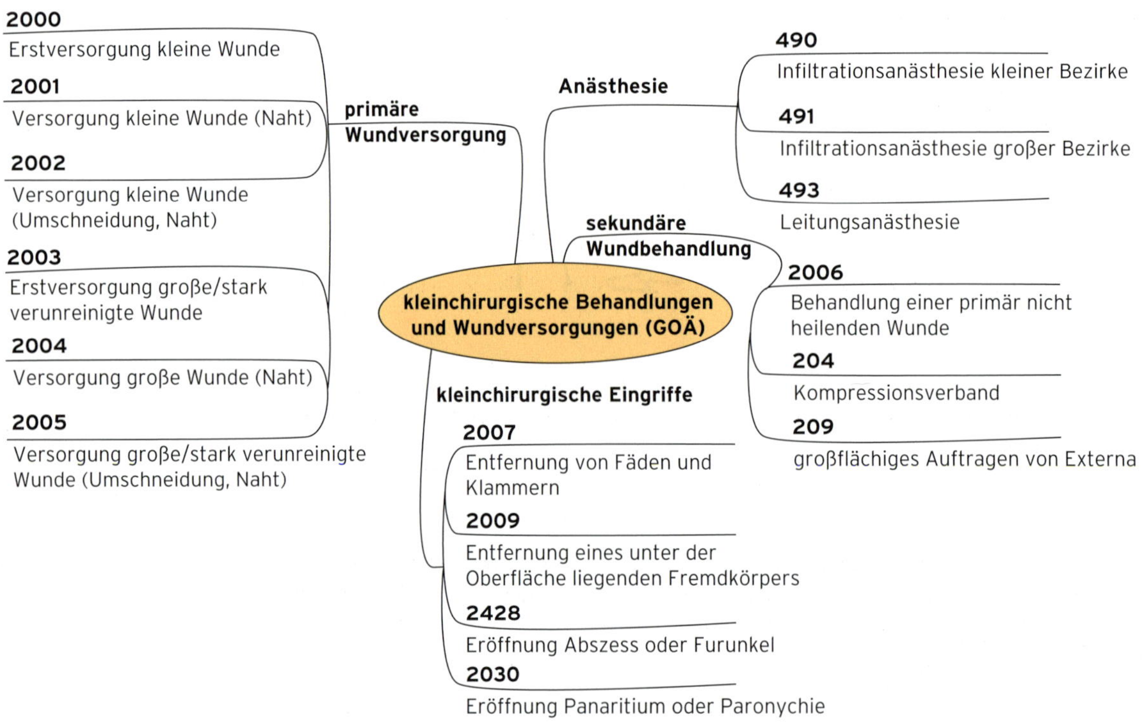

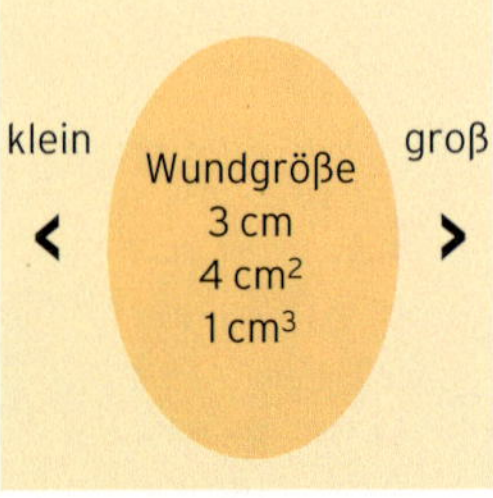

Abb. 1 Bemessung der Wundgröße nach Länge, Fläche, Raum

Abrechnungsziffern für die Versorgung von Wunden finden sich in der GOÄ im Kapitel L (Chirurgie, Orthopädie). Der Arzt rechnet die **Erstversorgung von Wunden** mit den **Ziffern 2000 bis 2005** ab. Welche Ziffer verwendet wird, richtet sich anders als im EBM nicht auch nach dem Alter des Patienten, sondern nur nach der Größe der Wunde (→ Abb. 1), dem Grad der Verunreinigung der Wunde bzw. dem Kriterium „ohne/mit Naht". Die Erstversorgung von großen, verunreinigten und durch Naht zu schließenden Wunden ist höher bewertet.

2000	**Erstversorgung einer kleinen Wunde**			
	1fach	2,3fach	3,5fach	1,2fach
70 Punkte	4,08 €	9,38 €	14,28 €	4,90 €

2001	**Versorgung einer kleinen Wunde einschließlich Naht**			
	1fach	2,3fach	3,5fach	1,2fach
130 Punkte	7,58 €	17,43 €	26,52 €	9,09 €

2002	**Versorgung einer kleinen Wunde einschließlich Umschneidung und Naht**			
	1fach	2,3fach	3,5fach	1,2fach
160 Punkte	9,33 €	21,45 €	32,64 €	11,19 €

2003	**Erstversorgung einer großen und/oder stark verunreinigten Wunde**			
	1fach	2,3fach	3,5fach	1,2fach
130 Punkte	7,58 €	17,43 €	26,52 €	9,09 €

2004	Versorgung einer großen Wunde einschließlich Naht			
	1fach	2,3fach	3,5fach	1,2fach
240 Punkte	13,99 €	32,18 €	48,96 €	16,79 €

2005	Versorgung einer großen und/oder stark verunreinigten Wunde einschließlich Umschneidung und Naht			
	1fach	2,3fach	3,5fach	1,2fach
400 Punkte	23,32 €	53,62 €	81,60 €	27,98 €

MERKE

- Liegen **mehrere offene Wunden** an verschiedenen Körperstellen vor, kann die Wundversorgung auch mehrfach abgerechnet werden, also für **jede Wunde einzeln** unter Angabe der Körperstelle.
- Auch die Versorgung **unterschiedlich gearteter Wunden** wird nebeneinander für **jede Wunde** einzeln mit der betreffenden Ziffer abgerechnet.

Die Versorgung von **entzündeten Wunden** kann mit **Ziffer 2006** abgerechnet werden. Sie ist auch abrechenbar bei der Behandlung von Ulcus cruris, Dekubitus, Abszessen und Furunkeln:

2006	Behandlung einer Wunde, die nicht primär heilt oder Entzündungserscheinungen oder Eiterungen aufweist - auch Abtragung von Nekrosen an einer Wunde			
	1fach	2,3fach	3,5fach	1,2fach
63 Punkte	3,67 €	8,45 €	12,85 €	4,41 €

Die **Entfernung von Fäden oder Klammern** ist nach der GOÄ nicht in der Gebühr für die Erstversorgung enthalten: Sie kann für jede zu behandelnde Wunde mit der **Ziffer 2007** abgerechnet werden, bei mehreren Wunden auch mehrfach.

2007	Entfernung von Fäden oder Klammern			
	1fach	2,3fach	3,5fach	1,2fach
40 Punkte	2,33 €	5,36 €	8,16 €	2,80 €

Das Entfernen eines unter der Oberfläche liegenden **Fremdkörpers** kann der Arzt mit **Ziffer 2009** abrechnen. Mit dieser Ziffer sind kleine Eingriffe gemeint, die keiner Anästhesie bedürfen.

2009	Entfernung eines unter der Oberfläche der Haut oder der Schleimhaut gelegenen fühlbaren Fremdkörpers			
	1fach	2,3fach	3,5fach	1,2fach
100 Punkte	5,83 €	13,41 €	20,40 €	6,99 €

Für die Eröffnung eines Abszesses oder Furunkels bzw. eines Panaritiums berechnet der Arzt nach der GOÄ folgende Ziffern:

2428	Eröffnung eines oberflächlich unter der Schleimhaut liegenden Abszesses oder eines Furunkels			
	1fach	2,3fach	3,5fach	1,2fach
80 Punkte	4,66 €	10,72 €	16,32 €	5,60 €

2030	Eröffnung eines subkutanen Panaritiums oder der Paronychie - ggf. einschl. Extraktion eines Finger- oder Zehennagels			
	1fach	2,3fach	3,5fach	1,2fach
130 Punkte	7,58 €	17,43 €	26,52 €	9,09 €

Verbände
→ Bd. 1, LF 4, S. 435

MERKE

Verbände sind nach der GOÄ **Bestandteil der primären Wundversorgung** und kleiner operativer Leistungen und können daher nicht in gleicher Sitzung neben den GOÄ-Ziffern 2000 bis 2005 berechnet werden.
Bei einem **Verbandwechsel** kann ein Verband nach **Ziffer 200** abgerechnet werden. Schnellverbände wie Pflaster und Sprühverbände sind allerdings hiervon ausgenommen.

Daneben können zusätzlich die **Auslagen** für das **Verbandmaterial** in jedem Fall berechnet werden.

Bei Wundversorgungen durch eine Naht ist in der Regel eine **Lokalanästhesie** notwendig. Diese kann, anders als bei der Abrechnung nach dem EBM, zusätzlich berechnet werden. Abrechnungsziffern für Anästhesieleistungen finden sich in Kapitel D der GOÄ.

490	**Infiltrationsanästhesie kleiner Bezirke**			
	1fach	2,3fach	3,5fach	1,2fach
61 Punkte	3,56 €	8,18 €	12,44 €	4,27 €

491	**Infiltrationsanästhesie großer Bezirke – auch Parazervikalanästhesie**			
	1fach	2,3fach	3,5fach	1,2fach
121 Punkte	7,05 €	16,22 €	24,68 €	8,46 €

493	**Leitungsanästhesie, perineural – auch nach Oberst**			
	1fach	2,3fach	3,5fach	1,2fach
61 Punkte	3,56 €	8,18 €	12,44 €	4,27 €

Die Größe des Bezirks, der zu betäuben ist, legt der Arzt fest.

In den Behandlungsfällen, in denen eine Tetanusprophylaxe notwendig erscheint, kann außerdem entweder die **Schutzimpfung** nach **Ziffer 375** oder die **Simultanimpfung** nach **Ziffer 378** berechnet werden. Der Impfstoff wird zusätzlich über den Ersatz von Auslagen (s. § 10 GOÄ) abgerechnet. Die Ziffern 1 und 2 sind jedoch neben den Impfziffern 376 bis 378 nicht zusätzlich abrechenbar.

BEISPIEL

Bruno Huber hat sich beim Heimwerken eine kleine Schnittwunde am rechten Daumen zugezogen. Der Arzt untersucht die Wunde, versorgt sie unter lokaler Betäubung und verbindet sie mit einem Schnellverband. Weil der Impfschutz nicht gesichert ist, impft er den Patienten simultan gegen Tetanus.

Datum	GOÄ-Nr.	Leistung	Steigerungssatz	Betrag in €
11. 11.	5	symptombezogene Untersuchung	2,3	10,72
	490	Infiltrationsanästhesie kleiner Bezirke	2,3	8,18
	2003	Erstversorgung große Wunde	2,3	17,43
		Schnellverband		-
	378	Simultanimpfung Tetanus	2,3	16,09 + Impfstoff

HINWEIS

Auch für die Abrechnung nach der GOÄ gilt:
Wunden an den Händen (und Handgelenken) zählen immer als große Wunden; ebenso Wunden an Kopf und Hals und Wunden bei Kindern bis sechs Jahren.

7.2 Sekundäre Wundbehandlung (GOÄ)

Die Versorgung einer primär nicht heilenden oder Entzündungszeichen oder Eiterungen aufweisenden Wunde wird nach GOÄ mit **Ziffer 2006** abgerechnet.
Der Arzt rechnet auch die Behandlung eines **diabetischen Fußes** mit dieser Ziffer ab; zusätzlich kann hier die Beratung zum Schuhwerk berechnet werden.
Müssen bei einem Patienten chronisch venöse **Ulcera cruris** versorgt werden, so ist diese Behandlung ebenfalls mit Ziffer 2006 abgegolten. Häufig ist hier zur Verbesserung der Venenfunktion auch das Anlegen eines | Kompressionsverbands angezeigt, der mit **Ziffer 204** abgerechnet werden kann.

Kompressionsverband
→ Bd. 1, LF 4, S. 435

204	**Kompressionsverband**			
	1fach	2,3fach	3,5fach	1,2fach
61 Punkte	3,56 €	8,18 €	12,44 €	4,27 €

MERKE

Verbände, die sog. **anderen therapeutischen Zwecken** dienen, können immer zusätzlich abgerechnet werden.

Es ist bei der Behandlung von Ulcera cruris also z. B. möglich, Folgendes abzurechnen: **Ziffer 2006** (Behandlung einer Wunde) + **Ziffer 200** (Wundverband – sofern nötig) + **Ziffer 204** (Kompressionsverband).

Daneben kann eine Lokaltherapie, z. B. mit Salben oder Lösungen, angezeigt sein, die mit der **Ziffer 209** berechenbar ist.

209	**Großflächiges Auftragen von Externa (z. B. Salben, Cremes, Puder, Lotionen, Lösungen) zur Behandlung von Hautkrankheiten mindestens einer Körperregion (Extremität, Kopf, Brust, Bauch, Rücken), je Sitzung**			
	1fach	2,3fach	3,5fach	1,2fach
150 Punkte	8,74 €	20,11 €	30,60 €	10,49 €

BEISPIEL

Der Hausarzt Dr. Klein nimmt mittags einen Besuch bei der 2 km entfernt wohnenden 90-jährigen Louise Miller vor und versorgt erneut ihr Dekubitusgeschwür am rechten Fuß.

Datum	GOÄ-Nr.	Leistung	Steigerungssatz	Betrag in €
11. 11.	50	Besuch	2,3	42,90
		Weg	2,3	3,58
	2006	Behandlung einer primär nicht heilenden Wunde	2,3	8,45
	200	Verband	2,3	6, 03 + Preis für Verbandmaterial

Auf einen Blick:

Abrechnung von Wundversorgungen

EBM	**GOÄ**
kleinchirurgischer Eingriff/ primäre Wundversorgung mit Verband/-wechsel, mit Lokal-/Leitungsanästhesien	kleinchirurgischer Eingriff/ primäre Wundversorgung + Lokal-/Leitungsanästhesien + Verbandwechsel
sekundäre Wundversorgung mit Verband/-wechsel, mit Lokal-/Leitungsanästhesien	sekundäre Wundversorgung + Lokal-/Leitungsanästhesien + Verband/-wechsel

HINWEIS

Bei der primären Wundversorgung ist auch nach der GOÄ der Verband in der Leistung enthalten; erst der Verbandwechsel kann separat zum Ansatz kommen.

AUFGABEN

1 Rechnen Sie ab: Der neun Jahre alte, privat versicherte Philipp Röser ist am Nachmittag auf der Garageneinfahrt mit dem Waveboard gestürzt und hat eine 3,5 cm lange Platzwunde am rechten Knie sowie Schürfwunden an der linken Schulter (Wundfläche 5 cm^2) und am linken Unterarm (Wundfläche 2 cm^2) davongetragen. Sein Kinderarzt untersucht die Wunden, näht die Platzwunde unter Lokalanästhesie und versorgt die Schürfwunden mit einem Verband. Da der Impfstatus des Patienten unklar ist, benötigt er eine Tetanus-Simultanimpfung.

2 Rechnen Sie ab: Der Privatpatient Herbert Klose kommt in die Sprechstunde seines Hausarztes. Der Arzt nimmt die operative Öffnung eines Abszesses vor (Dauer 10 Minuten) und verbindet den Patienten.

3 Rechnen Sie ab: Bei einem Besuch im 1,5 km entfernten Pflegeheim versorgt der Hausarzt Dr. Klein bei der bettlägerigen, privat versicherten Hermine Preuße sowohl ein Dekubitalgeschwür oberhalb des Gesäßes als auch Ulcera cruris an beiden Beinen.

8 Arbeitsunfälle

Hausarztpraxen sind häufig die erste Anlaufstelle, wenn Wunden versorgt werden müssen, die Folge eines Arbeitsunfalls sind. Diese Behandlung wird stets mit den Unfallversicherungsträgern (den gewerblichen und landwirtschaftlichen Berufsgenossenschaften und den Unfallversicherungsträgern der öffentlichen Hand) nach UV-GOÄ abgerechnet.
Je nach Art und Schwere der Verletzung sind unterschiedliche erste Schritte notwendig:

A Der Patient ist **nicht arbeitsunfähig**:
Zum Beispiel kommt der Patient nach einem Arbeitsunfall mit einer oberflächlichen Schürfwunde am Unterarm, die seine Arbeitsfähigkeit über den Unfalltag hinaus nicht behindert, zu seinem Hausarzt.

In der Hausarztpraxis müssen nach der Notfallversorgung des Patienten folgende Schritte eingeleitet werden:

- Erstatten der **Unfallmeldung mit dem Vordruck F 1050:** Teil 1 des Vordrucks muss sofort, spätestens jedoch am nächsten Tag, an den Unfallversicherungsträger geschickt werden.
- Ist die Behandlung beendet, werden die ärztlichen Leistungen auf Teil 3 des Formulars F 1050 **abgerechnet** und ebenfalls an den Unfallversicherungsträger geschickt.
- Teil 2 verbleibt beim behandelnden Arzt.

B Der Patient ist **arbeitsunfähig:**
Zum Beispiel kommt der Patient nach einem Arbeitsunfall mit einer stark blutenden, tiefen Schnittwunde an der Handinnenseite, mit der er seine Arbeit auch in den nächsten Tagen nicht verrichten kann, zu seinem Hausarzt.

In der Hausarztpraxis werden nach der Notfallversorgung folgende Schritte eingeleitet:

- keine Unfallmeldung an den Versicherungsträger, sondern **Überweisung** des Patienten an den **Durchgangsarzt (D-Arzt)** mit dem **Vordruck F 2900**.
- Der Hausarzt **rechnet** auf Teil 3 des Vordrucks F 1050 die angefallenen Kosten für die Notfallversorgung und für die Überweisung **ab** (alternativ auch mittels Vordruck F 9990). Auf Teil 1 trägt er die Personalien des Patienten, Name und Anschrift des Arbeitgebers und den Unfalltag ein.

HINWEIS

Eine genaue Definition von Arbeits-, Schul- und Wegeunfällen finden Sie in → Bd. 1, LF 2, S. 177, Unfallversicherungsträger.

UV-GOÄ
→ Bd. 1, LF 2, S. 223

Vordruck F 1050
→ LF 10, S. 146

D-Arzt
→ LF 10, S. 150

Vordruck F 2900
→ LF 10, S. 147

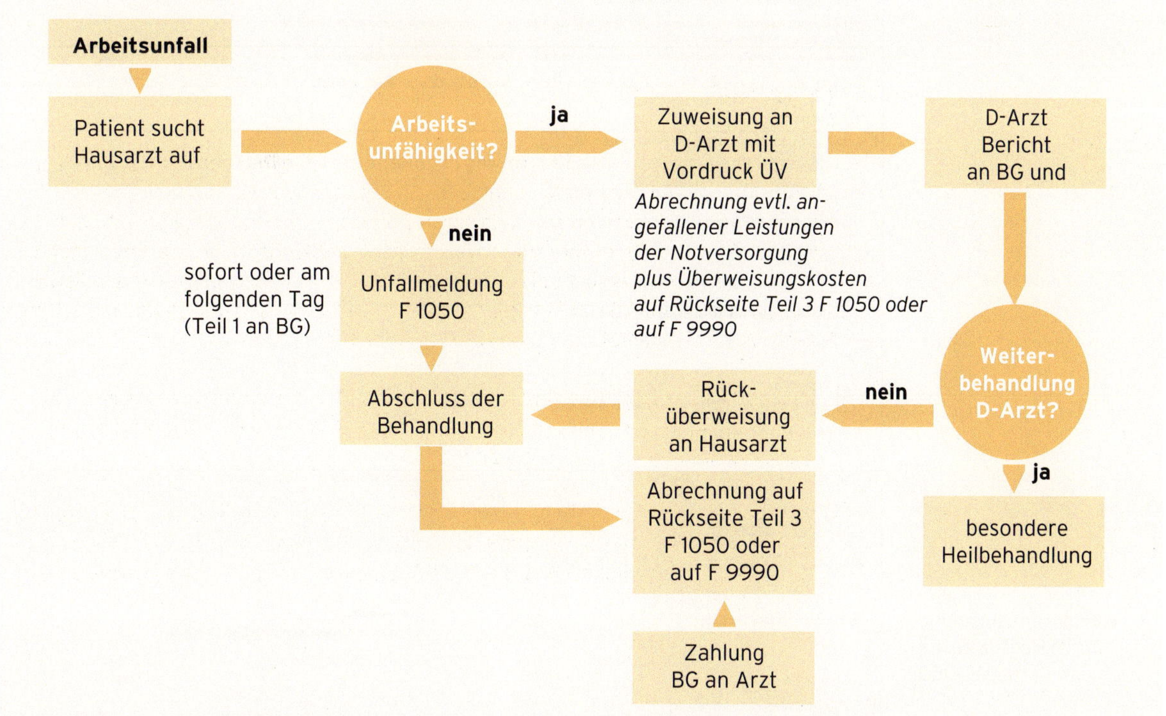

8.1 Allgemeine Heilbehandlung

allgemeine Heilbehandlung
→ Bd. 1, LF 2, S. 224

Unter der Voraussetzung, dass keine Vorstellungspflicht beim D-Arzt besteht, versorgt der Hausarzt den Unfallverletzten in Form der **allgemeinen Heilbehandlung**. Dies bezeichnet die ärztliche Versorgung, für die der Arzt weder besondere apparativ-technische Voraussetzungen noch spezielle unfallmedizinische Qualifikationen vorweisen muss.

Vorstellungspflicht beim D-Arzt besteht dagegen, wenn
- der Patient über den Unfalltag hinaus arbeitsunfähig ist,
- die Behandlung voraussichtlich länger als eine Woche dauert,
- eine Heilmittel- oder Hilfsmittelverordnung notwendig ist,
- es sich um eine Wiedererkrankung nach dem Arbeitsunfall handelt.

Alle berufsgenossenschaftlichen Vordrucke finden Sie unter www.dguv.de/formtexte/aerzte/index.jsp

Der Hausarzt kann den unfallverletzten Patienten aber auch weiterbehandeln, wenn der D-Arzt nur allgemeine Heilbehandlung für angezeigt hält und ihn zum Hausarzt zurücküberweist.

Besteht keine Arbeitsunfähigkeit, füllt der Hausarzt den **Vordruck F 1050** (Ärztliche Unfallmeldung) aus. Hier müssen genaue Angaben zu Unfallort und -zeit, zum Unfallhergang und zum Befund gemacht werden. Außerdem muss der zuständige Unfallversicherungsträger bestimmt und eingetragen werden. Für Arbeits- und Wegeunfälle Medizinischer Fachangestellter ist dies z. B. die Berufsgenossenschaft für Gesundheitsdienst und Wohlfahrtspflege (BGW).

Ärztliche Unfallmeldung | Lfd. Nr.

Unfallversicherungsträger: BG Gartenbau		Eingetroffen am: 23.05.13	Uhrzeit: 10:00
Name, Vorname des Versicherten: Müller, Friederike	Geburtsdatum: 25.10.85	Krankenkasse: AOK Hessen	
Beschäftigt als: Gärtnerin	Seit: 01.08.03	Bei Pflegeunfall Pflegekasse des Pflegebedürftigen	
Unfallbetrieb, ggf. mit Telefon-Nr. (Bezeichnung bzw. Name und Anschrift des Arbeitgebers, der Kindertageseinrichtung, der Schule oder Hochschule, des Pflegebedürftigen): Gärtnerei Rose, Rosenstr. 99, 67890 Musterhausen			
Vollständige Anschrift des Versicherten: Musterweg 234, 67890 Musterhausen	Telefon-Nr. des Versicherten: 0123/45678	Staatsangehörigkeit: deutsch	Geschlecht: w
Unfalltag: 23.05.13 · Uhrzeit: 9:15	Beginn der Arbeitszeit: 7:00 Uhr	Ende der Arbeitszeit: 15:00 Uhr	

Vorstellungspflicht beim Durchgangsarzt
- ☐ Der Verletzte wird am ______ bei dem D-Arzt (bitte genaue Anschrift angeben) ______ vorgestellt, weil
  - ☐ die Unfallverletzung über den Unfalltag hinaus zur Arbeitsunfähigkeit führt,
  - ☐ die Behandlungsbedürftigkeit voraussichtlich mehr als eine Woche beträgt,
  - ☐ die Verordnung von Heilmitteln (z. B. Physiotherapie) oder Hilfsmitteln (z. B. Gehstützen) erforderlich ist,
  - ☐ eine Wiedererkrankung an Unfallfolgen vorliegt.
- ☐ Eine Vorstellungspflicht beim D-Arzt besteht nicht, weil keine der oben aufgeführten Voraussetzungen erfüllt ist (nur in diesem Fall bitte weiter mit Pkt. 1).

1. Angaben des Versicherten zum Unfallort, Unfallhergang und zur Tätigkeit, bei der der Unfall eingetreten ist
   Beim Entladen von Blumenkübeln ist die Patientin über die Schwelle gestürzt.

2. Kurze Angabe des Befundes (ggf. mit Röntgenergebnis)
   schmerzhaftes rechtes Knie, Beweglichkeit voll erhalten, kein Anhalt für Kniegelenkserguss
   Kühlkompresse, Ibuprofen oral

3. Diagnose
   Prellung rechte Patella

4. Ist weitere **allgemeine Heilbehandlung** erforderlich?
   - ☐ nein
   - ☐ ja
     - ☐ durch mich
     - ☐ durch anderen Arzt (bitte genaue Anschrift angeben)

64293 Musterstadt, 23.05.13

Ort, Datum | Unterschrift | Anschrift/Stempel

BG Gartenbau
Bezirksverwaltung Kassel
Goethestr. 27
34119 Kassel

Datenschutz:
Ich habe die Hinweise nach § 201 SGB VII gegeben.

F 1050 0106 Ärztliche Unfallmeldung ...

Abb. 1 Unfallmeldung durch Hausärzte auf Formular 1050

Mit dem **Vordruck F 2900** überweist der Hausarzt den Patienten zu einem Arzt, der die besondere Heilbehandlung durchführen darf. Dies ist in der Regel ein D-Arzt oder ein ❙ H-Arzt; bei Verletzungen im Augen- bzw. HNO-Bereich muss der Unfallverletzte jedoch immer einem entsprechenden Facharzt überwiesen werden. Bei Verdacht auf eine berufsbedingte Hauterkrankung überweist der Hausarzt zum Hautarzt. Der betreffende Arzt ist auf dem Überweisungsvordruck anzukreuzen. Außerdem werden das Personalienfeld und der Unfallversicherungsträger ausgefüllt.

H-Arzt
→ LF 10, S. 150

AOK	LKK	BKK	IKK	VdAK	AEV	Knapp-schaft

AOK Hessen 40101

Schwarz, Peter 17.04.62
(Name d. Verletzten) (Vorname) (geb. am)

Schreinerei Holz
Mauerallee 45, 64293 Musterode
(Arbeitgeber/Unfallbetrieb)

BG - Holz
(Wohnung des Versicherten)

(UV-Träger)

Überweisungs-Vordruck zur Vorstellung beim

[X] D-Arzt
[ ] Augenarzt
[ ] HNO-Arzt
[ ] Hautarzt

nach einem Arbeitsunfall/Schulunfall

Unf.-Tag: 23.07.2013

[ ] Der/Die Verletzte ist wegen der Unfallfolgen nicht in der Lage, Sie aufzusuchen
Gegen Tetanus wurde von mir verabreicht:

______ Einheiten menschl. Tet.-Serum, ______ ccm Tetanus-Toxoidimpfstoff, am ______

Datum: 23.07.2013

(Anw. Stempel d. UV-Trägers) (Stempel d. D-Arztes) (Kassenarztstempel) (Unterschrift) des zuweisenden Arztes

F 2900 0501 ÜV (Überweisung D-Arzt/HNO-, Augen-, Hautarzt)

Abb. 1 Überweisung zum D-Arzt, Augen-, HNO- und Hautarzt (F 2900)

Muss der Patient zu einem D-Arzt überwiesen werden, ist auf F 1050 nur das Personalienfeld auszufüllen.

In beiden Fällen führt der Hausarzt die **Notfall- oder Erstbehandlung** durch. Daneben sind **Verordnungen** möglich: Der Hausarzt kann Arznei- und Verbandmittel (nicht aber Heil- und Hilfsmittel, deren Verordnung den D- und H-Ärzten vorbehalten ist) verordnen und verwendet hierfür das ❙ Arzneiverordnungsblatt (Muster 16). Als Kostenträger trägt er den Unfallversicherungsträger ein, kreuzt das Feld „Arbeitsunfall" an und kennzeichnet den Freivermerk. Außerdem müssen der Unfalltag und der Unfallbetrieb auf dem Rezept eingetragen werden.
Der Arzt rechnet die Behandlung nach ❙ **UV-GOÄ** auf Seite 3 von F 1050 oder alternativ auf F 9990 (Rechnung für ambulante/stationäre Behandlung) ab. In der UV-GOÄ ist in der jeweils ersten Spalte das Honorar für die allgemeine Heilbehandlung angegeben, z. B. bei Ziffer 1 UV-GOÄ:

Arzneiverordnungsblatt (Muster 16)
→ Bd. 1, LF 4, S. 419

UV-GOÄ
→ Bd. 1, LF 2, S. 223

1 UV-GOÄ	**Symptombezogene Untersuchung bei Unfallverletzung oder bei Verdacht auf das Vorliegen einer Berufskrankheit einschließlich Beratung** einmal im Behandlungsfall	UV Allg. € 6,21	UV Bes. € 7,73

Neben dem Honorar für die Behandlung ist das Ausfüllen der Vordrucke berechenbar.

125 UV-GOÄ	**Vordruck F 1050** Ärztliche Unfallmeldung	Berichtsgebühr in € 6,19

145 UV-GOÄ	**Vordruck F 2900** Überweisungsvordruck ÜV (§§ 26, 39 Vertrag Ärzte/UV-Träger)	Berichtsgebühr in € 3,49

HINWEIS

Nicht vergessen: Der Behandlungsfall nach der UV-GOÄ dauert drei Monate, beginnt aber (im Unterschied zum EBM) nicht am Quartalsbeginn, sondern am ersten Behandlungstag.

BEISPIELE

1) Die MFA Thekla Reiser hat sich beim Reinigen von Glasartikeln im Labor ihrer Praxis an einem zerbrochenen Erlenmeyerkolben eine kleine Schnittwunde an der rechten Hand zugezogen. Ihr Hausarzt untersucht und versorgt die Wunde, außerdem erhält Frau Reiser eine Tetanol-Auffrischimpfung. Eine Arbeitsunfähigkeit liegt nicht vor, daher muss keine Überweisung zum D-Arzt erfolgen. Der Unfallbericht wird von der hausärztlichen Praxis veranlasst. An den nächsten zwei Tagen erhält Frau Reiser nach der Inspektion der Wunde durch den Arzt jeweils einen Verbandwechsel durch die MFA und am 4. Tag eine abschließende Beratung und Inspektion der Wunde durch den Arzt.

Datum	UV-GOÄ-Nr.	Leistung	Betrag in €	Besondere Kosten in €
08. 04.	125	Vordruck F 1050	6,16	0,70
	1	symptombezogene Untersuchung	6,21	
	2003	Erstversorgung große Wunde	8,97	
	375	Schutzimpfung	3,45 + Impfstoff	
09. 04.	1	symptombezogene Untersuchung	6,21	
	200	Verband	3,24	1,28
10. 04.	1	symptombezogene Untersuchung	6,21	
	~~200~~	~~Verband~~	~~3,24~~	~~1,28~~
11. 04.	1	symptombezogene Untersuchung	6,21	

Da eine Wunde an der Hand als große Wunde zählt, wird Ziffer 2003 abgerechnet. Ziffer 200 für den Verband ist nicht neben den Ziffern 2000 bis 2005 berechungsfähig. Außerdem darf sie neben der Ziffer 1 nur einmal im Behandlungsfall berechnet werden. Es kann aber die höher bewertete Ziffer 1 abgerechnet werden. Der Ersatz von Auslagen für die abgerechneten Verbände ist immer berechenbar.

HINWEIS

Im Falle einer Überweisung zum D-Arzt wartet man in der überweisenden Praxis einige Tage, ob der Patient vom D-Arzt zurücküberwiesen wird, bevor man die Rechnung zur BG schickt. Ist dies der Fall, wird die Weiterbehandlung fortgesetzt und die Rechnung nach Beendigung der kompletten Behandlung zur BG geschickt.

2) Der Gärtner Falk Bohne kommt mit stark blutenden Stichwunden am linken Unterarm zu seinem Hausarzt. Beim Umtopfen von Kakteen im Gewächshaus sei er mit dem linken Unterarm zuerst in ein Kakteenbeet gefallen. Nach der ersten Untersuchung stellt der Hausarzt die Arbeitsunfähigkeit fest, da die Wunden zum Teil sehr tief sind und noch viele Stacheln enthalten. Die Wunden des Patienten werden verbunden. Er erhält eine Überweisung zum D-Arzt.

Datum	UV-GOÄ-Nr.	Leistung	Betrag in €	Besondere Kosten in €
12. 02.	145	Überweisungsvordruck F 2900	3,49	
	1	symptombezogene Untersuchung	6,21	
	200	Verband	3,24	1,28

8.2 Besondere Heilbehandlung

Um die besondere Heilbehandlung durchführen zu können, muss ein Arzt die Voraussetzungen über fachliche Fähigkeiten und sachliche und personelle Ausstattung erfüllen.
Die Behandlung wird nach **UV-GOÄ** mit dem Betrag in der rechten Spalte der Leistungsziffer abgerechnet. Bei besonderer Heilbehandlung ist neben der **Verordnung von Arzneimitteln** außerdem das Ausstellen von **Heilmittel- und Hilfsmittelverordnungen** möglich.

Berichte, Aufzeichnungen, Gutachten, Auskünfte
Bei Vorliegen von **Arbeitsunfähigkeit** erfolgt die Ausstellung der Bescheinigung zum Nachweis der Arbeitsunfähigkeit mit dem Formular der vertragsärztlichen Versorgung (Muster 1). Die Vergütung erfolgt nach Ziffer 143 UV-GOÄ.

143 UV-GOÄ	**Vordruck** Bescheinigung zum Nachweis der Arbeitsunfähigkeit (§47 Vertrag Ärzte/UV-Träger)	Berichtsgebühr in € 2,74

Teil 1 der Arbeitsunfähigkeitsbescheinigung erhält die gesetzliche Krankenkasse des Unfallverletzten mit Angabe des UV-Trägers. Bei längerer Arbeitsunfähigkeit übernimmt die gesetzliche Krankenkasse die Auszahlung des Verletztengeldes. Bei Privatpatienten wird zu Beginn der Arbeitsunfähigkeit die AU-Bescheinigung an die zuständige BG geschickt. Teil 2 ist für den Arbeitgeber bestimmt, Teil 3 zum Verbleib beim Arzt.

Jeder der zur Behandlung berechtigten Ärzte erstattet mit den jeweils gültigen Vordrucken unverzüglich die **Unfallmeldung**:

132 UV-GOÄ	**Vordruck F 1000** Durchgangsarztbericht	Berichtsgebühr in € 15,09

135 UV-GOÄ	**Vordruck F 1020** H-Arzt-Bericht	Berichtsgebühr in € 11,35

141 UV-GOÄ	**Vordruck F 6000** Ärztliche Anzeige über eine Berufskrankheit (§44 Vertrag Ärzte/UV-Träger)	Berichtsgebühr in € 15,22

126 UV-GOÄ	**Vordruck F 1030** Augenarztbericht	Berichtsgebühr in € 12,39

127 UV-GOÄ	**Vordruck 1040** Hals-Nasen-Ohren-Arzt-Bericht	Berichtsgebühr in € 12,39

Daneben steht für die Übermittlung von **Ergänzungsberichten, Zwischenberichten, Auskünften und Gutachten** eine Reihe von Vordrucken mit entsprechenden Abrechnungsziffern zur Verfügung. Freie Gutachten, die ohne Vordruck erstellt sind, werden nach den **Ziffern 160 bis 165 UV-GOÄ** berechnet. Portoauslagen können zusätzlich berechnet werden. Für die Übersendung von Krankheitsgeschichten oder Auszügen wird ein Pauschalsatz von 12,37 € angesetzt.

Das Vorgehen bei besonderer Heilbehandlung von Arbeitsunfällen unterliegt bestimmten Verfahrensarten:

MERKE

Verfahrensarten auf einen Blick:
- D-Arzt-Verfahren: besondere Heilbehandlung durch D-Arzt
- H-Arzt-Verfahren: besondere Heilbehandlung durch H-Arzt
- Hautarztverfahren: Hautarzt
- Augenarztverfahren: Augenarzt
- Verletzungsartenverfahren: Überweisung in eine BG-Klinik

8.2.1 Durchgangsarztverfahren (D-Arzt-Verfahren)

Die Versorgung von Unfallverletzten erfolgt im Wesentlichen durch Durchgangsärzte **(D-Ärzte)**, meist Fachärzte für Chirurgie oder Orthopädie, die von den Landesverbänden der gewerblichen Berufsgenossenschaften als D-Arzt bestellt sind. Sie müssen die Voraussetzungen über fachliche Fähigkeiten sowie sachliche und personelle Ausstattung der Praxis erfüllen, z. B. Röntgengeräte, und sind daher zur persönlichen Ausführung ihrer Tätigkeit verpflichtet. Insbesondere gilt dies bei der Befundauswertung und beim Einsatz der Röntgendiagnostik.

Aufgaben des D-Arztes
- Nach Art und Schwere der Verletzung **beurteilt und entscheidet** der D-Arzt, ob allgemeine Heilbehandlung oder besondere Heilbehandlung eingeleitet wird. Besondere Heilbehandlung wird der D-Arzt selbst durchführen, bei allgemeiner Heilbehandlung verweist er den Unfallverletzten in der Regel an dessen Hausarzt.
- Der D-Arzt muss unverzüglich den **Durchgangsarztbericht (Vordruck F 1000)** für den entsprechenden Unfallversicherungsträger erstellen. Durchschläge erhalten der Hausarzt und die gesetzliche Krankenkasse. Bei privat Versicherten erhält nur der Hausarzt einen Durchschlag.
- Bei bestimmten Verletzungen muss der D-Arzt zusätzlich zum Durchgangsarztbericht folgende **Ergänzungsberichte** erstellen:
  - Bei Unfällen mit Kopfverletzungen mit Gehirnbeteiligung oder Verdacht auf Gehirnbeteiligung: **F 1002**
  - bei Unfällen mit Knieverletzungen oder Verdacht auf Kniebinnenschaden: **F 1004**
  - bei Unfällen mit elektrischem Strom: **F 1006**
  - bei schweren Verbrennungen zweiten und dritten Grades: **F 1008**

Handelt es um einen Unfall mit Handverletzungen, darf auch ein **Handchirurg** die Behandlung durchführen, der von den Unfallversicherungsträgern bestellt ist. Dieser muss dann den **Ergänzungsbericht F 1010** erstellen.
Mit dem **Vordruck F 2222** benachrichtigt der D-Arzt den Unfallversicherungsträger über den **Abschluss einer besonderen Heilbehandlung.**

8.2.2 Heilbehandlungsarztverfahren (H-Arzt-Verfahren)

Heilbehandlungsärzte (H-Ärzte) sind meist Orthopäden mit besonderen unfallmedizinischen Kenntnissen. Ebenso wie die D-Ärzte sind sie von den Landesverbänden der gewerblichen Berufsgenossenschaften bestellt, bei in Anhang 2 des Vertrags Ärzte/Unfallversicherungsträger aufgeführten **Verletzungen** besondere Heilbehandlung durchzuführen.

Wie die D-Ärzte müssen auch die H-Ärzte neben der fachlichen Qualifikation die Voraussetzungen für die sachliche und personelle Ausstattung der Praxis erfüllen. Daher sind sie von der Vorstellung der Unfallverletzten bei einem D-Arzt befreit. Sie können jedoch nur solche Unfallverletzten behandeln, wenn sie von ihnen zuerst aufgesucht werden.

Der **H-Arzt-Bericht mittels Vordruck F 1020** muss unverzüglich vom H-Arzt für den Unfallversicherungsträger erstellt werden. Einen Durchschlag erhält die gesetzliche Krankenkasse des Unfallverletzten. Müssen Ergänzungsberichte erstellt werden, gelten die gleichen Abrechnungsbedingungen wie bei den D-Ärzten.

8.2.3 Verfahren zur Früherkennung berufsbedingter Hauterkrankungen (Hautarztverfahren) und Augenerkrankungen (Augenarztverfahren)

Stellt sich ein Patient mit krankhaften Hautveränderungen oder Augenerkrankungen, bei denen die Möglichkeit eines Zusammenhangs mit der beruflichen Tätigkeit besteht, bei einem Arzt vor, so muss ihn jeder Arzt zu einem **Hautarzt** bzw. zu einem **Augenarzt** überweisen. Dies geschieht mit **Vordruck F 2900**.
Unverzüglich nach der Untersuchung sendet der Hautarzt mit Vordruck F 6050 seinen Hautarztbericht und der Augenarzt mit Vordruck F 1030 seinen Augenarztbericht an den zuständigen Unfallversicherungsträger. Durchschriften erhalten der überweisende Arzt sowie die gesetzliche Krankenkasse des Patienten.
Zur Klärung der Diagnose ist der Hautarzt berechtigt, Hauttests durchzuführen. Diese müssen jedoch auf das erforderliche Maß beschränkt sein. Sind zusätzliche Testungen nötig, bedarf dies der Zustimmung durch den Unfallversicherungsträger.

8.2.4 Verletzungsartenverfahren

Bestimmte Verletzungen erfordern es, dass der Unfallverletzte unverzüglich in eine **von den Unfallversicherungsträgern zugelassene Klinik** überwiesen wird, z. B. ausgedehnte oder tief gehende Weichteilverletzungen, offene Brüche des Schädels, stumpfe oder durchbohrende Bauchverletzungen. Die am Verletzungsartenverfahren beteiligten Kliniken verfügen über spezielle personelle, apparative und räumliche Voraussetzungen zur Therapie schwerer Akutfälle.

HINWEIS

Der H-Arzt als „Mini-D-Arzt" ist ein „Auslaufmodell". Neue H-Ärzte werden seit 01.01.2011 nicht mehr zugelassen, für die bisherigen H-Ärzte gibt es ein Überleitungsverfahren zum „Basis-D-Arzt", wenn sie in den letzten drei Jahren jährlich mindestens 250 Erstversorgungsfälle an einem Standort hatten oder bis 31.12.2015 nachweisen können.

AUFGABEN

1 Erläutern Sie die ersten Schritte, die notwendig sind, wenn ein Patient nach einem Arbeitsunfall in die Hausarztpraxis kommt.

2 Geben Sie an, unter welchen Voraussetzungen der Unfallverletzte an den D-Arzt überwiesen werden muss. Welchen Vordruck verwenden Sie?

3 Welche Ärzte dürfen besondere Heilbehandlung durchführen und unter welchen Voraussetzungen?

4 Rechnen Sie ab: Die zwölfjährige Schülerin Chiara Wilhelm kommt in die Praxis ihres Hausarztes. Sie ist auf dem Weg zur Schule mit ihrem Fahrrad gestürzt und hat sich zwei große Schürfwunden am rechten Unterarm und eine 4 cm lange Schnittwunde am rechten Unterschenkel zugezogen, die nach Infiltrationsanästhesie genäht werden muss. Ihr Tetanus-Impfstatus ist nicht bekannt.

5 Bei einem Schulfest seiner Schule verletzt sich ein Lehrer als Torwart beim Fußballspiel: Der kleine Finger der linken Hand ist ausgerenkt. Zur Wiederherstellung der Greiffunktion der Hand ist Krankengymnastik und Ergotherapie nötig. Erläutern Sie, von welchem Arzt der Patient behandelt wird, geben Sie die genauen Abläufe an und begründen Sie.

LF 11

Patienten bei der Prävention begleiten

Prävention

Die meisten Menschen fürchten sich …

vor Schmerzen, Leid und Tod und möchten Krankheit vermeiden. Aber nur wenige nehmen an den angebotenen Früherkennungsuntersuchungen teil: ca. 8 % der Männer und 12 % der Frauen über 45 Jahre gehen z. B. regelmäßig zur Krebsfrüherkennungsuntersuchung.

Gründe dieser „Vermeidungshaltung" sind in erster Linie Bequemlichkeit und Angst. Oft spielt Verdrängung eine große Rolle. Obwohl jeder weiß, dass er krank werden kann und eine frühe Diagnose die Heilungschancen erheblich verbessert, „vergisst" man Gelegenheiten, die an die eigene Verletzlichkeit und gesundheitliche Bedrohungen erinnern – z. B. „fällige" Untersuchungen.

Vermitteln Sie Ihren Patienten, ...

dass auch der Körper regelmäßig eine Inspektion benötigt und er „scheckheftgepflegt" einfach zuverlässiger „läuft". Sie als MFA können Patienten – als deren nächste Ansprechpartnerin – besonders gut motivieren. Sprechen Sie Patienten an und loben Sie gesundheitsbewusstes Verhalten und positiven Umgang mit Krankheiten, z. B.: „Toll, wie Sie es geschafft haben, das Rauchen aufzugeben! Ihre Haut sieht sehr gut aus." „Das merkt man aber, dass Sie abgenommen haben – die neue Figur steht Ihnen bestens!" „Gar nicht so leicht, mit so einer Krankheit zu leben – ich bewundere Ihre Energie." „Wie Sie das schaffen, jeden Tag spazieren zu gehen trotz Ihrer Behinderung – Respekt!" „Gut, dass Sie so regelmäßig zur Vorsorge kommen. Das ist doch ein gutes Gefühl, wenn man weiß, dass alles in Ordnung ist."

Das Vorsorgeangebot der gesetzlichen Krankenkassen einschließlich der Broschüre „Der Vorsorge-Checker" finden Sie unter www.kbv.de

1 Prävention

1.1 Formen der Prävention

Prävention bedeutet Vorbeugung. Damit sind alle Maßnahmen gemeint, die gesundheitliche Schädigungen verhindern, weniger wahrscheinlich machen oder hinauszögern. Das griechische Wort Prophylaxe ist gleichbedeutend mit dem lateinischen Wort **Prävention**. Prävention findet in drei Stufen statt: in Primär-, Sekundär- und Tertiärprävention.

Präventionsstufe, Bedeutung und Ziele	Beispiele
1. Primärprävention Die Krankheitsentstehung soll möglichst verhindert werden. Dazu gehören individuelle und sozialstaatliche Maßnahmen. **Gesunde gesund erhalten**	– gesunde Ernährung und Sport – Schutzimpfungen laut STIKO-Plan, zusätzlich spezielle Impfungen für Berufstätige und vor Reisen – Sexualaufklärung (Safer Sex) – Stressvermeidung (Pausen, Urlaub) – Unfallverhütungsmaßnahmen der Berufsgenossenschaften – hygienisches Arbeiten zum Eigenschutz der MFA – allgemeine Hygienebedingungen (Umgang mit Lebensmitteln, Müll, Abwasser, Abgasen usw. laut gesetzlichen Bestimmungen)
2. Sekundärprävention Früherkennung symptomloser Krankheitsfrühstadien oder Risikofaktoren durch Vorsorge- bzw. Früherkennungsuntersuchungen oder **Screening** (Untersuchung einer Bevölkerungsgruppe mit hoher Erkrankungswahrscheinlichkeit) **Früherkennung** 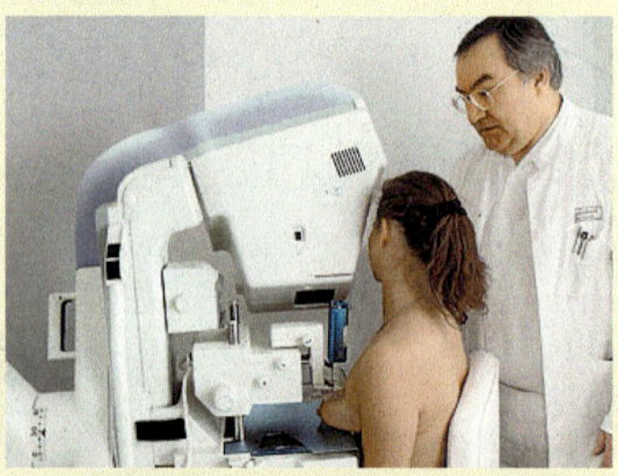	– Mutterschaftsvorsorgeuntersuchungen inkl. Früherkennung des Gestationsdiabetes – Kindervorsorgeuntersuchungen U1-U9 (10 Untersuchungen von der Geburt bis zum 5. Geburtstag) – Jugendgesundheitsuntersuchung J1 (12-14 Jahre) – Neugeborenen-Hörscreening und Hüftsonografie bei Säuglingen – Chlamydien-Urinscreening (1-mal/Jahr für Frauen von 15-25 Jahren) – Check-up 35 (Gesundheitsuntersuchung zur Früherkennung von Diabetes mellitus, Herz-Kreislauf- und Nierenkrankheiten in jedem 2. Kalenderjahr ab dem 35. Geburtstag) – Hautkrebsfrüherkennung (in jedem 2. Kalenderjahr ab dem 35. Geburtstag) – Krebsfrüherkennungsuntersuchungen auf Genitalkrebs • bei Frauen ab 20 Jahren (Gebärmutterhalskrebs, Genitalkrebs) bzw. ab 30 Jahren (Brustkrebs) jeweils 1-mal/Jahr, Mammografie-Screening bei Frauen von 50-70 Jahren alle 2 Jahre • bei Männern ab 45 Jahren (Genital- und Prostatakrebs) 1x/Jahr – Früherkennung des kolorektalen Karzinoms: einmalige Beratung ab 50 Jahren, Okkultbluttest 1-mal/Jahr von 50-55 Jahren und Vorsorgekoloskopie ab 55 Jahren zweimal im Abstand von 10 Jahren; statt der Koloskopie kann ab 55 Jahren im Abstand von zwei Jahren ein Okkultbluttest stattfinden.
3. Tertiärprävention **Rehabilitation** = bestmögliche Wiederherstellung der Gesundheit nach Krankheit; Verhinderung bzw. Verzögerung weiterer Schäden durch Therapie und/oder Diagnostik **(Nachsorge)** **Wiederherstellung, Schadensbegrenzung** 	– Rehabilitation, Koronarsport, Lipidsenker-, ASS- und Betablocker-Einnahme nach Herzinfarkt – Lipidsenker, ACE-Hemmer und Antihypertensiva für Diabetiker – regelmäßige Untersuchungen im Rahmen der DMP-Programme für chronisch Kranke, z. B. bei Diabetes mellitus und koronarer Herzkrankheit – Rehabilitation, konsequente Blutdrucksenkung und ASS-Einnahme nach Schlaganfall – Osteoporosetherapie nach Hüftfraktur – Bewegungstherapie nach Bandscheibenvorfall und anderen zu chronischem Verlauf neigenden Wirbelsäulenerkrankungen – Rehabilitation und Nachsorge nach Krebserkrankungen – Rehabilitation und Wiedereingliederung in das Berufs- und Sozialleben nach Drogenentzug (Rückfallprophylaxe) – mehrmonatige Antidepressivatherapie und Psychotherapie nach schwerer depressiver Episode – Frühförderprogramme und Behindertensport

1.2 Risiken und Nebenwirkungen der Prävention

In den Industrieländern stirbt etwa jeder dritte Mensch an Krebs. Da Krebserkrankungen vielfältige Ursachen haben, ist eine 100%ige Krebsprävention nicht möglich. Selbst Kinder können schon an Krebs erkranken und niemand kann sich mit Sicherheit davor schützen.

Neben Karzinogenen und Veranlagung ist es v. a. das Alter, das zu Fehlern bei der Zellteilung und damit zur Entstehung maligner Tumoren beiträgt. Je effektiver Präventions- und Therapiemaßnahmen den Tod an Herz-Kreislauf-Krankheiten verhindern, desto älter werden die Menschen und desto häufiger erkranken und sterben sie an Krebs. Dennoch ist es nicht sinnvoll, aus diesen Gründen die Krebsprävention gleich aufzugeben. Auch die Einstellung „Ich will es lieber gar nicht wissen" und der Verzicht z. B. auf die Früherkennung des Zervixkarzinoms sind nicht ratsam. Dieses Karzinom ist in Frühstadien sehr gut und fast immer kurativ behandelbar – die Patientin gewinnt Jahre bis Jahrzehnte an Lebenszeit. Nur die Therapie und Nachsorge werden die Patientin belasten und ihr Sorgen z. B. vor einem Rezidiv bereiten und in den ersten Jahren nach der Diagnose ihre Lebensqualität einschränken.

Entstehung maligner Tumoren
→ LF 9, S. 54

Beim Mammakarzinom ist der Vorteil der Früherkennung nicht so eindeutig. Durch das Mammografie-Screening sinkt eindeutig die **Mortalität** (Sterblichkeit) am Mammakarzinom. Das heißt, durch die Früherkennung sterben weniger Frauen an Brustkrebs als ohne das Screening. Es werden aber auch Tumoren erkannt, die nicht zum Tode der betroffenen Frau geführt hätten, weil diese vorher an etwas anderem gestorben wäre. Diese Frauen wären *mit*, aber nicht *an* Brustkrebs gestorben. Durch die Früherkennung wird ihre Lebensqualität durch die Krebstherapie unnötig eingeschränkt. Im Extremfall kann die Behandlung durch schwere Nebenwirkungen sogar das Leben der Frau verkürzen. Auf dem Mammografie-Bild und auch mit anderen Methoden ist aber nicht voraussehbar, ob eine Frau innerhalb der nächsten Jahre an einer anderen Ursache als dem Mamma-Ca. sterben wird.

Diese „Überdiagnostik und Übertherapie" ist ein grundsätzliches und schwer vermeidbares Problem der Prävention. Es gilt mit Einschränkung für die gesamte Krebsprävention. Viele ältere Männer hätten nie Probleme durch ihr langsam wachsendes Prostatakarzinom erlebt – wäre dieses nicht erkannt und aufwendig sowie nebenwirkungsreich behandelt worden. Andererseits rettet die Früherkennung hier eindeutig Leben und verhindert Leid, indem aggressive Tumoren bei Männern ab 45 Jahren rechtzeitig gefunden werden.

Abb. 1 Haarverlust durch Krebstherapie

Abb. 2 Lebensqualität im Alter

Oft machen sich die Falschen Sorgen

Eine schlanke, sportliche 50-jährige Nichtraucherin muss sich wegen eines mäßig erhöhten Gesamtcholesterins weder bei der Nahrungsauswahl einschränken noch Sorgen machen. Dass dies aber oft geschieht, ist ein typischer Negativeffekt der Prävention. Es wird dabei vergessen, dass jeder Mensch sterblich ist. Außerdem lenken Präventionsprogramme nie den Blick darauf, wie gesund ein Mensch ist, sondern nur darauf, wie krank oder risikobehaftet er ist. Früherkennung sucht in gewissem Sinne „das Haar in der Suppe". Dies allein erzeugt schon eine negative Sicht auf den Gesundheitszustand und macht pessimistisch – eine häufige „Nebenwirkung" der Prävention.

Abb. 3 Sport ist in jedem Alter sinnvoll.

1.3 Kosten und Nutzen der Prävention

Wirksamkeit und Nebenwirkungen der öffentlich empfohlenen und von den Krankenkassen finanzierten Präventionsprogramme werden ständig gemessen und bewertet – auch im Hinblick auf die Kosten. Schutzimpfungen z. B. kosten Geld, sparen aber Therapiekosten ein. Nähme die oben beschriebene 50-Jährige, die weder an Bluthochdruck noch an Diabetes leidet, ein Statin ein, sänke ihr leicht erhöhter Cholesterinspiegel ab. Ihr ohnehin niedriges Herzinfarktrisiko würde dadurch aber nicht messbar reduziert. Nebenwirkungen wären in diesem Falle viel wahrscheinlicher als ein Nutzen aus dem Medikament. Nimmt hingegen ein älterer KHK-Patient mit Diabetes mellitus das gleiche Medikament ein, senkt dies sein Risiko für ein erneutes kardiovaskuläres Ereignis deutlich.
Zigarettenrauchen ist bekanntermaßen gesundheitsschädlich. Rein wirtschaftlich gesehen bringt Nichtrauchen der Gesellschaft aber nicht unbedingt nur Vorteile. Ein Nichtraucher ist statistisch gesehen seltener krank und verursacht dadurch weniger Kosten für seine Krankenkasse. Er lebt aber acht Jahre länger als der durchschnittliche Raucher. Der Rentenversicherung und damit der Gesellschaft spart der Nichtraucher daher nicht automatisch Kosten.

Altwerden ist teuer

Abb. 1 Multimorbidität im Alter

Jede effektive Präventionsmaßnahme verschiebt zwangsläufig das Krankheitsrisiko in eine andere Richtung, z. B. vom Herz-Kreislauf-System zum Krebs oder umgekehrt – jedenfalls in ein höheres Lebensalter. Viele Rechenansätze ergeben auch, dass Prävention insgesamt keine Kosten spart, weil sie das Lebensalter erhöht. Hohes Alter erzeugt nämlich immer hohe Kosten – durch Gelenkersatz, Bypass-Chirurgie, Intensivmedizin, **Multimorbidität** und **Multimedikation**. Wer viele Krankheiten hat, bekommt auch viele Medikamente. Der größte Anteil aller medizinischen Kosten, die ein Mensch im Leben verursacht, entsteht daher im letzten Lebensjahr. Und dieser größte Kostenanteil ist relativ unabhängig von der zuvor durchgeführten Prävention.

Ist Prävention überhaupt sinnvoll?

Abb. 2 Lebensfreude kennt kein Alter.

Primärprävention kann Krankheit verhindern. Eine maßvolle, gesunde, jahreszeitengerechte und wohlschmeckende Ernährung liefert reichlich Vitamine und sekundäre Pflanzenstoffe. Sie schützt uns vor vorzeitiger Alterung, Übergewicht und vielen Krankheiten, sogar teilweise vor Krebs. Gelingt es uns, ein im umfassenden Sinn gutes und gesundes Leben zu führen – mit guten Sozialkontakten, sinnvoller Arbeit und Freude am Leben –, ist viel gewonnen.

Sekundärprävention kann Krankheiten im Frühstadium einer kurativen Therapie zuführen und sogar verhindern (z. B. die Vorsorgekoloskopie mit Polypektomie). **Tertiärprävention** kann Leben und Lebensqualität erhalten, aber natürlich nicht den Tod an sich verhindern.

Sinnvoll eingesetzt kann Prävention dem Einzelnen und der Gesellschaft nützen. Sie löst aber viele Probleme nicht und kann auch nicht alles beeinflussen. Hat z. B. ein Mensch Angst vor geistigem Verfall im Alter, kann er dennoch nicht gezielt so „ungesund" leben und essen, dass sein Körper sanft stirbt, bevor seine geistige Leistung nachlässt. Gene und äußere Umstände sprechen bei Krankheiten und Lebenserwartung ein Wörtchen mit. Prävention sollte nicht zur „Ersatzreligion" erhoben werden und den Blick auf das Leben verstellen:

» Es gibt Menschen, die leben gar nicht mehr wirklich, sondern nur noch vorbeugend – um dann gesund zu sterben. Doch auch wer gesund stirbt, ist definitiv tot. «

Manfred Lütz, Psychiater, Theologe und Buchautor

1.4 Motivation zu gesundheitsbewusstem Verhalten

Angst und Abschreckung motivieren kaum zu einer gesünderen Lebensweise: Kaum einen Raucher beeindrucken abschreckende Aufkleber auf Zigarettenpackungen; sie bestätigen eher Nichtraucher in ihrer Überzeugung. Wirkungsvoller kann man einen Menschen zu gesundheitsbewusstem Verhalten motivieren, indem man ihn bestärkt, seinen Gesundheitszustand *für seine eigene Lebensqualität* zu optimieren.

Auch ein 85-jähriger dialysepflichtiger Diabetiker mit Beinamputation und Herzinfarkt hat ganz individuelle Freude am Leben. Trotz vieler Einschränkungen beruht sein Lebenswille z. B. auf der Freude an seiner Familie, seinen Hobbys oder der Vorfreude auf Ereignisse, die er noch erleben möchte. Diese individuelle Motivation ist bei der Beratung zur Verbesserung der Adhärenz bzw. Compliance sehr wichtig. Niemand wird seine liebgewordenen Gewohnheiten aufgeben, nur weil der Arzt oder die MFA das gut fänden.

motivierende Gesprächsführung
Methode der Gesprächsführung, die Miller und Rollnick ursprünglich für Suchtkranke entwickelten

Im Sinne der **motivierenden Gesprächsführung** ist es effektiver, die Eigenmotivation des Patienten zu finden und ihn „dort abzuholen", um seine eigenen Gesundheitsbestrebungen zu stärken. Dadurch kann sich der Patient, z. B. auch der Suchtkranke, schrittweise von seinem selbstschädigenden Verhalten lösen. Abschreckung und „Predigen" hingegen ist nicht nur abwertend, sondern auch wirkungslos. Eine Schwangere wird eher das Rauchen aufgeben als eine gleichaltrige Nichtschwangere – schließlich wünscht sie sich ein gesundes Kind. Erklärt ihr die Frauenärztin, dass sie ihrem Kind etwas Gutes tut, wenn sie aufhört, dass es besser wachsen, zunehmen und sich an das Leben außerhalb des Mutterleibs viel besser anpassen kann, als wenn es „mitraucht", kann sie dies motivieren, den Nikotinentzug durchzustehen. Hat die Patientin aber das Gefühl „die Ärztin hält mich sowieso für hoffnungslos süchtig und willensschwach", wird sie das nicht stärken. Zutrauen und Optimismus sind meistens die bessere Beratungsgrundlage.

Abb. 1 Schwangere im Gespräch mit ihrer Gynäkologin

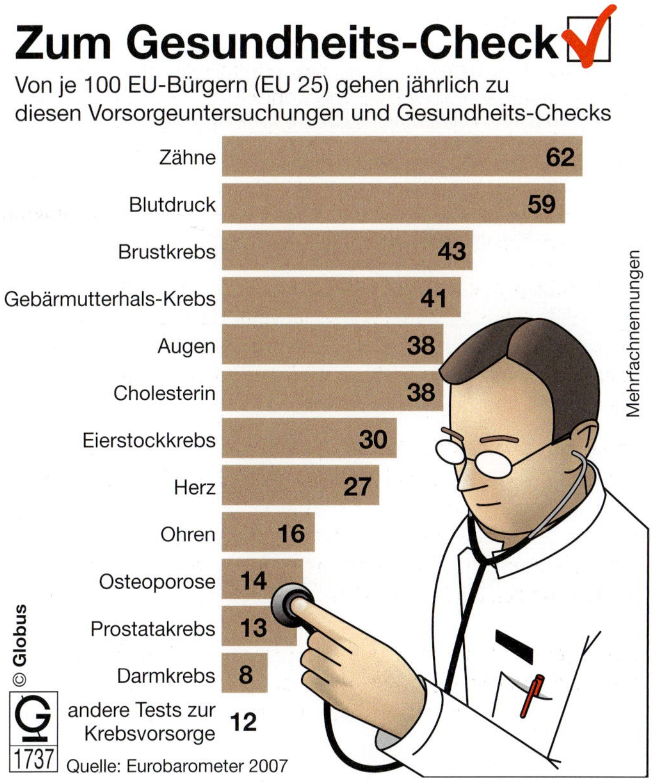

Einen kostenlosen 45-Minuten-E-Kurs zur motivierenden Gesprächsführung mit Videos von typischen Gesprächssituationen stellt die Uni Jena zur Verfügung: www.allgemeinmedizin.uni-jena.de/Projekt/content/e134

HINWEIS

Ein weiterer interessanter Selbsttest ist der **AUDIT**-Test (**A**lcohol **U**se **D**isorders **I**dentification **T**est)

Einzelheiten zur Prävention bestimmter Krankheiten finden Sie zu den Themen:

- Schutzimpfungen (STIKO-Impfplan), Bd. 1, LF 3, S. 298
- Arteriosklerose und daraus folgende Erkrankungen, Bd. 2, LF 5, S. 59
- metabolisches Syndrom, Bd. 3, LF 9, S. 66
- Diabetes mellitus, Bd. 3, LF 9, S. 76
- Mammakarzinom mit Selbstuntersuchung und Mammografie-Screening, Bd. 2, LF 8, S. 299, 305
- Bronchialkarzinom, Bd. 2, LF 5, S. 99
- Osteoporose, Bd. 1, LF 4, S. 364
- kolorektales Karzinom, Bd. 3, LF 9, S. 57
- schwangerschaftsbedingte Erkrankungen (Mutterschaftsvorsorge), Bd. 2, LF 8, 282
- sexuell übertragbare Infektionen, Bd. 2, LF 8, S. 302
- Hepatitis A, B und C, Bd. 3, LF 9, S. 62
- Leberzirrhose, Bd. 3, LF 9, S. 64

Terminologie: Prävention

motivierende Gesprächsführung	Gesprächsführungsmethode, die z. B. die Motivation des Patienten zu einem gesundheitsfördernden Verhalten stärkt
Multimedikation	Therapie mit mehreren Medikamenten
Multimorbidität	gleichzeitiges Vorliegen mehrerer Krankheiten
Mortalität	Sterblichkeit (Anzahl der Sterbefälle an einer Krankheit innerhalb eines bestimmten Zeitraums)
Nachsorge	systematisch durchgeführte Untersuchungen z. B. nach einer Krebserkrankung zur Früherkennung eines Rezidivs
Prävention (Syn. **Prophylaxe**)	Vorbeugung
Rehabilitation	möglichst vollständige Wiederherstellung der Gesundheit nach einer Krankheit
Primärprävention	vorbeugende Maßnahmen, die Gesunde gesund erhalten
Sekundärprävention	vorbeugende Maßnahmen im Sinne von Früherkennung
Screening	Untersuchung einer Bevölkerungsgruppe mit hoher Erkrankungswahrscheinlichkeit zum Zweck der Früherkennung
Tertiärprävention	vorbeugende Maßnahmen im Sinne von Rehabilitation; Therapie, die eine Verschlimmerung verhindert; Nachsorge

AUFGABEN

1 Definieren Sie die Begriffe **a** Primärprävention, **b** Sekundärprävention und **c** Tertiärprävention.

2 Erläutern Sie die drei Präventionsstufen anhand der Krankheiten **a** Osteoporose, **b** KHK und **c** Gebärmutterhalskrebs.

3 Finden Sie Erklärungen für die unterschiedlich starke Inanspruchnahme der Vorsorgeuntersuchungen (s. Grafik S.159).

4 Haben Sie die Jugendgesundheitsuntersuchung J1 wahrgenommen? Begründen Sie Ihre Antwort.

5 Nehmen Sie an den gynäkologischen Früherkennungsuntersuchungen teil bzw. haben Sie vor teilzunehmen, wenn Sie das entsprechende Alter erreicht haben?

2 Selbsthilfe und Selbsthilfeorganisationen

Viele Erkrankungen sind schicksalhaft, d. h., der Patient hat nichts getan oder unterlassen, um die Krankheit zu bekommen, und ist dennoch erkrankt. Auf den Verlauf und/oder die Bewältigung vieler Krankheiten kann der Patient jedoch Einfluss nehmen.

Jeder Mensch, der eine schwerwiegende Diagnose erhält, versucht diese zu bewältigen. Er nutzt Mittel und Kompetenzen, die ihm bei früheren Krankheiten bzw. Krisen geholfen haben. Dies können Hausmittel sein, Medikamente, psychologische Techniken oder auch Religion. Reichen die eigenen Möglichkeiten nicht aus, bittet der Betroffene Menschen seines sozialen Umfeldes um Unterstützung. Diese Stadien der Hilfesuche laufen bei einfachen Infekten im Prinzip nicht anders ab als bei schweren Krankheiten. Hilft das eigene soziale Umfeld dem Patienten nicht genügend, sucht er sich außerhalb Hilfe, auch z. B. im Internet.

Stadien der Hilfesuche
→ Bd. 1, LF 2, S.73

Besonders gute psychologische und praktische Unterstützung bieten oft **Selbsthilfegruppen** und **-organisationen**. Dies sind selbst organisierte Gruppen bzw. Verbände betroffener Patienten und/oder ihrer Angehöriger. Da die Patienten die gleiche Diagnose bzw. das gleiche Problem haben, können sie sich offen und konstruktiv darüber austauschen. Sie können konkrete Fakten zu Diagnostik und Therapie, aber auch Gefühle und subjektive Probleme besprechen. Oft werden Erfahrungen mit Ärzten und Kliniken thematisiert und Adressen kompetenter Therapeuten ausgetauscht.

Abb. 1 Selbsthilfegruppe

Beispiele für Selbsthilfeorganisationen
www.rheuma-liga.de
www.hochdruckliga.de
www.daab.de
(Deutscher Allergie- und Asthmabund)
www.dccv.de
(M.Crohn, Colitis ulcerosa)

Selbst wenn Angehörige und Kollegen von der Krankheit nichts mehr hören wollen, findet – und bietet – der Patient in der Selbsthilfegruppe offene Ohren. Selbst Schwerkranke können dabei ihre Kraft und Kompetenz bei der Krankheitsbewältigung erkennen und nutzen. Trotz oder wegen der Krankheit anderen helfen zu können, baut auf und gibt der Krankheit einen gewissen Sinn. Oft stellen Mitglieder auch fest, dass es ihnen im Vergleich mit anderen Betroffenen noch gut geht oder sie nehmen sich ein Beispiel an anderen Patienten der Gruppe.
In jeder Praxis sollten Broschüren und Adressen ortsansässiger Selbsthilfegruppen ausliegen. Gruppentreffen, Schulungen und Vorträge können in den Praxisräumen mit oder ohne Einbezug des Praxispersonals stattfinden. Dies kann sich positiv auf die Patientenbindung auswirken und darüber hinaus Werbeeffekte haben.

HINWEIS

Die nationale Kontakt- und Informationsstelle für Selbsthilfegruppen (NAKOS; www.nakos.de) bietet nicht nur die Adressen bestehender Selbsthilfegruppen, sondern auch Informationen und Unterstützung bei der Neugründung an.

Die aktive Teilnahme an einer Selbsthilfegruppe kann, z. B. bei der Überwindung der Alkoholkrankheit, nachweislich die Prognose verbessern. Selten löst die Konfrontation mit schwer bzw. fortgeschritten Erkrankten jedoch auch Angst vor einer Verschlimmerung der eigenen Krankheit und damit einen Schock und Hoffungslosigkeit aus.

3 Psychosomatik und psychische Erkrankungen

3.1 Psychosomatik

Psychosomatik ist die Lehre von den Wechselwirkungen von Körper (gr. Soma) und Seele (gr. Psyche) im Krankheitsgeschehen. Auf Grund der Arbeitsweise des vegetativen Nervensystems und der Untrennbarkeit der Hirn- und Organfunktionen wirkt sich ein seelisches Ungleichgewicht auf den Körper aus: „Ein Infarktkandidat", „immer auf 180", „der arbeitet bis zum Umfallen …" – so reden die Kollegen z. B. angesichts ihres ununterbrochen tätigen Chefs. Umgekehrt beeinflussen somatische Krankheiten das seelische Befinden. Eine akute Virusgrippe oder ein Pfeiffersches Drüsenfieber führen eventuell über Wochen und Monate zu depressiver Antriebslosigkeit und erhöhtem Schlafbedürfnis. Chronische Krankheiten fördern durch körperliche, seelische und soziale Auswirkungen ebenfalls Depressionen.
Ein Schlüsselbegriff der Psychosomatik ist die Stressreaktion, d. h. das körperliche und seelische Geschehen bei **Stress**. Wird ein Stressauslöser durch die Sinnesorgane dem ZNS mitgeteilt, verstärkt das vegetative Nervensystem die Aktivität des **Sympathikus**. Dieser Teil des vegetativen Nervensystems verstärkt leistungssteigernde Körperfunktionen. Der Hypothalamus veranlasst die Nebennieren, mehr Adrenalin und Cortison auszuschütten.

vegetatives Nervensystem
→ Bd. 1, LF 3, S. 242

Dies erzeugt typische Stresseffekte:
- Anstieg des Blutdrucks, der Herzfrequenz, des Blutzuckerspiegels, der Muskelspannung und -durchblutung sowie der Blutgerinnbarkeit
- Hemmung von Verdauung, Heilung, Wachstum, Immunabwehr und Sexualfunktionen

Stress löst aber auch psychische Effekte aus. Während **Eustress** (positiver, aktivierender Stress) die Fähigkeit zu klarem Denken und zu Entscheidungen fördert, führt **Disstress** (negativer, schädlicher Stress) zu Ideenlosigkeit, Blackout, negativem Denken und Angst.

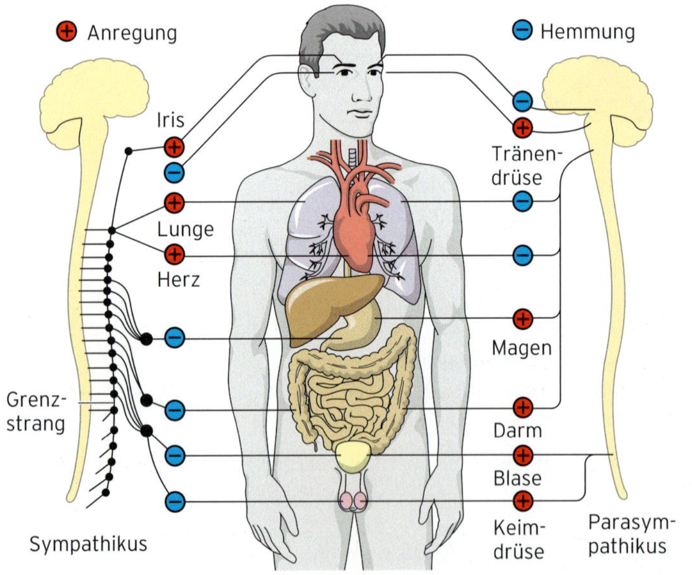

Abb. 1 Wirkungen von Sympathikus und Parasympathikus auf die einzelnen Organe

Die erhöhte Aktivierung von Körper und Seele (so die Definition von Stress) ist im Prinzip eine gesunde Reaktion. Maßvoller Stress, d. h. Eustress, fördert Leistung und Motivation. Disstress hingegen schadet. Der Organismus versucht sich anzupassen. Dabei geraten Körper und Seele in eine Widerstandsphase, die stets mit Funktionsstörungen einhergeht. Typisch sind Hypertonie, Infekthäufung, Magen-Darm-Symptome, Rücken- und Kopfschmerzen sowie Schlafstörungen. Charakteristisch für die Widerstandsphase ist, dass man sich psychisch gut fühlt. Dies ist ein Effekt der Stresshormone im Gehirn selbst.
Wer z. B. eine Prüfung hinter sich hat, fühlt sich zunächst noch (unter den Stresshormonen) stark und hat viele Ideen, was er nun alles tun möchte – und wird dann krank oder „fällt in ein Loch". Dieser Leistungsknick zeigt, dass nach Wegfall des Stressauslösers die sympathikusbetonte Phase endet und eine Zeitlang der **Parasympathikus** vorherrscht. Dieser Teil des vegetativen Nervensystems fordert bzw. erzwingt Ruhe und Schlaf.

Ein junger, gesunder Organismus kann eine Zeitlang stressbedingte Funktionsstörungen schadlos ertragen. Ein älterer oder kranker Körper gerät leichter aus seinem ohnehin labilen Gleichgewicht. So entstehen stressbedingte Herzinfarkte, Schlaganfälle sowie vermehrte Unfallereignisse. Dauerstress kann auch zu einem bleibenden Umbau im Gehirn führen – mit der Folge einer Depression und erhöhter Wahrscheinlichkeit einer Demenz.

Extreme Vertreter der Psychosomatik meinen, dass es keine Krankheit ohne psychosomatischen Hintergrund gibt, auch keine Verletzung und keinen Unfall. Oft werden in der Psychosomatik bildliche Vergleiche herangezogen, um seelische Ursachen körperlicher Erkrankungen zu erklären: „Du stehst immer unter Druck" bei Hypertonie, „Du hast die Nase voll" bei Sinusitis, „Sie ist wirklich sauer" bei Gastritis und „Ich habe ihm was gehustet" bei Asthma bronchiale.

Jeder Erkrankung einen Symbolcharakter oder eine Sprachrohrfunktion der Seele zuzuschreiben, birgt jedoch die Gefahr, dass der Patient zu seinem körperlichen Leiden nun auch noch eine Art „Schuld" für die Krankheit zugeschoben bekommt. Das hilft keinem Patienten. „Klassische" psychosomatische Erkrankungen, die bei seelisch unlösbar erscheinenden Konflikten auftreten, sind die Essstörungen **Anorexia nervosa** (Magersucht), **Bulimia nervosa** (Ess-Brech-Sucht) und verschiedene Varianten der Esssucht. Die Therapie erfordert eine Kombination aus somatischen und psychologischen bzw. psychiatrischen Methoden, um die tiefgreifenden seelischen Störungen mit ihren lebensbedrohlichen Auswirkungen nachhaltig zu bessern.

Informationen für Betroffene, Eltern, Lehrer, Angehörige und zahlreiche Links zum Thema Essstörungen
www.hungrig-online.de
www.bzga-essstoerungen.de

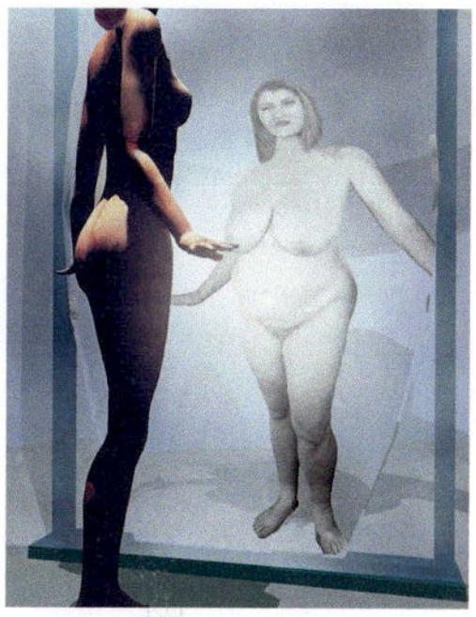

Abb. 1 Fehlwahrnehmung des Körpers (Körperschemastörung) bei Anorexia nervosa

3.2 Häufige psychische Erkrankungen

3.2.1 Suchtkrankheiten und ihre Behandlung

Der Begriff Sucht kommt von „Siechtum" und bedeutet allgemein „Krankheit". Etwa seit 1900 wird er überwiegend für Abhängigkeitserkrankungen verwendet. Unterschieden werden die

- **stoffgebundene Sucht** (Abhängigkeit von Substanzen, die die seelische Befindlichkeit beeinflussen, z. B. Alkohol, Nikotin oder Benzodiazepinen) und die
- **nicht stoffgebundene Sucht** (Abhängigkeit von bestimmten Tätigkeiten wie Glücksspiel, Kaufen oder PC-Spielen).

Abb. 2 Der exzessive Gebrauch von Internet- und Computerspielen kann zu süchtigem Verhalten führen.

Definition	Charakteristik des Konsums bzw. der Abhängigkeit und typische Beispiele
Gewohnheit	**regelmäßiger Konsum**, der bei normalen Mengen unschädlich ist: Kaffee- und Teekonsum bei ca. 90 % der Bevölkerung; eine Unterbrechung der Koffeinzufuhr führt ggf. zu schlechter Stimmung und Müdigkeit
schädlicher/ gefährlicher Gebrauch	**übermäßiger Konsum** mit dem Risiko gesundheitlicher Schäden: gelegentliches Rauchen ohne Abhängigkeit, Alkoholkonsum von > 20 g/Tag oder in der Schwangerschaft, gelegentlicher Cannabiskonsum
Missbrauch (Abusus)	**Missbrauch:** fortgesetzter Konsum eines Suchtmittels, obwohl schon Schäden eingetreten sind, z. B. Alkoholkonsum bei Leberzirrhose
Fehlgebrauch	**Fehlgebrauch:** Medikamentenkonsum außerhalb oder ohne Indikation, z. B. Schmerzmitteleinnahme zur Leistungssteigerung oder Verbesserung der Stimmung
Abhängigkeit	körperliche Abhängigkeit mit **Toleranzentwicklung** (körperliche Anpassung mit **Wirkverlust** und **Dosissteigerung**), **Entzugserscheinungen** (körperliche Symptome bei Unterbrechung der Zufuhr), Konsum zur Vermeidung dieser Symptome; psychische Abhängigkeit mit starkem **Drang** bzw. **Zwang, sich den Stoff zuzuführen** bzw. die Tätigkeit auszuführen sowie Vernachlässigung von beruflichen bzw. sozialen Pflichten und Interessen zum Zwecke des Konsums; Fortsetzung des Konsums trotz bekannter körperlicher und sozialer Schäden: Nikotin-, Alkohol- und Heroinabhängigkeit, Glücksspielsucht, exzessive Nutzung von Fernsehen, PC-Spielen, Onlinenetzwerken und Kommunikationsmedien

Alkoholabhängigkeit

In Deutschland sind so viele Menschen abhängig von diesen Suchtmitteln

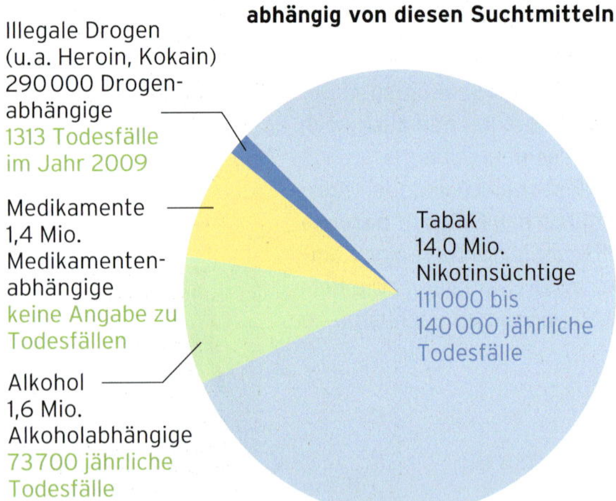

Quelle: DHS

Die häufigsten stoffabhängigen Süchte betreffen Alkohol (Ethanol) und Nikotin. Etwa 7 % der erwachsenen Deutschen sind alkoholabhängig, zweimal so viele betreiben Missbrauch. In manchen, z. B. akademischen Berufsgruppen liegt der Anteil doppelt so hoch.

Alkoholprobleme beginnen damit, dass der Wirkung wegen getrunken wird: zur Erleichterung, d. h. zum „Abschalten“ bei Stress, um lockerer zu werden und/oder um schlafen zu können. Alkohol wird für diese Zwecke genutzt, weil er ein „duales Wirkprinzip“ hat: Er kann sowohl anregend als auch dämpfend wirken. Der Konsument wählt die Getränke, die Menge und den Zeitpunkt des Trinkens entsprechend. Häufig ist auch der Versuch einer Selbstmedikation mit Alkohol bei vielen Arten psychischer Erkrankungen. Alkohol hat sedierende, antidepressive, angstlösende und schließlich (bei hoher Dosis) narkotische Wirkungen. Viele psychisch Kranke verstehen bzw. wissen nicht, woran sie eigentlich leiden, und betäuben unerträgliche Symptome mit Alkohol. Die Suchtentwicklung wird von genetischen, biografischen und kulturellen Einflüssen mitbestimmt und verläuft allmählich.

Die **Diagnose** wird durch Anamnese, Fremdanamnese, Blutwerte und **Dekompensationen** (Klinikeinlieferung nach Trinkexzessen, Entzugssymptome bei ungewollter Unterbrechung des Konsums bei Operationen usw.) gestellt bzw. gesichert. Die Giftwirkung des Alkohols erzeugt nicht nur erhöhte Leberwerte, sondern auch ein erhöhtes MCV (Erythrozytenvolumen) und hohe Triglyceride. Der Ethanolgehalt des Blutes kann ebenfalls gemessen werden; die Einheit ist ‰ (Promille, d. h. pro Tausend). Verschiedene Kurztests helfen, ein Alkoholproblem anamnestisch zu erkennen, z. B. der CAGE-Test (engl. cage = Käfig):

C	cut down (reduzieren)	Haben Sie schon einmal versucht, weniger zu trinken?
A	annoyed (verärgert)	Haben Sie sich schon einmal über Bemerkungen anderer zu Ihrem Alkoholkonsum geärgert?
G	guilty (schuldig)	Fühlen Sie sich wegen Ihres Alkoholkonsums schuldig?
E	eye-opener (Augenöffner)	Brauchen Sie morgens Alkohol, um in Gang zu kommen?

Abb. 1 Mit Erleichterungstrinken beginnt oft eine Alkoholabhängigkeit.

Abb. 2 Selbsthilfetreffpunkt für Menschen mit Alkoholproblemen

Der **LAST** (**L**übecker **A**lkoholismus-**S**creening-**T**est) erfragt zusätzlich alkoholbedingte Klinikaufenthalte (Unfälle, Pankreatitis, schwere Infektionen, Leberkrankheiten usw.) und Probleme am Arbeitsplatz.

Angehörige werden oft in das Suchtgeschehen einbezogen; manche umsorgen den Kranken so intensiv, dass er trotz seiner Sucht noch längere Zeit gesellschaftsfähig bzw. „unauffällig“ bleibt. Sie investieren unendlich viel Geld, Kraft und Zeit und erleichtern so das Lügen und Verleugnen. Dabei werden sie **Co-Abhängige**. Ihr Verhalten stabilisiert die Sucht und führt zu psychischen und sozialen Schäden auch beim Co-Abhängigen selbst. Kinder aus Familien Suchtkranker sind oft seelisch **traumatisiert** und neigen selbst zu Depression und Sucht.

Beendet der abhängig Suchtkranke sein Verleugnungsverhalten und ist ausreichend motiviert, kann zunächst eine stationär durchgeführte **Entgiftung** stattfinden. Dabei werden die Entzugssymptome mit Medikamenten (Tranquilizern, Betablockern usw.) gemildert. Im Anschluss findet ein längerer Fachklinikaufenthalt zur Stabilisierung statt. Langfristig ist zur Senkung der Rückfallgefahr die Teilnahme an einer Selbsthilfegruppe ratsam. Die Wahrscheinlichkeit, auf Dauer **abstinent** zu bleiben, ist bei Mitgliedern deutlich höher als im Alleingang innerhalb des alten Umfeldes, das ggf. weiter Alkoholmissbrauch betreibt.

Nikotinabhängigkeit und -entwöhnung

Rauchen macht krank, impotent, lässt die Haut altern und kostet im Raucherleben so viel wie ein Lottogewinn. Der Grund, warum dennoch geraucht wird, ist die Abhängigkeit. Nikotin ist ebenso stark suchterzeugend wie Heroin. Beim ersten Konsum treten heftige Giftwirkungen auf: Durchfall, Erbrechen, Herzrasen, Husten und Schwindelgefühl – sie lassen das Rauchen vielen Jugendlichen als Mutprobe geeignet erscheinen. Nach 14 Tagen tritt Abhängigkeit auf, d. h., das Rauchen findet nun statt, um Entzugssymptome zu vermeiden. Diese entstehen durch Toleranzentwicklung: Es kommt zu Änderungen von Hirnfunktionen, z. B. zur Vermehrung von Rezeptoren. Diese Veränderungen bilden sich nach der Beendigung des Drogenkonsums nur langsam zurück. Für die Dauer dieser Zeit ist auch mit körperlichen Entzugserscheinungen zu rechnen.
Ist ein Raucher motiviert aufzuhören, sollte er sich zunächst die wichtige Frage stellen: Wann rauche ich morgens die erste Zigarette? Die Antwort ergibt den Grad der *körperlichen* Abhängigkeit:

innerhalb von 5 Minuten	innerhalb von 6-30 Minuten	innerhalb von 31-60 Minuten	nach mehr als 60 Minuten
stark abhängig	mäßig abhängig	leicht abhängig	kaum abhängig

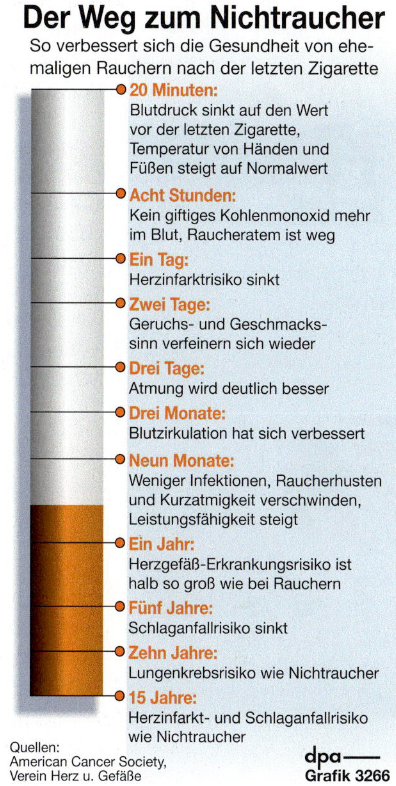

Anschließend sind die Gründe für das Aufhören zu sammeln. Sind diese stark genug, sollte der Rauchstopptag festgelegt werden. Ein Reduzieren der Zigarettenmenge ist sinnlos, da dann unbewusst intensiver geraucht wird und bei Stress die Zigarettenzahl sofort wieder hochschnellt. Das Entsorgen aller Rauchutensilien, das Bekanntgeben des Nichtraucherstatus im sozialen Umfeld und das Meiden von Alkohol in den ersten drei Monaten nach dem Rauchstopp erhöhen die Chance, diese schwierige Zeit durchzuhalten. Alkoholkonsum senkt die Hemmschwelle, „nur eine" mitzurauchen und damit rückfällig zu werden.

Nikotinersatzmittel wie Pflaster und Kaugummi können bei starker körperlicher Abhängigkeit eingesetzt und schrittweise reduziert werden. Sie kosten so viel wie die entsprechende Menge Zigaretten. Nikotinersatzmittel dienen dazu, die Entzugserscheinungen auf einen längeren Zeitraum zu strecken, wodurch diese nicht so heftig und abrupt auftreten. Medikamente können unter Umständen unterstützend wirken, sind aber mit eigenen Risiken behaftet und sehr teuer. Ohne den festen Willen zum Rauchstopp wirken sie nicht.

Einige Bücher sind hilfreich; außerdem erleichtern Kurse bzw. Verhaltenstherapie manchen Rauchern den Ausstieg. Die Erfolgsquote für Abstinenz beträgt beim Spontanentschluss ca. 3 %, bei guter Vorbereitung bis zu 30 % nach einem Jahr. Viele Raucher benötigen mehrere Versuche, um lebenslang rauchfrei zu bleiben. Oft ist eine Schwangerschaft bzw. Vaterschaft ein hinreichender Ausstiegsgrund.

Informationen und Hilfen zur Raucherentwöhnung:
www.rauchfrei-info.de
(kostenlose Informationen und Materialien der Bundeszentrale für gesundheitliche Aufklärung)

www.dhs.de
(Deutsche Hauptstelle für Suchtfragen: Zahlen und Fakten zu Suchtkrankheiten)

www.dkfz.de/de/tabakkontrolle/Informationen_zur_Tabakkontrolle.html
(Deutsches Krebsforschungszentrum; Informationen, Hilfen und Anbieteradressen)

Suchtprävention

Alle Suchtmittel wirken im **Belohnungssystem des ZNS**. Die Natur belohnt anstrengende, aber arterhaltende Aktivitäten mit guten Gefühlen. Essen, Sexualität, körperliche und geistige Anstrengungen sowie soziale Kontakte bzw. Bindungen usw. erzeugen über **Botenstoffe** positive Gefühle. Drogen ähneln diesen Botenstoffen und erzeugen ebenfalls gute Gefühle und Entspannung – aber schnell und einfach, ohne den Umweg der Anstrengung. Bei wiederholter Anwendung verändern Suchtstoffe den Hirnstoffwechsel, was zur Sucht führt und Entzugssymptome erzeugt. Die unnatürlich rasch eintretende Wirkung von Drogen verglichen mit natürlichen Hirnsubstanzen führt zum besonders suchtfördernden „Kick".

Abb. 1 Sport wirkt suchtpräventiv und fördert Teamgeist.

Präventiv wirken daher alle „echten“ Aktivitäten, die ebenfalls das Belohnungssystem des ZNS anregen und ein soziales, zufriedenes und ggf. glückliches Leben zu führen helfen. Wichtig ist dabei das Aktive, d. h. nicht der passive Konsum von Dingen oder Stoffen, sondern eigene Anstrengung, Leistung und Durchhaltevermögen zur Erlangung von Belohnungsgefühlen. Die Art der Tätigkeit (Sport, Hobby, Beruf usw.) ist weniger entscheidend und richtet sich nach der persönlichen Vorliebe. Langeweile auszuhalten und dadurch auf eigene, kreative Ideen zu kommen, ist ein Erziehungsziel schon im frühen Kindesalter. Das Gefühl von Leere zu ertragen und mit sich selbst allein sein zu können, ist wichtig, um nicht jede „Bespaßungslücke“ mit Konsum- bzw. Suchtverhalten schließen zu müssen.
Aufenthalt in der Natur, Sport, kulturvolles Essen, Gemeinschaft, befriedigende Hobbys allein und mit anderen, ausschließlich medizinisch indizierte Medikamenteneinnahme und maßvoller Alkoholkonsum sind Mosaiksteine der Suchtprävention. Auch hier bewirken Vorbilder mehr als Theorien und Verbote. Soziale und ggf. religiöse Rituale helfen, Lebenskrisen mit ihren chaotischen Gefühlen zu durchleben – sie sollten gepflegt werden.

Abb. 2 Freundschaft wirkt Rückzugsverhalten und sozialen Ängsten entgegen.

Als Formbarkeit oder **Plastizität des Gehirns** wird die lebenslange Fähigkeit des Gehirns zur Neuverschaltung von Nervenzellen verstanden. Dies ermöglicht lebenslanges Lernen und zunehmendes Verstehen im Sinne von Berufs- und Lebenserfahrung. Kleinere Hirnverletzungen können mit der Zeit ausgeglichen werden; Lähmungen durch Neuronenverlust bei Schlaganfall bessern sich durch konsequentes Üben. Jedoch baut auch lang andauernder Stress das Gehirn um und hält sich damit selbst aufrecht. Unbehandelte Depressionen wirken ähnlich negativ auf Gehirnstruktur und -funktionen; die Fähigkeit zur Freude kann durch Neuronenverlust verloren gehen und die Demenzentstehung kann gefördert werden.

3.2.2 Depression und Suizid

Definition und Symptome: Depression, d. h. krankhafte Niedergeschlagenheit, ist durch eine Störung des Gefühlslebens, d. h. eine anhaltende Verminderung der Stimmung und des Antriebs, gekennzeichnet.
Es werden drei Schweregrade unterschieden:
- Die **leichte Depression** beinhaltet gedrückte Stimmung und Antriebsmangel.
- Die **mittelschwere Depression** erzeugt zusätzlich körperliche Symptome.
- Die **schwere Depression** geht mit einer Neigung zum **Suizid** (Selbsttötung) und/oder psychotischen Symptomen einher.

Abb. 3 Jeder fünfte Mensch erleidet im Laufe seines Lebens eine Depression.

Psychotisch bedeutet, dass der Patient Wahrnehmungen hat, die kein anderer nachvollziehen kann, z. B. Wahnsymptome oder das Gefühl, alles sei unwirklich. Oft zeigen die Patienten einen sozialen Rückzug und eine Interesselosigkeit. Sie können sich nicht mehr freuen und hören auf, sich mit Menschen zu treffen und ihren Hobbys nachzugehen. Sehr oft bestehen Schlafstörungen. Manche Depressive schlafen fast nur, andere können kaum ein- oder durchschlafen. Ebenso kann es zur Gewichtszunahme oder zum Gewichtsverlust kommen.
Epidemiologie: Im Laufe seines Lebens erkrankt jeder fünfte Mensch an einer Depression. Jedes Jahr ereignen sich in Deutschland ca. 12 000 gesicherte Suizide und ca. 10-mal mehr Suizidversuche.
Ursachen und Pathogenese: Die Ursachen der Depression sind vielfältig. Biologisch betrachtet liegt eine Störung des Hirnstoffwechsels mit einem Mangel bestimmter Botenstoffe vor. Besonders **Serotonin, Noradrenalin** und **Dopamin** sind für Stimmung und Aktivität wichtig. Bei depressiven Erkrankungen besteht ein Mangel an diesen und ggf. weiteren **Neurotransmittern** (Überträgerstoffen des Nervensystems).
Die Pathogenese depressiver Erkrankungen umfasst viele Faktoren, von genetischen Faktoren über seelische Verletzungen (Traumen), Dauerstress, chronische Krankheiten bis hin zu Medikamenten (→ S. 167, Abb. 1).

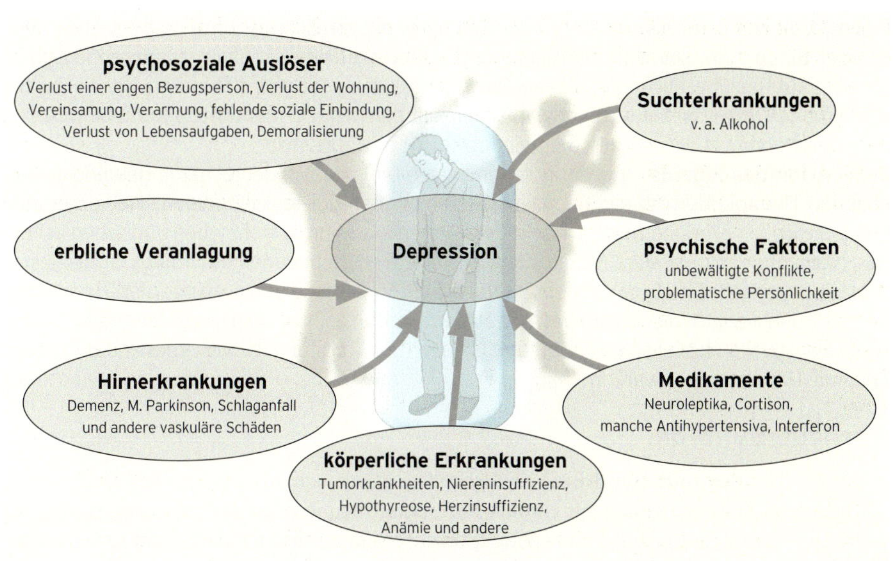

Abb. 1 Ursachen der Depression

Umfangreiches Info-, Selbsthilfe- und Unterrichtsmaterial
www.buendnis-depression.de

Deutsche Gesellschaft für Suizidprävention
www.suizidprophylaxe.de
www.neurologen-und-psychiater-im-netz.de

Diagnostik: Eine Depression wird im **Gespräch** mit dem Patienten diagnostiziert. Seine Schilderungen werden ergänzt durch gezielte Nachfragen nach Stimmung, Antrieb, Leistungsfähigkeit, Ängsten, Schlaf, Tagesablauf, vorbestehenden Erkrankungen, Genuss- bzw. Suchtmitteln sowie Medikamenten. Die **Familienanamnese** ergibt nicht selten psychische Erkrankungen und Suizide bei nahen Verwandten. Oft muss eine Fremdanamnese mit hinzugezogen werden oder erfolgt sogar zuerst, da besorgte Angehörige sich an den Arzt wenden. Somatische Krankheiten, vor allem Schilddrüsen-, Leber- und Nierenkrankheiten, Anämien und Vitamin-B_{12}-Mangel müssen ausgeschlossen bzw. behandelt werden. Diese körperlichen Erkrankungen können eine sog. organische Depression erzeugen.

Abb. 2 Durch Gesprächsangebote versucht man, den Betroffenen zu helfen, ohne sie zu bedrängen.

Therapie: Die Therapie der leichten Depression ist oft durch **psychotherapeutische Gespräche** möglich. Eine Optimierung der Lebensgestaltung ist wichtig, um ein Gleichgewicht zwischen Eustress und Disstress zur erzeugen. Bei ausgeprägten Symptomen (ab mittelschwerer Depression) bzw. wenn eine Psychotherapie nicht möglich oder nicht erfolgreich ist, ist ein **Antidepressivum** indiziert. Antidepressiva entfalten bei ca. 70 % der Patienten eine spürbare Wirkung. Dadurch kann oft eine Verbesserung des Befindens, der Aktivität, der sozialen Interaktion und damit der Lebensqualität erzielt werden. Manche Patienten erlangen durch die Wirkung eines Antidepressivums die Motivation, eine Psychotherapie durchzuführen und ihr Leben bewusster zu gestalten. Die meisten Wirkstoffe, z. B. Fluoxetin und Citalopram, erhöhen die Konzentration von Serotonin und/oder Noradrenalin und bessern so die Symptome, die durch den Botenstoffmangel bestanden. Antidepressiva beginnen nach wenigen Wochen zu wirken und sollen sechs Monate über das Nachlassen der Symptomatik hinaus eingenommen werden, um Rückfälle zu vermeiden. Bei chronischer bzw. rezidivierender Depression kann eine jahre- und ggf. lebenslange Behandlung sinnvoll sein, da Umbauvorgänge depressive Symptome im Gehirn „festschreiben" und die (teilweise) Rückbildung dieser Veränderungen lange dauern kann.

Antidepressiva
→ Bd. 1, LF 4, S. 398

Ab mittelschwerer Depression ist eine fachärztliche Mitbehandlung durch den **Psychiater** indiziert. Schwere Depressionen erfordern oft eine Klinikbehandlung. Nur in seltenen Ausnahmefällen erfolgt die Klinikeinweisung gegen den Willen des Patienten.

Info-Telefon
0800-3344533 und Online-Foren der Stiftung deutsche Depressionshilfe:
www.deutsche-depressionshilfe.de

Prävention der Depression: Ziel ist ein Gleichgewicht von Eustress und Disstress. Die Pflege sozialer Bindungen, sinnvolle berufliche und außerberufliche Tätigkeit, ausreichend Schlaf, Verzicht auf Reizüberflutung sowie regelmäßiger Ausdauersport sind Faktoren, die die Psyche stärken und Depressionen weniger wahrscheinlich machen. Die genetische Komponente und viele belastende Lebensereignisse sind jedoch nicht beeinflussbar.

Prävention des Suizids: Suizidprävention besteht vor allem in der rechtzeitigen und ausreichenden Therapie der Depression. Menschen, die einen Suizid ankündigen, meinen es sehr ernst. Sie wollen allerdings nicht tot sein! Sie können nur *so* nicht mehr leben und sehen in ihrer Not momentan keine andere Möglichkeit, als ihr Leben zu beenden. Allerdings ist bewiesen, dass die psychische Situation vor dem Suizid, die die Suizidhandlung ausführen lässt, nach dem Selbsttötungsversuch nicht mehr besteht. Patienten, die (z. T. zufällig) gerettet wurden, bereuten praktisch alle, dass sie eine endgültige Lösung (den Tod) für ein vorübergehendes Problem (z. B. die Depression) gewählt hatten.

Burnout-Syndrom

Abb. 1 Burnout

Das **Burnout-Syndrom** ist ein schwerer psychosomatischer Erschöpfungszustand im Zusammenhang mit chronischer Überarbeitung und Überforderung. Bestimmte Charaktere, insbesondere perfektionistische Menschen mit dem Hang zur Verausgabung sowie bestimmte Berufsgruppen (Pflegekräfte, Ärzte und Lehrer) neigen besonders zum Burnout-Syndrom. Die heutige Berufswelt mit immer mehr Arbeit, die in immer weniger Zeit erledigt werden soll, ständigen Neuerungen, fehlender Sicherheit, mangelnden Traditionen und wenig sozialem Rückhalt trägt zur Häufigkeit des Burnout-Syndroms bei.

Psychiater setzen sich für eine exaktere Diagnosestellung ein, da oft in Wirklichkeit eine schwere Depression besteht. Burnout, das „Ausgebranntsein" durch Leistung und Begeisterung, ist in der Gesellschaft allerdings besser anerkannt als die Diagnose Depression.

Selbsthilfeorganisation
www.bipolaris.de

Deutsche Gesellschaft für bipolare Störungen
www.dgbs.de

3.2.3 Bipolare Störung (bipolare affektive Störung)

Jeder Mensch erlebt Schwankungen seiner Stimmung und Aktivität, z. B. abhängig von Wetter, Zyklusphase und Jahreszeit. Die **bipolare Störung** (früher manisch-depressive Erkrankung genannt) ist eine psychische Erkrankung, bei der die Stimmungs- und Antriebslage extrem schwankt und zwischen den beiden „Polen" bzw. Extremen **Depression** und **Manie** hin und her wechselt. Manie ist das Gegenteil der Depression: ein Zustand extrem gehobener Stimmung und Aktivität mit Selbstüberschätzung, Reizbarkeit, Kaufrausch- bzw. Verschwendungsverhalten, ggf. sexueller Überaktivität bzw. Enthemmung, Schlaflosigkeit und Wahnerleben.

Der Wechsel zwischen Depression und Manie kann langsam über Jahre stattfinden oder in Extremfällen auch mehrmals täglich passieren. Die Erkrankung ist genetisch (mit)bedingt und schwer behandelbar, zumal die Patienten sich in gehobener Stimmung „kerngesund" fühlen und nicht zur Einnahme ihrer Medikamente bereit sind. Depression und bipolare Erkrankung belasten Partner und Familienmitglieder enorm und führen oft zu Trennungen.

Abb. 2 Sonnenblumen (van Gogh, 1888)

Genie und Wahnsinn Viele berühmte Künstler – Schriftsteller, Komponisten und Maler – sind bzw. waren bipolar. Hesse, Goethe, Tolstoi, Dostojewski, Hemingway, Dickens, Twain – Tschaikowsky, Händel, Schumann, Mozart – van Gogh, Gauguin, Munch u. v. m. in Geschichte und Gegenwart durchlebten bzw. durchleben Phasen extremer Kreativität und Schaffenskraft und Perioden düsterster Depression. Viele Suizide und Suizidversuche werden durchgeführt bzw. sind überliefert.

3.2.4 Borderline-Persönlichkeitsstörung

Borderline-Patienten sind ähnlich wie bipolare Menschen oft sehr kreative, schillernde Persönlichkeiten. Manche Patienten durchleben Phasen mit extremer Schaffenskraft und enormem Ideenreichtum. Ihre Gefühle unterliegen aber extremen Schwankungen – deshalb heißt die Störung auch **emotionale Instabilität vom Borderline-Typ**. Den Betroffenen fällt es sehr schwer, Regeln einzuhalten und ihre Impulse und Stimmungen zu beherrschen. Vermehrte Anspannung können sie z.T. nur mit Selbstverletzungen wie Hautritzen, mit ausuferndem Drogenkonsum usw. aushalten. Durch die wechselnden Stimmungen wirken sie u.U. sehr egoistisch und unhöflich, geradezu „pampig". Andererseits können sie durch ihre Kreativität und ihr tiefes Gefühlsleben andere faszinieren und mitreißen.

Beziehungen werden genauso schnell geknüpft wie verworfen – die Patienten idealisieren Menschen am einen Tag und verteufeln sie am nächsten. Es besteht eine ausgeprägte Neigung zu Suchtmittelkonsum und Essstörungen. Oft nehmen die Patienten Veränderungen an ihrem Körper durch ausgedehnte Tätowierungen und zahlreiche Piercings vor. Die emotionale Instabilität und Beziehungsstörung hat ihren Ursprung u.a. in unsteten Bindungen während der Kindheit. Überdurchschnittlich häufig sind die Patienten Opfer von Kindesmissbrauch. Im Laufe des Erwachsenwerdens kann sich die Borderline-Störung bessern. Sie wird mit Psychotherapie sowie ggf. mit Antidepressiva und anderen **Psychopharmaka** behandelt.

Abb. 1 Lady Gaga

Viele Künstler sind Borderline-Persönlichkeiten, z.B. Robbie Williams, Lady Gaga, Pete Doherty und Lindsay Lohan. Auch Amy Winehouse, Michael Jackson, Marylin Monroe und viele andere „Celebrities", die sich das Leben nahmen, litten unter der Borderline-Störung.

Psychopharmaka
→ Bd. 1, LF 4, S. 398

Buchtipp
Borwin Bandelow: Celebrities
(Die Borderline-Störung wird am Beispiel vieler berühmter Persönlichkeiten eindrucksvoll dargestellt.)

Terminologie: Psychosomatik und psychische Krankheiten

Abstinenz (Adj. **abstinent**)	bzgl. Suchtstoffen und -handlungen: Enthaltsamkeit
Abusus	Missbrauch; schädlicher Substanzgebrauch
Anorexia nervosa (Syn. **Anorexie**)	Magersucht (wörtl. nervlich bedingte Appetitlosigkeit)
Antidepressivum (Mz. **Antidepressiva**)	Arzneimittel zur Behandlung der Depression, z.B. SSRI (Serotonin-Wiederaufnahmehemmer wie Citalopram)
bipolare Störung (Syn. **manisch-depressive Erkrankung**)	psychische Erkrankung, bei der die Stimmung stark wechselt, d.h. zwischen Depression und Manie schwankt
Borderline-Störung	Persönlichkeitsstörung mit starker emotionaler Instabilität
Bulimia nervosa (Syn. **Bulimie**)	Ess-Brech-Sucht (wörtl. nervlich bedingter Stierhunger)
Burnout-Syndrom	schwerer psychosomatischer Erschöpfungszustand
Dekompensation	Entgleisung der körperlichen oder seelischen Situation
Depression	krankhafte Niedergeschlagenheit; Störung des Gefühlslebens mit verringertem Antrieb, gedrückter Stimmung u.v.m.
Disstress (Dysstress)	negativer, schädlicher Stress

Entgiftung	Therapie zur Linderung der Entzugssymptome bei Suchtmittelentzug
Eustress	positiver, aktivierender Stress
Manie	psychische Störung mit gehobener Stimmung und Aktivität
Neurotransmitter	Boten- bzw. Überträgerstoff des Nervensystems
Psychiater	Seelenarzt; Arzt, der psychische Krankheiten behandelt
Psychose	schwere Störung des geistig-seelischen Erlebens
Psychopharmakon (Mz. **Psychopharmaka**)	Arzneimittel mit Wirkung auf seelische Funktionen, z. B. gegen Depression, Wahn, Unruhe und/oder krankhafte Angst
Psychosomatik	Lehre von den körperlich-seelischen Wechselwirkungen im Krankheitsgeschehen
Serotonin, Dopamin, Noradrenalin	Neurotransmitter, bei deren Mangel eine Depression entstehen kann
Stress	erhöhte Aktivierung des vegetativen Nervensystems
Suizid	Selbsttötung
Toleranzentwicklung	typisches Suchtsymptom: Der Patient „verträgt" mehr und steigert die Dosis, da die Wirkung des Suchtstoffs nachlässt.
Trauma (Adj. **traumatisiert**)	1. seelische Verletzung, 2. körperliche Verletzung

AUFGABEN

1 Definieren Sie folgende Begriffe:
- **a** Missbrauch
- **b** Toleranzentwicklung
- **c** Wirkungsverlust
- **d** Entzugserscheinungen
- **e** psychische Abhängigkeit
- **f** körperliche Abhängigkeit
- **g** Sucht

2 Erläutern Sie, welche Vor- und Nachteile Selbsthilfegruppen bei chronischen Krankheiten haben.

3 Welche Symptome sind für eine Depression typisch?

4 Erklären Sie die bipolare Störung.

4 Besonderheiten bei der Behandlung alter Patienten (Geriatrie)

Hohes Alter war in der Menschheitsgeschichte bislang etwas Seltenes und Besonderes. Begriffe wie Stammesältester und Ältestenrat (lat. Senat, gr. Presbyterium) zeigen, dass alten Menschen wegen ihrer Lebenserfahrung besonderer Respekt entgegengebracht wurde. Ihnen traute man schwierige und weitreichende Entscheidungen zu.

Erst seit wenigen Jahrzehnten leben viele Menschen so lange, dass ein Alter über 70 Jahren schon als selbstverständliches Recht erscheint. Die Zunahme des Anteils alter Menschen an der Gesellschaft und die Tatsache, dass angesichts der hohen Lebenserwartung ca. ein Drittel des Lebens auf das Rentenalter entfällt, birgt enorme Herausforderungen, aber auch Chancen für den Einzelnen und die Gesellschaft. Es zeichnet sich ab, dass sich die Gesellschaft durch die Notwendigkeit, alte Menschen als großen, aber „unproduktiven" Bevölkerungsteil zu versorgen, belastet und überfordert sieht.
Der Zweig der Medizin, der sich mit den Besonderheiten der Behandlung und Betreuung betagter Menschen beschäftigt, ist die **Geriatrie**. Alter an sich ist keine Krankheit – es geht aber mit einer hohen Wahrscheinlichkeit von Krankheiten vieler Organsysteme einher.

Abb. 1 Die meisten alten Menschen nehmen regelmäßig Medikamente ein.

4.1 Multimorbidität und Multimedikation

Das gleichzeitige Vorliegen mehrerer bzw. zahlreicher Diagnosen, d. h. eine **Multimorbidität**, ist bei alten Patienten sehr häufig. Es kommt nicht selten vor, dass z. B. ein 75-jähriger Mann gleichzeitig folgende Diagnosen aufweist (linke Tabellenspalte):

Diagnosen	verordnete Arzneimittel/Hilfsmittel
Übergewicht (BMI = 31)	-
arterielle Hypertonie	Ramipril, Amlodipin, HCT, Metoprolol
gemischte Hyperlipidämie	Simvastatin
Hyperurikämie mit Z. n. Arthritis urica	Allopurinol
Diabetes mellitus Typ 2 ohne Entgleisung	Metformin
Fettleber	-
Niereninsuffizienz Grad II	-
Linksherzinsuffizienz durch Hypertonie	s. o. Ramipril, HCT
koronare Herzkrankheit, Z. n. Herzinfarkt	s. o. Simvastatin, Metoprolol sowie ASS
Refluxkrankheit bei Hiatushernie	Pantoprazol
benignes Prostatasyndrom mit Nykturie und rezidivierenden Harnwegsinfekten	Tamsulosin, bei Infektionen z. B. Ciprofloxacin
Arthrose der Wirbelsäule und Knie	Ibroprofen bei Bedarf
Lichtschäden der Haut, Z. n. Basaliom	-
Altersschwerhörigkeit beidseits	Hörgeräte
grauer Star (Katarakt) beidseits	operativ eingesetzter Linsenersatz

Abb. 2 Altes Paar beim Spazierengehen

Das Kompetenzzentrum Geriatrie bietet Informationen und Downloads zum geriatrischen Basisassessment
www.kcgeriatrie.de

Angesichts der zahlreichen Erkrankungen sind viele Arztbesuche bzw. Kontrolluntersuchungen notwendig. Der Patient nimmt eine große Anzahl an Medikamenten ein (rechte Tabellenspalte). Die gleichzeitige Einnahme mehrerer Medikamente nennt sich **Multimedikation**.

Abb. 1 Unerwünschte Arzneimittelwirkungen treten häufig auf.

Die Multimedikation birgt speziell bei alten Menschen einige Probleme:

- Die Nierenleistung nimmt im Alter ab. Die altersbedingte Niereninsuffizienz wird durch Diabetes und Hypertonie noch verstärkt. Da viele Wirkstoffe renal ausgeschieden werden, kann es zur **Anhäufung (Kumulation)** der Substanzen im Blut kommen. Der Effekt entspricht einer Überdosierung. Die Anhäufung kann zu Symptomen und Schäden im Sinne einer **Vergiftung** führen.
- Die Multimedikation belastet die Leber. Diese kommt evtl. ihrer Entgiftungsfunktion nicht mehr ausreichend nach. Substanzen häufen sich an und es kommt auch hierdurch zur Vergiftung.
- **Wechselwirkungen** entstehen: Medikamente erhöhen gegenseitig ihre Wirkspiegel und damit ihre Nebenwirkungen oder sie heben gegenseitig ihre Wirkungen auf. Diclofenac mit einem Diuretikum zusammen kann z. B. zum Nierenversagen führen. Es kann auch die Wirkung der Antihypertensiva aufheben und zum Tod durch Herzversagen führen.
- Manche Medikamente, z. B. Beruhigungsmittel, werden im Alter so langsam ausgeschieden, dass die Patienten dauerhaft sediert sind und die Unfall- und **Sturzgefahr** ansteigt.
- Psychopharmaka können vollkommen anders wirken als bei jungen Patienten, z. B. indem sie Unruhe- und Verwirrtheitszustände hervorrufen, anstatt beruhigend zu wirken.
- Die Kreislauf- und Blutdruckregulation funktioniert nicht mehr so gut. Antihypertensiva, Sedativa und im ZNS wirksame Schmerzmittel wie Tramadol können daher **Schwindel** verstärken sowie **Kollapszustände** und Stürze (ggf. mit Frakturen) auslösen.
- Die **Verwechslung von Medikamenten** ist angesichts des Austausches von Präparaten in der Apotheke auf Grund von Rabattverträgen der Krankenkassen und der oft verminderten Seh- und Merkfähigkeit geriatrischer Patienten vorprogrammiert.
- **Praktische Probleme:** Fingerfertigkeit und Sehvermögen sind eingeschränkt. Manche Arzneimittelpackungen sind so schwer zu öffnen, dass die Mittel überhaupt nicht eingenommen werden. Tropfen richtig abzuzählen, kann ganz unmöglich sein. Sind Tabletten schwer teilbar, werden sie entweder gar nicht oder im Ganzen eingenommen.
- Die Gefahr, dass eine **gastrointestinale Blutung** auftritt, ist durch die Altersatrophie der Magenschleimhaut und die Brüchigkeit der Blutgefäße erhöht (und steigt an, wenn der Patient z. B. ASS und Diclofenac gleichzeitig einnimmt).

MERKE

Bestimmte Medikamente führen **im Alter** besonders oft zu **Neben- und Wechselwirkungen:**
- Diclofenac und andere NSAR → Magenblutung, Nieren- und Herzinsuffizienz, Hypertonie
- Tramadol und andere Opioide → Übelkeit, Schwindel mit Kollaps bzw. Sturz
- Beruhigungsmittel → Anhäufung mit Dauersedierung, Sturzneigung und Frakturen

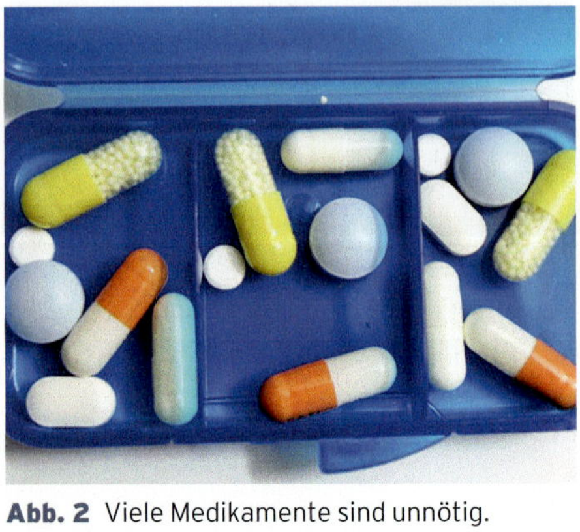

Abb. 2 Viele Medikamente sind unnötig.

Der Arzt muss entscheiden und immer wieder überprüfen, ob jedes Medikament wirklich indiziert ist und ob es angesichts der Nieren- und Leberfunktion sowie der anderen Arzneimittel wirklich gegeben werden soll. Bei manchen Wirkstoffen kann bzw. muss die Dosis im Alter reduziert werden. Dabei ist zu beachten, dass viele Menschen zusätzlich eine Selbstmedikation betreiben, d. h. frei verkäufliche oder im häuslichen Arzneischrank befindliche Medikamente einnehmen. Hinsichtlich Wechselwirkungen sind frei verkäufliche „Übeltäter“ z. B. Johanniskraut, ASS und andere NSAR sowie Mineralstoffe, die die Wirkung einiger Medikamente vermindern können.

4.2 Demenz

Definition: Demenz ist der fortschreitende Verlust früher erworbener geistiger Fähigkeiten. Sie bringt den Abbau von Fertigkeiten und Persönlichkeitseigenschaften sowie eine chronische Verwirrtheit mit sich. Kurzzeitgedächtnis, geistige Flexibilität, sprachliche und motorische Fähigkeiten gehen allmählich verloren.

Ursachen und Pathogenese: Die Ursachen der Demenz sind vielfältig (→ Abb. 1). Etwa die Hälfte der Fälle geht auf die **Alzheimer-Krankheit** zurück. Beim Morbus Alzheimer lagert sich die faserige Substanz **Amyloid β (beta)** im ZNS ab und es kommt zu einem fortschreitenden Verlust von Nervenzellen, Nervenverknüpfungen und Hirnmasse (→ Abb. 2).
Alois Alzheimer (→ Abb. 3) beschrieb die nach ihm benannte Demenzform 1906 nach intensiven Untersuchungen und Befragungen der 51-jährigen Demenzpatientin Auguste Deter.
Bei der **Lewy-Körperchen-Demenz** finden sich in der Hirnsubstanz charakteristische Zelleinschlüsse. Die **vaskuläre Demenz** geht auf Arteriosklerose und ihre bekannten Risikofaktoren zurück.
Risikofaktoren: Auch wenn „der“ Demenzauslöser nicht bekannt ist, erhöhen einige Risikofaktoren die Wahrscheinlichkeit der Erkrankung: **hohes Alter**, Bewegungsmangel, Überernährung/Adipositas, geringes Bildungsniveau, Diabetes mellitus und Hypertonie. Alkoholmissbrauch trägt ebenfalls stark zum Gehirnabbau bei und verstärkt die Wirkung anderer Risikofaktoren. Eine familiäre Häufung kommt bei verschiedenen Demenzformen vor. Dauerstress und eine unbehandelte Depression machen eine Demenz wahrscheinlicher.
Symptome: Die Symptomatik der Demenz beginnt schleichend. Vergesslichkeit und Wortfindungsstörungen werden oft durch Umschreibungen, allgemeine Redewendungen und einen freundlichen Umgangston überspielt. Dies kann zumindest Unbeteiligte eine Zeitlang über die fehlende Denkfähigkeit hinwegtäuschen. Häufig kommt es im Verlauf der Demenz zu Enthemmung, Aggressivität und Depression sowie zu körperlichen Symptomen wie Inkontinenz und allgemeinem körperlichem Verfall.

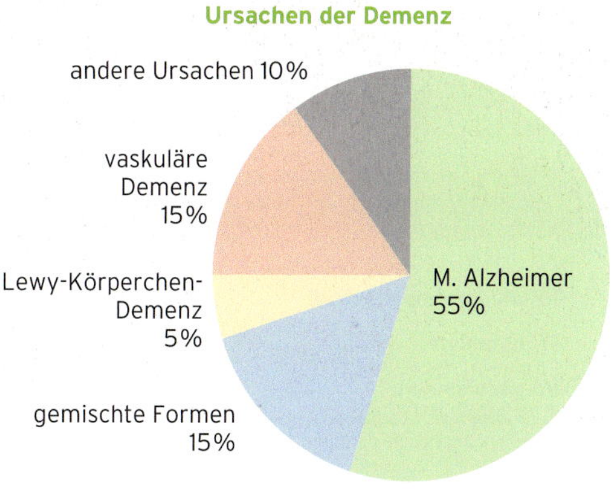

Abb. 1 Ursachen der Demenz

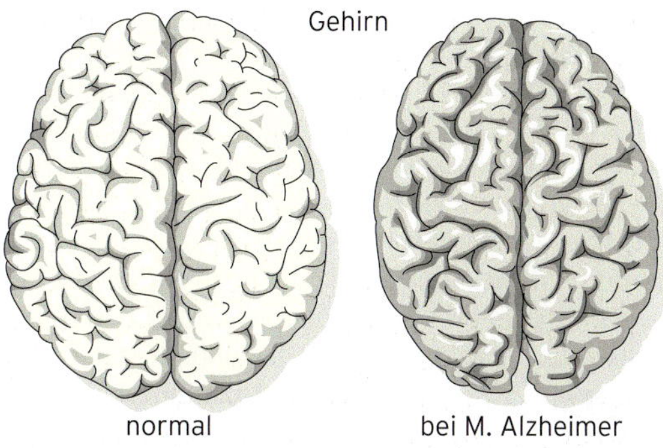

Abb. 2 Die Hirnoberfläche hat bei M. Alzheimer durch den Substanzverlust deutlichere Furchen.

Abb. 3 Alois Alzheimer (1864-1915)

zerebrovaskuläre Erkrankung
→ Bd. 2, LF 5, S. 61

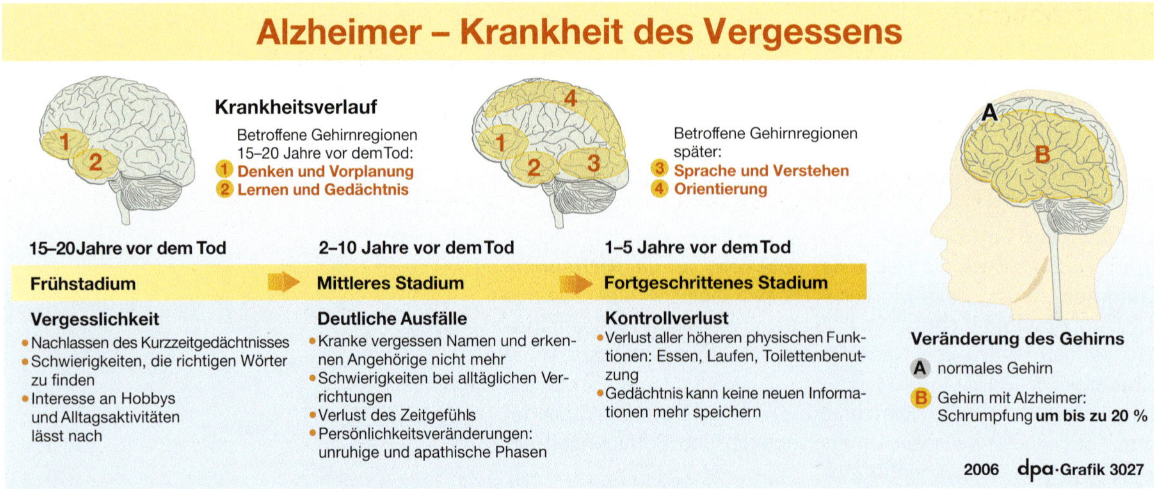

Auch der MoCa-Test (Montreal Cognitive Assessment) ist ein guter Demenztest.
www.mocatest.org

Diagnostik: Bei Demenzverdacht umfasst die Diagnostik eine gründliche Anamnese und Fremdanamnese, eine klinische Untersuchung und den Ausschluss einer organischen Ursache ähnlich wie bei der Depression. So wird z. B. das Blut auf Vitamin-B_{12}-Mangel, Schilddrüsen-, Leber- und Nierenkrankheiten untersucht. Testverfahren wie der **Mini Mental Status** helfen, die Symptome darzustellen und den Grad der Demenz einzuschätzen. Dieser Kurztest untersucht Denken, Rechnen, Zeichnen, Schreiben, Sprache und Sprachverständnis sowie Gedächtnis und Aufmerksamkeit. Bildgebende Verfahren (CT bzw. MRT des Gehirns) helfen, Hirnblutungen, Tumoren und andere organische Demenzursachen auszuschließen, weisen die Hirnatrophie nach und dienen der Eingrenzung der Demenzart.

Antidepressiva → LF 11, S.175
Psychopharmaka → LF 11, S.175

Therapie: Bei Demenz können **Antidementiva** (Medikamente, die die Hirnleistung verbessern sollen) sowie symptomatisch **Antidepressiva** und/oder andere **Psychopharmaka** zum Einsatz kommen. Die Wirkung der Arzneimittel ist leider oft gering und vorübergehend.
Eine intensive und fachübergreifende Betreuung des Patienten ist wichtig; oft sind die Angehörigen mit der Pflege des sich immer mehr verändernden Familienmitgliedes überfordert. Tagesbetreuung, Wohngruppen und Selbsthilfeorganisationen für pflegende Angehörige helfen oft sowohl dem Kranken als auch seinem sozialen Umfeld, mit der Demenz umzugehen und die Entfremdung sowie körperliche und seelische Anstrengung zu bewältigen.

Buchtipp
Arno Geiger: Der alte König in seinem Exil (Der Autor setzt sich wertschätzend mit seinem demenzkranken Vater auseinander.)

Ausblick: Trotz intensiver Forschung kann „das" Mittel gegen Demenz angesichts der vielen Risikofaktoren und der Komplexität des Gehirns wahrscheinlich nicht entwickelt oder gar „gefunden" werden. Allein das im Zuge des medizinischen Fortschritts steigende Lebensalter führt zu einer unausweichlichen Zunahme von Demenzerkrankungen.

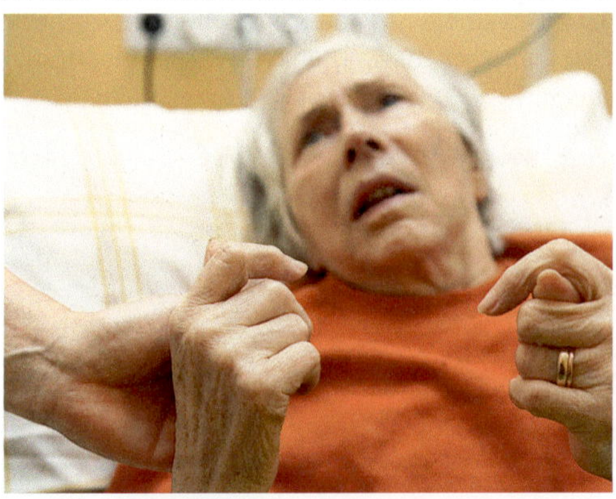

Abb. 1 Individuelle Zuwendung und Betreuung ist für Demenzkranke besonders wichtig.

Prävention: Die Prävention richtet sich auf die bekannten Risikofaktoren, in erster Linie die arterielle Hypertonie. Lebenslange aktive geistige und körperliche Betätigung, allgemein gesunde Lebensführung, die Pflege von Hobbys und ein berufliches bzw. soziales Engagement auch über das Ende der Berufstätigkeit hinaus sowie aktives Musizieren können das persönliche Demenzrisiko senken. Schutzfaktoren in Kaffee, Tee, fettreichem Fisch und Früchten wirken günstig. Stressreduktion und -bewältigung, ausreichend Schlaf und die konsequente Behandlung depressiver Erkrankungen schützen Hirnstruktur und -funktion.

Psychopharmaka

Die große Arzneimittelgruppe der Psychopharmaka umfasst zahlreiche Substanzklassen und Einzelstoffe, die die seelische Befindlichkeit und Funktion beeinflussen können. Psychopharmaka sind keineswegs alle Beruhigungsmittel und/oder suchterzeugend. Alle die Psyche beeinflussenden Arzneimittel werden nur dann eingesetzt, wenn andere Maßnahmen nicht wirksam sind oder nicht eingesetzt werden können. Fast alle sind rezeptpflichtig. Die Tabelle charakterisiert kurz die wichtigsten Psychopharmaka-Arten bzw.-Stoffgruppen:

Psychopharmaka	
Substanzgruppe (Erklärung), Wirkstoffbeispiele	**Beispiele für Indikationen (I), Kontraindikationen (KI), Nebenwirkungen (NW), Sonstiges (S)**
Sedativa (leichte Beruhigungsmittel) Baldriantinktur, Lavendelöl	**I:** leichte Unruhe-, Stress- und Angstzustände **S:** weitere, nicht pflanzliche Beruhigungsmittel sind niedrig dosierte Hypnotika oder Tranquillanzien
Hypnotika (Schlafmittel) Doxylamin, Zopiclon, Zolpidem und Zaleplon (sogenannte Z-Drugs), kurz wirksame Benzodiazepine	**I:** kurzfristige (< 28 Tage) Behandlung v. a. von Einschlafstörungen **KI:** Substanzmissbrauch, Schlafapnoe, Muskelkrankheiten **S/NW:** Z-Drugs sind mit Benzodiazepinen verwandt; cave Suchtentwicklung, Tagesmüdigkeit
Tranquillanzien (Tranquilizer; starke Beruhigungsmittel, Mittel gegen Spannungszustände); Benzodiazepine (-azepam) wie Diazepam (Valium®); Lorazepam (Tavor®) usw.	**I:** kurzfristig bei Unruhe, Angst, Schlafstörungen **KI:** wie Hypnotika **S/NW:** cave Suchtentwicklung, extrem bei Lorazepam; Kumulation (Anreicherung) mit verlängerter Wirkdauer v. a. im Alter; bei Zerebralsklerose ggf. **paradoxe Wirkung**: Unruhe und Verwirrtheit
Anxiolytika (Angst lösende Mittel) Substanzen aus den Gruppen der Benzodiazepine (Lorazepam) und Neuroleptika (Promethazin)	**I:** kurz und schnell wirksame Benzodiazepine (Lorazepam) oder Neuroleptika, z. B. bei Angst- bzw. Panikattacken **KI/S/NW:** siehe Benzodiazepine/Neuroleptika; cave Gewöhnung/Abhängigkeit
Antidepressiva (Arzneimittel gegen Depressionen und ggf. Angsterkrankungen) **Serotoninwiederaufnahmehemmer** (engl. **SSRI**): Fluoxetin, Citalopram, Paroxetin (relativ neue Substanzen); **trizyklische Antidepressiva:** Amitriptylin, Doxepin, Imipramin (alte Substanzen); pflanzliches Antidepressivum mit leichter SSRI-Wirkung: Johanniskraut	**I:** (leichte), mittelschwere und schwere depressive Erkrankungen, auch bei anderen neurologischen Erkrankungen (z. B. Demenz), Verstärkung der Schmerzmittelwirkung bei chronischen Schmerzen (bei trizyklischen Antidepressiva) **KI:** Manie **NW:** anfangs Kopfschmerz, Schlafstörungen, sexuelle Funktionsstörungen, z. B. Orgasmusstörungen; bei alten Mitteln oft Gewichtszunahme und Mundtrockenheit; die Gefahr eines Glaukoms steigt an **S:** bei akuter Suizidalität cave Antriebssteigerung; cave bei Johanniskraut: Wechselwirkungen mit Schmerzmitteln, Antibabypille u. v. m.
Neuroleptika (antipsychotische Arzneimittel) Promethazin, Perazin, Haloperidol (alte Substanzen); Clozapin, Risperidon, Olanzapin, Quetiapin (neuere Substanzen)	**I:** Psychosen, Wahnzustände, Angst- und Unruhezustände, Manie **KI:** Glaukom (grüner Star), Leberschäden **NW:** Bewegungsstörungen (Zittern, ggf. bleibende unwillkürliche Mundbewegungen) v. a. durch die älteren Mittel; selten umgekehrte (paradoxe)Wirkung

Grundsätzlich kann jedes **Psychopharmakon** das Reaktionsvermögen bzw. die Fahrtüchtigkeit beeinträchtigen und durch Alkoholkonsum anders oder verstärkt wirken. Für Kinder und Schwangere sind nur wenige Psychopharmaka zugelassen. Im Alter, bei Leber- und Nierenkranken können Abbau bzw. Ausscheidung verlangsamt und die Wirkung verstärkt sein.

Abb. 1 Psychopharmaka vermindern die Reaktionsfähigkeit beim Autofahren.

www.kompetenznetz-parkinson.de
www.parkinson-vereinigung.de

4.3 M. Parkinson und Parkinson-Syndrom

Definition und Epidemiologie: Chronische, fortschreitende neurologische Krankheit, die mit einer Störung des Hirnstoffwechsels einhergeht und zu charakteristischen Bewegungsstörungen führt. Das Parkinson-Syndrom betrifft ca. 2 % der über 65-Jährigen. Tritt die Erkrankung ohne erkennbare Ursache auf, spricht man von **Morbus Parkinson**. Ruft eine andere Krankheit z. B. des Nervensystems die Symptome hervor, wird dies als **Parkinson-Syndrom** bezeichnet. Im Alltag ist diese Unterscheidung weniger wichtig.

Ursachen und Pathogenese: Die Ursache ist unbekannt. Genetische Faktoren können zur Krankheitsentstehung beitragen. Der Untergang von Gehirnzellen in bestimmten Hirnarealen bewirkt einen Mangel v. a. des Botenstoffs **Dopamin**. Der Mangel an Neurotransmittern (Botenstoffen des Nervensystems) bewirkt die typischen Bewegungsstörungen.

Symptome: Charakteristische Parkinson-Symptome sind:

- Allgemeine Bewegungsverarmung **(Hypokinesie)**, die sich in veränderter, „versteinert" wirkender Mimik, einem schlurfenden Gang, vornübergebeugter Haltung und steif wirkenden Bewegungen sowie einer auffallend kleinen Handschrift äußert (→ Abb. 1).
- Steifheit der Bewegungen **(Rigor)**, da einander entgegengesetzt wirkende Muskeln (Antagonisten) gleichzeitig aktiv sind. Beugt man z. B. den Unterarm des Patienten, hat man das Gefühl, das Gelenk sei ein schwerfälliges Zahnradgetriebe.
- Unwillkürliches Zittern v. a. der Hände in Ruhe **(Tremor)**. Der Tremor erschwert viele Verrichtungen des Alltags. Es kann so wirken, als wolle der Patient ständig etwas in seinen Fingern formen oder drehen (sog. Pillendrehtremor).
- psychische Symptome, v. a. Depression und Unruhe
- Vegetative Symptome wie Obstipation und vermehrte Talgsekretion, Schluckstörungen und leises Sprechen sind typische Begleitsymptome.

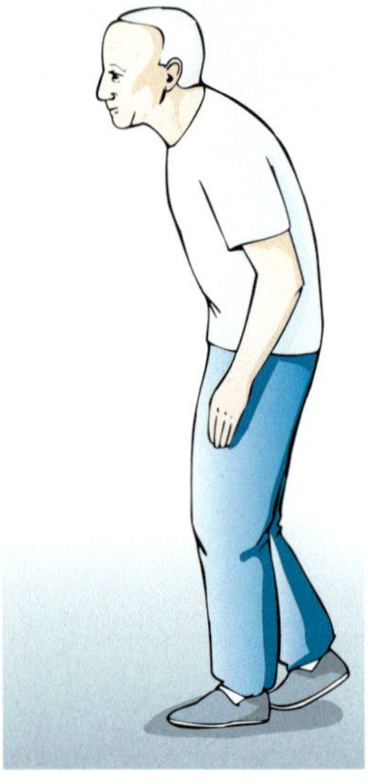

Abb. 1 Beginnende Parkinson-Symptomatik mit vornübergebeugter Haltung (Propulsion), fehlendem Mitschwingen der Arme und einem langsamen, schlurfenden Gang.

Komplikationen: Die Parkinson-Krise, die bei Stress und Fehlen der Medikamente auftreten kann, geht mit einer Zuspitzung der Symptomatik einher und kann sowohl einen extremen Tremor als auch eine völlige Unbeweglichkeit des Patienten mit sich bringen (→ Abb. 2).

Diagnostik: Anamnese und klinische neurologische Untersuchung, Bildgebung des Gehirns, Ausschluss anderer Krankheiten, die ähnliche Symptome hervorrufen können. Einige Medikamente, z. B. das Antiemetikum Metoclopramid (MCP) sowie Neuroleptika wie Haloperiodol können kurzfristig Parkinson-Symptome hervorrufen.

Therapie: Das wichtigste Medikament ist **L-Dopa** (Levodopa), da es dem Patienten die fehlenden Neurotransmitter teilweise ersetzt. Die Therapie muss individuell angepasst werden. Da mit der Zeit ein Wirkverlust entstehen kann, muss die Behandlung immer wieder verändert werden. Physiotherapie und **Logopädie** (Stimm- und Sprachtherapie) sind wichtig, um die Selbstständigkeit des Patienten so lange wie möglich zu erhalten.

Prävention: Wegen der unbekannten Ursache(n) ist gezielte Prävention nicht möglich.

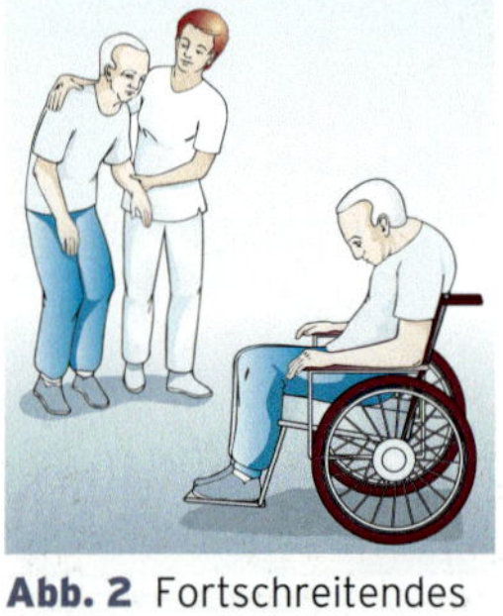

Abb. 2 Fortschreitendes Parkinson-Syndrom: Der Patient ist zunehmend unfähig, allein zu gehen. Im Endstadium können sich die Patienten nicht mehr selbstständig bewegen.

Terminologie: Geriatrie, Demenz und Parkinson-Syndrom

Alzheimer-Krankheit (Morbus Alzheimer; Alzheimer-Demenz)	Demenz, bei der sich im Hirngewebe charakteristische Ablagerungen zeigen (Amyloid β)
Amyloid β (beta)	faserige Substanz aus Protein und Polysacchariden, die sich bei M. Alzheimer im Gehirn ablagert
Antidementiva	Arzneimittel zur Verbesserung der Hirnleistung bei Demenz
Demenz (Adj. **dement**)	fortschreitender Verlust der geistigen Fähigkeiten
Dopamin	Neurotransmitter, dessen Mangel dem Parkinson-Syndrom zu Grunde liegt
Hypokinesie	Bewegungsarmut (z. B. des Parkinsonkranken)
Kumulation	Anreicherung, Anhäufung (z. B. von Arzneisubstanzen im Blut)
L-Dopa (Levodopa)	wichtigstes Parkinson-Medikament

Lewy-Körperchen-Demenz	Demenzform, bei der spezielle Zelleinschlüsse (die Lewy-Körperchen) in Hirnzellen zu finden sind
Logopädie	Stimm- und Sprachtherapie
Mini Mental Status (MMS)	Testverfahren, das bei Demenzverdacht durchgeführt wird
paradoxe Wirkung	umgekehrte Wirkung durch ein Arzneimittel, z. B. Unruhe durch ein Beruhigungsmittel
Parkinson-Syndrom, Morbus Parkinson	neurologische Krankheiten mit Störung des Hirnstoffwechsels, die zu Bewegungsstörungen wie Tremor (Zittern) und Rigor (Steifheit) führt
Rigor	Steifheit der Bewegungen bei M. Parkinson
Tremor	unwillkürliches Zittern v. a. der Hände
vaskuläre Demenz	Demenz auf Grund einer Arteriosklerose

AUFGABEN

1 Erklären Sie die Begriffe Multimorbidität und Multimedikation.

2 Welche Probleme können bei alten Menschen durch eine Multimedikation auftreten?

3 Geben Sie Arzneimittel an, die bei alten Menschen fast immer problematisch sind, und erklären Sie, welche Probleme bei Gabe dieser Medikamente besonders oft auftreten.

4 Erklären Sie den Begriff Demenz.

5 Nennen Sie typische Symptome für Demenzerkrankungen.

6 Welche Fähigkeiten testet der Mini Mental Status?

7 Erläutern Sie, weshalb ein Patient mit Verdacht auf Depression, Demenz oder Parkinson-Syndrom allgemeininternistisch untersucht werden muss.

8 Welche Risikofaktoren der Demenz kennen Sie?

9 Nennen Sie typische Symptome des Parkinson-Syndroms bzw. des M. Parkinson hinsichtlich
a Bewegung,
b Gang und Haltung,
c vegetative Körperfunktionen,
d Psyche.

10 Nennen Sie das bei M. Parkinson am häufigsten angewandte Medikament.

Alkohol kostet Gehirnleistung
Alkohol ist ein Zellgift, das besonders auf das ZNS und Nervenzellfunktionen wirkt. Die Wahrscheinlichkeit, an einer demenziellen oder anderen degenerativen Gehirnkrankheit zu erkranken, steigt mit dem Ausmaß des Alkoholkonsums. Vor allem „Komasaufen" schadet nachhaltig.

Abb. 1 Ein Reiz trifft auf ein Sinnesorgan.

4.4 Sinnesfunktionen im Alter

Ein **Sinn** bezeichnet die Fähigkeit, Reize aus der Außenwelt wahrzunehmen, z. B. Hören und Sehen. Auch die Befindlichkeit des eigenen Körpers wird wahrgenommen. **Sinnesorgane** bzw. **Sinneszellen** dienen dazu, Reize aufzunehmen und an das Gehirn weiterzuleiten (→ Abb. 1). Dort werden die Reize wahrgenommen und verstanden. Im Zentralnervensystem werden alle ankommenden (afferenten) Sinnesreize verarbeitet (→ Abb. 2) und bei Bedarf mit einer Reaktion beantwortet.

Effektor
ausführendes Organ

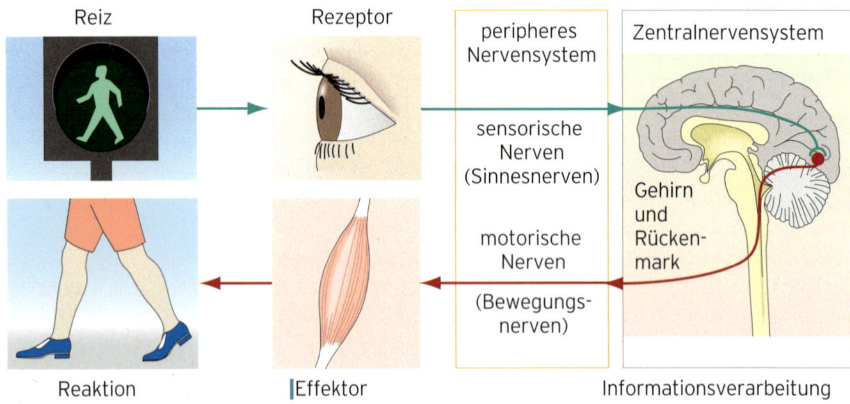

Abb. 2 Reiz-Reaktions-Schema

Sinn	Reiz	Sinnesorgan	Rezeptoren, die den Reiz aufnehmen	Empfindung
Sehsinn	Licht	Auge	Sinneszellen der Netzhaut	Licht, Farben, Helligkeit, Muster, Oberflächen
Gehörsinn	Schall	Ohr	Haarzellen in der Schnecke des Innenohrs	Schall bzw. Ton, Klang und Lautstärke
Gleichgewichtssinn	Schwerkraft	Innenohr	Haarzellen der Bogengänge des Innenohrs	Bewegung im Raum
Geruchssinn	Geruchs- und Aromastoffe	Nase	Sinneszellen im Riechepithel (oberer Nasengang)	Gerüche, Düfte, Reizstoffe
Geschmackssinn	Aromastoffe, Salz, Zucker, Säure	Zunge und Nase	Geschmacksknospen der Zunge, Riechepithel	Aromen und Reizstoffe
Tast- und Berührungssinn	Berührung, Druck, Wärme, Kälte	Tastorgane der Haut	Nervenendigungen (in Tastorganen und freiliegend)	Berührung, Kälte, Wärme, Druck
Lage- und Bewegungssinn	Lage des Körpers im Raum	Rezeptoren in Muskeln, Sehnen und Gelenken	Nervenendigungen in Lagesinn-Rezeptoren	Haltung des Körpers, z. B. der Extremitäten und des Kopfes

MERKE

Überstarke Reize werden als **Schmerz** empfunden, z. B. grelles Licht oder lautes Knallen.

Die **Antwort auf einen Reiz** kann automatisch, d. h. durch einen **Reflex** passieren: Fliegt ein Insekt auf das Auge zu, schließen sich „automatisch" die Lider. Reflexe funktionieren ohne Nachdenken. Die Natur setzt sie ein, wenn sie sich nicht darauf verlassen kann, dass der Mensch schnell genug richtig handelt. Daher sind viele Reflexe Schutzreflexe: Der Lidschluss- und der Hustenreflex schützen vor Fremdkörpern in den Augen und Luftwegen.

Eine **Reaktion** auf wahrgenommene Reize kann aber auch mit Überlegungen, d. h. **unter Mitarbeit der Hirnrinde**, geschehen. Gelangen immer wieder Fremdkörper ins Auge, z. B. beim Holzsägen, denkt der Mensch über eine Lösung des Problems nach, beschafft sich eine Schutzbrille und trägt sie.

Abb. 1 Das Gehirn organisiert und verarbeitet die unterschiedlichen Sinneseindrücke.

Das zentrale Nervensystem vergleicht und verarbeitet die afferenten Informationen aller Sinnesorgane. Dies ist eine enorme Koordinationsleistung des Gehirns, die durch Reizüberflutung, vielfältige Störungen und altersbedingte Einschränkungen beeinträchtigt werden kann. Passen die ankommenden Informationen unterschiedlicher Sinnesorgane nicht optimal zusammen oder dringen zu viele Reize auf das ZNS ein, wird das Gehirn überfordert. Es reagiert z. B. mit Schwindelgefühl und Übelkeit. Dies kann man u. a. beim schnellen Drehen auf einem Karussell, beim Hinunterschauen aus großer Höhe und im 3-D-Kino erleben. Dabei ist jeder Mensch unterschiedlich empfindlich auf die Reizung bzw. Überreizung seines Sinnessystems. Vererbung und Alter spielen eine Rolle: Manche Menschen sind völlig „schwindelfrei" und Kindern macht Schaukeln und Karussellfahren großen Spaß.

Abb. 2 Viele Kinder genießen das leichte Schwindelgefühl beim Karussellfahren.

Jeder Mensch weiß beispielsweise, wie schwierig es ist, im Dunklen zu gehen. Die Informationen aus dem Sehorgan fehlen dann völlig. Bei völliger Dunkelheit oder mit geschlossenen Augen wird man sofort unsicher – nicht nur, weil man sich nicht stoßen möchte, sondern auch, weil einfach Sinneseindrücke fehlen und damit das Zusammenspiel aller Nerven- und Bewegungsfunktionen gestört ist. Es ist anstrengend, wenn man sich nicht auf alle Sinne verlassen kann. Dieser unangenehme und verunsichernde Zustand kann im Alter dauerhaft bestehen.

Ist das Gehirn erkrankt, z. B. nach übertriebenem Alkoholgenuss oder nach einer Gehirnerschütterung, kann es nicht wie sonst eine Vielzahl an Informationen verarbeiten. Es kommt zu Übelkeit und dem Wunsch, kein helles Licht, keine lauten Geräusche und überhaupt von allen Sinnesqualitäten möglichst wenig „Sendungen", d. h. Afferenzen, zu erhalten.

Im Alter schwinden die Sinne

Im Alter unterliegen alle Organe einer Atrophie. Entsprechend gehen auch viele Sinnes- und Nervenzellen zu Grunde. Es kommt zu **Schwerhörigkeit, Fehlsichtigkeit, nachlassendem Gleichgewichtssinn** und überhaupt zu Schwierigkeiten, alle Sinnesqualitäten wahrzunehmen. Auch die Verarbeitung und Verknüpfung der Signale aus den Sinnesorganen wird schwieriger. Daher befindet sich das Nerven- und Sinnessystem des alten Menschen dauerhaft in einem Zustand der Überforderung. Es kommt dadurch bei vielen alten Menschen zu wechselnd starken oder andauernden **Schwindelgefühlen**.
Die Durchblutung des Körpers und damit des Gehirns beeinflusst die Sinne und damit alle Empfindungen und Fähigkeiten des Menschen. Herzinsuffizienz, Arteriosklerose, Überdosierungen von Antihypertensiva oder Sedativa usw. verschlechtern daher die Wahrnehmungsmöglichkeiten und den Gesamtzustand im Alter sehr. Daneben hat auch das Wetter Einfluss auf das Befinden und die Leistungsfähigkeit: Die Tagesform des alten Menschen kann so stark wechseln.

Use it or lose it - oder wer rastet, der rostet. Schwindelgefühl im Alter ist nichts, das man durch Abwarten überwinden kann. Nur die Übung aller Sinne und des gesamten Körpers kann die Beschwerden bessern und eine Verschlimmerung verhindern oder hinauszögern. Um die Koordination zu erhalten, hilft tägliche Bewegung; um die Denkfähigkeit zu erhalten, helfen Lesen, Schreiben und Gespräche; um die Hörfähigkeit zu erhalten, hilft *rechtzeitige* Versorgung mit einem Hörgerät. Ohne ausreichende Afferenzen baut sich die für die jeweilige Sinnes- oder motorische Leistung zuständige Hirnrinde ab - dann vergeht dem Gehirn Hören und Sehen.

4.4.1 Aufbau und Funktion des Hör- und Gleichgewichtsorgans

Das Ohr ist sowohl Hör- als auch Gleichgewichtsorgan. Es wird in drei Abschnitte eingeteilt: das äußere Ohr, das Mittelohr und das Innenohr (→ Abb. 1).

- Das **äußere Ohr** besteht aus der Ohrmuschel und dem äußeren Gehörgang. Es dient der **Schallaufnahme**.
- Das **Mittelohr** beginnt am Trommelfell. Es besteht aus der Paukenhöhle und den Gehörknöchelchen. Das Mittelohr dient der **Schallverstärkung**.
- Das **Innenohr** besteht aus der Schnecke und den Bogengängen. Die **Schnecke** dient der **Schallempfindung**.
  Die **Bogengänge** des Innenohrs sind das **Gleichgewichtsorgan**. Es dient der Wahrnehmung der Lage und Bewegung des Körpers im Raum sowie der Schwerkraft.

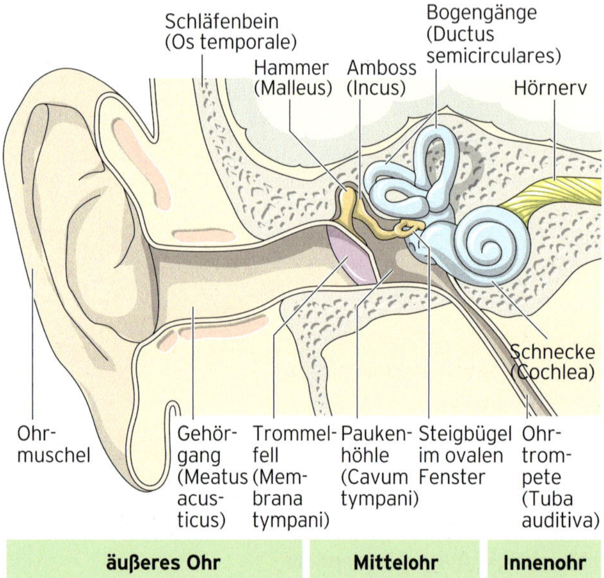

Abb. 1 Schematischer Schnitt durch das Ohr

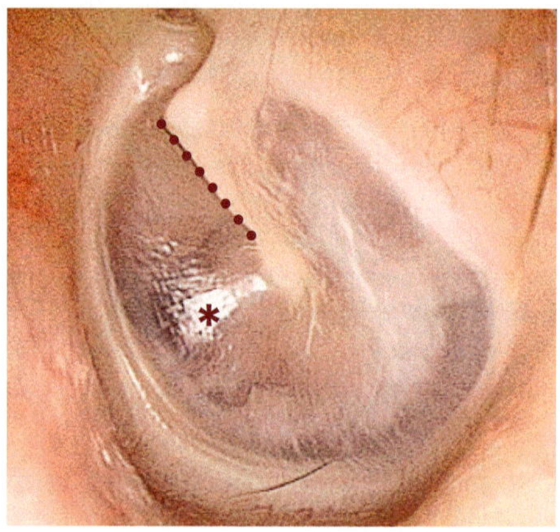

Abb. 2 Normales rechtes Trommelfell im Otoskopie-Bild: das Trommelfell ist eine durchscheinende Schicht; darin eingelassen ist oben der Hammergriff (**...**), der wie ein „Ellenbogen" aussieht, den Amboss sieht man durchscheinen. Das Trommelfell liegt in einen „Ring" eingelassen; der Gehörgang enthält wenig Cerumen. Weiße Stellen entsprechen Lichtspiegelungen (*****).

Das äußere Ohr besteht aus elastischem Knorpel, Epithel und Bindegewebe. Der äußere Gehörgang enthält **Cerumen** (Ohrschmalz), das die empfindliche Gehörgangshaut geschmeidig hält und vor Infektionen schützt. Der äußere Gehörgang reicht bis zum Trommelfell. Diese 0,1 mm dünne elastische Membran trennt äußeres Ohr und Mittelohr.

Im Mittelohr befinden sich die **Gehörknöchelchen**, d. h. **Hammer, Amboss** und **Steigbügel**. Der Hammer ist z. T. ins Trommelfell eingelassen (→ Abb. 1) und gelenkig mit den beiden anderen Gehörknöchelchen verbunden. Der Steigbügel bildet am sog. ovalen Fenster eine Verbindung mit dem Innenohr. Am ovalen Fenster befindet sich der Eingang zur Schnecke **(Cochlea)**. Die Schnecke entspricht einem aufgerollten Schlauch mit 2 ½ Windungen (→ S. 181, Abb. 1).

Der Hörvorgang

Der Schall wird vom äußeren Ohr aufgenommen und bringt das elastische Trommelfell zum Schwingen. Das Trommelfell verstärkt den aufgenommenen Schall etwa auf das 1,3fache. Von dem mit dem Trommelfell verbundenen Hammer wird der Schall über Amboss und Steigbügel weitergegeben. Auf seinem Weg entlang dieser Gehörknöchelchenkette wird der Schall abermals verstärkt – etwa um das 20fache. Der Steigbügel „tritt" mit seiner Basis ins ovale Fenster. Ankommender Schall wird so in die Schnecke, d. h. ins Innenohr, übertragen.

Die Schallwellen wandern in der Schnecke hinauf wie in ein Treppenhaus mit 2 ½ Stockwerken (→ Abb. 1). Jede Tonhöhe (Frequenz) regt an einer bestimmten Stelle der Schnecke die dort befindlichen Haarzellen an. Hohe Töne werden von Haarzellen in der Schneckenbasis aufgenommen und von dort an den zuständigen Gehirnteil, d. h. die Hörrinde, weitergeleitet. Tiefe Töne wandern weiter bis zur Schneckenspitze und werden erst dort von den Haarzellen aufgenommen. Die Informationen über tiefe Töne werden ebenfalls über den Hörnerv an das ZNS weitergeleitet (→ Abb. 2).

Da der Schall im Prinzip eine Druckwelle ist, die die Schnecke nicht einfach auffangen und neutralisieren kann, wandert der Schall durch den Vorhofgang die Schnecke hinauf, dann von der Schneckenspitze aus durch den Paukengang wieder hinunter und verlässt dann die Schnecke durch das runde Fenster. Das eigentliche Hörorgan, d. h. die Sinneszellen, befindet sich in der Schnecke, eingebettet zwischen Vorhof- und Paukengang. Sie bilden das Sinnesepithel des Ohrs (das **Corti-Organ**), das in die **Basilarmembran** eingebettet ist.

Das menschliche Ohr kann – wenn es vollkommen gesund ist – Frequenzen zwischen 20 Hz (ein tiefes Brummen) und 20 000 Hz (ein kaum hörbarer hoher Pfeifton) wahrnehmen. Schall mit Frequenzen über 20 000 Hz wird als Ultraschall (wörtl. Oberhalbschall) bezeichnet, weil die Frequenzen oberhalb des menschlichen Hörvermögens liegt.

Das Ohr hat zwei Möglichkeiten, um sich vor zu hohem Schalldruck zu schützen: Bei hoher Schallintensität spannt sich ein kleiner Muskel am Hammer an. Er verhindert, dass dieser zu stark ausschlägt und begrenzt so die Schallverstärkung. Ein weiterer Muskel am Steigbügel wirkt ähnlich und vermindert so die lärmbedingte Druckschädigung des Innenohrs. Massive kurz- und/oder langfristige Lärmbelastungen überfordern jedoch die Schutzmechanismen der Ohren und verursachen Schwerhörigkeit und ggf. weitere Schäden.

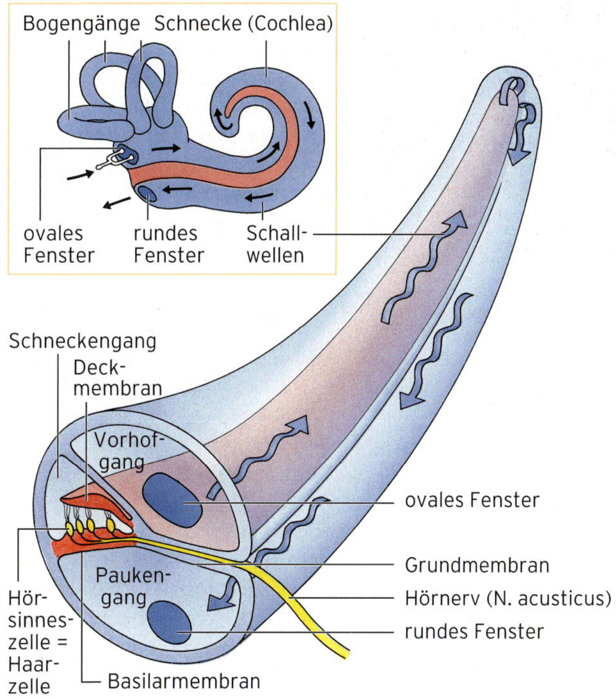

Abb. 1 Aufbau des häutigen Labyrinths im Innenohr (oben); Schnecke, abgerollt (unten)

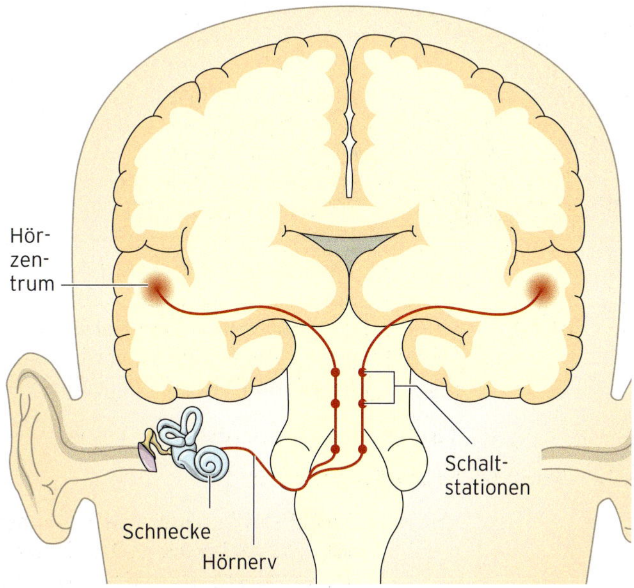

Abb. 2 Verlauf der Hörbahn im Gehirn bis zum Hörzentrum (Frontalansicht, d. h. Ansicht von vorn)

4.4.2 Presbyakusis (Altersschwerhörigkeit)

Definition: Altersschwerhörigkeit, die meistens ab dem 60. Lebensjahr klinisch auffällig wird, ist bei jedem älteren Menschen mehr oder weniger ausgeprägt.
Hintergründe und Pathogenese: Die Schnecke bzw. ihre Sinneszellen sind während des gesamten Lebens aktiv. Schon im Mutterleib hören Kinder – die Herztöne der Mutter beruhigen sie und laute Geräusche können sie erschrecken. Auf Dauer führt die Beanspruchung der Cochlea zu degenerativen Veränderungen. Dabei gehen die Sinneszellen in den unteren Schneckenwindungen zuerst zu Grunde. Da dort die hohen Töne aufgenommen werden, beginnt die Lärmschwerhörigkeit bzw. Altersschwerhörigkeit bei den hohen Frequenzen.

Man kann sich die Abnutzung der Schnecke bzw. den **Untergang von Haarzellen** in den unteren Schneckenwindungen so vorstellen, als gingen jahrzehntelang Menschen ein Treppenhaus (die Schneckenwindungen) hinauf. Nicht alle wollen ganz nach oben. Aber alle müssen unten ins Treppenhaus eintreten. Daher wird der „Boden" im Erdgeschoss zuerst abgenutzt.

Sowohl intensive Beschallung, d. h. Lärm, als auch Dauerbeschallung, z. B. durch den iPod, schädigen die Haarzellen und führen zur fortschreitenden Lärmschwerhörigkeit. Arteriosklerose und die allgemeine Altersatrophie verstärken die Lärmeffekte. Diabetes mellitus, Krankheiten des Mittel- und Innenohres sowie einige Medikamente schädigen das Innenohr zusätzlich. Schon 20-Jährige, z. B. Mitarbeiter in Diskotheken oder Rockmusiker, weisen z. T. eine ausgeprägte Lärmschwerhörigkeit auf, die der Altersschwerhörigkeit bei 70-Jährigen entspricht. Der Unterschied zwischen Lärm- und Altersschwerhörigkeit besteht darin, dass alte Menschen neben der Schädigung des Hörorgans durch Abbau der Gehirnleistungen das Gehörte nicht mehr so gut und so schnell wie früher verarbeiten bzw. verstehen können.
Symptome: Zuerst geht die Hörfähigkeit für sehr hohe Töne verloren. Das Sprachverständnis nimmt allmählich ab. Menschen mit hoher Stimme werden schlechter verstanden als Menschen mit tiefer Stimmlage. Sprechen mehrere Menschen gleichzeitig, kann der Altersschwerhörige der Unterhaltung nicht mehr folgen.
Komplikationen: Es kann zum sozialen Rückzug kommen. Die Unfallgefahr kann zunehmen.
Diagnostik: Das **Tonschwellenaudiogramm**, d. h. der Hörtest, der die Hörfähigkeit der verschiedenen Tonhöhen abbildet, stellt das Ausmaß der Schwerhörigkeit dar. Es wird für jedes Ohr einzeln durchgeführt. Bei der Presbyakusis zeigt sich ein Hörverlust vor allem bei den hohen Frequenzen, der sich mit der Zeit auf immer tiefere Frequenzen ausweitet.
Therapie: Wichtig ist die frühzeitige Versorgung mit einem Hörgerät, da fehlende Afferenzen sonst zu einem verstärkten Abbau der Hörrinde führen. Es gibt **Im-Ohr-Geräte (IO)** (→ Abb. 1) und **Hinter-dem-Ohr-Geräte (HdO)** (→ Abb. 2). Sie müssen konsequent getragen – und eingeschaltet – werden, um die Hörfähigkeit möglichst lange zu erhalten.
Prävention: Siehe Pathogenese; Verzicht auf Dauerbeschallung, konsequenter Lärmschutz.

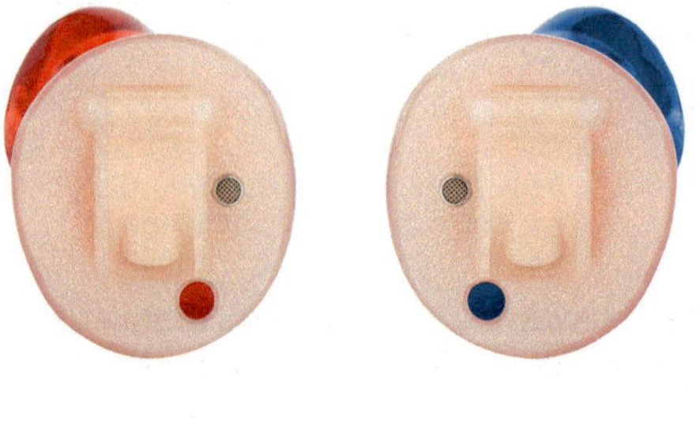

Abb. 1 Im-Ohr-Hörgerät (IO)

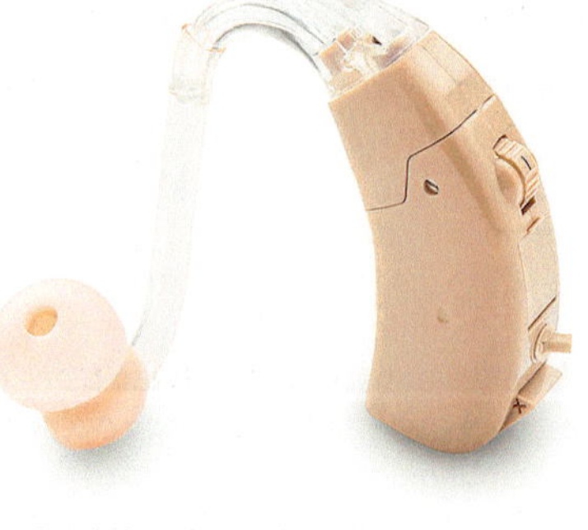

Abb. 2 Hinter-dem-Ohr-Hörgerät (HdO)

Umgang mit Schwerhörigen

Schwerhörige fühlen sich oft ausgeschlossen. Es besteht die Gefahr, dass sie sich aus der Gemeinschaft zurückziehen und auch geistig verarmen. Das plattdeutsche Wort für „taub" lautet „doof", was im Hochdeutschen in neuer Bedeutung verwendet wird. Dies verdeutlicht, dass Menschen, die zu wenig auf Sprache reagieren, wenig zutraut wird. Im Umgang mit Schwerhörigen ist Geduld wichtig. Es hilft, sich in die Lage des Hörgeschädigten zu versetzen.

Abb. 1 Für die Kommunikation mit Schwerhörigen ist der Blickkontakt wichtig.

Grundregeln im Umgang mit Schwerhörigen

Der gut hörende Partner soll ...	Sinn
– das Sprechen sichtbar machen, d. h. dem Schwerhörigen das Gesicht zuwenden. – vor jedem Gespräch Blickkontakt. – aufnehmen und halten. – deutlich und langsam sprechen.	Der Schwerhörige „hört" auch mit den Augen und braucht Zeit, um die Worte vom Mund abzulesen.
– nicht schreien.	Schwerhörige sind oft sehr lärmempfindlich. Schreien verzerrt außerdem die Sprache.
– kurze und klare Sätze formulieren.	Der Schwerhörige kann den Inhalt dann leichter erraten.
– Unverstandenes geduldig wiederholen.	Es entmutigt den Schwerhörigen, wenn er keine Chance hat, das Gehörte wiederholt zu bekommen.
– bei ausgeprägter Schwerhörigkeit und Taubheit wichtige Inhalte schriftlich mitteilen.	Vor allem Taube sind auf schriftliche Informationen angewiesen und haben ggf. keine andere Möglichkeit, etwas zu verstehen.

www.schwerhoerigen-netz.de

Terminologie: Ohr

Audiogramm	Hörtest mit grafischer Darstellung der Hörfähigkeit
Basilarmembran	Bindegewebeplatte in der Cochlea, die das Corti-Organ und damit die Haarzellen enthält
Bogengänge	Gleichgewichtsorgan des Innenohrs
Cerumen	Ohrschmalz (sprich Zerumen)
Cochlea	Hörschnecke; Teil des Innenohrs
Corti-Organ	Sinnesepithel in der mittleren Windung der Cochlea
Presbyakusis	Altersschwerhörigkeit (sprich Presbi-ákusis)

AUFGABEN

1 Erläutern Sie den Aufbau des Ohres unter Verwendung der Begriffe äußeres Ohr, Mittelohr und Innenohr und nennen Sie die Aufgaben dieser drei Abschnitte.

2 Erklären Sie die Pathogenese der Presbyakusis.

3 Einige Verhaltensweisen erleichtern es einem schwerhörigen Gesprächspartner, eine Unterhaltung zu führen. Nennen Sie mindestens drei Punkte.

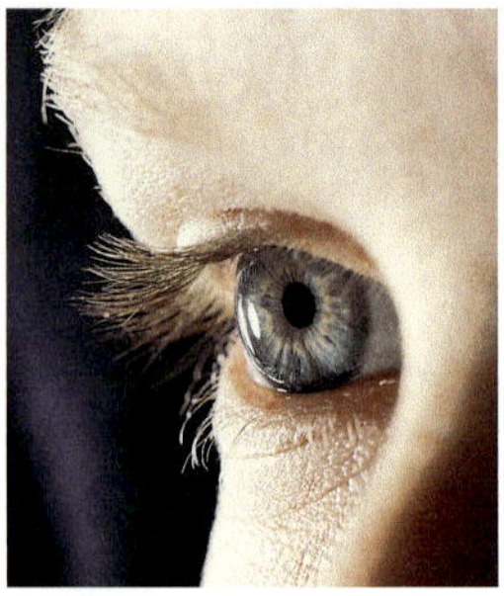

Abb. 1 Auge

4.4.3 Aufbau und Funktion der Augen

Das Auge ist das Sehorgan des Menschen. Es liegt in der **Orbita**, der knöchernen Augenhöhle. Es besteht aus dem **Augapfel (Bulbus)** und dem Sehnerv **(Nervus opticus)**.
Mehrere Vorrichtungen schützen die Augen und damit den wichtigen Sehsinn:

- Die Augenlider schützen sie vor Austrocknung, zu viel Licht und Fremdkörpern.
- Die Augenbrauen und Wimpern schützen sie vor Schweiß und Schmutz.
- Der Tränenapparat (Tränendrüsen und Tränenkanäle) pflegt und ernährt die Augen mit der Tränenflüssigkeit. Er schützt sie vor Schmutz, Infektionen und Austrocknung.

Das Innere des Augapfels bildet der durchsichtige, gallertartige Glaskörper, dem ventral die Linse aufliegt. Die Wand des Augapfels besteht aus drei Schichten (von außen nach innen):

- **Lederhaut (Sklera):** die 0,5 mm dicke, feste Sklera besteht hauptsächlich aus Kollagen. Sie schützt den Bulbus vor Verletzungen. Die Sklera ist weiß und fast undurchsichtig; sie geht ventral, d. h. über der Pupille bzw. Linse, in die klare, durchsichtige **Hornhaut (Cornea)** über. Sklera und Cornea umschließen zusammen den gesamten Bulbus. Die Sklera geht dorsal in die harte Hirnhaut über, die Gehirn und Rückenmark umschließt. Die Bindehaut bedeckt den ventralen Teil des Augapfels mit Ausnahme der Hornhaut und die Innenseite der Lider.
- Die mittlere Schicht besteht aus der **Aderhaut (Chorioidea)**, die der Sklera innen anliegt. Die Chorioidea ist sehr reich an Blutgefäßen und ist daher so benannt.
- Die innerste Schicht ist die **Netzhaut (Retina)**. Sie ist das **Sinnesepithel** des Auges. Chorioidea und Retina bedecken nur die dorsalen zwei Drittel des Bulbus. Die Retina geht in den Sehnerv über, der die Informationen der Sinneszellen zum Gehirn führt.

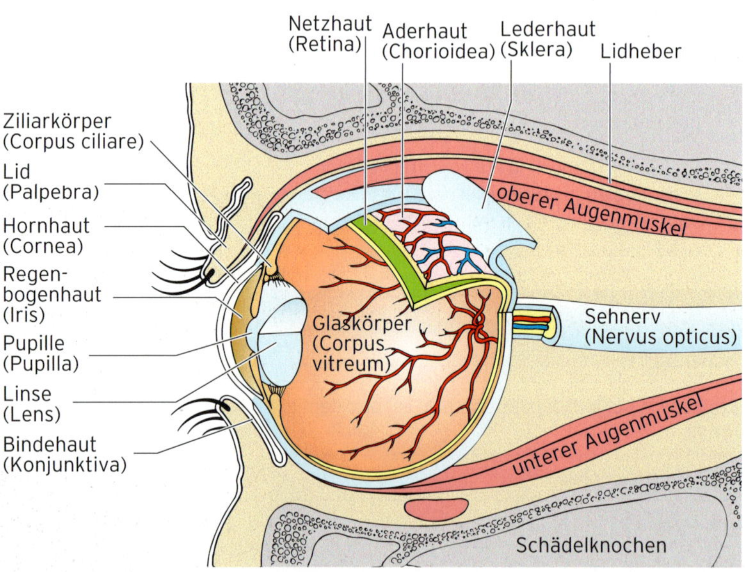

Abb. 2 Schematischer Augenaufbau

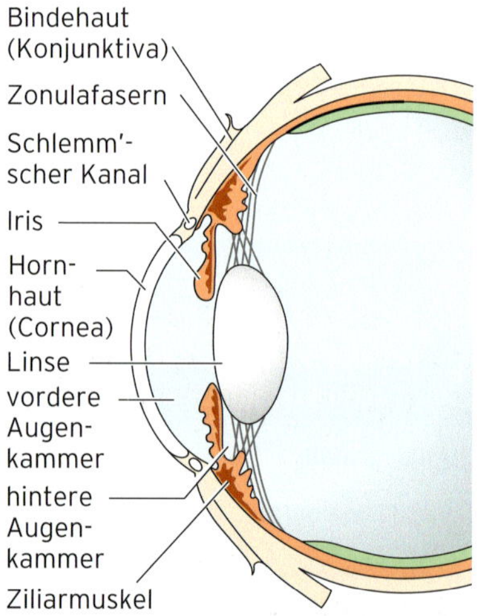

Abb. 3 Linse, Iris und Augenkammern

Im ventralen Drittel des Auges befinden sich der Ziliarkörper, die Linse, die Iris und die beiden Augenkammern.

Der **Ziliarkörper** (Strahlenkörper) enthält den **Ziliarmuskel**. Der Ziliarkörper ist über die strahlenförmig angeordneten **Zonulafasern** mit der Linse verbunden. Kontrahiert sich der ringförmige Ziliarmuskel, lockern sich die Zonulafasern, an denen die Linse aufgehängt ist (→ Abb. 3). Dadurch nimmt die Linse ihre eigentliche kugelige Form an und stellt sich so auf Nahsehen ein. Nahsehen strengt auf Dauer an, weil der Ziliarmuskel sich dafür anspannen muss.

Entspannt sich der Ziliarmuskel, schaut man in die Ferne – die Linse wird dann durch die Zonulafasern flach gezogen. In die Ferne zu schauen, strengt nicht an. Der Ziliarmuskel verändert somit die Krümmung der Linse und dient daher der **Akkommodation** (Nah- und Ferneinstellung) des Auges (→ S. 187, Abb. 3).

Der Ziliarkörper bildet auch das **Kammerwasser**. Diese Flüssigkeit umspült die Linse. Dabei ernährt sie die Linse nicht nur, sondern schützt sie durch ihren hohen Vitamin-C-Gehalt auch vor Alterung. Das Kammerwasser füllt und durchspült die vordere und hintere Augenkammer. Es wird im Ziliarkörper ständig neu gebildet und fließt durch kleine Öffnungen im **Kammerwinkel** in den Blutkreislauf ab. Ist der Kammerwinkel zu eng, staut sich das Kammerwasser und erhöht den **Augeninnendruck** (normalerweise 15–22 mmHg). Dies führt zum grünen Star **(Glaukom)**, d. h. zu einer Druckschädigung des Sehnervs (s. u.).
Ventral des Ziliarkörpers befindet sich die **Regenbogenhaut (Iris)**. Sie liegt der Linse vorn locker an, sodass das Kammerwasser zwischen vorderer und hinterer Augenkammer fließen kann. Zwischen Linse, Iris und Cornea liegt die vordere Augenkammer. Seitlich der Linse zwischen Iris und Glaskörper liegt die kleinere hintere Augenkammer (→ Abb. 2).
Die Iris bildet in der Mitte eine Öffnung, die **Pupille**. Die Weite bzw. Größe der Pupille kann durch Ring- und Strahlenmuskeln der Iris verändert werden. Die Pupille hat die Funktion einer verstellbaren Blende, indem sie den Lichteinfall ins Auge regelt.

Sympathikus und Parasympathikus, Nah- bzw. Ferneinstellung, Medikamente und Drogen beeinflussen die Pupillenmuskeln und damit die Pupillenweite. Normalerweise sind beide Pupillen **isokor** (gleich groß) und mittelweit. Bei Helligkeit verengt sich die Pupille **(Miosis)**, bei Dunkelheit erweitert sie sich **(Mydriasis)**.

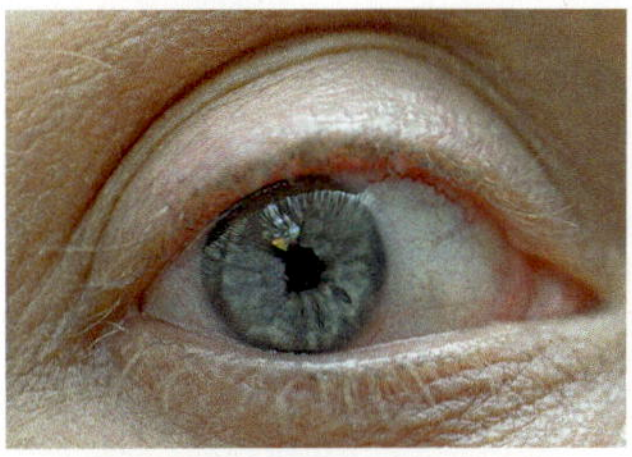

Abb. 1 Miosis (Engstellung der Pupille)

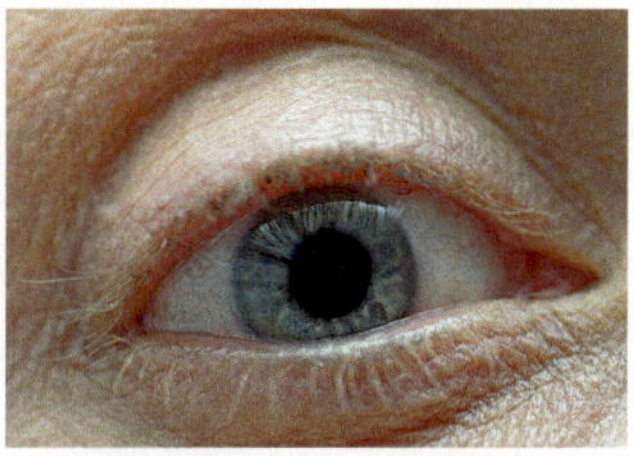

Abb. 2 Mydriasis (Weitstellung der Pupille)

Neugeborene haben noch keine **Irispigmente**. Dadurch reflektiert ihre Iris kurzwelliges Licht und erscheint blau. Bei hellhäutigen Menschen bleibt die Iris blau. Bei dunkelhäutigen Menschen lagert sie etwa bis zum Ende des zweiten Lebensjahrs immer mehr Pigment ein, sodass sie über mehrere Farbstufen schließlich sehr dunkel werden kann.

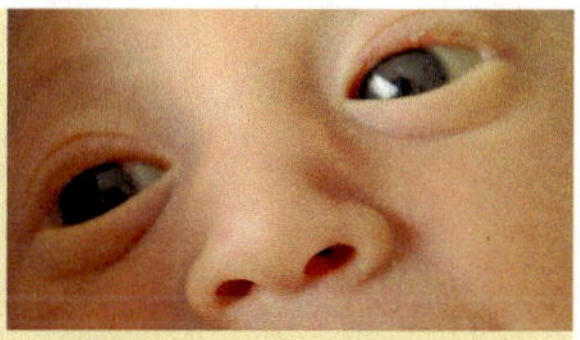

Abb. 3 Pigmentarme Iris eines Neugeborenen

Sinneszellen

Die Netzhaut enthält zwei Arten Sinneszellen: Zapfen und Stäbchen. Die **Zapfen** dienen dem Farbsehen. Trifft farbiges Licht auf einen Zapfen auf, verändert sich das in ihm enthaltene **Sehpigment**. Die **Stäbchen** können dagegen nur Hell-Dunkel-Unterschiede aufnehmen. Deshalb kann man nachts, wenn die Zapfen inaktiv sind, weil sie hohe Lichtintensitäten benötigen, nicht so scharf sehen wie am Tage. Außerdem sieht man so nachts nur Grautöne. Beide Arten von Sinneszellen geben den Reiz über den Sehnerv ans ZNS, d. h. an die Sehrinde, weiter. Dort wird die Information verarbeitet und verstanden.
Die Stelle schärfsten Sehens auf der Netzhaut ist der **gelbe Fleck** (die **Makula**); dort befinden sich nur Zapfen. Im Auge wird das einfallende Licht durch die Linse genau so gebündelt, dass es auf die Makula auftrifft. Die Augenmuskeln helfen, das Auge und damit die Makula immer exakt auf das betrachtete Objekt zu richten.
Von den Sehzellen gehen Nervenzellen aus, die sich zu einem Bündel, dem Sehnerv, vereinigen (→ S. 186, Abb. 1). Jeder Zapfen hat dabei eine eigene Nervenzelle, während mehrere Stäbchen nur eine gemeinsame Nervenzelle haben.

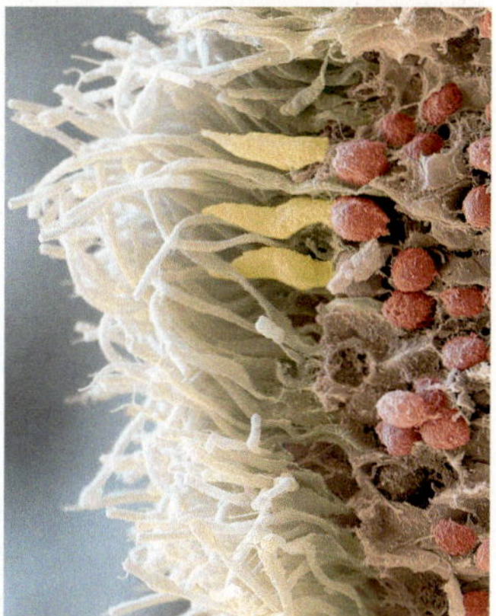

Abb. 4 Schnitt durch die Netzhaut (elektronenmikroskopische Aufnahme)

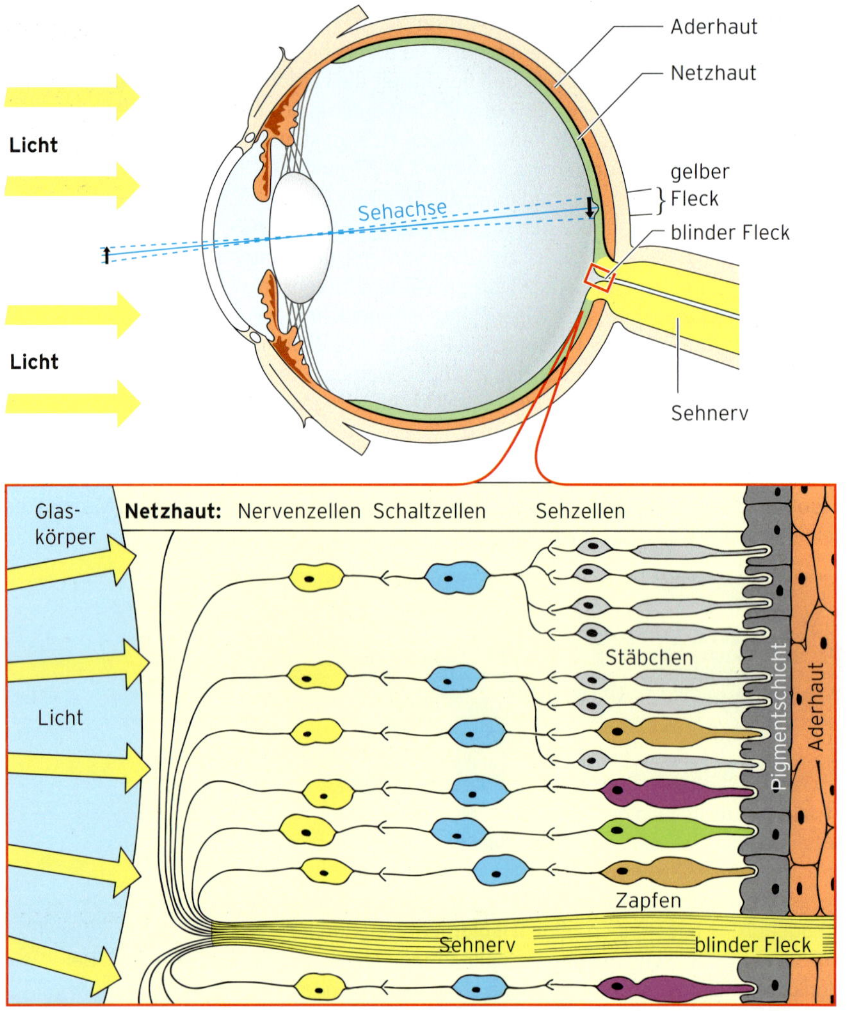

Abb. 1 Lichteinfall und Aufbau der Netzhaut: Stäbchen und Zapfen empfangen die Lichtreize. Schaltzellen fassen die Meldungen ans Gehirn zusammen. Jeder gesehene Gegenstand wird umgekehrt, quasi „auf dem Kopf" stehend, auf der Makula abgebildet. Das Gehirn verarbeitet die Informationen aber so, dass das Gesehene richtig herum wahrgenommen wird.

Bei Dunkelheit treten die Stäbchen etwas in Richtung Retina-Oberfläche hervor, um mehr der spärlichen Lichtreize aufzufangen. Gleichzeitig erweitert sich die Pupille, um möglichst viel Licht ins Auge zu lassen. Der Anpassungsvorgang an die Dunkelheit dauert einige Minuten und nennt sich **Adaptation (Hell-Dunkel-Anpassung)**. Macht man nach erfolgter Adaptation ein Licht an, sind sofort wieder die Zapfen „vorn" und scharfes, farbiges Sehen ist möglich. Eine erneute Adaptation an Dunkelheit dauert wieder einige Minuten.

An der **Sehnervpapille**, der Stelle, an der der Sehnerv aus dem Auge austritt, befinden sich keine Sehzellen. Diese Stelle nennt sich blinder Fleck, da hier kein Sehen möglich ist. Das Gehirn verrechnet die Informationen aus beiden Augen jedoch so, dass wir die blinden Flecken nicht wahrnehmen.

Die Bindehaut **(Konjunktiva)** ist eine Schleimhaut, die die Innenflächen der Lider überzieht, in Form einer Falte umschlägt und die Oberfläche der Sklera bis zum Rand der Cornea bedeckt. Sie schützt und ernährt die Sklera und erfüllt immunologische Aufgaben. Da die Konjunktiva Blutgefäße enthält, überzieht sie nicht die Cornea. Man hätte sonst ständig „Äste" der Konjunktivalgefäße vor Augen. Eine Blutgefäßbildung in der Cornea ist stets pathologisch und kann bei Entzündungen der Hornhaut **(Keratitis)** vorkommen.

Tränenapparat

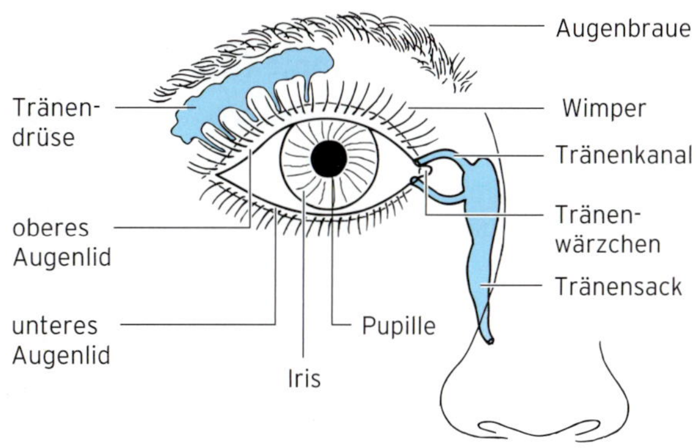

Abb. 1 Schutzeinrichtungen des Auges

Hilfsorgane der Augen sind die **Tränendrüsen**. Die Tränendrüsen liegen seitlich unter den Oberlidern (→ Abb. 1). Sie geben die salzreiche Tränenflüssigkeit ab. Diese befeuchtet und spült Konjunktiva und Cornea. Sie enthält bakterizide Stoffe und Immunglobuline, um Infektionserreger abzuwehren. Die Tränenflüssigkeit wird fortlaufend neu gebildet und fließt über den **Tränen-Nasen-Gang** in die Nase ab. Daher muss man beim Weinen die Nase putzen. Der „Schlaf", der sich morgens im inneren Augenwinkel befindet, besteht aus über Nacht eingetrockneter Tränenflüssigkeit, Leukozyten und Staub. Der Tränenfilm ist dreischichtig: Direkt auf der Konjunktiva liegt eine Schleimschicht, die von kleinen Bindehautdrüsen gebildet wird. In der Mitte befindet sich die Tränenflüssigkeit, das Sekret der Tränendrüsen. Auf der Oberfläche wird der Tränenfilm durch eine sehr dünne Lipidschicht „versiegelt" und vor zu schneller Abtrocknung geschützt. Der Lipidanteil wird von Talgdrüsen am Lidrand gebildet.

Das **trockene Auge** ist eine Volkskrankheit. Mangelnder Tränenfilm hat viele Ursachen: Altersatrophie, Hormonmangel nach der Menopause, Autoimmunkrankheiten, Medikamente (z. B. Antidepressiva), Stress, Schlafmangel, Alkoholkonsum, trockene Luft sowie Bildschirmarbeit (diese vermindert die Zahl der Lidschläge und damit die Befeuchtung der Bindehaut). Entsprechend des dreischichtigen Aufbaus der Tränenschicht hilft es oft nicht, einfach Kochsalzlösung einzuträufeln. Tränenersatzmittel enthalten z. T. auch andickende Stoffe und Lipide. Welches Mittel am besten hilft und wie oft es angewandt werden muss, ist individuell verschieden.

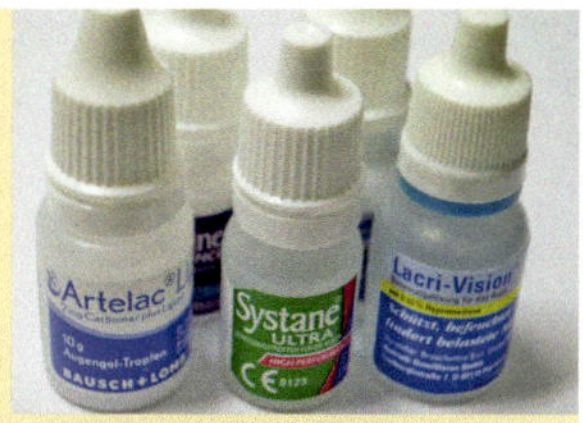

Abb. 2 Verschiedene Tränenersatzmittel

Sehvorgang

Das Scharfstellen beim Sehen, die **Akkommodation**, erfolgt durch die Aktivität des Ziliarmuskels, d. h. durch Zug an den Zonulafasern beim Nahsehen und Lockerung der Zonulafasern beim Betrachten entfernter Gegenstände (→ Abb. 3 und 4).

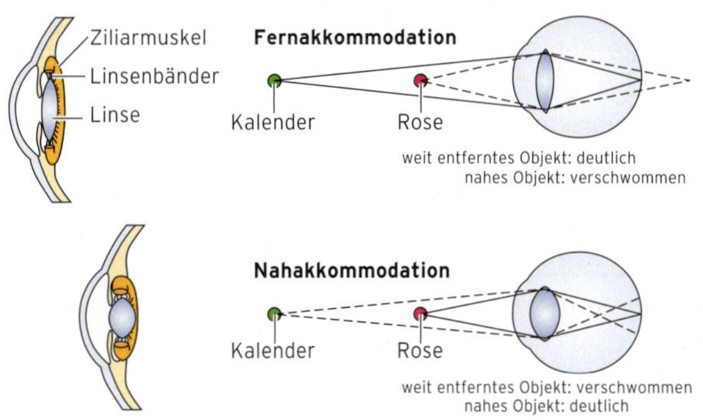

Abb. 3 Akkommodation

Abb. 4 a) Fernakkommodation b) Nahakkommodation

Die Bewegungen der Augen werden durch mehrere Augenmuskeln gesteuert. Da jedes Auge einen anderen Blickwinkel hat und ein etwas anderes Bild liefert, errechnet das Gehirn aus den Informationen einen räumlichen Seheindruck. So ist **dreidimensionales Sehen** und das Abschätzen von Entfernungen möglich. Bei einäugigem Sehen ist dies nicht möglich, da kein Raumeindruck entsteht.

4.4.4 Fehlsichtigkeit

Myopie (Kurzsichtigkeit)

HINWEIS

Lesen und Bildschirmarbeit in Kindheit und Jugend fördern Kurzsichtigkeit - wenn das Nahsehen zuviel und ohne Ausgleich betrieben wird. Bei Naturvölkern ist die Myopie unbekannt.

Eine häufige Form der Fehlsichtigkeit ist die **Myopie** (Kurzsichtigkeit). Dabei ist der Augapfel zu lang (→ Abb. 2). Der Patient kann dadurch näher am Auge befindliche Gegenstände schärfer sehen, als es der Normalsichtige kann. Für die Ferne benötigt der myope Patient eine Brille, die die Lichtstrahlen zerstreut **(Konkavlinse, Zerstreuungslinse)**. Durch die Korrekturlinse der Brille werden entfernt liegende Gegenstände wieder genau auf der Makula, d. h. scharf, abgebildet. Myopie entsteht meistens während der Wachstumsphase in der Pubertät, da auch der Augapfel wächst und bei entsprechender Veranlagung zu lang wird. In der Schule fallen die Kinder bzw. Jugendlichen auf, weil sie schlecht von der Tafel ablesen können. Bis zum Abschluss des Wachstums können immer wieder neue, stärkere Brillengläser nötig sein. Die Veranlagung zur Myopie ist genetisch bedingt.

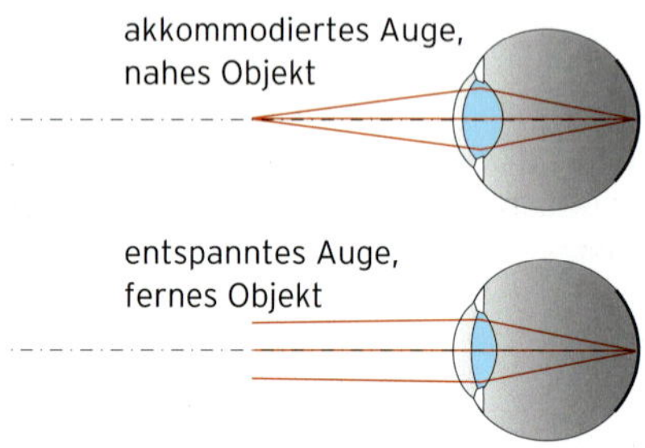

Abb. 1 Normalsichtiges Auge

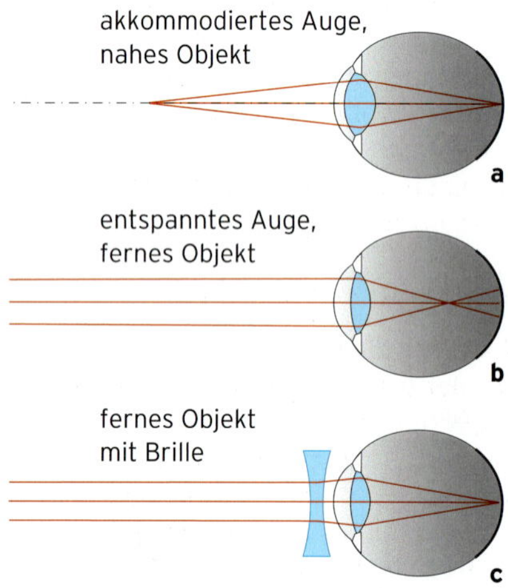

Abb. 2 Kurzsichtiges Auge

Hyperopie (Weitsichtigkeit)

Bei der **Hyperopie** ist der Augapfel zu kurz. Daher können fern liegende Gegenstände ohne Anstrengung scharf gesehen werden (→ Abb. 3a). Nahe Objekte werden „hinter" der Retina scharf abgebildet, d. h. unscharf gesehen (→ Abb. 3b). Der hyperope Patient benötigt eine Konvexlinse **(Sammellinse)**, um nahe Objekte scharf zu sehen (→ Abb. 3c).

HINWEIS

Der **Kurzsichtige** sieht auf kurze Distanz gut.
Der **Weitsichtige** sieht auf weite Distanz gut.

Abb. 3 a) und b) weitsichtiges Auge ohne Brille, c) weitsichtiges Auge mit Brille

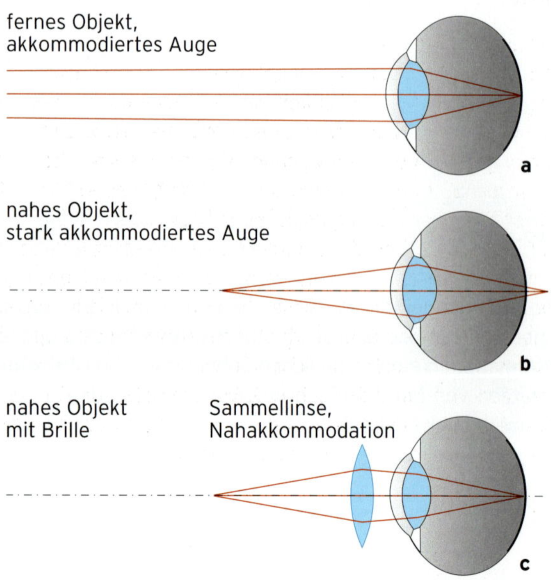

Presbyopie (Alterssichtigkeit)

Im Alter unterliegen die Augen verschiedenen degenerativen Vorgängen. Ab etwa dem 40. Lebensjahr verliert die Linse ihre Elastizität. Ihre Zellzahl und Zellsubstanz nimmt zu. Dadurch wird die Linse steifer und verformt sich kaum noch. Da sie nicht mehr ihre Kugelform annehmen kann, d.h. ihre Brechkraft abnimmt, wird es immer schwerer, nahe Objekte zu erkennen (→ Abb. 1). Dies nennt sich Altersfehlsichtigkeit **(Presbyopie)**.
Die Presbyopie ähnelt der Hyperopie. Die Betroffenen strecken zum Lesen ihren Arm aus, um den Gegenstand weiter vom Auge zu entfernen. Eine Lesebrille gleicht die Presbyopie teilweise aus. Ab ungefähr 70 Jahren ist die Verformbarkeit der Linse schließlich so gering, dass zum Lesen evtl. eine Lupe notwendig wird.
Da mit den Jahren immer mehr Retinazellen durch Altersatrophie verloren gehen und die Sehrinde im Gehirn arteriosklerosebedingte Funktionseinbußen zeigt, nimmt die Sehkraft auch unabhängig vom Zustand der Linse im Alter langsam ab.

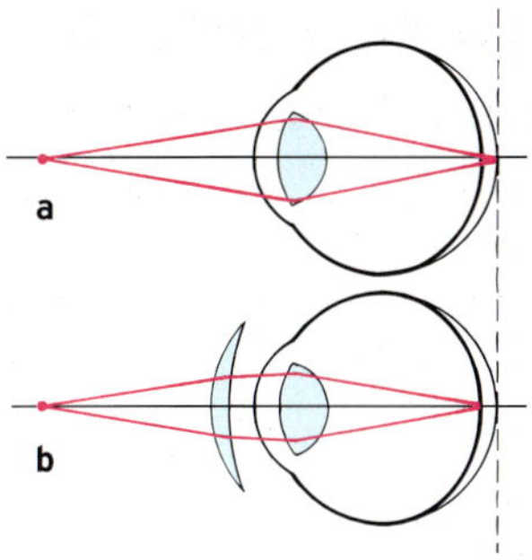

Abb. 1 a) Altersweitsichtigkeit: Auf Grund der eingeschränkten Elastizität der Augenlinse liegt der Punkt des schärfsten Sehens hinter der Netzhaut des normal langen Auges. b) Durch eine Lesebrille mit Sammellinse werden auch nahe gelegene Gegenstände auf der Netzhaut abgebildet.

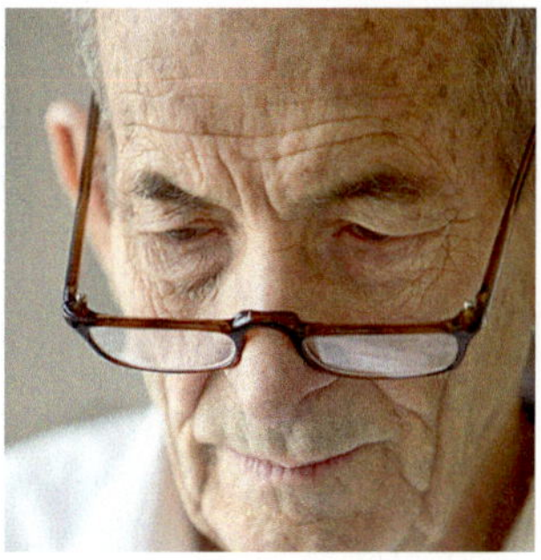

Abb. 2 Im Alter ist eine Lesebrille notwendig.

Informationen zur Augenheilkunde bietet die deutsche ophthalmologische Gesellschaft: www.dog.org

Alternativen zur Brille

Kontaktlinsen

Im Gegensatz zu Brillengläsern liegen Kontaktlinsen der Cornea direkt auf (→ Abb. 3). Es gibt weiche und harte Linsen. Weiche Linsen erfordern im Gegensatz zu harten Linsen keine Eingewöhnungszeit, ggf. benötigt der Patient aber Tränenersatzmittel. Kontaktlinsen stören die Benetzung der Hornhaut mit Tränenflüssigkeit und damit ihre Ernährung, Spülung und Sauerstoffversorgung. Menschen mit empfindlicher Binde- und Hornhaut vertragen Kontaktlinsen daher schlecht. Nachts dürfen die Linsen nicht getragen werden, damit sich die Cornea ausreichend erholen kann. Wegen der Entzündungs- und Infektionsgefahr muss mit den Linsen sehr hygienisch umgegangen werden. Bei Reizungen, Rötungen und Sehstörungen sind die Linsen zu entfernen; ggf. ist der Augenarzt aufzusuchen.

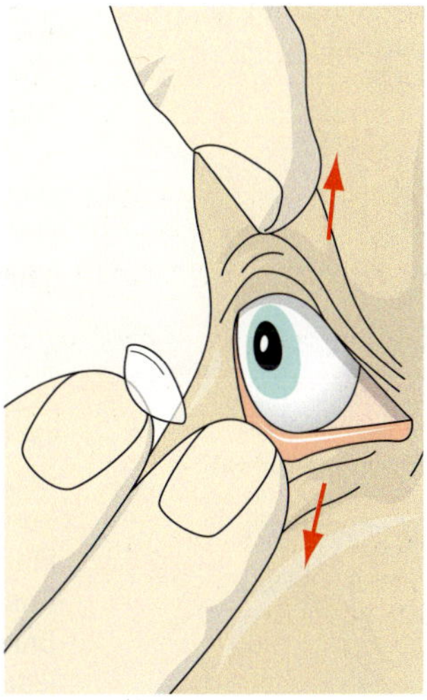

Abb. 3 Einsetzen einer Kontaktlinse

Laserbehandlung

Möchte ein Patient weder eine Brille noch Kontaktlinsen tragen, hat er die Möglichkeit, seine Cornea mit Lasertechnik zu einer passenden Linse umformen zu lassen. Am besten wird die Laserbehandlung der Linse im Alter zwischen 25 und 45 Jahren durchgeführt, weil sich in dieser Zeitspanne die Brechkraft des Auges kaum verändert. Der Eingriff erfolgt ambulant unter örtlicher Betäubung. Nach Abheben eines oberflächlichen Hornhautscheibchens wird in der mittleren Hornhautschicht operiert. Sie wird bei Weitsichtigkeit zu einer Pluslinse, bei Kurzsichtigkeit zu einer Minuslinse umgeformt. Nach Abschluss der Hornhautbearbeitung wird das zuvor abgehobene Scheibchen der Cornea-Oberflächenschicht wieder zurückgeklappt.
Am häufigsten wird die Technik **LASIK** angewandt. Dies ist die Abkürzung für **Laser-in-situ-Keratomileusis** und bedeutet, dass die Hornhaut an ihrer natürlichen Stelle, d.h. direkt am Auge, mittels Lasertechnik umgeformt wird.

4.4.5 Katarakt (grauer Star)

Definition: Der graue Star (die **Katarakt**) besteht in einer grau wirkenden **Linsentrübung**.
Pathogenese: Die Linse ist ein kompliziert aufgebautes, vielschichtiges Gebilde, das im gesunden Zustand völlig klar ist. Mit den Jahren wird die Linse durch Degeneration immer steifer und trüber; es kommt zum **Altersstar (Cataracta senilis)**. Ursache ist vor allem Sonnenlicht. Röntgenstrahlung, Diabetes mellitus, Neurodermitis und Cortisontherapie machen eine Linsentrübung wahrscheinlicher bzw. lassen sie früher auftreten. Selten, z. B. bei der Rötelnembryopathie, kommt es zur angeborenen Katarakt. Auch Verletzungen können die Linse trüb werden lassen.

Rötelnembryopathie → Bd. 2, LF 8, S.287

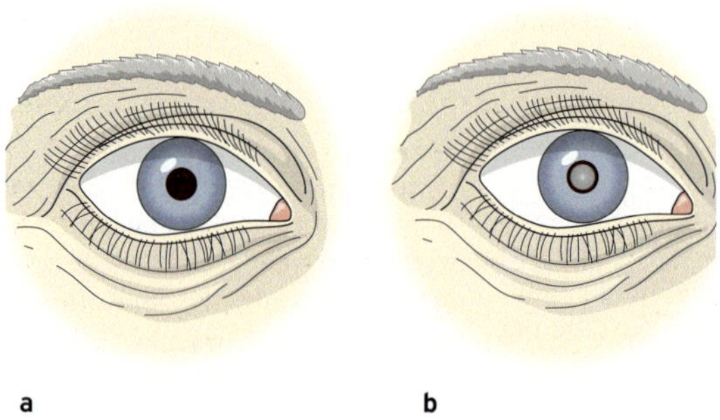

Abb. 1 a) normales Auge; b) fortgeschrittenes Stadium des Altersstars mit weißlicher, bereits von außen sichtbarer Verfärbung der Augenlinse

Symptome und Komplikationen: Der Patient sieht wie durch eine Milchglasscheibe. Das Bild wird immer unschärfer, Farben erscheinen blasser und er kann keine Details mehr erkennen. Die Linsentrübung wirkt außerdem wie eine schmutzige Windschutzscheibe am Auto: Sie zerstreut auftreffendes Licht in alle Richtungen und blendet. Daher tragen die Patienten oft Sonnenbrillen – ggf. sogar mit scheuklappenartigem Seitenschutz – selbst bei schlechtem Wetter. Dunkle Brillen, heruntergelassene Rollläden usw. lassen die Pupille größer werden, sodass der Patient an der getrübten Linsenmitte ggf. vorbeisehen kann. Oft verändert sich die Brillenstärke, da die Linse im Zuge der Degeneration auch ihre Form verändert.

Diagnostik: Der Augenarzt erkennt die Linsentrübung mit der Spaltlampe und kann sehen, ob eher der Kern oder die Kapsel der Linse betroffen ist. Die fortgeschrittene Katarakt ist ohne Hilfsmittel als weißliche Scheibe in der Pupille sichtbar.

Therapie: Die getrübte Linse wird operativ entfernt und durch eine Kunstlinse ersetzt. Es wird immer nur ein Auge operiert; zuerst das mit der schlechteren Linse. Die Operation ist risikoarm und erfolgt in der Regel ambulant und in Lokalanästhesie. Antikoagulanzien müssen im Regelfall nicht abgesetzt werden. Da die Kunstlinse nicht akkommodieren, d. h. sich durch Kontraktion des Ziliarmuskels verformen kann, ist nach dem Eingriff eine (zusätzliche) Lesebrille erforderlich. **Multifokallinsen**, d. h. Linsen mit mehreren Brennpunkten, können die Brille(n) ggf. ersetzen. Der Patient muss sich an diese Linsenart jedoch länger gewöhnen.

Nach der Operation benötigt der Patient einige Zeit Ruhe und mehrmals täglich Augentropfen. Die Anwendung der Tropfen kann vor der Operation schon mit Tränenersatzmitteln geübt werden. Das Ziel ist, dass der Patient sich selbst mit den Tropfen versorgen kann. Die veränderte Sehstärke kann postoperativ zu verstärktem Schwindelgefühl führen. Bei fast 50 % der operierten Patienten kommt es in den ersten Jahren zu einem **Nachstar**. Es bildet sich eine Zellschicht hinter der Kunstlinse, die die Sicht abermals trübt. Der Nachstar wird mit Laser oder einer erneuten Augenoperation behandelt.

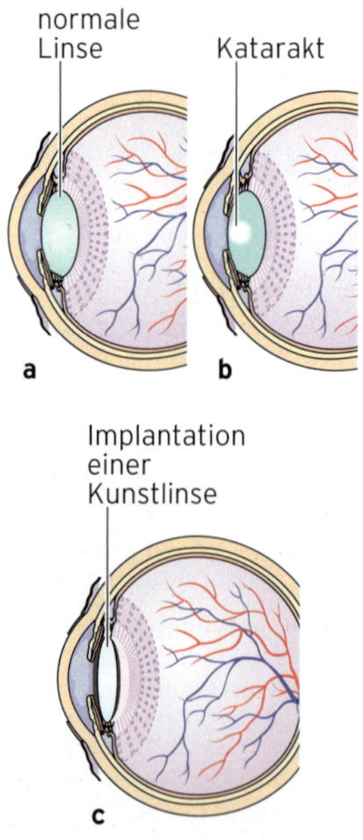

Abb. 2 a) normale Linse; b) Katarakt; c) nach operativer Entfernung der getrübten Linse und Implantation einer Kunststofflinse kann die Sehkraft wiederhergestellt werden

Früher dachte man, dass in der trüben Linse Wasser herunterfließe (Katarakt bedeutet Wasserfall). Man versuchte durch den sog. **Starstich**, die kranke Linse „herauszustechen", d. h. zu entfernen. Narkosen und wirksame Schmerzmittel waren noch unbekannt und postoperative Infektionen wegen fehlender Hygienemaßnahmen an der Tagesordnung. Wer seinen Star behandeln ließ, riskierte seine Gesundheit.

4.4.6 Glaukom (grüner Star)

Definition: Unter dem grünen Star oder Glaukom versteht man Erkrankungen, die zumeist durch erhöhten Augeninnendruck zu einer irreversiblen Schädigung des Sehnervs an seiner Austrittsstelle aus dem Augapfel führen.

Pathogenese und Symptome: Kann das Kammerwasser nicht ungehindert durch den Kammerwinkel abfließen, staut es sich und der Druck im Auge steigt an. Dies kann akut passieren, z. B. bei starker Pupillenerweiterung, die zu einer Verlegung des Kammerwinkels führt **(akutes Glaukom; Winkelblockglaukom, Glaukomanfall)**. Typische Auslöser sind Medikamente wie Spasmolytika. Der Augeninnendruck kann dabei bis zu 80 mmHg ansteigen. Der Patient leidet akut unter Kopf- und Augenschmerzen, Übelkeit und Erbrechen. Der Bulbus des betroffenen Auges fühlt sich steinhart an. Das betroffene Auge ist gerötet und die Pupille reagiert nicht auf Licht, was der Augenarzt mit der Untersuchungslampe feststellt.

Häufiger ist das **chronische Glaukom**. Es kommt aus genetischer Ursache, bei Diabetes, Rauchen und Arteriosklerose, bei engem Kammerwinkel sowie bei verschiedenen Augenkrankheiten vor. Es führt zu einer chronischen Drucksteigerung im betroffenen Auge.

Bei allen Glaukomarten wird der Sehnerv, also das Bündel aus allen Nervenfasern der Retina, gegen die knöcherne Öffnung der Orbita, durch die er ins Gehirn eintritt, gedrückt (→ Abb. 1). Außen, d. h. an der scharfen Knochenkante, liegen die Nervenfasern der äußeren Netzhautbereiche. Diese werden bei hohem Augendruck als erste geschädigt bzw. zerdrückt. Da ein leicht bis mäßig erhöhter Augendruck nicht spürbar ist, zeigen die ersten Symptome schon einen Spätschaden an: Es kommt zur **Verkleinerung des Gesichtsfeldes** (→ Abb. 2). Das Gesichtsfeld ist der Bereich der Umwelt, den ein Mensch mit unbewegten Augen einsehen kann. Der Patient übersieht z. B. bei einer Verkleinerung des Gesichtsfeldes auf die Straße laufende Kinder, weil er im äußeren Bereich seines Blickfeldes keine Nervenzellen mehr besitzt, d. h. blind ist. Mit der Zeit entwickelt sich ein sog. Tunnelblick. Später sieht der Patient nur noch wie durch ein Fernrohr. Schließlich kann der Sehnerv völlig zu Grunde gehen und der Patient gänzlich erblinden.

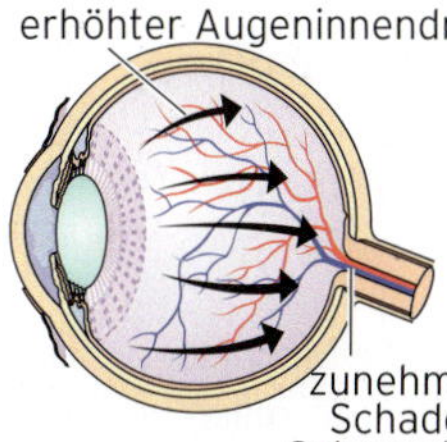

Abb. 1 Beim Glaukom kommt es auf Grund eines erhöhten Augeninnendrucks zu einer zunehmenden Schädigung des Sehnervkopfes.

Abb. 2 Das Glaukom führt unbehandelt zu einer zunehmenden Einengung des Gesichtsfeldes, sodass der Erkrankte zum Schluss nur noch einen kleinen Ausschnitt seines ursprünglichen Gesichtsfeldes wahrnehmen kann (Tunnelblick).

Komplikationen: Erblindung durch Zerstörung des Sehnervs. Diese kann sich beim Glaukomanfall akut durch die enorme Drucksteigerung ereignen. Beim chronischen Glaukom entsteht sie durch langsame Atrophie des Sehnervs im Laufe von Jahren.

Diagnostik: Messung des Augendrucks **(Tonometrie)**. Die Weite des Kammerwinkels kann der Augenarzt ebenfalls beurteilen. Mittels **Perimetrie** (Gesichtsfeldprüfung) kann eine Schädigung des Sehnervs an Gesichtsfeldeinschränkungen erkannt werden.

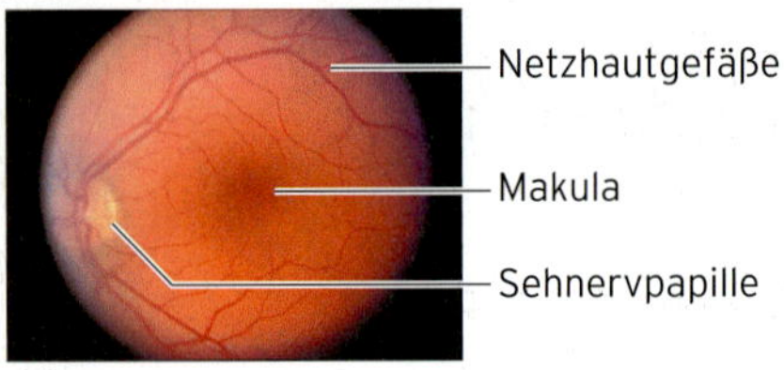

Abb. 1 Normaler Augenhintergrund

Therapie: Beim akuten Glaukom i.v.-Gabe von Medikamenten, die die Kammerwasserproduktion stoppen. Beim chronischen Glaukom gibt man vor allem Augentropfen, die die Pupille verkleinern, weil dies den Abfluss des Kammerwassers erleichtert. Die Tropfen müssen mehrmals täglich in der verordneten Menge in das oder die betroffenen Augen eingetropft werden. Eine gute Adhärenz ist wichtig, aber ähnlich wie bei der arteriellen Hypertonie spürt der Patient vor den Spätschäden keine Symptome und muss daher aus Vernunft handeln. In bestimmten Fällen kann eine Operation den Abfluss des Kammerwassers verbessern.

Prävention: Messung des Augendrucks in einem Alter, in dem das Glaukom noch unwahrscheinlich ist (ab ca. 40 Jahren), bei Arteriosklerose, Diabetes, sonstigen Augenkrankheiten, positiver Familienanamnese und bei Cortisontherapie auch früher. Konsequente Therapie der beeinflussbaren Risikofaktoren und der symptomlosen Frühstadien.

HINWEIS

Eine Cortisontherapie erhöht sowohl die Wahrscheinlichkeit einer Katarakt als auch die eines Glaukoms. Für Patienten, die regelmäßig Prednisolon oder andere Kortikoide einnehmen müssen, sind daher regelmäßige augenärztliche Kontrollen wichtig.

4.4.7 Altersbedingte Makuladegeneration (AMD)

Die Makula, der gelbe Fleck, ist die Netzhautstelle mit der größten Sinneszelldichte und somit die Stelle des schärfsten Sehens. Sie ist nur wenige Quadratmillimeter groß. Die Makula kann bei der **Fundoskopie**, der Betrachtung des Augenhintergrundes mit dem **Ophthalmoskop** (→ Bd. 1, LF 2, S. 76, Abb. 1), betrachtet werden. Für die Untersuchung werden die Pupillen durch Medikamente erweitert („weitgetropft"). Auch fotografische Darstellungen des Augenhintergrundes sind möglich (→ Abb. 1).

Definition: Die Makuladegeneration ist ein Zerfall der Makula mit Verlust der Sehzellen und damit der Sehfähigkeit in diesem wichtigsten Netzhautbereich. Es gibt die trockene (80 % der Fälle) und die feuchte Makuladegeneration (20 % der Fälle).

Ursachen und Pathogenese: Im Alter bilden sich Ablagerungen, sog. Drusen, in der Makula **(trockene AMD)** oder es wachsen Gefäße in die Makula ein, geben Flüssigkeit ab und heben die Netzhaut im Bereich der Makula ab **(feuchte AMD)**.

Risikofaktoren: Die Risikofaktoren der Arteriosklerose ähneln den Risikofaktoren der AMD: hohes Alter, Hyperlipidämie, Genetik, Rauchen und unausgewogene, vitaminarme Ernährung. Allerdings sind Frauen öfter als Männer befallen und bei Blauäugigen tritt die AMD häufiger auf. Sonnenlicht ist ebenfalls ein Risikofaktor, außerdem der Zustand nach Katarakt-OP.

Symptome und Komplikationen: Zunächst erscheinen gerade Linien in der Mitte des Blickfeldes verzerrt. Dies bemerkt der Patient im Alltag jedoch nicht. Daher ist der **Amsler-Gittertest** (→ Abb. 3) wichtig. Schließlich wird der „blinde Fleck" im Zentrum des Blickfeldes, d. h. genau dort, wohin man blickt, immer größer. Die Farberkennung und das Lesen werden mit der Zeit unmöglich. Allmählich kann es zur Erblindung kommen.

Diagnostik: Gittertest, Fundoskopie, Darstellung der Makulagefäße (Fluoreszenz-Angiografie) und andere Spezialuntersuchungen

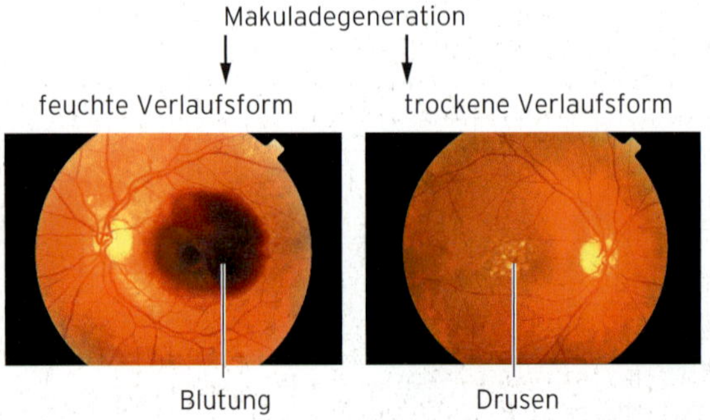

Abb. 2 Trockene und feuchte Form der Makuladegeneration: Bei der feuchten Verlaufsform wachsen Aderhautgefäße in die Makula ein und verursachen Blutungen unterhalb der Netzhautschicht. Bei der trockenen Form sieht der Augenarzt bei der Netzhautuntersuchung kleine weiße Stippchen, sog. Drusen, als erste Anzeichen der Erkrankung.

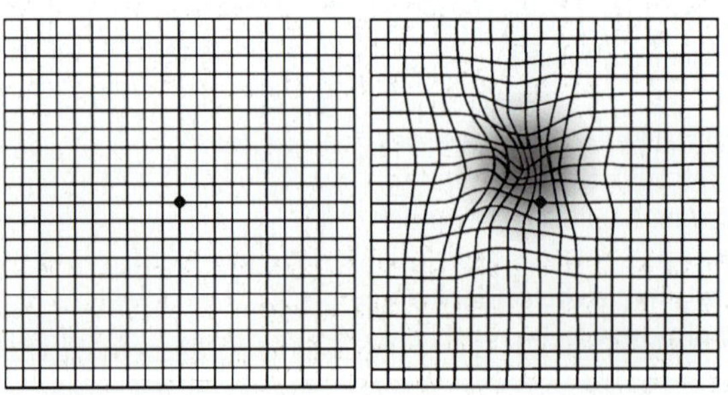

Abb. 3 a) „Amsler-Gitter" zur Erkennung von Frühstadien der Makuladegeneration. Der Patient wird aufgefordert, den schwarzen Punkt zu fixieren, und dann befragt, ob er die Linien gerade oder verzerrt wahrnimmt.
b) Wahrnehmung eines Patienten mit feuchter Makuladegeneration

Abb. 1 Bildverzerrungen bei Makuladegeneration

Abb. 2 Zentraler Sehverlust bei Makuladegeneration

Therapie: Risikofaktoren behandeln, starke Sonneneinstrahlung vermeiden. Durch Injektion eines Arzneimittels, das die Neubildung von Blutgefäßen hemmt (es kommt ursprünglich aus der Krebstherapie), kann die Neubildung von Gefäßen gebremst werden. Dies ist jedoch nur im sog. aktiven Stadium der feuchten Makuladegeneration wirksam und sinnvoll. Die Injektion erfolgt in den Glaskörper und wird mehrmals wiederholt. Das Präparat heißt Lucentis® und ähnelt chemisch dem Krebsmedikament Avastin®. Beide Medikamente hemmen die pathologische Gefäßneubildung (Angiogenese), die der feuchten AMD und Karzinomen gemeinsam ist. Es gibt weitere Therapieverfahren, die aber alle nicht heilen, sondern das Fortschreiten der AMD höchstens verlangsamen. Bei der frühen trockenen AMD werden vitaminreiche Nahrungsergänzungsmittel empfohlen.
Prävention: Siehe Risikofaktoren; eine vitaminreiche Ernährung ist ratsam.

MERKE

Beim **Glaukom** verliert der Patient seine Sehfähigkeit vom Rand des Gesichtsfeldes aus. Bei der **Makuladegeneration** fehlt der mittlere, zentrale Teil des Blickfeldes. Liegen beide Störungen vor, schreitet die Erblindung besonders schnell fort.

Diabetische Retinopathie und Fundus hypertonicus (Diabetes- und Hochdruckschäden am Augenhintergrund)

Der Augenarzt **(Ophthalmologe)** ist der einzige Arzt, der (fast) ohne Hilfsmittel Blutgefäße betrachten kann. Bei der Fundoskopie, die am besten in Mydriasis, d. h. mit erweiterten Pupillen, in einem abgedunkelten Raum erfolgt, kann er den **Fundus** (den Augenhintergrund) eingehend betrachten. Dabei beurteilt er vor allem die Makula, die Austrittsstelle des Sehnervs (die Sehnervpapille) sowie die Blutgefäße. Bei den Blutgefäßen achtet er auf die Weite, die Schlängelung, die Kreuzungsstellen, auf Wandunregelmäßigkeiten bzw. -verdickungen und das Verhältnis der Dicke der Fundusvenen zu den Fundusarterien. Der Augenarzt inspiziert den Fundus außerdem auf Blutungen, Ablagerungen, Netzhautablösungen und Tumorsymptome usw.

Bei Diabetes mellitus und Hypertonie – beides Krankheiten mit erhöhtem Arterioskleroserisiko – kann der Augenarzt die Gefäßschädigung früh erkennen. Die Veränderungen des Augenhintergrundes durch Bluthochdruck **(Fundus hypertonicus; Retinopathia hypertonica)** und die diabetische Retinopathie werden in Schweregrade eingeteilt. In manchen Fällen kann eine Lasertherapie angewandt werden, um kranke Gefäße zu therapieren. Dies wirkt aber nur lokal und bessert die gefäßschädigende Grunderkrankung nicht. Jede erkennbare Netzhautschädigung sollte Anlass geben, die Therapie zu intensivieren bzw. möglichst alle Risikofaktoren zu senken.

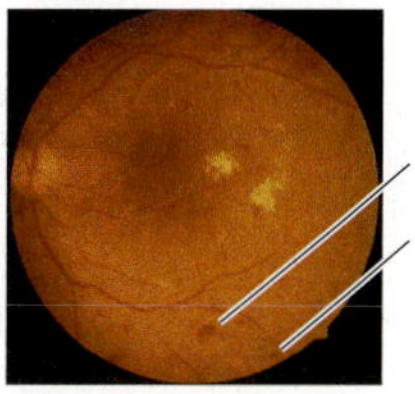

Abb. 3 Mäßige diabetische Retinopathie mit Einblutungen und Gefäßaussackungen (Mikroaneurysmen)

Die **Konjunktivitis** (Bindehautentzündung) betrifft jeden Menschen gelegentlich. Die Ursachen sind Trockenheit, Staub, seltener Lidschlag bei Bildschirmarbeit, Sonneneinstrahlung, Pollenallergien, bakterielle und virale Infektionen. Gefürchtet ist die hochinfektiöse **Conjunctivitis epidemica**, die auch die Hornhaut befallen und schädigen kann. Bei jeder Konjunktivitis sollte das Berühren der Augen aus Hygienegründen vermieden werden und eine konsequente Händehygiene erfolgen. Auch verordnete Augentropfen sollten das Auge und die Wimpern nicht berühren, um die Lösung nicht zu kontaminieren.

Terminologie: Auge

Adaptation	Hell-Dunkel-Anpassung des Auges
Akkommodation	Anpassung des Auges auf Nah- und Entfernungssehen
altersbedingte Makuladegeneration (AMD)	degenerative Netzhauterkrankung im Bereich der Makula, die als trockene oder feuchte Verlaufsform vorkommt
Amsler-Gitter	Testbild zur Früherkennung der Makuladegeneration
Bulbus	Augapfel
Cataracta senilis	(grauer) Altersstar; Alterskatarakt
Chorioidea	Aderhaut (sprich korio-ídea)
Conjunctivitis epidemica	hochansteckende virale Bindehautentzündung
Cornea (Kornea)	Hornhaut des Auges
Drusen (Ez. **Druse**)	charakteristische Netzhauteinlagerungen bei trockener AMD
Fundoskopie	Betrachtung des Augenhintergrundes durch den Augenarzt
Fundus	bzgl. des Auges: Augenhintergrund
Fundus hypertonicus (Syn. **Retinopathia hypertonica**)	pathologische Augenhintergrundveränderungen durch arterielle Hypertonie
Gesichtsfeld	Teil der Umwelt, den der Patient mit unbewegten Augen, d. h. beim Blick nach vorn, einsehen kann
Glaukom, das	grüner Star (Schädigung des Sehnervs zumeist durch erhöhten Augeninnendruck); 1. Glaukomanfall, 2. chronisches Glaukom
Glaukomanfall (akutes Glaukom)	ausgeprägter Druckanstieg im Auge mit akuter Gefährdung des Nervus opticus (Notfall)
Hyperopie	Weitsichtigkeit
Iris	Regenbogenhaut des Auges
isokor (Subst. **Isokorie**)	bzgl. Pupillen: gleich weit
Katarakt (Cataract), die	Linsentrübung; grauer Star
Keratitis	Hornhautentzündung
Konjunktiva (Conjunctiva)	Bindehaut des Auges
Konjunktivitis	Bindehautentzündung

Konkavlinse	Zerstreuungslinse zur Korrektur der Myopie (Minus-Linse)
Konvexlinse	Sammellinse zur Korrektur der Hyperopie (Plus-Linse)
LASIK (Laser-in-situ-Keratomileusis)	Lasertherapie, bei der die mittlere Hornhautschicht direkt am Auge zu einer passenden Korrekturlinse umgeformt wird (sprich kérato-miléu-sis)
Makula (Mz. **Makulae**; Kw. für **Macula lutea**)	gelber Fleck; Stelle schärfsten Sehens der Netzhaut
Miosis	Engstellung der Pupille (sprich miósis)
Multifokallinse	Brillenglas mit mehreren Brennpunkten, d. h. zum Sehen in verschiedenen Entfernungen
Mydriasis	Weitstellung der Pupille (sprich müdríasis)
Myopie	Kurzsichtigkeit
Nachstar	Bildung einer undurchsichtigen Zellmembran an der Kunstlinse nach Katarakt-Operation
Nervus opticus	Sehnerv
Ophthalmologe	Augenarzt
Ophthalmoskop	Augenspiegel; Gerät zur Betrachtung des Augenhintergrundes
Orbita	Augenhöhle
Perimetrie	Gesichtsfeldprüfung
Retina	Netzhaut des Auges
Sehnervpapille	Austrittsstelle des Sehnervs aus der Orbita (ins ZNS)
Sklera	Lederhaut des Auges
Tonometrie	Messung des Augeninnendrucks
Ziliarkörper	Linsen-Halteapparat mit Ziliarmuskel
Ziliarmuskel	Ringmuskel, der die Krümmung der Linse verändert
Zonulafasern	strahlenförmige Fasern, die Ziliarkörper und Linse verbinden

AUFGABEN

1 Welche Schichten bedecken den Augapfel? Nennen Sie deutsche und Fachbegriffe.

2 Welche Aufgabe erfüllt der Ziliarmuskel?

3 Erklären Sie, wie die Adaptation vor sich geht.

4 Welche Erkrankungen werden grauer und grüner Star genannt?

5 Erläutern Sie die beiden Erkrankungen.

5 Der Weg zum Mahnverfahren

5.1 Ausstellen von Liquidationen

Ein Arzt rechnet grundsätzlich nur Leistungen ab, die medizinisch notwendig sind. Dies gilt für Versicherte der gesetzlichen Krankenversicherungen (GKV) sowie für Privatpatienten. Verlangt ein Patient eine über das Maß des Notwendigen hinausgehende Behandlung oder ein nicht anerkanntes medizinisches Verfahren, wird eine schriftliche Vereinbarung mit dem Patienten geschlossen. Folgende Leistungen werden in der Liquidation als solche kenntlich gemacht:

- zulässige Leistungen auf Wunsch des Patienten, die medizinisch nicht indiziert sind
- von der Leistungspflicht der GKV nicht genannte Leistungen, z. B. IGeL (Individuelle Gesundheitsleistungen)
- Leistungen der GKV, die der Patient aber ausdrücklich als Privatpatient wünscht

Die Abrechnung erfolgt allein über die GOÄ.

Bei der Formulierung von Individuellen Gesundheitsleistungen ist das Fachgebiet des Arztes zu beachten. In geringem Maße können auch „fachfremde" Leistungen erbracht werden. Ansonsten liegt ein Verstoß gegen das Kammerrecht vor.

Privatpatienten müssen in jedem Fall ihre Rechnungen selbst bezahlen bzw. vorfinanzieren und sich diese dann gegebenenfalls von ihrer Versicherung erstatten lassen.

Zahlungsmoral der Patienten ist erschreckend schlecht

Bei der Abrechnung von Selbstzahlerleistungen sind Ärzte unsicher, halbherzig und zum Teil irrational inkonsequent: Dieses Urteil fällen die Autoren der Studie „Ärzte im Zukunftsmarkt Gesundheit", die jährlich im Auftrag der Hamburger Stiftung Gesundheit durchgeführt wird. 48,6 % der befragten Ärzte berichten, dass Zahlungsausfälle bei 1-5 % aller Privatversicherten und Selbstzahler vorkommen. Weitere 10,5 % vermelden Zahlungsausfälle sogar bei mehr als 5 % dieser Patienten. Nur 7 % der Ärzte berichten, dass Zahlungsausfälle abnehmen, 30 % dagegen beobachten eine steigende Tendenz. Zur schlechten Zahlungsmoral trägt wohl auch bei, dass immer noch viele Ärzte bei individuellen Gesundheitsleistungen (IGeL) auf schriftliche Vereinbarungen verzichten. Dies bestätigt auch die IGeL-Studie des Wissenschaftlichen Instituts der Ortskrankenkassen (WIdO). Sie ergab, dass 2010 in 54,4 % aller Fälle IGeL ohne schriftliche Vereinbarung und zu 14,5 % ohne Rechnungsstellung erbracht worden sind. „Eine fehlende schriftliche Regelung ist keine gute Grundlage für eine saubere rechtliche Abwicklung", geben die Studienautoren zu bedenken. Selbstzahler tragen durchschnittlich 6 % zum Praxisumsatz bei.

Quelle: HNO-Nachrichten 2012; 42(3)

Gemäß § 12 Abs. 1 Gebührenordnung für Ärzte (GOÄ) wird die Privatliquidation fällig, wenn dem Patienten eine Rechnung gestellt worden ist. Der Erstattungsanspruch des Patienten gegenüber seiner Krankenkasse hat darauf keinen Einfluss. Der Behandlungsvertrag besteht allein zwischen Arzt und Patient.

Bei Nichtzahlung tritt gemäß § 286 Abs. 3 des Bürgerlichen Gesetzbuches (BGB) der Zahlungsverzug automatisch 30 Tage nach Fälligkeit und Zugang der Rechnung ein. Es muss in diesem Fall nicht gemahnt werden. Wichtig ist aber, dass der Patient darauf hingewiesen wurde, da er Verbraucher im Sinne des § 13 BGB ist. Es sollte daher folgender Hinweis auf der Rechnung stehen: „Bei Nichtzahlung innerhalb von 30 Tagen nach Zugang der Rechnung tritt Verzug gem. § 286 Abs. 3 BGB ein."

5.2 Außergerichtliches (kaufmännisches) Mahnverfahren

Alle Möglichkeiten, die der Arztpraxis offenstehen, eine Zahlung vom Patienten außergerichtlich zu erwirken, werden als kaufmännisches Mahnverfahren bezeichnet. Wird die Zahlungsüberwachung der Forderungen von der Arztpraxis durchgeführt (Alternative: z. B. Inkassobüro), muss auch das Mahnverfahren von der Praxis vorgenommen werden. Es gibt keine festen Regeln für das kaufmännische Mahnverfahren. Die folgenden Vorgehensweisen werden häufig in Arztpraxen angewendet.

5.2.1 Erinnerung

Generell ist der Arzt in der Beweispflicht, ob die Rechnung dem Patienten auch zugegangen ist. Dies wäre nur in Form eines Einschreibens oder durch persönliche Übergabe mit Zeugen möglich. In der Praxis ist dies aber nicht praktikabel, und der Aufwand wäre viel zu hoch.
Trotzdem besteht die Möglichkeit, dass der Patient die Rechnung nicht erhalten hat. Deshalb sollte der erste Schritt immer eine Zahlungserinnerung bzw. das Zusenden einer Liquidationskopie oder eines humorvollen Briefes sein (→ Abb. 1).

Aber auch ein Telefonat oder eine SMS bzw. eine E-Mail können helfen. Das Arzt-Patient-Verhältnis ist ein Vertrauensverhältnis. Nach einem persönlichen Telefonat durch eine MFA oder den Arzt bezahlen die meisten Patienten schnell. Bereiten Sie sich auf das Gespräch gut vor. Sie sollten anhand der Patientenkartei in Erfahrung bringen, ob der Patient wiederholt nicht bezahlt hat und ob er bereits öfters angemahnt werden musste. Sie sollten auch klären, ob der Patient die Rechnung überhaupt erhalten hat.

Sprechen Sie immer direkt mit dem Patienten, ohne dass andere Personen zuhören können (Schweigepflicht). Lassen Sie sich nicht vertrösten. Versuchen Sie einen direkten Zahlungstermin, z. B. bis zum Ende des Monats, zu vereinbaren. Generell ist bei solchen Gesprächen viel Einfühlungsvermögen in die Situation des Patienten gefragt.

Sehr geehrter Herr ...,

leider konnten wir bis heute keinen Zahlungseingang auf unserem Konto für die Liquidation vom ... verbuchen. Wahrscheinlich haben Sie nur vergessen, die Rechnung zu begleichen.

Bitte überweisen Sie den fälligen Betrag bis ... auf unser Konto.

Mit bestem Gruß

Praxisteam Dr. Gothein

Abb.1 Zahlungserinnerung

5.2.2 Erste Mahnung

BGB-Regelung (Nicht-Rechtzeitig-Lieferung) → Bd. 2, LF 6, S.144

Hat der Patient trotz Erinnerung immer noch nicht bezahlt, wird die erste Mahnung eingeleitet. Ist für die Bezahlung in der Liquidation kein Datum genannt und steht auf der Liquidation kein Vermerk mit Hinweis auf die BGB-Regelung, sollte mit der ersten Mahnung ein Zahlungstermin gesetzt werden, um den Patienten wirksam in Verzug zu setzen.
Auf der ersten Mahnung sollte die Formulierung „erste Mahnung" nicht erscheinen, denn dies erweckt den Eindruck, dass weitere Mahnungen erfolgen.

5.2.3 Zweite Mahnung

Reagiert der Patient auf die erste Mahnung nicht, ist der Zahlungsverzug eingetreten. Es können Verzugszinsen berechnet werden (5 % über dem Basiszinssatz). Ein Hinweis im Text der zweiten Mahnung auf die Vormahnung sollte nicht fehlen. Kosten für Mahnschreiben können zusätzlich verlangt werden (ca. 5,00 €). Eventuell kann eine Teilzahlung angeboten werden.

5.2.4 Dritte und letzte Mahnung

Der Patient will oder kann offensichtlich nicht zahlen. Es sollte eine letzte Frist gesetzt werden. Sämtliche Kosten werden aufgeführt und es wird um Begleichung gebeten. Das gerichtliche Mahnverfahren oder die Klage sollte angedroht werden.
Immer wieder werden besondere Verfahren zum Eintreiben von Forderungen praktiziert.
Zum Beispiel verkleidet ein Inkassounternehmen Mitarbeiter als rosarote Panther und lässt sie den Schuldner den ganzen Tag über verfolgen.
Der rosarote Panther trägt einen Aktenkoffer mit großer Aufschrift des Inkassounternehmens mit sich. Von Gerichten wurde diese Art des „außergerichtlichen Mahnverfahrens" für legal erklärt.

AUFGABEN

1 Sie sollen eine Erinnerung für Ihre Praxis als Textbaustein entwerfen.
- **a** Versuchen Sie eine witzige Erinnerung zu entwerfen, die dennoch das „Ziel" erreichen könnte.
- **b** Schreiben Sie eine weitere Erinnerung als Textbaustein, die Sie in der Praxis für „ernste Patienten" verwenden können.
- **c** Was ist das Ziel einer Erinnerung?

2 Entwerfen Sie ein Ablaufschema, Flow-Chart oder Checkliste für das Vorgehen beim kaufmännischen Mahnverfahren in Ihrer Praxis.

6 Gerichtliches Mahnverfahren

Hat der Patient nach dem Praxismahnverfahren (kaufmännisches Mahnverfahren) nicht bezahlt, kann die Arztpraxis das gerichtliche Verfahren einleiten. Hierzu benötigt die Praxis keinen Rechtsanwalt. Die Praxis kann das gerichtliche Verfahren auch ohne das Praxismahnverfahren einleiten, wenn auf der Rechnung ein Zahlungsdatum genannt bzw. der Hinweis auf die BGB-Regelung zum Zahlungsverzug gegeben ist.

Für das gerichtliche Mahnverfahren sind folgende Schritte erforderlich:

6.1 Antrag auf Erlass eines Mahnbescheids

Zunächst muss die Praxis einen Antrag auf Erlass eines Mahnbescheids ausfüllen und an das zuständige Amtsgericht (z. B. in Baden-Württemberg das Amtsgericht Stuttgart, in Nordrhein-Westfalen die Amtsgerichte Hagen oder Euskirchen, in Bayern das Amtsgericht Coburg) schicken. Der Antrag ist im Schreibwarenhandel erhältlich bzw. in Verwaltungsprogrammen enthalten (→ Abb. 1).

Der Antrag muss enthalten:
- Antragsteller (Gläubiger)
- Antragsgegner (Schuldner)
- Anspruch (nach einem Katalog: 2 = ärztliche Rechnung,
  11 = Kaufvertrag,
  19 = Miete usw.)
- Anspruchsbetrag
- Zinsen (ab Eintritt des Verzugs)
- Auslagen (Vordruck, Mahnschreiben usw.)
- Gerichtsstand bei Widerspruch (Wohnsitz des Beklagten)
- Antrag auf Erlass (muss auf der letzten Seite unterschrieben werden)

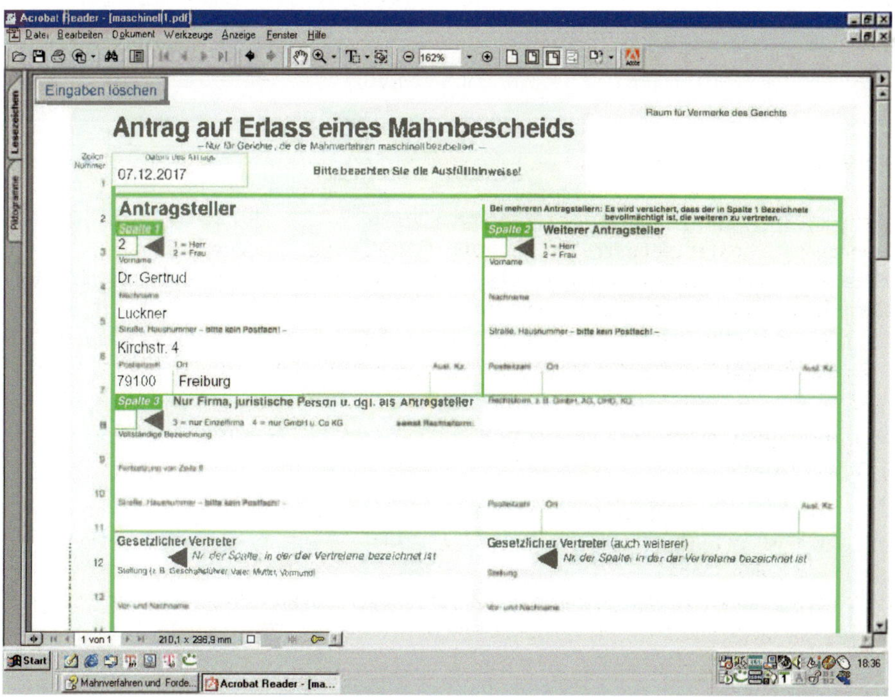

Abb.1 Antrag auf Erlass eines Mahnbescheids.

6.2 Einsendung an das Amtsgericht

Das Amtsgericht überprüft die formale Richtigkeit und sendet eine Rechnung an den Gläubiger (Arzt), der Schuldner (Patient) erhält den Mahnbescheid durch Postzustellungsurkunde zugestellt.

Der Schuldner kann ...

- innerhalb von 14 Tagen Widerspruch erheben. Es erfolgt eine Gerichtsverhandlung vor dem Amtsgericht.
- nicht reagieren.
  → **Frühestens nach zwei Wochen kann der Gläubiger einen Antrag auf Vollstreckung stellen (Vollstreckungsbescheid).**
- alle geforderten Beträge bezahlen.

Mehr zum Mahnverfahren auf www.mahnung-online.de

Kostenberechnung
Alle folgenden Kosten sind vom Patienten zu bezahlen. Diese Kosten werden ihm auf dem gerichtlichen Mahn- und Vollstreckungsbescheid automatisch zugestellt.

Kosten bei einem Gesamtwert der Forderung(en) von 1500 €			
		Mahnbescheid	**Vollstreckung**
1	Gerichtsgebühren (§ 11, Nr. 1100 GKG)	32,50 €	-
2	Rechtsanwaltsgebühren (Nr. 3305, Nr. 3308 VV-RVG)	105,00 €	52,50 €
3	Auslagen des Rechtsanwalts (Nr. 7002 VV-RVG)	20,00 €	0 €
4	MwSt. von Nr. 2 und 3	23,75 €	9,98 €
	Summe (brutto)	**181,25 €**	**62,48 €**

Ist der Patient zahlungsunfähig oder die Liquidation des Arztes unberechtigt, müssen die Kosten jedoch vom Arzt selbst getragen werden.

AUFGABEN

1 Mit welchem Schritt beginnt das gerichtliche Mahnverfahren?

2 Ihnen wird ein gerichtlicher Mahnbescheid über 1200,00 € zugesandt, wobei offensichtlich dem Antragsteller ein Fehler unterlaufen ist.
Wie verhalten Sie sich?

3 Weshalb führen viele Praxen ein außergerichtliches Mahnverfahren durch?

6.3 Zusendung des Vollstreckungsbescheids durch das Amtsgericht an den Schuldner

Der Schuldner kann ...

- innerhalb von 14 Tagen Widerspruch erheben.
  Es erfolgt eine Gerichtsverhandlung vor dem Amtsgericht.
- nicht reagieren.
- alle bisher angefallenen Beträge bezahlen.

Frühestens nach 14 Tagen, spätestens nach sechs Monaten kann der Gläubiger einen Gerichtsvollzieher mit der Pfändung beauftragen.

Pfändung erfolgreich
Alle Gegenstände, die der Schuldner zum täglichen Leben und zur Berufsausübung benötigt, dürfen nicht gepfändet werden.
Austauschpfändung
Alternativ kann ein hochwertiger Gebrauchsgegenstand vom Gerichtsvollzieher gegen einen geringwertigen ersetzt werden (z. B. Pelzmantel gegen warmen Wintermantel).
Gegenstände werden mit einem Pfandsiegel („Kuckuck") versehen (an nicht unmittelbar sichtbarer Stelle!) und später abgeholt.
Die Gegenstände werden vom Gerichtsvollzieher versteigert. Anschließend wird mit dem Schuldner abgerechnet.
Auch der Arbeitslohn kann innerhalb gesetzlicher Grenzen gepfändet werden.

Pfändung erfolglos
Kann bei dem Schuldner keine Pfändung durchgeführt werden, weil
- er nichts besitzt,
- er nicht mehr besitzt als zum Leben notwendig,
- alle Gegenstände unter Eigentumsvorbehalt stehen,

dann kann der Gläubiger beantragen, dass der Schuldner eine
eidesstattliche Versicherung
abgibt.
Dies ist ein Vermögensverzeichnis des Schuldners, in dem er wahrheitsgemäß (anstatt eines Eides) seine Vermögensgegenstände nennen muss.
Weigert sich der Schuldner zur Abgabe, kann er zur Erzwingung der Abgabe verhaftet werden (Beugehaft).

Kann man bei einem Schuldner nichts pfänden, kann der Gläubiger kaum noch etwas machen. Auch die Kosten des Verfahrens muss der Gläubiger für den Schuldner zunächst tragen.

Es besteht daher die Möglichkeit, sich vor „faulen Kunden" zu schützen. Jeder, der ein berechtigtes Interesse nachweist (z. B. Arztpraxis), kann die Schuldnerliste einsehen. Die Schuldnerliste wird beim Amtsgericht geführt. Hier sind alle Schuldner aufgeführt, die eine eidesstattliche Versicherung abgegeben haben, verhaftet wurden (Beugehaft) oder insolvent geworden sind.

AUFGABEN

1 Nennen Sie Gegenstände des Schuldners, die nicht gepfändet werden können.

2 Nennen Sie ein Beispiel für eine „Austauschpfändung".

3 Was versteht man unter der Schuldnerliste und welche Bedeutung hat sie?

6.4 Klageverfahren (Zivilprozess)

Zu einem Klageverfahren kommt es, wenn
- der Patient Widerspruch gegen den Mahnbescheid erhebt,
- der Patient Widerspruch gegen den Vollstreckungsbescheid (wird von Amts wegen durchgeführt) erhebt,
- die Arztpraxis Klage gegen den Patienten erhebt.

Örtlich zuständig ist das Gericht, in dessen Bezirk der Patient (Beklagter) wohnt.
Sachliche Zuständigkeit richtet sich nach dem Streitwert, der zunächst festgelegt werden muss (z. B. die Geldforderung):

bis 5000,00 € Streitwert	→	Amtsgericht (kein Anwaltszwang)
über 5000,00 € Streitwert	→	Landgericht (Anwaltszwang)

Ablauf des Klageverfahrens

Arzt (Gläubiger) reicht Klageschrift beim zuständigen Gericht ein.
Gericht prüft den Antrag und stellt ihn dem Beklagten (Patient = Schuldner) zu mit der Bitte um Gegenantrag.

↓

Termin zur mündlichen Verhandlung wird bestimmt.

↓

In der mündlichen Verhandlung werden die Standpunkte geklärt.
Beide Parteien haben die Möglichkeit, ihre Behauptungen unter Beweis zu stellen (Zeugenaussagen, Schriftstücke, Gutachten usw.).

Verfahren endet durch:
- Vergleich (die Parteien einigen sich)
- Rücknahme der Klage (z. B. Arztpraxis erkennt, dass eine Klage keinen Erfolg haben wird, die Rücknahme kann u. U. billiger sein als weiterzuklagen)
- Versäumnisurteil (die Partei, die nicht zum Prozess erscheint, unterliegt, dies kann u. U. billiger sein als zu erscheinen)
- Urteil (das Gericht spricht ein Urteil im Namen des Volkes aus)

Wird ein Urteil oder ein Vergleich **rechtskräftig**, d. h., man kann keine Rechtsmittel mehr dagegen ergreifen, wird es bzw. er für vollstreckbar erklärt. Mit dem vollstreckbaren Titel kann gepfändet werden.

Rechtsmittel

Gegen Urteile kann jede Partei beim nächsthöheren Gericht Berufung einlegen (Amtsgericht – Landgericht, Landgericht – Oberlandesgericht). In der Berufungsverhandlung wird der gesamte Fall noch einmal verhandelt (Anwaltszwang).

Gegen Urteile des Oberlandesgerichts kann beim Bundesgerichtshof (BGH in Karlsruhe) Revision eingelegt werden. Hier wird der Fall jedoch nur noch unter formaljuristischen Aspekten überprüft.
Gegen Urteile des BGH kann das Bundesverfassungsgericht angerufen werden.

AUFGABE

Die Praxis hat ihren Sitz in Chemnitz, der Patient wohnt in Leipzig. Es geht um eine Liquidation in Höhe von 2000,00 €. Der Patient weigert sich zu zahlen. An welchem Gericht muss die Praxis klagen?

7 Verjährung

Wird das Recht, von einem anderen ein Tun oder Unterlassen zu verlangen (Anspruch), über lange Zeit nicht wahrgenommen, wird dieser Anspruch vom Gesetz nicht mehr geschützt. Das hängt damit zusammen, dass man sich in der Regel an lange zurückliegende Dinge nur schwer erinnern kann.

Dennoch bedeutet das oben Beschriebene nicht, dass die Ansprüche nicht mehr bestehen. Es ist lediglich die Möglichkeit genommen, einen Anspruch gesetzlich durchzusetzen („Der Schuldner hat die Einrede der Verjährung", lautet die juristische Formulierung hierfür). Im praktischen Ablauf bedeutet dies: Bezahlt ein Patient nach Ablauf einer Verjährungsfrist, weil er sich dazu moralisch verpflichtet sieht oder nicht weiß, dass bereits Verjährung eingetreten ist, kann diese Zahlung vom Patienten nicht mehr zurückverlangt werden.
Fast alle Ansprüche unterliegen der Verjährung. Ausnahmen sind beispielsweise Mord und Völkermord, diese Verbrechen verjähren nie. Andere Straftaten unterliegen der Verjährung.

7.1 Regelmäßige Verjährungsfrist

Die regelmäßige Verjährungsfrist beträgt drei Jahre. Darunter fällt ein Großteil der in der Wirtschaft vorkommenden Geldansprüche. Die Verjährungsfrist beginnt erst am Ende des Jahres, in dem der Anspruch und die Fälligkeit entstanden sind.

Würde es diese Regelung nicht geben, müsste die Arztpraxis täglich ihre Forderungen auf Verjährung hin überprüfen. So genügt es einmal im Jahr, meist Ende November, die Geldforderungen daraufhin zu überprüfen, ob sie nicht am 31.12. verjähren.

BEISPIEL

Am 05.05.2016 musste die Praxis Dr. Kohler beim Großhändler die Rechnung über gelieferte Waren bezahlen.

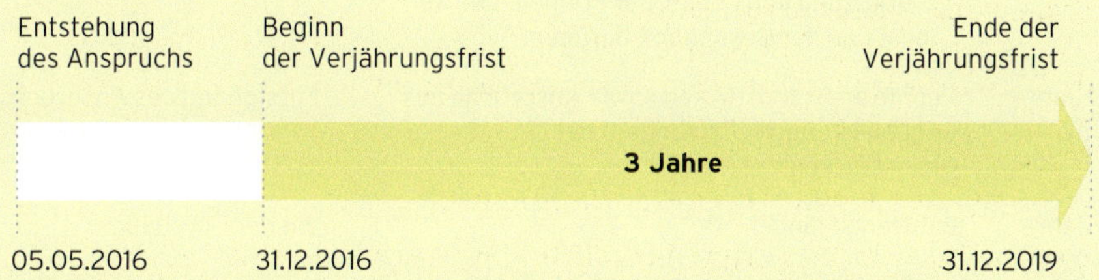

BEISPIEL

Am 19.07.2016 schicken Sie einem Patienten eine Liquidation.

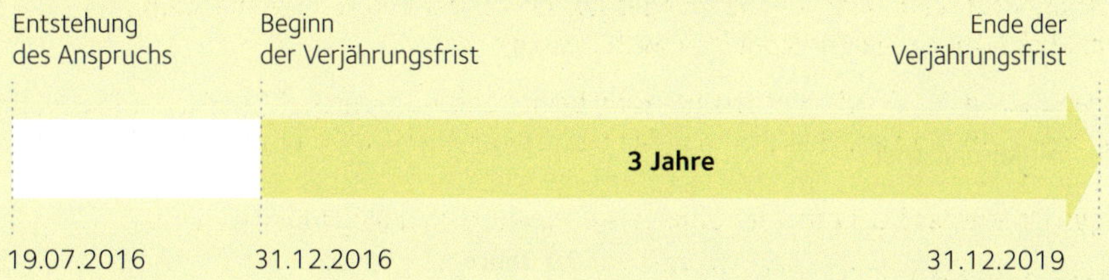

Der Beginn der Verjährungsfrist hängt auch von der Art der Ansprüche ab. Bei Ansprüchen aus unerlaubten Handlungen (z. B. Körperverletzung, Sachbeschädigung) beginnt die Verjährung am Ende des Jahres, in dem der Geschädigte Schaden und Schädiger kennt.

BEISPIEL

In einer Disco wird jemand bei einer Schlägerei (unbeteiligt) verletzt. Der Schläger flüchtet. Die dreijährige Verjährungsfrist beginnt erst, wenn der flüchtige Schläger entdeckt worden oder bekannt geworden ist.

Frist	Ansprüche	Beginn
30 Jahre	– Herausgabeansprüche aus Eigentum – Ansprüche aus rechtskräftigen Urteilen und Vollstreckungsbescheiden – familien- und erbrechtliche Ansprüche – Schadensersatzansprüche, die auf der Verletzung von Leben, der Freiheit, des Körpers und der Gesundheit beruhen	mit dem Tag, an dem der Anspruch entsteht bzw. mit Rechtskraft der Entscheidung
10 Jahre	Rechte an Grundstücken sowie Ansprüche aus Gegenleistungen (Zahlungen) bei Grundstücken	Entstehung des Anspruchs
5 Jahre	Bauwerksmängel	mit der Übergabe
2 Jahre	kaufvertragliche Verjährungsfrist für Mängel	mit der Übergabe der Ware

BEISPIEL

Am 13.04.2017 wird ein Patient verurteilt, an die Praxis 3400,00 € aus der Liquidation zu bezahlen (Anspruch aus rechtskräftigem Urteil).

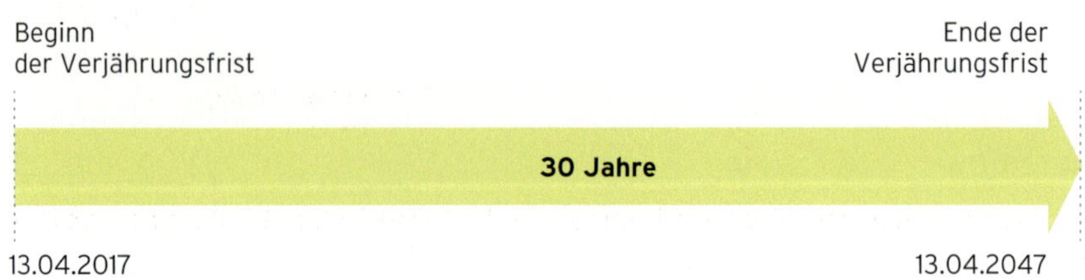

Die außergerichtlichen Praxismahnungen haben keine Auswirkungen auf die Verjährungsfrist.

7.2 Neubeginn der Verjährung

Hat die Arztpraxis nun im November gemerkt, dass eine Verjährung eintreten könnte, muss es für sie eine Möglichkeit geben, die Verjährung aufzuhalten.

Der Neubeginn der Verjährung kann auf Veranlassung des Schuldners oder auf Veranlassung des Gläubigers geschehen. Dies tritt ein,
wenn der Schuldner
- die Schuld anerkennt durch eine Schuldanerkenntnis,
- durch eine Tätigkeit anerkennt, dass die Schuld besteht (Teilzahlung, Bitte um Stundung o. Ä.)

oder

wenn der Gläubiger
- eine gerichtliche oder behördliche Vollstreckungshandlung beantragt oder durchführen lässt.

Der Neubeginn der Verjährung bewirkt, dass die Verjährungsfrist von vorne zu laufen beginnt.

BEISPIEL

Sie haben einem Patienten am 10.10.2016 eine Rechnung über 500,00 € zugesandt. Am 15.11.2016 und am 15.01.2017 wird er zur Zahlung aufgefordert. Am 15.03.2017 leistet er eine Teilzahlung in Höhe von 200,00 €, nachdem er am 15.02.2017 eine letzte Mahnung mit Androhung des Mahnbescheids erhalten hatte. Am 20.04.2017 bittet er um weitere Stundung und zahlt 50,00 €. Die Bestimmung zur regelmäßigen dreijährigen Verjährungsfrist muss angewendet werden.

Die bereits abgelaufenen Verjährungsfristen (31.12.2019 und 15.03.2020) werden nicht beachtet.

7.3 Hemmung

Die Hemmung der Verjährungsfrist bewirkt, dass der Zeitraum, während dessen die Verjährung gehemmt ist, nicht in die Frist eingerechnet wird.
Die Verjährung kann z. B. durch folgende Ereignisse gehemmt werden:

- ein Gutachterverfahren bei der Ärztekammer
- Arztpraxis ist durch höhere Gewalt an der Rechtsverfolgung gehindert (z. B. Praxisbrand)
- Klageerhebung (oder Anmeldung des Anspruchs im Insolvenzverfahren)
- Erlass des Vollstreckungsurteils
- Antrag auf Zustellung des gerichtlichen Mahnbescheids
- Patient kann die Zahlung aus einem berechtigten Grund verweigern
- Stundungsvereinbarung oder Verhandlung zwischen Praxis und Patient

BEISPIEL

Am 15.10.2016 erhält eine Patientin eine Rechnung Ihrer Praxis in Höhe von 400,00 €, die sie selbst zahlen muss. Am 15.12.2016 und am 15.01.2017 wird sie angemahnt. Am 15.03.2017 wendet sich die Patientin an die Schlichtungsstelle bei der Ärztekammer, um klären zu lassen, ob die Forderung gerechtfertigt ist. Der Ausschuss entscheidet am 30.06.2017, dass die Liquidation rechtmäßig ist. Es kommt die regelmäßige dreijährige Verjährungsfrist zur Anwendung. Die Zeit vom 15.03.2017 bis zum 30.06.2017 darf nicht in die Verjährungsfrist eingerechnet werden (Hemmung).

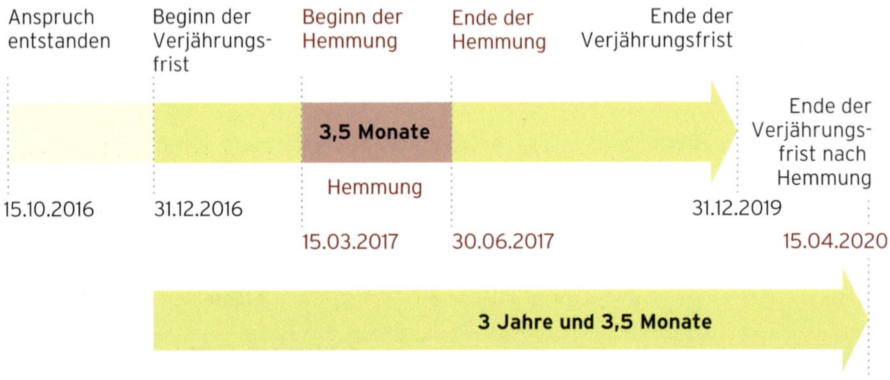

Eine Besonderheit stellt die Stundungsvereinbarung zwischen Praxis und Patient dar. Die Stundung ist gleichzeitig auch ein Schuldanerkenntnis. Das bedeutet, hier kommen Unterbrechung und Hemmung zusammen. Die Unterbrechung geht der Hemmung immer vor. Für den obigen Fall heißt das: Nehmen Sie an, dass die Patientin am 15.03.2017 mit der Praxis vereinbart, dass sie die Rechnung erst am 30.06.2017 bezahlen muss (Stundung vom 15.03.–30.06.2017 entspricht Hemmung). Da die Unterbrechung vorgeht, beginnt die gesamte Verjährungsfrist am Ende der Hemmung von Neuem:

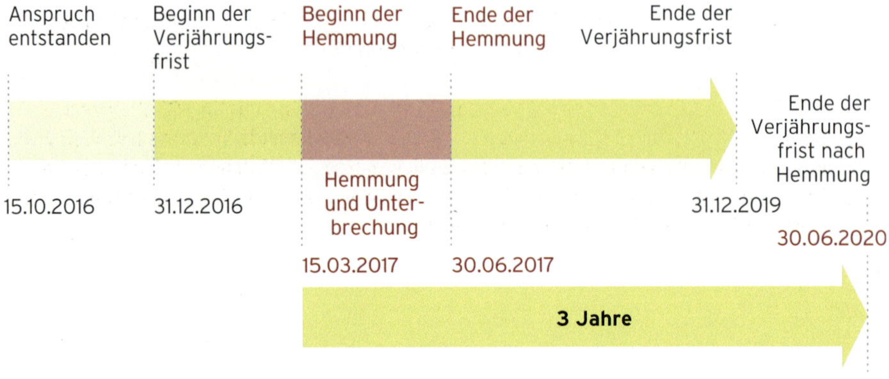

AUFGABEN

1 Kann die Arztpraxis sofort das gerichtliche Mahnverfahren gegen einen Patienten einleiten, wenn dieser die Behandlung nicht unmittelbar bar bezahlt?

2 Weshalb sollten dem gerichtlichen Verfahren mindestens ein bis drei Mahnschreiben der Praxis vorausgehen?

3 Ihr Chef hat sich über ein Großlabor sehr geärgert und möchte nicht mehr mit diesem zusammenarbeiten. Kürzlich erhielt Ihre Ausbildungspraxis einen Mahnbescheid dieses Labors wegen einer Rechnung, die bereits bezahlt wurde. Ihr Chef ist darüber sehr erregt und sagt, dass Sie den Mahnbescheid in den Aktenvernichter stecken sollen. Er trägt Ihnen auf, anzurufen und auf den „katastrophalen Schwachsinn" hinzuweisen. Sie tun das, werden aber „abgewimmelt". Die gesamte Prozedur wiederholt sich. Nach vier Wochen trifft der Vollstreckungsbescheid ein. Muss die bezahlte Rechnung jetzt noch einmal bezahlt werden?

4 Ein Patient Ihrer Ausbildungspraxis wird zur Erzwingung der Abgabe der eidesstattlichen Versicherung verhaftet. Ist damit die Schuld getilgt?

5 Eine Patientin bezahlt in Ihrer Ausbildungspraxis eine Liquidation, obwohl sie verjährt ist. Kurze Zeit später verlangt sie den Rechnungsbetrag zurück. Erläutern Sie die Rechtslage.

6 Wann verjähren folgende Ansprüche?
- **a** Ihre Praxis kauft einen Sterilisator für 3 000,00 € am 25.06.2015 (Zahlungsanspruch).
- **b** Der medizinische Großhändler kauft am 12.12.2014 beim Hersteller Sterilisatoren im Gesamtwert von 20 000,00 € (Zahlungsanspruch).
- **c** Der Arzt kauft am 16.01.2016 ein Grundstück, die Zahlung ist am 30.06.2016 fällig.
- **d** Der Sterilisator, welchen Sie am 25.06.2015 gekauft haben, verliert seit dem 01.11.2014 die Farbe wegen mangelhafter Lackierung. Können Sie dies noch reklamieren?
- **e** Der medizinische Großhändler im Fall b) wird am 01.02.2015, 01.03.2015 und 01.06.2015 zur Zahlung gemahnt. Am 01.07.2015 schreibt der Großhändler an den Hersteller zurück, dass die Mahnungen sinnlos sind, da eine Bezahlung erst zum Jahresende erfolgen kann. Wann ist die Forderung des Herstellers jetzt verjährt?
- **f** Bei Ihrem Kauf im Fall a) erhalten Sie eine Zahlungsfrist von einem Jahr. Wie wirkt sich dies auf die Verjährung aus?
- **g** Der Hersteller im Fall b) und e) beantragt gegen den Händler einen Mahnbescheid, der am 01.12.2015 zugestellt wird. Wie wirkt sich das auf die Verjährung aus?
- **h** Am 20.02.2016 wird der Großhändler aus Fall g) zur Zahlung rechtskräftig verurteilt. Wann verjährt diese Zahlungsfeststellung?

7 Ihre Praxis hat IGe-Leistungen bei einer Patientin in Höhe von 810,00 € erbracht. Die Patientin behauptet, sie hätte nicht gewusst, dass sie die Leistung selbst zahlen muss, und verweigert die Zahlung. Es liegt keine schriftliche Erklärung der Patientin vor, die Kosten selbst zu übernehmen. Wie aussichtsreich ist eine Klage vor Gericht? Erläutern Sie die rechtliche Situation.

PROJEKTAUFGABEN

1 Der selbstständige Schreinermeister Otto Meier, Bissierstr. 17, 79117 Freiburg, war Patient in Ihrer Ausbildungspraxis (Dr. Banter) und ließ sich umfangreich versorgen. Die Privatliquidation erhielt er am 04.04.2016 zugesandt. Am 30.05.2016 haben Sie ihn angemahnt. Nach einem Telefonat gab er an, momentan nicht zahlungsfähig zu sein. Man gewährte ihm Zahlungsaufschub bis zum 30.08.2016. Nachdem auch hier keine Zahlung eingegangen war, wurde die Sache dem Rechtsanwalt der Praxis, Herrn Dr. Holgeld, übertragen. Herr Dr. Holgeld mahnte den Schuldner noch zwei Mal und beantragte schließlich einen gerichtlichen Mahnbescheid gegen Herrn Meier. Darauf reagierte Herr Meier ebenfalls nicht.
Heute erreichte ein Brief des Rechtsanwalts Dr. Holgeld die Praxis mit der Bitte um Kenntnisnahme eines Schriftstücks (s. S. 209), das die Kanzlei versandt hat.
Im Begleitschreiben weist Herr Dr. Holgeld darauf hin, dass er einen ziemlich sicheren Weg gefunden habe, bald den Liquidationsbetrag für die Praxis einzutreiben.

a Wann wäre die Forderung (theoretisch) verjährt?
b Haben die Mahnungen der Arztpraxis und der Rechtsanwaltskanzlei Einfluss auf die Verjährung?
c Wie kommt es zum Vollstreckungsbescheid?
d Können 12 % Verzugszinsen geltend gemacht werden?
e Welchen Weg hat Herr Dr. Holgeld gefunden, den Liquidationsbetrag einzuziehen?
f Muss die Kunze OHG an die Arztpraxis zahlen?
g Wann wäre die Forderung (theoretisch) verjährt, wenn die Rechtsanwaltskanzlei nichts mehr nach dem Vollstreckungsbescheid unternimmt?

Kunze OHG
Herrn Xaver Kunze
Im Weideweg 12
79312 Emmendingen

Aufgrund des Vollstreckungsbescheids des Amtsgerichts Freiburg vom 06.11.15 – Geschäftszeichen 657883/16 – steht der Arztpraxis Dr. Banter gegen Otto Meier, Bissierstr. 17, 79117 Freiburg, aus Behandlung eine Forderung von 1400,00 € samt 12 % Zinsen hieraus seit 04.04.2015 zu. Wegen dieser Forderung sowie wegen der Kosten im Betrag von etwa 200,00 € steht die gerichtliche Pfändung derjenigen Ansprüche bevor, die Herrn Meier aus Werksvertrag (Ausführung von Schreinerarbeiten in Ihrem Unternehmen, Rechnungsbetrag 7930,00 €) gegen Sie zustehen.
Ich benachrichtige Sie hiervon gemäß § 845 ZPO und fordere Sie auf, nicht mehr an Herrn Meier zu zahlen. Diese Benachrichtigung hat nach der genannten Vorschrift die Wirkung eines Arrests.

Mit freundlichen Grüßen
Holgeld

Dr. Holgeld
Rechtsanwalt

§

BGB § 845 ZPO Vorpfändung

1 Schon vor der Pfändung kann der Gläubiger auf Grund eines vollstreckbaren Schuldtitels durch den Gerichtsvollzieher dem Drittschuldner und dem Schuldner die Benachrichtigung, dass die Pfändung bevorstehe, zustellen lassen mit der Aufforderung an den Drittschuldner, nicht an den Schuldner zu zahlen, und mit der Aufforderung an den Schuldner, sich jeder Verfügung über die Forderung, insbesondere ihrer Einziehung, zu enthalten. Der Gerichtsvollzieher hat die Benachrichtigung mit den Aufforderungen selbst anzufertigen, wenn er von dem Gläubiger hierzu ausdrücklich beauftragt worden ist. Der vorherigen Erteilung einer vollstreckbaren Ausfertigung und der Zustellung des Schuldtitels bedarf es nicht.
2 Die Benachrichtigung an den Drittschuldner hat die Wirkung eines Arrestes (§ 930), sofern die Pfändung der Forderung innerhalb eines Monats bewirkt wird. Die Frist beginnt mit dem Tage, an dem die Benachrichtigung zugestellt ist.

„Heute scheint geradezu ein Tag der Prävention zu sein", denkt die auszubildende MFA Serap, „alle Patienten denken daran, wie sie am besten vorsorgen können!" Zuerst hatte Herr Brecht angerufen, um nachzufragen, ob Dr. Klein auch die Hautkrebsfrüherkennungsuntersuchung durchführen könne. Dann hat Frau Traore das Entnahmesystem für die Untersuchung auf okkultes Blut abgeholt. Frau Standke hatte es eilig, als sie ihr Wiederholungsrezept abholte, weil sie mit ihrer Tochter Claudia einen Termin beim Kinderarzt zur U 5 hatte. Benni Hoffmann kam zu seinem Termin bei Dr. Klein zur Jugendarbeitsschutzuntersuchung und hat bei der Gelegenheit gleich um eine Tetanus-Auffrischimpfung gebeten – und Seraps Kollegin Stella hat sich nach ihrem Dienstschluss verabschiedet, um zur Mutterschaftsvorsorgeuntersuchung zu gehen. Prävention kann ganz schön vielfältig sein, findet Serap ...

8 Abrechnung von Präventionsleistungen bei gesetzlich Versicherten (EBM)

Aufgaben der gesetzlichen Krankenversicherung
→ Bd. 1, LF 1, S. 53

Impfungen
→ Bd. 1, LF 3, S. 322

Zu den Aufgaben der GKV zählen nicht nur die Behandlung von Krankheiten, sondern auch die Erhaltung der Gesundheit. Daher haben die Versicherten Anspruch auf **Leistungen zur Verhütung und Früherkennung von Krankheiten**. Zu diesen Präventionsmaßnahmen, die Krankheiten verhindern oder möglichst frühzeitig Krankheiten erkennen sollen, um ggf. rechtzeitig mit einer Behandlung beginnen zu können, gehören

- Vorsorgeuntersuchungenn (z. B. Mutterschaftsvorsorge, Kindervorsorgeuntersuchungen),
- Früherkennungsuntersuchungen (z. B. Krebsfrüherkennungsuntersuchungen für Frauen und Männer) und
- Impfungen, die von der Ständigen Impfkommission (STIKO) empfohlen werden.

Die Präventionsmaßnahmen umfassen unterschiedliche Leistungen, die in den Richtlinien des Gemeinsamen Bundesausschusses der Ärzte und Krankenkassen – der Richtlinie Kinder, den Mutterschafts-Richtlinien und der Krebsfrüherkennungs-Richtlinie – aufgelistet sind.

Den Wortlaut der Richtlinien finden Sie unter www.g-ba.de

MERKE

Für alle diese **präventiven Untersuchungen** gilt, dass neben diesen GOPs **keine Versicherten-/Grundpauschalen** berechnet werden können, außer es werden noch andere, kurative Leistungen daneben erbracht.

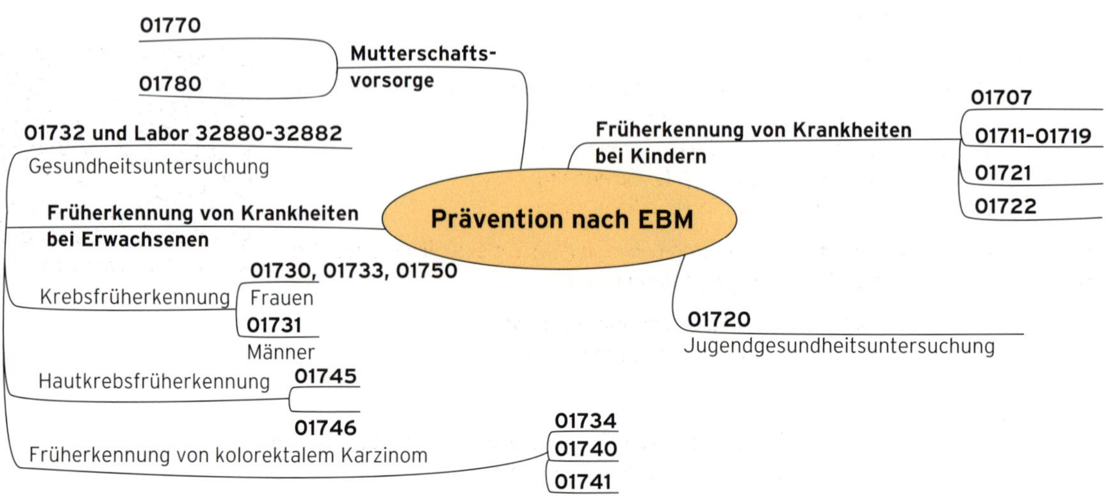

8.1 Mutterschaftsvorsorge (EBM)

Die Leistungen, die im Rahmen der Mutterschaftsvorsorge erbracht werden können, findet man in der **Richtlinie über die ärztliche Betreuung während der Schwangerschaft und nach der Entbindung** des G-BA. Durch die ärztliche Betreuung während dieser Zeit will man mögliche Gefahren für Leben und Gesundheit von Mutter und Kind abwenden. Außerdem können Gesundheitsstörungen und Risikoschwangerschaften und -geburten rechtzeitig erkannt und behandelt werden.
Die Vorsorgeuntersuchungen sollen im Verlauf der Schwangerschaft in den ersten 32 Wochen alle vier Wochen und in den letzen acht Wochen zweiwöchig erfolgen.

MUTTERPASS
BUNDESAUSSCHUSS DER ÄRZTE UND KRANKENKASSEN

Abb. 1 Bei der Untersuchung zur Feststellung der Schwangerschaft wird der Mutterpass angelegt.

MERKE

Die in der Richtlinie genannten Untersuchungstermine und Untersuchungen gelten für eine **normal verlaufende Schwangerschaft.**
Bei Beschwerden, Erkrankungen und Risikoschwangerschaften ist es darüber hinaus möglich, alle in Frage kommenden weiteren Untersuchungen durchzuführen und abzurechnen.

Die Untersuchungsergebnisse trägt der Arzt in den **Mutterpass** ein, der bei der ersten Untersuchung nach Feststellung der Schwangerschaft ausgestellt wird. Hier werden neben den Ergebnissen der regelmäßig stattfindenden Untersuchungen weitere wichtige Eintragungen notiert:

- Anamnesebefunde
- Laboruntersuchungen
- Ultraschalluntersuchungen
- Angaben zum Geburtsverlauf
- Befund der Nachuntersuchung

HINWEIS

Schwangere werden im Rahmen der Mutterschaftsvorsorge über einen HIV-Antikörpertest beraten. Im Mutterpass muss der Arzt dann dokumentieren, ob bei der Schwangeren ein HIV-Test durchgeführt wurde oder nicht. Das Testergebnis wird nicht festgehalten.

8.1.1 Inhalte der Vorsorgeuntersuchungen

Allgemeine Untersuchungen

- gynäkologische Untersuchung mit Cervixabstrich auf Chlamydia trachomatis
- Blutdruckmessung
- Gewichtskontrolle
- Untersuchung des Mittelstrahlurins auf Eiweiß, Glukose, Sediment, ggf. bakteriologische Untersuchungen
- Hämoglobinbestimmung, bei weniger als 11,2 g/100 ml Zählung der Erythrozyten
- Kontrolle des Standes der Gebärmutter zur Abschätzung ihrer Größenzunahme
- Kontrolle der kindlichen Herzaktionen
- Feststellung der Lage des Kindes

Ultraschalluntersuchungen

Im Verlauf der Schwangerschaft soll ein Ultraschallscreening mittels B-Mode-Verfahren durchgeführt werden. Die Untersuchungen erfolgen

- von Beginn der 9. bis zum Ende der 12. SSW (1. Screening),
- von Beginn der 19. bis zum Ende der 22. SSW (2. Screening),
- von Beginn der 29. bis zum Ende der 32. SSW (3. Screening).

Im zweiten Trimenon wird außerdem ein Organscreening mittels Ultraschall mit systematischer Untersuchung der fetalen Morphologie vorgenommen.

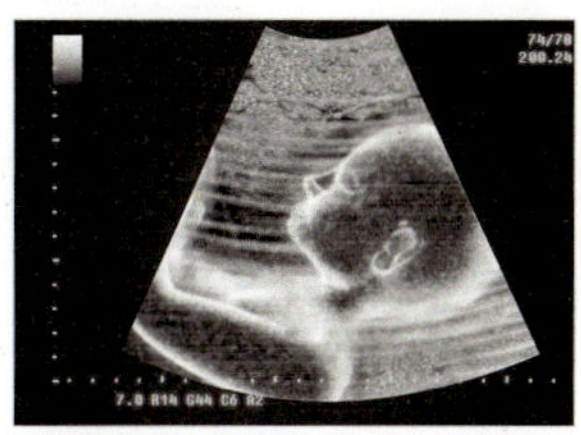

Abb. 2 Ultraschall eines Fetus

Serologische Untersuchungen während der Schwangerschaft

- Blutgruppenbestimmung und Rh-Faktor (bei Erstgebärenden)
- Röteln-HAH-Test
- Antikörpersuchtest
- Untersuchungen auf Infektionen (Lues, Hepatitis B, Toxoplasmose (bei Verdacht), HIV-Test auf freiwilliger Basis nach vorheriger Beratung der Schwangeren)

8.1.2 Abrechnung der Mutterschaftsvorsorgeleistungen

Die Betreuung von Schwangeren kann nur von **Fachärzten der Frauenheilkunde** abgerechnet werden. Wegen der obligaten Ultraschalluntersuchungen ist außerdem eine Genehmigung der zuständigen KV notwendig.

01770	**Betreuung einer Schwangeren gemäß den Richtlinien des Gemeinsamen Bundesausschusses über die ärztliche Betreuung während der Schwangerschaft und nach der Entbindung**

Obligater Leistungsinhalt:
- Beratungen und Untersuchungen gemäß den Mutterschafts-Richtlinien
- Ultraschalluntersuchungen nach Anlage 1a und 1b gemäß den Mutterschafts-Richtlinien
- Bilddokumentation(en)

einmal im Behandlungsfall

HINWEIS

Für die Ultraschalluntersuchung mit Biometrie und systematischer Untersuchung der fetalen Morphologie kann im zweiten Trimenon zusätzlich zur GOP 01770 auch der Zuschlag **GOP 01771** (Zuschlag im Zusammenhang mit der Gebührenordungsposition 01770) berechnet werden.

MERKE

GOP 01770 kann – auch wenn die Mutterschafts-Richtlinien vierwöchige Untersuchungstermine vorsehen – **nur einmal im Behandlungsfall** und auch nur **von einem Vertragsarzt** abgerechnet werden.

Wird ausschließlich diese Präventionsleistung erbracht, kann der Gynäkologe die **Grundpauschale (GOP 08211) nicht zusätzlich** berechnen. Fällt dagegen neben den monatlichen Vorsorgeterminen eine kurative Behandlung an, kann der Arzt die Grundpauschale und ggf. weitere abrechnungsfähige Leistungen berechnen.

01780	**Betreuung, Planung und Geburtsleitung durch den betreuenden Arzt der Entbindungsklinik gemäß den Mutterschafts-Richtlinien**

Der Arzt, der die Schwangere während der Schwangerschaft betreut hat, kann diese GOP nicht abrechnen.

Unter den **GOPs 01776 bis 01815** enthält der EBM weitere GOPs, die je nach Schwangerschaftsverlauf erbracht und berechnet werden können, z. B. GOPs für Leistungen zum Screening auf Gestationsdiabetes (01776, 01777, 01812).

BEISPIELE

1) Peggy Metzler kommt in der ersten Woche des Quartals erstmalig zur Schwangerschaftsuntersuchung zu ihrem Frauenarzt Dr. Wagner, der den Mutterpass anlegt und die notwendigen Laboruntersuchungen veranlasst. Frau Metzler kommt noch zweimal im Abstand von vier Wochen zu den vereinbarten Untersuchungsterminen. Bei der Zweituntersuchung führt der Arzt die erste Ultraschalluntersuchung durch.

1. Behandlungstag	01770 (Betreuung einer Schwangeren)
2. Behandlungstag	-
3. Behandlungstag	-

Der Arzt kann keine Grundpauschale abrechnen, da es sich um reine Vorsorgeuntersuchungen handelt.

2) Vor einer Woche war Gülsah Yildiz, die sich in der 30. Schwangerschaftswoche befindet, zur Vorsorgeuntersuchung bei ihrer Frauenärztin Dr. Zobel (erster Behandlungstag). Weil sie unter starken Rückenschmerzen mit leichtem Ziehen im Bauch litt, hat sie am gestrigen Sonntag um 22:30 Uhr telefonischen Rat bei ihrer Ärztin gesucht. Nachdem die Ärztin Frau Yildiz beruhigt hatte, bestellte sie sie für den nächsten Morgen in die Sprechstunde. Dort nahm sie eine gynäkologische Untersuchung vor, beruhigte die Patientin erneut und schrieb sie vorsorglich für eine Woche arbeitsunfähig. Nach Ablauf der Woche erfolgte eine weitere kurative Untersuchung.

1. Behandlungstag	01770 (Betreuung einer Schwangeren)
2. Behandlungstag	01101 (Unvorhergesehene Inanspruchnahme)
3. Behandlungstag	08211 (Gynäkologische Grundpauschale)
4. Behandlungstag	-

Die Behandlung der aufgetretenen Beschwerden ist eine kurative Leistung, weshalb die Grundpauschale berechenbar ist.
Sind weiterführende sonografische Untersuchungen notwendig, können die GOPs 01772 bis 01775 abgerechnet werden.

8.2 Präventionsuntersuchungen bei Kindern und Jugendlichen (EBM)

8.2.1 Früherkennung von Krankheiten bei Kindern

Die **Richtlinien über die Früherkennung von Krankheiten bei Kindern bis zur Vollendung des 6. Lebensjahres** („Kinder-Richtlinien") des G-BA gelten für die Leistungen im Rahmen der Früherkennungsuntersuchungen bei Kindern.
Die dort aufgeführten Vorsorgeuntersuchungen umfassen **zehn Untersuchungen (U 1 bis U 9)**, die nur in den in der Richtlinie vorgegebenen Zeiträumen durchgeführt und abgerechnet werden können. Es gelten hierbei **Toleranzgrenzen** (→ S. 214, Tab.); die Vorgabe der Untersuchungszeiten ist jedoch unbedingt einzuhalten, da der Arzt nur dann die altersgemäße Entwicklung der Kinder beurteilen kann.

MERKE

Kinder-Früherkennungsuntersuchungen müssen unbedingt **in den vorgesehenen Zeiträumen** (innerhalb der Toleranzgrenzen) erfolgen. Außerhalb der angegebenen Zeitspannen zahlt die jeweilige Krankenkasse die Untersuchung nicht.

Je nach Alter der Kinder umfassen die Untersuchungen unterschiedliche Leistungsinhalte. Alle Vorsorgeuntersuchungen U 1–U 9 werden im **Kinder-Untersuchungsheft** (→ S. 214, Abb. 1). dokumentiert, das die Mutter nach der Entbindung ausgehändigt bekommt.
Neben den Untersuchungen U 1 bis U 9 werden von manchen gesetzlichen Kassen die Untersuchungen **U 10 und U 11** angeboten. Dies sind Leistungen im Rahmen eines Sondervertrages einiger Krankenkassen mit der Kassenärztlichen Bundesvereinigung. Erbringt der Arzt diese Leistung, erhält er eine Pauschalvergütung.
Die Früherkennungsuntersuchungen bei Kindern dürfen Kinder- und Jugendärzte durchführen und abrechnen, aber auch Allgemeinmediziner und hausärztlich tätige Internisten.

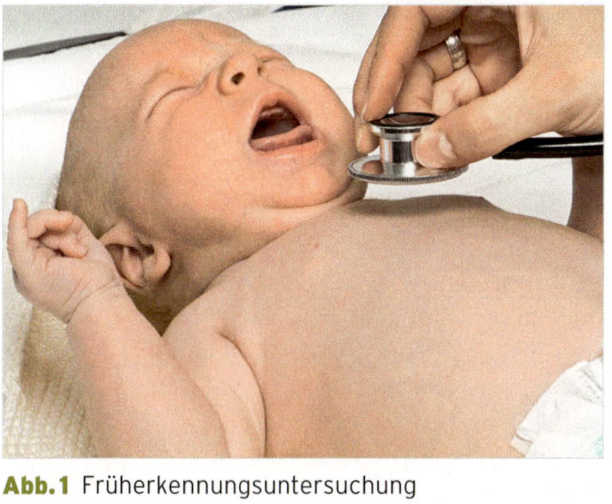

Abb. 1 Früherkennungsuntersuchung

Kinder-Früherkennungsuntersuchungen			
GOP	**Untersuchung**	**Zeitraum**	**Toleranzgrenze**
01711	U 1	unmittelbar nach der Geburt	
01712	U 2	3. bis 10. Lebenstag	3. bis 14. Lebenstag
01713	U 3	4. bis 5. Lebenswoche	3. bis 8. Lebenswoche
01714	U 4	3. bis 4. Lebensmonat	2. bis 4,5. Lebensmonat
01715	U 5	6. bis 7. Lebensmonat	5. bis 8. Lebensmonat
01716	U 6	10. bis 12. Lebensmonat	9. bis 14. Lebensmonat
01717	U 7	21. bis 24. Lebensmonat	20. bis 27. Lebensmonat
01723	U 7A	34. bis 36. Lebensmonat	33. bis 38. Lebensmonat
01718	U 8	46. bis 48. Lebensmonat	43. bis 50. Lebensmonat
01719	U 9	60. bis 64. Lebensmonat	58. bis 66. Lebensmonat
pauschal	U 10	7. bis 8. Lebensjahr	-
pauschal	U 11	9. bis 10. Lebensjahr	-

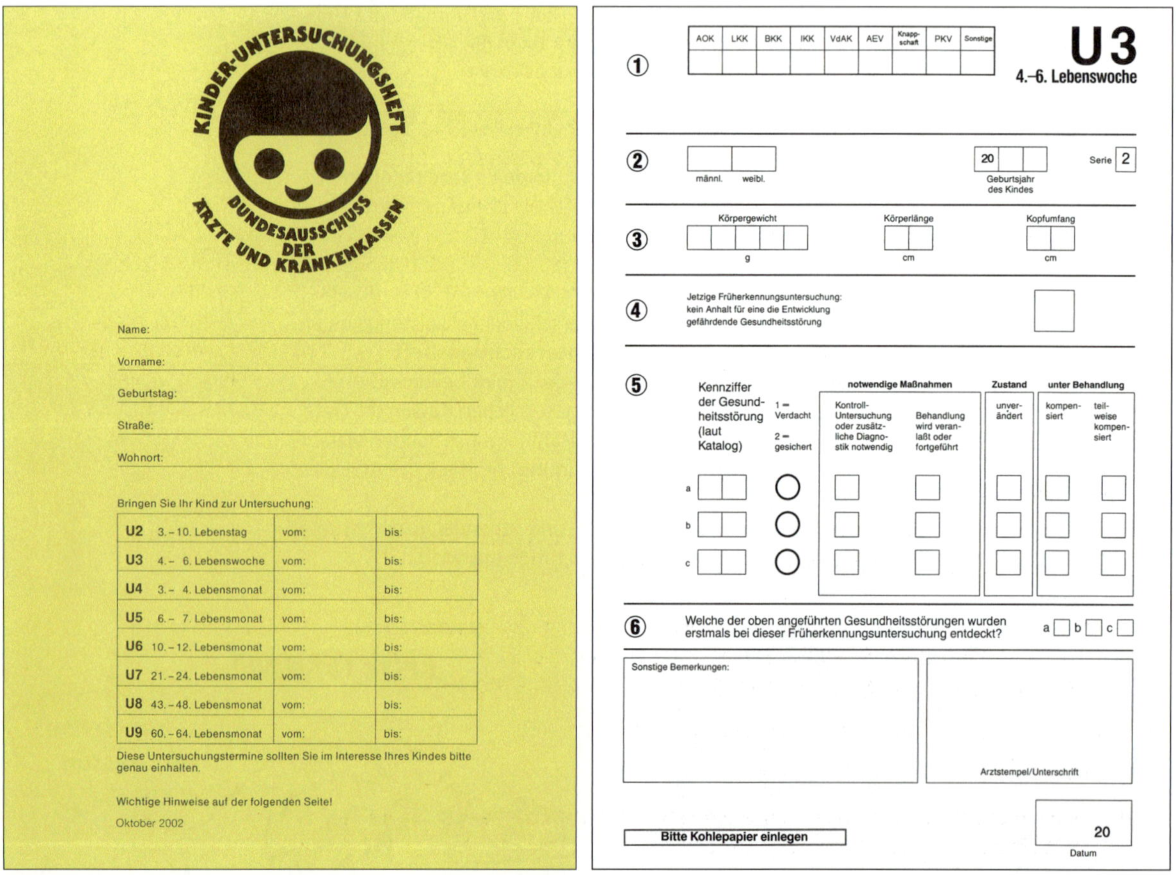

Abb. 1 Kinder-Untersuchungsheft (Umschlag und Beispielseite)

01711	**Neugeborenen-Erstuntersuchung (U 1)**

Der Arzt führt die U 1 unmittelbar nach der Geburt nach dem **Apgar-Schema** durch: **A**tmung – **P**uls – **G**rundtonus (Muskelspannung) – **A**ussehen (Kolorit) – **R**eflexe (Reaktion auf Nasenkatheter). Die Bewertung erfolgt 1 Minute, 5 und 10 Minuten nach der Geburt.

Wenn die U 1 nach der Entbindung im Krankenhaus ausgeführt wird, kann sie nicht gesondert berechnet werden, weil sie Bestandteil der stationären Krankenhausbehandlung ist. Die belegärztliche Versorgung richtet sich hier nach den regionalen Bestimmungen der KV.

Erfolgen die U 1 und die U 2 z. B. nach einer Hausgeburt im Rahmen eines **ärztlichen Hausbesuchs**, kann jeweils die **GOP 01721** zusätzlich berechnet werden:

01721	**Besuch im Rahmen einer Kinder-Früherkennungsuntersuchung nach den Gebührenordnungspositionen 01711 und 01712**

Die Kinder-Richtlinien des G-BA sehen außerdem weitere Untersuchungen wie das **Neugeborenen-Hörscreening** (GOP 01705, Zuschlag zum Hörscreening GOP 01704), das **erweiterte Neugeborenen-Screening** (GOP 01707) zur Früherkennung von angeborenen Stoffwechseldefekten und endokrinen Störungen oder das sonografische **Screening der Säuglingshüften** vor.

01707	**Erweitertes Neugeborenen-Screening gemäß der Kinder-Richtlinien**

Blutentnahmen für Laboruntersuchungen sind Bestandteil der Gebührenordnungsposition.

01722	**Sonografische Untersuchung der Säuglingshüften entsprechend der Durchführungsempfehlung nach Anlage 5 der Kinder-Richtlinien**

Die Untersuchung wird in der Regel im zeitlichen Zusammenhang mit der U 3 durchgeführt. Für das Abrechnen dieser Position ist die Genehmigung durch die KV vorausgesetzt.

Zum Schutz des Kindes vor Gefährdungen des Kindeswohls haben alle Bundesländer eine ärztliche **Meldepflicht** für die meisten Früherkennungsuntersuchungen eingeführt. Innerhalb von drei Arbeitstagen nach der Durchführung der Untersuchung muss der Arzt die Teilnahme des betreffenden Kindes an das jeweilige zentrale Melderegister weitergeben. Bleibt die Teilnahmebestätigung aus, verschickt das Zentrum Erinnerungsschreiben an die Eltern.

HINWEIS

Informationen zur Meldepflicht der Früherkennungsuntersuchungen erhalten Sie bei Ihrer zuständigen KV.

BEISPIELE

1) Armin Müller bringt seinen Sohn Christoph termingerecht zur U 5 zum Kinderarzt. Der Arzt untersucht den Jungen.

1. Behandlungstag	01715 (U 5)

Der Arzt kann die Versichertenpauschale nicht abrechnen, da keine kurativen, sondern ausschließlich präventive Maßnahmen durchgeführt wurden.

2) Ella kommt mit ihrer Mutter zur U 4 in die Sprechstunde ihres Kinderarztes. Er untersucht sie und stellt dabei eine Windeldermatitis fest, weshalb er eine Salbe verordnet. Am Folgetag fragt die Mutter während der Sprechstundenzeit telefonisch um Rat.

1. Behandlungstag	04000 (Versichertenpauschale Kinderarzt), 01714 (U4)
2. Behandlungstag	-

Da neben der präventiven auch eine kurative Behandlung stattfindet, kann der Kinderarzt zusätzlich die Versichertenpauschale abrechnen.

3) Nach einer ambulanten Geburt muss bei Luisa die U 2 durchgeführt werden. Der Kinderarzt nimmt einen Hausbesuch vor.

1. Behandlungstag	01721 (Besuch im Rahmen von U 1/U 2), Wegepauschale, 01712 (U 2)

8.2.2 Jugendgesundheitsuntersuchung

Bei Jugendlichen wird zur Früherkennung von Erkrankungen, die die körperliche, geistige und soziale Entwicklung in nicht geringfügigem Maße gefährden, die **Jugendgesundheitsuntersuchung (J 1)** durchgeführt, deren Inhalte in der **Richtlinie zur Jugendgesundheitsuntersuchung** des G-BA festgelegt sind.
Die Untersuchung erfolgt zwischen dem vollendeten 13. und vollendeten 14. Lebensjahr (Toleranzzeit jeweils 12 Monate vor Vollendung des 13. Lebensjahres und nach Vollendung des 14. Lebensjahres) und wird in dem entsprechenden Formular dokumentiert.

Im Rahmen der **Anamnese** erfasst der Arzt
- auffällige seelische Entwicklung/Verhaltensstörungen,
- auffällige schulische Entwicklung,
- gesundheitsgefährdendes Verhalten (Rauchen, Alkohol, Drogenkonsum) und
- das Vorliegen chronischer Erkrankungen.

Abb. 1 Gesundheitsgefährdendem Verhalten soll vorgebeugt werden.

Die **klinisch-körperliche Untersuchung** durch den Arzt umfasst
- die Erhebung der Körpermaße,
- verfrühte oder verzögerte Pubertätsentwicklung,
- Störungen des Wachstums und der körperlichen Entwicklung,
- arterielle Hypertonie,
- Erkrankungen der Hals-, Brust- und Bauchorgane (z. B. Struma) und
- Auffälligkeiten des Skelettsystems.

01720	Jugendgesundheitsuntersuchung (J 1)

Einzelne Krankenkassen bieten neben der J 1 auch die Untersuchung **J 2** für das 17. bis 18. Lebensjahr an. Es handelt sich hierbei wie bei der U 10 und der U 11 um eine Leistung im Rahmen eines Sondervertrages einiger Krankenkassen mit der KBV, die der Arzt mit einer Pauschale vergütet bekommt.

BEISPIELE

Die 13-jährige Carla Jansen sucht zur Jugendgesundheitsuntersuchung ihren Kinder- und Jugendarzt Dr. Schwarz auf. Er untersucht sie. Kurative, d. h. zu behandelnde, Befunde erhebt er nicht. Am nächsten Tag fragt die Mutter von Carla telefonisch bei Dr. Schwarz nach den Untersuchungsergebnissen.

1. Behandlungstag	01720 (J 1)

Da ausschließlich präventive Maßnahmen durchgeführt werden, fällt keine pädiatrische Versichertenpauschale an.

AOK	LKK	BKK	IKK	VdAK	AEV	Knappschaft

[redacted] geb. am

[redacted] Datum

Geschlecht weiblich ☐ männlich ☐

Anamnese

Bekannte Gesundheitsstörungen	ja	nein
1. chronische Erkrankung	☐	☐
2. körperliche Behinderung	☐	☐
3. seelische Störung	☐	☐
Impfstatus und Jodprophylaxe	ja	nein
4. Impfschutz vollständig	☐	☐
5. Jodprophylaxe wird durchgeführt	☐	☐
Familie	ja	nein
6. besondere Familiensituation	☐	☐
7. Hinweis auf familiäre Hypercholesterinämie	☐	☐
Schulische Entwicklung	ja	nein
8. Schulleistungsprobleme	☐	☐
9. Besuch einer weiterführenden Schule	☐	☐
Gesundheitsverhalten	ja	nein
10. regelmäßige Medikamenteneinnahme ohne ärztliche Verordnung	☐	☐
11. Rauchen	☐	☐
12. Alkoholkonsum	☐	☐
falls ja, wie häufig: selten ☐ mehrmals/Woche ☐ täglich ☐		
	ja	nein
13. Drogenkonsum	☐	☐
falls ja, wie häufig: selten ☐ mehrmals/Woche ☐ täglich ☐		
Motorik/Visuomotorik	ja	nein
14. motorische/visuomotorische Auffälligkeiten	☐	☐
Seelische Entwicklung/Verhalten	ja	nein
15. dissoziales Verhalten	☐	☐
16. Eßstörungen	☐	☐
17. affektive Störung	☐	☐
Pubertätsentwicklung	ja	nein
18. Knaben: Stimmbruch	☐	☐
19. Mädchen: Thelarche	☐	☐
Menarche	☐	☐
20. Sexualkontakte	☐	☐

Jugendgesundheitsuntersuchung

Teil a (mit der Abrechnung der KV zuleiten)

Körperliche Untersuchung

21. Größe (cm) ☐☐☐ 22. Gewicht (kg) ☐☐☐

Blutdruck

23. RR-Werte ☐ normal ☐ kontrollbedürftig

Labor

24. Gesamtcholesterin* ☐☐☐ mg/dl

*(*nur bei familiärer Hypercholesterinämie)*

Tanner-Stadien

25. Knaben ☐ G ☐ PH

26. Mädchen ☐ B ☐ PH

(nach: TANNER)

Befunde	ja	nein
Hals/Thorax/Bauchorgane		
27. Struma	☐	☐
Skelettsystem		
28. Fehlhaltung (Matthiaß-Haltungstest):		☐
Grad I ☐ Grad II	☐	
29. Skoliose – auffälliger Vorbeugetest	☐	☐
30. Bewegungseinschränkung der Hüfte	☐	☐
Sonstige		

31. ______________________

32. ______________________

33. ______________________

Zahl der Arztkontakte in den letzten 12 Monaten ☐

Veranlaßte Maßnahmen

wegen: *(bitte Ziffern 1 - 33 eintragen!)*

Weitere Diagnostik ☐ ☐ ☐

Weitere Beratung ☐ ☐ ☐

Überweisung ☐ ☐ ☐

Impfung veranlaßt ☐ *ja* ☐ *nein*

MUSTER

Arztstempel

Version 2.0

Abb. 1 Formular Jugendgesundheitsuntersuchung

8.3 Präventionsuntersuchungen bei Erwachsenen (EBM)

Bestimmungen über die Früherkennungsuntersuchungen bei Erwachsenen finden sich in der **Richtlinie des Gemeinsamen Bundesausschusses über die Früherkennung von Krebserkrankungen (Krebsfrüherkennungs-Richtlinie/KFE-RL)**. Die dort genannten Maßnahmen dienen bei Frauen der Früherkennung von Krebserkrankungen des Genitales und der Brust, bei Männern der Früherkennung von Krebserkrankungen der Prostata und des äußeren Genitales und bei Frauen und Männern der Früherkennung von Krebserkrankungen der Haut sowie des Rektums und des übrigen Dickdarms.

Lebensalter	Häufigkeit	Untersuchung	GOP
Frauen ab vollendetem 20. Lebensjahr (Lj.)	jedes Kalenderjahr	Krebsfrüherkennungsuntersuchung	01730
Frauen und Männer ab vollendetem 35. Lj.	jedes zweite Kalenderjahr	Hautkrebsfrüherkennungsuntersuchung	01745
Frauen und Männer ab vollendetem 35. Lj.	jedes zweite Kalenderjahr	Gesundheitsuntersuchung	01732
Männer ab vollendetem 45. Lj.	jedes Kalenderjahr	Krebsfrüherkennungsuntersuchung	01731
Frauen ab vollendetem 50. Lj.	jedes zweite Kalenderjahr	Mammografie-Screening	01750
Frauen und Männer vom vollendeten 50. bis zum vollendeten 55. Lj.	jedes Kalenderjahr	Untersuchung auf okkultes Blut im Stuhl	01734
Frauen und Männer ab vollendetem 55. Lj.	zweimal im Abstand von 10 Jahren	Früherkennungskoloskopie	01741
Alternativ für Frauen und Männer ab vollendetem 55. Lj., wenn keine Früherkennungskoloskopie stattgefunden hat	jedes zweite Kalenderjahr	Untersuchung auf okkultes Blut im Stuhl	01734

8.3.1 Krebsfrüherkennungsuntersuchung bei der Frau (EBM)

Ab dem vollendeten 20. Lebensjahr hat jede gesetzlich versicherte Frau einmal im Kalenderjahr Anspruch auf eine Krebsfrüherkennungsuntersuchung des Genitales mit gezielter Anamnese. Dazu gehören:

- Spiegeleinstellung der ❙ Portio
- Entnahme von Untersuchungsmaterial von der Portio-Oberfläche und aus dem Zervikalkanal, in der Regel mit Hilfe von Spatel (Portio-Oberfläche) und Bürste (❙ Zervikalkanal)
- Fixierung des Untersuchungsmaterials für die ❙ zytologische Untersuchung
- bimanuelle gynäkologische Untersuchung

Portio
Teil der Gebärmutter, der in die Scheide hineinragt

Zervikalkanal
Gebärmutterhalskanal

zytologische Untersuchung
Zelluntersuchung

Ab dem vollendeten 30. Lebensjahr kommt zusätzlich einmal im Kalenderjahr das Abtasten der Brustdrüsen und der regionären Lymphknoten einschließlich der Anleitung zur regelmäßigen Selbstuntersuchung hinzu.

Ab dem vollendeten 50. Lebensjahr erfolgt zusätzlich einmal im Kalenderjahr die digitale Untersuchung des Rektums.

01730	Untersuchung zur Früherkennung von Krebserkrankungen bei der Frau gemäß Abschnitt B. I. der Krebsfrüherkennungs-Richtlinien

Die GOP ist von Fachärzten der Frauenheilkunde sowie von Hausärzten abrechenbar, die nachweisen können, dass sie diese Leistung bereits vor dem 31.12.2002 abgerechnet haben oder über eine mindestens einjährige gynäkologische Weiterbildung verfügen.

Die Untersuchung wird auf dem Formular **Muster 39 Krebsfrüherkennung – Frauen** dokumentiert. Dieser Dokumentationsbogen ist dreiteilig: Der Gynäkologe schickt den Portio- und Zervixabstrich zusammen mit dem gesamten Bogen zur Auswertung in ein zytologisches Labor.

- **Teil a** des Dokumentationsbogens (DIN A5) ist der Überweisungsschein zur präventiven zytologischen Untersuchung und dient dem Zytologen zur Abrechnung seiner erbrachten Leistungen. Er rechnet online mit der KV ab und muss Muster 39a ein Jahr lang aufbewahren.

HINWEIS

Details zur Abrechnung des neuen Stuhltests iFOBT (u. a.: neue GOPs 01737, 01738, 32457; Streichung der GOPs 10734, 32040, 40150) lagen im März 2017 noch nicht vor.

- Auf **Teil b** (DIN A4) trägt der Zytologe seine erbrachten Leistungen und Befunde ein und schickt ihn an den Gynäkologen zurück, der das Formular fünf Jahre aufbewahren muss. Der Gynäkologe rechnet online mit der KV ab.
- **Teil c** war ursprünglich für die KV bestimmt und ist entfallen.
- **Teil d** verbleibt beim Zytologen. Die Aufbewahrungsfrist beträgt zehn Jahre. Sie gilt auch für die zytologischen Präparate.

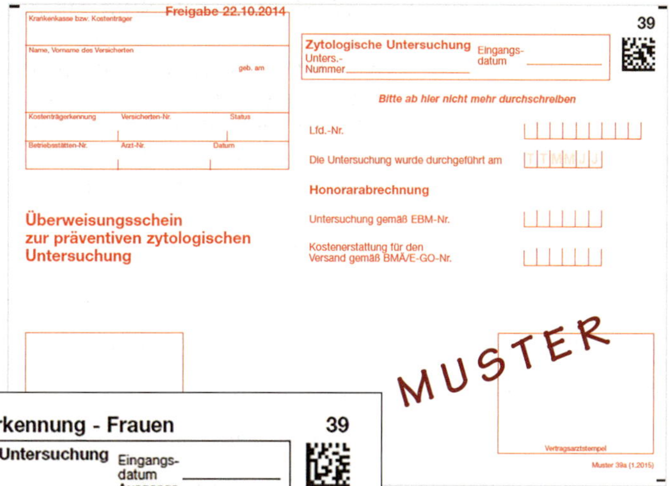
Freigabe 22.10.2014
Krankenkasse bzw. Kostenträger
Name, Vorname des Versicherten
geb. am
Kostenträgerkennung | Versicherten-Nr. | Status
Betriebsstätten-Nr. | Arzt-Nr. | Datum
39
Zytologische Untersuchung
Unters.-Nummer
Eingangs-datum
Bitte ab hier nicht mehr durchschreiben
Lfd.-Nr.
Die Untersuchung wurde durchgeführt am
Honorarabrechnung
Untersuchung gemäß EBM-Nr.
Kostenerstattung für den Versand gemäß BMÄ/E-GO-Nr.
Überweisungsschein zur präventiven zytologischen Untersuchung
MUSTER
Vertragsarztstempel
Muster 39a (1.2015)

Abb. 1 Überweisungsschein zur präventiven zytologischen Untersuchung (Muster 39a)

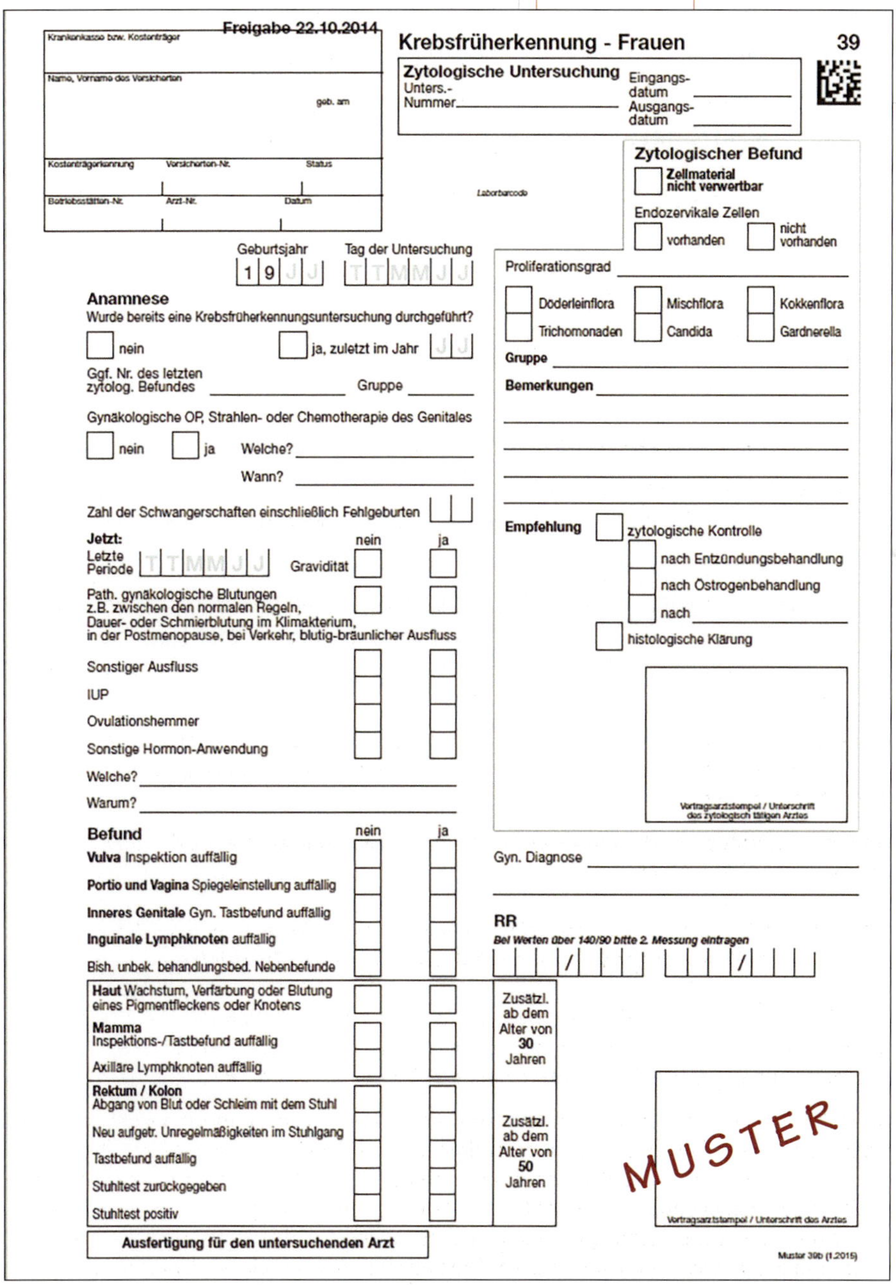
Freigabe 22.10.2014
Krankenkasse bzw. Kostenträger
Name, Vorname des Versicherten
geb. am
Kostenträgerkennung | Versicherten-Nr. | Status
Betriebsstätten-Nr. | Arzt-Nr. | Datum
Krebsfrüherkennung - Frauen
39
Zytologische Untersuchung
Unters.-Nummer
Eingangs-datum
Ausgangs-datum
Laborbarcode
Geburtsjahr 1 9 J J
Tag der Untersuchung T T M M J J
Anamnese
Wurde bereits eine Krebsfrüherkennungsuntersuchung durchgeführt?
nein | ja, zuletzt im Jahr J J
Ggf. Nr. des letzten zytolog. Befundes | Gruppe
Gynäkologische OP, Strahlen- oder Chemotherapie des Genitales
nein | ja | Welche? | Wann?
Zahl der Schwangerschaften einschließlich Fehlgeburten
Jetzt: | nein | ja
Letzte Periode T T M M J J | Gravidität
Path. gynäkologische Blutungen z.B. zwischen den normalen Regeln, Dauer- oder Schmierblutung im Klimakterium, in der Postmenopause, bei Verkehr, blutig-bräunlicher Ausfluss
Sonstiger Ausfluss
IUP
Ovulationshemmer
Sonstige Hormon-Anwendung
Welche?
Warum?
Befund | nein | ja
Vulva Inspektion auffällig
Portio und Vagina Spiegeleinstellung auffällig
Inneres Genitale Gyn. Tastbefund auffällig
Inguinale Lymphknoten auffällig
Bish. unbek. behandlungsbed. Nebenbefunde
Haut Wachstum, Verfärbung oder Blutung eines Pigmentfleckens oder Knotens
Mamma Inspektions-/Tastbefund auffällig
Axilläre Lymphknoten auffällig
Zusätzl. ab dem Alter von 30 Jahren
Rektum / Kolon Abgang von Blut oder Schleim mit dem Stuhl
Neu aufgetr. Unregelmäßigkeiten im Stuhlgang
Tastbefund auffällig
Stuhltest zurückgegeben
Stuhltest positiv
Zusätzl. ab dem Alter von 50 Jahren
Ausfertigung für den untersuchenden Arzt
Zytologischer Befund
Zellmaterial nicht verwertbar
Endozervikale Zellen
vorhanden | nicht vorhanden
Proliferationsgrad
Döderleinflora | Mischflora | Kokkenflora
Trichomonaden | Candida | Gardnerella
Gruppe
Bemerkungen
Empfehlung zytologische Kontrolle
nach Entzündungsbehandlung
nach Östrogenbehandlung
nach
histologische Klärung
Vertragsarztstempel / Unterschrift des zytologisch tätigen Arztes
Gyn. Diagnose
RR
Bei Werten über 140/90 bitte 2. Messung eintragen
MUSTER
Vertragsarztstempel / Unterschrift des Arztes
Muster 39b (1.2015)

Abb. 2 Formular zur Krebsfrüherkennungsuntersuchung – Frauen (Muster 39b)

01733	**Zytologische Untersuchung gemäß den Krebsfrüherkennungs-Richtlinien**

Wenn der Gynäkologe die zytologische Untersuchung selbst durchführt, benötigt er hierfür die Genehmigung der KV. Teil a des Formulars (→ S. 219, Abb. 1) wird in diesem Fall weggeworfen. Auch in diesem Fall sind die zytologischen Befunde und Präparate zehn Jahre lang aufzubewahren.

Ab dem vollendeten 50. Lebensjahr haben Frauen außerdem alle zwei Jahre bis zum vollendeten 70. Lebensjahr Anspruch auf Leistungen im Rahmen des Programms zur Früherkennung von Krebserkrankungen der Brust (Mammografie-Screening).

Hat der Arzt hierfür die Genehmigung der KV, kann er das **Mammografie-Screening** innerhalb des Präventionsprogramms zur Früherkennung von Brustkrebs durchführen und mit der GOP 01750 abrechnen:

01750	**Röntgenuntersuchung beider Mammae in zwei Ebenen** (...) im Rahmen des Programms zur Früherkennung von Brustkrebs durch Mammografie-Screening

8.3.2 Krebsfrüherkennungsuntersuchung beim Mann (EBM)

Ab dem vollendeten 45. Lebensjahr haben Männer einmal im Kalenderjahr Anspruch auf eine Krebsfrüherkennungsuntersuchung, die folgende Inhalte umfasst:
- gezielte Anamnese
- Inspektion und Palpation des äußeren Genitales
- Abtasten der Prostata vom Rektum aus
- Palpation regionärer Lymphknoten
- Ab dem vollendeten 50. Lebensjahr kommt einmal im Kalenderjahr die digitale Untersuchung des Rektums hinzu.

01731	**Untersuchung zur Früherkennung von Krebserkrankungen beim Mann, gemäß den Richtlinien**

Die Untersuchung wird mittels Formular **Muster 40 Krebsfrüherkennung – Männer** dokumentiert, welches im Rahmen der Aufbewahrungspflicht für fünf Jahre in der Praxis verbleibt.

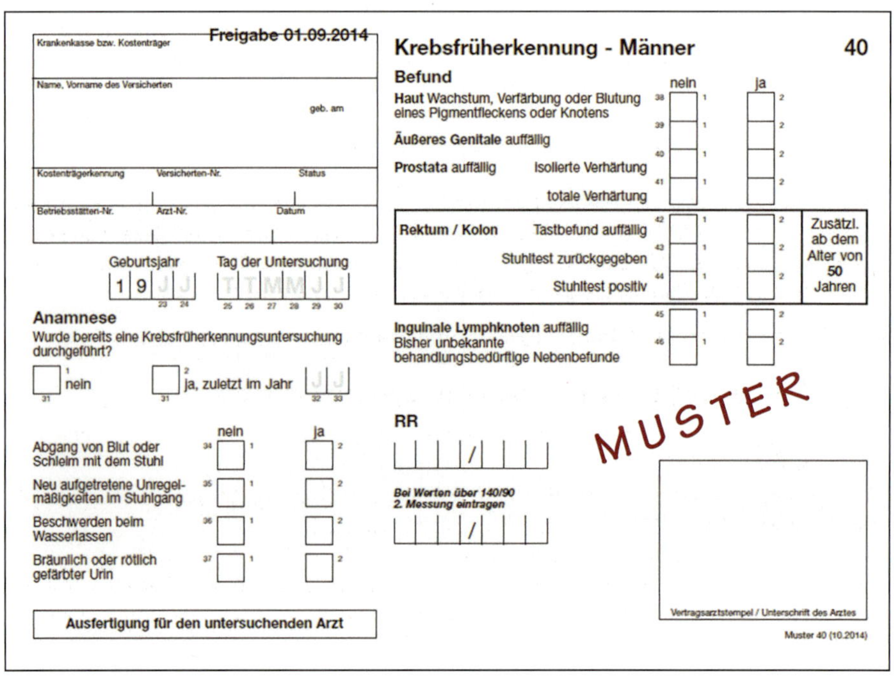

Freigabe 01.09.2014

Krankenkasse bzw. Kostenträger

Name, Vorname des Versicherten

geb. am

Kostenträgerkennung | Versicherten-Nr. | Status

Betriebsstätten-Nr. | Arzt-Nr. | Datum

Geburtsjahr: 1 9 J J

Tag der Untersuchung: T T M M J J

Anamnese

Wurde bereits eine Krebsfrüherkennungsuntersuchung durchgeführt?

nein / ja, zuletzt im Jahr J J

	nein	ja
Abgang von Blut oder Schleim mit dem Stuhl	☐	☐
Neu aufgetretene Unregelmäßigkeiten im Stuhlgang	☐	☐
Beschwerden beim Wasserlassen	☐	☐
Bräunlich oder rötlich gefärbter Urin	☐	☐

Ausfertigung für den untersuchenden Arzt

Krebsfrüherkennung - Männer 40

Befund

	nein	ja
Haut Wachstum, Verfärbung oder Blutung eines Pigmentfleckens oder Knotens	☐	☐
Äußeres Genitale auffällig	☐	☐
Prostata auffällig – isolierte Verhärtung	☐	☐
Prostata auffällig – totale Verhärtung	☐	☐
Rektum / Kolon – Tastbefund auffällig	☐	☐
Rektum / Kolon – Stuhltest zurückgegeben	☐	☐
Rektum / Kolon – Stuhltest positiv	☐	☐
Inguinale Lymphknoten auffällig	☐	☐
Bisher unbekannte behandlungsbedürftige Nebenbefunde	☐	☐

Zusätzl. ab dem Alter von 50 Jahren

RR

Bei Werten über 140/90 2. Messung eintragen

MUSTER

Vertragsarztstempel / Unterschrift des Arztes

Muster 40 (10.2014)

Abb. 1 Formular zur Krebsfrüherkennungsuntersuchung - Männer (Muster 40)

8.3.3 Krebsfrüherkennungsuntersuchung bei Frauen und Männern (EBM)

Neben den genannten geschlechtsspezifischen Früherkennungsuntersuchungen haben Männer und Frauen gleichermaßen Anspruch auf weitere Krebsfrüherkennungsuntersuchungen: Untersuchung auf okkultes Blut im Stuhl, Vorsorgekoloskopie und Hautkrebs-Screening.

Früherkennung des kolorektalen Karzinoms (EBM)

Untersuchung auf okkultes Blut im Stuhl
Zwischen dem vollendeten 50. und 55. Lebensjahr haben Frauen und Männer in jedem Kalenderjahr Anspruch auf eine Untersuchung auf okkultes Blut im Stuhl, seit Oktober 2016 durch einen qualitativen immunologischen Test.

01734	**Untersuchung auf Blut im Stuhl, gemäß den Richtlinien**

Der Stuhltest kann im Rahmen der Krebsfrüherkennungsuntersuchung oder bei der Gesundheitsuntersuchung von Patienten ab 50 Jahren ausgegeben werden. Die Auswertung des Tests erfolgt nicht in der Praxis, sondern im Labor durch Ärzte, die eine Abrechnungsgenehmigung für Leistungen des EBM-Abschnitts 32.3 haben.
Ein auffälliger Befund wird anschließend mit einer Koloskopie abgeklärt, wobei die Koloskopie nach einem positiven Stuhltest elektronisch vom durchführenden Arzt zu dokumentieren ist.

HINWEIS

Beachten Sie, dass außerhalb von Vorsorgeuntersuchungen bei Vorliegen von Beschwerden oder auffälligen Befunden in Zusammenhang mit dem Magen-Darm-Trakt jederzeit ein Test auf verborgenes Blut im Stuhl nach GOP 32040 abrechenbar ist.

Beratung und Untersuchung zur Früherkennung des kolorektalen Karzinoms
Die Krebsfrüherkennungs-Richtlinien sehen vor, dass der Arzt seine männlichen und weiblichen Patienten frühzeitig nach Vollendung des 50. Lebensjahres einmalig über das Gesamtprogramm zur Früherkennung des kolorektalen Karzinoms eingehend informiert und berät. Diese erste Beratung kann er jedoch nicht gesondert berechnen, da sie mit der Versicherten- bzw. Grundpauschale abgegolten ist.

Ab dem Alter von 55 Jahren sollten die Versicherten möglichst bald eine weitere Beratung erhalten. Diese Beratung ist einmal im Leben des Patienten abrechnungsfähig.

01740	**Beratung zur Früherkennung des kolorektalen Karzinoms**

Obligater Leistungsinhalt:
- Beratung über die Teilnahme und Motivation zur Teilnahme am Programm zur Früherkennung des kolorektalen Karzinoms
- Information über Inhalt, Ziel und Zweck des Programms, Häufigkeit und Krankheitsbild, Effektivität und Wirksamkeit der Früherkennungsmaßnahmen
- Information über Nachteile, Risiken und Vorgehensweise bei einem positiven Befund
- möglichst frühzeitig nach Vollendung des 55. Lebensjahres

HINWEIS

Details zur Abrechnung des neuen Stuhltests iFOBT (u. a.: neue GOPs 01737, 01738, 32457; Streichung der GOPs 01734, 32040, 40150) lagen im März 2017 noch nicht vor.

Ab dem vollendeten 55. Lebensjahr haben Frauen und Männer Anspruch auf eine präventive Koloskopie. Frühestens zehn Jahre nach der Erstuntersuchung kann diese Koloskopie wiederholt werden. Die Untersuchungsergebnisse werden über die Praxis-EDV dokumentiert. Für die betreffenden Datensätze gilt eine Aufbewahrungspflicht von zehn Jahren.

01741	**Koloskopischer Komplex gemäß den Krebsfrüherkennungs-Richtlinien**

Die Erlaubnis zur Durchführung der präventiven Koloskopie erteilt die KV.

MERKE

Entscheidet sich der Patient mit 55 Jahren für die Durchführung der **präventiven Koloskopie**, dann entfällt der **Test auf okkultes Blut** im Stuhl als Vorsorgeuntersuchung für die nächsten zehn Jahre.
Verzichtet der Patient dagegen auf die präventive Koloskopie, wird der Test auf verborgenes Blut im Stuhl nur noch jedes zweite Kalenderjahr von der Krankenkasse bezahlt.

Früherkennungsuntersuchung auf Hautkrebs (EBM)

Ab dem vollendeten 35. Lebensjahr haben die gesetzlich Krankenversicherten jedes zweite Kalenderjahr Anspruch auf eine Früherkennungsuntersuchung auf Hautkrebs.
Haus- oder Hautärzte können diese Untersuchung mit der **GOP 01745** abrechnen. Findet diese Untersuchung zusammen mit einer Gesundheitsuntersuchung durch den Hausarzt statt, dann kann sie der Hausarzt auch mit dem Zuschlag **GOP 01746** (Zuschlag zur Gesundheitsuntersuchung nach GOP 01732 für die Früherkennungsuntersuchung auf Hautkrebs) berechnen. Die Dokumentation der Untersuchung zur GOP 01745 erfolgt über die Praxis-EDV.

01745	Früherkennungsuntersuchung auf Hautkrebs

Obligater Leistungsinhalt:
- Anamnese
- visuelle Ganzkörperinspektion der gesamten Haut einschließlich des behaarten Kopfes sowie aller Intertrigines
- Befundmitteilung einschließlich diesbezüglicher Beratung
- Dokumentation gemäß Abschnitt D. II. der Krebsfrüherkennungs-Richtlinien

Intertrigines
Hautfalten in Achsel, Leiste, Gesäß und Kniekehle

8.3.4 Gesundheitsuntersuchung (EBM)

Ab dem vollendeten 35. Lebensjahr haben gesetzlich versicherte Männer und Frauen nach den **Richtlinien über die Gesundheitsuntersuchung zur Früherkennung von Krankheiten („Gesundheitsuntersuchungs-Richtlinien")** in jedem zweiten Kalenderjahr Anspruch auf eine Gesundheitsuntersuchung, die der Früherkennung von Herz-Kreislauf-Erkrankungen und Nierenerkrankungen sowie des Diabetes mellitus dient. Sie beinhaltet die folgenden **obligaten** Leistungen:
- Anamnese: Erhebung der Eigen-, Familien- und Sozialanamnese, insbesondere Erfassung des Risikoprofils
- klinische Untersuchung: Untersuchung zur Erhebung des Ganzkörperstatus
- Laboruntersuchungen: Gesamtcholesterin im Blut, Glukose im Blut, Harnstreifentest auf Eiweiß, Glukose, Erythrozyten und/oder Hämoglobin, Leukozyten und Nitrit
- Abschlussberatung über das Ergebnis der Untersuchung und ggf. einer Risikobelastung

Allgemeinmediziner, Internisten und Ärzte ohne Gebietsbezeichnung können die Untersuchung durchführen und abrechnen. Sie dokumentieren die Untersuchung mit dem **Berichtsvordruck Gesundheitsuntersuchung (Muster 30)**. Die Aufbewahrungspflicht beträgt fünf Jahre.

Das Muster 30 ist in der Vordruckmustersammlung der KBV enthalten: www.kbv.de → Service → Formulare

01732	Untersuchung zur Früherkennung von Krankheiten, gemäß den Gesundheitsuntersuchungs-Richtlinien

Die **Laborpauschalen 32880** (Harnteststreifenuntersuchung auf Glukose, Eiweiß, Erythrozyten, Leukozyten, Nitrit), **32881** (Glukose im Blut) und **32882** (Gesamtcholesterin im Serum) sind nicht in der GOP 01732 enthalten und sind zusätzlich berechnungsfähig, wenn diese Untersuchungen im eigenen Labor erfolgen.

BEISPIELE

1) Richard Kuhn (55 Jahre) kommt termingerecht in die Sprechstunde seines Hausarztes und wünscht die Durchführung aller für ihn in Frage kommenden Präventionsuntersuchungen. Der Hausarzt führt die Gesundheitsuntersuchung mit Hautkrebsfrüherkennung, Krebsfrüherkennung, einen Test auf okkultes Blut im Stuhl und die Beratung zur präventiven Koloskopie durch. Die Laboruntersuchungen erfolgen mit Ausnahme der Auswertung des Stuhltests im praxiseigenen Labor.

1. Behandlungstag	01732, 32880, 32881, 32882, 01746, 01731, 01740

Es kann auch die GOP 01740 abgerechnet werden, weil Herr Kuhn 55 Jahre alt ist.

2) Teresa Barrios (48 Jahre) erscheint zur Krebsfrüherkennung bei ihrem Frauenarzt. Obwohl sie völlig gesund ist und keine Beschwerden hat, wünscht sie außerdem einen Test auf okkultes Blut im Stuhl.

1. Behandlungstag	01730

Da Frau Barrios noch nicht 50 Jahre alt oder älter ist, kann der Test auf okkultes Blut im Stuhl nicht zulasten ihrer Krankenkasse berechnet werden. Wenn sie die Untersuchung dennoch wünscht, gilt dies als Individuelle Gesundheitsleistung und muss privat vergütet werden.

3) Der 53-jährige Michael Krüger sucht termingerecht die Sprechstunde seines Urologen auf, um die Krebsfrüherkennungsuntersuchung durchführen zu lassen. Dabei klagt er über Brennen beim Wasserlassen seit zwei Tagen; außerdem hat er den Stuhltest zur Untersuchung auf okkultes Blut im Stuhl dabei. Der Arzt untersucht ihn und beauftragt die Untersuchung des Urins mittels Teststreifen und Sediment sowie die Auswertung des Stuhltests.

1. Behandlungstag	26211, 01731, 01734, 32030, 32031

Da auch eine kurative Behandlung notwendig ist, kann der Urologe zusätzlich zur Früherkennungs-GOP auch seine Grundpauschale sowie die Laborpauschalen für die beauftragten Laborwerte abrechnen.

HINWEIS

Details zur Abrechnung des neuen Stuhltests iFOBT (u. a.: neue GOPs 01737, 01738, 32457; Streichung der GOPs 01734, 32040, 40150) lagen im März 2017 noch nicht vor.

Individuelle Gesundheitsleistungen
→ LF 11, S. 231

AUFGABEN

1 Was bedeutet der Begriff Prävention bzw. Präventionsleistung? Worauf müssen Sie bei der Abrechnung hinsichtlich der Versicherten- bzw. Grundpauschale bei Präventionsleistungen achten?

2 Veronika Wöller (AOK-versichert) kommt mit ihrer dreijährigen Tochter in die Praxis ihres Kinderarztes und fragt nach den in nächster Zeit anstehenden Vorsorgeuntersuchungen und Impfungen. Erklären Sie ihr, wann sie für welche Leistung kommen sollte.

3 Die in der 20. Schwangerschaftswoche schwangere Ilka Gazic (versichert bei der TK) kommt zum ersten Mal in diesem Quartal zur regulären Mutterschaftsvorsorgeuntersuchung. Nennen Sie die Leistungen, die der Arzt bei ihr erbringen wird, und rechnen Sie diese ab.

4 Geben Sie an, ab welchem Geburtstag gesetzlich versicherte **a** Frauen und **b** Männer einen Anspruch auf eine Krebsfrüherkennungsuntersuchung haben.

5 Geben Sie an, ab welchem Geburtstag gesetzlich Versicherte Anspruch auf eine Gesundheitsuntersuchung haben.

6 Eckard Ratter ist 58 Jahre alt und gesetzlich versichert. Welche Früherkennungsuntersuchungen kann er in den nächsten drei Jahren in Anspruch nehmen?

9 Abrechnung von Präventionsleistungen bei Privatpatienten (GOÄ)

Während bei gesetzlich Versicherten die Ausgestaltung präventiver Maßnahmen durch die Richtlinien des Bundesausschusses der Ärzte und Krankenkassen geregelt ist, gibt es für Privatpatienten **keine offiziellen Vorgaben**. Zwar gelten die Richtlinien des G-BA nicht für privat Versicherte, dennoch kann sich der privatärztlich tätige Arzt in Bezug auf die Leistungsinhalte daran orientieren. Es gibt außerdem für privat Versicherte keine offiziellen Formulare. Die Praxis kann aber z. B. selbst einen individuellen Dokumentationsbogen für die Gesundheitsuntersuchung erstellen.

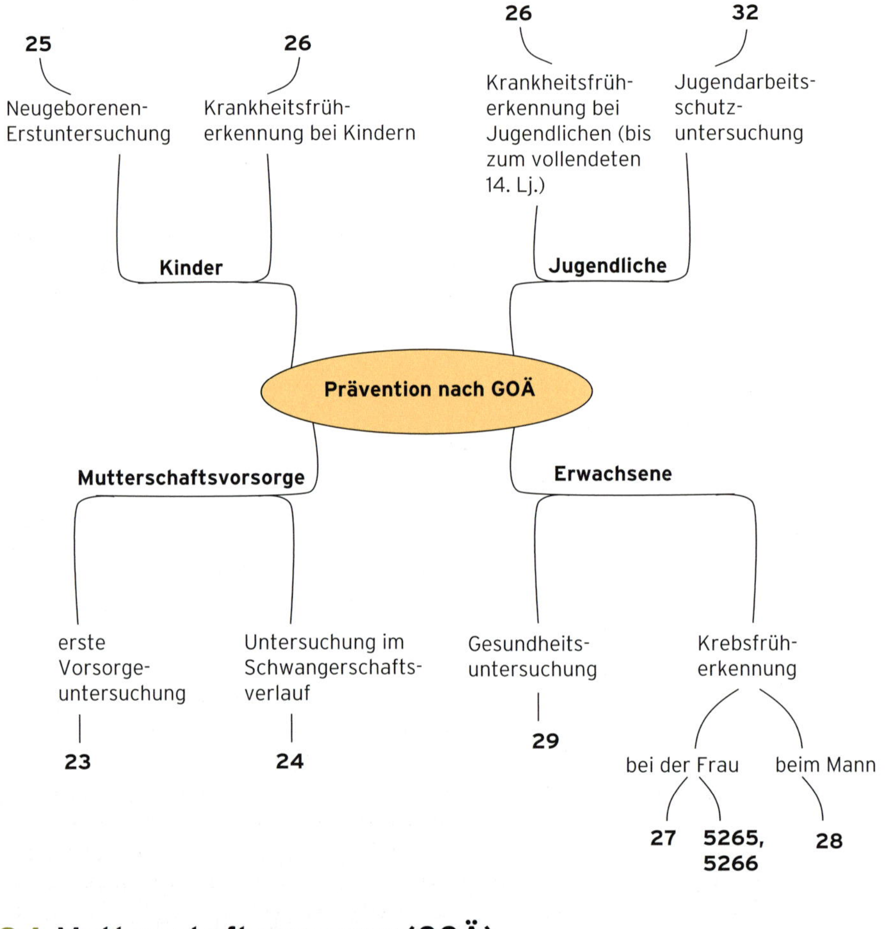

9.1 Mutterschaftsvorsorge (GOÄ)

Der privatärztlich abrechnende Arzt kann sich innerhalb der 40 Wochen einer Regelschwangerschaft an die Untersuchungsintervalle halten, die die Mutterschafts-Richtlinie vorsieht. Er darf aber auch individuelle Abstände zwischen den einzelnen Untersuchungen festlegen.

Die GOÄ sieht die **Untersuchungsziffern 23 und 24** für die Mutterschaftsvorsorge vor. In diesen sind Beratungen und Untersuchungen bereits enthalten, sodass Beratungen nach Ziffer 1 oder 3 bzw. Untersuchungen nach Ziffer 5, 7 oder 8 nicht zusätzlich berechnet werden können. Diese sind nur berechenbar, wenn in der Schwangerschaft Komplikationen auftreten. Ebenso ist mit der Hämoglobinbestimmung in Ziffer 23 die Erstellung des Blutbilds (Ziffer 3550) in der Vorsorgeziffer enthalten.

23	Erste Vorsorgeuntersuchung in der Schwangerschaft mit Bestimmung des Geburtstermins – einschließlich Anamnese und Anlegen des Mutterpasses sowie Beratung der Schwangeren über die Mutterschaftsvorsorge, einschließlich Hämoglobinbestimmung			
	1fach	2,3fach	3,5fach	1,2fach
300 Punkte	17,49 €	40,22 €	61,20 €	20,98 €

24	Untersuchung im Schwangerschaftsverlauf – einschließlich Beratung und Bewertung der Befunde, gegebenenfalls auch im Hinblick auf Schwangerschaftsrisiken			
	1fach	2,3fach	3,5fach	1,2fach
200 Punkte	11,66 €	26,81 €	40,80 €	13,99 €

Ziffer 24 kann bei jeder Mutterschaftsvorsorgeuntersuchung abgerechnet werden, die im Verlauf der Schwangerschaft nach der ersten Untersuchung nach Ziffer 23 stattfindet.

Der Arzt kann über diese Untersuchungsziffern hinaus zusätzlich alle weiteren Leistungen, wie z. B. **Sonografien**, weitere **Laboruntersuchungen** und **Kardiotokografien** abrechnen.

Kardiotokografien
Messungen und Aufzeichnungen der kindlichen Herzfrequenz und der mütterlichen Wehentätigkeit

BEISPIEL

Ricarda Russ kommt im Rahmen der Mutterschaftsvorsorge als Privatpatientin in der 38. Schwangerschaftswoche zu ihrem Gynäkologen, der verschiedene Untersuchungen vornimmt oder beauftragt. Er rechnet folgende Ziffern ab:

Datum	GOÄ-Nr.	Leistung	Steigerungssatz	Betrag in €
04. April	24	Schwangerschaftsuntersuchung	2,3	26,81
	1002	Externe kardiotokografische Untersuchung (CTG)	1,8	20,98
	415	Ultraschalluntersuchung im Rahmen der Mutterschaftsvorsorge	2,3	40,22
	401	Zuschlag für Ziffer 415 bei zusätzlicher Anwendung des Duplex-Verfahrens	1,0	23,31
	3511	Teststreifenuntersuchung auf pH (Vaginalsekret)	1,15	3,35
	298	Abstrichentnahme zur mikrobiologischen Untersuchung	2,3	5,36
	4539	aufwendige Anzüchtung, je Nährmedium	1,15	16,76
	3511	Urinuntersuchung mit Teststreifen	1,15	3,35
	3531	Urinsediment	1,15	4,69
	3517	Hämoglobinbestimmung	1,15	4,69

Duplex-Verfahren
Ultraschalltechnik mit gleichzeitiger Darstellung von Herz oder Blutgefäßen und der, meist farbkodierten, Strömungsgeschwindigkeit des Blutes

9.2 Präventionsuntersuchungen bei Kindern und Jugendlichen (GOÄ)

9.2.1 Früherkennung von Krankheiten bei Kindern und Jugendlichen (GOÄ)

Kinder

Für privat versicherte Kinder gelten keine festen Untersuchungsintervalle, wie sie die Kinder-Richtlinien des G-BA vorgeben.
Die GOÄ sieht für Früherkennungsuntersuchungen bei Kindern die **Ziffern 25 und 26** vor.

25	**Neugeborenen-Erstuntersuchung - ggf. einschließlich Beratung der Bezugsperson(en)**			
	1fach	2,3fach	3,5fach	1,2fach
200 Punkte	11,66 €	26,81 €	40,80 €	13,99 €

26	**Untersuchung zur Früherkennung von Krankheiten bei einem Kind bis zum vollendeten 14. Lebensjahr (Erhebung der Anamnese, Feststellung der Körpermaße, Untersuchung von Nervensystem, Sinnesorganen, Skelettsystem, Haut, Brust-, Bauch- und Geschlechtsorganen) - ggf. einschließlich Beratung der Bezugsperson(en)**			
	1fach	2,3fach	3,5fach	1,2fach
450 Punkte	26,23 €	60,33 €	91,80 €	31,48 €

Neben den Ziffern 25 und 26 sind zusätzlich keine weiteren Beratungs-/Untersuchungsziffern abrechenbar.
Die Leistung nach Ziffer 26 ist ab dem vollendeten 2. Lebensjahr bis zum vollendeten 14. Lebensjahr nur einmal je Kalenderjahr abrechnungsfähig.
Bis zum 2. Lebensjahr ist es empfehlenswert, wenn der Kinderarzt die **Untersuchungsintervalle der | Kinder-Richtlinien** übernimmt. Daneben kann er aber jederzeit zusätzliche Untersuchungen, die nicht Teil der Leistung nach Ziffer 26 sind, abrechnen, z. B. Hüftgelenksonografie, Hörtests, Vojta-Test, Impfungen.

Kinder-Richtlinien
→ LF 11, S. 213 f.

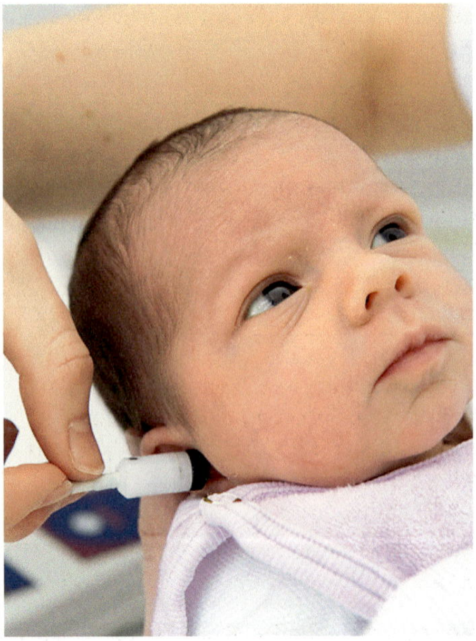

Abb. 1 Neugeborenen-Hörscreening

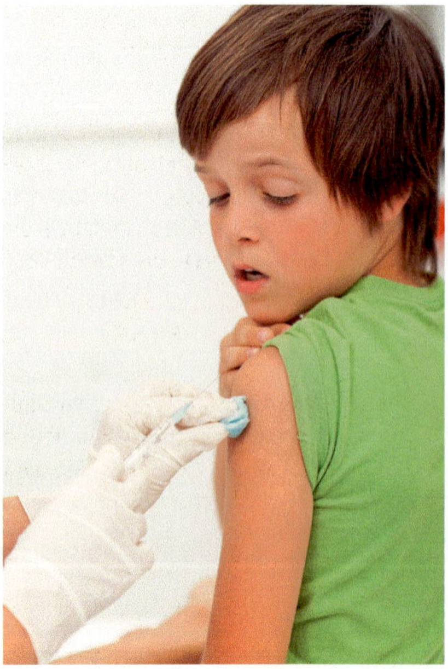

Abb. 2 Impfung

Für ärztliche Leistungen vom 05.05.13 bis 22.05.13
erlaube ich mir, **140,76 €** zu berechnen.

Diagnosen:
Rachitisprophylaxe; V.a. cutanes Lipom; Meteorismus
Ausschluss Stenose des Anus und des Rektums; Ausschluss Hüftdysplasie
Ausschluss Strabismus; Ausschluss motorische Entwicklungsstörungen
Ausschluss von Entwicklungsstörungen; Nasenventilationsbehinderung

Datum	GOÄ-Nr.	Leistungsbeschreibung	Gebühr	Faktor	Betrag in €
05.05.13	1	Beratung, auch telefonisch	4,66	2,300	10,72
22.05.13	26	Früherkennungsuntersuch. Kind	26,23	2,300	60,33
	413	Hüftgelenksonografie Kind	16,32	2,300	37,54
	11	rektale Untersuchung	3,50	2,300	8,04
	714	Neurokinesiolog. Diagn. n. Vojta	10,49	2,300	24,13
				EUR	140,76
			Rechnungsendbetrag	EUR	140,76

Abb. 1 Liquidationsausschnitt für die dritte Untersuchung („U 3")

Jugendliche

Mit Vollendung des 14. Lebensjahres ist die Ziffer 26 nicht mehr berechenbar. Der Arzt kann jedoch dem Jugendlichen eine Untersuchung empfehlen, die mit der Jugendgesundheitsuntersuchung der GKV vergleichbar ist.

Jugendgesundheitsuntersuchung der GKV
→ LF 11, S. 216

9.3 Präventionsuntersuchungen bei Erwachsenen (GOÄ)

9.3.1 Krebsfrüherkennungsuntersuchungen

Untersuchungen zur Krebsfrüherkennung werden bei Privatpatienten mit den **Ziffern 27 (Krebsfrüherkennung bei der Frau)** und **28 (Krebsfrüherkennung beim Mann)** abgerechnet. Anders als bei den Früherkennungsuntersuchungen der GKV gibt es hier keine Altersbegrenzungen und keine verbindlichen Dokumentationsvordrucke. Auch der Leistungsumfang dieser Früherkennungsuntersuchungen weicht von dem der GKV ab.

27	**Untersuchung einer Frau zur Früherkennung von Krebserkrankungen der Brust, des Genitales, des Rektums und der Haut - einschließlich Erhebung der Anamnese, Abstrichentnahme zur zytologischen Untersuchung, Untersuchung auf Blut im Stuhl und Urinuntersuchung auf Eiweiß, Zucker und Erythrozyten, einschließlich Beratung**			
	1fach	2,3fach	3,5fach	1,2fach
320 Punkte	18,65 €	42,90 €	65,28 €	22,38 €

28	**Untersuchung eines Mannes zur Früherkennung von Krebserkrankungen des Rektums, der Prostata, des äußeren Genitales und der Haut - einschließlich Erhebung der Anamnese, Urinuntersuchung auf Eiweiß, Zucker und Erythrozyten sowie Untersuchung auf Blut im Stuhl, einschließlich Beratung**			
	1fach	2,3fach	3,5fach	1,2fach
280 Punkte	16,32 €	37,54 €	57,12 €	19,58 €

Für beide Ziffern gilt: Die Materialien für die Untersuchungen wie Stuhlbriefchen und Urinteststreifen kann der Arzt nicht gesondert abrechnen. Ebenso können keine weiteren Beratungen oder Untersuchungen nach den Ziffern 1, 3, 5, 6, 7 oder 8 berechnet werden.

Neben diesen Krebsfrüherkennungsuntersuchungen können auch **Mammografieuntersuchungen** zur Brustkrebsfrüherkennung durchgeführt und abgerechnet werden. Hierfür stehen die Ziffern 5265 und 5266 zur Verfügung.

5265	**Mammografie einer Seite, in einer Ebene**			
	1fach	1,8fach	2,5fach	1,0fach
300 Punkte	17,49 €	31,48 €	43,72 €	17,49 €

5266	**Mammografie einer Seite, in zwei Ebenen**			
	1fach	1,8fach	2,5fach	1,0fach
450 Punkte	26,23 €	47,21 €	65,57 €	26,23 €

Beide Ziffern werden für jede Brust einzeln abgerechnet.

9.3.2 Gesundheitsuntersuchung

29	**Gesundheitsuntersuchung zur Früherkennung von Krankheiten bei einem Erwachsenen - einschließlich Untersuchung zur Erhebung des vollständigen Status (Ganzkörperstatus), Erörterung des individuellen Risikoprofils und verhaltensmedizinisch orientierter Beratung**			
	1fach	2,3fach	3,5fach	1,2fach
440 Punkte	25,65 €	58,99 €	89,76 €	30,78 €

HINWEIS

Wenngleich auch für Ziffer 29 **keine Altersbeschränkung** gilt, erkennen manche privaten Krankenversicherungen diese Untersuchungen erst für Patienten ab dem vollendeten 35. Lebensjahr an.

Die Leistungslegende zur Ziffer 29 enthält keine Laborleistungen, es können daher alle im Rahmen der Gesundheitsuntersuchung notwendigen Laborleistungen zusätzlich abgerechnet werden. Diese sind z. B. Untersuchungen zu Gesamtcholesterin und Glukose im Blut sowie Urinuntersuchungen auf Eiweiß, Glukose, Erythrozyten, Leukozyten und Nitrit.
Außerdem können z. B. EKGs, Ultraschalluntersuchungen, Lungenfunktionsprüfungen sowie weitere Laboruntersuchungen erforderlich sein, die ebenfalls zusätzlich berechnet werden.
Führt der Arzt im zeitlichen Zusammenhang mit der Gesundheitsuntersuchung auch eine Krebsfrüherkennungsuntersuchung durch, dann können beide Leistungen nebeneinander berechnet werden. Allerdings ist es nicht möglich, Leistungen, die in beiden Untersuchungen enthalten sind, z. B. Stuhlbriefchen, doppelt zu berechnen.

Neben der Gesundheitsuntersuchung nach Ziffer 29 sind die Leistungen nach den Ziffern 1, 3, 5, 6, 7 und/oder 8 nicht berechnungsfähig.

AUFGABEN

1 Rechnen Sie ab: Die in der 20. Schwangerschaftswoche schwangere Nadja Timm (privat versichert) kommt erneut zur regulären Mutterschaftsvorsorgeuntersuchung. Der Arzt untersucht sie, führt eine Ultraschalluntersuchung und eine Urinuntersuchung mit Teststreifen durch. Zusätzlich führt er eine venöse Blutentnahme zur Bestimmung des HbA_{1c} und des Serum-Kreatinins durch. Er berät die Patientin noch 15 Minuten in Bezug auf den drohenden Schwangerschaftsdiabetes.

2 Stefan Haverbeck (37 Jahre) kommt mit seinem siebenjährigen Sohn Dennis in die Praxis seines Hausarztes. Beide lassen alle für sie in Frage kommenden Früherkennungsuntersuchungen durchführen. Sie sind Privatpatienten. Welche Untersuchungen führt der Arzt durch? Rechnen Sie beide getrennt ab.

Gesundheitsuntersuchung

Alter: unter 35 ☐ / 35-39 ☐ / 40-44 ☐ / 45-49 ☐ / 50-54 ☐ / 55-59 ☐ / 60-64 ☐ / 65-69 ☐ / 70-74 ☐ / älter ☐

Geschlecht: weiblich ☐ männlich ☐

Krebsfüherkennung: ja ☐

Anamnese:
Wurde bereits eine Gesundheitsuntersuchung durchgeführt: ja ☐

Vorbestehende Krankheiten:

	In der Eigenanamnese	in der Familienanamnese
Hypertonie	☐	☐
Koronare Herzkrankheit	☐	☐
Sonst. Art. Verschlußkrankheit	☐	☐
Diabetes mellitus	☐	☐
Nierenkrankheiten	☐	☐
Lungenerkrankung	☐	☐

Persönliche Risikofaktoren
Nikotinabusus ☐ / Adipositas ☐ / dauerhafte emotionale Belastungsfaktoren ☐ / Alkoholabusus ☐ / Bewegungsmangel ☐

Befunde
Krankhafte Veränderungen (ohne interkurrente Befunde)

Brustkorb (Inspektion) ☐ / Bewegungsapparat ☐ / Herzauskultation ☐ / Haut ☐ / Lungenauskultation ☐ / Sinnesorgane ☐ / Abdomenpalpation ☐ /

Nervensystem ☐ / Fußpulse ☐ / Psyche ☐ / Karotisauskultation ☐

Blutdruck
bis 140/90 mmHg ☐ / bis 180/105 mmHg ☐ / bis 160/95 mmHg ☐ / über 180/105 mmHg ☐

Labor
Gesamtcholesterin
Bis 200 mg/dl ☐ / 201 bis 220 mg/dl ☐ / 221 bis 250 mg/dl ☐ / 251 bis 300 mg/dl ☐ / über 300 mg/dl ☐

Bestimmung des HDL/LDL - Cholesterin veranlaßt ? ja ☐
Glukosewerte auffällig ? ja ☐

Harn

Eiweiß	Ery/Hb	Leukozyten	Glukose	Nitrit
Positiv ☐	positiv ☐	positiv ☐	positiv ☐	positiv ☐

Neue Diagnose / Verdachtsdiagnose

Behandlungsbedürftig? Ja ☐

Wurden Maßnahmen veranlaßt ? ja ☐

Name des Patienten/in :

Datum ____________________ **Unterschrift (Arzt)**____________________

Abb. 1 Beispiel für einen Dokumentationsbogen Gesundheitsuntersuchung

10 Untersuchungen nach dem Jugendarbeitsschutzgesetz

Das Jugendarbeitsschutzgesetz finden Sie unter www.gesetze-im-internet.de/jarbschg

Im **Jugendarbeitsschutzgesetz (JArbSchG)** sieht der Gesetzgeber vor, dass jeder Jugendliche unter 18 Jahren beim Übergang in das Berufsleben ärztlich untersucht werden muss. Der § 32 JArbSchG besagt, dass

»ein Jugendlicher, der in das Berufsleben eintritt, nur beschäftigt werden darf, wenn
1. er innerhalb der letzten vierzehn Monate von einem Arzt untersucht worden ist (Erstuntersuchung) und
2. dem Arbeitgeber eine von diesem Arzt ausgestellte Bescheinigung vorlegt.«

Neben der Erstuntersuchung sind eine erste Nachuntersuchung und ggf. weitere Nachuntersuchungen möglich.

Der Jugendliche erhält den **Berechtigungsschein** für die **Jugendarbeitsschutzuntersuchung**, den er in die Praxis mitbringt, z. B. beim Einwohnermeldeamt seines Wohnortes (regionale Unterschiede). Auf diesem Berechtigungsschein trägt der Arzt die Untersuchungsergebnisse ein und rechnet mit diesem Schein seine Leistungen ab. Er bekommt sie unabhängig vom Krankenversichertenstatus des Jugendlichen vom betreffenden **Kostenträger**, der zuständigen staatlichen Stelle, z. B. dem Gewerbeaufsichtsamt oder dem Landesamt für Arbeitsschutz, erstattet. Der Kostenträger kann in den einzelnen KV-Bereichen unterschiedlich sein. Ebenso gibt es keine einheitliche **Abrechnung der Kosten**: Beispielsweise kann in Thüringen die ärztliche Leistung zur Jugendarbeitsschutzuntersuchung grundsätzlich nur nach GOÄ abgerechnet werden. Sie wird immer mit dem 1fachen Satz der GOÄ berechnet, da öffentliche Leistungs-/Kostenträger (nach § 11 GOÄ) nur so vergüten. Dies trifft auch auf alle anderen Untersuchungen, die im Zusammenhang mit dieser Untersuchung anfallen können, zu.

32	**Untersuchung nach §§ 32 bis 35 und 42 des Jugendarbeitsschutzgesetzes (eingehende, das gewöhnliche Maß übersteigende Untersuchung – einschließlich einfacher Seh-, Hör- und Farbsinnprüfung; Urinuntersuchung auf Eiweiß, Zucker und Erythrozyten; Beratung der Jugendlichen; schriftliche gutachtliche Äußerung; Mitteilung für die Personensorgeberechtigten; Bescheinigung für den Arbeitgeber)**			
	1fach	2,3fach	3,5fach	1,2fach
440 Punkte	23,31 €	53,62 €	81,60 €	27,98 €

Andere KV-Bereiche, z. B. die KV Hessen und die KV Bayern, haben für die Erstuntersuchung sowie für die erste Nachuntersuchung und weitere Nachuntersuchungen eigene fünfstellige Abrechnungsnummern, die sich jedoch in der Höhe der Vergütung an der GOÄ-Ziffer 32 orientieren. Die Abrechnung erfolgt dementsprechend über die zuständige KV. Informieren Sie sich über die Bestimmungen Ihrer regionalen KV.

BEISPIEL

Jugendarbeitsschutzuntersuchungen im Bereich der KV Hessen:

Abrechnungsnummer	Art der Jugendschutzuntersuchung	Betrag in €
91951	Erstuntersuchung (einmal im Behandlungsfall)	23,31
91952	Nachuntersuchung (einmal im Behandlungsfall)	23,31
91953	weitere Nachuntersuchung (einmal im Behandlungsfall)	23,31
91954	außerordentliche Nachuntersuchung (auch mehr als einmal im Behandlungsfall)	23,31

11 Individuelle Gesundheitsleistungen (IGeL)

Private Inanspruchnahme
Individueller GeSundheitsLeistungen

Nach den Bestimmungen im SGB V sind der Leistungsanspruch der gesetzlich Versicherten und die Leistungspflicht des Vertragsarztes auf Leistungen begrenzt, die erbracht werden, um eine Krankheit zu erkennen und zu heilen, um Beschwerden zu lindern oder eine Verschlimmerung zu vermeiden. Sie müssen ausreichend und zweckmäßig sein und dürfen das Maß des Notwendigen nicht übersteigen. Außerhalb des so definierten Leistungskataloges der GKV kann ein Vertragsarzt jedoch auch weitere Leistungen anbieten, die dann nicht von der Krankenkasse erstattet werden, sondern privat zu liquidieren sind. Diese weiteren Leistungen nennt man IGeL.

HINWEIS

Der Leistungskatalog der GKV ist für die **Pflichtleistungen** bei allen Kassen identisch. Es bestehen jedoch Unterschiede in den **Ermessensleistungen** der Kassen. So kann eine Leistung, die ein Patient der einen Kasse erstattet bekommt, für einen Patienten einer anderen Kasse eine IGeL sein.

MERKE

IGeL steht für **I**ndividuelle **Ge**sundheits**l**eistungen und beinhaltet z. B. Leistungen der Vorsorge- und Servicemedizin, die vom Leistungskatalog der gesetzlichen Krankenkassen nicht erfasst werden.

Die KBV hat einen Katalog aus derzeit 69 **Individuellen Gesundheitsleistungen** erstellt, die zehn Bereichen zugeordnet werden. Viele Patienten wünschen z. B. ergänzende Leistungen im Bereich der **Prävention** oder der **alternativen Heilmethoden**, die vom Gesetzgeber als nicht medizinisch notwendig betrachtet werden. Zu diesen IGeL zählen z. B. vorbeugende Impfungen für Auslandsreisen, Bestimmung des prostataspezifischen Antigens, Zusatzdiagnostik in der Schwangerschaft, Serviceleistungen wie Einstellungs- und Sporttauglichkeitsuntersuchungen oder medizinisch-kosmetische Leistungen. IGeL dienen also der individuellen medizinischen Versorgung über den Standard der vertragsärztlichen Leistung hinaus.

Informationen über aktuelle IGeL erhalten Sie bei den zuständigen KVen und unter www.e-bis.de → IGeL.online

Die KVen informieren über sinnvolle und qualitativ gute Leistungen, die Ärzte ihren Patienten anbieten können. Die Erbringung solcher Leistungen ist jedoch an **Voraussetzungen** geknüpft:

- Der Arzt darf seine Patienten über Broschüren und Aushänge in seiner Praxis informieren.
- Die Informationen über die Vorteile von IGeL müssen objektiv und sachlich richtig sein.
- Nach eingehendem Arzt-Patient-Gespräch muss sich der Patient selbst für IGeL entscheiden.

Wünscht der Patient nach der Aufklärung über Kosten und Nutzen der Leistung die betreffende IGeL, muss ein schriftlicher Vertrag, eine **Patientenerklärung**, zwischen Arzt und Patient darüber geschlossen werden, der die Leistung und die voraussichtlichen Kosten nennt und so späteren Streitigkeiten über die Abrechnung der Leistung vorbeugt.

PATIENTENERKLÄRUNG
INKL. DER ERFORDERLICHEN HONORARVEREINBARUNG

Name und Vorname der Patientin/des Patienten,
Anschrift

____

____

____

Ich wünsche, durch die/den behandelnde(n) Ärztin/Arzt die folgenden Leistungen gemäß GOÄ in Anspruch zu nehmen:
Angabe der Einzelleistungen nach GOÄ-Ziffern, Eurobeträge

____

____

____

Ich vereinbare hierfür ein Honorar über voraussichtlich Euro

____

Es ist mir bekannt, dass die Krankenkasse, bei der ich versichert bin, eine im Sinne des Gesetzes ausreichende Behandlung gewährt und vertraglich sichergestellt hat. Ich wünsche dennoch die oben aufgeführten Leistungen.

Ich weiß, dass die Behandlung nicht erstattungsfähig ist und dass der oben genannte Betrag von mir selbst zu tragen ist.

Datum:	Datum:
Ort:	Ort:
______________	______________
Unterschrift Ärztin/Arzt	Unterschrift Patientin/Patient

Abb. 1 Beispiel für einen Vordruck einer IGeL-Patientenerklärung

Die Individuelle Gesundheitsleistung wird dann **nach GOÄ** (bzw. analoger Anwendung der GOÄ) abgerechnet. Die Gebühren orientieren sich am einfachen GOÄ-Satz, können aber auch mit höheren Steigerungssätzen berechnet werden. Nicht für jede dieser Leistungen gibt es eine unmittelbare GOÄ-Ziffer (z. B. für „Reisemedizinische Untersuchung" oder für „Großer Gesundheits-Check"), sondern die Abrechnung orientiert sich an den gängigen Leistungen.

	Umfassende ambulante Vorsorgeuntersuchung („General-Check")		
GOÄ-Ziffer Punkte	**Legende**	**1fach-Satz**	**2,3fach-Satz**
29 440 Punkte	Gesundheitsuntersuchung zur Früherkennung von Krankheiten bei einem Erwachsenen	25,65 €	58,99 €
651 253 Punkte	Ruhe-EKG	14,75 €	26,54 €
605 242 Punkte	Ruhespirografische Untersuchung	14,11 €	25,39 €
605a 140 Punkte	Darstellung der Flussvolumenkurve	8,16 €	14,69 €
5137 450 Punkte	Brustorganübersicht (Röntgen)	26,23 €	47,21 €
	Laborleistungen		

Bei der Wahl von IGeL ist zu beachten, dass bestimmte Leistungen in **kurativer** Behandlung Pflichtleistungen der GKV sind, als **präventive** Leistung aber als IGeL zählen und privat abgerechnet werden müssen.

BEISPIEL

Eine osteodensitometrische Untersuchung zur Früherkennung von Osteoporose wird nur dann von der gesetzlichen Krankenkasse übernommen, wenn die Patientin bereits eine Fraktur ohne nachweisbares adäquates Trauma erlitten hat.

Osteodensitometrie
röntgenologische Knochendichtemessung

Beispiele für IgEL

Früherkennungs-IGeL
- zusätzliche jährliche Gesundheitsuntersuchung („Intervall-Check")
- sonografischer Check-up der inneren Organe („Sono-Check")
- Untersuchung zur Früherkennung des Prostata-Karzinoms mittels Bestimmung des prostataspezifischen Antigens (PSA) und ggf. transrektaler Sonografie
- Augeninnendruckmessung zur Glaukom-Früherkennung

Freizeit-Urlaub-Sport-IGeL
- reisemedizinische Impfungen

Kosmetische IGeL
- ästhetische Operationen (z. B. Facelifting, Brustkorrektur, Fettabsaugung)

Psychotherapie-IGeL
- Stressbewältigungstraining

Service-IGeL
- ärztliche Untersuchungen und Bescheinigungen außerhalb der kassenärztlichen Pflichten auf Wunsch des Patienten (z. B. bei Reiserücktritt)

Labor-IGeL
- Blutgruppenbestimmung auf Wunsch
- anlassbezogener Labor-Teiltest auf Patientenwunsch (z. B. HIV-Test)
- Zusatzdiagnostik in der Schwangerschaft auf Wunsch der Schwangeren

AUFGABEN

1 Was wird unter IGeL verstanden? Geben Sie Beispiele.

2 Was ist vor der Erbringung von IGeL zu beachten?

3 Wie werden IGeL abgerechnet?

LF 12

Berufliche Perspektiven entwickeln

Gesundheitswesen

„Kinder kriegen die Leute immer“

Ein Ausspruch unseres ersten Bundeskanzlers Konrad Adenauer hat sich als Trugschluss erwiesen. Seit nunmehr über 30 Jahren sinkt die Geburtenrate und die Lebenserwartung der Bevölkerung steigt. Dies bringt die Finanzierung unseres Sozialsystems in Gefahr, da es darauf aufbaut, dass die beruflich aktiven die Kosten aller anderen mittragen. Der immer höher steigende Anteil der älteren Bevölkerung und der sich rasant entwickelnde medizinische Fortschritt führen zu hohen Kosten im Gesundheitswesen. Mehrere Gesundheitsreformen in den letzten Jahren hatten eine immer stärkere Patientenbeteiligung bei Gesundheitskosten zur Folge. Die politischen Beschlüsse und deren Auswirkungen zu kennen, hilft Ihnen beim Umgang mit den Patienten, die häufig sehr wenig Verständnis für die Mehrkosten haben.

Brutto ist leider nicht netto …

Ein Blick auf Ihre Gehaltsabrechnung zeigt, dass neben der Krankenversicherung auch die anderen Sozialversicherungen Ihr Nettogehalt erheblich mindern. Viele Faktoren beeinflussen Ihr Nettogehalt: Ob Sie verheiratet sind oder nicht, ob Sie einer Kirche angehören, ob Sie Kinder haben usw. …

Um die Entwicklung Ihres Gehalts einzuschätzen, ist auch ein Blick auf die Reallohnentwicklung unentbehrlich. Wenn alle Produkte (Miete, Lebensmittel usw.) z. B. 4 % teurer werden, Ihre Gehaltserhöhung aber nur 3 % beträgt, haben Sie trotz Gehaltserhöhung einen realen Gehaltsverlust von 1 %.

Prüfung bestanden... wie geht es weiter?

Sie haben den Grundstock für Ihr Berufsleben gelegt – eine abgeschlossene Ausbildung. Einige von Ihnen werden von der Ausbildungspraxis übernommen. Andere müssen oder wollen einen neuen Arbeitplatz finden, der Ihren Qualifikationen entspricht, an dem Sie sich wohl fühlen und weiterentwickeln können.

Dazu ist ein gutes Abschlusszeugnis eine wichtige Voraussetzung, jedoch gibt es in der Regel auf offene Stellen viele Bewerberinnen. Sie müssen sich bzw. Ihre Arbeitskraft attraktiv „verkaufen" und dies bereits beim Bewerbungsschreiben. Haben Sie diesen Schritt geschafft und werden zum Gespräch eingeladen, wird es aufregend, denn der erste persönliche Eindruck ist entscheidend. Sowohl das Bewerbungsschreiben als auch das Bewerbungsgespräch können Sie trainieren und somit Ihre Zukunft selbst in die Hand nehmen.

Fortbildung lohnt sich!

Wir brauchen gut ausgebildete Fachkräfte! Fortbildung ist eine Investition in die Zukunft! Soweit so gut. Jedoch bedeutet Fortbildung für die Praxis: die Mitarbeiterin ist fort! Außerdem ist eine Fortbildung häufig mit einem zusätzlichen Aufwand für den Mitarbeiter verbunden, z. B. Fahrzeiten, Freizeiteinbußen. Trotz all dem zahlt sich Fortbildung für alle Beteiligten aus. Gut ausgebildete und fortgebildete Medizinische Fachangestellte sind eine Bereicherung für die Arztpraxis und für die Patienten.

Fortbildungen, z. B. im Bereich des Qualitätsmanagement, der Ernährungsmedizin und der Wundversorgung qualifizieren Sie und machen Sie auf dem Arbeitsmarkt „Gesundheit" unverzichtbar.

1 Soziale Marktwirtschaft

1.1 Der Markt

Abb.1 Wochenmarkt

Um ein Grundverständnis für die Soziale Marktwirtschaft zu erlangen, muss zunächst das Funktionieren des Marktes und der Preisbildung erklärt werden. Seit Jahrhunderten treffen sich z. B. auf dem Wochenmarkt Käufer und Verkäufer von Obst, Gemüse, Blumen usw. (→ Abb. 1). Das Angebot ändert sich, neue Gemüsezüchtungen kommen auf den Markt ebenso wie völlig neue Waren, manche verschwinden im Laufe der Zeit auch wieder. Das Recht auf Zutritt zum Markt ist für **Käufer** einfach zu erhalten. Er muss sich nur dorthin begeben.

Verkäufer müssen ein Recht erwerben, dort anzubieten und „Eintritt" (Standgeld) bezahlen.

Ein weiteres Beispiel ist der Arbeitsmarkt. Wer Arbeit anbietet (Arbeitgeber) trifft sich hier mit denen, die Arbeit nachfragen (Arbeitnehmer). Obwohl der Eintritt staatlich geregelt „umsonst" ist (Agentur für Arbeit), gibt es auch hier Vermittlungsinstitutionen (Personalberater), die den Aufbau eines Marktes gegen Entgelt leisten. Jeden Tag entdecken Menschen neue Märkte. Häufig im Bereich der Dienstleistungen. Beispiele hierfür sind Windelwasch- und Bringdienste, Kfz-Zulassungsdienste, Brötchenbringdienste, Computerreinigungsdienste. Das Recht auf Eintritt in diese Märkte ist relativ einfach und preiswert zu erhalten.

In andere Märkte ist ein Hineinkommen sehr teuer bzw. fast unmöglich, z. B. Automobil- oder Mineralölmarkt.

Der Ort des Wochenmarktes lässt sich noch relativ gut und verständlich bestimmen. Er findet auf dem Marktplatz statt. Bei der sachlichen Gliederung (Welche Produktarten werden dort gehandelt?) wird es schon schwieriger. Sicherlich kann man beim Wochenmarkt nicht sagen, dass es sich um den Konsumgütermarkt handelt. Genauso wenig wird man von dem Nahrungsmittelmarkt oder dem Obst- und Gemüsemarkt reden können. Sicherlich ist es auch verfehlt, von dem Blumenkohlmarkt, dem Rettichmarkt usw. zu sprechen. Die gleichen Schwierigkeiten bestehen, wenn man eine örtliche Gliederung versucht: der Markt einer Gemeinde, der baden-württembergische Markt, der deutsche Markt, der EU-Markt usw. (→ Abb. 2).

Für alle Märkte lässt sich jedoch Gemeinsames feststellen: Überall dort, wo Angebot und Nachfrage aufeinandertreffen, spricht man von einem Markt. Das Recht auf Eintritt in einen solchen Markt kann für Anbieter und/oder Nachfrager durch Barrieren mehr oder weniger schwierig sein. Der Ausgleich der gegenseitigen Interessen von Anbietern und Nachfragern erfolgt über den Preis.

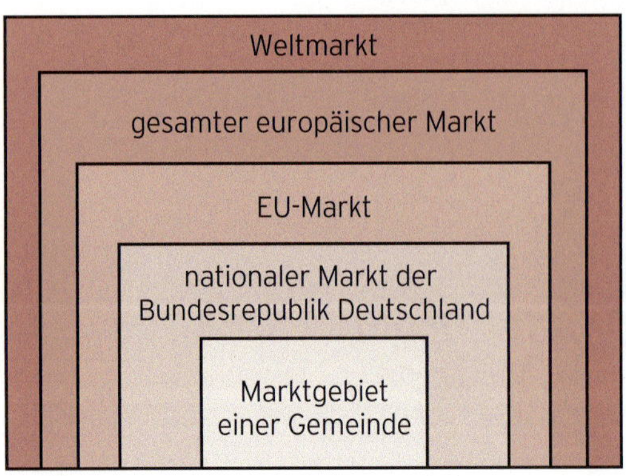

Abb.2 Räumliche Gliederung der Märkte

Wer hat nun größere Möglichkeiten, durch sein Verhalten den Preis auf dem Markt zu beeinflussen – Anbieter oder Nachfrager? Beobachtet man verschiedene Märkte, z. B. für Kopfsalat, Waschmittel, Flugzeuge, Unfallversicherungen, so ist bald festzustellen, dass

- Kopfsalat von vielen Gärtnern und Landwirten erzeugt und angeboten und von zahlreichen privaten Haushalten, Gaststätten usw. nachgefragt wird,
- Waschmittel und Unfallversicherungen jedoch nur von wenigen Firmen angeboten, aber von vielen Nachfragern nachgefragt werden,
- Flugzeuge von relativ wenig Produzenten angeboten und nur von einigen Unternehmen nachgefragt werden.

Durch diese wenigen Beispiele wird deutlich, dass sich Märkte auch durch die Anzahl der konkurrierenden Anbieter und Nachfrager unterscheiden. Diese können durch unterschiedliche Möglichkeiten die Preise beeinflussen:

Vollständige Konkurrenz (Polypol)
Hier stehen viele Anbieter vielen Nachfragern gegenüber. Diese idealen Bedingungen eines Marktes sind selten gegeben. Keine der beiden Seiten hat hier eine größere Möglichkeit, durch ihr Verhalten den Preis zu beeinflussen. Ein Beispiel hierfür ist die Wertpapierbörse (Aktienmarkt).

Angebotsoligopol
Auf der Anbieterseite finden sich nur wenige Anbieter. Nachfrager sind viele vorhanden. Diese Marktform gilt für viele Industrieerzeugnisse, auch z. B. auf dem Mineralölmarkt oder auf dem Pharmamarkt. Die Gefahr von Preisabsprachen ist auf diesen Märkten sehr groß.

Angebotsmonopol (Monopol)
Einem Anbieter stehen hier viele Nachfrager gegenüber. Der Monopolist kann den Preis weitgehend bestimmen. Er darf jedoch die Preise der „Ersatzprodukte" (Substitutionsgüter) nicht aus den Augen lassen. In Deutschland weit verbreitet sind Monopole unter staatlicher Aufsicht, z. B. Deutsche Bahn AG, Bildungswesen.

Ersatzprodukte
Produkte, die geeignet sind, das ursprüngliche Produkt zu ersetzen.

Nachfrageoligopol und Nachfragemonopol (Monopson)
Ähnlich wie bei der Verhärtung der Angebotsseite können hier die Nachfrager die größere Macht haben, die Preise zu beeinflussen. Nachfrageoligopole sind z. B. große Einzelhandelsketten, die einzelne Hersteller zu großen Preisabschlägen zwingen, weil sie deren Produkte sonst nicht in die Verkaufsregale lassen. Ein Nachfragemonopol besteht z. B. beim Staat als einzigem Nachfrager nach Rüstungsgütern.

AUFGABEN

1 Nennen Sie Märkte, auf denen Sie als Anbieter oder Nachfrager auftreten.

2 Woran erkennen Sie, dass jeden Tag neue Märkte entstehen?

3 Was ist allen Märkten gemein?

4 Nennen Sie die Marktform für folgende Märkte: Benzinmarkt, Informationstransportmarkt, Lebensmittelmarkt.

5 Wodurch kann der Zugang zu einem Markt beschränkt sein?

6 Welche Marktform ist hier skizziert?

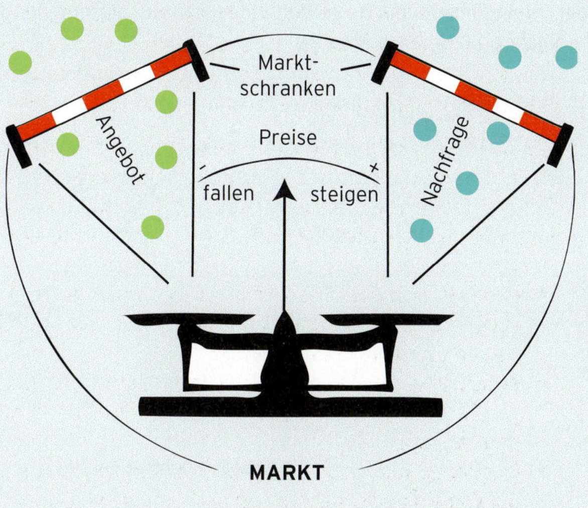

1.2 Preisbildung

1.2.1 Angebot und Nachfrage

Um die Preisbildung zu verstehen, wird wieder der Wochenmarkt betrachtet, und zwar als Erstes die Anbieterseite. Viele Händler kommen auf den Markt und bieten viele Produkte an, als Beispiel wird im Folgenden der Markt für Frischhühner betrachtet. Der Einfachheit halber sollen diese alle dasselbe Gewicht und dieselbe Qualität haben (diese Faktoren sind weiter unten noch einmal von Bedeutung). Die verschiedenen Anbieter haben auf Grund ihrer Kosten (z. B. Hühnerhaltung, Transport, Standgebühren, Personal) und Gewinnerwartungen auch unterschiedliche Preisvorstellungen, wenn sie auf den Markt fahren.

Von diesen Preisvorstellungen lässt sich eine Tabelle ableiten, aus der hervorgeht, wie viele Frischhühner bei bestimmten erwarteten Preisen angeboten würden. Man beachte: Anbieter mit einer Preiserwartung von 4,80 € würden natürlich auch zu einem höheren Preis verkaufen.

Die Tabelle lässt sich in ein Schaubild fassen. Die Verbindung der Punkte bezeichnet man als Angebotskurve (→ Abb. 1).

Angebotene Gesamtmenge (Stück)	Erwartete Preise (€/Stück)
5	4,80
8	4,90
12	5,00
16	5,10
20	5,20
23	5,30

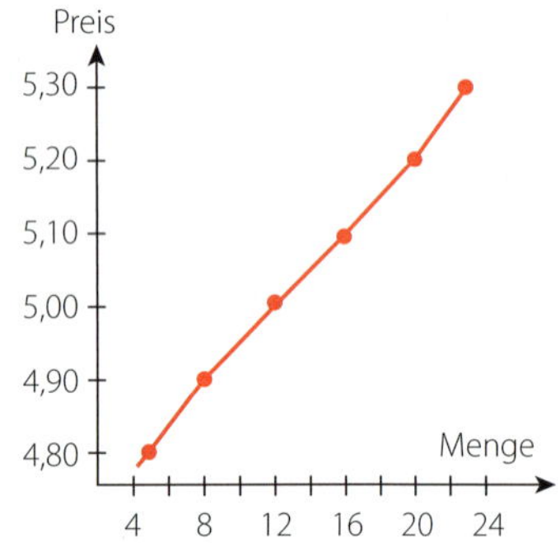

Abb.1 Angebotskurve

Man erkennt: Bei einem niedrigen Preis wird nur wenig Ware angeboten. Bei einem hohen Preis wird jedoch viel Ware angeboten.

Diese Preiserwartungen der Anbieter treffen nun auf die Preisvorstellungen der Nachfrager, die von vielen Überlegungen abhängen, z. B.: Was kosten alternative Produkte wie Rind- oder Schweinefleisch? Was habe ich, hat die Familie schon lange nicht mehr gegessen?

Von der Preiserwartung lässt sich wieder eine zweite Tabelle ableiten, aus der hervorgeht, wie viele Frischhühner bei einem bestimmten Preis nachgefragt würden. Man beachte: Nachfrager mit einer Preiserwartung von 5,30 € zahlen natürlich auch gerne weniger.

Die Tabelle lässt sich wieder in ein Schaubild fassen. Verbindet man die gefundenen Punkte miteinander, ergibt sich die Nachfragekurve (→ Abb. 2).

Nachgefragte Gesamtmenge (Stück)	Preisvorstellung (€/Stück)
2	5,30
6	5,20
8	5,10
12	5,00
16	4,90
20	4,80

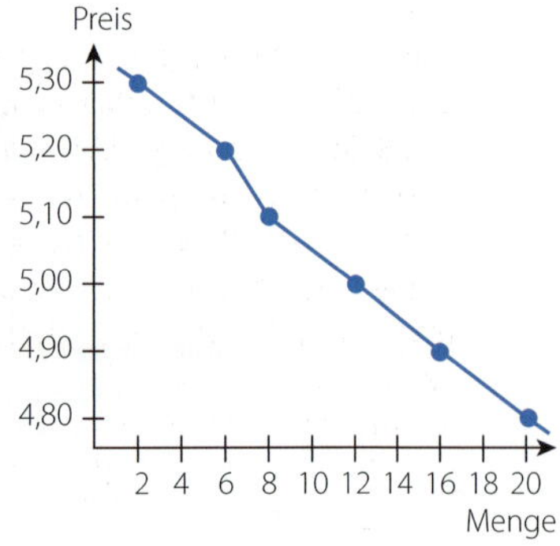

Abb.2 Nachfragekurve

Man erkennt: Bei einem hohen Preis ist die nachgefragte Menge gering. Bei einem niedrigen Preis ist die nachgefragte Menge hoch.

Bei den beiden Kurven handelt es sich um sogenannte typische Verläufe. Diese sehen anders aus, wenn z. B. die Kunden (Nachfrager) ein Gut zu jedem Preis kaufen würden (absolut lebensnotwendiges Gut) oder die Händler (Anbieter) trotz sinkender Preise ihr Angebot erhöhen (Anbieter haben starke Einkommenseinbußen erlitten). Bringt man die Nachfrager- und Anbietervorstellungen nun in **einem** Schaubild zusammen, erkennt man, dass sich die Kurven schneiden (→ Abb. 1).

Im Schnittpunkt der Angebots- und Nachfragevorstellungen liegt der sogenannte Gleichgewichts- oder besser der **Wettbewerbspreis**. Zu diesem Preis wird auf dem Markt der größte Umsatz erzielt. Der Umsatz ist die umgesetzte Menge mal dem Preis, z. B. zwölf Frischhühner zu 5,00 € ergeben einen Umsatz von 60,00 €. Bei jedem anderen Preis ist der Umsatz geringer. Die Preise tendieren auf den Märkten zu diesem Wettbewerbspreis.

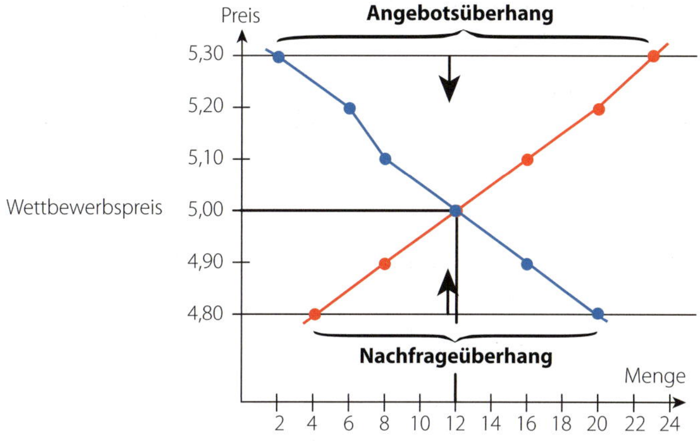

Abb. 1 Bildung des Wettbewerbspreises

Nehmen wir in unserem Beispiel den Preis von 5,30 € an, so erkennt man einen Angebotsüberhang. Dieser Angebotsüberhang drückt auf die Preise, d. h., er bewegt sich auf den Wettbewerbspreis zu. Nimmt man einen niedrigeren Preis als den Wettbewerbspreis an, sieht man, dass ein Nachfrageüberhang besteht. Ist die nachgefragte Menge größer als die angebotene Menge, ziehen die Preise an. Das bedeutet, dass sich die Preise ebenfalls auf den Wettbewerbspreis zubewegen. Angebot und Nachfrage bestimmen den Preis auf einem Markt. Hohe Preiserwartungen locken viele Anbieter an, Nachfrager schrecken sie jedoch ab. Niedrige Preiserwartungen halten Anbieter fern, Nachfrager werden jedoch angezogen. Die Abstimmung der Erwartungen erfolgt über den sich bildenden Wettbewerbspreis.

AUFGABE

Auf dem Salatmarkt gibt es zwei Anbieter, die bereit sind, den Salatkopf für 0,50 € zu verkaufen. Drei Anbieter wollen 0,70 € für ihren Salat. Vier Anbieter wollen ihren Salat nicht unter 0,90 € abgeben. Drei Anbieter würden ihren Salat für 0,60 € verkaufen. Sie und zwei weitere Kunden sind nur bereit, 0,60 € für einen Salat zu bezahlen. Drei Nachfrager würden nur 0,50 € für einen Salat bezahlen. Zwei Kundinnen wären selbst bei einem Preis von 0,90 € noch willens zu kaufen. Zwei Nachfragern ist der Salat maximal 0,70 € wert. Vier Nachfrager würden auch 0,80 € bezahlen.

a Zeichnen Sie die Angebots- und Nachfragekurve für diesen Salatmarkt: Jeder Anbieter bietet nur einen Kopf Salat an, jeder Nachfrager fragt nur einen Kopf Salat nach.
b Beweisen Sie, dass eine Tendenz zum Gleichgewichtspreis besteht.
c Zu welchem Preis ist der Umsatz am größten?

1.2.2 Voraussetzungen des Preisbildungsmodells

Zu Beginn des Kapitels 1.2.1 wurden besondere Voraussetzungen für das Beispiel gemacht. Diese sollen noch etwas unter die Lupe genommen und ergänzt werden. Das Beispiel spielte sich auf einem sogenannten vollkommenen Markt ab. Voraussetzungen für solche vollkommenen Märkte sind:

- **Homogenitätsbedingung:** Es wurde unterstellt, dass es sich um Hühner gleicher Qualität und von gleichem Gewicht handelte. Man müsste noch ergänzen, dass z. B. keine besondere Verpackung vorhanden war oder keine Werbung stattfand.
- **vollständige Konkurrenz:** Es gibt viele Anbieter und viele Nachfrager auf dem Markt.
- **freies Zutrittsrecht:** Anbieter und Nachfrager haben ein Recht auf Eintritt in den Markt und werden nicht beschränkt.
- **Markttransparenz:** Anbieter und Nachfrager kennen ihre Preiserwartungen untereinander.
- **fehlende Präferenzen**: Kein Nachfrager geht zu einem Anbieter, weil er dort z. B. besser oder schneller bedient wird oder weil der Verkaufsstand des Anbieters an seinem Spazierweg oder neben seiner Haustür steht.
- Der Staat greift nicht in den Preisbildungsprozess ein.

Schon bei dieser unvollständigen Aufzählung merkt man, dass es sich um ein **Modell der Preisbildung** handeln muss. Dennoch bleiben diese allgemeinen Merksätze bestehen. Für die Realität bleibt festzuhalten, dass der Preis offenbar nicht das einzige Entscheidungskriterium für Anbieter und Nachfrager ist. Geht ein Anbieter auf einen Markt, bewirbt er sich bei den Nachfragern nicht nur mit seinem Produkt und dessen Preis, sondern auch z. B. mit:

- Werbetafeln
- Zusatznutzen des Produktes
- freundlicher Bedienung
- Standort des Ladens
- Fachgespräch
- Stückelung des Produktes
- Verpackung

Diese Liste lässt sich beliebig fortführen. Jeden Tag entdecken Anbieter neue solcher „Wettbewerbsaktionsparameter". Auch der Nachfrager sucht auf dem Markt nicht bei irgendeinem Anbieter nur ein Produkt zu einem Preis, sondern achtet auch auf folgende Kriterien:

- umweltfreundlich verpacktes Produkt
- Form und Farbe des Produktes
- freundliche, schnelle Bedienung
- Neuartigkeit
- Produkt, das ihm beim Konsum „mehr" bringt
- Kauf des Produktes muss ein Erlebnis sein

Auch diese Liste lässt sich weiter fortführen. Selbst bei ein und demselben Nachfrager ändert sie sich im Laufe des Tages, je nachdem welches Produkt er nachfragt. Anbieter und Nachfrager bewirken mit diesen Überlegungen bewusst oder unbewusst eine Ausschaltung des reinen Preisbildungsmodells.

Letztlich müssen sie aber über den Preis zusammenfinden.

AUFGABEN

1 Nennen Sie Bedingungen, die den Preisbildungsprozess in seiner reinen Form stören.

2 Auf welchen Märkten erfolgt die Preisbildung nicht nach dem Modell des vollkommenen Marktes?

3 Wie erfolgt die Preisbildung auf folgenden Märkten: Markt für Arzneimittel, Markt für ärztliche Behandlung, Markt für Blumen, Markt für DVDs, Markt für Snowboards, Markt für Gütertransport, Markt für Smartphones?

2 Die Soziale Marktwirtschaft der Bundesrepublik Deutschland

Der Begriff „Soziale Marktwirtschaft" wurde von Alfred Müller-Armack, einem Wirtschaftswissenschaftler, geprägt. Grundlegende Gedanken dazu machten sich auch der Wirtschaftswissenschaftler Walter Eucken und der spätere Bundeskanzler Ludwig Erhard (→ Abb. 1), der die Idee der Sozialen Marktwirtschaft in der Bundesrepublik vorantrieb. Man wollte die individuellen Freiheiten der freien Marktwirtschaft ohne ihre negativen Auswüchse verwirklichen. Die freie Marktwirtschaft wird zugunsten der sozialen Gerechtigkeit und der allgemeinen Sicherheit durch die Eingriffe des Staates eingeschränkt. Im Grundgesetz hat die Wirtschaftsordnung keinen direkten Niederschlag gefunden. Man findet lediglich eine Andeutung in Artikel 20: „Die Bundesrepublik Deutschland ist ein demokratischer und sozialer Rechtsstaat."

Die Soziale Marktwirtschaft ist demnach kein starres, definiertes System. Sie kann und muss sich weiterentwickeln können, um sich veränderten Lebensgewohnheiten und Regeln des Zusammenlebens von Menschen anzupassen.

Abb.1 Ludwig Erhard (1897-1977)

Ordnungspolitik als Aufgabe des Staates

Entsprechend den eigenen Erfahrungen lag den Vätern der Sozialen Marktwirtschaft insbesondere die Wettbewerbspolitik sehr am Herzen. Keine Marktwirtschaft funktioniert, wenn es den Wettbewerb nicht gibt. Deswegen lag ihnen viel an einem strengen Kartellgesetz, welches den Unternehmen Absprachen untersagte und Monopole verhindern sollte. Seit 1957 gibt es dafür ein spezielles Gesetz, das Gesetz gegen Wettbewerbsbeschränkungen (GWB).

Kartell
Zusammenschluss selbstständiger Unternehmen zur Beschränkung des Wettbewerbs untereinander.

Auch sonst sollte der Wettbewerb gegen Auswüchse und Missbrauch geschützt werden, z. B. durch das Gesetz gegen den unlauteren Wettbewerb (UWG). Ebenso sollte der Staat den rechtlichen und institutionellen Rahmen der Wirtschaft garantieren.

Sozialpolitik als Aufgabe des Staates

Der Staat soll wirtschaftlich Schwachen eine „angemessene Teilhabe am wirtschaftlichen Fortschritt" ermöglichen. Die Risiken des Lebens werden in einem kollektiven Sozialversicherungssystem aufgefangen. Einen Ausgleich zwischen wirtschaftlich Schwachen und wirtschaftlich Starken versucht der Staat durch bestimmte Gesetze zu regeln, z. B.

- Lohn- und Einkommensteuergesetz (Progression, Freibeträge),
- Bundeskindergeldgesetz,
- Sozialgesetze (SGB),
- Sparprämiengesetze.

Ebenso werden Arbeitnehmer in Betrieben durch zahlreiche Gesetze geschützt und ihre Mitarbeit bei betrieblichen Entscheidungen gewährleistet.

Die Sozialpolitik soll zugleich die Leistungsfähigkeit der Wirtschaftsordnung erhalten bzw. wiederherstellen sowie die Leistungsbereitschaft fördern und ermutigen.

Gesamtwirtschaftliche Verantwortung des Staates

Diese politische Aufgabe bewegt sich in drei Spannungsfeldern:

- **Spannungsfeld individuelle Freiheit – soziale Gebundenheit:** Der Staat greift in die individuelle Konsumfreiheit ein, wenn die Belastung der Gesellschaft zu groß ist (Alkohol, umweltschädigende Erzeugnisse). Der Staat greift in das Privateigentum ein, denn Eigentum verpflichtet (z. B. Mitbestimmung im Unternehmen, Enteignung). Die Gewerbefreiheit ist durch Auflagen des Staates zum Schutz der Bürger eingeschränkt (z. B. Handwerksmeisterprüfung, Hygieneverordnungen, Ansiedlung von Betrieben, die gefährliche Güter produzieren). Die Vertragsfreiheit ist durch zahlreiche Gesetze, insbesondere zum Schutz des Verbrauchers, eingeschränkt, z. B. Bestimmungen zur Regelung der allgemeinen Geschäftsbedingungen, GWB, Reisevertragsgesetz.

- **Spannungsfeld Bedarfs- und Leistungsprinzip (soziale Absicherung und Eigenverantwortung):** Soll ein Mensch für seinen Lebensunterhalt so viel erhalten, wie er braucht, oder soll auch das von seiner Leistung abhängen? Zum Beispiel: Ausbildungsförderung von Studenten ohne Rücksicht auf ihre Leistungen? Soll der Staat bei Krankheit alle Kosten übernehmen? Oder soll der Einzelne an seinen Krankheitskosten beteiligt werden?
- **Spannungsfeld direkte Steuerung und Marktwirtschaft:** Soll die Konjunktur den Regeln des Marktprozesses unterworfen werden? Seit den 1960er Jahren greift der Staat in Deutschland durch Investitionsförderprogramme bzw. Beschäftigungsförderungsprogramme sowie Geld- und Fiskalpolitik in das Wirtschaftsgeschehen ein, um negative Auswirkungen von Konjunkturausschlägen zu dämpfen. Soll der Staat bestimmte Strukturen erhalten? Oder soll er sie dem Markt opfern? Auch hier greift der Staat seit den 1960er Jahren durch seine Strukturpolitik ein. Gefährdete Industriezweige werden durch Subventionen erhalten, z. B. damals: Kohlepfennig zur Erhaltung des Steinkohleabbaus. Wirtschaftlich benachteiligte Gebiete erhalten Steuervergünstigungen, um die Neuansiedlung von Betrieben zu fördern. Branchen, die eine große Zukunft erwarten lassen, werden ebenfalls staatlich gefördert. Vom Staat für besonders wichtig erachtete Branchen werden gleichfalls unterstützt, z. B. Solarindustrie (um Atomkraft zu ersetzen), Werftindustrie, Stahlindustrie, Landwirtschaft.

Gerade die in den Spannungsfeldern angesprochenen Bereiche sind tatsächlich spannungsgeladen. Auf der einen Seite werden zunehmend weitere Staatseingriffe gefordert, weil die vorhandenen angeblich nicht ausreichen. Auf der anderen Seite fordert man den Abbau von Staatseingriffen, weil gerade sie es sind, die die Probleme erst schaffen oder größer machen.

AUFGABEN

1 Wie heißt die Wirtschaftsordnung der Bundesrepublik Deutschland?

2 Nennen Sie Gesetze, die den Begriff „sozial" deutlich machen.

3 Vergleichen Sie die beiden Grafiken:
- **a** Woran erkennen Sie als Auszubildende, dass das soziale Netz so viel kostet?
- **b** Weshalb betragen Ihre Abzüge bei der Lohnabrechnung weniger als 39,7 %, wie in der Grafik behauptet?
- **c** Weshalb ist die Abgabenlast in der Schweiz so gering?

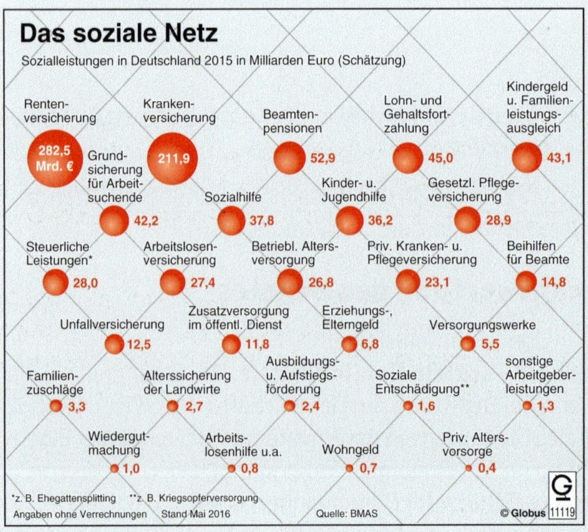

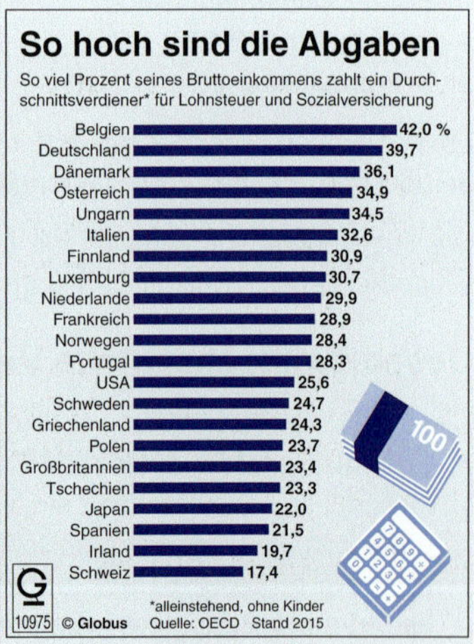

3 Umsetzung der Sozialen Marktwirtschaft in der BRD

3.1 Das Stabilitätsgesetz

Schon 1967 wurden im Gesetz zur Förderung der Stabilität und des Wachstums der Wirtschaft (Stabilitätsgesetz) Bund und Länder auf vier Ziele verpflichtet: das **magische Viereck** aus
- Vollbeschäftigung,
- Preisstabilität,
- angemessenem Wirtschaftswachstum und
- außenwirtschaftlichem Gleichgewicht.

Die „Magie" besteht darin, alle Ziele gleichzeitig zu verwirklichen. Dies ist nahezu unmöglich, weshalb es in der Praxis immer dazu kommt, dass einem oder zwei Zielen Vorrang eingeräumt wird. Das führt dann häufig zu einer erheblichen Vernachlässigung eines oder mehrerer anderer Ziele.

Zusätzlich lassen sich leicht weitere wirtschaftspolitische Ziele finden. Kritiker behaupten hier: Staatlicher Interventionismus ist expansiv, d. h., hat der Staat erst einmal eingegriffen, folgen notwendigerweise weitere Eingriffe. Das ursprüngliche Viereck wird dann zum Vieleck.

3.1.1 Vollbeschäftigung

Der Zustand einer totalen Vollbeschäftigung ist in einer Volkswirtschaft unerreichbar. In einem gewissen Umfang muss stets mit Arbeitslosigkeit gerechnet werden. Laufend kündigen Mitarbeiter, um sich beruflich zu verbessern oder wegen Wohnungswechsels. Ebenso müssen Unternehmen auf Grund von Insolvenzen aufgeben oder Mitarbeitern wird wegen schlechter Leistung gekündigt.

Man spricht von einer „friktionellen Arbeitslosigkeit". Sie beträgt nach Schätzungen ca. 2 % aller arbeitswilligen und arbeitsfähigen Personen (Arbeitslosenquote). Liegt die Arbeitslosenquote zwischen 2 und 3 % bzw. bewegt sich die Zahl der offenen Stellen in derselben Höhe wie die Zahl der Arbeitslosen, kann man das Ziel Vollbeschäftigung als erreicht betrachten.

3.1.2 Preisstabilität

Darunter ist zu verstehen, dass die Preise im allgemeinen Durchschnitt weder steigen (Inflation) noch fallen (Deflation). Die Preise werden heute als verhältnismäßig stabil angesehen, wenn sie durchschnittlich nicht mehr als 1 bis 2 % jährlich steigen. Sowohl steigende als auch sinkende Preise können gravierende Folgen haben. Gemessen wird die Preisstabilität am Lebenshaltungskostenindex, der monatlich und jährlich vom Statistischen Bundesamt veröffentlicht wird.

3.1.3 Angemessenes Wirtschaftswachstum

In einer Volkswirtschaft wird das Wirtschaftswachstum an der Entwicklung des realen Bruttoinlandsproduktes gemessen. Als angemessen bezeichnete man lange Zeit ein Wachstum zwischen 2 und 4 %.

Ob man durch das Wachstum des Inlandsproduktes den Lebensstandard der Menschen steigern kann, wird auch kritisch gesehen. Zudem trifft man heute auf die Meinung, dass der Staat „Wirtschaftswachstum als Ziel“ überhaupt nicht verfolgen kann. Letzten Endes ergibt sich dieses Ziel aus den Handlungen und dem Willen der Menschen eines marktwirtschaftlich orientierten Landes. Häufig wird es missbraucht, um das Ziel Vollbeschäftigung zu erreichen.

3.1.4 Außenwirtschaftliches Gleichgewicht

Dieses Ziel ist dann erreicht, wenn die Einnahmen und Ausgaben aus dem Wirtschaftsverkehr mit dem Ausland sich die Waage halten: Die Zahlungsbilanz muss dazu ausgeglichen sein.

Aktivsaldo
Von Aktivsaldo spricht man, wenn die Exporte größer sind als die Importe.

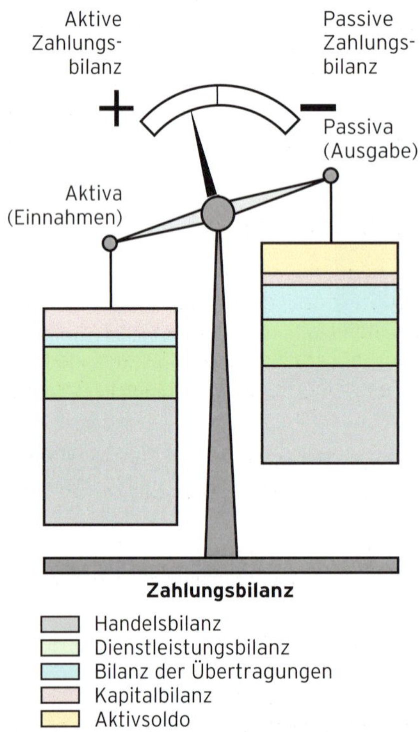

Abb. 1 Zusammensetzung der Zahlungsbilanz

Die Zahlungsbilanz enthält die (→ Abb. 1)

- **Handelsbilanz:** Gegenüberstellung der ein- und ausgeführten Waren (Export und Import, Aktivsaldo),
- **Dienstleistungsbilanz:** Gegenüberstellung von Dienstleistungsexporten und -importen (z. B. Transport, Reiseverkehr),
- **Bilanz der Übertragungen:** enthält unentgeltliche Leistungen an und vom Ausland (z. B. Renten, Pensionen, Überweisungen der ausländischen Arbeitnehmer nach Hause),
- **Kapitalbilanz:** enthält die kurz- und langfristigen Kapitalbewegungen zum und vom Ausland (z. B. Kredite, Beteiligungen, Wertpapiere).

Können beispielsweise deutsche Produkte preiswert angeboten werden, kauft auch das Ausland verstärkt ein, d. h., die Exporte steigen.

Die im Inland vorhandene Gütermenge nimmt ab. Die Nachfrage nach Euro auf den Devisenmärkten steigt. Dadurch kann es leicht zu inflationären Tendenzen kommen.

Kaufen wir umgekehrt im Ausland stärker ein, steigen die Importe und ausländische Produkte verdrängen die heimischen. Betriebsschließungen, Insolvenzen und Arbeitslosigkeit können die Folge sein. Aus diesen Gründen sollten sich Exporte und Importe eines Landes entsprechen.

3.1.5 Weitere Ziele

Staatsquote
Anteil der staatlichen wirtschaftlichen Aktivitäten an der gesamten Leistung einer Volkswirtschaft.

Neben den im Stabilitätsgesetz aufgeführten Zielen verfolgt der Staat eine Reihe weiterer Ziele, die auch teilweise in Gesetzen niedergelegt sind.

Kritiker meinen dazu, dass der Staat sich lieber darauf konzentrieren sollte, in allen Bereichen Märkte zu installieren. Das würde automatisch zur Durchsetzung der Ziele führen, die die Bevölkerung will. Die Staatsquote würde sich dadurch verringern.

Umweltschutz

Konsumorientierter technischer Fortschritt und Wirtschaftswachstum haben unsere Umwelt stark angegriffen. Langfristig gefährden und vernichten wir damit unsere natürlichen Lebensgrundlagen. Die Verschmutzung der Luft, der Flüsse und Meere bescheren uns weltweite Klimaveränderungen (Treibhauseffekt), Waldsterben und Artensterben. Das magische Viereck ist deshalb um ein weiteres Ziel zu erweitern: Erhaltung einer lebenswerten Umwelt.

In zahlreichen Gesetzen versucht der Staat, das Erreichen dieses Ziels zu gewährleisten, z. B. Umwelthaftungsrecht, Bundesimmissionsschutzgesetz, Benzin-Blei-Gesetz, Kfz-Steuergesetz, Abwasserschutzgesetze, Waschmittelgesetze, Lärmschutzgesetze, Abfallbeseitigungsgesetz, Förderung regenerativer Energien. Viele Stoffe, die die Umwelt verschmutzen oder die im Verdacht stehen, die Umwelt zu schädigen, wurden verboten, z. B. Asbest, FCKW.

Beim Verbraucher hat sich in den letzten Jahren ein neues **Umweltbewusstsein** entwickelt, das bei den Anbietern dazu führte, dass umweltschädigende Produkte heute kaum noch angeboten werden, weil sie nicht zu verkaufen sind. Der Verbraucher wird in Zukunft auch einen höheren Preis für Produkte zahlen (amerikanische Schätzung: bis 15 %), wenn sie umweltgerecht sind. Der Trend auf dem Agrarmarkt weist ebenfalls in diese Richtung. Das wird auch Rückwirkungen auf die Verpackung der Produkte haben: Recycling ist hier angesagt. Verpackungen der Zukunft müssen wiederverwendbar sein, um die Müllhalden zu entlasten. Neben einer Sozialbilanz werden Unternehmen der Zukunft wohl auch eine Umweltbilanz vorlegen müssen.

Gerechte Einkommens- und Vermögensverteilung

Die Einkommensverteilung vollzieht sich bei uns auf der einen Seite über den Markt nach dem Leistungsprinzip und auf der anderen Seite über den Staat nach dem Sozialprinzip. Ein Großteil der Einkommensverteilung spielt sich in den Verhandlungen zwischen Gewerkschaften und Arbeitgeberverbänden ab. Ob sich daraus eine gerechte Verteilung ergibt, ist zumindest fraglich. Die Gewerkschaften achten darauf, dass die Abstufung in Lohngruppen dem Prinzip der Gerechtigkeit genügt.

Ein Teil der Einkommen wird auch aus Vermögen erzielt (Zins, Dividende, Miete, Pacht). Auch hier strebt der Staat seit Jahren eine gerechtere Verteilung an (z. B. durch das Vermögensbildungsgesetz).
Eingriffe des Staates in die Einkommens- und Vermögensverteilung:

- Progression der Lohn- und Einkommensteuer (d. h., höhere Einkommen werden stärker besteuert)
- Vermögensbildungsgesetz (Haushalte mit geringeren Einkommen können staatlich gefördert Vermögen bilden)
- Arbeitslosengeld II (bedürftige Erwerbsfähige werden vom Staat unterstützt)
- Wohngeld-, Kindergeld-, Elterngeldzahlungen, Ausbildungsförderung usw. enthalten alle eine einkommensabhängige Komponente.

Mit diesen und weiteren Maßnahmen versucht der Staat, die Ergebnisse des Marktes in Richtung Gerechtigkeit zu korrigieren. Das wird heute als ein weiteres wirtschaftspolitisches Ziel angesehen. Kritiker behaupten, dass der Staat damit aussage, dass das Ergebnis des Marktprozesses ungerecht sei. Sie vergleichen den Markt mit einem Spiel (z. B. Fußballspiel). Das Ergebnis ist eine Mischung aus Fleiß, Anstrengung und Zufall oder Glück. Niemand fragt nach einem gerechten Ergebnis, wenn alle fair gespielt und sich an die Regeln gehalten haben. Aufgabe des Staates wäre dann die des Schiedsrichters: Er passt auf, dass sich alle an die genau festgelegten Spielregeln halten. Das Ergebnis dürfe er auf keinen Fall korrigieren. Die, die nicht „mitspielen" können, werden direkt vom Staat unterstützt.

Mitbestimmung der Arbeitnehmer

Auch das ist ein wirtschaftspolitisches Ziel, was insbesondere in den 1970er Jahren stark im Vordergrund stand.

3.1.6 Zielkonflikte

Das Stabilitätsgesetz fordert von Bund und Ländern, die vier wirtschaftspolitischen Ziele gleichzeitig zu erreichen: „Die Maßnahmen sind so zu treffen, dass sie im Rahmen der marktwirtschaftlichen Ordnung gleichzeitig zur Stabilität des Preisniveaus, zu einem hohen Beschäftigungsgrad und außenwirtschaftlichem Gleichgewicht bei stetigem und angemessenem Wirtschaftswachstum beitragen" (§ 1). Bezieht man noch die anderen wirtschaftspolitischen Ziele ein, grenzt es wahrlich an Zauberei, alle Ziele gemeinsam erreichen zu wollen.
Betrachtet man Preisstabilität und Vollbeschäftigung können sich beispielsweise folgende Zielkonflikte ergeben:

- **Bei Arbeitslosigkeit und stabilen Preisen** werden sich Regierung, Parlament und Bundesbank fragen müssen: Soll das Ziel der Preisstabilität ohne Rücksicht auf die hohe Arbeitslosigkeit weiter verfolgt werden?
  - Bei Beharren auf unbedingter Preisstabilität ist es nicht ausgeschlossen, dass die Zahl der Arbeitslosen noch steigt.
  - Wird der Abbau von Arbeitslosigkeit als vordringlich angesehen, so führen Maßnahmen zur Förderung des Konsums und der Investitionen (= Nachfragesteigerung) evtl. zu einem Preisauftrieb.
- **Bei Vollbeschäftigung, aber erheblichen allgemeinen Preissteigerungen** können vorsichtige, gezielte Maßnahmen die Nachfrage dämpfen und die Preissteigerungen allmählich verlangsamen. Zu harte Eingriffe können die Vollbeschäftigung gefährden.

BEISPIEL

Preisstabilität - außenwirtschaftliches Gleichgewicht?
Sind die inländischen Preise relativ stabil, die ausländischen Preise jedoch stark ansteigend, kommt es zu Exportüberschüssen im Inland. Diese Exportüberschüsse führen auf dem Devisenmarkt zu einer verstärkten Euro-Nachfrage. Der Geldumlauf steigt, ohne dass mehr Güter im Inland zur Verfügung stehen. Es kommt zu inflationären Tendenzen („importierte Inflation").

Angemessenes Wirtschaftswachstum - Erhalt einer lebenswerten Umwelt?
Will man ein angemessenes Wachstum des Bruttosozialprodukts erreichen, zeigte sich in der Vergangenheit oft, dass dieses Bemühen mit starker Umweltverschmutzung einherging. Die Forderung lautet deshalb: ein ökologisch verträgliches, angemessenes Wachstum.

Es kann jedoch auch sein, dass sich Ziele nicht ausschließen. Denkt man z. B. an angemessenes Wirtschaftswachstum und Vollbeschäftigung, hat man zwei Ziele, die sich ergänzen.

Grundsätzlich ist es möglich, alle Ziele gleichzeitig anzusteuern. In der Praxis treten jedoch häufig Zielkonflikte auf. Die Regierung wird dann durch politische Entscheidungen das eine oder andere Ziel stärker verfolgen. Kritiker merken an, dass die Regierungen dabei nach einem 4-Jahres-Rhythmus je nach Stimmungslage in der Bevölkerung verfahren. Gleichzeitig soll die Staatsquote gesenkt werden, was nur über größere Privatisierung geht.

AUFGABEN

1 Nennen Sie die Ziele des Stabilitätsgesetzes von 1967.

2 Weshalb wird es als „magisches Viereck" bezeichnet?

3 Wann ist das Ziel Vollbeschäftigung erreicht?

4 Wie kann der Staat das Ziel „angemessenes Wirtschaftswachstum" verfolgen?

5 Weshalb muss das Ziel Umweltschutz auch in den Zielkatalog aufgenommen werden?

3.2 Beeinflussung der Konjunktur

Das Wort Konjunktur wird verwendet, um bestimmte Zustände der Gesamtwirtschaft zu kennzeichnen, z. B. Konjunkturtief, Hochkonjunktur oder Veränderungen, also die Richtung einer gesamtwirtschaftlichen Entwicklung darzustellen, z. B. konjunktureller Ab- oder Aufschwung.

Die Wirtschaft entwickelt sich nicht gleichförmig, sondern in Wellenbewegungen, dem Konjunkturverlauf. Die Phase des Aufschwungs (Expansion) gipfelt in der Hochkonjunktur (Boom). Diese schlägt in einen Abschwung (Rezession) um, der schließlich im Konjunkturtief (Depression) endet. Ein solcher Konjunkturzyklus dauert erfahrungsgemäß 4 bis 8 Jahre (→ Abb. 1).

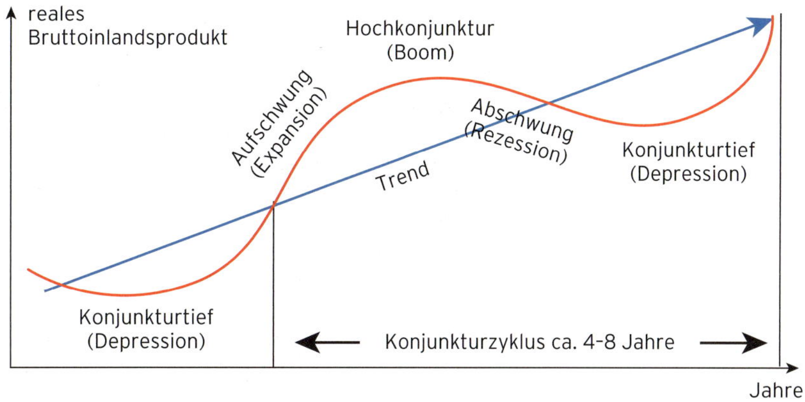

Abb. 1 Ablauf eines Konjunkturzyklus

Daneben gibt es noch kurzfristige Änderungen der Wirtschaftslage, die meist saisonal bedingt sind, z. B. in der Bauindustrie und Gastronomie, sowie langfristige Schwankungen über ca. 20 bis 30 Jahre. Gemessen werden die Schwankungen üblicherweise an der Entwicklung des realen Bruttoinlandsprodukts. In der Tabelle wird deutlich, wie sich die Konjunkturphasen auf Löhne, Gewinne, Nachfrage, Preise, Zinsen usw. auswirken.

	Aufschwung (Expansion)	Hochkonjunktur (Boom)	Abschwung (Rezession)	Konjunkturtief (Depression)
Löhne und Gewinne (real)	steigen anfangs langsam, dann rasch	erreichen Höchststand	beginnen zu fallen	auf Tiefstand, eventuell Verluste
Nachfrage allgemein	steigt anfangs langsam, dann rasch	erreicht Höchststand	fällt anfangs langsam, dann rasch	auf Tiefstand
Preise und Zinssätze	steigen anfangs langsam, dann rasch	erreichen Höchststand	fallen	auf Tiefstand
Produktion	steigt anfangs langsam, dann rasch	erreicht Höchststand	fällt anfangs langsam, dann rasch	auf Tiefstand
Investitionen	steigen anfangs langsam, dann rasch	erreichen Höchststand	gehen anfangs langsam, dann rasch zurück	auf Tiefstand
Beschäftigung	steigt anfangs langsam, dann rasch	erreicht Höchststand (Vollbeschäftigung)	rückläufig (konjunkturell bedingte Entlassungen)	auf Tiefststand (hohe Arbeitslosigkeit)
Steuereinnahmen des Staates	steigen anfangs langsam, dann rasch	erreichen Höchststand	gehen anfangs langsam, dann rasch zurück	auf Tiefstand

3.2.1 Ursachen der Konjunkturphasen

Warum kommt es zu diesen Wellenbewegungen der Konjunktur? Darüber werden viele Theorien gehandelt. Man unterscheidet grundsätzlich verschiedene Indikatoren.
Indikatoren auf der Angebotsseite sind:

- **Gewinnerwartungen der Unternehmer:** Sind diese für die Zukunft positiv, werden sie investieren und es kommt zum Aufschwung.
- **Auftragslage:** Dicke Auftragsbücher regen die Produktion an.
- **Produktionsvolumen** (Kapazitätsauslastung): Sind die Maschinen, Gebäude und Arbeitskräfte ausgelastet?
- **Investitionsfähigkeit:** Sind genügend Kreditmittel zu einem akzeptablen Preis (Zinsniveau) verfügbar?
- **Investitionsbereitschaft:** Ist abhängig von der Gewinnerwartung, auch vom politischen Klima.
- **Kostenentwicklung:** Zeigt sich eine stabile Kostenentwicklung (Rohstoffe, Löhne usw.)?

Ergeben sich für das Unternehmen zu allen Punkten positive Aspekte, kommt es zu keinem Abschwung, sondern zu einem Aufschwung.
Indikatoren auf der Nachfrageseite sind:

- **Einkommen der Arbeitnehmer:** Ohne genügend hohes Einkommen können von der Nachfrage keine Impulse für die Konjunktur kommen.
- **Kauf- und Sparverhalten:** Geben die Nachfrager genügend Geld aus? Oder wird verstärkt gespart und herrscht dadurch nur eine geringe Nachfrage auf dem Markt?
- **Steuerbelastung:** Wird zusätzliches Einkommen durch die Steuer aufgefressen, kann es sich nicht konjunkturfördernd bemerkbar machen.
- **Lohnforderungen:** Einerseits können steigende Löhne die Konjunktur ankurbeln, auf der anderen Seite können Lohnforderungen die Investitionsbereitschaft der Unternehmen negativ beeinflussen.
- **Entwicklung der Binnennachfrage:** Stehen im Inland genügend zufriedenstellende Produkte für die Verbraucher zur Verfügung?

Auch hier ergeben sich aus positiven Aspekten konjunkturbelebende Einflüsse.
Indikatoren auf Angebots- und Nachfrageseite sind:

- **Preisentwicklung:** Stark gestiegene Preise zehren gestiegene Einkommen auf. Das führt zu Lohnforderungen und senkt die Investitionsbereitschaft. Das Preisniveau sollte deshalb möglichst stabil sein.
- **Beschäftigungsniveau:** Hohe Arbeitslosigkeit bedeutet Einkommensausfall und sinkende Nachfrage. Die Gewinnerwartungen der Unternehmen sind gering. Die Vollbeschäftigung sollte möglichst gegeben sein.
- **Außenhandel:** Hohe Importe bedeuten Nachfrage nach ausländischen Produkten. Das geht auf Kosten der heimischen Industrie und bedeutet für sie Nachfrageausfall, sinkende Gewinnerwartung und damit Abschwung. Importe und Exporte sollten deshalb möglichst ausgeglichen sein.
- **Wirtschaftswachstum:** Wächst das Sozialprodukt, wächst der materielle Wohlstand (Lebensstandard?), die Menschen sind zufrieden, der Prozess unterstützt sich selbst.

Hinzu kommen sicherlich auch noch die allgemeinen Aussichten für die Zukunft, Vermutungen, Spekulationen. Damit ergibt sich eine Aufgabe für die Politik zur Förderung des Aufschwungs: Rede vom Aufschwung, auch wenn er noch nicht da ist.

Je nachdem welcher Theorie man anhängt, gewichtet man einzelne Seiten und Faktoren stärker.

AUFGABEN

1 Was versteht man unter „Konjunktur“?

2 Beschreiben Sie allgemein einen Konjunkturzyklusverlauf.

3.2.2 Instrumente zur Beeinflussung der Wirtschaft

Welche Maßnahmen können ergriffen werden, um die starken Wellenbewegungen der Konjunktur zu dämpfen? Grundsätzlich müssen alle Maßnahmen, die der Staat zur Verhinderung großer Ausschläge der Konjunktur ergreift, **antizyklisch** sein. Das bedeutet, dass bei einem herannahenden Aufschwung für eine Dämpfung der Konjunktur gesorgt werden muss. Bei einem drohenden Abschwung müssen Maßnahmen zur Konjunkturförderung ergriffen werden (→ Abb. 1).

antizyklisch
gegen den Zyklus

Der Staat kann das mit einer Ein- und Ausgabenpolitik versuchen, die man auch Fiskalpolitik nennt.

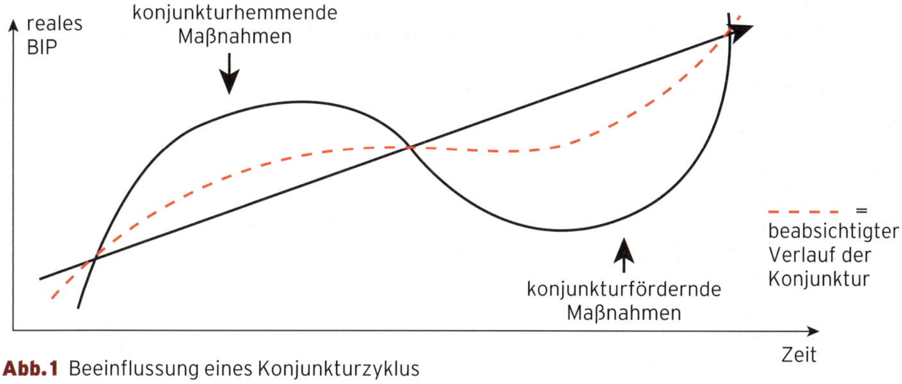

Abb. 1 Beeinflussung eines Konjunkturzyklus

Konjunkturfördernde Maßnahmen des Staates

Bei einer beginnenden Rezession versucht der Staat, die Wirtschaft anzukurbeln (die Konjunktur zu fördern). Dazu bieten sich ihm folgende Möglichkeiten:

- öffentliche Aufträge an die Wirtschaft, z. B. Bau von Straßen, Brücken, öffentlichen Gebäuden
- Steuersenkungen, z. B. Senkung der Lohn- und Einkommensteuer, um die private Nachfrage anzukurbeln
- Verbesserte Abschreibungsmöglichkeiten für Unternehmen heben die Investitionsbereitschaft
- Investitionsförderung durch steuerliche Begünstigung oder günstige Staatskredite
- öffentliche Zuschüsse (Subventionen) einführen oder erhöhen (z. B. Kindergeld, Wohngeld, Förderung des Wohnungsbaus, Förderung der Stahlindustrie, Sonderprogramme für bestimmte Regionen)
- Auflösung von Konjunkturausgleichsrücklagen (in der Hochkonjunktur stillgelegte Einnahmen des Staates)

Konjunkturhemmende Maßnahmen

Es handelt sich meist um den Gegensatz zu den vorher genannten Maßnahmen:

- Öffentliche Aufträge werden eingeschränkt oder „auf die lange Bank geschoben".
- Steuern werden erhöht oder der eingebaute Erhöhungsmechanismus (Progression der Lohn- und Einkommensteuer) wird nicht nach unten korrigiert.
- Die Abschreibungsmöglichkeiten werden stark eingeschränkt.
- Investitionen werden nicht mehr gefördert.
- Öffentliche Zuschüsse werden abgeschafft oder eingeschränkt.
- Stilllegung von Einnahmen (Konjunkturausgleichsrücklage).

Probleme der Fiskalpolitik

Grundsätzlich ist es für den Staat leichter, konjunkturbelebende Maßnahmen zu beschließen, da er hiermit fast überall in der Wirtschaft auf Zustimmung stößt. Problematisch sind aber insbesondere die Finanzierung und das Maß der Förderung. Wird über zusätzliche Staatskredite gefördert, erhöht sich die Staatsverschuldung mit Belastung der kommenden Generationen.

Außerdem treibt die zusätzliche staatliche Kreditnachfrage die Zinsen in die Höhe. In Erwartung der kommenden Hochkonjunktur sollen die Kredite über die erhöhten Steuereinnahmen dann wieder zurückgezahlt werden.

Konjunkturdämpfende Maßnahmen sind politisch meist schwer durchsetzbar. Bestimmte Ausgaben können nur schwer gekürzt, geschweige denn abgeschafft werden. So sind Personalausgaben des Staates kaum zu kürzen, bei öffentlichen Leistungen ist dies ebenfalls sehr schwierig.

Ein weiterer wichtiger Faktor ist das Timing. Wann soll der Staat die genannten Maßnahmen einsetzen? Wer kann genau sagen, in welcher Phase der Konjunktur man sich gerade befindet? Da man das erst hinterher genau weiß, muss man versuchen, den richtigen Zeitpunkt für die Maßnahmen vorsichtig zu finden, zudem sie meist erst nach einer gewissen Zeit (Timelag) wirken.

Ein letzter nicht minder wichtiger Faktor ist die Politik der Europäischen Zentralbank. Da sie in ihren Entscheidungen autonom ist, muss der Staat darauf achten, sich mit ihr abzustimmen. Ihre Geld- und Kreditpolitik muss mit den Maßnahmen des Staates koordiniert sein.

Häufig werden durch fiskalpolitische Zielsetzungen die Ziele des magischen Vierecks gestört.

AUFGABEN

1 Lesen Sie den folgenden Auszug aus dem Konjunkturbericht einer Tageszeitung:

Im neuesten Monatsbericht des Bundeswirtschaftsministeriums heißt es, die wirtschaftliche Aufwärtsentwicklung habe auch im Sommer angehalten, Produktion und Auftragslage der Industrie hätten weiter deutlich zugenommen.
Mehr als positiv wird auch das „Stimmungsbild" bei den Unternehmen bezeichnet, und die günstigen Aspekte betreffen sowohl den Arbeitsmarkt als auch die Preisentwicklung und den Außenhandel. ... Auf dem Arbeitsmarkt spricht der Lagebericht von einem Anhalten der leichten konjunkturellen Erholungstendenzen, was sich im Rückgang der Arbeitslosenzahl im September und in der Tatsache ausdrückte, dass die saisonübliche Zunahme von Kurzarbeit diesmal geringer ausfiel als in den letzten fünf Jahren. ...

Die Erholung der Wirtschaft hat sich auch nach Ansicht des Deutschen Sparkassen- und Giroverbandes im 3. Quartal dieses Jahres mit verhaltenem Tempo fortgesetzt. Dabei stütze sich die konjunkturelle Belebung allerdings weiterhin vor allem auf den Export. Mehr und mehr trügen aber auch die gestiegenen Investitionen zum positiven Gesamtergebnis bei. Mittelfristig könne sich die Bundesrepublik Deutschland jedoch nicht darauf verlassen, dass die Konjunktur im Wesentlichen vom Export angetrieben wird. Vielmehr müsse die Binnennachfrage zukünftig wieder stärker zum gesamtwirtschaftlichen Wachstum beitragen. Erste Ansätze hierfür seien bereits zu erkennen.

a Wie entwickelte sich die Konjunktur?
b Was war dafür ausschlaggebend?
c Wie kann die Nachfrage (Binnennachfrage) zur Konjunkturförderung beitragen?

2 Nennen Sie Maßnahmen des Staates, die wie folgt wirken:
a konjunkturfördernd
b konjunkturdämpfend

3 Welche staatliche Instanz kann die Investitionsfähigkeit beeinflussen?

3.3 Das Sozialprodukt als Messgröße der gesamtwirtschaftlichen Lage

BEISPIEL

Drei Bäcker aus verschiedenen Ländern streiten sich, wer den größten Kuchen gebacken hat. Leider haben alle drei dasselbe Problem: Der Kuchen ist bereits weg und man kann ihn deshalb nicht mehr sehen.
Der erste Bäcker beschreibt seinen Kuchen: Mein Kuchen war so groß, dass mir sogar neben dem Handwerk die Industrie geholfen hat, ihn zu backen. Auch der Dienstleistungsbereich hat uns stark geholfen. Sogar Handel, Verkehr und der Staat sowie die Landwirtschaft haben beim Backen mitgewirkt. Ausländische Bäcker haben ebenfalls zu einem kleinen Teil mit Importstückchen ausgeholfen. Der Kuchen hat Tausende gekostet - uns geht es gut!
Der zweite Bäcker berichtet: Von meinem Kuchen haben massenhaft Privatverbraucher gegessen. Auch Unternehmen und der Staat haben sich große Stücke genommen. Einen Riesenhappen konnten wir noch an das Ausland verkaufen. Uns geht es viel besser!
Der dritte Bäcker: Durch das Backen meines Kuchens konnte ich meinen Angestellten gute Löhne und Gehälter zahlen. Ich kann jetzt endlich einen neuen Backofen kaufen. Auch habe ich noch einen beachtlichen Gewinn gemacht. Selbst an den Staat konnte ich davon noch Steuern zahlen. Uns geht es am besten!

Die Schilderungen der drei Bäcker, wie groß die Kuchen waren, die sie in der Vergangenheit gebacken haben, sind vergleichbar mit dem Bericht über das Sozialprodukt eines Landes. Als Sozialprodukt bezeichnet man alle Sachgüter, Dienstleistungen und Rechte (Patente und Lizenzen), die ein Land in einem Jahr produziert hat.

Damit alles miteinander verglichen werden kann, bewertet man es in Geldeinheiten, in der Bundesrepublik Deutschland in Euro, international meist in Dollar. Häufig spricht man deshalb auch vom Bruttoinlandsprodukt zu Marktpreisen. „Sozial" bedeutet in diesem Zusammenhang so viel wie „Gemeinschaft". „Produkt" bedeutet so viel wie „Ertrag". Man kann also auch vom gemeinschaftlichen Ertrag eines Landes in einem Jahr, ausgedrückt in der Landeswährung, sprechen. Im Jahr 1993 wurde die Berechnung auf das „Bruttoinlandsprodukt" umgestellt. Es wird nur noch zusammengerechnet, was **innerhalb** der Landesgrenzen erzeugt wird.

3.3.1 Nominales und reales Bruttoinlandsprodukt (BIP)

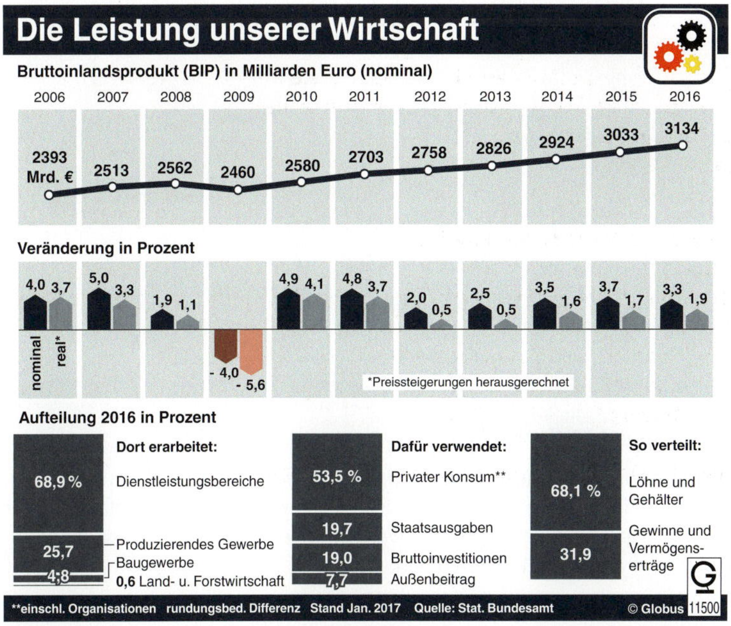

nominal
Nominal bedeutet „dem Namen nach" oder in der Wirtschaft „zum Nennwert".

Wie in der Abbildung auf S. 253 ersichtlich wird, ist das nominale Bruttoinlandsprodukt (fast) immer gestiegen. Die jährlich in einer Volkswirtschaft hergestellten Güter bewertet man zu Preisen, die sie am Markt erzielen. Auch bei gleich bleibender Gesamtproduktion kann daher das Bruttoinlandsprodukt zu Marktpreisen von Jahr zu Jahr nominal steigen, wenn die Preise gestiegen sind. Auf Grund der Steigerung des nominalen Bruttoinlandsprodukts kann man aber nicht von einer tatsächlichen (realen) Mehrproduktion in einem Land sprechen.

Die Höhe des realen (wirklichen, tatsächlichen) Bruttoinlandsprodukts entscheidet darüber, ob im laufenden Jahr mehr Konsum- und Kapitalgüter bereitstehen als in den vergangenen Jahren.

Um das reale Bruttoinlandsprodukt zu ermitteln, müssen also beim nominalen Bruttoinlandsprodukt die Preissteigerungen berücksichtigt werden.

Steigerung des realen Bruttoinlandsprodukts = Steigerung des nominalen Bruttoinlandsprodukts - Preissteigerung

AUFGABE

Betrachten Sie die Grafik „Die Leistung unserer Wirtschaft". In welchen Jahren gab es große Preissteigerungen? Woran erkennen Sie das?

3.3.2 Berechnung des Sozialprodukts

Beim Eingangsbeispiel mit den Bäckern wurde die Größe eines Kuchens auf unterschiedliche Weise beschrieben. Der erste Bäcker zeigte auf, wer den Kuchen gebacken hatte. Der zweite Bäcker beschrieb, wer davon gegessen hatte. Der dritte erzählte von den Einkommen, die durch das Backen entstanden. Das sind im Grunde auch die drei Arten, nach denen man das Sozialprodukt berechnen kann:

Entstehungsrechnung

Dabei wird geklärt, in welchen Wirtschaftsbereichen das Sozialprodukt erarbeitet wurde, also wer den Kuchen gebacken hat. In Abb. 1 ist erkennbar, dass Industrie und Handwerk 1979 noch den größten Teil erarbeiteten. Heute stehen an erster Stelle die Dienstleistungen, deren Anteil immer größer wird. Es folgen das Baugewerbe und produzierende Gewerbe sowie Handel und Verkehr.

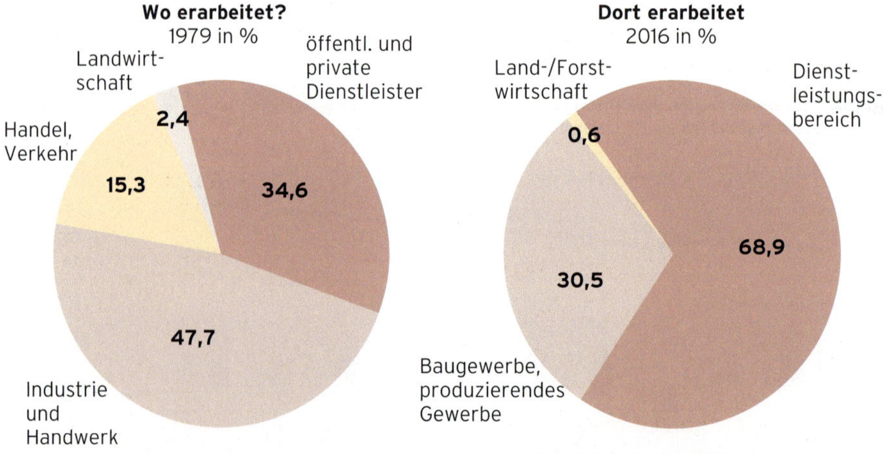

Abb. 1 Zusammensetzung des Sozialprodukts nach Entstehungsbereichen

Ein großes Problem bei der Berechnung ist, dass Doppelzählungen vermieden werden sollen. Zum Beispiel: Erfasst man die Reifenproduktion für Pkw separat, muss bei der Erfassung der Pkw-Produktion die Reifenproduktion abgezogen werden. Man erfasst nur die sogenannten Nettoproduktionswerte der einzelnen Unternehmen.

Ein weiteres Problem ist die Einordnung mancher Wirtschaftszweige.

Verwendungsrechnung

Hier geht es um die Frage, wer den Kuchen gegessen hat: Natürlich hat sich der private Verbrauch den größten Anteil an dem Kuchen herausgeschnitten. Aber auch der Staat und die Unternehmen verwenden Teile des Sozialprodukts. Die Anteile sind über die Jahre relativ konstant (→ Abb. 1).

Die Verwendung des Sozialprodukts von Unternehmen bezeichnet man als Investitionen. Es handelt sich dabei um Neuinvestitionen von Unternehmen, die gravierend über die zukünftige wirtschaftliche Entwicklung des Landes entscheiden.

Zunehmender Verbrauch des Staates muss mit kritischen Blicken verfolgt werden, geht er doch zulasten der Investition oder des privaten Verbrauchs. Ein Teil des Kuchens wird auch vom Ausland über Exporte in Anspruch genommen.

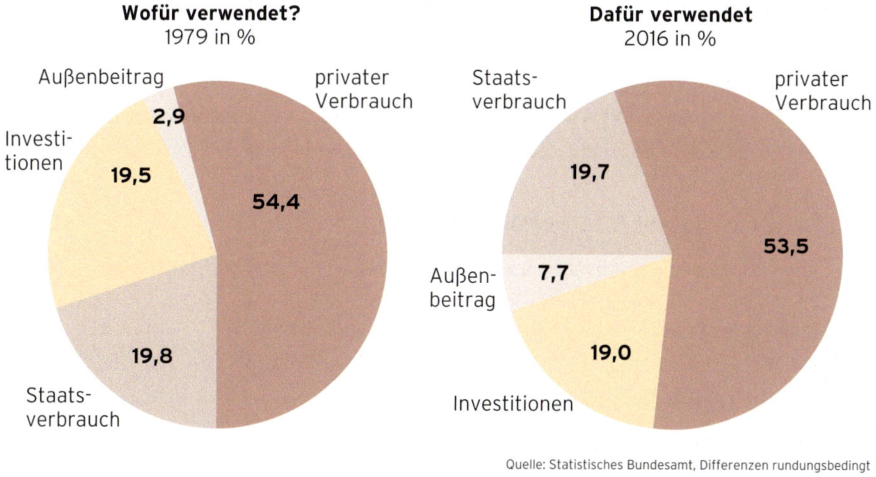

Abb. 1 Zusammensetzung des Sozialprodukts nach der Verwendung

Verteilungsrechnung

Im Zuge der Erstellung des Sozialprodukts sind, wie z. B. vom dritten Bäcker geschildert, Einkommen angefallen, die dann wiederum ausreichen müssen, das Sozialprodukt zu kaufen. In der Statistik werden zwei Gruppen von Einkommen unterschieden: Löhne und Gehälter der Arbeitnehmer einerseits, Gewinne der Unternehmer sowie Vermögenserträge der Arbeitgeber und der Arbeitnehmer andererseits.

Beide Einkommen zusammen bezeichnet man als **Volkseinkommen.** Die Anteile werden Lohn- bzw. Gewinnquote genannt. Die Verteilung von 70 : 30 ist relativ konstant (→ Abb. 2).

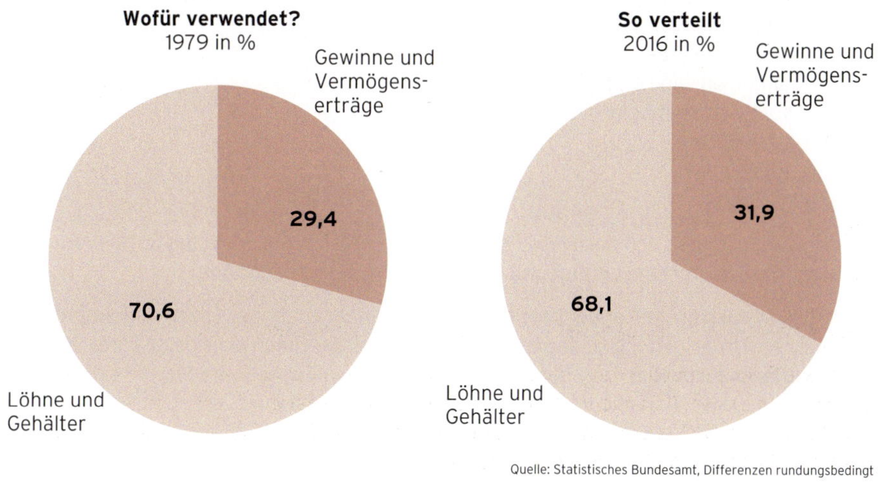

Abb. 2 Zusammensetzung des Sozialprodukts nach den Einkommensarten

Ersatzinvestition
Investitionen, durch die ein bereits vorhandenes Gut ersetzt wird, z. B. Austausch eines defekten Spirometers.

Ein Teil der Gelder, die durch die Produktion entstehen, werden auch durch den Staat in Form von indirekten Steuern abgeschöpft (insbesondere durch die Mehrwertsteuer). Hinzu kommt, dass ein Teil des Geldes in den Unternehmen in Form von Abschreibungen verbleibt, die bei Bedarf eine Ersatzinvestition möglich machen.

Addiert man zum Volkseinkommen die Abschreibungen und die indirekten Steuern, erhält man wieder das Bruttoinlandsprodukt (→ Abb. 1).

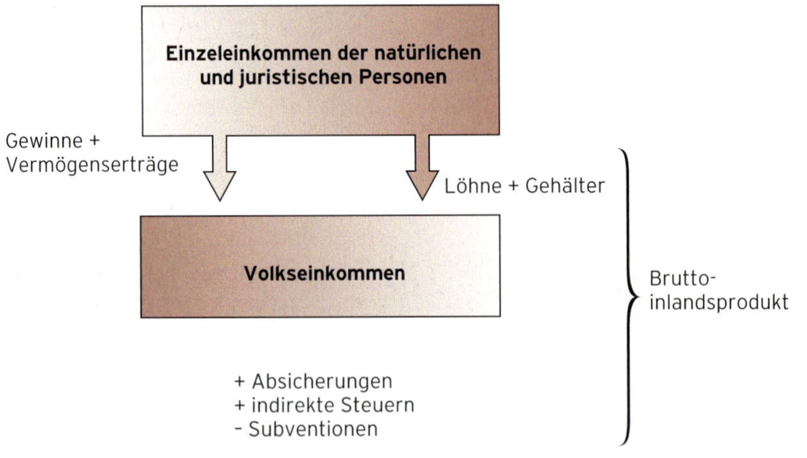

Abb. 1 Bildung des Bruttoinlandsprodukts

3.3.3 Aussagekraft des Sozialprodukts

Auch im Eingangsbeispiel versuchen die Bäcker, auf Grund der Größe des Kuchens auf ihren Wohlstand zu schließen. Ebenso wird es häufig mit dem Bruttoinlandsprodukt getan. Das Bruttoinlandsprodukt (BIP) wird vielfach als Messlatte des Wirtschaftswachstums und des Lebensstandards angesehen.

Selbstverständlich ist dabei immer das reale Wachstum des BIP gemeint. Aber auch das reale Wachstum um beispielsweise 5 % sagt noch nichts darüber aus, ob der Bevölkerung tatsächlich 5 % mehr Produkte, Dienstleistungen usw. zur Verfügung stehen. Es könnte ja auch sein, dass die Bevölkerung zwischenzeitlich um 5 % gewachsen ist, z. B. durch Flüchtlinge, Aussiedler oder die deutsche Vereinigung.

Um zu einer genaueren Aussage zu kommen, muss das Sozialprodukt also pro Kopf der Bevölkerung ausgedrückt werden. Die Angabe in US-Dollar ist bei internationalen Vergleichen üblich. Es sind jedoch viele Leistungen im BIP gar nicht erfasst. Dazu gehören insbesondere:
- Hausfrauen/-männer-Arbeit
- Staatsgüter ohne Preis
- Bemühungen um eine saubere Umwelt
- Pflege von Statussymbolen
- Freizeitaktivitäten
- Schwarzarbeit
- Hobbygärtnerei

Diese Aufzählung ließe sich noch erweitern, sie zeigt jedoch schon, dass das Sozialprodukt als Wohlstandsmesser nur eine untergeordnete Bedeutung einnehmen kann.

Häufig haben auch kleine Länder oder Entwicklungsländer ein hohes Sozialprodukt pro Kopf. Bei genauerer Untersuchung stellt man jedoch fest, dass das durch eine kleine Eliteschicht erbracht und verbraucht wird.

AUFGABEN

1 Was versteht man unter dem Begriff „Sozialprodukt"?

2 Nennen Sie die drei Berechnungsarten des Bruttoinlandsprodukts.

3 In welchen Bereichen wird das Sozialprodukt erarbeitet?

4 Ist es möglich, dass das nominale BIP steigt, das reale BIP aber sinkt? Begründen Sie Ihre Aussage.

5 Welche beiden Einkommensarten unterscheidet man beim Volkseinkommen?

6 Weshalb ist die Entwicklung des realen Sozialprodukts ein Gradmesser für das Wirtschaftswachstum?

7 Kann das Bruttoinlandsprodukt ein Wohlstandsmesser sein? Erläutern Sie Ihre Aussage anhand von drei Beispielen.

8 Erläutern Sie den Satz: Es kann nicht mehr vom Kuchen gegessen werden als gebacken worden ist.

9 Kann man die Bruttoinlandsprodukte von verschiedenen Ländern miteinander vergleichen?

10 Weshalb wächst das BIP seit Jahren kontinuierlich?

4 Private und soziale Absicherung

4.1 Sozialversicherungen

Weitere Informationen finden Sie unter
www.sozialpolitik.com
www.deutsche-sozialversicherung.de

Entstehung der Sozialversicherungen

Die in Deutschland bis zum heutigen Tag gültigen Sozialversicherungen verdanken ihr Entstehen der kaiserlichen Botschaft vom 17.11.1881, die der damalige Reichskanzler von Bismarck verkündete. Die Industrialisierung des 19. Jahrhunderts führte zu einer Verelendung großer Teile der Arbeiterschaft. Aus sozialen und politischen Gründen regte von Bismarck eine soziale Absicherung der Arbeitnehmer an. Die kaiserliche Botschaft versprach „den Hülfsbedürftigen größere Sicherheit".

Nacheinander entstanden

Krankenversicherung (1883)

Unfallversicherung (1884)

Invalidenversicherung (1889)
(heutige Rentenversicherung)

Arbeitslosenversicherung (1927)

Pflegeversicherung (1995)

als staatliche **Pflichtversicherungen**.

Die Sozialversicherungen bzw. die entsprechenden Sozialgesetze sind heute im Sozialgesetzbuch (SGB) in folgenden Bänden zusammengefasst:

Band III: **Arbeitslosenversicherung**
Band V: **Krankenversicherung**
Band VI: **Rentenversicherung**
Band VII: **Unfallversicherung**
Band XI: **Pflegeversicherung**

Wesentliche Merkmale der Sozialversicherungen sind:

- Absicherung eines bedeutenden Teils der wirtschaftlichen Risiken des Lebens
- Arbeitnehmer und Arbeitgeber bringen die Beiträge gemeinsam auf.
- Die Sozialversicherungen erhalten Staatszuschüsse.
- Die Versicherten haben einen Rechtsanspruch auf die Leistungen.
- Die Sozialversicherungen verwalten sich selbst durch ihre Mitglieder.
- Die Sozialversicherungen heben die Volksgesundheit und die Produktionskraft unserer Wirtschaft.

Die Bedeutung der Sozialversicherungen hat sich im Laufe der Jahrzehnte nicht geändert, obwohl sich die Situation der Arbeitnehmer erheblich verbessert hat. Die zunehmenden, vor allem wirtschaftlichen Probleme einzelner Versicherungszweige der Sozialversicherung führen heute zu Diskussionen, ob die Sozialversicherung als Pflichtversicherung noch Bestand haben soll.

Träger der Sozialversicherungen

Die Träger der Sozialversicherungen, d. h. die Organisationen, die die Versicherungen verwalten, sind im Gegensatz zu privaten Versicherungen Körperschaften des öffentlichen Rechts. Sie stehen somit unter Staatsaufsicht.

Träger der Sozialversicherungen	
Krankenversicherung – Allgemeine Ortskrankenkasse, wenn kein sonstiger Träger vorhanden – Innungskrankenkassen – Betriebskrankenkassen – Landwirtschaftliche Krankenkassen – Ersatzkrankenkassen – Knappschaft **Rentenversicherung** – Deutsche Rentenversicherung Bund – Deutsche Rentenversicherung Knappschaft-Bahn-See	**Pflegeversicherung** – Pflegekassen; ihre Aufgaben werden von den gesetzlichen Krankenkassen übernommen **Unfallversicherung** – Fachlich gegliederte Berufsgenossenschaften: gewerbliche Berufsgenossenschaften, landwirtschaftliche Berufsgenossenschaften – Unfallkasse **Arbeitslosenversicherung** – Bundesagentur für Arbeit in Nürnberg, ihr unterstehen die Landes- und örtlichen Arbeitsagenturen

Innungskrankenkassen finden Sie unter www.ikk.de

Betriebskrankenkassen finden Sie unter www.bkk.de

Ortskrankenkassen finden Sie unter www.aok.de

Verband der Ersatzkassen finden Sie unter www.vdek.com

AUFGABEN

1 Wann sind die Sozialversicherungen entstanden? Warum gerade zu dieser Zeit?

2 Nennen Sie die fünf bis heute existierenden Sozialversicherungen.

3 Gegen welche Risiken sind Sie als Arbeitnehmerin versichert?

4 Begründen Sie den „Zwangscharakter“ der Sozialversicherungen.

5 Sind Sozialversicherungen Ihrer Ansicht nach heute noch notwendig?

6 Nennen Sie die Träger der Sozialversicherungen.

7 Wer bringt die Beiträge zu den Sozialversicherungen auf?

4.1.1 Krankenversicherung

Krankenversicherte haben grundsätzlich Anspruch auf Leistungen zur Verhütung, Früherkennung und Behandlung von Krankheiten.

Die Leistungen müssen zweckmäßig, ausreichend, notwendig und wirtschaftlich sein. Grundsätzlich gilt das sogenannte **Sachleistungsprinzip**, d. h., alle Sachleistungen werden nach oben genanntem Grundsatz von der Krankenversicherung bezahlt. Nur in wenigen Fällen sieht das Gesetz abweichend vom Sachleistungsprinzip eine Geldleistung oder Kostenerstattung vor. Alle Versicherten können die Kostenerstattung für ein Jahr wählen. Bei der privaten Krankenversicherung gilt vorwiegend das Prinzip der Kostenerstattung, d. h., der privat Versicherte muss sich zunächst die Leistungen selbst einkaufen (und bezahlen) und kann sich dann vom Versicherungsunternehmen die (versicherten) Kosten erstatten lassen.

Leistungen der Krankenversicherung:
- **Leistungen zur Verhütung von Krankheiten**
  - Aufklärung der Bevölkerung
  - Zusammenarbeit mit Berufsgenossenschaften
  - Gruppenprophylaxe bei Zahnerkrankungen (Kindergärten und Schulen)
  - Individualprophylaxe und Früherkennungsuntersuchungen bei Zahnerkrankungen
  - Kuren (Kostenbeteiligung der Versicherten)
- **Leistungen zur Früherkennung von Krankheiten**
  - Vorsorgeuntersuchungen bei Kindern bis zum sechsten Lebensjahr
  - Krebsfrüherkennung bei Frauen ab dem 20. und bei Männern ab dem 35. Lebensjahr

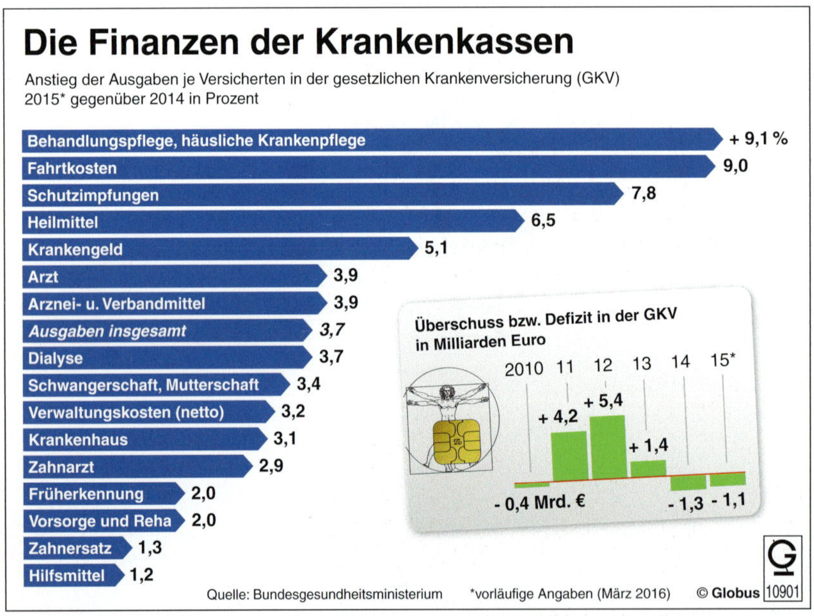

- **Leistungen bei Krankheit**
  - Krankenbehandlung (ärztliche, zahnärztliche)
  - Versorgung mit Arznei-, Verband-, Heil- und Hilfsmitteln
  - Krankenhausaufenthalt (Kostenbeteiligungen der Versicherten)
  - Zahnersatz (Kostenbeteiligungen der Versicherten)
  - Haushaltshilfe, wenn ein Kind unter 8 Jahren bei einem Krankenhausaufenthalt zu versorgen ist
  - Krankengeld (78 Wochen lang innerhalb von 3 Jahren nach Ablauf der sechswöchigen Lohnfortzahlung durch den Arbeitgeber)
- **Sonstige Leistungen**
  - Betreuung während der Schwangerschaft
  - Entbindungskosten
  - Mutterschaftshilfe
  - Mutterschaftsgeld (6 Wochen vor und 8 Wochen nach Entbindung)
  - Mitversicherung von Familienangehörigen: Haben Familienangehörige kein oder nur ein geringes Einkommen, erhalten sie die gleichen Leistungen wie das versicherte Mitglied (Ausnahmen bestehen). Der Beitrag des versicherten Mitglieds erhöht sich dadurch nicht.

In der Krankenversicherung gibt es **Pflichtversicherte und freiwillige Mitglieder**. Pflichtversicherte sind Angestellte und Arbeiter bis zu einem bestimmten Bruttoentgelt (**Versicherungspflichtgrenze**). Diese liegt im Jahr 2017 bei 4800,00 € pro Monat. Ferner unterliegen alle Auszubildenden, Rentner, Studenten, Arbeitslose und selbstständige Landwirte der Versicherungspflicht.

Die Krankenkassen erheben unterschiedliche Zusatzbeiträge prozentual vom Bruttoeinkommen. Eine Liste finden Sie unter www.gkv-zusatzbeitraege.de

Arbeitnehmer, deren Verdienst über der Versicherungspflichtgrenze liegt, können sich freiwillig in den gesetzlichen Krankenkassen weiterversichern. Ebenso können sie sich privat gegen Krankheit versichern. Seit 2007 sind alle Bundesbürger zur Versicherung verpflichtet. Trotzdem gibt es weiterhin ca. 200 000 Menschen ohne Versicherungsschutz.

Selbstständige können sich ebenfalls freiwillig in einer gesetzlichen Krankenkasse oder privat versichern.

Die Beiträge zur Krankenversicherung werden von **Arbeitgeber und Arbeitnehmer** aufgebracht. Der einheitliche Beitragssatz beträgt mit Einführung des Gesundheitsfonds seit 01.01.2015 14,6 % vom Bruttolohn (14,0 % ohne Krankengeldanspruch). Die Arbeitnehmer und die Arbeitgeber zahlen jeweils 7,3 % hiervon (→ Abb. 1). Die Krankenkassen können Zusatzbeiträge von ihren Mitgliedern verlangen oder Prämien an ihre Mitglieder ausschütten. Ab einem bestimmten Bruttoentgelt steigen die Beiträge für den Versicherten nicht mehr (**Beitragsbemessungsgrenze 4 350,00 € brutto monatlich im Jahr 2017**). Bis zu einer Ausbildungsvergütung von **325,00 €** monatlich werden die Beiträge **allein vom Arbeitgeber** bezahlt. Eine Lohnerhöhung für Auszubildende kann damit mit einem geringeren Nettoentgelt verbunden sein.

BEISPIEL

Die Medizinische Fachangestellte Susanne Markus erhält ein monatliches Bruttogehalt von 1469,00 €.
Ihr Krankenkassenbeitrag beträgt 14,6 %. Frau Markus übernimmt also als Arbeitnehmerin einen Krankenkassenbeitrag von 7,3 %. Der Arbeitgeber übernimmt die anderen 7,3 % des Krankenkassenbeitrags. Ihre Krankenkasse erhebt einen Zusatzbeitrag in Höhe von 0,9 %. Der überwiesenen Summe von 227,70 € entsprechen somit 14,6 % des sozialpflichtigen Arbeitnehmerbruttogehalts. Für Frau Markus bedeutet das, dass sie 120,46 € an ihre Krankenkasse abführt; ihr Arbeitgeber führt 107,24 € ab.

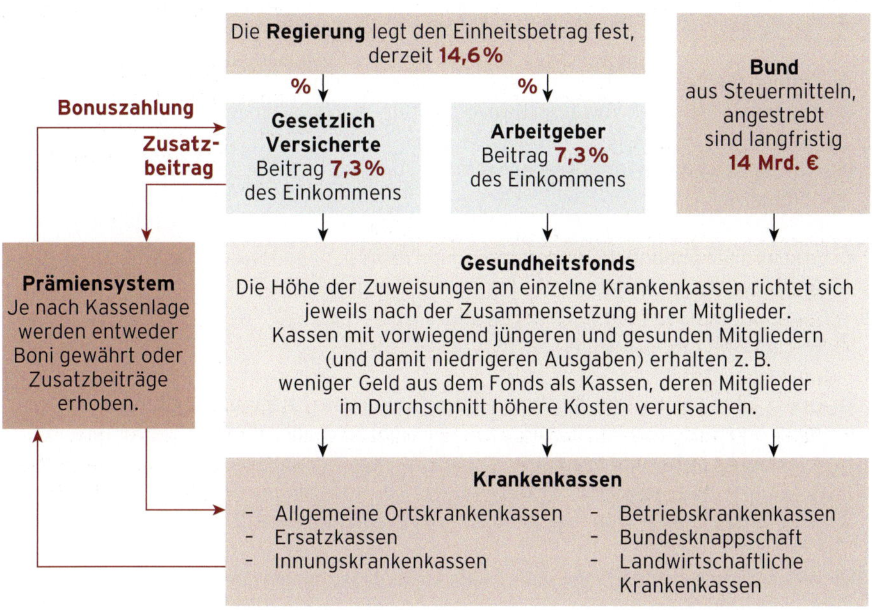

Abb. 1 So funktioniert der Gesundheitsfonds

4.1.2 Pflegeversicherung

Die Pflegeversicherung erbringt Leistungen (Sachleistungen und Pflegegeld) bei häuslicher und stationärer Pflege.

Versicherungspflichtig sind alle in der Krankenversicherung versicherten Personen, auch freiwillig Versicherte. Ebenso sind auch privat Krankenversicherte verpflichtet, sich gegen das Risiko der Pflege zu versichern. Der Beitrag beträgt 2,55 % vom Bruttomonatsentgelt und wird je zur Hälfte von Arbeitgeber und Arbeitnehmer getragen (kinderlose Versicherte ab Vollendung des 23. Lebensjahres und Rentner ab Jahrgang 1940 zahlen zusätzlich 0,25 %). Ehegatten und Kinder sind beitragsfrei mitversichert. Die Einteilung in drei Pflegestufen wurde 2017 durch die Einteilung in fünf Pflegegrade ersetzt.

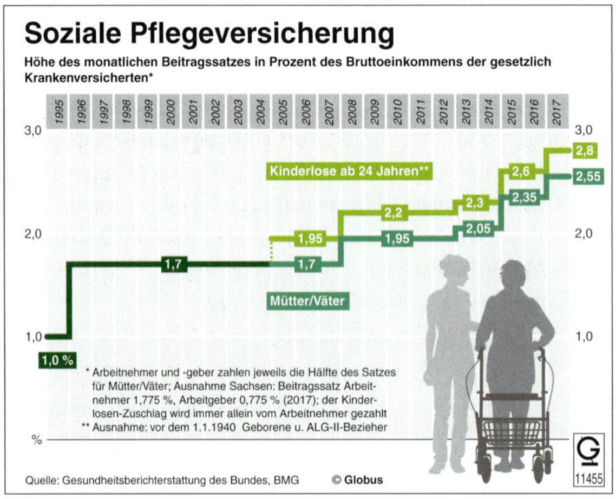

AUFGABEN

1 Nennen Sie Träger der Krankenversicherung.

2 Was versteht man unter dem „Sachleistungsprinzip“ in der Krankenversicherung?

3 Welche Leistungen bietet die Krankenversicherung bei Erkrankungen?

4 Können die Versicherten die Erstattung aller von einem Arzt bzw. Zahnarzt angebotenen Leistungen von ihrer Krankenversicherung verlangen?

5 Welche Leistungen Ihrer Krankenversicherung haben Sie schon in Anspruch genommen?

6 Erklären Sie anhand der Gesamtrechnung im Gesundheitswesen (s. S. 260), wo die Ausgabenschwerpunkte der Krankenversicherung liegen.

7 Wer bezahlt Ihre Krankenversicherungsbeiträge?

8 Überprüfen Sie anhand der Gehaltsabrechnung vom Dezember 2015 mit einer Abrechnung nach dem 30.01.2016, ob Sie prozentual mehr oder weniger für Ihre Krankenversicherung bezahlen.

9 Was versteht man unter der „Versicherungspflichtgrenze“?

10 Was spricht für oder gegen eine „Beitragsbemessungsgrenze“?

11 Entwickeln Sie Lösungsvorschläge, um die Kassen der Pflegeversicherung aufzustocken.

4.1.3 Unfallversicherung

Die Leistungen der Unfallversicherung bestehen zur Hauptsache in der Verhütung von Arbeitsunfällen.
Die Leistungspflicht der Unfallversicherung tritt ein bei Arbeitsunfällen, Wegeunfällen und Berufskrankheiten.

Arbeitsunfälle sind Unfälle, die dem Versicherten im Zusammenhang mit seiner beruflichen Tätigkeit zustoßen, z. B. beim Assistieren fällt ein infiziertes Skalpell auf den Fuß der Medizinischen Fachangestellten. Unfälle auf Praxisveranstaltungen zählen ebenfalls zu den Arbeitsunfällen.
Wegeunfälle sind Unfälle auf dem direkten Weg von und zur Praxis.
Berufskrankheiten sind Krankheiten, die der Versicherte sich durch die Berufsausübung zugezogen hat, z. B. Bäckerkaries (bei Bäckern und Konditoren), Hepatitis und Aids (bei Medizinischen Fachangestellten).

Berufskrankheiten der Berufsgenossenschaften für Gesundheitsdienst und Wohlfahrtspflege und Informationen zur Unfallversicherung finden Sie unter www.bgw-online.de

Leistungen der Unfallversicherung:
- Heilung der Unfallverletzten durch Heilbehandlung (ärztliche und zahnärztliche Behandlung)
- Berufshilfe mit dem Ziel, den Verletzten wieder in seinen Beruf einzugliedern oder ihn zur Aufnahme eines anderen Berufes zu befähigen
- Entschädigungen für Unfallfolgen durch Geldleistungen:
  - Verletztengeld soll die Lohnausfälle während der Verletzung ausgleichen, ähnlich dem Krankengeld der Krankenkassen.
  - Verletztenrente wird gewährt, wenn die Erwerbsfähigkeit des Verletzten dauernd gemindert ist. Die Höhe richtet sich nach dem Grad der Behinderung und dem Jahresarbeitsverdienst des Verletzten.
- Hinterbliebenenrente und Sterbegeld werden an Hinterbliebene bezahlt, wenn der Verletzte an den Folgen eines Arbeitsunfalls, Wegeunfalls oder einer Berufskrankheit verstorben ist.

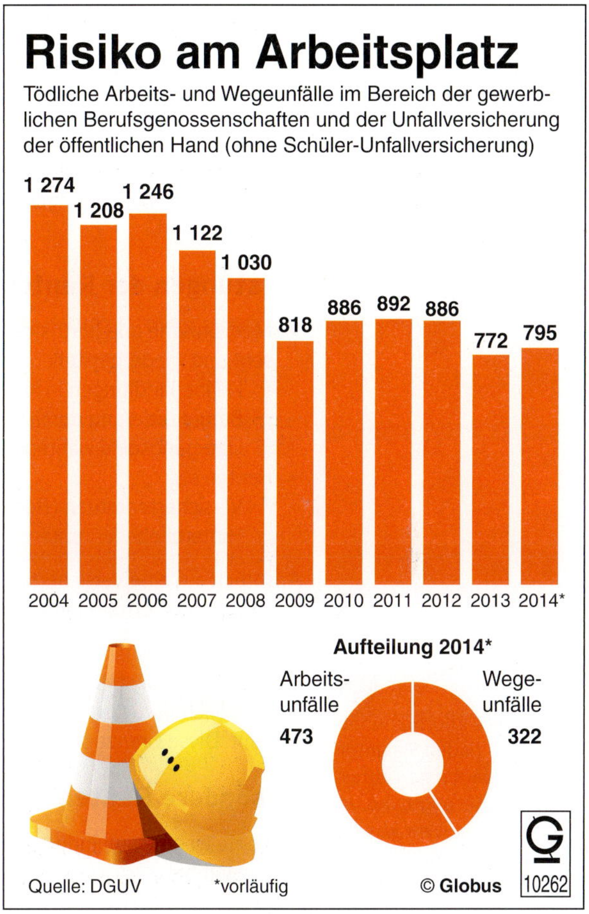

In der Unfallversicherung sind **alle Arbeitnehmer pflichtversichert**. Mitarbeiter in Arztpraxen sind in der Berufsgenossenschaft für Gesundheitsdienst und Wohlfahrtspflege (BGW), Pappelallee 35–37, 22089 Hamburg, pflichtversichert. Während des Berufsschulbesuchs sind Sie als Schülerin ebenfalls versichert.

Die Beiträge werden vom **Arbeitgeber (Praxisinhaber)** allein aufgebracht. Ihre Höhe richtet sich nach der Gefahrenklasse des Betriebs und der Anzahl der Mitarbeiter (Lohnsumme). Die geleisteten Arbeitsstunden müssen jährlich an die BGW gemeldet werden. Ereignen sich viele Unfälle in der Praxis, wird sie höher eingestuft – die Beiträge steigen.

Alle Versicherten haben die Unfall- und Krankheitsverhütungsvorschriften der Unfallversicherung genau zu beachten. Ein vorsätzlicher oder grob fahrlässiger Verstoß hiergegen ist strafbar und führt u. U. zu Leistungseinschränkungen. Jeder Arbeitsunfall ist dem Arbeitgeber unverzüglich zu melden.

Beteiligte an Arbeitsunfällen oder Zeugen müssen wahrheitsgemäße Aussagen machen. Ärztlich angeordnete Maßnahmen hat ein Verletzter gewissenhaft zu befolgen und sich den Untersuchungen zu stellen.

AUFGABEN

1 Informieren Sie sich, welche Unfallverhütungsvorschriften in Ihrer Ausbildungspraxis zu beachten sind.

2 Wer kommt in folgenden Fällen für die Behandlungskosten auf?
a Bei einem Sportunfall werden einem Fußballspieler zwei Zähne ausgeschlagen.
b Auf dem Weg zur Arbeit verunglückt ein Arbeitnehmer und muss in die Klinik eingeliefert werden.
c Eine Medizinische Fachangestellte muss umgeschult werden, weil sie eine Allergie gegen Nickel entwickelt hat.

3 Wonach richtet sich die Beitragshöhe zur Unfallversicherung?

4.1.4 Rentenversicherung

Mehr zur Frage „Reicht die Rente?" finden Sie unter
www.rente.com
www.ihre-vorsorge.de
www.deutsche-rentenversicherung.de

In der Rentenversicherung gilt der „Generationenvertrag". Das bedeutet, dass die zurzeit erwerbstätige Generation mit ihren Beiträgen die Generation unterstützt, die nicht mehr im Erwerbsleben steht.

Das Prinzip des Schutzes vor Alter, Tod und Erwerbsminderung durch den Generationenvertrag „funktioniert" nur, wenn genügend junge erwerbstätige Menschen zur Beitragsfinanzierung vorhanden sind.

Leistungen der Rentenversicherung

- Medizinische und berufsfördernde Maßnahmen sollen die Erwerbsfähigkeit erhalten, bessern und wiederherstellen. Dazu zählen:
  - Heilbehandlungen in Kurkliniken und Sanatorien
  - Berufsförderung durch Weiterbildung, Umschulung, Stellenvermittlung
  - Übergangsgeld während der Dauer der Heilbehandlung oder Umschulung
- Renten als
  - Versichertenrenten (Regelaltersrente, Rente wegen verminderter Erwerbsfähigkeit)
  - Hinterbliebenenrenten (z. B. Witwen- und Waisenrente)

Anspruch auf eine Versichertenrente hat nur, wer bestimmte Voraussetzungen erfüllt, z. B. die Wartezeit muss erfüllt und ein bestimmtes Alter erreicht sein.

Weitere Informationen finden Sie unter
www.deutsche-renten
versicherung-bund.de
www.kbs.de
mit Minijob-Zentrale

Von wenigen Ausnahmen abgesehen gilt eine allgemeine Wartezeit von 60 Kalendermonaten (5 Jahre). Beitragsfreie, beitragsgeminderte und Kindererziehungszeiten werden hierbei unterschiedlich berücksichtigt. Ein Altersruhegeld wurde in der Regel ab dem **65. Lebensjahr** bezahlt. Diese Grenze steigt seit 2012 schrittweise auf 67 Jahre.

Besondere Renten

- Rente wegen verminderter Erwerbsfähigkeit (ersetzt die Erwerbsminderungsrente) wird gezahlt bei
  - teilweiser Erwerbsfähigkeit: Der Versicherte kann nur noch 3 bis unter 6 Stunden täglich arbeiten;
  - voller Erwerbsunfähigkeit: Der Versicherte kann nur noch weniger als 3 Stunden täglich arbeiten.
- Flexible Renten: Die Altersrente ab 65 (67) Jahren kann bis zu 3 Jahre früher in Anspruch genommen werden (Frührente). Hierfür muss ein Abschlag von 0,3 % im Monat von der Rente in Kauf genommen werden. Ebenso ist eine Verlängerung der Lebensarbeitszeit möglich (Zuschlag von 0,5 % monatlich).
- Teilrenten: Um den Eintritt in das „Rentendasein" gleitend zu gestalten, hat der Versicherte die Möglichkeit, Teilrenten zu beantragen. Möglich sind eine 1/3-Rente, 1/2-Rente und 2/3-Rente. Je geringer die beantragte Rente, desto höher ist die Möglichkeit des Versicherten, noch hinzuzuverdienen.

HINWEIS

Es gibt die Rente für langjährig und besonders langjährig Versicherte mit 63 Jahren, wobei die Altersgrenze langfristig auch auf 65 bzw. auf 67 Jahre steigt.

Versicherungspflichtig in der Rentenversicherung sind alle Arbeitnehmer (Arbeiter, Angestellte, Auszubildende).
Die Beitragsbemessungsgrenze liegt bei einem Bruttoentgelt von 6 350,00 € (West) bzw. 5 700,00 € (Ost) monatlich (Stand 2017). Nicht Versicherungspflichtige können freiwillig der Rentenversicherung beitreten oder sich privat versichern.
Die Beiträge werden von Arbeitgeber und Arbeitnehmer je zur Hälfte aufgebracht. Der Beitragssatz beträgt 18,7 % vom Bruttoentgelt (Stand 2017).
Nur bei Auszubildenden gilt, dass die Beiträge vom Arbeitgeber allein aufgebracht werden müssen, wenn das Bruttoentgelt unter 325,00 € monatlich liegt

AUFGABEN

1 Welche Probleme der Rentenversicherung werden in der folgenden Abbildung veranschaulicht?

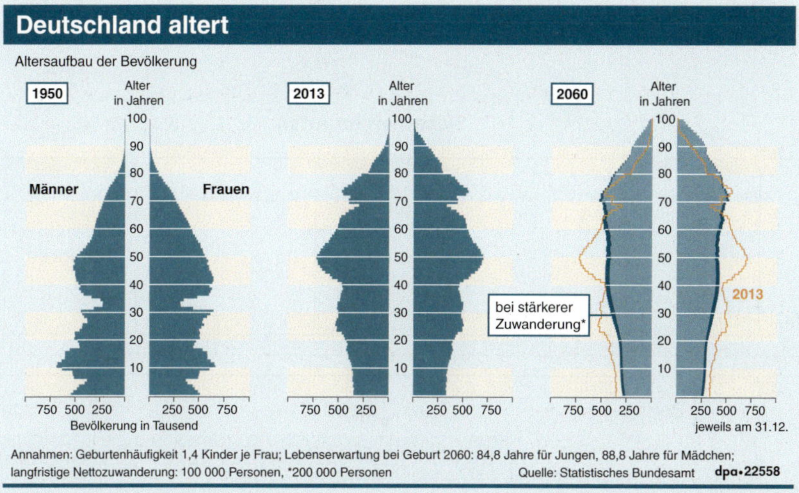

2 Was bedeutet „Beitragsbemessungsgrenze" in der Rentenversicherung und wie hoch ist sie aktuell?

3 **a** Wie lange müssen Sie mindestens noch in die Rentenversicherung einzahlen, um einen Anspruch auf Altersruhegeld zu erhalten?
b Weshalb werden Sie vermutlich länger einzahlen?

4 Welche Ziele verfolgt die Bundesregierung mit der Regelung zur Frührente? Diskutieren Sie die Auswirkungen auf die verschiedenen Sozialversicherungszweige.

5 Errechnen Sie das Jahr, ab dem Sie vermutlich Altersruhegeld beziehen können.

6 Wer ist in der Rentenversicherung beitragspflichtig?

7 Was versteht man unter der „flexiblen Rente"?

Die Rentenreform

Neben der Reform der Krankenversicherung betrachtet man die Reform der Rentenversicherung als dringend erforderlich, weil

- die Lebenserwartung der Menschen ständig steigt,
- Altersrenten immer früher in Anspruch genommen werden,
- Ausbildungszeiten immer länger geworden sind,
- die Geburtenrate ständig gesunken ist.

Sollen die Beiträge zur Rentenversicherung in Zukunft nicht über 22 % steigen und das Rentenniveau nicht stärker unter ca. 70 % des Nettoentgelts sinken, muss die Altersvorsorge der Zukunft auf drei Säulen verlagert werden (→ Abb. 1).

Die sich ergebenden Lasten für die kommenden Jahrzehnte sollen von Rentnern, Bund und Beitragszahlern gemeinsam getragen werden. Ziel dabei ist, das hohe Niveau der Renten (Rente als Lohnersatz) beizubehalten und die Renten an der Wirtschaftsentwicklung (Nettolohnverdienste) zu orientieren.

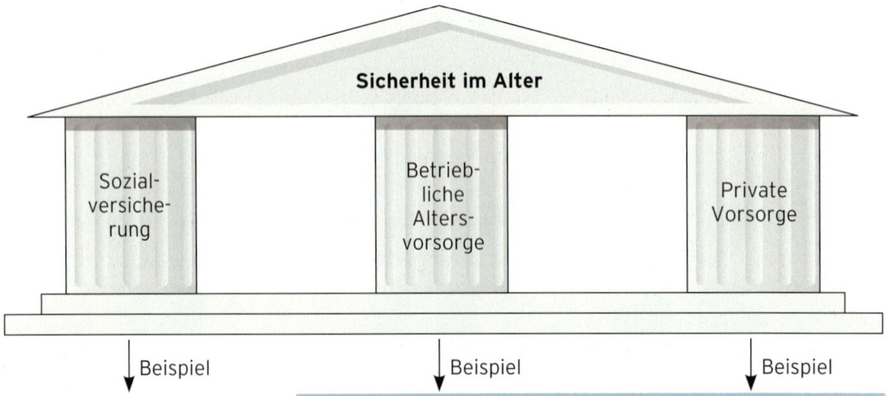

	Steuerlich und sozialversicherungsrechtlich gefördert	
– **Gesetzliche Rentenversicherung als Grundsicherung**	– **Direktversicherung** Arbeitgeber schließt für Arbeitnehmer eine Lebens- oder Rentenversicherung ab. – **Pensionskasse** Arbeitnehmer hat Anspruch an die Versicherung auch bei Arbeitgeberwechsel. – **Pensionsfonds** wie Pensionskasse geregelt, größere Risiken und Gewinne – **Unterstützungskassen** vom Arbeitsgeber gegründet, um Arbeitnehmer im Alter zu unterstützen	– **Private Rentenversicherung** – **Eigentumswohnung oder eigenes Haus** – **Private Lebensversicherung**

Abb. 1 Säulen der Rentenversicherung

Diese Erkenntnis findet ihren Niederschlag im sogenannten Altersvermögensgesetz.
Der Staat bietet auf freiwilliger Basis eine Förderung der privaten Vorsorge an.
Wer 4 % seines sozialversicherungspflichtigen Jahresentgelts anlegt, erhält die jeweils maximale Zulage. Zusätzlich kann es auch noch einen Sonderausgabenabzug in der Steuererklärung geben. Dies wird vom Finanzamt geprüft.

BEISPIEL

Ein verheirateter Arbeitnehmer hat ein sozialversicherungspflichtiges Jahreseinkommen von 30 000,00 €, der Partner ist nicht berufstätig. Das Paar hat zwei Kinder und spart 1200,00 € (= 4 % von 30 000,00 €).
Es erhält folgende Zulagen:

2 × 154,00 €	=	308,00 € (zwei Erwachsene)
2 × 185,00 €	=	370,00 € (zwei Kinder)
Gesamtzulage		678,00 €

Die Zulage macht bereits mehr als die Hälfte der Sparsumme aus. Das Paar muss nur noch 522,00 € jährlich bzw. 43,50 € monatlich zusätzlich aufbringen.

Die Anlage nach dem Altersvermögensgesetz kann in folgenden Bereichen erfolgen:
- Banksparplan
- private Rentenversicherung (Lebensversicherung)
- Fondsprodukte
- betriebliche Altersvorsorge (Direktversicherung, Pensionskasse, Pensionsfonds)

Jedes Anlageprodukt, das die staatliche Förderung erhalten will, muss vom Bundesaufsichtsamt für das Versicherungswesen zertifiziert werden. Hierzu müssen die Produkte folgende Kriterien erfüllen:
- Die Auszahlung darf erst mit Beginn einer Altersrente, frühestens ab dem 60. Lebensjahr erfolgen.
- Bei Beginn der Auszahlung müssen mindestens die eingezahlten Beträge zugesichert sein.
- Die Zahlungen müssen dauerhaft bis in hohes Alter absichern (keine Einmalzahlungen).

Verfahren: Der Anbieter des Anlageprodukts schickt dem Sparer einen Antrag auf Zulage. Der Sparer füllt den Antrag aus und sendet ihn an den Anbieter zurück. Dieser schickt den Antrag an das Zulagenamt, welches die Zulage direkt an den Anbieter überweist.

AUFGABEN

1 Wie kann man nach dem Altersvermögensgesetz die höchsten Zulagen erhalten?

2 Mit 27 Jahren entschließen Sie sich, als Ledige eine private Altersvorsorge nach dem Altersvermögensgesetz abzuschließen.
Sie wollen hieraus ab dem 67. Lebensjahr 511,00 € Zusatzrente erhalten. Mehr als 50,00 € wollen Sie monatlich nicht zusätzlich sparen. Erkundigen Sie sich über die Höhe des Sparaufwands in einer Anlageform.

3 Im Wahlkampf ist die Rentenreform mit der privaten Vorsorge ein wichtiges Thema. Stellen Sie die unterschiedlichen und gleichartigen Vorstellungen der Parteien dar.

4.1.5 Arbeitslosenversicherung

Bundesministerium für Arbeit und Soziales finden Sie unter
www.bmas.de
www. arbeitsagentur.de

Das Sozialgesetzbuch Band III (SGB III) weist der Bundesagentur für Arbeit folgende arbeitsmarkt- und beschäftigungspolitischen Aufgaben zu:

- Berufsberatung
- Arbeitsvermittlung
- Förderung der beruflichen Bildung
- Erhaltung und Schaffung von Arbeitsplätzen
- Arbeitsmarkt- und Berufsforschung

Durch geeignete Maßnahmen soll ein hoher Beschäftigungsgrad erzielt und aufrechterhalten sowie das Wachstum der Wirtschaft gefördert werden.

Arbeitslosengeld

Das Arbeitslosengeld, auch ALG I genannt, ist eine Leistung der Arbeitslosenversicherung. Arbeitslos ist, wer vorübergehend keine Arbeitsstelle hat. Um Arbeitslosengeld beziehen zu können, müssen mehrere Voraussetzungen erfüllt sein:

- Der Arbeitslose muss der Arbeitsvermittlung zur Verfügung stehen.
- Der Arbeitslose muss sich arbeitslos gemeldet haben (sofort nach Erhalt der Kündigung).
- Der Arbeitslose muss die Anwartschaft erfüllt haben, d. h., er muss innerhalb der letzten drei Jahre mindestens 360 Tage lang Beiträge an die Arbeitslosenversicherung bezahlt haben. Arbeitslosengeld wird für unter 55-Jährige höchstens für ein Jahr gewährt. Die Dauer richtet sich nach den beitragspflichtigen Beschäftigungszeiten. Über 58-Jährige erhalten bis zu 24 Monate ALG I.

Ist die Arbeitslosigkeit selbst verschuldet (z. B. durch eigene Kündigung), kann eine Sperrfrist von zwölf Wochen verhängt werden, ansonsten wird das Arbeitslosengeld vom Tag der Antragstellung an gewährt.
Die Höhe des Arbeitslosengeldes hängt vom Lebensalter des Arbeitslosen und seinem Familienstatus ab. Ledige Arbeitnehmer ohne Kinder erhalten 60 % des letzten Nettoentgelts, Arbeitslose mit Kindern 67 %. Bei Auszubildenden orientiert sich das Arbeitslosengeld an 50 % des ersten zu erwartenden Entgelts, mindestens jedoch an der letzten Auszubildendenvergütung.

Anspruchsdauer Arbeitslosengeld 2017

nach Versicherungspflichtverhältnissen mit einer Dauer* von insgesamt mindestens		**und nach Vollendung des ... Lebensjahres**	**Anspruchsdauer in**	
... Monaten	**... Kalendertagen**		**... Monaten**	**... Kalendertagen**
12	360		6	180
16	480		8	240
20	600		10	300
24	720		12	360
30	900	50.	15	450
36	1080	55.	18	540
48	1440	58.	24	720

* - Bei der Feststellung der Anspruchsdauer können nur die Versicherungszeiten berücksichtigt werden, die der Arbeitnehmer in den fünf Jahren vor der aktuellen Arbeitslosigkeit zurückgelegt hat.
- In Fällen, in denen „Rest"-Ansprüche zu berücksichtigen sind, ist als höchstmögliche Anspruchsdauer mindestens die Anspruchsdauer des „Rest"-Anspruchs zu berücksichtigen.

Quelle: www.arbeitsagentur.de

Versicherungspflichtig in der Arbeitslosenversicherung sind alle Arbeitnehmer. Eine freiwillige Mitgliedschaft gibt es u. a. für Selbstständige. Die Beitragsbemessungsgrenze ist mit derjenigen der Rentenversicherung identisch.
Die Beiträge werden von Arbeitgeber und Arbeitnehmer je zur Hälfte aufgebracht. Der Beitragssatz beträgt 3,0 % vom Bruttoentgelt (Stand 2017).
Liegt die Ausbildungsvergütung unter 325,00 € monatlich, muss der Beitrag zur Arbeitslosenversicherung vom Arbeitgeber allein aufgebracht werden.

Arbeitslosengeld II (Hartz IV)

Arbeitslosengeld II wird allen erwerbsfähigen Hilfebedürftigen zwischen 15 und 64 Jahren zur Sicherung ihres Lebensunterhalts gewährt. Das Arbeitslosengeld II ist eine aus Steuermitteln finanzierte Fürsorgeleistung und nicht wie das Arbeitslosengeld eine Versicherungsleistung.

Der Gesetzgeber geht bei der Berechnung des ALG II von einer sogenannten **Bedarfsgemeinschaft** aus. Zu einer Bedarfsgemeinschaft gehören Personen, die in einem Haushalt leben, auch Kinder bis zum 25. Lebensjahr gehören zur Bedarfsgemeinschaft der Eltern.
Nur wenn das gemeinsame Einkommen und das Vermögen zum Lebensunterhalt nicht ausreichen, kann man Arbeitslosengeld II beanspruchen. Das bedeutet: Deckt z. B. das Arbeitseinkommen des Partners den vom Gesetz vorgegebenen Bedarf, erhält der Arbeitssuchende kein Arbeitslosengeld II. Die Höhe der Leistungen orientiert sich deshalb an dem tatsächlichen Bedarf der Arbeitssuchenden.

Gewährte Regelleistung Arbeitslosengeld II (2017)	
Alleinstehende, Alleinerziehende und Personen mit minderjährigem Partner	409,00 €
Ehe- oder Lebenspartner jeweils	368,00 €
Kind bis zum 6. Geburtstag	237,00 €
Kind (6–13 Jahre)	291,00 €
Kind ab dem 14. Geburtstag bis zum 18. Geburtstag	311,00 €
Kinder bis zum 25. Geburtstag im Haushalt der Eltern	327,00 €

Außerdem gibt es so genannte **Mehrbedarfe** für:
- Alleinerziehende
- Schwangere
- Miete und Heizungskosten sowie die Beiträge zur Kranken- und Pflegekasse
- Nichterwerbsfähige erhalten Sozialgeld

AUFGABEN

1 Nennen Sie die Aufgaben der Bundesagentur für Arbeit.

2 Geben Sie an, unter welchen Voraussetzungen Arbeitslosengeld gewährt wird.

3 Errechnen Sie die Sozialversicherungsbeiträge (ohne Unfallversicherung) für Arbeitgeber und Arbeitnehmer bei folgenden monatlichen versicherungspflichtigen Bruttoentgelten:
a 1456,00 €, b 2134,00 €, c 2755,00 €, d 3442,00 €, e 3950,00 €, f 4967,00 €
Die KV erhebt einen Zusatzbeitrag von 0,9 %. PV: ohne Kinder, Steuerbelastung Klasse I

4 Haben Sie nach Beendigung Ihrer Ausbildung Anspruch auf
a Arbeitslosengeld?
b Arbeitslosengeld II?

4.2 Private Absicherung

Die Sozialversicherungen erfassen nicht alle Bevölkerungsgruppen und sind vorwiegend auf die Sicherung vor Gefahren im Berufsleben sowie auf die Vorsorge für die häufigsten Risiken des menschlichen Lebens ausgerichtet.

Wer in der Sozialversicherung nicht versichert ist oder sich dort nicht ausreichend versichert sieht, kann eine **Individualversicherung** abschließen.

Die Aufgaben der Individualversicherung sind:
- Abdeckung von Risiken, für die die Sozialversicherung nicht eintritt (z. B. Versicherung gegen private Unfälle, Rechtsschutzversicherung, Schutz vor Diebstahl, Einbruch, Unwetter, Feuer, Haftpflichtfälle)
- Ersatz der Sozialversicherung, wenn sie für bestimmte Personen nicht angeboten wird (z. B. private Krankenversicherung, Unfallversicherung für Arbeitgeber)
- Ergänzung der Sozialversicherung, wenn die Leistungen nicht ausreichend sind (z. B. Lebens- und Rentenversicherung, private Krankenzusatzversicherung)

Die Hauptunterschiede zur Sozialversicherung sind:
- Träger sind meist private Versicherungsunternehmen.
- Leistungen richten sich nur nach dem Vertrag und sind z. B. unabhängig vom Familienstand oder dem Einkommen.
- Beiträge müssen vom Versicherten allein aufgebracht werden.
- Der Beitritt ist bis auf wenige Ausnahmen freiwillig.

Auf Nummer sicher
von je 100 Haushalten besitzen diese Versicherung

Datenquelle: AWA/GDV
Stand 2014

Arten von Individualversicherungen
Man unterscheidet drei Arten von privaten Versicherungen:

Personenversicherungen	Sachversicherungen	Vermögensversicherungen
Durch sie werden die Folgen eines Ereignisses versichert, das unmittelbar den Körper des Versicherten betrifft.	Die Sachen (das Eigentum) einer Person werden versichert.	Das Vermögen des Versicherten wird vor Ansprüchen anderer Personen versichert.
	Beispiele	
• Lebensversicherung • Rentenversicherung • Berufsunfähigkeitsversicherung • Unfallversicherung • Krankenversicherung	• Hausratversicherung • Kfz-Teil- und Vollkaskoversicherung • Fahrradversicherung	• Haftpflichtversicherung • Rechtsschutzversicherung

AUFGABEN

1 Inwiefern ergänzen Individualversicherungen Sozialversicherungen?

2 Wie kommt der Beitritt zu einer Individualversicherung zu Stande?

3 Welche drei Arten von Individualversicherungen unterscheidet man?

4 Wer bringt die Beiträge zu den Sozialversicherungen auf?

5 Wer bringt die Beiträge zu den Individualversicherungen auf?

5 Einzelarbeitsvertrag

5.1 Anbahnung, Abschluss und Inhalt

Schon vor dem Abschluss des Einzelarbeitsvertrags übernehmen die zukünftigen Partner gewisse Pflichten. So muss sich der Bewerber beispielsweise daran halten, wenn Diskretion über den Namen der Praxis oder des Unternehmens, bei dem er sich vorstellte, gewahrt werden soll. Ebenso muss die Praxis oder das Unternehmen mit den Bewerbungsunterlagen des Bewerbers diskret umgehen. Bei Einladungen zu Vorstellungsgesprächen müssen dem Bewerber entstehende Kosten erstattet werden.

Mehr zum Thema Arbeitsvertrag finden Sie unter www.arbeitsvertrag.de

Es dürfen nur **zulässige Fragen** im Vorstellungsgespräch gestellt werden, die dann auch wahrheitsgemäß beantwortet werden müssen. Zulässige Fragen sind solche nach der fachlichen und persönlichen Eignung des Bewerbers. Werden zulässige Fragen vom Bewerber falsch beantwortet, kann der Arbeitsvertrag vom Arbeitgeber angefochten werden. Ungünstige Umstände muss der Bewerber nicht offenbaren, wenn er nicht danach gefragt wird. Ablehnungen dürfen nicht diskriminierend begründet sein.

AUFGABEN

1 Begründen Sie, ob bei einem Bewerbungsgespräch nach
a Gewerkschaftszugehörigkeit,
b Schwerbehinderung,
c Krankheiten,
d Vorstrafen
gefragt werden darf.

2 Darf die Ablehnung eines männlichen Bewerbers für die Stelle als Medizinischer Fachangestellter durch das Geschlecht begründet sein?

Beim Abschluss des Vertrags herrscht Vertragsfreiheit im Rahmen der bestehenden Gesetze. Formfreiheit besteht beim Arbeitsvertrag nicht. Nach dem Nachweisgesetz müssen alle wesentlichen Bedingungen des Arbeitsverhältnisses schriftlich festgehalten werden. Die entsprechende Niederschrift muss dem Arbeitnehmer innerhalb eines Monats ausgehändigt werden. Dennoch kann ein Arbeitsverhältnis auch formlos (z. B. durch Stillschweigen) begründet werden.

Vertragsfreiheit
Freiheit, Verträge abschließen zu können

Die Niederschrift sollte folgende Angaben enthalten:
1. **Namen und Anschriften** von Arbeitgeber und Arbeitnehmer
2. **Beginn des Arbeitsverhältnisses**
3. Die **Art der Arbeit** sollte geregelt sein. Dies erfolgt meist durch die Angabe der Berufsbezeichnung (z. B. Medizinische Fachangestellte).
4. **Vergütungsregelung** (Monatslohn bzw. Jahresgehalt, Zulagen, Zuschläge, Prämien, Weihnachtsgeld, Urlaubsgeld usw.) und deren Fälligkeit (Das Mindestlohngesetz ist zu beachten.)
5. **Urlaubstage** (ggf. die Lage des Urlaubs, z. B. in den Schulferien)
6. **Kündigungsfristen**: Neben den gesetzlichen Fristen sind hier geringe Abweichungen möglich.
7. **Arbeitszeit**: Hier sind heute neben der starren Voll- und Teilzeitarbeit zahlreiche Varianten möglich. Sie reichen von der flexiblen Arbeitszeitregelung über „Jobsharing" (zwei Arbeitskräfte teilen sich einen Arbeitsplatz) bis zur „Arbeit auf Abruf".
8. **Vertragsdauer**: Wird der Vertrag ohne Vertragsdauer abgeschlossen, handelt es sich um einen unbefristeten Arbeitsvertrag. Er endet durch Kündigung oder Aufhebung. Häufig werden dennoch die ersten sechs Monate des Vertrags als Probezeit für beide Vertragspartner vereinbart. Innerhalb der Probezeit werden kürzere Kündigungsfristen festgelegt.
9. **Tarifvertragsunterwerfung**: Um sich zahlreiche Einzelregelungen zu ersparen, kann man einen Arbeitsvertrag, auf den ein Tarifvertrag keine Anwendung findet, dem Tarifvertrag dennoch unterwerfen. Es gelten dann alle Bestimmungen dieses Tarifvertrags. Gleiches gilt für Betriebs- oder Dienstvereinbarungen.

Die Pflichten des einen sind gleichzeitig die Rechte des anderen.

Neben den im Arbeitsvertrag genannten **Rechten** und **Pflichten** bestehen für das gesamte Arbeitsverhältnis weitere Rechte und Pflichten:

Pflichten des Arbeitnehmers = Rechte des Arbeitgebers	**Verletzung der Pflicht Beispiele:**
Arbeitspflicht	Arbeitnehmer kauft während der Arbeitszeit für private Zwecke ein.
Weisungspflicht	Arbeitnehmer führt Aufträge seines Vorgesetzten nicht aus.
Treuepflicht	Arbeitnehmer arbeitet am Wochenende „schwarz“; Arbeitnehmer arbeitet in einer vergleichbaren Tätigkeit trotz Krankschreibung.
Verschwiegenheitspflicht	Arbeitnehmer plaudert Geschäftsgeheimnisse aus.
Schadensersatzpflicht	Arbeitnehmer verursacht grob fahrlässig oder mit Vorsatz einen Schaden.

Pflichten des Arbeitgebers = Rechte des Arbeitnehmers	**Verletzung der Pflicht Beispiel:**
Entlohnungspflicht	Arbeitgeber zahlt nicht den vereinbarten Lohn.
Beschäftigungspflicht	Arbeitgeber beschäftigt den Arbeitnehmer mit nicht vereinbarten Tätigkeiten.
Fürsorgepflicht	Arbeitgeber beauftragt einen Arbeitnehmer mit gesundheitsgefährdenden Arbeiten; Arbeitgeber führt die Sozialversicherungsbeiträge nicht ab.
Zeugnispflicht	Arbeitgeber weigert sich, den Arbeitnehmer in einem Zeugnis zu beurteilen.

5.2 Befristete Arbeitsverträge

Der unbefristete Arbeitsvertrag stellt den Normalzustand dar, den es zu erreichen gilt. Eine Befristung des Arbeitsvertrags ist aus sachlichen Gründen möglich.

Sachliche Gründe können z. B. sein:
- der Bedarf an der Arbeitsleistung besteht nur vorübergehend
- dem Auszubildenden soll der Übergang in das Berufsleben erleichtert werden
- Beschäftigung zur Vertretung eines anderen Arbeitnehmers
- die Befristung zur Erprobung
- Vertretung während der Elternzeit

Ausnahmsweise ist auch eine Befristung ohne Grund zulässig. Liegt kein sachlicher Grund vor, beträgt die Höchstbefristung zwei Jahre. Diese kann innerhalb der zwei Jahre drei Mal erneuert werden. Es muss sich allerdings um Neueinstellungen handeln.
Für Arbeitnehmer über 52 Jahre und neu gegründete Unternehmen gelten Sonderbestimmungen.

Bei befristeten Arbeitsverträgen bedarf es keiner Kündigung. Sie enden durch Zeitablauf (wie der Ausbildungsvertrag). Allgemeine und besondere Kündigungsschutzgründe gelten nicht. Die Arbeitsverträge können auch während der Befristung mit den normalen Kündigungsfristen gekündigt werden.

In Tarifverträgen können die Befristungen ausgedehnt oder eingeschränkt werden.

5.3 Beendigung des Arbeitsverhältnisses

Das Arbeitsverhältnis kann enden durch
- Aufhebungsvertrag,
- Kündigung (bei unbefristeten Verträgen),
- Zeitablauf (bei befristeten Verträgen),
- Tod des Arbeitnehmers,
- Erreichen einer bestimmten Altersgrenze (z. B. Rentenalter).

Aufhebungsvertrag
Hierbei vereinbaren die beiden Parteien die Aufhebung des Arbeitsvertrags. Ebenso werden die noch bestehenden Rechte und Pflichten (z. B. Resturlaub, Abfindungszahlung) hierin geklärt. Die Schriftform ist empfehlenswert.

Kündigung
Die Kündigung ist ein einseitig empfangsbedürftiges Rechtsgeschäft, das heißt, die Kündigung gilt nur, wenn der Empfänger sie erhalten hat (z. B. Einschreiben mit Rückschein). Diesen Nachweis muss der Absender leisten. Für Kündigungen ist die Schriftform gesetzlich vorgeschrieben.

Einschreiben mit Rückschein
→ Bd. 2, LF 7, S. 207

Die Grundkündigungsfrist für alle Arbeitnehmer ist vier Wochen zum 15. oder 30. des Monats.

Für Arbeitnehmer bis zu zwei Jahren Praxiszugehörigkeit in einer Praxis mit bis zu 20 Arbeitnehmern gilt die Kündigungsfrist zu jedem Datum, wenn es im Arbeitsvertrag festgehalten ist. Darüber hinaus gibt es verlängerte Kündigungsfristen. Sie richten sich nach der Dauer der Praxiszugehörigkeit.

Kündigungsfrist
Frist von der Abgabe der Kündigung bis zum Verlassen der Arbeitsstelle

Dauer der Praxiszugehörigkeit	Kündigungsfrist jeweils zum Ende des Monats
2 Jahre	1 Monat
5 Jahre	2 Monate
8 Jahre	3 Monate
10 Jahre	4 Monate
12 Jahre	5 Monate
15 Jahre	6 Monate
20 Jahre	7 Monate

Die verlängerten Kündigungsfristen können tarifvertraglich gekürzt und verlängert werden. Sie gelten nur für die Kündigung durch den Praxisinhaber. Die Kündigungsfrist während der Probezeit beträgt zwei Wochen.

Außerordentliche (fristlose) Kündigung

Diese Kündigung ist nur aus wichtigem Grund möglich. Das durch das Arbeitsverhältnis begründete Vertrauensverhältnis muss so nachhaltig gestört sein, dass dem Vertragspartner die Fortsetzung nicht zugemutet werden kann.

Eine fristlose Kündigung kann nur innerhalb von zwei Wochen nach Eintritt des wichtigen Grundes erfolgen.

BEISPIEL

Der **Arbeitgeber** kann fristlos kündigen, wenn der Arbeitnehmer
- falsche Zeugnisse vorgelegt hat,
- Diebstahl, Unterschlagung, Betrug begangen hat,
- die Arbeit verlässt oder beharrlich verweigert,
- den Arbeitgeber oder seine Vertreter grob beleidigt oder tätlich wird,
- vorsätzlich Sachen des Arbeitgebers oder eines Mitarbeiters beschädigt.

Der **Arbeitnehmer** kann fristlos kündigen, wenn der Arbeitgeber
- das Arbeitsentgelt nicht zahlt,
- den Arbeitnehmer grob beleidigt oder tätlich wird.

Rechte des Arbeitnehmers nach der Kündigung

Der Arbeitnehmer kann vom Arbeitgeber Folgendes verlangen:
- angemessene Zeit, um einen neuen Arbeitsplatz zu finden
- Rückgabe der Arbeitspapiere (Lohnsteuerkarte, Versicherungsnachweisheft, Zeugnis, evtl. Urlaubsbestätigung)
- Zeugnis:
  - **einfaches Zeugnis** (Arbeitsbescheinigung, aus der die Art der Tätigkeit und die Dauer hervorgeht, → Abb. 1)
  - **qualifiziertes Zeugnis** (enthält zusätzlich Führungs- und Leistungsangaben, → S. 275, unten)

BEISPIEL

Einer Medizinischen Fachangestellten, die nachweislich Geld aus der Kasse entwendet hat, darf im Zeugnis keine Ehrlichkeit bescheinigt werden. Der ursprüngliche Arbeitgeber kann hierdurch schadensersatzpflichtig werden. Jedoch darf auch nicht im Zeugnis stehen, dass sie unehrlich ist, weil dies ihr berufliches Fortkommen erschweren würde.

Dr. Eberhard Gothein
U2, 2-4
68161 Mannheim

ZEUGNIS

Frau Maike Steiger, geb. am 14.04.1989 in Lindau, ist seit dem 01.03.2008 als Medizinische Fachangestellte in meiner Praxis tätig.
Sie arbeitete seit Beginn in den Bereichen Empfang, Verwaltung, Labor sowie im Praxismanagement.

Das Arbeitsverhältnis endet mit dem 30.12.2015.

Mannheim, 15.12.2015 Unterschrift und Praxisstempel

Abb. 1 Beispiel für ein einfaches Arbeitszeugnis

Dr. Eberhard Gothein
U2, 2-4
68161 Mannheim

ZEUGNIS

Frau Maike Steiger, geb. am 14.04.1989 in Lindau, ist seit dem 01.03.2008 als Medizinische Fachangestellte eingestellt.
Von Beginn an arbeitete Frau Steiger gewissenhaft und engagiert in den Bereichen Empfang, Verwaltung, Labor sowie im Praxismanagement.
2009 absolvierte sie erfolgreich zwei Qualitätsmanagementkurse in Karlsruhe. Daraufhin übernahm sie allmählich die Verantwortung für die Praxisorganisation und die Abrechnung.
Seit Mitte 2009 kümmert sich Frau Steiger um die Ausbildung der Auszubildenden in unserer Praxis.
Sie hat die ihr übertragenen Aufgaben stets zu unserer vollsten Zufriedenheit erledigt und unseren Erwartungen in jeder Hinsicht und in allerbester Weise entsprochen.
Ihr Verhalten gegenüber Vorgesetzten war stets korrekt. Mit den Kolleginnen pflegt sie einen guten Kontakt. Für die Auszubildenden hat sie allseits ein offenes Ohr. Die Patienten schätzen besonders ihre ruhige Art. Sie zeigt auch in schwierigen Situationen viel Verhandlungsgeschick.
Neuen Ideen ist Frau Steiger gerne aufgeschlossen und bringt auch eigene Vorschläge ein.
Frau Steiger bat um die Aufhebung dieses Arbeitsverhältnisses zum 30.12.2015, um Medizin zu studieren.
Wir danken Frau Steiger für die außerordentlich gute Arbeit und wünschen ihr für die Zukunft alle Gute.

Mannheim, 15.12.2015 Unterschrift und Praxisstempel

Abb. 1 Beispiel für ein qualifiziertes Arbeitszeugnis

Studium ohne Abitur
→ LF 12, S. 305

AUFGABEN

1 Vergleichen Sie die beiden oben gezeigten Zeugnisse.
Welche wesentlichen Inhalte muss ein qualifiziertes Arbeitszeugnis haben?

2 Nach erfolgter Kündigung verlangt die Medizinische Fachangestellte Frau Muster von ihrem Arbeitgeber ein qualifiziertes Arbeitszeugnis. Dr. Müller stellt ihr folgendes Zeugnis aus:

Dr. med. Hans Müller, Facharzt für Allgemeinmedizin
Frau Maria Muster, geb. 23. Januar 1991, war in meiner ärztlichen Praxis in den letzten beiden Jahren als Medizinische Fachangestellte beschäftigt. Das ihr übertragene Aufgabengebiet umfasste insbesondere den Empfang und die Patientenverwaltung.
Frau Muster half auch im Labor mit. Sie war pünktlich und hat sich bemüht, die ihr übertragenen Arbeiten zu meiner Zufriedenheit zu bewältigen.
Die notwendigen Kenntnisse und das erforderliche Geschick waren dabei erkennbar und die Qualität ihrer Arbeit entsprach den Erwartungen.
Die Zusammenarbeit mit Kolleginnen war gut und den Patienten gegenüber war sie stets um Freundlichkeit bemüht.

a Prüfen Sie, ob das Arbeitszeugnis von Dr. Müller den Anforderungen an ein qualifiziertes Zeugnis entspricht.
b Bewerten Sie das qualifizierte Arbeitszeugnis von Dr. Gothein und das Zeugnis von Dr. Müller.

3 Wodurch unterscheidet sich der Einzelarbeitsvertrag vom Ausbildungsvertrag? In welcher Form sollte ein Arbeitsvertrag abgeschlossen werden? Versuchen Sie aus der Sicht Ihres Arbeitgebers für sich selbst ein

- **a** gutes,
- **b** schlechtes Zeugnis zu schreiben.

4 Welche gesetzlichen Kündigungstermine und -fristen gelten für Arbeitnehmer?

5 Einem Medizinisch-technischen Assistenten wird am 19.02.2016 zum 31.03.2016 gekündigt. Er war seit vier Jahren in der Praxis beschäftigt. Nehmen Sie dazu unter Einbeziehung gesetzlicher Kündigungsfristen Stellung.

6 Eine Fachwirtin zur medizinischen ambulanten Versorgung (45 Jahre alt) möchte nach zehnjähriger Praxiszugehörigkeit in spätestens einem Monat die Praxis verlassen. Welche Möglichkeiten hat sie?

7 Liegen in den folgenden Fällen Ihrer Ansicht nach grobe Beleidigungen mit Kündigung aus wichtigem Grund vor? (Beachten Sie dazu die unten stehenden Grundsätze der Gerichte.)

- **a** Auf einer Baustelle im Freien ruft ein Bauarbeiter seinem Chef zu: „Du Rindvieh hast mir das falsche Holz hochgeschickt!"
- **b** Eine Medizinische Fachangestellte sagt zu ihrem Chef während der Behandlung: „Da hast du Simpel aber der Patientin weh getan!"

Aus den Gerichtsakten

Auch die sonstigen Umstände eines Vorfalls werden bei Gerichtsurteilen berücksichtigt (z. B. der betriebs- und branchenübliche Umgangston, der Bildungsgrad, der psychische Zustand des Arbeitnehmers, der Ort sowie der Zeitpunkt des „Ereignisses", die Anwesenheit von Dritten und die vermutete Ernsthaftigkeit der Äußerung).

So kam das Arbeitsgericht in Bochum zu dem Ergebnis, dass nicht jedes Wort, das aus momentaner Verärgerung gesprochen werde, auf die Goldwaage gelegt werden dürfe. Das Gericht erklärte deshalb die Kündigung eines Mannes für ungültig, der im Verlaufe einer Auseinandersetzung mit seinem Chef geäußert hatte, die Kündigung käme ihm ganz recht, er beziehe sowieso lieber „Stempelgeld". Das hatte der Chef wörtlich genommen und gekündigt. Das Gericht hielt die Kündigung für unangemessen (AZ: 1 Ca 519/80).

Beleidigungen gegenüber Mitarbeitern können eine Kündigung rechtfertigen, falls hierdurch der Betriebsfrieden empfindlich gestört wird – beispielsweise, wenn der Vorwurf persönlicher Unehrenhaftigkeit erhoben wird (Bundesarbeitsgericht – 3 AZR 184/76). Die Verwendung des Götz-Zitats unter Kollegen wiegt in der Regel aber nicht besonders schwer, vorausgesetzt, Betriebsfremde haben nicht „mitgehört".

8 Nehmen Sie zu folgenden Fällen unter Einbeziehung des Kündigungsschutzgesetzes Stellung:

- **a** Ein Arzt fragt eine Medizinische Fachangestellte beim Einstellungsgespräch nach einer bestehenden Schwangerschaft. Sie antwortet wahrheitswidrig mit Nein. Nach erfolgter Einstellung stellt sich die Schwangerschaft heraus. Der Arzt möchte ihr daraufhin kündigen. Sie pocht auf das Kündigungsverbot des Mutterschutzgesetzes. Nehmen Sie dazu Stellung.
- **b** Eine Medizinische Fachangestellte verlässt mit folgenden Worten zum Arbeitgeber den Arbeitsplatz: „Machen Sie Ihren Scheißdreck doch allein!" Nachdem sie am nächsten Tag wieder erscheint, verweigert der Arbeitgeber ihr den Zutritt zur Praxis mit den Worten, dass er die Kündigung angenommen habe.

5.4 Arbeitsgerichtsbarkeit

Im Laufe der wirtschaftlichen Entwicklung wurde das Arbeitsrecht immer vielfältiger und die Meinungsverschiedenheiten auf Grund der gegensätzlichen Interessenlagen von Arbeitgeber und Arbeitnehmer häuften sich (→ Abb. 1).
Seit 1953 gibt es deshalb eine eigenständige Gerichtsbarkeit für Streitigkeiten aus Arbeitsverhältnissen.

Arbeitsgerichte befassen sich mit folgenden Streitigkeiten zwischen
- Arbeitgeber und Arbeitnehmer auf Grund des Arbeitsvertrags,
- Ausbildener (Arbeitgeber) und Auszubildendem auf Grund des Ausbildungsvertrags,
- den Tarifvertragsparteien auf Grund des Tarifvertrags,
- Betriebsrat und Arbeitgeber auf Grund des Betriebsverfassungsrechts,
- Arbeitgeber- und Arbeitnehmerverbänden auf Grund des Mitbestimmungsrechts.

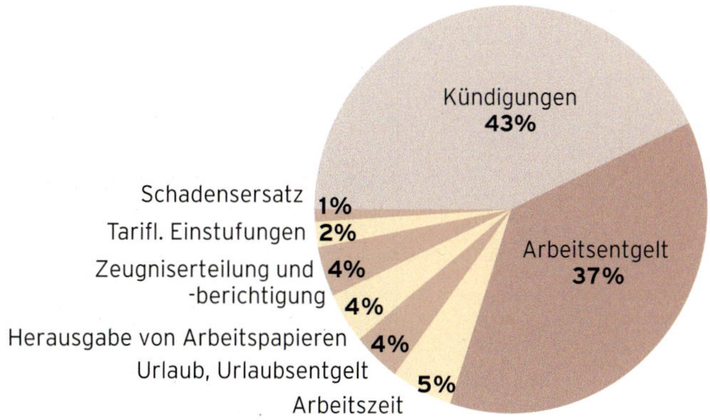

Abb. 1 Gründe für Verfahren vor dem Arbeitsgericht

Verfahren

Eine Verhandlung ist nur möglich, wenn ein Kläger vor dem Gericht mündlich oder schriftlich Klage erhebt.
Neben seinen Personalien und der Anschrift des Beklagten muss er den Grund der Klage und eventuelle Beweise nennen. Hierzu benötigt man keinen Rechtsanwalt. Man kann einen Vertreter des entsprechenden Verbandes (z. B. MFA mit Vertreterin des VmF) mit der Wahrnehmung von Interessen beauftragen.
Vor dem eigentlichen Verfahren steht in jedem Fall die sogenannte „Güteverhandlung". Hier versucht der Einzelrichter, eine Einigung (Vergleich) zwischen den gegnerischen Parteien zu erreichen. Der Vergleich wird durch die „kostenlose" Verhandlung vom Gesetzgeber unterstützt.
Gelingt eine Einigung hier nicht, kommt es zum „streitigen Verfahren" vor der Kammer, der 1. Instanz des **Arbeitsgerichts**.

VmF (früher: BdA)
Verband medizinischer Fachberufe e. V.

Eine Verhandlung vor der Kammer kann enden mit
- Vergleich,
- Klagerücknahme durch eine Partei oder
- Urteil.

Das Urteil wird den Parteien zugestellt. Die Gerichtskosten richten sich nach dem Streitwert, einer vom Gericht festzulegenden Summe in Euro, nach der sich die Gebühren richten (z. B. in Kündigungsprozessen 25 % des Jahresgehalts).
Gegen das Urteil des Arbeitsgerichts ist die Berufung zulässig, wenn der Streitwert über 600,00 € liegt. Die Berufung muss beim Landesarbeitsgericht erfolgen. Hier besteht nun Vertretungszwang, d. h., man muss einen Verbandsvertreter oder einen Rechtsanwalt zur Vertretung bestimmen. Vor dem **Landesarbeitsgericht** wird der gesamte Fall neu verhandelt.

Das Verfahren kann enden mit
- Vergleich,
- Klagerücknahme einer Partei oder
- Urteil.

Gegen das Urteil des Landesarbeitsgerichts kann Revision beim **Bundesarbeitsgericht** zugelassen werden. Dies entscheidet das Landesarbeitsgericht, wenn es sich um einen Rechtsstreit von grundsätzlicher Bedeutung handelt. Gegen diese Entscheidung kann Beschwerde eingelegt werden. Ebenso können die Senate des Bundesarbeitsgerichts entscheiden, ob eine Revision zugelassen wird. Ist die Rechtssache von grundsätzlicher Bedeutung, kann auch das Landesarbeitsgericht durch eine „Sprungrevision" übergangen werden. Vor dem Bundesarbeitsgericht besteht Rechtsanwaltszwang.

Fühlt sich ein Beteiligter durch ein Urteil des Bundesarbeitsgerichts in seinen Grundrechten verletzt, steht ihm die Verfassungsbeschwerde beim **Bundesverfassungsgericht** als letzte Instanz offen. Immer öfter muss sich auch der Europäische Gerichtshof mit Arbeitsstreitigkeiten befassen.

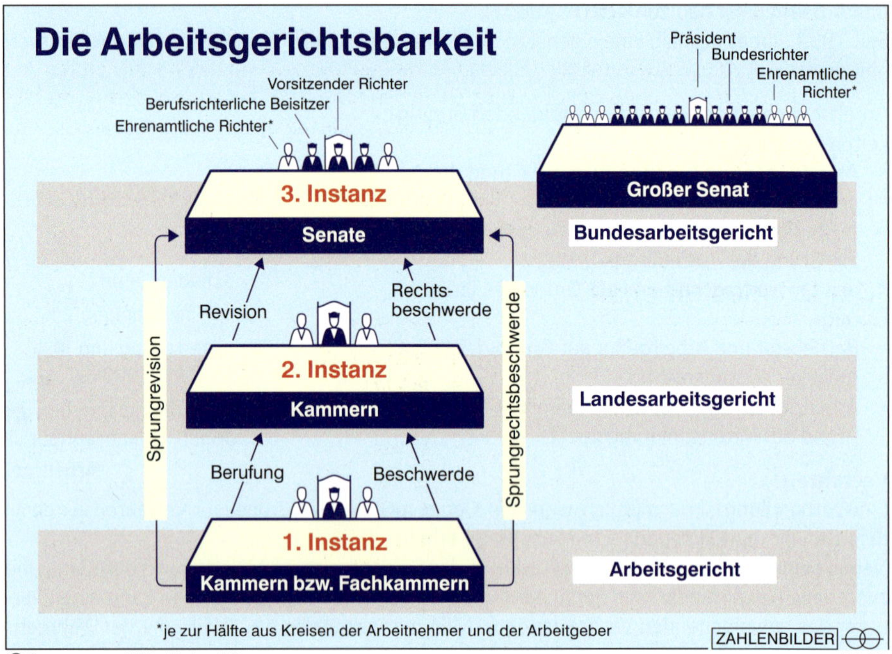

 129 160

AUFGABEN

1 Mit welchen Streitigkeiten befassen sich Arbeitsgerichte?

2 Was versteht man unter „Richterrecht" bei Streitigkeiten aus dem Arbeitsverhältnis?

3 Ist das Arbeitsgericht zuständig?
- **a** Ihre Wohnung wird Ihnen von Ihrem Arbeitgeber gekündigt.
- **b** Sie beleidigen eine Kollegin während der Arbeitszeit.
- **c** Ihr Arbeitgeber verweigert Ihnen die Arbeitspapiere nach Beendigung Ihrer Ausbildung.
- **d** Sie sind mit einer Formulierung in Ihrem Arbeitszeugnis nicht einverstanden.
- **e** Sie reklamieren Ihr nicht erhaltenes „Weihnachtsgeld".
- **f** Ihr Arbeitgeber beschuldigt die Berufsschule eines „Vergehens".

4 Wo sehen Sie „Vorteile" des Arbeitsgerichtsverfahrens gegenüber den normalen Gerichtsverfahren vor ordentlichen Gerichten?

5 Nennen Sie die letzte Instanz im Arbeitsgerichtsverfahren.

6 Kann gegen jedes Urteil eines Arbeitsgerichtes „Berufung" eingelegt werden?

7 Welches regionale Arbeitsgericht ist für Sie zuständig?

6 Steuern und Entgeltabrechnung

6.1 Staatseinnahmen

Zur Finanzierung seiner umfassenden Aufgaben benötigt der Staat Einnahmequellen. Zu den größten Ausgaben des Staates zählen die soziale Sicherung, die Verteidigung und das Verkehrswesen. Eine besondere Problematik besteht durch die Bundesschuld mit ihren ständig steigenden Zinsen für Staatskredite.

Weitere wichtige Staatsaufgaben werden von den Ländern (z. B. Bildung, Polizei, Justiz) und den Kreisen und Gemeinden (z. B. Straßenbau, Kultur, Schulen) wahrgenommen.

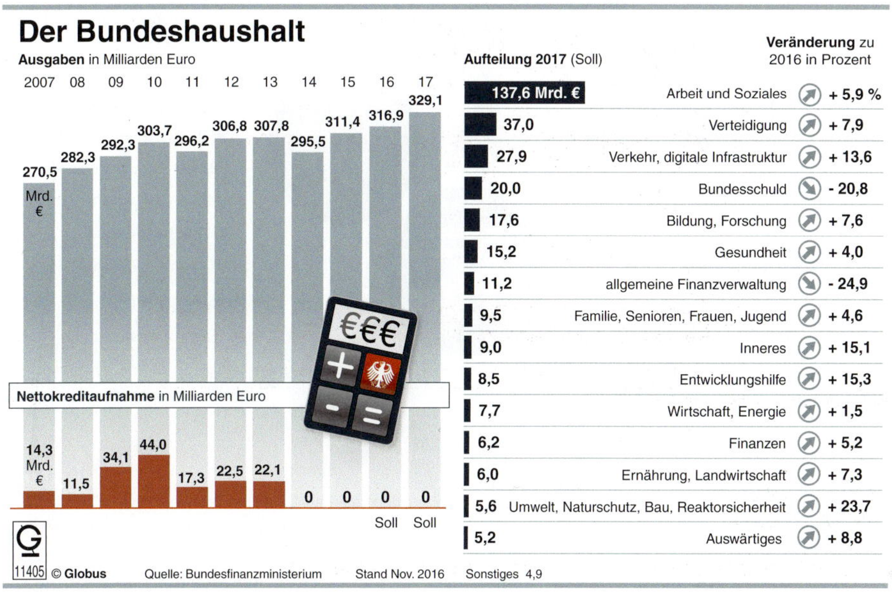

Die wichtigste Einnahmequelle für den Staat bilden die **Steuern**. Es sind einmalige oder laufende Geldleistungen ohne direkte Gegenleistung. Obwohl der Steuerzahler keine direkten Gegenleistungen empfängt, sind ohne diese Abgaben viele, zum Teil unentbehrliche und kostspielige öffentliche Leistungen nicht denkbar, z. B. Bau und Unterhaltung von Straßen und Schulen oder Sozialleistungen. Ca. 80 % der Staatsausgaben werden durch Steuern finanziert. Daneben existieren noch Einnahmen aus

- Zöllen (in der EU abgeschafft),
- Gebühren und Beiträgen für spezielle staatliche Leistungen (z. B. Gebühr für das Ausstellen eines Bundespersonalausweises, Müllabfuhrbeiträge),
- Staatsunternehmen (z. B. Deutsche Bundesbank),
- Sonderabgaben (z. B. Bevorratungszuschläge, Solidaritätszuschläge) und
- der sogenannten Nettokreditaufnahme.

Unter der Nettokreditaufnahme versteht man die zusätzliche Kreditaufnahme des Staates im laufenden Jahr, wobei die Tilgung für die Altkredite schon abgegolten ist. Die Zinsen, die für die gesamten Staatskredite bezahlt werden müssen, nehmen bereits den zweiten Platz in den Ausgaben des Staates ein.

In Deutschland werden sehr viele Steuern erhoben. Dabei gibt es **direkte Steuern**, deren Bezahlung man als Konsument direkt an eine staatliche Stelle leisten muss (z. B. die Kfz-Steuer), und auch sogenannte **indirekte Steuern**, die man als Konsument nicht direkt an den Staat bezahlt (z. B. Umsatz- oder Mehrwertsteuer). Gerade die indirekten Steuern werden vom Staat gerne genutzt, weil der Verbraucher deren Erhöhung nicht so gut realisiert, da sie beim Bezahlen im Preis eines Produktes eingerechnet sind.

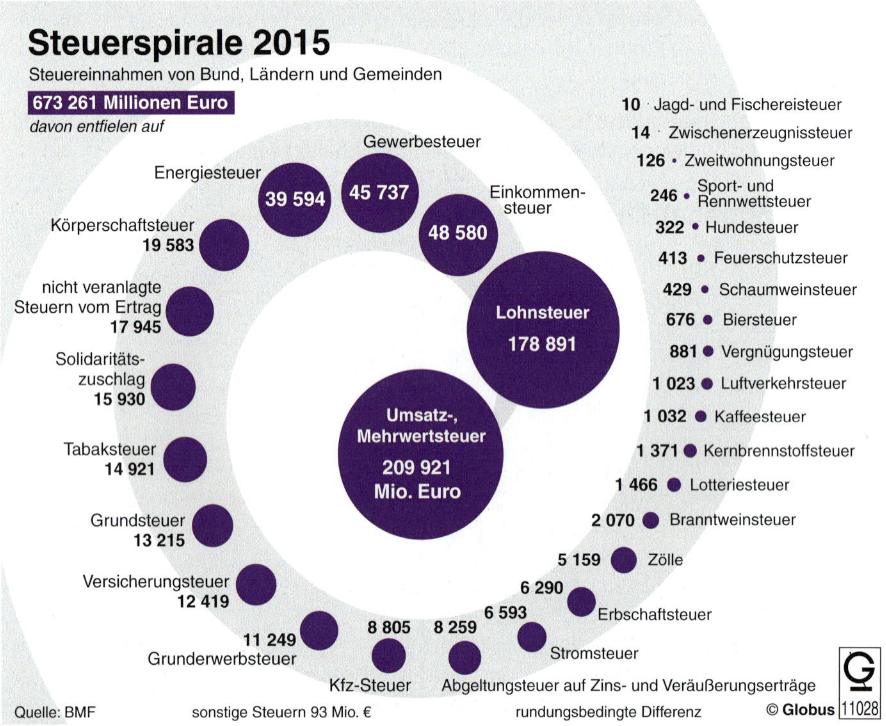

Bagatellsteuern sind solche Steuern, deren Erhebung mehr kostet als sie dem Staat einbringen. Sie dienen häufig zur Steuerung politischer Beschlüsse (z. B. Hundesteuer, Spielautomatensteuer). Manche dieser Steuern sind mittlerweile durch gesellschaftliche oder wirtschaftliche Veränderungen veraltet. Will man aber eine Steuer abschaffen, trifft man immer wieder auf das alte Sprichwort: „Alte Steuer – gute Steuer".

Begründungen für neue Steuern oder Steuererhöhungen finden sich aus vielfältigen Gründen. Zum Beispiel erfolgte die Erhöhung der Tabaksteuer aus gesundheitspolitischen Gründen, die Erhöhung der Lohn- und Einkommensteuer aus sozialpolitischen Gründen und die Erhöhung der Mineralölsteuer sowie die Einführung der „Ökosteuer" aus umweltpolitischen Gesichtspunkten.

AUFGABEN

1 Stellen Sie eine eigene Reihenfolge der Staatsauf- bzw. ausgaben auf und vergleichen Sie diese mit dem Bundeshaushalt. Wo liegen die größten Abweichungen?

2 Nennen Sie die größten Ausgabenposten des Bundeshaushalts.

3 Wie werden diese Ausgaben finanziert?

4 Was versteht man unter Nettokreditaufnahme?

5 Wo liegt die Gefahr der Nettokreditaufnahme?

6 Diskutieren Sie das Für und Wider der 1999 eingeführten Ökosteuer.

6.2 Lohn- und Einkommensteuer

Die Lohnsteuer ist keine eigene Steuerart, sondern Teil der Einkommensteuer. Beim Lohn- und Gehaltsempfänger bedient sich der Staat des Arbeitgebers, um die Einkommensteuer zu erheben (Abzugsverfahren). Wer nur Lohn oder Gehalt bezieht, hat in der Regel seine Einkommensteuerpflicht durch den Lohnsteuerabzug erfüllt. Steuerpflichtig sind alle natürlichen Personen, die ihren Wohnsitz in der Bundesrepublik Deutschland haben (die Einkommensteuer der juristischen Personen ist die Körperschaftsteuer). Folgende Einkünfte unterliegen der Einkommensteuer:

- **Einkünfte aus Land- und Forstwirtschaft:** Darunter fallen auch die Einkünfte aus Wein-, Garten- und Obstanbau.
- **Einkünfte aus Gewerbebetrieb:** Besteuert werden die Einkünfte aus Betrieben, die keine juristische Person sind. Sie sind ebenfalls gewerbesteuerpflichtig.
- **Einkünfte aus selbstständiger Arbeit:** Dazu gehören die Einkünfte aus freiberuflicher Tätigkeit, z. B. die der Ärzte und Zahnärzte. Sie unterliegen nicht der Gewerbesteuer.
- **Einkünfte aus nicht selbstständiger Arbeit (Lohn- und Gehaltseinkommen):** Die Lohnsteuer stellt nur eine besondere Erhebungsform der Einkommensteuer dar. Der Arbeitgeber behält die Lohnsteuer ein und führt sie an das Finanzamt ab. Liegen keine Einkünfte aus nicht selbstständiger Arbeit vor und betragen diese Einkünfte mehr als 14 543,00 €, muss eine Steuererklärung abgegeben werden. Man wird dann veranlagt und spricht von sogenannter Pflichtveranlagung. Werbungskosten dürfen in Ansatz gebracht werden (Pauschbetrag 1000,00 €).
- **Einkünfte aus Kapitalvermögen:** Darunter versteht man z. B. Zinsen, Dividenden, Gewinnanteile von Gesellschaftern. Für Sparer gilt ein Freibetrag von 801,00/1602,00 € (led./verh.). Von den Zinseinnahmen werden 25 % als Abgeltungsteuer von den Banken anonym an die Finanzämter abgeführt.
- **Einkünfte aus Vermietung und Verpachtung:** Das sind beispielsweise Einnahmen aus der Vermietung eines Hauses.
- **Sonstige Einkünfte:** Dazu zählen Einkünfte aus Spekulationsgeschäften (z. B. Gewinne aus Hausverkäufen innerhalb bestimmter Fristen), Gewinne aus Wertpapiergeschäften (innerhalb bestimmter Fristen), Rentenbezüge, alle privaten Veräußerungsgewinne.

Für jeden Steuerpflichtigen werden diese sieben Einkunftsarten addiert und es ergibt sich der sogenannte Gesamtbetrag der Einkünfte. Bei manchen Einkunftsarten können auch Verluste entstehen (negative Einkünfte).

Steuerrechtlich ist es ohne Bedeutung, unter welcher Bezeichnung eine Einnahme erzielt wird. Nur in bestimmten Ausnahmefällen, die sich auch von Zeit zu Zeit ändern, sind Einnahmen lohnsteuerfrei bzw. begrenzt lohnsteuerfrei.

Steuerrechtliche Sonderfälle von Einnahmen		
Voll zu versteuern	**Begrenzt steuerfrei**	**Steuerfrei**
– Überstundenzuschläge – Erschwerniszulagen – Leistungszulagen – Sondervergütungen – (Urlaubs-, Weihnachtsgeld, 13. Monatsgehalt) – Prämien	– Zuwendungen auf Grund von Praxisjubiläum (Fünftelregelung) – Zuwendungen auf Grund einer Notsituation des Arbeitnehmers (bis 600,00 €) – Zuschlag für Sonn- und Feiertagsarbeit (50 %) – Fahrtkosten von der Wohnung zur Arbeitsstätte, wenn vom Arbeitgeber mit 15 % pauschal versteuert – Essenszuschüsse, wenn vom Arbeitgeber mit 25 % versteuert	– Überlassen typischer Berufskleidung – Reisekostenerstattung – Arbeitnehmersparzulage – Kindergartenzuschüsse – Trinkgelder – Geschenke bei Praxisveranstaltungen (max. zwei pro Jahr) bis 110,00 €/Mitarbeiter – Sachbezüge (z. B. Benzingutschein bis 44,00 €/Mitarbeiter/Monat) – Toto-/Lottogewinne – Schenkungen – Erbschaften

Nachdem der Gesamtbetrag der Einkünfte ermittelt ist, können noch weitere Abzüge vom Steuerpflichtigen gemacht werden. Sonderausgaben, außergewöhnliche Belastungen und besondere Freibeträge dürfen abgezogen werden.

6.2.1 Sonderausgaben und außergewöhnliche Belastungen

Bei den Sonderausgaben handelt es sich um bestimmte, im Einkommensteuergesetz genau definierte Aufwendungen, die vom Gesamtbetrag der Einkünfte abgezogen werden, wenn sie weder Betriebsausgaben noch Werbungskosten sind. Sonderausgaben sind Kosten der privaten Lebensführung, die jedoch aus sozialpolitischen Gründen ganz oder teilweise abgesetzt werden können.

Unbeschränkt abzugsfähige Sonderausgaben

Zu den unbeschränkt abzugsfähigen Sonderausgaben zählen unter anderem:
- bezahlte Kirchensteuer
- Unterhaltsleistungen
- Ausbildungskosten
- Spenden für politische Parteien und mildtätige Zwecke

Diese Kosten können mit Einschränkungen vom Gesamtbetrag der Einkünfte abgezogen werden. Werden keine dieser Ausgaben vom Arbeitnehmer nachgewiesen, zieht das Finanzamt automatisch 36,00 € bei Ledigen und 72,00 € bei Verheirateten ab (Sonderausgabenpauschbetrag).

Beschränkt abzugsfähige Sonderausgaben

Hierzu zählen Vorsorgeaufwendungen (eigene Beiträge zur Sozialversicherung, Lebens-, Unfall- und Haftpflichtversicherung).

Außergewöhnliche Belastungen

Es gibt Aufwendungen, die weder als Betriebsausgaben oder Werbungskosten noch als Sonderausgaben abzugsfähig sind, die aber wegen der besonderen außergewöhnlichen Belastung des Steuerpflichtigen berücksichtigt werden sollen. Dadurch will man Härten bei der Besteuerung mildern oder beseitigen.

Die Ausgaben müssen zwangsläufig größer sein als bei Steuerpflichtigen mit vergleichbaren Einkommens- und Vermögensverhältnissen und mit vergleichbarem Familienstand. Dabei sind in der Regel die Ausgaben nicht in voller Höhe, sondern nach Anrechnung eines zumutbaren Eigenanteils (1–7 % des Gesamtbetrags der Einkünfte) abziehbar. Für bestimmte Arten von außergewöhnlichen Belastungen gelten statt Anrechnung eines zumutbaren Eigenanteils Höchstgrenzen, über die hinaus kein Abzug möglich ist. Beispiele für außergewöhnliche Belastungen:
- Unterstützung Not leidender Familienangehöriger (auch Kinder über 25 Jahre in Ausbildung)
- Pflege behinderter Menschen
- Verlust durch Diebstahl
- Ehescheidungskosten
- Krankheitskosten

Sogenannte Pauschbeträge bei außergewöhnlichen Belastungen gibt es für
- Beschäftigung einer Haushaltshilfe (wenn Ehegatte über 60 Jahre = 624,00 €),
- Behindertenpauschalbetrag (abhängig vom Grad der Behinderung),
- Kinderfreibetrag (3648,00 € alternativ zum Kindergeld),
- Freibetrag für Betreuungs- und Erziehungs- oder Ausbildungsbedarf (Bedarfsfreibetrag, 2160,00 € alternativ zum Kindergeld),
- Freibetrag (1308,00 €) für Alleinerziehende,
- weitere Freibeträge,
- Altersentlastungsbetrag (ab 65 Jahre = 1824,00 €).

Nach Abzug aller steuerlich zugelassenen Abzugsbeträge ergibt sich das zu versteuernde Einkommen.

BEISPIEL

Schema zur Ermittlung des zu versteuernden Einkommens

Einkommen
+ aus Land- und Forstwirtschaft
+ aus Gewerbebetrieb
+ aus selbstständiger Arbeit
+ aus nicht selbstständiger Arbeit
+ aus Kapitalvermögen
+ aus Vermietung und Verpachtung
+ sonstige Einkünfte

= Gesamtbetrag der Einkünfte
- Sonderausgaben
- außergewöhnliche Belastungen
- besondere Freibeträge

= zu versteuerndes Einkommen

6.2.2 Der Einkommensteuertarif

Vom zu versteuernden Einkommen wird nun die Einkommen- bzw. Lohnsteuer berechnet. Der Einkommensteuertarif unterscheidet mehrere Besteuerungszonen:

- **Grundfreibetragszone (Nullzone):** Liegt das zu versteuernde Einkommen zwischen 0 € und 8 820,00 €, muss keine Steuer bezahlt werden (steuerliches Existenzminimum).
- **Untere Progressionszone:** Bei einem zu versteuernden Einkommen ab 8 821,00 € fällt Einkommensteuer an. Im Eingangsbereich gilt der Eingangssteuersatz von 14 %. Danach steigt der Steuersatz bis zu einem zu versteuernden Einkommen von 13 769,00 € linear auf rund 24 % an.
- **Obere Progressionszone:** Ab einem zu versteuernden Einkommen von 13 770,00 € bis zu 54 057,00 € steigt der Steuersatz dann ebenfalls linear von 24 % bis auf 42 % an.
- **Obere Proportionalzone:** Ab einem zu versteuernden Einkommen von 54 058,00 € bleibt der Steuersatz konstant bei 42 %. Dies gilt jedoch nur bis zum Betrag von 256 303,00 € für Ledige bzw. 512 606,00 € für Verheiratete.
- **„Reichensteuer" (Proportionalzone 2):** Diese zweite Proportionalzone wird als sogenannte Reichensteuer bezeichnet. Ab einem zu versteuernden Einkommen von 256 304,00 € (Ledige) bzw. 512 608,00 € (Verheiratete) beträgt der Steuersatz 45 %.

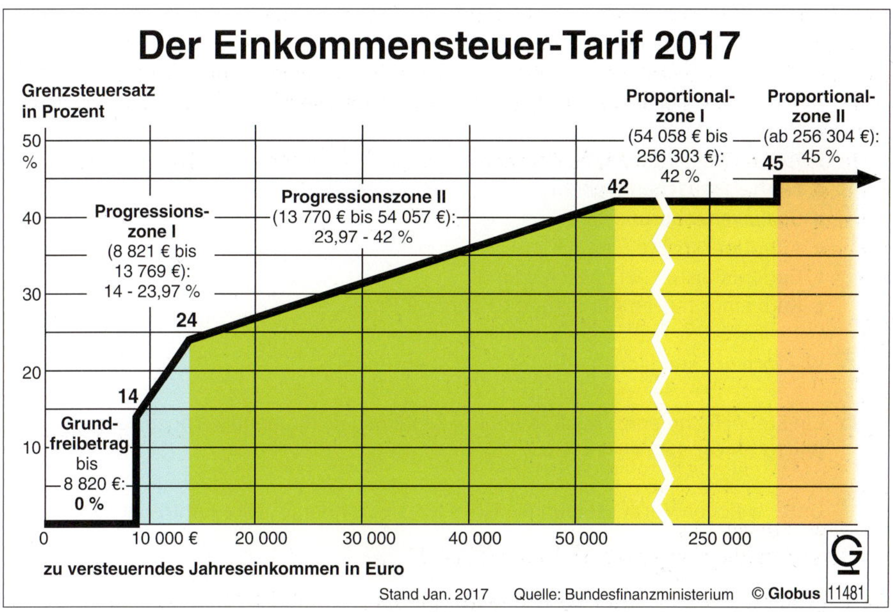

Veranlagung zur Einkommensteuer auf Antrag

Nach Abschluss eines Kalenderjahres empfiehlt es sich, einen Antrag auf Veranlagung zur Einkommensteuer zu stellen, wenn folgende Voraussetzungen gegeben sind:

- Im vergangenen Jahr wurde zu viel Lohnsteuer abgezogen. Das trifft zu, wenn der Arbeitnehmer
  - schwankenden Lohn bezogen hat (z. B. bei Überstunden, Lohnerhöhungen, Tarifverbesserungen, Beförderungen),
  - nicht während des gesamten Kalenderjahres beschäftigt war (z. B. Krankheit, Arbeitslosigkeit, Beurlaubung, Fachschulbesuch).
- Der Arbeitnehmer kann besondere Freibeträge geltend machen, die bisher nicht berücksichtigt wurden.
- Erhöhte Werbungskosten oder Sonderausgaben, die über die Pauschalbeträge hinausgehen, sind angefallen.
- Es ist für den Arbeitnehmer eine günstigere Steuerklasse anzuwenden, z. B. wegen Eheschließung oder Geburt eines Kindes bis zum 31. Dezember des Jahres (rückwirkend).

Verfahren

Das Finanzamt führt die Antragsveranlagung nicht von Amts wegen durch (bei der Einkommensteuer wird man zur Abgabe des Antrags aufgefordert = Pflichtveranlagung bis zum 31.05. des Folgejahres).

- Der Arbeitgeber muss den Ausgleich unaufgefordert zum Jahresende vornehmen, wenn er mindestens zehn Beschäftigte hat.
- Der Arbeitnehmer kann ihn bis zum Ende des übernächsten Jahres abgeben. Man hat also zwei Jahre Zeit. Erwartet man eine Rückzahlung, z. B. wegen erhöhter Werbungskosten und Sonderausgaben oder außergewöhnlicher Belastungen, wird man den Antrag frühzeitig stellen, um keine Zinsen zu verlieren (der vom Arbeitgeber durchgeführte Ausgleich berücksichtigt diese nicht).
- Auch die Arbeitnehmersparzulage erhält nur, wer dies beim Finanzamt beantragt.

AUFGABEN

1 Sind Lottogewinne auf alle Zeit von der Einkommensteuer befreit?

2 Kann man auf Grund der Höhe des Brutto- oder Nettolohnes etwas über die Höhe des zu versteuernden Einkommens sagen?

3 Welche beiden Sonderausgaben unterscheidet man?

4 Handelt es sich um außergewöhnliche Belastungen?
- **a** Hochzeitsfeier
- **b** 1500,00 € Zahnersatzkosten
- **c** Fahrten zwischen Wohnung und Arbeitsstätte, 70 km pro Tag
- **d** Sozialversicherungsbeiträge
- **e** Adoptionskosten für ein Kind
- **f** Gerichtskosten bei Ehescheidung
- **g** Kauf eines teuren Autos für die Fahrt zur Praxis

5 Wie wird der steigende Lohnsteuersatz begründet?

6 Ein Steuerfachmann: „Auch Millionäre kann man nicht unendlich hoch besteuern!". Wie ist dieser Satz zu erklären?

7 Unter welchen Voraussetzungen ist es für Sie „lohnend", einen Antrag auf Veranlagung zur Einkommensteuer zu stellen?

6.3 Entgeltabrechnung (Lohn- bzw. Gehaltsabrechnung)

6.3.1 Vom Bruttoentgelt (Gesamt-Brutto) zum Auszahlungsbetrag

Alle Einnahmen, die dem Arbeitnehmer aus einem Dienstverhältnis zufließen, bezeichnet man als Gesamt-Brutto (→ Abb. 1). Es handelt sich dabei um das ungeschmälerte Arbeitseinkommen (Lohn, Gehalt, Ausbildungsvergütung) einschließlich zusätzlicher Leistungen wie

- Zulagen (z. B. Gefahren-, Lärm-, Hitze-, Schmutzzulagen, Arbeitserschwernisse),
- Zuschlägen (z. B. Überstunden, Nacht-, Sonntags-, Feiertagsarbeit),
- Zuwendungen (z. B. Gratifikationen des Arbeitgebers, Jubiläums-, Heirats-, Geburts-, Weihnachts-, Urlaubsgeld, vermögenswirksame Leistungen durch den Arbeitgeber),
- Sachbezüge (z. B. Waren, Wohnung, Verpflegung, Wertpapiere) und
- anderen, sogenannten geldwerten Vorteile (z. B. verbilligtes Arbeitgeberdarlehen, Geschäftsfahrzeug, Wohnung des Arbeitgebers).

Der **Nettoverdienst** verbleibt dem Arbeitnehmer nach Abzug der gesetzlichen Entgeltabzüge (Lohn- und Kirchensteuer, Solidaritätszuschlag und Arbeitnehmerbeiträge zur Sozialversicherung).
Der **Auszahlungsbetrag** kann noch niedriger sein als der Nettoverdienst. Dies kann auf Grund einer Vereinbarung zwischen Arbeitnehmer und Arbeitgeber der Fall sein (z. B. Rückzahlung eines Arbeitgeberdarlehens, Abführung der Vermögensbildung durch den Arbeitgeber) oder gerichtlich angeordnet sein (z. B. Lohnpfändung).

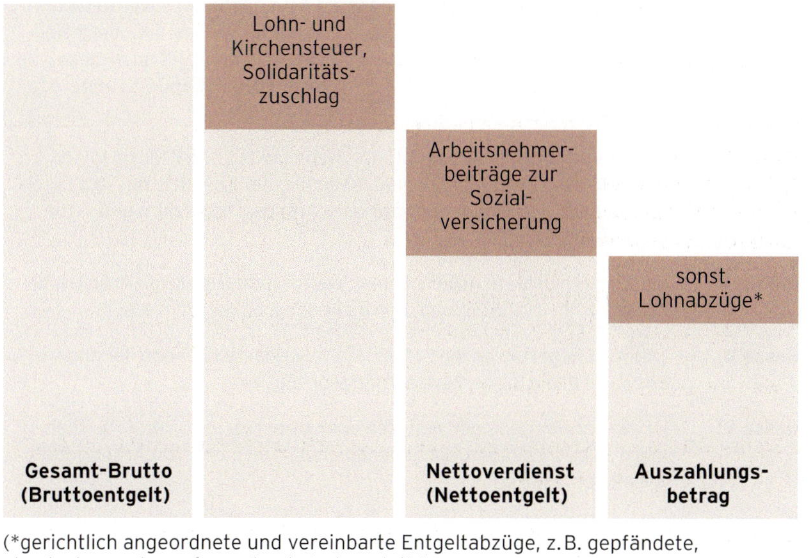

(*gerichtlich angeordnete und vereinbarte Entgeltabzüge, z. B. gepfändete, abgetretene oder aufgerechnete Lohnanteile)

Abb. 1 Gesetzliche Entgeltabzüge

6.3.2 Gesetzliche Entgeltabzüge

Lohnsteuer

Entsprechend den Angaben auf der Lohnsteuerkarte (wird seit 2013 durch ein elektronisches Verfahren ersetzt) muss der Arbeitgeber die Lohnsteuer vom Arbeitnehmer einbehalten und an das zuständige Finanzamt abführen. Alle Arbeitgeber haben Lohnsteuertabellen vorliegen, aus denen die monatliche Lohnsteuer je nach Steuerklasse hervorgeht (s. Tabelle).

Seit 2002 kann die Lohnsteuerberechnung nach einer Formel oder nach Tabellen erfolgen. Kinder werden dabei in der Regel nicht berücksichtigt, für sie wird Kindergeld an die Berechtigten ausbezahlt.

Kirchensteuer

Die Kirchensteuer wird von verschiedenen Religionsgemeinschaften erhoben. Der Staat zieht im Auftrag der Kirche 8 oder 9 % der Lohnsteuer (nach Bundesländern verschieden) ein. Kinder ermäßigen die Kirchensteuer.

Gehört man einer Religionsgemeinschaft an, die keine Kirchensteuer erhebt oder gehört man keiner Religionsgemeinschaft an, wird keine Kirchensteuer erhoben.

Solidaritätszuschlag

Der Solidaritätszuschlag in Höhe von 5,5 % der Lohnsteuer wird auch in Abhängigkeit von der Kinderzahl erhoben. Der Zuschlag muss 2019 neu geregelt werden.

Sozialversicherungsbeiträge

Krankenversicherung
→ LF 12, S. 260

Die Beiträge zur Sozialversicherung werden je zur Hälfte vom Arbeitnehmer und Arbeitgeber getragen (Ausnahme Krankenversicherung). Auch die Arbeitnehmerbeiträge werden vom Arbeitgeber einbehalten und an die Träger abgeführt.

Die Überweisung der Beträge erfolgt an die Krankenkasse (bzw. seit 2011 an den Gesundheitsfonds), die die weitere Verteilung vornimmt. Die Unfallversicherung wird voll vom Arbeitgeber getragen.

Steuerklassen	
Steuerklasse I	gilt für ledige und geschiedene Arbeitnehmer sowie für verheiratete Arbeitnehmer, deren Ehegatte im Ausland wohnt oder die von ihrem Ehegatten dauernd getrennt leben. Verwitwete Arbeitnehmer gehören ebenfalls in die Steuerklasse I, wenn der Ehegatte verstorben ist.
Steuerklasse II	gilt für die in Steuerklasse I genannten Arbeitnehmer, in deren Wohnung mindestens ein Kind gemeldet ist, für das sie einen Kinderfreibetrag oder Kindergeld erhalten. Für Alleinerziehende gilt auch diese Steuerklasse, damit sie den Freibetrag (ab 2016: 1908,00 €) angerechnet bekommen.
Steuerklasse III	gilt für verheiratete Arbeitnehmer, wenn beide Ehegatten im Inland wohnen, nicht dauernd getrennt leben und der Ehegatte des Arbeitnehmers keinen Arbeitslohn bezieht oder Arbeitslohn bezieht und in die Steuerklasse V eingereiht wird.
Steuerklasse IV	gilt für verheiratete Arbeitnehmer, wenn beide Ehegatten Arbeitslohn beziehen, im Inland wohnen und nicht dauernd getrennt leben.
Steuerklasse V	tritt für Ehegatten an die Stelle der Steuerklasse IV, wenn der andere Ehegatte in die Steuerklasse III eingeordnet wird.
Steuerklasse VI	ist auf der zweiten oder weiteren Lohnsteuerkarte(n) von Arbeitnehmern zu bescheinigen, die nebeneinander von mehreren Arbeitgebern Arbeitslohn beziehen.

AUFGABEN

1 Sie erhalten 3,00 € pro Tag Essensgeld von Ihrem Arbeitgeber. Ist dieser Betrag lohnsteuerpflichtig?

2 **a** Errechnen Sie anhand der Abbildung die Differenz zwischen den Personalkosten des Arbeitgebers und dem Nettoverdienst des Arbeitnehmers für 2015.
b Wie viel Prozent der Personalkosten entsprechen dieser Differenz?

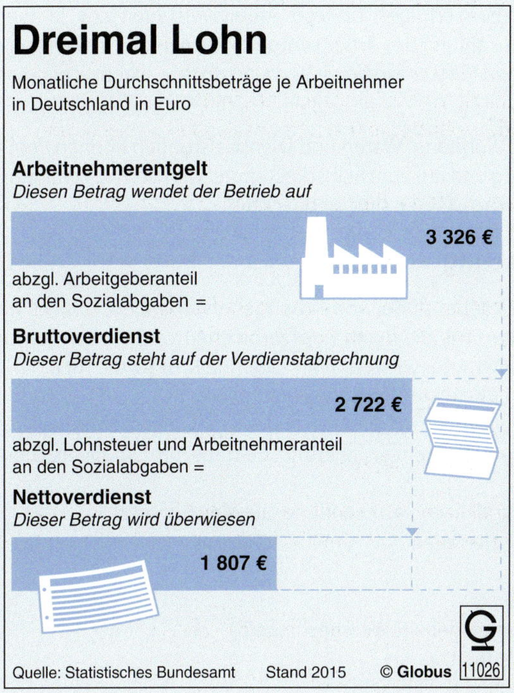

6.3.3 Sonstige Entgeltabzüge

Gepfändete Lohnanteile
Liegt ein Pfändungs- und Überweisungsbeschluss Urteil vor, muss der Arbeitgeber bestimmte Lohnanteile zurückbehalten und an Dritte überweisen.

Abgetretene (übertragene) Lohnanteile
Tritt der Arbeitnehmer bestimmte Lohnanteile an einen Gläubiger ab, muss der Arbeitgeber diese Lohnanteile an den Gläubiger des Arbeitnehmers überweisen (Lohnabtretung nur über den pfändbaren Teil des Lohns). Grundlage dafür ist der Abtretungsvertrag zwischen dem Arbeitnehmer und seinem Gläubiger.

Aufgerechnete Lohnanteile
Der Arbeitgeber kann eine Forderung an den Arbeitnehmer gegen die Lohnforderung aufrechnen, d. h. ausgleichen. Es darf jedoch nur bis zum pfändbaren Lohnanteil aufgerechnet werden.

Vermögenswirksame Leistungen (VL)
Stellt der Arbeitnehmer beim Arbeitgeber den Antrag auf Sparen nach dem Vermögensbildungsgesetz, muss der Arbeitgeber jährlich 480,00 € bzw. monatlich 40,00 € vom Lohn einbehalten und auf ein Konto des Arbeitnehmers einzahlen. Dies ist vor allem dann interessant, wenn der Arbeitgeber freiwillig oder auf Grund von Betriebsvereinbarungen oder Tarifverträgen Teile des monatlichen Sparbetrags übernimmt.
Zusätzlich erhält der Arbeitnehmer am Jahresende auf Antrag eine Arbeitnehmersparzulage vom Finanzamt ausbezahlt (je nach Anlageform 9 oder 20 % des Sparbeitrags; hier gelten Einkommensgrenzen).

6.3.4 Entgeltauszahlung

Der Arbeitgeber hat dem Arbeitnehmer schriftliche Lohn- bzw. Gehaltsbelege auszuhändigen. Die Lohnabrechnung muss übersichtlich und dem Arbeitnehmer verständlich sein.
Im Einzelnen muss zu ersehen sein:

- Zusammensetzung des Bruttoentgelts
- die gesetzlichen und sonstigen Abzüge
- der Nettoverdienst
- der Auszahlungsbetrag

Die Auszahlung muss in bar und in Euro erfolgen. In vielen Arbeitsverträgen bzw. Tarifvereinbarungen wird heute die bargeldlose Zahlung des Arbeitsentgelts festgelegt. Die Zahlung erfolgt meist zum Monatsende. In manchen Wirtschaftsbereichen sind noch wöchentliche Abschlagszahlungen üblich.

Sachleistungen in Form von Kost, Wohnung, Waren und Dienstleistungen können dem Arbeitnehmer nur mit dessen Zustimmung und nur zum Selbstkostenpreis auf den Auszahlungsbetrag angerechnet werden. Bestimmte Höchstsätze sind zu beachten.

6.3.5 Arbeitgeberbelastung

Immer wieder hört man von Arbeitgebern oder von Arbeitgeberverbänden, dass es nicht die Verhandlungen über die Lohnhöhe sind, die ihnen Kopfzerbrechen verursachen, sondern die sogenannten Lohnnebenkosten. Hierunter versteht man folgende Kosten, die für einen Arbeitnehmer neben den „eigentlichen Lohnkosten" zusätzlich anfallen:

- Arbeitgeberanteile zur Sozialversicherung (die Anteile des Krankenversicherungs-, Pflegeversicherungs-, Arbeitslosen- und Rentenversicherungsbeitrags, die Unfallversicherung voll)
- Lohnfortzahlung im Krankheitsfall nach „Aufwendungsausgleichgesetz"
- Lohnzahlung an gesetzlichen Feiertagen
- Lohnzahlung im Urlaub
- betriebliche Altersversorgung
- Sonderzahlungen (z. B. 13. Monatsgehalt, Weihnachtsgeld)
- Umlage-„Versicherungen" | U1 und U2
- pauschal versteuerte Zahlungen (z. B. Fahrgeld)
- Insolvenzgeldumlage (0,15 %)

U1 und U2
Umlage für die Lohnfortzahlung im Krankheitsfall bzw. im Mutterschutz für alle Arbeitnehmer in Kleinbetrieben (bis 30 Arbeitnehmer)

Von Arbeitnehmern oder Arbeitnehmervertretern hört man immer wieder die Klage, dass es ihnen nicht so sehr um eine Nominallohnerhöhung gehe.
Vielmehr gehe es darum, dass dem Arbeitnehmer **real mehr Lohn** zur Verfügung stehe.

BEISPIEL

Das Gehalt eines Arbeitnehmers beträgt 1500,00 € und wird um 5 % erhöht. Die nominale Erhöhung (5 % von 1500,00 €) beträgt somit 75,00 €.

Da in der Regel die Preise steigen, ist die Reallohnerhöhung geringer als die Nominallohnerhöhung.

	prozentuale Nominallohnerhöhung	**(5%)**
abzügl.	**prozentuale Preissteigerung**	**(3%)**
=	**prozentuale Reallohnerhöhung**	**(2%)**

Liegen die Preissteigerungen höher als die Nominallohnerhöhungen, kommt es zur Reallohnsenkung.

7 Sparen und Kredit

7.1 Bedeutung des Sparens

Sparen heißt vorübergehend auf Konsum verzichten. Es hat aber auch einen Selbstzweck: Man kann sich das spätere Leben erleichtern. Gleichzeitig ermöglicht das Sparen erst die Bildung von Kapital. Die verschiedenen Beweggründe zum Sparen werden im Folgenden kurz erläutert.

Vorsorgesparen

Der Wunsch, auch bei außergewöhnlichen Anlässen, z. B. bei Krankheit, Arbeitslosigkeit, Todesfällen, Unfällen, Hochzeiten, Geburten, ganz oder teilweise unabhängig von fremder Hilfe zu sein, ist ein wichtiger Grund zum Sparen.

Insbesondere das **Sparen für die Versorgung im Alter** ist in den letzten Jahren stark in den Blickpunkt getreten. Durch die „Riester-Rente" wird dieses Sparen bei zertifizierten Produkten auch staatlich gefördert. Von den ca. 3500 zertifizierten Produkten sind ca. 90 % sogenannte Bankensparpläne, eine Art Sparkonto mit einem Basiszins und Bonuszahlungen. Hierauf werden auch die Zulagen des Staates gezahlt. Nach Ende der Laufzeit wird hieraus die Zusatzrente bezahlt. Die Gesamtrendite schwankt je nach Bank zwischen 1 und 3 % (2014).

Alle anderen Produkte (insbesondere Fonds) bringen häufig größere Rendite, sind aber auch mit größeren Risiken belastet. Achten Sie beim Abschluss darauf, dass das Produkt staatlich zertifiziert ist.

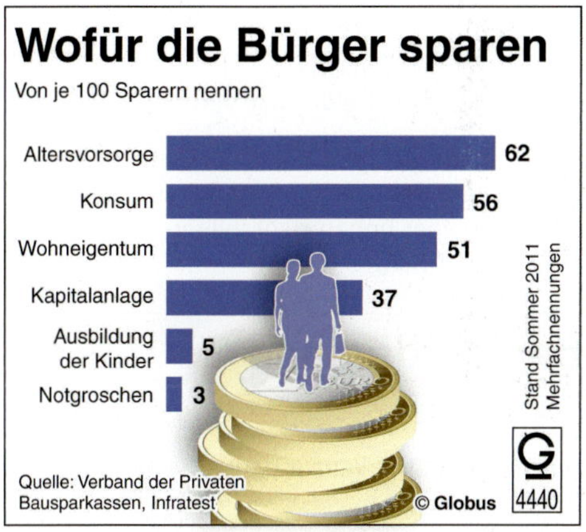

Zwecksparen

Größere Anschaffungen, z. B. Kraftfahrzeuge, Möbel, Urlaub, Haushaltsmaschinen, sind in der Regel erst möglich, wenn ein angemessener Anteil am Kaufpreis durch Eigenmittel gedeckt ist. Das stufenweise Rückzahlen eines Anschaffungskredits verlegt das Sparen in die Zeit nach dem Kauf.

Vermögensbildung

Auch die Bildung von Vermögen kann durch Sparen erreicht werden. Der Unternehmer hat seit jeher den Teil seines Einkommens, den er nicht für private Zwecke verwendet, überwiegend in seinem Unternehmen angelegt. Diese Anlage gilt einerseits als verhältnismäßig sicher gegen Geldentwertung, ist aber andererseits mit dem Unternehmerrisiko behaftet.

Der Arbeitnehmer bringt seine Ersparnisse meist zur Bank, Postbank oder (Bau-)Sparkasse. Mit entsprechendem Einkommen, dem nötigen Sparwillen und einer günstigen Finanzierung ist es dem Arbeitnehmer heute möglich, z. B. ein Eigenheim oder eine Eigentumswohnung zu erwerben.

AUFGABEN

1 Wie viel Prozent ihres monatlich verfügbaren Einkommens spart die Durchschnittsfamilie?

2 Trifft das für Sie auch zu? Wenn nein, warum nicht?

3 Welche Sparmotive werden durch die Fotos dargestellt?

7.2 Sparformen und Sparförderung

Es gibt heute eine Vielzahl von Möglichkeiten, sein Geld anzulegen. Dabei muss man immer für sich selbst einen Kompromiss zwischen verschiedenen Zielen finden:

- **Verfügbarkeit (Liquidität):** Wie lange will ich die Gelder anlegen? Wie lange will ich auf Liquidität verzichten?
- **Ertrag (Rentabilität):** Was bringt mir die Geldanlage an Zinsen?
- **Sicherheit (Risiko):** Mit welchem Sicherheitsrisiko ist die Geldanlage verbunden?

Diese Ziele bilden ein „magisches Dreieck", d. h., ein Ziel schließt häufig das andere aus. So erhalte ich eine hohe Sicherheit meiner Geldanlage nur auf Kosten einer geringeren Rentabilität. Eine hohe Verfügbarkeit geht ebenfalls zulasten einer hohen Rentabilität. Einen hohen Ertrag versprechen dagegen Geldanlagen mit größerem Risiko.

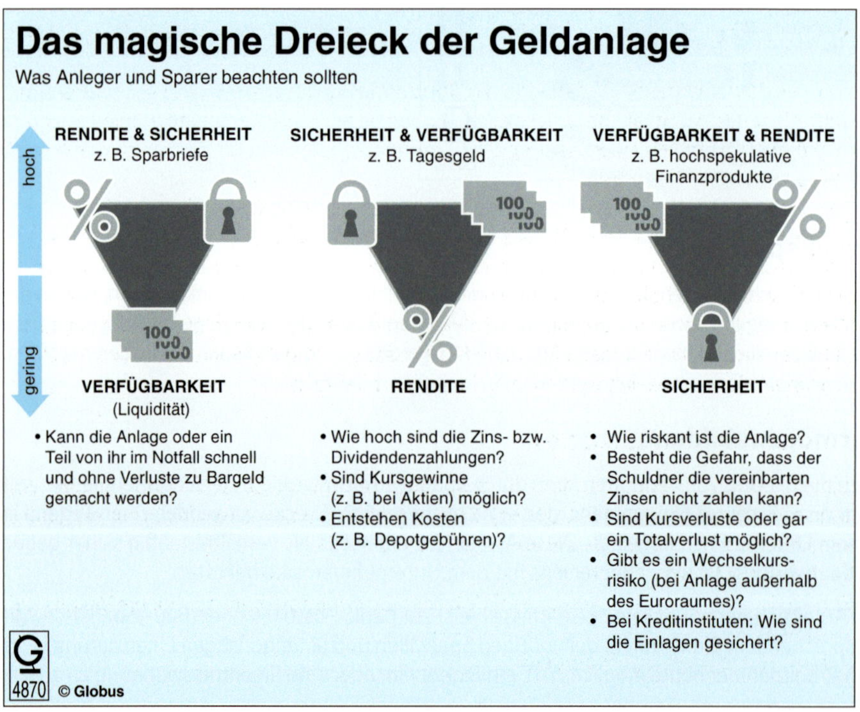

Sparstrumpf und Spardose

Die Bedeutung des „Sparstrumpfes" oder der Spardose ist in den Jahrzehnten gesunken. Die ständige Geldentwertung hat sie fast gänzlich verdrängt. Dennoch ist die sofortige Verfügbarkeit des Geldes und relativ hohe Sicherheit (nicht unter dem Kopfkissen!) immer noch ein Argument für diese Sparform.

Sparbuch (Sparkonto)

Der Banken „liebstes Kind" ist das Sparbuch (→ Abb. 1). Im Sparbuch wird das Guthaben bei jeder Ein- und Auszahlung staffelförmig fortgeschrieben. Die Zinsen werden jährlich dem Sparkonto gutgeschrieben.

Durch neue Sparvorschriften haben die Banken heute mehr Spielraum beim Sparbuch. Allerdings machen sie noch wenig Gebrauch davon. Einige Besonderheiten sind z. B. Bonus-, Prämien-, Mehr- oder Festzinssparen.

- **Verfügbarkeit:** je nach vertraglicher Bindung und nach Ablauf einer vereinbarten Kündigungsfrist, Verfügbarkeit auch an Automaten möglich
- **Ertrag:** Der Zinssatz ist variabel, d. h., er wird immer wieder der allgemeinen Zinsentwicklung angepasst. Je länger die Kündigungsfrist, desto höher der Zinssatz. Momentan macht sich wegen der vergleichsweise niedrigen Verzinsung eine Abkehr vom Sparbuch zugunsten von Fonds bemerkbar.
- **Risiko:** Kommt das Sparbuch abhanden, können Verluste drohen. Man sollte deshalb ein Kennwort vereinbaren, das bei Abhebungen genannt werden muss. Die Aufbewahrung in einem Bankschließfach ist empfehlenswert.

Abb. 1 Sparbuch

Sparbriefe

Sparbriefe wurden früher von Banken und Sparkassen herausgegeben (ab 500,00 €). Heute werden sie nur noch elektronisch bereitgestellt. Die Zinsen werden halbjährlich oder jährlich ausbezahlt, es sei denn, es handelt sich um einen abgezinsten Sparbrief. Hier ist der Kaufpreis um den Zins abgemindert. Die Rückzahlung erfolgt dann zum sogenannten Nennwert.

BEISPIEL

Ein Sparbrief mit einem Nennwert von 2000,00 € wird für 1500,00 € erworben. Die Rückzahlung erfolgt in vier Jahren zum Nennwert.

Eine weitere Variante des Sparbriefs sind die **Bundesschatzbriefe**, die von der Bundesrepublik Deutschland (dem Staat) herausgegeben werden. Ihre Zinssätze steigen entweder jährlich und werden auch jährlich ausbezahlt oder sie werden angesammelt und erst nach der Anlagefrist ausbezahlt (Typ A und B).

- **Verfügbarkeit:** nach Ablauf der mehrjährigen Laufzeit, Verkauf möglich
- **Ertrag:** Fester Zinssatz über die gesamte Laufzeit. Allgemein steigende oder fallende Zinssätze beeinflussen den Zinssatz für bereits ausgegebene Sparbriefe nicht. Je länger die Laufzeit, desto höher der Zinssatz.
- **Risiko:** Der Sparbriefinhaber nimmt an allgemein steigenden Kapitalmarktzinsen nicht teil, aber auch nicht an allgemein sinkenden Zinssätzen. Wie das Sparbuch sollten auch Sparbriefe sicher verwahrt werden, z. B. im Bankschließfach.

Termineinlagen (Festgeld)

Terminanlagen sind Geldanlagen für eine bestimmte Zeit (mindestens 30 Tage) und über eine bestimmte Höhe (mindestens 5000,00 €). Stehen größere Summen kurzfristig zur Verfügung, sollten sie zumindest als Termingeld angelegt werden.

- **Verfügbarkeit:** sofort nach Ablauf
- **Ertrag:** je nach Länge der Anlage und Höhe des Geldbetrags steigend, höhere Verzinsung als Sparbuch
- **Risiko:** ähnlich dem des Sparbuches

Bausparen

Das Bausparen wird von Bausparkassen organisiert. Ziel ist der Erwerb von Grund und Boden, Eigentumswohnungen, Renovierungen, Ausbauten sowie Modernisierungen von Wohnungen und Häusern. Mit einer Bausparkasse wird ein Vertrag über eine bestimmte Bausparsumme geschlossen. In der Regel verpflichtet sich der Bausparer zur regelmäßigen Zahlung auf sein Bausparkonto. Normalerweise muss der Bausparer 40 % der Bausparsumme ansparen, um über den Restbetrag zur Bausparsumme einen zinsgünstigen Kredit zu erhalten. Der Staat fördert das Bausparen durch Prämien.

BEISPIEL

Bausparsumme:	50 000,00 €
Einzahlungen, Zinsen, Prämien:	20 000,00 €
Darlehensanspruch:	30 000,00 €

- **Verfügbarkeit:** Die Bindefrist bei Prämienbegünstigung beträgt sieben Jahre.
- **Ertrag:** Die Guthabenzinsen von etwa 3 bis 4 %. Dazu kommen evtl. noch Bausparprämie, Arbeitgeberleistungen, Arbeitnehmersparzulage.
- **Risiko:** kein Risiko

Anlage nach dem Vermögensbildungsgesetz (470,00-€-Gesetz)

Das Vermögensbildungsgesetz fördert vermögenswirksame Leistungen, die der Arbeitgeber zusätzlich zum laufenden Arbeitslohn auf Grund von Tarifverträgen, Betriebsvereinbarungen oder Einzelarbeitsverträgen für seine Arbeitnehmer anlegt. Die Anlage kann für folgende Verträge erfolgen:
- Anlage in Produktivvermögen (Aktien, Aktienfonds)
- Anlage im Bausparvertrag

Beide Anlagen können kombiniert werden. Liegt eine dieser Anlageformen vor, zahlt der Staat dem Arbeitnehmer eine **Arbeitnehmersparzulage** von
- 20 % bei Anlagen in Produktivvermögen, höchstens bis zu einem Betrag von 400,00 € jährlich (34,00 € monatlich),
- 9 % bei Anlagen in Bausparverträgen, höchstens bis zu einem Betrag von 470,00 € jährlich (40,00 € monatlich).

Anspruch auf die Arbeitnehmersparzulage haben nur Arbeitnehmer, wenn ihr zu versteuerndes Einkommen 17 900,00 € (Ledige) bzw. 35 800,00 € (Verheiratete) nicht übersteigt. Die Auszahlung der Arbeitnehmersparzulage erfolgt auf Antrag am Ende des Jahres (u. U. auch erst Jahre später) durch das Finanzamt. Häufig bezahlen Arbeitgeber auch für Auszubildende zusätzlich freiwillig Teile oder den Gesamtbetrag zu einem Vertrag nach dem Vermögensbildungsgesetz.

Die Bindefrist der Verträge beträgt mindestens 6 Jahre (Produktivvermögen) bzw. 7 Jahre (Bausparen).

Anlage nach dem Wohnungsbauprämiengesetz

Die Wohnungsbauprämie (Bausparprämie) wird gewährt für Alleinstehende bis zu einem jährlichen Sparbetrag von 512,00 € und für Verheiratete von 1024,00 €. Der Prämiensatz beträgt 8,8 %. Das zu versteuernde Einkommen darf hier 25 600,00 € (Ledige) bzw. 51 200,00 € (Verheiratete) nicht übersteigen. Die Bindefrist für die Prämienbegünstigung beträgt 7 Jahre. Ein Vertrag kann frühestens mit 16 Jahren abgeschlossen werden.

Die Anlage nach dem Wohnungsbauprämiengesetz kann hervorragend mit der Anlage nach dem Vermögensbildungsgesetz kombiniert werden.

BEISPIEL

Bausparen in Kombination mit dem 470,00-€-Gesetz:

400,00 € in Aktienfonds = 20 % = 80,00 € Prämie

470,00 € in Bausparvertrag = 42,30 € Prämie

512,00 € in Bausparvertrag zusätzlich = 45,06 € Prämie

Gesamtjahresprämie = 167,36 € (ledig)

Annahme: Wenn der Arbeitgeber vermögenswirksame Leistungen von 40,00 € monatlich übernimmt, muss der Arbeitnehmer 75,17 € monatlich selbst bezahlen. Hierfür erhält er nach sieben Jahren, je nach Wertpapieranlage und Zins für den Bausparvertrag, ein Guthaben von ca. 14 000,00 €.

Wertpapiersparen

Diese Sparform hat in den letzten Jahrzehnten zugenommen. Dabei sind **festverzinsliche Wertpapiere** (Rentenwerte) am beliebtesten. Pfandbriefe, Kommunalobligationen, Staatsanleihen und Industrieobligationen haben eine feste Verzinsung über eine bestimmte Dauer. Trotz fester Laufzeiten von zehn Monaten bis zehn Jahren werden festverzinsliche Wertpapiere auch gehandelt. Das bedeutet, man kann sie zum Kurswert an der Börse vorzeitig verkaufen. Die Anleger erwerben Gläubigerrechte.

Eine Besonderheit bilden die sogenannten **Zero-Bonds** (Zero = Null). Es handelt sich um abgezinste festverzinsliche Wertpapiere von Unternehmen. Der Zins wird erst am Ende der Laufzeit fällig, z. B. bei Kauf eines Zero-Bonds zu 3125,00 € erfolgt die Rückzahlung in Höhe von 5000,00 € einschließlich Zinsen nach zehn Jahren.

- **Verfügbarkeit:** Jederzeit durch Verkauf an der Börse zum Tageskurs oder bei Fälligkeit des Wertpapiers.
- **Ertrag:** Fester Zinssatz über die gesamte Laufzeit. Kursgewinne möglich.
- **Risiko:** Eventuell Kursschwankungen, wenn sich das allgemeine Kursniveau ändert. Wie Sparbuch und Sparbrief im Bankdepot oder Bankschließfach verwahren.

Aktien

Aktien verbriefen Teilhaberrechte am Grundkapital einer Aktiengesellschaft. Der Ertrag der Aktie, die Dividende, richtet sich überwiegend nach dem Gewinn des Unternehmens. Gleichzeitig bildet sich an der Börse ein Kurs für die Aktie. Der Kurs bewertet das Gesamtunternehmen, seine Gewinnsituation, seine Zukunftsaussichten usw. Zusätzlich beeinflussen auch andere Dinge die Kurse, z. B. Kriegsgefahren, Erwartungen, Gerüchte. Massive Kursbewegungen nach unten und oben sind nie ausgeschlossen.

- **Verfügbarkeit:** Jederzeit durch Verkauf an der Börse zum Tageskurs.
- **Ertrag:** Die Höhe der Dividende richtet sich vorwiegend nach dem Gewinn, den die Aktiengesellschaft erzielt hat. Zur Dividende kommen eventuell zusätzlich Arbeitgeberleistungen beim Erwerb der Aktien und Arbeitnehmersparzulage; Kursgewinne möglich.
- **Risiko:** Je nach Ertragslage kann die Dividende auf null sinken. Erhebliche Kursschwankungen sind ebenfalls möglich (hohes Kursrisiko). Eine sichere Verwahrung ist zu empfehlen.

Optionen (Terminkontrakte)

Erst seit 1990 ist in Deutschland der Handel mit Optionen möglich. Da dieser Handel erhebliche Gewinn- und Verlustmöglichkeiten bietet, müssen die Banken ihre Kunden vorher genau darüber aufklären. Der Kunde muss das durch Unterschrift bestätigen. Eine Option ist ein Recht, Aktien (immer 50 Stück) zu einem bestimmten Termin (15. Januar, 15. April, 15. Juni, 15. Oktober) zu kaufen oder zu verkaufen. Dieses Recht kann an der Börse zu einem relativ geringen Betrag erworben werden.

Optionsgeschäfte beinhalten erhebliche Verlustgefahren, da die Kursentwicklung einer Aktie und damit ihr Wert nicht sicher vorhergesagt werden kann. Andererseits sind auch enorme Gewinne möglich.

Investmentzertifikate (Anteilscheine)

Die Idee entstand 1822 in Brüssel, kam 1923 nach Deutschland und wurde breiten Bevölkerungskreisen erstmals negativ bekannt durch die Insolvenz des IOS-Fonds (Investors Overseas Services) in den 1970er Jahren.

Bei Zertifikaten handelt es sich um Anteilscheine an einem Investmentfonds. Das Investmentfonds-Vermögen besteht aus Aktien und Wertpapieren verschiedener Branchen und Gesellschaften.

Über dieses Vermögen werden dann Anteilscheine (Zertifikate) verkauft (→ Abb. 1). Durch diese breite Streuung ist das Kursrisiko von Aktien weitgehend gebannt. Es gibt auch Spezialfonds:
- **Rentenfonds** (überwiegend festverzinsliche Wertpapiere)
- **Aktienfonds** (überwiegend Aktien)
- **Immobilienfonds** (Geldanlage in Grundstücken und Häusern)
- **Geldmarktfonds** (Geldanlage)

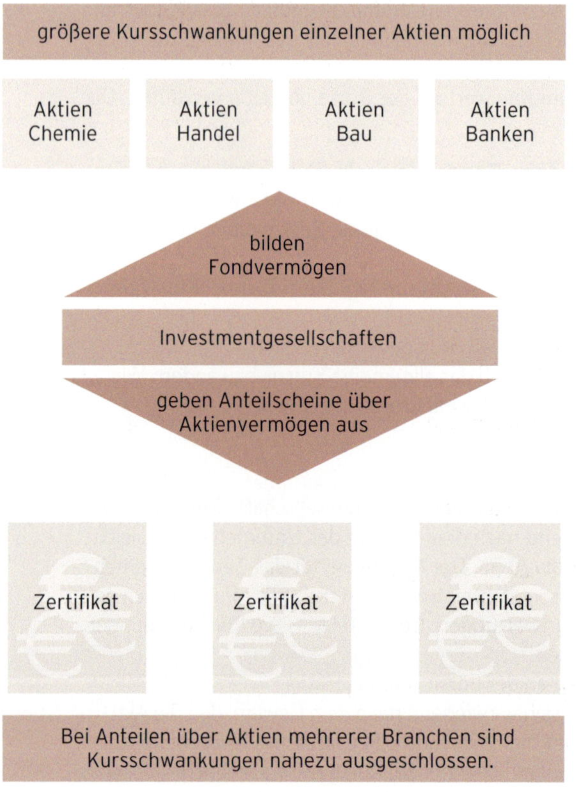

Abb. 1 Aufbau eines Investmentfonds

Eine große Besonderheit sind die hierzulande noch wenig bekannten **Ethikfonds** oder **Ökofonds**. Sie legen ihr Geld nur für soziale und ökologische Zwecke an. Auf keinen Fall in Rüstungsfirmen. Anleger verzichten hier bewusst auf einen höheren Ertrag.
- **Verfügbarkeit:** Jederzeit durch Verkauf der Anteilscheine an die ausgebende Investmentgesellschaft zum Tageskurs.
- **Ertrag:** Hängt von den Erträgen der Wertpapiere ab, die im Investmentfonds zusammengefasst sind. Neben der Ertragsausschüttung des Fonds kann der Sparer evtl. zusätzlich Arbeitgeberleistungen zum Erwerb der Zertifikate und die Arbeitnehmersparzulage erhalten.
- **Risiko:** Das Kursrisiko ist wie bei Aktien erheblich abgeschwächt, weil die vom Fonds erworbenen Wertpapiere breit gestreut sind. Zertifikate sind sicher aufzubewahren.

Versicherungssparen

Dies ist eine Sparform, deren Motive vor allen Dingen in der privaten Zukunftsvorsorge liegen. Aus dem Versicherungsvertrag und den Beiträgen, die der Versicherte entrichtet, erwirbt er einen Anspruch, wenn der Versicherungsfall eintritt (Tod, Unfall, Erreichen einer Altersgrenze, Heirat, Ausbildung, Schadenersatzansprüche).

- **Verfügbarkeit:** bei Eintritt des Versicherungsfalls (Erreichen der Altersgrenze, Unfall, Tod)
- **Ertrag:** Dieser ist nur schwer messbar, z. B. erarbeiten Lebensversicherungen unterschiedliche Gewinne, die die Rentabilität beeinflussen.
- **Risiko:** Gilt als relativ gering, aber eine Lebensversicherung sollte dynamisiert sein, weil die Geldentwertung sie sonst „auffrisst".

Sachwerte

Der Erwerb von Sachwerten gehört nicht unbedingt zum Sparen. Manche Leute verzichten jedoch auf Konsum und legen ihr Geld in Bildern, alten Möbeln, historischem Spielzeug, Schmuck oder Ähnlichem an, in der Hoffnung, dass diese Sachwerte mit der Zeit noch an Wert gewinnen.

Verfügbarkeit, Ertrag und Risiko hängen vom Sachwert ab. Briefmarken (Rote Guiana ca. 850 000,00 € wert), Eisenbahnen (Spielzeugtriebwagen ca. 4000,00 € wert) sowie Puppen (Armand-Marseille-Puppe ca. 500,00 € wert) sind hier wohl an erster Stelle zu finden. Aber es gibt auch noch hohe Sammlerwerte bei z. B. alten Autos, alten Gemälde, chinesischer Keramik und Münzen (→ Abb. 1).

Abb. 1 Oldtimer als Geldanlage

AUFGABEN

1 Was spricht für das Spardosensparen?

2 Was ist das „magische Dreieck" der Geldanlage?

3 Sie erben völlig überraschend 50 000,00 € mit der Auflage, sie erst in zehn Jahren zu Konsumzwecken ausgeben zu dürfen. Welche Anlage wählen Sie?

4 In welcher Anlageform wird in Deutschland das meiste Geld angelegt? Warum ist das so?

5 Wo sind die größten Zuwächse zu verzeichnen?

6 Wann werden Sie Ihr Geld in einem Bausparvertrag anlegen?

7 Welche Vorteile bietet Ihnen ein Ökofonds?

8 Erklären Sie eine Form des Sparbriefs.

9 Was spricht für die Geldanlage in Gold?

10 Weshalb sind Geldanlagen in Optionen mit größeren Risiken verbunden als eine Anlage in Aktien?

7.3 Kredit am Beispiel eines Anschaffungsdarlehens

7.3.1 Rechtsgrundlagen und Merkmale

Die rechtlichen Grundlagen für das Darlehen finden sich in den folgenden Bestimmungen:
- Bürgerliches Gesetzbuch (BGB)
- Verbraucherschutzrechte (z. B. Verordnung über die Preisauszeichnungspflicht, Verbraucherkreditbestimmungen des BGB)
- Darlehensvertrag

Das Darlehen ist durch folgende Merkmale gekennzeichnet:
- **Übereignung von Geld:** Durch den Darlehensvertrag übereignet der Darlehensgeber (Gläubiger) dem Darlehensnehmer (Schuldner) Geld. Der Schuldner verpflichtet sich, den gleichen Betrag zu erstatten (Tilgung) und die Zinsen zu bezahlen.
- **Zinsen und Kündigung:** Das BGB schreibt jährliche Zinszahlungen und die Kündigungsfristen vor (grundsätzlich drei Monate). Normalerweise werden in Darlehensverträgen andere Regelungen getroffen.
- **Sicherheiten:** Durch den Darlehensvertrag erhält der Schuldner Kredit (vom lateinischen credere = Vertrauen schenken, glauben). Der Gläubiger vertraut darauf, dass der Schuldner das Darlehen termingerecht zurückzahlt. Trotzdem werden in der Regel Sicherheiten verlangt, z. B. ein geregeltes Einkommen, Wertgegenstände, Hypotheken.

7.3.2 Anschaffungsdarlehen (Verbraucherdarlehensvertrag)

Wird zwischen einem Unternehmer als Kreditgeber und einem Verbraucher als Kreditnehmer ein Darlehensvertrag geschlossen, der 200,00 € übersteigt, muss dieser schriftlich fixiert werden und besondere Bestimmungen (ähnlich dem Ratenkaufvertrag) enthalten:
- Rücktrittsrecht von zwei Wochen
- Nettodarlehensbetrag
- Gesamtbetrag aller Teilzahlungen inklusive Zins und Tilgung (ebenso Restschuld- oder sonstige Versicherung)
- effektiver Jahreszins (Effektivzins)
- Sicherheiten

Das Anschaffungsdarlehen zeichnet sich durch nachfolgende Merkmale aus (Verbraucherdarlehensvertrag):
- Laufzeit: Sie erstreckt sich über einen Zeitraum von sechs Monaten bis sechs Jahren (kurz- bis mittelfristiger Kredit).
- Verwendungszweck: Anschaffung langlebiger Konsumgüter, z. B. Möbel, Pkw, Elektrogeräte, Bekleidung.
- Eigenmittel: Häufig verlangen Kreditinstitute, dass der Kreditnehmer einen angemessenen Anteil am Kaufpreis durch eigene Mittel aufbringt.
- Darlehenshöhe: Der Kredit bewegt sich im Allgemeinen zwischen 2000,00 und 20 000,00 €. Oft werden Kleinkredite bis 2000,00 € als Dispositionskredite gewährt. Dispositionskredite werden Privatpersonen von Banken zur Überziehung des Girokontos gewährt. Dieser Kredit wird auch Dispokredit genannt.
- Tilgung: Hierunter versteht man die Rückzahlung des Kredits in Teilbeträgen. Durch die monatliche Tilgung verringert sich der Kreditbetrag, das bedeutet, dass bei nominal gleichem Zinssatz der Effektivzins immer höher wird.
- Zins: Dies ist der Preis für den Kredit. Der im Kreditvertrag angegebene Zinssatz bezieht sich in der Regel auf einen Monat, z. B. 0,5 % pro Monat. Bei diesen zunächst niedrig erscheinenden Zinssätzen ist Vorsicht geboten.
- Sicherheiten: Das Kreditinstitut kann vom Schuldner Sicherheiten verlangen (z. B. Fahrzeugbrief beim Pkw-Kauf)

7.3.3 Effektivzins

Wie beim Ratenkauf muss für Anschaffungsdarlehen auch der Effektivzinssatz angegeben werden. Wird der Zinssatz beispielsweise mit 0,5 % pro Monat veranschlagt und eine einmalige Bearbeitungsgebühr von 2 % des Darlehensbetrags verlangt, ergeben sich unter Berücksichtigung der Laufzeit des Darlehens eine monatliche Belastung und ein Effektivzins nach folgender Rechnung:

BEISPIEL

Darlehensbetrag 25 000,00 €, Zinssatz 0,5 % pro Monat, Bearbeitungsgebühr 2 % vom Darlehensbetrag, Laufzeit 36 Monate, monatliche Tilgung:

Monatliche Tilgung: $\frac{25\,000{,}00\ €}{36\ \text{Monate}} = 694{,}44\ €$

Zinsen: $\frac{0{,}5\,\% \cdot 25\,000{,}00\ €}{100} = 125{,}00\ €$

Bearbeitungsgebühr: $\frac{2\,\% \cdot 25\,000{,}00\ €}{100 \cdot 36\ \text{Monate}} = 13{,}89\ €$

Monatliche Rate: $= 833{,}33\ €$

Bei oberflächlicher Betrachtung erscheint ein Zinssatz von 0,5 % pro Monat als sehr günstig, denn der Zinssatz auf das Jahr umgerechnet beträgt doch „nur" 0,5 % · 12 Monate = 6 %. Diese einfache Rechnung berücksichtigt jedoch nicht, dass mit jeder Ratenzahlung das obige Darlehen um 694,44 € abnimmt (jährlich um 694,44 € · 12 Monate = 8333,28 €). Die Zinsbelastung pro Monat (125,00 €) geht aber bei allen Raten von einem stets gleich bleibenden Darlehen (25 000,00 €) aus.

Die tatsächliche, effektive Zinsbelastung (Effektivzins) beträgt etwa das 24-fache des Zinssatzes pro Monat (siehe unten stehende Effektivzinsformel). Ebenso wird hier die Bearbeitungsgebühr eingerechnet. Annähernd genau kann der Effektivzins mittels folgender Formel berechnet werden:

BEISPIEL

$$\text{Effektivzinssatz} = (24 \cdot \text{Zinssatz pro Monat}) + \frac{(24 \cdot \text{Bearbeitungsgebühr prozentual})}{(\text{Laufzeit in Monaten})}$$

Bei Verwendung der Werte aus dem genannten Beispiel ergibt sich:

$$\text{Effektivzinssatz} = 24 \cdot 0{,}5\,\% + \frac{24 \cdot 2\,\%}{36}$$

$$= 12\,\% + 1{,}33\,\% = \underline{13{,}33\,\%}$$

Die Kreditinstitute sind nach Preisangabenverordnung und Verbraucherkreditgesetz verpflichtet, dem Darlehensnehmer (Schuldner) den effektiven Jahreszins schriftlich, z. B. im Darlehensvertrag, bekannt zu geben.

Vorsicht bei Zinsgleitklauseln: Nicht immer ist der Zinssatz über die gesamte Laufzeit fest. Wird vereinbart, dass sich der Zinssatz entsprechend der Marktlage ändert, so trägt der Verbraucher das Risiko einer Zinserhöhung. Der Darlehensgeber ist lediglich verpflichtet den „anfänglichen effektiven Jahreszins" anzugeben.

Mit der Effektivzinsberechnung ist es möglich, die Kosten eines Kredites zu vergleichen. Oft spielen aber auch die anderen Wünsche des Verbrauchers eine entscheidende Rolle. Zum Beispiel möchte er die Höhe der Rate und die Länge der Rückzahlung selbst bestimmen.

Tipps zu Krediten finden Sie unter www.vergleich.de
→ Kredit
→ Ratenkredit Vergleich

7.3.4 Gefahren der Kreditaufnahme

Die Kreditaufnahme für die Anschaffung von Gebrauchsgütern ist heute nicht mehr schwierig. In allen Werbeanzeigen versprechen Kreditinstitute bzw. Makler eine unbürokratische Abwicklung der Kreditauszahlung.

Dies sollte jedoch den Konsumenten nicht über die Gefahren bei der Kreditaufnahme hinwegtäuschen. Vor einer Kreditaufnahme sollte sich jeder folgende Fragen beantworten:
- Können mit den laufenden Einkünften die anfallenden Monatsraten des Kredits zurückgezahlt werden?
- Inwieweit müssen die üblichen Aufwendungen für Güter des täglichen Bedarfs eingeschränkt werden?
- Können die Zahlungsverpflichtungen auch noch erfüllt werden, wenn wegen unvorhergesehener Ereignisse, z. B. Arbeitslosigkeit, Krankheit, Unfall, die laufenden Einnahmen erheblich gekürzt werden?
- Welche Personen (Eltern, Geschwister, Verwandte usw.) können mir in Fällen größerer Not helfen? Werden sie dies tun?
- Habe ich die Kosten des Abzahlungskaufs beim Verkäufer genau mit den Kreditkosten der Bank verglichen? Gibt es unterschiedliche Kreditangebote? Vergleichen Sie die Bedingungen.
- Welche persönlichen Folgen ergeben sich bei einem finanziellen Zusammenbruch?

Ist man trotz aller Sorgfalt in finanzielle Schwierigkeiten geraten, sollte man sich zunächst an die Bank wenden, die den Kredit gewährt hat. In dieser Situation bestehen verschiedene Möglichkeiten:
- Aussetzen der Ratenzahlung
- Ermäßigung der Ratenzahlungen
- Kreditzusammenfassungen
- mit Angehörigen oder guten Freunden in Verbindung setzen und bei speziellen Hilfsorganisationen um Rat und Hilfe nachsuchen
- Verbraucherinsolvenz

AUFGABEN

1 Warum verlangt der Gesetzgeber bei Anschaffungsdarlehen, dessen Zinssatz beispielsweise 0,6 % pro Monat beträgt, die Angabe des Effektivzinssatzes?

2 Was versteht man unter einer Zinsgleitklausel?

3 Welche Sicherheit werden Sie von einem Bekannten verlangen, wenn Sie ihm einen zinslosen Kredit über 10 000,00 € für drei Monate gewähren?

4 Was versteht man unter Tilgung?

5 Was verlangen Sie an zusätzlicher Information, wenn Ihnen jemand einen Kredit über 11 000,00 € zu einem Zinssatz von 0,5 % pro Monat anbietet, mit einer Laufzeit von 24 Monaten? Können Sie sich die Information selbst errechnen?

6 Ein Anschaffungsdarlehen von 18 000,00 € wird unter folgenden Bedingungen gewährt: 0,45 % Zins pro Monat, 2,5 % Bearbeitungsgebühr, 50 Monate Laufzeit.
a Wie hoch ist die monatliche Rate?
b Berechnen Sie den effektiven Jahreszins mit Näherungsformel.

7 Jemand erhält von einem Verwandten ein Darlehen in Höhe von 20 000,00 € zu 4 % Zins. Der Kredit ist in zwei gleichen Jahresraten jeweils einschließlich Jahreszins zu tilgen. Wie hoch ist die gesamte Zinsbelastung?

8 Welche Überlegungen sollten Sie anstellen, bevor Sie einen Kredit aufnehmen?

8 Bewerbung

Eine überzeugende schriftliche Selbstdarstellung ist Ihre Eintrittskarte für ein neues Arbeitsverhältnis. Ihre Bewerbung ist die erste Arbeitsprobe, die Sie Ihrem neuen Arbeitgeber zeigen. Deshalb sollte sie inhaltlich und formal korrekt und ansprechend sein.

8.1 Bewerbungsunterlagen

„Bitte senden Sie uns Ihre Bewerbungsunterlagen." Diesen Satz findet man sehr häufig in Stellenanzeigen. Gemeint sind damit die folgenden Unterlagen:

- Anschreiben (eventuell danach ein Deckblatt mit Foto)
- Lebenslauf
- Zeugnisse und Bescheinigungen

Prinzipiell gelten für Bewerbungen die Grundlagen des Schriftverkehrs.

Grundlagen des Schriftverkehrs finden Sie unter www.deutschepost.de

8.1.1 Bewerbungsanschreiben

Das Bewerbungsanschreiben ist das Erste, was die neue Praxis von Ihnen bekommt. Dies ist sozusagen Ihre persönliche Visitenkarte. Mit dem Bewerbungsanschreiben sollen Interesse an Ihrer Person geweckt und Argumente aufgeführt werden, die dafür sprechen, Ihnen die Stelle anzubieten. Gleichzeitig sollte der Brief kurz und „knackig" sein und nie mehr als eine Seite umfassen.

Bewerbungsanschreiben sind formal nach folgendem Schema aufgebaut:

- eigener Name und Anschrift
- Name und Anschrift der Arztpraxis
- Bezugszeile
- Text
- Unterschrift
- Ort und Datum
- Betreffzeile
- Anrede
- Grußformel
- Anlagen (z. B. Lebenslauf)

In der Werbepsychologie gibt es die sogenannte AIDA-Formel. Übertragen auf ein Bewerbungsschreiben steht AIDA für die Begriffe:

- **A = attention** (Aufmerksamkeit für Ihre Bewerbung erzeugen): Denken Sie über Ihre Stärken (und Schwächen) nach und reagieren Sie bereits im Betreff auf den Anzeigentext durch eine selbstbewusste Formulierung, z. B. „Pfiffige MFA gesucht?", „Verstärkung Ihres Teams!", „Frischer Wind ins Team!". Im ersten Abschnitt des Textes sollten Sie versuchen, ein Band zur neuen Praxis zu knüpfen, z. B. „... in der Zeitung vom ... beschreiben Sie genau die Stelle, die ich suche." Manchmal ist eine Nachfrage nach den Schwerpunkten und der genauen Anschrift der Praxis angebracht, z. B. wenn Sie auf eine Chiffreanzeige schreiben. Auch das Durchsuchen des eventuellen Internetauftritts der Praxis kann sich lohnen. Auch hier lassen sich Anknüpfungspunkte finden, z. B. „Ihr Internetauftritt zeigt eine moderne Praxis, wie ich sie mir vorstelle."
- **I = interest** (Interesse an Ihrer Person wecken): Im Hauptteil beantworten Sie die Frage „Was kann ich bieten?". Der Praxisinhaber will wissen, warum er gerade Sie einstellen soll, z. B. „... in meiner jetzigen Praxis habe ich ein EDV-Terminsystem mit eingeführt ...", „... meine Stärken sehe ich im Umgang mit Menschen".
- **D = desire** (Wunsch entstehen lassen, Sie kennenzulernen)
- **A = action** (den Arbeitgeber dazu bewegen, Sie zu einem Gespräch einzuladen): Im letzten Abschnitt sollten Sie Ihren Wunsch formulieren, sich persönlich vorzustellen. Benutzen Sie dabei nicht den Konjunktiv „... ich würde mich gerne vorstellen", sondern formulieren Sie z. B. „...gerne stelle ich mich persönlich bei Ihnen vor ...", „... ich freue mich auf eine Einladung zu einem persönlichen Gespräch."

8.1.2 Lebenslauf

Heute ist es üblich, den Lebenslauf tabellarisch abzufassen. Ein handschriftlicher, ausführlicher Lebenslauf empfiehlt sich nur, wenn er ausdrücklich verlangt wird.

Der Lebenslauf sollte enthalten:
- persönliche Daten
- Foto: rechts auf den Lebenslauf (oder auf das Deckblatt) kleben, nicht heften oder Ähnliches
- Schulausbildung: besuchte Schulart und Abschluss
- Berufsausbildung: ausbildende Praxis mit Schwerpunkt
- Berufstätigkeit: Arbeitgeber und Schwerpunkttätigkeit
- Fortbildungen, Seminare, Schulungen: sofern sie berufsrelevant sind
- persönliche und fachliche Qualifikationen, Sprachkenntnisse
- Hobbys, Praktika, ehrenamtliches oder soziales Engagement: Achten Sie darauf, welches Bild Sie von sich geben wollen.

8.1.3 Arbeitszeugnis

Für Arbeitgeber sind Arbeitszeugnisse unentbehrlich. Sie dürfen bei einer Bewerbung nicht fehlen. Der Arbeitnehmer hat nach § 630 BGB nach Beendigung seines Arbeitsverhältnisses Anspruch auf ein Arbeitszeugnis.

Mindestangaben eines Zeugnisses:
- beurteilte Person
- Art der Tätigkeit/Beschäftigung
- Dauer des Beschäftigungsverhältnisses (rechtliche Dauer inklusive Urlaub)
- Grund für die Beendigung des Beschäftigungsverhältnisses

Bei einem qualifizierten Zeugnis dagegen wird die Gesamtpersönlichkeit der MFA dargestellt. Hier werden die Leistungs- und Führungsaufgaben beurteilt. Ihre Belastbarkeit und Ihr Einsatz in der Praxis sowie das Verhalten gegenüber dem Arbeitgeber, den Kolleginnen sowie Patientinnen und Patienten. Rein rechtlich darf ein qualifiziertes Zeugnis aber nur auf Wunsch der MFA erstellt werden. Die MFA könnte auf einem einfachen Zeugnis bestehen. Dies würde einen neuen Arbeitgeber aber wahrscheinlich misstrauisch machen.

Ein Zeugnis muss wahr sein, das bedeutet, dass keine Behauptungen oder Vermutungen geäußert werden dürfen. Außerdem darf die Formulierung dem Arbeitnehmer das berufliche Fortkommen nicht ungerechtfertigt erschweren. Mittlerweile hat sich eine „Geheimsprache" in die Zeugnisformulierung eingeschlichen. Mit dieser Geheimsprache werden ungünstige Beurteilungen möglichst positiv klingend formuliert, damit keine ungesetzlichen Aussagen über den Arbeitnehmer getroffen werden.

So bedeutet beispielsweise „Sie erledigte alle Arbeiten mit großem Fleiß und Interesse", dass sich die Angestellte bemühte, jedoch keinen Erfolg dabei hatte. Um diese Lesart zu vermeiden, kann man folgenden Zusatz aufnehmen lassen: „Dieses Zeugnis enthält keine verschlüsselten Formulierungen. Eine Interpretation im Sinne einer ‚Zeugnissprache' gibt nicht die Aussage des Verfassers wieder."

AUFGABE

Analysieren Sie das Bewerbungsschreiben (s. S. 301) und den Lebenslauf (s. S. 302) unter folgenden Gesichtspunkten:

a Prüfen Sie, ob es Zeiten der Nichtbeschäftigung gibt.
b Nennen Sie Aspekte des Lebenslaufs, die als Arbeitgeber Ihr Interesse an der Person wecken würden.
c Welche Fragen sollte der Arbeitgeber bzw. die Bewerberin im Gespräch stellen?
d Würden Sie Frau Dampf zu einem Gespräch bitten?
Begründen Sie Ihre Antwort.

Mathilde Dampf
In allen Gassen 4
12345 Musterhausen
Tell.: 06868 3458228
Fax: 06868 3458229
Mobil: 0173 4577784

Arztpraxis
Dr. Ulf Meier
Am Mehringdamm 3
08585 Chemnitz

18. Mai 2017

Kommunikation ist alles

Liebes Praxisteam,

seit Jahren stelle ich fest, dass obiger Satz stimmt. Aus diesem Grund hat mich Ihre Anzeige im Chemnitzer Tageblatt vom 15.05.2017 angesprochen – deshalb bewerbe ich mich bei Ihnen.

Schon während meiner Ausbildung im Praxisteam Dr. Scherer in Lahr lernte ich die vielfältigen Facetten des Berufs kennen. Nach meiner Ausbildung habe ich während meiner Arbeit bei Dr. Weidenfels Fortbildungskurse in Kommunikation und Rhetorik besucht. Dabei habe ich festgestellt, dass meine Stärken in der Praxis auf diesem Gebiet liegen. Ich arbeite am liebsten in der Assistenz und Betreuung von Patienten. Mein jetziger Arbeitgeber, Dr. Weidenfels, hat mir dies auch in einem beiliegenden Zwischenzeugnis bestätigt.

Über meine Gehaltsvorstellungen möchte ich persönlich mit Ihnen sprechen.

Gerne stelle ich mich bei Ihnen vor.

Mit freundlichem Gruß

Mathilde Dampf

Anlagen
Lebenslauf
Berufsschulabschlusszeugnis
Fortbildungszertifikate
Zwischenzeugnis

Mathilde Dampf
In allen Gassen 4
12345 Musterhausen

Lebenslauf

Persönliche Daten

18.04.1985	geboren in Freiburg im Breisgau
1991–1995	Reinhold-Schneider-Grundschule, Freiburg
1995–2001	Private Realschule St. Ursula, Freiburg Abschluss: mittlere Reife mit der Note „gut"
2005	Verheiratung mit Hans Dampf, Chemnitz
2006	Zwillingsgeburt des Sohnes Ralf und der Tochter Marina

Berufsausbildung

2001–2004	Ausbildung zur Arzthelferin in der Praxis Dr. Scherer, Lahr im Schwarzwald

Berufstätigkeit

2004–2008	Arzthelferin in der Praxis Dr. Scherer
2008–2017	Arzthelferin in der Praxis Dr. Weidenfels, Chemnitz

Weitere Qualifikationen

Sprachkurse: Englisch: gut, Französisch: Grundkenntnisse

Fortbildungskurse in Kommunikation in der Praxis und Rhetorik

Fortbildungskurse im Fachzertifikat Gesundheitsberatung und im Fachzertifikat Praxismanagement

Seminar: Richtig telefonieren

Internetschulung der T-Online AG

Mathilde Dampf
Musterhausen, 18.05.2017

8.2 Vorstellungsgespräche

Erfolgt eine Einladung zum Bewerbungsgespräch, bedeutet das, dass man an Ihnen als künftige Mitarbeiterin interessiert ist. Sie haben durch Ihr Schreiben einen guten Eindruck gemacht. Informieren Sie sich schon vorher soweit wie möglich über die Praxis, z. B. im Internet, und gestalten Sie aktiv das Gespräch mit.

Bei der **Vorbereitung** auf das Vorstellungsgespräch sollten Sie Folgendes beachten:
- Ein Vorstellungsgespräch beginnt zu Hause. Wählen Sie daher einen Kleiderstil, der die Praxis nach außen repräsentieren würde. Die Kleidung ist zwar für Ihre Einstellung nicht ausschlaggebend, sie könnte aber ein Störfaktor sein. Achten Sie darauf, sauber und ordentlich zu erscheinen.
- Üben Sie zu Hause Ihre Selbstdarstellung.
- Erscheinen Sie pünktlich zum Gesprächstermin.

Ein typischer Gesprächsverlauf:
- Begrüßung und Small Talk
- kurze Selbstdarstellung der Arztpraxis, bei der Sie sich bewerben.
- Ihre eigene Selbstdarstellung
- Frage- und Antwortphase zur Überprüfung Ihrer fachlichen und sozialen Kompetenz
- Ihre eigenen Fragen
- Abschluss des Gespräches

Begrüßung und Small Talk:
- Suchen Sie Blickkontakt zu Ihrem Gesprächspartner (→ Abb. 1).
- Sprechen Sie Ihren Gesprächspartner mit Namen an.
- Stellen Sie sich mit Ihrem Vor- und Nachnamen vor.
- Warten Sie darauf, dass Ihnen ein Platz angeboten wird.
- Setzen Sie sich entspannt hin (keinesfalls „hinlümmeln", → Abb. 2).
- Führen Sie Ihre Bewerbungsmappe mit den Originalzeugnissen mit sich, Ihre persönlichen Daten sollten Sie im Kopf haben.
- Achten Sie auf ein sauberes und ordentliches Äußeres.

Es folgt eine kurze **Selbstdarstellung der Arztpraxis** bei der Sie sich bewerben. Dabei stellt Ihnen Ihr potenzieller neuer Arbeitgeber sich und seine Praxis vor.

Eigene Selbstdarstellung:
- Beschreiben Sie Ihren momentanen Arbeitsplatz mit Ihren Aufgaben, ohne sie zu bewerten, und gehen Sie dabei auf die Anforderungen der Arztpraxis ein, bei der Sie sich bewerben.
- Geben Sie Beispiele für Ihre soziale und methodische Kompetenz, z. B. Umgang mit schwierigen Patienten am Telefon und in der Praxis.

Abb. 1 Begrüßung mit Augenkontakt

Abb. 2 Vorstellungsgespräch in entspannter Körperhaltung

Frage- und Antwortphase zur Überprüfung Ihrer fachlichen und sozialen Kompetenz:

- Warum haben Sie sich gerade bei uns beworben? Hier können Sie auf die fachliche Ausrichtung der Praxis, die Lage der Praxis oder eine Empfehlung eingehen.
- Haben Sie sich noch woanders beworben? Das kann man wahrheitsgemäß, z. B. mit „Ich versuche alle meine Chancen zu nutzen“, beantworten.
- Was macht Ihnen bei der Arbeit am meisten Spaß? Antworten Sie nie mit „alles“ oder „nichts“. Am besten finden Sie eine ehrliche Antwort bei sich selbst.
- Weshalb haben Sie im Fach … eine schlechtere Note bekommen? Analysieren Sie Ihr Zeugnis: Welche Fächer, Noten fallen auf? Warum?
- Was machen Sie in Ihrer Freizeit?
- Lesen Sie eine Tageszeitung?
- Für welchen anderen Beruf haben Sie sich früher interessiert?
- Haben Sie Kontakte zu Organisationen, z. B. Sportvereine?

Ihre eigenen Fragen:

- Schreiben Sie sich Ihre Fragen auf einen Zettel (nicht mehr als fünf Fragen).
- Am Ende des Gesprächs wird in der Regel über die Gehaltsvorstellungen gesprochen. Man kann sich auf eine gestaffelte Bezahlung einigen, z. B. während der Probezeit nach Tarif, danach eine vereinbarte Gehaltserhöhung bzw. Neuverhandlung. Sie sollten den Tarif natürlich im Kopf haben.
- Wie sieht meine Zukunft in dieser Praxis aus?
- Wie sind die Arbeitszeiten, Urlaubszeiten, Rufbereitschaft usw. organisiert?
- Welches EDV-Programm wird eingesetzt?
- Arbeiten Auszubildende in der Praxis?
- Welche Sozialleistungen erbringt die Praxis?
- Welche Fortbildungsmaßnahmen sind möglich?

Abschluss des Gespräches:

- Bei der Verabschiedung sollten Sie sich für das Gespräch bedanken. Innerhalb von zwei bis drei Wochen sollten Sie ein Ergebnis des Gesprächs erwarten. Ansonsten fragen Sie nach.
- Eine Absage sollten Sie nicht zu persönlich nehmen – vielleicht waren es viele Bewerberinnen und der Arbeitgeber hatte die Qual der Wahl.

BEISPIEL

In einer Praxis wird eine Medizinische Fachangestellte mit Berufserfahrung gesucht. Die bisherige Arzthelferin verlässt nach 25-jähriger Tätigkeit in der Verwaltung die Praxis. Sie hatte sich um die gesamte Verwaltung einschließlich der Ausbildung der MFAs, der Terminverwaltung und der Abrechnung gekümmert. Man war sehr zufrieden mit ihr.

AUFGABE

Bilden Sie Gruppen mit jeweils sechs Personen. Drei Personen stellen dabei das Leitungsteam einer Praxis (Ärztin, MTR, Assistenzärztin), die anderen drei die Bewerberinnen dar. Die Bewerberinnen suchen sich allgemeine Informationen über Bewerbungen (z. B. im Internet) und bereiten ihre Bewerbung vor, ohne dass noch ein Anzeigentext vorliegt. Parallel dazu entwickelt das Leitungsteam der Arztpraxis den Anzeigentext.

a Nach Fertigstellung des Anzeigentextes wird dieser den drei Bewerberinnen ausgehändigt (Gestaltung mit PC).
b Daraufhin bewerben sich die drei Bewerberinnen auf die konkrete Anzeige in der entsprechenden Praxis.
c In der Zwischenzeit bereitet sich das Leitungsteam der Praxis auf das Bewerbungsgespräch vor. Nach Eingang der drei Bewerbungen entscheidet sich die Leitung der Praxis für eine Bewerberin, die eingeladen werden soll. Diese Entscheidung muss von der Leitung der Praxis begründet werden.
d Zum Schluss findet in jeder Praxis das Bewerbungsgespräch mit der Kandidatin statt (maximal zehn Minuten).

9 Fort- und Weiterbildung

Ärztin ohne Abi

Auf einen Studienplatz für Medizin durften früher nur Abiturienten hoffen. Das hat sich geändert. Immer mehr Bundesländer öffnen den Hochschulzugang unter anderem für Absolventen von Fachschulen und für Berufstätige, die eine fachverwandte Ausbildung und mehrere Jahre Praxiserfahrung mitbringen. Eine der ersten Ärztinnen ohne Abitur in Bayern ist Eva Scheerer. Die 34-Jährige hat im Mai in Regensburg ihr zweites Staatsexamen abgelegt.

SZ: Wie sind Sie ohne Abitur zu einem Medizin-Studienplatz gekommen?

Eva Scheerer: Ich bin Krankenpflegerin und habe eine zweijährige Fachweiterbildung für Anästhesie und Intensivmedizin gemacht. Mit der Qualifikation konnte ich mich, zunächst an der Uni Göttingen, für Medizin bewerben.

SZ: Und was mussten Sie vorweisen?

Scheerer: Ich musste der Uni alle meine Zeugnisse vorlegen: mittlere Reife, Krankenpflege-Examen, Fachweiterbildung. Dann habe ich eine Bestätigung für die ZVS, die Zentralstelle für die Vergabe von Studienplätzen, erhalten. Als Hochschulzugangsnote zählte die Note meiner Weiterbildung – eine 1,0. Damit habe ich einen Studienplatz bekommen.

SZ: Kamen Sie ohne die Kenntnisse in Naturwissenschaften, die man am Gymnasium erwirbt, im Studium mit?

Scheerer: Auf der Realschule war ich im technischen Zweig mit Physik und Chemie. Das war schon eine Weile her, trotzdem wusste ich noch viel. Ich habe mich fast besser geschlagen als manche Kommilitonen mit Abitur. Alle Prüfungen habe ich auf Anhieb bestanden.

Quelle: www.Süddeutsche.de vom 29.08.2010

9.1 Fortbildung

Um den steigenden Anforderungen am Arbeitsplatz gerecht zu werden, sollten Sie sich als Medizinische Fachangestellte ständig fortbilden. Es gibt Fortbildungen, die anerkannt sind und zum Aufstieg im Beruf führen. Sie werden vor allem von den Ärztekammern angeboten (VERAH: Versorgungsassistentin in der Praxis). Auch Verbände und Pharmafirmen bieten zahlreiche Fortbildungen an.

9.1.1 Anerkannte Fortbildungen der Ärztekammern

Die Ausbildung zur Fachwirtin für ambulante medizinische Versorgung löst die Aufstiegsfortbildung zur Arztfachhelferin ab. Die Fortbildung zur Fachwirtin ist eine Aufstiegsfortbildung für Medizinische Fachangestellte und Arzthelferinnen nach § 1 Abs. 4 Berufsbildungsgesetz. Zuständig sind nach § 54 BBiG die Landesärztekammern.

Die Fachwirtin in der ambulanten medizinischen Versorgung ist in der Lage, Führungsfunktionen im Team des niedergelassenen Arztes oder anderer ambulanter Einrichtungen der medizinischen Versorgung wahrzunehmen. Sie führt anspruchsvolle und/oder spezialisierte Aufgaben in den Bereichen Medizin, Patientenbegleitung und Koordination sowie Praxisführung durch.

Quelle: http://www.bundesaerztekammer.de/page.asp?his=1.99.3478.10202.10203&all=true

Die Fortbildung gliedert sich in einen Pflicht- und einen Wahlteil (300 bzw. 120 Stunden).

Pflichtmodule:
- Modul 1: Patientenbetreuung und Teamführung (40 Stunden)
- Modul 2: Qualitätsmanagement (40 Stunden)
- Modul 3: Durchführung der Ausbildung (40 Stunden)
- Modul 4: Betriebswirtschaftliche Praxisführung (40 Stunden)
- Modul 5: Einsatz von Informations- und Kommunikationstechnologien (40 Stunden)
- Modul 6: Arbeitssicherheit und Gesundheitsschutz (40 Stunden)
- Modul 7: Risiko- und Notfallmanagement (40 Stunden)
- Zusatzmodul: Lern- und Arbeitsmethodik (20 Stunden)

Wahlteile, z. B.:
- Onkologie
- Ambulantes Operieren
- Gastroenterologische Endoskopie
- Pneumologie
- Dialyse
- Ambulantes Operieren in der Augenheilkunde
- Patientenbegleitung und Koordination
- Ernährungsmedizin
- Ambulante Versorgung älterer Menschen
- Prävention im Kindes- und Jugendalter
- Prävention bei Jugendlichen und Erwachsenen
- Palliativmedizin
- Hausärztliche Betreuung
- Ambulantes Operieren
- Ernährungsberatung

Weitere Teile sind in Planung.

9.1.2 Fortbildungen von Verbänden und Instituten

Der Verband medizinischer Fachberufe und viele Pharmafirmen bieten Fortbildungen zu vielen Fachthemen an, z. B.:
- Abrechnung
- IGeL-Angebote
- Praxismanagement
- Qualitätsbeauftragte
- Arbeitsmedizin
- Reisemedizin
- Patientenberaterin

Einzelheiten finden Sie z. B. unter www.fortbildung-mfa.de

9.2 Weiterbildung

Manche Medizinische Fachangestellte möchte sich in anderen Bereichen des Gesundheitswesens weiterbilden und ergreift einen anderen Beruf im Medizinalwesen.
Dabei kann nach Abschluss mehr Verantwortung übernommen und natürlich auch mehr Gehalt verdient werden.

9.2.1 Voraussetzung: allgemeine Hochschulreife

Beispiel: Diplomstudiengang Medizinpädagogik/Pflegepädagogik an der Humboldt-Universität zu Berlin

Beschäftigungsmöglichkeiten:
- Unterricht an Schulen für Gesundheitsfachberufe sowie an Fort- und Weiterbildungsstätten von Gesundheits- und Sozialeinrichtungen (Berufsschullehrer)
- pädagogische Tätigkeiten an Institutionen zur Förderung und Erhaltung von Gesundheit (patientenorientierte Beratungstätigkeit)
- wissenschaftliche Mitarbeit an Hochschulen
- Öffentlichkeitsarbeit im Berufsfeld Gesundheit und Soziales

Zulassungsvoraussetzungen:
- allgemeine Hochschulreife und eine
- erfolgreich abgeschlossene Berufsausbildung (in einem Gesundheitsfachberuf)

Oder laut § 11 des Berliner Hochschulgesetzes:
- guter Realschulabschluss bzw. ein als gleichwertig anerkannter allgemeinbildender Schulabschluss und
- eine abgeschlossene Berufsausbildung in einem Gesundheitsfachberuf sowie eine vierjährige praktische Tätigkeit in diesem Beruf

9.2.2 Voraussetzung: mittlerer Bildungsabschluss

Beispiel: Assistent/-in – Gesundheits- und Sozialwesen

Beschäftigungsmöglichkeiten:
Sie arbeiten im Gesundheits- und Sozialwesen in sozialpädagogischen und sozialpflegerischen Einrichtungen der Familien-, Heilerziehungs-, Kinder- und Behindertenpflege. Sie beraten und betreuen hilfsbedürftige Menschen und sind für die betriebswirtschaftlich-organisatorischen Aufgaben im Bereich Gesundheit und Pflege zuständig.

Zulassungsvoraussetzungen:
Ein mittlerer Bildungsabschluss und das Abschlusszeugnis des Berufskollegs Gesundheit und Pflege I mit entsprechenden Noten sind erforderlich.

Informationen zu diesem Beruf finden Sie unter http://infobub.arbeitsagentur.de/berufe

9.2.3 Voraussetzung: Hauptschulabschluss

Beispiel: Orthoptistin

Beschäftigungsmöglichkeiten:
Im Gesundheitswesen:
- Krankenhäuser, z. B. in Krankenhäusern mit augenärztlicher Abteilung
- Facharztpraxen, z. B. Augenärzte
- Vorsorge- und Rehabilitationskliniken
- Einrichtungen für sehbehinderte und blinde Menschen

Zulassungsvoraussetzung:
- ein mittlerer Bildungsabschluss oder
- der Hauptschulabschluss und eine mindestens zweijährige abgeschlossene Berufsausbildung

Brandenburg: „Agnes 2" startet landesweit
Das Brandenburger Modellprojekt „Agnes 2" startet nach erfolgreicher Erprobung jetzt in die landesweite Umsetzung. „Agnes 2 unterstützt als Fallmanagerin die wenigen Ärzte in Brandenburg, indem sie sie von Tätigkeiten entlastet, die zwar zur Versorgung der Patienten nötig sind, für die man aber nicht Medizin studiert haben muss", sagte der Chef der KV Brandenburg (KVBB) Dr. Hans-Joachim Helming. Dafür kommen beispielsweise Hausbesuche, Medikamentenkontrolle oder Hilfsmittelbestellungen in Betracht.
In unterversorgten Gebieten hat sich die „Arztentlastende, Gemeindenahe, E-Health-gestützte, Systemische Intervention" (= Agnes) bereits bewährt. Ab jetzt entlasten die Agnes-2-Fallmanagerinnen Ärzte in ganz Brandenburg. Die neue Struktur wurde entwickelt, weil Agnes nur in unterversorgten Regionen tätig werden darf. Agnes 2 kann überall in Brandenburg arbeiten. Sie ist vielseitig einsetzbar. 16 der neuen Fallmanagerinnen sind bei Hausärzten tätig, drei bei Fachärzten und fünf in Medizinischen Versorgungszentren.
Ihr Einsatz wird mit 40 Euro pro Patient und Monat gesondert durch die AOK Nordost und die Barmer GEK finanziert. Beide Kassen haben Agnes 2 zusammen mit der KVBB entwickelt. „Hier haben wir einen Weg gefunden, eine kostendeckende Finanzierung der Mehrarbeit sicherzustellen", sagte Helming. Alle Beteiligten appellierten an die anderen Kassen, sich an dem Modell zu beteiligen.

Quelle: http://www.hartmannbund.de/enews/2049/142/ vom 01.03.2012

AUFGABEN

1 Lesen Sie den obigen Bericht. Was halten Sie von dieser Idee? Beschreiben Sie einen Bereich Ihrer Arbeit, bei der Sie bereits eigenverantwortlich arbeiten.

2 Welche Fort- bzw. Weiterbildungsmöglichkeiten streben Sie nach Ihrer Ausbildung an?

3 Wer kommt für die Kosten Ihrer Fortbildung auf?

10 Selbstmanagement

Qualitätsmanagement; PDCA-Zyklus
→ Bd. 2, LF 7, S.182

Die moderne Arztpraxis erfordert Mitarbeiterinnen und Mitarbeiter, die die Schwächen im Praxisalltag erkennen und konsequent Verbesserungsvorschläge machen.
Sie müssen mit den Belastungen umgehen lernen und den Praxisalltag erfolgreich bewältigen. Dies gelingt trotz Stellenbeschreibung, Checklisten, Verfahrens- und Arbeitsanweisungen nicht immer. Entscheidend sind auch die Persönlichkeit der Mitarbeiter und die Lebensumstände, wie Familie, Kultur und Gesundheit.

Checklisten zum Selbstmanagement finden Sie unter http://checkliste.de/selbstmanagement/zeitmanagement/index.htm

BEISPIEL

Kennen Sie folgende Situation?
Jedes Mal, wenn Ihre Kollegin an der Anmeldung sitzt, packt Sie der Neid:
Der Schreibtisch ist aufgeräumt, alle Arztbriefe und Karteikarten sind fein ordentlich bearbeitet und weggeräumt. Für den nächsten Tag ist schon alles vorbereitet. Sie ist höflich zu den Patienten und wirkt dabei kein bisschen abgespannt und gestresst. Sie haben immer den Eindruck, dass sie alles im Griff hat und perfekt organisiert ist.
Was würden Sie dafür geben, wenn es Ihnen auch so ginge. Stimmt Ihr Zeitmanagement nicht oder steckt mehr dahinter?

Beim reinen **Zeitmanagement** werden Termine und Aufgaben des Berufs geplant und koordiniert. Selbstmanagement bezieht den Menschen mit ein.
Selbstmanagement bedeutet, Fähigkeiten und Techniken zu entwickeln, um sich selbst effektiv und effizient zu organisieren. Sie arbeiten effektiv, wenn Sie die richtigen Dinge tun, und effizient, wenn Sie die Dinge richtig tun.

Um herauszufinden, welche Dinge die richtigen und damit auch die wichtigen für Sie sind, sollten Sie zuerst Ihre eigene Situation analysieren.

Brainstorming:

1. Nehmen Sie sich zehn Minuten Zeit.
2. Schreiben Sie Ihre Aufgaben/Probleme im Praxisalltag auf.

Denken Sie daran:
- Formulieren Sie keine Bewertung der Punkte und keine Kritik.
- Nennen Sie alles, was Ihnen einfällt.
- Nutzen Sie die gesamten zehn Minuten.

3. Machen Sie eine kleine Pause und ergänzen dann eventuell Ihre Liste.
4. Nach einer längeren Unterbrechung bewerten Sie nun Ihre Punkte unter Berücksichtigung folgender Fragen:

   Was ist wichtig und dringend, muss also sofort erledigt werden? Eine zuverlässige Terminierung ist nötig. Was ist dringend, aber nicht wichtig und kann eventuell von anderen Personen erledigt werden? Kann ich bestimmte Arbeiten delegieren?
   Welche Punkte kann ich streichen und somit Zeit einsparen?
   Habe ich für komplexe Aufgaben (z. B. Quartalsabrechnung vorbereiten) eine störungsfreie Zone?

Maßnahmen zur Verbesserung des Selbstmanagements

Sie wissen nun, welche Arbeiten wichtig sind. Sie tun die richtigen Dinge.
Erlernen Sie nun die richtige Einstellung, um erfolgreich zu arbeiten.

Machen Sie sich Ihre Stärken und Talente bewusst

Überlegen Sie, was Sie gut machen und gut können.

- Welche besonderen Fachkenntnisse haben Sie?
- Wie ist Ihre Kommunikationsfähigkeit?
- Sind Sie teamfähig?
- Können Sie sich durchsetzen?
- Haben Sie Organisationstalent?
- Sind Sie kontaktfreudig?

Geben Sie Ihrer Arbeit einen Sinn

Ihre eigene Meinung und nicht die der Kollegen ist ausschlaggebend dafür, wie viel Sinn Ihre Arbeit für Sie selbst ergibt.

Beurteilen Sie folgende Aussagen:

- Ich mache die Anmeldung bei uns in der Arztpraxis.
- Ich arbeite an der Patientenempfangstheke und sorge in unserer Arztpraxis für den reibungslosen Ablauf bei der Terminvergabe und dem Patientenmanagement.

Während die erste Aussage sehr nüchtern ist und keine große Motivation ausstrahlt, erscheint die zweite Aussage positiv und setzt Ihre Arbeit in ein ganz anderes Licht. Wie Sie über Ihre Arbeit denken und sprechen, hat großen Einfluss auf Ihre Arbeitsleistung.

Setzen Sie sich konkrete Ziele

Vielleicht haben Sie keine Freude an Ihrer Arbeit, weil Sie sich mit Ihrer Rolle nicht identifizieren. Was früher eine Herausforderung für Sie war, ist heute nur noch Stress oder öde Routine. Nur Sie selbst können jedoch Ihre Situation verändern.

Was möchten Sie konkret erreichen?

- weniger/mehr Verantwortung
- Weiterbildung, z. B. zur Fachwirtin für ambulante medizinische Versorgung
- Fortbildungen, z. B. im Bereich Qualitätsmanagement und Praxisorganisation
- andere Arbeitszeiten
- bessere Bezahlung

Setzen Sie Ihre Ziele in die Tat um. Machen Sie in der nächsten Teamsitzung Vorschläge zur Verbesserung des Praxisablaufs. Melden Sie sich zu Fortbildungen an und suchen Sie gegebenenfalls ein Gespräch mit Ihrem Chef zu Ihrer Bezahlung.

AUFGABEN

Einer der größten Stressoren ist das Gefühl, vom Arbeitsalltag überwältigt zu werden und die eigenen Aufgaben nicht mehr geregelt zu bekommen (Eingangsbeispiel).

1 Erstellen Sie für sich einen persönlichen Tagesplan in Ihrer Ausbildungspraxis. Haken Sie die Arbeiten ab, die Sie erledigen konnten. Notieren Sie sich die Störfaktoren und analysieren Sie diese. Inwieweit hatte Ihre persönliche Stimmung Einfluss auf Ihre Arbeit? Tragen Sie die Ergebnisse der Klasse vor.

2 Welche Konsequenzen ergeben sich daraus?

PROJEKTAUFGABEN

1 Lesen Sie den Artikel „Viele zweifeln an der sozialen Marktwirtschaft" und beantworten Sie die Fragen:

a Wodurch unterscheiden sich Marktwirtschaft und soziale Marktwirtschaft?
b Zeigen Sie an zwei Beispielen, warum der Staat in den Markt eingreift.
c Was würde passieren, wenn der Staat nicht eingreift?
d Warum sind die Deutschen so unzufrieden mit der sozialen Marktwirtschaft? Lesen Sie dazu folgenden Zeitungsbericht:

Viele zweifeln an der sozialen Marktwirtschaft

Berlin (AFP). Ein großer Teil der Deutschen ist einer Umfrage zufolge mit der derzeitigen Wirtschaftsordnung unzufrieden. Im *ARD-Deutschlandtrend* äußerten sich 50 Prozent der Befragten nicht zufrieden mit dem Funktionieren der sozialen Marktwirtschaft. Drei Viertel vertraten die Auffassung, die soziale Marktwirtschaft „macht die Reichen reicher und die Armen ärmer". 73 Prozent waren der Meinung, die soziale Marktwirtschaft „funktioniere nicht mehr so wie früher". 51 Prozent sprachen sich für eine grundlegende Änderung der Wirtschaftsordnung aus. Attraktive Alternativen sahen die meisten aber nicht. 65 Prozent fanden, die soziale Marktwirtschaft sei „für Deutschland immer noch am besten".

Quelle: Badische Zeitung vom 03.02.2012

2 Diskutieren Sie anhand der fiktiven Artikel „ALESI 2030 vorgestellt" und „Krankenversicherung Europas neu geordnet" unser Sozialversicherungssystem. Berücksichtigen Sie dabei folgende Fragestellungen:

a Von welchen Sozialversicherungen ist in den Artikeln die Rede?
b Zeigen Sie Unterschiede zu aktuellen Bestimmungen dieser Sozialversicherungen auf.
Gehen Sie dabei nach dem folgenden Schema vor:
- Träger
- Beiträge
- Leistungen
- Beitragsbemessungsgrenze
- Versicherungspflichtgrenze
- Versicherte

c Wie sollten diese Sozialversicherungen Ihrer Meinung nach geregelt sein?
d Halten Sie die aufgezeigte Entwicklung für realistisch?
e Welche aktuellen Sozialversicherungen sind in den Artikeln nicht angesprochen?

„ALESI 2030" vorgestellt

Brüssel, 17.07.2029
In allen 25 europäischen Hauptstädten der EU wurde heute die neue „ALESI 2030" (Alterslebenssicherung 2030) vorgestellt. Die nationalen Rentenversicherungen wurden damit aufgelöst bzw. in das System eingebaut. Hier die wichtigsten Neuerungen für das Bundesland Deutschland:
Die Alesi beträgt ab 01.01.2030 einheitlich 3000,00 € in allen Mitgliedsländern. Eine Anpassung findet jährlich zum 01.07. entsprechend der Euro-Lohnsteigerung statt.
Die Auszahlung erfolgt entweder über die Zusendung einer Wertscheckkarte, mit der direkt bezahlt bzw. auf einem Konto eingezahlt werden kann, oder über Onlineverfügung über ein Konto direkt beim Träger „Euro-Insurance-Company" (EIC) in Straßburg.

Die Wartezeit für die normale Alesi mit 70 Jahren beträgt 30 Jahre. Pro Jahr früherer Inanspruchnahme muss ein Abschlag von 2 % hingenommen werden. Die frühestmögliche Inanspruchnahme der Alesi kann mit 60 Jahren beginnen. Es bleibt bei der Versicherungspflichtgrenze von zurzeit 10 000,00 €. Dies ist auch gleichzeitig die Beitragsbemessungsgrenze.
So beträgt der „Normalsatz" für eine Familie mit Kind(ern) 8 % vom Bruttofamilieneinkommen. Bezahlt wird dies vollständig vom Arbeitgeber. Bei einem Ehepaar ohne Kinder beträgt der Beitragssatz 30 %, wovon der Arbeitgeber ein Drittel übernehmen muss. Das Kapital, das durch diesen höheren Beitragssatz angespart wird, kann ein Ehepaar bei Geburt eines Kindes ausgezahlt bekommen. Gleichzeitig ermäßigt sich dann der Beitrag. Für ledige Auszubildende gilt zunächst der „Normalsatz". Er steigt nach der Ausbildung kontinuierlich an. Ab dem 25. Lebensjahr beträgt der Alesi-Satz für Ledige 35 %.
Zurzeit gelten in einigen Bundesländern der EU noch Übergangsvorschriften. Das europäische Parlament hat aber beschlossen, dass mit Wirkung vom 01.01.2030 dieses Recht in allen Bundesländern der EU gilt.

Krankenversicherung Europas neu geordnet

Brüssel, 30.07.2029
Kurz nach Einführung der „Alesi 2030" wurde der gesamte Bereich der Krankenversicherung in Europa durch die „Sozialcharta" neu geregelt.
Sie gilt sowohl für Arbeitnehmer wie für Arbeitgeber. Danach besteht für alle Arbeitnehmer und Arbeitgeber völlige Freiheit, ob sie sich gegen Krankheit und Pflege im Alter versichern wollen. Die bisherigen Pflichtversicherungsbeiträge in manchen Bundesländern der Vereinigten Staaten von Europa werden aufgehoben. Bestehende staatliche Versicherungen werden privatisiert und stehen in Wettbewerb mit den bisherigen Privatversicherungen. Der Wettbewerb zwischen den europäischen Versicherern hat bisher schon erhebliche Beitragsvorteile gebracht. Alle Krankheits- und Pflegerisiken können zu jedem Prozentsatz versichert werden. Der durchschnittliche Beitragssatz für die Grundversorgung Krankheit – Pflege liegt derzeit bei 3 % des Bruttoeinkommens. Die Grundversorgung für nicht versicherte Personen wird vom Staat kostenlos in besonderen „Sozialambulanzen" übernommen. Außerdem werden die privaten Versicherungsgesellschaften nach ihren Größenanteilen zu den Kosten der Grundversorgung herangezogen.
Dementsprechend haben die Versicherten die freie Wahl unter den Apotheken, Ärzten und Zahnärzten, Krankenhäusern und Pflegeheimen. Eine Niederlassungsbeschränkung für Apotheken, Ärzte und Zahnärzte besteht nicht mehr. Ebenso besteht Gebührenfreiheit, d. h., der Arzt bzw. Zahnarzt muss vor Beginn der Behandlung mit dem Versicherten die Gebühren besprechen. Ausgenommen sind Notfälle und die Grundversorgung. Ärzte, Zahnärzte, Apotheken und Krankenhäuser stehen miteinander im Wettbewerb. Manche Versicherungen beschränken die Wahlfreiheit ihrer Versicherten auf bestimmte ärztliche Leistungen und Krankenhäuser, bieten dafür aber äußerst günstige Tarife an. Für nicht in Anspruch genommene Leistungen bieten alle Versicherungen „Gutschriften" an.

Abkürzungsverzeichnis

" Zoll (engl. inch); 1 Zoll = 25,4 mm
3D dreidimensional
A. Arteria; Arterie
ACE Angiotensin-Converting Enzyme
ADH antidiuretisches Hormon
Adj. Adjektiv; Eigenschaftswort
ad man. med. ad manum medici (lat. = zu Händen des Arztes)
ad us. prop. ad usum proprium (lat. = zum eigenen Gebrauch)
Aids Acquired Immunodeficiency Syndrome
ÄK Ärztekammer
ALT = ALAT Alaninaminotransferase = GOT
AM Arzneimittel
AMD altersbedingte Makuladegeneration
AMG Arzneimittelgesetz
Anti-HBs Antikörper gegen Hepatitis-B-Virus-Oberflächen-Antigen
Ap apothekenpflichtig
Ap/ap azellulärer (zellfreier) Pertussis-Impfstoff
APK Arzt-Patienten-Kontakt
AOK Allgemeine Ortskrankenkassen
ARC Aids-Related Complex; Vorstadium von Aids
ASAT Aspartataminotransferase = AST= GPT
AST Aspartataminotransferase = ASAT = GPT
ASS Acetylsalicylsäure
AT_1 Angiotensinogen-II-Rezeptor Typ 1
ATP Adenosintriphosphat
AU Arbeitsunfähigkeit
aVR, aVL, aVF augmented Voltage (verstärkte Spannung) Right, Left, Foot
BÄK Bundesärztekammer
BAL bronchoalveoläre Lavage (Lungenspülung)
BB Blutbild; kl. BB = kleines Blutbild, gr. BB = großes Blutbild
BBS Bundesbehandlungsschein
BC Bronchialkarzinom
BEG Bundesentschädigungsgesetz
Beta-HCG humanes Chorion-Gonadotropin Beta
BfArM Bundesinstitut für Arzneimittel und Medizinprodukte
BG Berufsgenossenschaft
BGA Blutgasanalyse
BGB Bürgerliches Gesetzbuch
BGR/BGV Berufsgenossenschaftliche Regel bzw. Vorschrift
BGW Berufsgenossenschaft für Gesundheitsdienst und Wohlfahrtspflege
BKK Betriebskrankenkasse
BMI Body-Mass-Index
BNP B-type natriuretic peptide (Herzinsuffizienzmarker)
BE Broteinheit; Berechnungseinheit bei Diabetes
BKS Blutkörperchensenkungsgeschwindigkeit
BMÄ Bewertungsmaßstab – Ärzte
BMV-Ä Bundesmantelvertrag für Ärzte
BPOL Bundespolizei
BSG Blutsenkungsgeschwindigkeit
BSNR Betriebsstättennummer
BSV Bandscheibenvorfall
BtMG Betäubungsmittelgesetz
BTMVV Betäubungsmittelverschreibungsverordnung
BWS Brustwirbelsäule
BZ Blutzucker; Blutzuckerspiegel
bzgl. bezüglich
C Kohlenstoff (lat. Carboneum)
C bzw. °C Celsius bzw. Grad Celsius
ca., Ca, Ca. 1. circa, 2. Calcium, 3. Carcinoma
CAGE Cut down, Annoyed, Guilty, Eye-opener (Alkoholismus-Screeningtest)
CE Conformité Européenne (europäisches Sicherheitskennzeichen)
CED chronisch-entzündliche Darmerkrankung(en)
CFU Colony Forming Units (koloniebildende Einheiten)
CIN zervikale intraepitheliale Neoplasie
Cl Chlor; Chlorid
CLED Cystine Lactose Electrolyte Deficient (Spezial-Nährboden)
CMA Centrale Marketing-Gesellschaft der Agrarwirtschaft
CO2 Kohlen(stoff)dioxid
COPD Chronic Obstructive Pulmonary Disease
CPR Cardiopulmonary Resuscitation
CRP C-reaktives Protein
CT 1. Computertomografie, 2. konventionelle Insulintherapie
CTG Cardiotokografie, Cardiotokogramm
D/d Diphtherieimpfstoff
DAK Deutsche Angestellten-Krankenkasse
DEXA Dual-Energy X-ray Absorptiometry (Knochendichtemessung)
DGE Deutsche Gesellschaft für Ernährung
DGHM Deutsche Gesellschaft für Hygiene und Mikrobiologie
DGSV Deutsche Gesellschaft für Sterilgutversorgung
d. h. das heißt
Diff.-BB Differenzialblutbild; großes Blutbild
DIN Deutsches Institut für Normung; in Deutschland gültige Norm
DMP Disease-Management-Programm
DNA/DNS Desoxyribonukleinsäure
DPP-4 Dipeptidylpeptidase-4
EBM Einheitlicher Bewertungsmaßstab für die ärztlichen Leistungen
EBV Epstein-Barr-Virus
ED erektile Dysfunktion (Impotenz)
EDTA Ethylendiamintetraessigsäure
E-GO Ersatzkassen-Gebührenordnung
eGK elektronische Gesundheitskarte
EHEC enterohämorrhagische Escherichia coli
EKV Arzt-/Ersatzkassenvertrag
ELISA Enzym-Immunoassay

EN Europäische Norm
EPO Erythropoetin
ER endoplasmatisches Retikulum
ERCP endoskopische retrograde Cholangiopankreatikografie
ETEC enterotoxische Escherichia coli
evtl. eventuell
Ez. Einzahl
FAMK Freie Arzt- und Medizinkasse
FASD fetale Alkoholspektrum-Störung
FSME Frühsommer-Meningoenzephalitis
fT_3, fT_4 freie, d. h. nicht an Plasmaproteine gebundene Schilddrüsenhormone
G Gauge (Maßeinheit für den Außendurchmesser von Kanülen)
GFR glomeruläre Filtrationsrate
ggf. gegebenenfalls
Ggt. Gegenteil
GHS Globally Harmonized System of Classification and Labelling of Chemicals
GKV Gesetzliche Krankenversicherung
GLP-1 Glucagon-like Peptide 1
GOÄ Gebührenordnung für Ärzte
gr. altgriechisch
h Stunde (lat. hora)
HAH Hämagglutinin-Hemmtest
HAV Hepatitis-A-Virus
Hb Hämoglobin
HbA_{1c} Hämoglobinanteil A1c (Langzeit-Blutzuckerwert)
HB Hepatitis B
HBsAg Hepatitis-B-Oberflächen-Antigen (engl. surface = Oberfläche)
HBV Hepatitis-B-Virus
HCl Salzsäure
HCV Hepatitis-C-Virus
HDM Herzdruckmassage
HdO-Gerät Hinter-dem-Ohr-Hörgerät
Hg Hydrargyrum (Quecksilber)
Hib Hämophilus influenzae b
HIV humanes Immunschwäche-Virus
Hkt Hämatokrit
HLW Herz-Lungen-Wiederbelebung
HNO-Arzt Hals-Nasen-Ohren-Arzt
HPV humanes Papillomvirus
HSV Herpes-simplex-Virus
HT Herzton
HWG häufiger Wechsel des Geschlechtspartners
HWI Harnwegsinfekt; Hinterwandinfarkt
HWS Halswirbelsäule
Hz Hertz; Einheit für Wellen pro Sekunde
ICD Implantable Cardioverter Defibrillator
ICD-10 International Statistical Classification of Diseases and Related Health Problems
ICR Interkostalraum (Zwischenrippenraum)
ICT intensivierte Insulintherapie
ICW Initiative chronische Wunde
I. E./I. U. Internationale Einheiten/International Units
iFOBT immunologischer fäkaler Okkultbluttest
IfSG Infektionsschutzgesetz
IGeL Individuelle Gesundheitsleistung (Privatleistung)
IgG, IgM, IgE Immunglobulin G, M oder E
inkl. inklusive; einschließlich
IKK Innungskrankenkassen
INR International Normalized Ratio (Blutgerinnungstest)
IO-Gerät Im-Ohr-Hörgerät
ISG Iliosakralgelenk (Kreuz-Darmbein-Gelenk)
ISO International Organization for Standardization (internationale Norm)
ITN Intubationsnarkose
i.v., i.m., i.a., i.c. Injektionen: intravenös, intramuskulär, intraarteriell, intrakutan
IUP Intrauterinpessar
J Joule (Einheit für Energie)
JArbSchG Jugendarbeitsschutzgesetz
K Kalium
KBV Kassenärztliche Bundesvereinigung
kcal Kilokalorie(n)
KHK koronare Herzkrankheit
kcal Kilokalorien
KE Kohlenhydrateinheit
kJ Kilojoule
KTW Krankentransportwagen
KV Kassenärztliche Vereinigung
KVB Krankenversorgung der Bundesbahnbeamten
KVK Abkürzung für die frühere Krankenversichertenkarte
Kw. Kurzwort
L Liter
LÄK Landesärztekammer
LAS Lymphadenopathie-Syndrom (Vorstadium von Aids)
LASER Light Amplification by Stimulated Emission of Radiation
LASIK Laser-in-situ-Keratomileusis
LAST Lübecker Alkoholismus-Screening-Test
lat. lateinisch
LDH Laktatdehydrogenase
LF Lernfeld
LWS Lendenwirbelsäule
M2-PK Pyruvatkinase M2 (Darmkrebsmarker)
MBG mittlere Blutglukose
MCH mittleres Erythozytenvolumen
MCHC mittlere Hämoglobinkonzentration des Zellanteils
MCL Medioklavikularlinie
MCP Metoclopramid
MCV mittleres Erythrozytenvolumen
MDK Medizinischer Dienst der Krankenversicherung
MDRD Modification of Diet in Renal Disease Study Group
med. medizinisch; die Heilkunde betreffend
Mg Magnesium

MIC	minimal invasive Chirurgie
min	Minute(n)
Mio.	Million
MMR	Masern-Mumps-Röteln-Impfstoff bzw. -Impfung
MMRV	Masern-Mumps-Röteln-Varizellen-Impfstoff bzw. -Impfung
MMS	Mini Mental Status
MP	Medizinprodukt
MPBetreibV	Medizinprodukte-Betreiberverordnung
MPG	Medizinproduktegesetz
MRSA	methicillin- bzw. multiresistenter Staphylokokkus aureus
MRT	Magnetresonanztomografie (Kernspin)
MuSchG	Mutterschutzgesetz
MuVo	Mutterschaftsvorsorge
MVZ	Medizinisches Versorgungszentrum
Mz.	Mehrzahl
N.	Nervus; Nerv
N1, N2, N3	Arzneimittelpackungen für kurzen, mittleren und langfristigen Bedarf
Na	Natrium
NaCl	Natriumchlorid (Kochsalz)
NAKOS	Nationale Kontakt- und Informationsstelle für Selbsthilfegruppen
NBSNR	Nebenbetriebsstättennummer
NEF	Notarzt-Einsatzfahrzeug
neg. (-)	negativ
NOAK	neue orale Antikoagulanzien
NSAID	Non-steroidal Anti-inflammatory Drugs
NSAR	nicht steroidale Antiphlogistika
NW	Nebenwirkung
NYHA	New York Heart Association
O; O2	Sauerstoff (Oxygenium)
OAD	orale Antidiabetika
o. B.	ohne (krankhaften) Befund; Normalbefund
ÖGD	Ösophago-Gastro-Duodenoskopie
OGTT	oraler Glukose-Toleranztest
OP	1. Operation, 2. Operationssaal
OSAS	obstruktives Schlafapnoesyndrom
OSG	oberes Sprunggelenk
OTC	over the counter; apothekenpflichtig
P	Phosphat
Pap	Papanicolaou
pAVK	periphere arterielle Verschlusskrankheit
PC	Personal Computer
p.c./p.m.	post conceptionem/post menstruationem
PCI	perkutane koronare Intervention
PEP	Postexpositionsprophylaxe
pH	potentia hydrogenii (gibt den Säuregrad eines Stoffs an)
PKV	Private Krankenversicherung
PMS	prämenstruelles Syndrom
PNS	peripheres Nervensystem
pos. (+)	positiv
p.p.	(Wundheilung) per primam
PPI	Protonenpumpeninhibitoren (-hemmer)
p.s.	(Wundheilung) per secundam
PSA	prostataspezifisches Antigen
PTT (aPTT)	(aktivierte) partielle Thromboplastinzeit
PVP-Jod	Polyvinylpyrrolidon-Jod
PZN	Pharmazentralnummer
QM	Qualitätsmanagement
RDG	Reinigungs- und Desinfektionsgerät
RKI	Robert-Koch-Institut
RöV	Röntgen-Verordnung
Rh+, Rh-	Rhesus-positiv, Rhesus-negativ
Rp	rezeptpflichtig; verschreibungspflichtig
RR	Blutdruck (gemessen nach Riva-Rocci)
RTH	Rettungstransporthubschrauber
RTW	Rettungstransportwagen
s.	siehe
S.	Seite
s.c.	Injektion: subkutan
sec	Sekunde(n)
SGLT2	sodium/glucose cotransporter 2
SGB	Sozialgesetzbuch
SHT	Schädelhirntrauma
SI	Systême International d´Unités
SIT	spezifische Immuntherapie (Hyposensibilisierung)
s. o.	siehe oben
sog.	so genannte
SSE-Agar	Streptokokken-Selektiv-Elektiv
SSRI	selektiver Serotonin-Wiederaufnahmehemmer (Reuptake-Inhibitor)
SS	Schwangerschaft
SSW	Schwangerschaftswoche(n)
STD/I	sexually transmitted diseases/infections
STIKO	
Subst.	Substantiv; Hauptwort
Syn.	Synonym (gleichbedeutendes Wort)
T	Tetanusimpfstoff
T_3, T_4	Thyroxin, Trijodthyronin
TAH/TFH	Thrombozytenaggregations- bzw. -funktionshemmer
Tbc/Tb	Tuberkulose
TENS	transkutane elektrische Nervenstimulation
TEP	Totalendoprothese; Gelenkersatz
TGAK	Autoantikörper gegen Thyreoglobulin
tgl.	täglich
TNM/pTNM	Tumor-Klassifikation nach Tumorgröße (T), Lymphknoten- (N) und Metastasenanzahl (M), ggf. postoperativ (p) erstellt
TPHA	Treponema-pallidum-Hämagglutinationstest
TPPA	Treponema-pallidum-Partikelagglutinationstest
TPO	Autoantikörper gegen thyroidale Peroxidase
TRAK	Autoantikörper gegen TSH-Rezeptor
TRBA 250	Technische Regel für biologische Arbeitsstoffe 250 der BGW
TSH	Thyroidea stimulierendes Hormon
U	Units (engl. Einheiten)
u. a.	unter anderem
u. Ä.	und Ähnliches
ugs.	umgangssprachlich

u. U.	unter Umständen
UV	ultraviolettes Licht
UVA, UVB, UVC	ultraviolettes Licht langer, mittlerer und kurzer Wellenlänge
UVV	Unfallverhütungsvorschriften
V	Varizellen-Impfstoff bzw. -Impfung
V.	Vena; Vene
V_1-V_6	Brustwandableitungen nach Wilson (V steht für Voltage = Spannung)
v. a.	vor allem
V. a.	Verdacht auf
VAH	Verbund für angewandte Hygiene e.V.
VE-Wasser	vollständig entmineralisiertes Wasser
vgl.	vergleiche
VHF	Vorhofflimmern
Vit.	Vitamin
VZV	Varicella-Zoster-Virus
W	Watt (Einheit für Leistung)
WHO	World Health Organization; Weltgesundheitsorganisation
wörtl.	wörtlich
z. B.	zum Beispiel

Präfixe

Präfixe (Wortanfänge) für medizinisch relevante Bruchteile (Abkürzung)									
Dezi (d)	10^{-1}	Zenti (c)	10^{-2}	Milli (m)	10^{-3}	Mikro (µ)	10^{-6}	Nano (n)	10^{-9}
Piko (p)	10^{-12}	Femto (f)	10^{-15}						
Präfixe (Wortanfänge) für medizinisch relevante Vielfache (Abkürzung)									
Hekto (h)	10^{2}	Kilo (k)	10^{3}	Mega (M)	10^{6}	Giga (G)	10^{9}	Tera (T)	10^{12}

Stichwortverzeichnis

Blau markierte Seitenzahlen beziehen sich auf den Bereich Behandlungsassistenz, rot markierte Seitenzahlen auf den Bereich Organisation und Verwaltung bzw. Wirtschafts- und Sozialkunde, grün markierte Seitenzahlen auf den Bereich Leistungsabrechnung.
Die in diesem Buch aufgeführten Gebührenordnungspositionen (EBM) sind unter „GOP" aufgelistet, die aufgeführten GOÄ-Ziffern unter „Ziffer", die Ziffern der UV-GOÄ unter „UV-GOÄ-Ziffer".

B

C

D

E

H

I

M

N

O

P

Bildquellenverzeichnis

Titelfoto: Krüper, W., Bielefeld; **S. 8/1:** Welz, N., Berlin; **S. 9/1:** Welz, N., Berlin; **S. 10/1:** Welz, N., Berlin; **S. 10/2:** Welz, N., Berlin; **S. 10/3:** Welz, N., Berlin; **S. 10/4:** TV-yesterday/Weber, München; **S. 11/1:** Deutsche Gesellschaft für Ernährung (DGE), Bonn; **S. 12/1:** Mair, J., München; **S. 12/2:** Shutterstock, isak55; **S. 12/3:** Fotolia/Inga Bresser; **S. 13/1:** CBB; **S. 13/2:** Mair, J., München; **S. 13/3:** Shutterstock/Heike Rau; **S. 14/1:** CBB; **S. 14/2:** 5 am Tag e.V., Mannheim; **S. 16/1:** Shutterstock/Ramona Heim; **S. 17/1:** Groger, Dr. U., Bielefeld; **S. 18/1:** Faust, St., Berlin; **S. 19/1:** Mair, J., München; **S. 19/2:** Faust, St., Berlin; **S. 20/1:** Faust, St., Berlin; **S. 21/1:** Faust, St., Berlin; **S. 21/2:** Faust, St., Berlin; **S. 22/1:** Krischke, K., Marbach; **S. 22/2:** Okapia/BiophotoAss./Science Sor.; **S. 23/1:** Faust, St., Berlin; **S. 23/2:** Faust, St., Berlin; **S. 23/3:** Faust, St., Berlin; **S. 24/1:** Welz, N., Berlin; **S. 24/2:** Welz, N., Berlin; **S. 25/1:** Faust, St., Berlin; **S. 26/1:** Welz, N., Berlin; **S. 26/2:** Faust, St., Berlin; **S. 26/3:** Welz, N., Berlin; **S. 29/1:** Das Fotoarchiv, Essen/Jochen Tack (Arslan); **S. 30/1:** Das Fotoarchiv, Essen/Jochen Tack (Rose); **S. 31/1:** Krüper, W., Bielefeld; **S. 31/2:** Welz, N., Berlin; **S. 31/3:** Groger, Dr. U., Bielefeld; **S. 32/1:** Beckman Coulter GmbH, Krefeld; **S. 32/2:** Beckman Coulter GmbH, Krefeld; **S. 32/3:** Beckman Coulter GmbH, Krefeld; **S. 33/1:** Shutterstock/Iakov Filimonov; **S. 33/2:** Krüper, W., Bielefeld; **S. 33/3:** www.endoskopiebilder.de, Albertinen-Krankenhaus, Hamburg; **S. 34/1:** KARL STORZ GmbH, Tuttlingen; **S. 35/1:** Fotolia/Bergringfoto; **S. 36/1:** picture-alliance/dpa (Gambarini); **S. 36/2:** Faust, St., Berlin; **S. 36/3:** www.endoskopiebilder.de, Albertinen-Krankenhaus, Hamburg; **S. 36/4:** www.endoskopiebilder.de, Albertinen-Krankenhaus, Hamburg; **S. 36/5:** www.endoskopiebilder.de, Albertinen-Krankenhaus, Hamburg; **S. 36/6:** www.endoskopiebilder.de, Albertinen-Krankenhaus, Hamburg; **S. 37/1:** arteria-photography, Kassel; **S. 38/1:** Mair, J., München; **S. 38/2:** Gastroenterologische Gemeinschaftspraxis, Goch; **S. 38/3:** Gastroenterologische Gemeinschaftspraxis, Goch; **S. 38/4:** Gastroenterologische Gemeinschaftspraxis, Goch; **S. 38/5:** arteria-photography, Kassel; **S. 40/1:** Welz, N., Berlin; **S. 40/2:** Welz, N., Berlin; **S. 40/3:** Welz, N., Berlin; **S. 41/1:** Welz, N., Berlin; **S. 41/2:** Welz, N., Berlin; **S. 41/3:** Welz, N., Berlin; **S. 42/1:** Faust, St., Berlin; **S. 42/2:** Krüper, W., Bielefeld; **S. 42/3:** Krüper, W., Bielefeld; **S. 43/1:** Groger, Dr. U., Bielefeld; **S. 43/2:** Groger, Dr. U., Bielefeld; **S. 43/3:** Shutterstock/Magone; **S. 44/1:** Faust, St., Berlin; **S. 44/2:** arteria-photography, Kassel; **S. 45/1:** Mair, J., München; **S. 45/2:** Medical-pictures, Köln; **S. 46/1:** Reuters; **S. 46/2:** Mair, J., München; **S. 46/3:** Wikipedia/Yutaka Tsutsumi, M.D.; **S. 47/1:** Groger, Dr. U., Bielefeld; **S. 47/2:** Mair, J., München; **S. 47/3:** Mair, J., München; **S. 48/1:** Medical-pictures, Köln; **S. 49/1:** Welz, N., Berlin; **S. 49/2:** Faust, St., Berlin; **S. 49/3:** arteria-photography, Kassel; **S. 50/1:** Faust, St., Berlin; **S. 51/1:** Faust, St., Berlin; **S. 52/1:** Mair, J., München; **S. 53/1:** Mair, J., München; **S. 53/2:** Mair, J., München; **S. 54/1:** Mair, J., München; **S. 54/2:** Mair, J., München; **S. 54/3:** Mair, J., München; **S. 54/4:** Mair, J., München; **S. 54/5:** Mair, J., München; **S. 55/1:** Raichle, G., Ulm; **S. 56/1:** Medical-pictures, Köln; **S. 56/2:** Medical-pictures, Köln; **S. 57/1:** Mair, J., München; **S. 57/2:** Mair, J., München; **S. 57/3:** Mair, J., München; **S. 57/4:** Mair, J., München; **S. 58/1:** Mair, J., München; **S. 58/2:** Coloplast; **S. 59/1:** Pathologie Moers/PD Dr. Mlynek-Kersjes; **S. 59/2:** Ullstein-Bild (AKG-Pressebild); **S. 60/1:** Mair, J., München; **S. 60/2:** Pathorama.ch; **S. 60/3:** Pathorama.ch; **S. 61/1:** Istockphoto/Jaundice; **S. 62/1:** Groger, Dr. U., Bielefeld; **S. 62/2:** Shutterstock/MJTH; **S. 62/3:** mauritius images/Nordic Photos; **S. 62/4:** picture-alliance (Okapia/Uselmann); **S. 62/5:** Heinisch, G., Berlin; **S. 62/6:** Shutterstock/beccarra; **S. 62/7:** Shutterstock/foto.fritz; **S. 63/1:** Groger, Dr. U., Bielefeld; **S. 64/1:** mauritius/Photo Reserchers; **S. 64/2:** Wikipedia/GNU/CC/Nephron; **S. 64/3:** Pfeiff, Dr. B., Lüdenscheid; **S. 64/4:** www.medicoconsult.de; **S. 64/5:** Gastroenterologische Schwerpunktpraxis Dres. Eisold und Tran, Mössingen; **S. 65/1:** Groger, Dr. U., Bielefeld; **S. 67/1:** Mair, J., München; **S. 67/2:** CBB; **S. 67/3:** CBB; **S. 68/1:** Roche Pharma AG, Grenzach-Wyhlen; **S. 69/1:** Shutterstock/Melissa Brandes; **S. 69/2:** Shutterstock/Andres Skjold; **S. 69/3:** Pfeiff, Dr. B., Lüdenscheid; **S. 69/4:** Shutterstock/Lilyana Vynogradova; **S. 70/1:** Groger, Dr. U., Bielefeld; **S. 70/2:** Shutterstock/HLPhoto; **S. 70/3:** Groger, Dr. U., Bielefeld; **S. 71/1:** Medical-pictures, Köln; **S. 71/2:** Witthaut, Dr. med. j., Essen; **S. 71/3:** Shutterstock/margouillat photo; **S. 73/1:** Mair, J., München; **S. 74/1:** Krischke, K., Marbach; **S. 74/2:** Krischke, K., Marbach; **S. 74/3:** Krischke, K., Marbach; **S. 75/1:** Mair, J., München; **S. 75/2:** Mair, J., München; **S. 76/1:** CBB; **S. 77/1:** Shutterstock/Carolina K. Smith MD; **S. 77/2:** Fotofinder/Look-foto; **S. 77/3:** CBB; **S. 77/4:** Krüper, W., Bielefeld; **S. 78/1:** Krüper, W., Bielefeld; **S. 78/2:** Krüper, W., Bielefeld; **S. 78/3:** Krüper, W., Bielefeld; **S. 78/4:** Groger, Dr. U., Bielefeld; **S. 79/1:** Groger, Dr. U., Bielefeld; **S. 79/2:** arteria-photography, Kassel; **S. 80/1:** picture-alliance/Frueh; **S. 81/1:** Mair, J., München; **S. 82/1:** arteria-photography, Kassel; **S. 82/2:** Krüper, W., Bielefeld; **S. 82/3:** dpa-Grafik; **S. 83/1:** Groger, Dr. U., Bielefeld; **S. 83/2:** Groger, Dr. U., Bielefeld; **S. 83/3:** Groger, Dr. U., Bielefeld; **S. 84/1:** CBB; **S. 84/1:** CBB; **S. 84/2:** CBB; **S. 85/1:** Heinisch, G., Berlin;

S. 85/2: Heinisch, G., Berlin; **S. 85/3:** Heinisch, G., Berlin; **S. 85/4:** Raichle, G., Ulm; **S. 85/5:** Heinisch, G., Berlin; **S. 85/6:** Krüper, W., Bielefeld; **S. 86/1:** Groger, Dr. U., Bielefeld; **S. 87/1:** Shutterstock/bonchan; **S. 87/2:** Frank-Lothar Lange/Roche Accu-Check; **S. 89/1:** Groger, Dr. U., Bielefeld; **S. 90/1:** Krüper, W., Bielefeld; **S. 91/1:** Welz, N., Berlin; **S. 93/1:** arteria photography, Kassel; **S. 93/2:** arteria photography, Kassel; **S. 94/1:** Welz, N., Berlin; **S. 95/1:** www.aok-gesundheitspartner.de; **S. 95/2:** zweiband.media, Berlin; **S. 98/1:** Welz, N., Berlin; **S. 99/1:** Welz, N., Berlin; **S. 100/1:** Krüper, W., Bielefeld; **S. 101/1:** Wikipedia/Yutaka Tsutsumi, M.D.; **S. 101/2:** Welz, N., Berlin; **S. 106/1:** Welz, N., Berlin; **S. 106/2:** Welz, N., Berlin; **S. 107/1:** Welz, N., Berlin; **S. 108/1:** Henschel, H., Klein Fredenwalde; **S. 108/2:** Henschel, H., Klein Fredenwalde; **S. 109/1:** Shutterstock/Yuri Arcurs; **S. 109/2:** Henschel, H., Klein Fredenwalde; **S. 109/3:** Mair, J., München; **S. 110/1:** Mair, J., München; **S. 110/2:** CBB; **S. 110/3:** arteria-photography, Kassel; **S. 110/4:** Fotolia/Olavs; **S. 110/5:** picture-alliance/chromorange/C. Langer-Püschel; **S. 111/1:** Wikipedia/GNU/Wolfgang Ihloff; **S. 111/2:** Reinbacher, I., Kempten; **S. 111/3:** Okapia, Berlin (Neufried); **S. 112/1:** Corbis Bettmann/zefa; **S. 112/2:** Wikipedia/C/Magnus Manske; **S. 112/3:** Mair, J., München; **S. 113/1:** Groger, Dr. U., Bielefeld; **S. 113/2:** Groger, Dr. U., Bielefeld; **S. 114/1:** Hoting, Dr. E., Hautarzt, Hamburg; **S. 114/2:** Hoting, Dr. E., Hautarzt, Hamburg; **S. 115/1:** picture-alliance/chromorange/C. Langer-Püschel; **S. 115/2:** CBB; **S. 115/3:** Hoting, Dr. E., Hautarzt, Hamburg; **S. 115/4:** Eucerin®, Beiersdorf AG, Hamburg; **S. 116/1:** arteria-photography, Kassel; **S. 116/2:** Medical Skin Center Dr. Hilton, Düsseldorf; **S. 116/3:** CBB; **S. 116/4:** Pfeiff, Dr. B., Lüdenscheid; **S. 117/1:** Pfeiff, Dr. B., Lüdenscheid; **S. 117/2:** arteria-photography, Kassel; **S. 117/3:** Mair, J., München; **S. 117/4:** Mair, J., München; **S. 117/5:** Mair, J., München; **S. 117/6:** Mair, J., München; **S. 117/7:** Mair, J., München; **S. 117/8:** Mair, J., München; **S. 117/9:** Pfeiff, Dr. B., Lüdenscheid; **S. 118/1:** Merk, Prof. Dr. med. H., Universitätsklinikum Aachen; **S. 119/1:** Groger, Dr. U., Bielefeld; **S. 120/1:** Paul Hartmann AG, Heidenheim; **S. 120/2:** Paul Hartmann AG, Heidenheim; **S. 120/3:** Paul Hartmann AG, Heidenheim; **S. 120/4:** Paul Hartmann AG, Heidenheim; **S. 120/5:** Paul Hartmann AG, Heidenheim; **S. 120/6:** Paul Hartmann AG, Heidenheim; **S. 120/7:** CBB; **S. 121/1:** Deutsches Rotes Kreuz/Ortsverein Bielefeld-Dornberg e. V.; **S. 121/2:** Paul Hartmann AG, Heidenheim; **S. 121/3:** Paul Hartmann AG, Heidenheim; **S. 121/4:** arteria-photography, Kassel; **S. 121/5:** Paul Hartmann AG, Heidenheim; **S. 121/6:** Paul Hartmann AG, Heidenheim; **S. 121/7:** Paul Hartmann AG, Heidenheim; **S. 122/1:** Smith & Nephew GmbH - Wound Management, Hamburg; **S. 122/2:** Paul Hartmann AG, Heidenheim; **S. 122/3:** Paul Hartmann AG, Heidenheim; **S. 122/4:** doc-stock/Universal Images Group; **S. 123/1:** Paul Hartmann AG, Heidenheim; **S. 123/2:** Krüper, W., Bielefeld; **S. 123/3:** Shutterstock/Alfonso de Tomas; **S. 123/4:** Paul Hartmann AG, Heidenheim; **S. 123/5:** Paul Hartmann AG, Heidenheim; **S. 123/6:** Paul Hartmann AG, Heidenheim; **S. 123/7:** Groger, Dr. U., Bielefeld; **S. 124/1:** Paul Hartmann AG, Heidenheim; **S. 124/2:** Paul Hartmann AG, Heidenheim; **S. 124/3:** Paul Hartmann AG, Heidenheim; **S. 124/4:** Paul Hartmann AG, Heidenheim; **S. 124/5:** Paul Hartmann AG, Heidenheim; **S. 124/6:** Paul Hartmann AG, Heidenheim; **S. 125/1:** Krüper, W., Bielefeld; **S. 125/2:** Krüper, W., Bielefeld; **S. 125/3:** Krüper, W., Bielefeld; **S. 125/4:** Krüper, W., Bielefeld; **S. 125/5:** Krüper, W., Bielefeld; **S. 126/1:** Setzinger Photographie, Tuttlingen; **S. 126/2:** Setzinger Photographie, Tuttlingen; **S. 126/3:** Setzinger Photographie, Tuttlingen; **S. 126/4:** Setzinger Photographie, Tuttlingen; **S. 126/5:** Krüper, W., Bielefeld; **S. 126/6:** Setzinger Photographie, Tuttlingen; **S. 126/7:** Setzinger Photographie, Tuttlingen; **S. 126/8:** Setzinger Photographie, Tuttlingen; **S. 126/9:** Setzinger Photographie, Tuttlingen; **S. 126/10:** Setzinger Photographie, Tuttlingen; **S. 126/11:** Setzinger Photographie, Tuttlingen; **S. 126/12:** Setzinger Photographie, Tuttlingen; **S. 126/13:** Shutterstock/Mikhail hoboton Popov; **S. 127/1:** Mair, J., München; **S. 127/2:** Mair, J., München; **S. 127/3:** Mair, J., München; **S. 127/4:** Mair, J., München; **S. 127/5:** Mair, J., München; **S. 127/6:** Mair, J., München; **S. 127/7:** Mair, J., München; **S. 127/8:** Mair, J., München; **S. 128/1:** Lull, A., Berlin; **S. 128/2:** Paul Hartmann AG, Heidenheim; **S. 128/3:** BSN medical GmbH Deutschland, Hamburg; **S. 128/4:** Paul Hartmann AG, Heidenheim; **S. 129/1:** Krüper, W., Bielefeld; **S. 129/2:** Krüper, W., Bielefeld; **S. 129/3:** Krüper, W., Bielefeld; **S. 129/4:** Krüper, W., Bielefeld; **S. 129/5:** Lohmann & Rauscher International GmbH & CO. KG, Neuwied; **S. 129/6:** Lohmann & Rauscher International GmbH & CO. KG, Neuwied; **S. 129/7:** Heinisch, G., Berlin; **S. 129/8:** Heinisch, G., Berlin; **S. 130/1:** Heinisch, G., Berlin; **S. 130/2:** Heinisch, G., Berlin; **S. 130/3:** Lohmann & Rauscher International GmbH & CO. KG, Neuwied; **S. 130/4:** Raichle, G., Ulm; **S. 131/1:** medi GmbH & Co. KG, Bayreuth; **S. 131/2:** medi GmbH & Co. KG, Bayreuth; **S. 131/3:** medi GmbH & Co. KG, Bayreuth; **S. 131/4:** medi GmbH & Co. KG, Bayreuth; **S. 131/5:** Krüper, W., Bielefeld; **S. 131/6:** Lohmann & Rauscher International GmbH & CO. KG, Neuwied; **S. 131/7:** Krausen, S., Düsseldorf; **S. 132/1:** Krausen, S., Düsseldorf; **S. 132/2:** arteria-photography, Kassel; **S. 133/1:** Groger, Dr. U., Bielefeld; **S. 134/1:** Krüper, W., Bielefeld; **S. 136/1:** Welz, N., Berlin; **S. 139/1:** Welz, N., Berlin; **S. 140/1:** zweiband. media, Berlin; **S. 146/1:** Deutsche Gesetzliche Unfallversicherung e.V. (DGUV), Berlin; **S. 147/1:** Deutsche Gesetzliche Unfallversicherung e.V. (DGUV), Berlin; **S. 150/1:** Welz, N., Berlin; **S. 154/1:** Welz, N., Berlin; **S. 155/1:** Welz, N., Berlin; **S. 156/1:** picture-alliance/dpa; **S. 156/2:** AOK-Mediendienst; **S. 157/1:** Krüper, W., Bielefeld; **S. 157/2:** DAK-Gesundheit; **S. 157/3:** Shutterstock/Monkey Business Images; **S. 158/1:** vario-press/Rainer Unkel; **S. 158/2:** picture-alliance/dpa-Fotoreport, Düren; **S. 159/1:** Krüper, W., Bielefeld; **S. 159/2:** Globus-Grafik; **S. 161/1:** Krüper, W., Bielefeld; **S. 162/1:** Krischke, K., Marbach; **S. 163/1:** mauritius/Photothek; **S. 163/2:** Krüper, W., Bielefeld; **S. 164/1:** DHS; **S. 164/2:** Shutterstock/nemke; **S. 164/3:** picture-alliance/dpa/ZB; **S. 165/1:** dpa-Grafik; **S. 166/1:** AOK-Mediendienst; **S. 166/2:** DAK-Gesundheit; **S. 166/3:** Krüper, W., Bielefeld; **S. 167/1:** CBB; **S. 167/2:** Krüper, W., Bielefeld; **S. 168/1:** BARMER GEK; **S. 168/2:** Shutterstock/argonaut; **S. 169/1:** Wikipedia/Yne Van De Mergel; **S. 171/1:** Groger, Dr. U., Bielefeld; **S. 171/2:** Fotolia/Kzenon; **S. 172/1:** Krüper, W., Bielefeld; **S. 172/2:** Groger, Dr. U., Bielefeld; **S. 173/1:** CBB; **S. 173/2:** Mair, J., München; **S. 173/3:** Mair, J., München; **S. 173/4:** CORBIS/Bettmann Archiv; **S. 173/5:** Krausen, S., Düsseldorf; **S. 173/6:** Krausen, S., Düsseldorf; **S. 173/7:** Krausen, S., Düsseldorf; **S. 174/1:** dpa-Grafik; **S. 174/2:** Krüper, W., Bielefeld; **S. 175/1:** Shutterstock/Kekyalyaynen; **S. 176/1:** Krausen, S., Düsseldorf; **S. 176/2:** Krausen, S., Düsseldorf; **S. 177/1:**

Groger, Dr. U., Bielefeld; **S. 178/1:** Welz, N., Berlin; **S. 178/2:** Raichle, G., Ulm; **S. 179/1:** Welz, N., Berlin; **S. 179/2:** picture-alliance/Mary Evans Picture Library; **S. 180/1:** Krüper, W., Bielefeld; **S. 180/2:** Mair, J., München; **S. 180/3:** wikimedia.com/Welleschik/GNU/free; **S. 181/1:** Krischke, K., Marbach; **S. 181/2:** Mair, J., München; **S. 182/1:** Groger, Dr. U., Bielefeld; **S. 182/2:** KIND Hörgeräte GmbH, Großburgwedel/Hannover; **S. 182/3:** Shutterstock/Clover; **S. 183/1:** Krüper, W., Bielefeld; **S. 184/1:** Studio-TV-Film, Schriesheim; **S. 184/2:** Prof. Günther Biste, Schwäbisch Gmünd; **S. 184/3:** Mair, J., München; **S. 185/1:** Krüper, W., Bielefeld; **S. 185/2:** Krüper, W., Bielefeld; **S. 185/3:** Groger, Dr. U., Bielefeld; **S. 185/4:** eye of science; **S. 186/1:** Mair, J., München; **S. 187/1:** Krischke, K., Marbach; **S. 187/2:** Groger, Dr. U., Bielefeld; **S. 187/3:** Mair, J., München; **S. 187/4:** Hollatz, J., Heidelberg; **S. 187/5:** Hollatz, J., Heidelberg; **S. 188/1:** Groger, Dr. U., Bielefeld; **S. 188/2:** CBB; **S. 188/3:** CBB; **S. 188/4:** CBB; **S. 189/1:** Krischke, K., Marbach; **S. 189/2:** Fotolia/bst2012; **S. 189/3:** Mair, J., München; **S. 190/1:** Mair, J., München; **S. 190/2:** Mair, J., München; **S. 191/1:** Mair, J., München; **S. 191/2:** Shutterstock/Jorg Hackemann; **S. 192/1:** Gabel, Prof. Dr. V.-P., Regensburg; **S. 192/2:** Gabel, Prof. Dr. V.-P., Regensburg; **S. 192/3:** Gabel, Prof. Dr. V.-P., Regensburg; **S. 193/1:** CBB; **S. 193/2:** CBB; **S. 193/3:** Werdermann, Dr. D., Ochsenfurt; **S. 197/1:** vitaledesign, Berlin; **S. 197/2:** Welz, N., Berlin; **S. 198/1:** Welz, N., Berlin; **S. 199/1:** Senator f. Justiz und Verfassung Hansestadt Bremen; **S. 200/1:** vitaledesign, Berlin; **S. 201/1:** vitaledesign, Berlin; **S. 202/1:** vitaledesign, Berlin; **S. 203/1:** vitaledesign, Berlin; **S. 203/2:** vitaledesign, Berlin; **S. 204/1:** Welz, N., Berlin; **S. 204/2:** vitaledesign, Berlin; **S. 205/1:** vitaledesign, Berlin; **S. 206/1:** vitaledesign, Berlin; **S. 206/2:** vitaledesign, Berlin; **S. 208/1:** Welz, N., Berlin; **S. 210/1:** Krüper, W., Bielefeld; **S. 211/1:** Gemeinsamer Bundesausschuss (G-BA), Berlin; **S. 211/2:** istockphoto/Henrik5000; **S. 213/1:** Shutterstock/PeJo; **S. 213/2:** Welz, N., Berlin; **S. 214/1:** Gemeinsamer Bundesausschuss (G-BA), Berlin; **S. 214/2:** Gemeinsamer Bundesausschuss (G-BA), Berlin; **S. 216/1:** Shutterstock/prudkov; **S. 219/1:** Kassenärztliche Bundesvereinigung, Berlin; **S. 219/2:** Kassenärztliche Bundesvereinigung, Berlin; **S. 220/1:** Kassenärztliche Bundesvereinigung, Berlin; **S. 226/1:** Krüper, W., Bielefeld; **S. 226/2:** Shutterstock/Ilike; **S. 231/1:** Welz, N., Berlin; **S. 231/2:** Welz, N., Berlin; **S. 236/1:** Welz, N., Berlin; **S. 236/2:** Welz, N., Berlin; **S. 237/1:** Welz, N., Berlin; **S. 237/2:** Welz, N., Berlin; **S. 238/1:** Shutterstock/Sarra22; **S. 238/2:** vitaledesign, Berlin; **S. 239/1:** vitaledesign, Berlin; **S. 240/1:** vitaledesign, Berlin; **S. 240/2:** vitaledesign, Berlin; **S. 241/1:** vitaledesign, Berlin; **S. 243/1:** Bundesarchiv, B 145 Bild-F004204-0003/Adrian, Doris/CC-BY-SA; **S. 244/1:** picture-alliance/dpa-infografik; **S. 244/2:** picture-alliance/dpa-infografik; **S. 245/1:** picture-alliance/dpa-infografik; **S. 246/1:** vitaledesign, Berlin; **S. 249/1:** vitaledesign, Berlin; **S. 251/1:** vitaledesign, Berlin; **S. 253/1:** picture-alliance/dpa-infografik; **S. 254/1:** vitaledesign, Berlin; **S. 255/1:** vitaledesign, Berlin; **S. 255/2:** vitaledesign, Berlin; **S. 256/1:** vitaledesign, Berlin; **S. 257/1:** Welz, N., Berlin; **S. 258/1:** bpk - Bildagentur für Kunst, Kultur und Geschichte der Stiftung Preußischer Kulturbesitz, Berlin; **S. 259/1:** Welz, N., Berlin; **S. 260/1:** picture-alliance/dpa-infografik; **S. 261/1:** vitaledesign, Berlin; **S. 262/1:** picture-alliance/dpa-infografik; **S. 263/1:** picture-alliance/dpa-infografik; **S. 265/1:** picture-alliance/dpa-infografik; **S. 266/1:** Mair, J., München; **S. 270/1:** vitaledesign, Berlin; **S. 274/1:** vitaledesign, Berlin; **S. 275/1:** vitaledesign, Berlin; **S. 277/1:** vitaledesign, Berlin; **S. 278/1:** Bergmoser + Höller Verlag; **S. 279/1:** picture-alliance/dpa-infografik; **S. 280/1:** picture-alliance/dpa-infografik; **S. 283/1:** picture-alliance/dpa-infografik; **S. 285/1:** Welz, N., Berlin; **S. 285/2:** vitaledesign, Berlin; **S. 287/1:** picture-alliance/dpa-infografik; **S. 289/1:** picture-alliance/dpa-infografik; **S. 290/1:** Shutterstock/Anrey Maygutyak; **S. 290/2:** Shutterstock/Adisa; **S. 290/3:** Shutterstock/Kristo Gothard Hunor; **S. 290/4:** picture-alliance/dpa-infografik; **S. 291/1:** Deutscher Genossenschafts-Verlag eG, Wiesbaden; **S. 292/1:** Welz, N., Berlin; **S. 294/1:** vitaledesign, Berlin; **S. 295/1:** Shutterstock/Gertan; **S. 301/1:** vitaledesign, Berlin; **S. 302/1:** Shutterstock/Robert Kneschke; **S. 303/1:** Krüper, W., Bielefeld; **S. 303/2:** Krüper, W., Bielefeld; **S. 306/1:** Welz, N., Berlin; **S. 308/1:** Welz, N., Berlin

Hinweise:
In einigen Fällen war es uns nicht möglich, die Rechteinhaber zu ermitteln. Selbstverständlich werden wir berechtigte Ansprüche im üblichen Rahmen vergüten.
Auf den Fotos im Buch sind teilweise Produktnamen zu erkennen. Hierbei handelt es sich um keine Produktempfehlung durch den Verlag oder die Autoren, sondern um exemplarische Aufnahmen aus dem Arbeitsleben der Auszubildenden.
Die medizinische Wissenschaft ist im Fluss. Das vorliegende Buch wurde nach bestem Wissen und Gewissen geschrieben und aktualisiert. Es ist als allgemeines Lehrbuch konzipiert und nicht als Anleitung zur Diagnostik und Therapie geeignet.
Frau Dr. Groger erhielt Vortragshonorare von GSK. Sie erklärt, dass kein Interessenkonflikt besteht.